# ▪ *les usuels du Robert* ▪

collection dirigée par
Alain Rey

Ouvrages édités par les DICTIONNAIRES LE ROBERT
107, avenue Parmentier - 75011 PARIS (France)

# DICTIONNAIRE DE PROVERBES ET DICTONS

choisis et présentés par

**Florence Montreynaud
Agnès Pierron
François Suzzoni**

DICTIONNAIRES
LE ROBERT

LES USUELS
DU ROBERT
■ poche ■

107, avenue
Parmentier
Paris XIe

correction
CATHERINE FAVEAU

maquette
GONZAGUE RAYNAUD

*Les proverbes sont les lampes des mots.*
(Proverbe arabe.)

*Les proverbes ressemblent aux papillons :*
*on en attrape quelques-uns, les autres s'envolent.*
(Proverbe allemand.)

*Un bon proverbe ne frappe pas aux sourcils,*
*mais dans les yeux.*

*Sans angles, pas de maison;*
*sans proverbes, pas de paroles.*
(Proverbes russes.)

*Les proverbes disent ce que le peuple pense.*
(Proverbe suédois.)

# SOMMAIRE

*Troisième partie*
# Proverbes du monde

## Index et tables

## NOTE PRATIQUE

Dans ce dictionnaire, les proverbes sont accompagnés d'une numérotation continue placée dans la marge extérieure. Ces numéros permettront de retrouver chaque proverbe à
partir de l'*Index des mots-clés métaphoriques* et de l'*Index des thèmes et des notions* placés à la fin de l'ouvrage.

Sous les proverbes,
le gros point ● introduit une explication ;
le signe ★ annonce une variante de ce proverbe ;
la flèche → signale un proverbe de sens voisin et plus connu.
La référence abrégée, en bout de ligne, renvoie à la bibliographie du début de l'ouvrage,
page XIX.

À la fin de la « Présentation », de la deuxième partie : « Dictons de langue française », un
calendrier indiquant les dates traditionnelles des fêtes des saints permettra de retrouver
les dictons qui leur sont attachés, page 198.

Dans la troisième partie : « Proverbes du monde », certains proverbes sont immédiatement suivis d'un numéro *entre parenthèses et en chiffres italiques* : il s'agit d'un renvoi
à un proverbe de langue française ayant la même signification que l'on trouvera à ce
numéro dans la première partie.

# PRÉFACE

## par Alain REY

Pauvre proverbe! Après des siècles de révérence, où on l'enregistrait avec piété, où on le commentait avec gravité, où on en avait plein la bouche, le voici délaissé, moqué, accusé de mesquinerie plate, d'ennui répétitif. Finies, les braves discussions sans issue où une forte vérité d'antan clouait le bec à l'adversaire. Finies, les lourdes paroles sentencieuses écoutées en hochant la tête : ah là là, on a bien raison de le dire... c'est ma foi vrai...

Aujourd'hui, s'il n'est pas promu objet d'étude, le proverbe est souvent dénoncé comme résidu déplaisant de traditions ridicules. Les esprits modernes dénoncent ses platitudes. On le trouve volontiers niais, réac, petit bourgeois... Mais voici que la contestation est contestée. La sempiternelle sagesse des nations devient objet d'ironie et de tendresse ; on y découvre des trésors poétiques. Le proverbe est devenu cible de choix pour le jeu du rétro. On le ressort des vieux tiroirs. Il fleure la lavande sèche des armoires de campagne ; avec les robes fanées, les dentelles et les poupées de porcelaine, on l'extrait des malles d'osier du grenier de grand-mère.

Dans son habit archaïque, ce bon vieux proverbe, que sa mine soit grave ou joyeuse, allongée ou rubiconde, apparaît comme un compagnon un peu ridicule et charmant, que l'on est tout content de retrouver. Sa platitude est souvent feinte, le bon sens tout gros qu'il instaure se colore du charme vieillot et rural après quoi le prisonnier des villes modernes aspire avidement. Son prosaïsme n'exclut pas la rêverie, sa redondance satisfaite, après la valse étourdissante des idées reçues, repose et provoque un sourire où la connivence tend à remplacer la moquerie.

Pour nous, par rapport aux autres expressions d'une prétendue sagesse, le proverbe échappe à la critique par un trait fondamental : il est populaire. Parole ancienne, stable, usée, mais parole collective, enracinée dans une histoire dépouillée de toute anecdote, dans une pratique où le dire métaphorique est chargé de multiples fonctions.

Celles-ci ont disparu ou se sont transmuées, Pour les évoquer, il faut poser cette question préalable, avant d'ouvrir le présent recueil. Qu'est-ce donc qu'un proverbe, qu'un dicton?

D'éminents spécialistes[1] ont soutenu qu'il s'agissait de notions indéfinissables, du fait de leur complexité. En effet, une série de mots : *proverbe, dicton, maxime, aphorisme, adage, sentence, locution, citation...* sont plus ou moins fréquemment confondus, au moins dans certains de leurs emplois, en français. Il en va de même en d'autres langues, chacune orientant les désignations du domaine selon ses catégories de pensée et les traits de sa culture.

En grec, Socrate définit la parole proverbiale des Spartiates comme «des manières de dire courtes et mémorables». Bien qu'il soit question de sagesse philosophique, dans le *Protagoras* de Platon, ces formules sortent de la bouche du «plus modeste des Spartiates». Ainsi, dès les origines connues de notre culture, le proverbe est vu comme une sagesse véhiculée par un usage populaire. Dès Platon et jusqu'aux modernes, c'est la «manière de dire», la forme, qui caractérise la *paroimia* grecque (terme repris dans les mots techniques désignant l'étude des proverbes : parémiologie, parémiographie), le *proverbium* latin, notre *proverbe*, le *refrán* espagnol, le *Sprichwort* allemand, etc. Par là, une confusion possible avec la «locution» de caractère proverbial, que nous distinguons du proverbe. Alors même qu'Aristote met en rapport *paroimia* (proverbe) et *gnomê* (maxime), que les Latins rapprochent *proverbium* et *adagium* (adage), soulignant ainsi l'importance du contenu, la tradition antique et classique identifie aussi fortement le proverbe à une mise en forme. Un auteur latin médiéval, Eustathius, commentant Homère, a cette formule stimulante : pour lui, la *fabula* (récit imaginé, fable) est un «proverbe déplié». Le contenu effectif de «sagesse», le pouvoir implicite d'un récit caché, reliant le proverbe au discours mythique, tels sont les caractères propres du genre, pour l'Antiquité et le Moyen Âge. Mais ce contenu ne possède de pouvoir social que par une forme, qui condense et organise du sens, qui frappe la mémoire.

La tradition chrétienne et l'humanisme de la Renaissance, mettant l'accent sur la sagesse dite, finissent par effacer les propriétés du dire proverbial. Érasme, dans ses *Adagia* (1500), mêle à ce que nous nommons «proverbes» des aphorismes, des sentences et des maximes. Le proverbe se perd dans l'ensemble des formules exprimant brièvement une assertion générale proposée comme vérité intellectuelle ou morale.

À d'autres époques, le proverbe est noyé dans une définition linguistique trop vaste. Dans le dictionnaire de Furetière (1690) «on dit proverbialement» s'applique à toute manière ancienne, populaire et métaphorique de s'exprimer, qu'il s'agisse d'une locution ou d'un proverbe. Pour la France classique, le proverbe emporte surtout l'idée d'un usage social traditionnel et populaire, souvent déprécié, du langage.

Ajoutons que la mode littéraire, après les modes intellectuelles, fait du proverbe, au XVIIIe et au XIXe siècle, le prétexte d'un genre mondain, souvent scénique, comparable à la charade. Musset est le talentueux témoin de cette mode, illustrée moins heureusement par des milliers de professionnels et d'amateurs.

Ces tiraillements contradictoires où l'usage des mots, la sagesse philosophique, l'exploitation littéraire tirent à eux la couverture du genre proverbial montrent combien ce genre est une réalité complexe. On ne peut la saisir qu'en distinguant ses divers aspects.

D'abord, le proverbe est un fait de langue. Plus précisément, une phrase, complète ou elliptique. Ceci suffit à opposer *proverbe* et *locution*[2]. Cette phrase

---

1. Notamment Archer Taylor.
2. Celle-ci peut s'insérer dans la phrase en jouant le rôle d'un nom, d'un verbe d'un adverbe, etc. : c'est le plus souvent un «syntagme». Seules les locutions-phrases, relativement peu nombreuses, peuvent être considérées comme «proverbiales», et nombreuses sont celles qui ne présentent pas ce caractère. La locution proverbiale, comme toute locution, est un fait de langue qui s'insère dans le discours sans le rompre : le proverbe est envisagé comme un tout autonome, une phrase citée, figée

est assez brève et possède des caractères particuliers, archaïsme[1], structure régulière. Avant même de percevoir cette structure, on est frappé par des traits moins essentiels, mais très fréquents : quant à la forme, par des assonances, répétitions, échos, quant au lexique par un choix de mots usuels, souvent brefs. L'emploi de la métaphore, qui transfère le sens de la phrase d'un élément concret servant de prétexte à une valeur abstraite, est extrêmement fréquent, alors que, dans le dicton, elle est rarissime. Or, la métaphore sert de support à un riche contenu de symboles qui relie le proverbe à tout le champ du discours symbolique. La signification du proverbe est, dans l'ensemble, sans surprise : il s'agit d'une vérité générale, d'une constatation donnée pour universellement vraie (alors que la vérité du dicton est locale et temporelle), ou bien d'un conseil, d'une prescription.

Ces divers caractères suffisent, sinon à définir strictement le proverbe, du moins à le reconnaître, et à fabriquer à loisir sa semblance :

«Les cordonniers sont toujours les plus mal chaussés» (Balzac);

«Les tigres de la colère sont plus sages que les chevaux de la persuasion» (William Blake, cité par Claude Roy);

«Fisc affamé n'a pas d'oreilles» ;

«Qui n'a guère n'a guerre», etc.

Ces simulacres manquent pourtant à d'autres nécessités. Le proverbe doit être transmis et reçu par une tradition; mais, à la différence de la citation, il n'a pas besoin d'être rapporté à un texte précis. Le statut véritablement proverbial doit être refusé aux citations homériques ou bibliques, ces dernières fussent-elles extraites du *Livre des Proverbes* : si les proverbes de Salomon sont proverbes, c'est qu'ils échappent à leur auteur supposé et sont le fruit d'une tradition hébraïque. Le proverbe s'oppose à la sentence, à l'adage, à la maxime par le poids historique et social d'une transmission anonyme et collective, plus encore que par les différences de contenu. Même si la source du proverbe était individuelle et hautaine (quelque penseur ou philosophe), sa transmission et son usage continu devaient être humbles et collectifs.

Défini par le linguiste et le poéticien comme une phrase structurée par des lois formelles et rhétoriques (il est lapidaire, rythmé, allitéré, etc.), par le sémanticien comme un énoncé «à armature symétrique»[2] caractérisé par un système d'oppositions, le proverbe n'est pas encore suffisamment cerné. Reste à décrire exactement son «message de sagesse», ce qui est l'affaire du descripteur parémiologue, mais aussi de l'historien, du sociologue, du folkloriste. Malgré d'évidentes différences culturelles, tous les proverbes ont en commun un type de contenu. Leurs assertions sont générales ou généralisables, ce que marque en français l'emploi d'articles définis («Quand *le* chat n'est pas là...»), l'absence d'article («Bon chien chasse de race»), l'usage d'autres déterminants («Tel maître, tel valet»). Ils concernent des catégories logiques simples (implication, exclusion, etc.). Quand il n'affirme pas (utilisant alors un verbe au présent ou effaçant le verbe, pour marquer l'absence de temps historique), le proverbe conseille ou

---

dans sa forme certes, mais utilisé pour son contenu. On peut traduire le proverbe : témoin cet ouvrage ; non la locution. C'est pourquoi le *Dictionnaire des locutions et expressions* de cette collection ne concerne et ne peut concerner que la langue française.

1. «À première vue», écrit A. J. Greimas, «les traits archaïques des proverbes les renvoient à l'époque de leur formation. Une étude historique plus poussée, permettant leur datation exacte, montrerait probablement que *la forme archaïsante leur est nécessaire*, qu'elle constitue un de leurs traits distinctifs nécessaires» («Idiotismes, proverbes et dictons», *Cahiers de lexicologie*, n° 2, 1960, p. 59).

2. Selon George B. Milner, qui postule, semble-t-il avec raison, une structure quadripartite d'oppositions quant aux éléments de sens (in *L'Homme*, t. IX, n° 3).

ordonne, utilisant l'impératif, la forme *il faut*, etc. La description de ces caractères, leurs classements formels ont été tentés par les spécialistes[1] : ce n'est pas ici
le lieu de s'y étendre. Il suffira d'ajouter que tout proverbe exprime une logique
du jugement (par oppositions), une logique de l'action et souvent une morale,
que son attitude est généralement acceptante par rapport aux systèmes de valeurs
dominants dans la société, que son ton est souvent ironique et désenchanté (« Il
n'est si belle rose qui ne devienne gratte-cul »).

Donc, le proverbe est presque toujours conservateur, alors même que les
conflits de classe peuvent y être reflétés par les valeurs qui s'y confrontent. Il
est universellement misogyne, ce qui mérite considération.

En France, le proverbe exprime la vérité de groupes sociaux ruraux ou
bourgeois — au sens médiéval du terme — groupes qui s'opposent avec obstination à l'évolution des rapports hommes-femmes, et notamment à une valorisation féminine tentée par l'aristocratie post-féodale (la courtoisie). Notre littérature du XIIIᵉ au XVIᵉ siècle, et d'une autre manière nos classiques, témoignent
de ce clivage.

De ce point de vue aussi, le proverbe français est incurablement « bourgeois », dans un sens plus général. Pourtant, d'autres cultures présentent d'autres
rapports sociaux. Si le proverbe est partout conservateur, s'il est misogyne, c'est
qu'il représente le produit d'une parole assignable. Il est parole du mâle, de
l'homme mûr, parole de mari et de chef de famille. Parole de laïc, au moins en
France, et souvent parole de propriétaire.

Ces assignations, hypothétiques quant au donné de l'histoire, car le proverbe est anonyme, sont évidentes si l'on tient compte de son contenu social. Le
moindre paradoxe du genre proverbial n'est pas que le locuteur collectif et anonyme, qui se donne pour le détenteur et le porte-parole de la sagesse de tous,
est en fait un être physiologique et social beaucoup plus particulier, détenteur
de la parole sociale et de la vision du monde qui prévaut dans sa société, col-
porteur du « bon » sens, du « bien » jugé, déjà jugé, préjugé.

Par un autre paradoxe, c'est par les femmes que cette parole masculine
assure son pouvoir. La vitalité proverbiale, dans la campagne russe, anglaise ou
française, était ou est assurée et maintenue (quand elle l'est), à travers les bouleversements de mœurs, par le personnage traditionnel de la vieille. Pour le dicton, comme le souligne ici Agnès Pierron, la chose est plus évidente encore.

Ce caractère du proverbe illustre bien la rupture entre la source de la parole,
dont on voit qu'elle est garantie par un pouvoir social élémentaire, et un usage,
un fonctionnement qui suppose mise en mémoire et répétition commune. En
ceci, le proverbe fonctionne comme une citation, sur le mode du « comme dit
l'autre ». Mais l'opposition est flagrante. La citation, qui peut être analogue au
matériel proverbial par son contenu et sa forme (maxime, aphorisme...) provient
d'un « autre » repéré, même si ce repérage est fictif (Homère) ou incomplet.
Pour notre objet, il s'agit de « comme on dit », c'est-à-dire, étymologiquement,
de « comme dit l'Homme ».

Il est impossible de parler du proverbe et du dicton, et d'abord de les définir, si l'on oublie que ce ne sont pas des objets inertes, conservés dans des archives, étudiés comme une collection d'insectes morts. Comme toutes les productions collectives de discours (contes, mythes, récits, comptines, blagues et jeux
de toute sorte...), ils n'existent que par leurs emplois vivants. Et c'est pourquoi
nous nous interrogeons en vain sur l'essence, la qualité, la beauté, la signification

---

1. Les travaux modernes les plus remarquables, de Kuusi, Permiakov, G. B. Milner,..., sont répertoriés dans les bibliographies de la troisième partie de ce volume. Il faudra sans doute y ajouter l'important travail, de nature sémiotique, de Zoltan Kanyo, travail encore inédit, et que m'a signalé le pro-
fesseur Roland Posner.

sociale du proverbe, si nous oublions qu'il s'agit aujourd'hui, pour nous, d'un grand malade, d'un moribond. Un recueil de proverbes a toujours, en Europe occidentale, une certaine allure nostalgique ; il n'en va pas de même dans les sociétés à forte composante rurale préservée (par exemple en Europe centrale), encore moins dans les pays d'Islam. La vitalité des proverbes arabes et persans est notoire. Mais on ne possède guère de renseignements sur cette vitalité de la reprise, comme sur celle de la créativité, absolument morte chez nous, ou remplacée par le slogan[1], alors que la vitalité phraséologique, qui forme sans cesse de nouvelles locutions, est remarquable. Il est évident que le proverbe, en nombre de cultures, se porte bien, en tout cas mieux que chez nous. Les camions brésiliens, ornés de ces phrases familières, en sont une preuve étonnante.

C'est à l'évidence le rapport entre un contenu issu de conditions sociales disparues, et un usage qui doit s'accommoder des conditions actuelles du discours, qui fait le succès ou le déclin du proverbe dans une société donnée. Mais ce rapport est compliqué par les possibilités inattendues de la rhétorique. Le proverbe peut être interprété, car il est souvent, grâce à la métaphore, ambigu et gros de plusieurs sens ; il peut être transféré, déformé, repris dans l'ironie, distancié, simulé... Il peut être aussi utilisé dans le projet littéraire, soit pour caractériser des usages particuliers du langage (un proverbe bien choisi, comme une locution, caractérise un personnage : le théâtre et le roman ne s'en privent pas), soit pour former le noyau d'une réflexion, voire d'une narration. Des études systématiques et d'une ampleur impressionnante tentent de répertorier les proverbes dans les textes littéraires, et quelques spécialistes y ont même perdu le sens de leur objet. Certes, les références littéraires ont leur importance pour la vie du proverbe, certes elles permettent de repérer et de retrouver de nombreuses formules qui, sans elles, seraient perdues, mais, à confondre un fonctionnement second, élitaire, stylistique, avec l'utilisation collective et spontanée, on oublie complètement la nature de la circulation proverbiale.

Pourtant, il ne s'agit pas d'opposer le talent littéraire à la médiocrité commune du *dit* populaire. La bouche anonyme et cachée qui le profère applique en effet les règles du jeu poétique ; elle sait manier la rhétorique et ses figures ; et aussi bien que la main de l'écrivain.

En effet, d'un réel issu de l'expérience, où la nature est le décor et le représentant de la pratique humaine, où la culture est acceptée comme un reflet de la nature, la création proverbiale tire ses images et ses abstractions avec un art admirable.

Pour s'en assurer, il suffit de considérer un proverbe français connu, d'ailleurs aisé à dénoncer dans sa prudente platitude.

*Pierre qui roule n'amasse pas mousse* est en effet, dans sa brièveté, remarquablement bâti. Deux segments s'y opposent : le premier, au consonantisme rugueux *(p-r-k-r)* à peine atténué par le *l* final, est comme amorti par les labiales et les sourdes du second *(n-m-s-p-m-s)*. Le jeu des voyelles est également notable, l'ensemble formant un jeu d'échos *(roule-mousse ; amasse-mousse)*. Le sens des mots, très concrets, évoque une image poétisable. La pierre moussue, valorisée par la métaphore, est une richesse délicate, objet de méditation esthétique. Le proverbe est un minuscule tableau, indiqué et nié, de l'eau vive qui court sur une chevelure verte et l'endiamante, ou bien de la fine et douce parure du sous-bois, dans une immobilité préservée. Beauté silencieuse, supprimée par le chaos du minéral entrechoqué. Les oppositions formelles de la phrase expriment en quelques syllabes ce microcosme où la pierre moussue et son univers apaisé sont supprimés par la négation du lent processus qui les rendent possibles.

---

1. Qu'il soit propagandiste ou publicitaire, le slogan, malgré sa parenté formelle, se distingue du proverbe par les intentions et surtout par le fonctionnement social.

Que le proverbe soit usé, qu'il ait roulé, comme la pierre qu'il évoque, jusqu'à perdre pour nous sa mousse poétique, ne change rien à l'affaire.

Qualités formelles et vertus métaphoriques disparaissent souvent, il est vrai ; mais l'absence du jeu sémantique est parfois compensée par l'intensité du jeu formel. Le proverbe-calembour, fréquent au Moyen Âge, en administre la preuve : *argent art* [= brûle] *gens*, fonde une morale peu discutable sur le hasard inconscient des mots.

Je ne cherche pas ici à justifier la sagesse figée dans nos proverbes, mais à interroger la sévérité extrême avec laquelle des écrivains et des critiques de talent les jugent. Le proverbe, entend-on dire, exprime une enfilade de platitudes, de lieux communs et de bassesses conformistes[1] ; il est en outre pétri de contradictions qui pulvérisent sa prétention burlesque à la vérité (« Tel père, tel fils » et « À père avare, fils prodigue »). Retournant le sens de maint proverbes, on montre facilement que la « vérité » ainsi produite n'est pas moins « sage » (ou inepte) que son inverse. Mais Lautréamont ne fait-il pas de même en parodiant et contredisant Pascal, les romantiques ou Dante ? « Les grandes pensées viennent de la raison », « Vous qui entrez, laissez tout désespoir », lit-on dans les *Poésies*, et, sitôt après ; « C'est ici que demeure la sagesse des nations ». Lautréamont vise la maxime et la « belle pensée » ; les visant, il atteint les « Grandes Têtes molles », penseurs et philosophes, moralistes et poètes. Comme tout vrai critique, c'est en remplaçant qu'il détruit.

C'est avec plus de tranquillité que l'homme d'esprit s'en prend au proverbe. Des formules comme : « Tant va la cruche à l'eau qu'à la fin elle s'emplit » (Beaumarchais), ou « Qui a ceinture dorée ne manque guère de renommée » (Diderot) ont pour effet de ridiculiser une pensée, mais aussi de jouer sur une forme, de manière à enrichir des significations. Plus modestement, le travail anonyme sur le proverbe (« Il ne faut pas remettre au lendemain ce que l'on peut faire le surlendemain ») et même le calembour (« Il ne faut pas remettre à demain ce qu'on peut faire avec une seule main ») ont pour fonction d'illustrer, plutôt que de contester, le genre proverbial.

Révolutionnaires de la pensée et de la plume, les surréalistes devaient s'élever contre la répétition des idées reçues. Éluard et Péret, en produisant leur *125 Proverbes mis au goût du jour,* montrent la productivité d'une admirable machine, autant qu'ils dénoncent la fadeur de ses produits. Cela donne, par exemple, « Il faut battre sa mère tant qu'elle est jeune », phrase qui manifeste simplement la pluralité des valeurs du verbe *battre* et les possibilités d'une structure de phrase (« Il faut battre sa coulpe quand elle est molle », « Il faut battre le fort quand il est chu », « Il faut battre la campagne quand il fait chaud », etc., exploiteraient d'autres possibilités).

À juger du contenu des proverbes comme on jauge la valeur d'une pensée de philosophe ou d'une maxime de moraliste, on perd de vue sa nature. À jouer sur sa forme, au contraire, on révèle ses pouvoirs.

On s'étonnerait peu du caractère mesuré, pondérateur, frileux, économe, mesquin de la sagesse proverbiale, si l'on se souvenait que la société où elle a

---

1. Voici ce qu'écrit Claude Roy, dans un des plus jolis textes écrits dans notre langue à la honte (et aussi à la gloire) du proverbe : « si la France c'était ses proverbes, il faudrait se résoudre à haïr la France. Les proverbes français sont contre Jeanne d'Arc et contre Rimbaud, contre Pascal et contre Napoléon, contre Fabrice del Dongo et contre Claudel. Ils sont pondérés, circonspects, avares. Ils sont affreux. Ils sont gâteux » (*Préface à La Sagesse des nations*). Claude Roy nous permettra de penser que l'hostilité du proverbe contre un terrible conquérant et tueur de peuples n'est pas forcément à sa honte. Plus mesurée, cette appréciation d'un érudit oriental ; « Les proverbes français m'ont paru être de bons gros bourgeois, et non des élégants. Ils parlent dans une langue correcte, concise, sans apprêts... Ce sont des pensées de grand-mères » (Tcheng-Ki-Tong, *Les Chinois peints par eux-mêmes*, 1884).

vu le jour était de démesure dans le malheur, de violence sans frein, de froid et de famine. Société impitoyable où une absolue stabilité, dans les moments acceptables, semblait seule capable de garder le peuple de la catastrophe, de l'épidémie, de la guerre, du massacre, de la terreur et de la mort. Si le proverbe chinois est volontiers philosophique, le japonais étonnamment poétique, l'africain évocateur de mythes, on refusera d'y voir la marque d'une infériorité de l'Europe ou de la France médiévales, mais bien celle d'une répartition différente entre parole commune et discours individuel, entre parole transmise, ancestrale, et discours de la nouveauté.

Le plus beau proverbe du monde ne peut donner que ce qu'il a, qui lui vient d'une histoire. Il ne détient pas tous les pouvoirs fulgurants du langage ; mais il sait, avec patience, avec économie, dire les peines et les joies, les petitesses et les espoirs de la condition d'animal humain.

*

Comme on le verra aisément en feuilletant cet ouvrage, la littérature sur les proverbes et les dictons est immense. Il ne s'agit pas ici d'y ajouter une furtive référence, d'autant que les trois auteurs de ce recueil ont explicité clairement les objectifs et les méthodes de leurs choix[1].

Il ne me reste qu'à montrer l'unité de l'entreprise et les articulations entre ses trois parties.

Plus de 2 000 proverbes et plus de 1 500 dictons de langue française (non compris les variantes), 6 000 proverbes traduits venant de plus de 120 langues reflètent ici l'extraordinaire foisonnement du genre. L'échantillonnage, on s'en doute, a demandé un travail énorme : dépouillement des sources, élaboration et application des principes du choix. Puis, il fallait mettre le tout en ordre.

Le parti général est linguistique. Considérant que le matériel n'avait pas les mêmes propriétés selon qu'il se présentait originellement en français ou dans une autre langue, lorsqu'il concernait une sagesse générale, le plus souvent métaphorique, ou des vérités de situation, dans le temps et l'espace (dictons), nous avons réparti le matériel en trois boîtes. La boîte à proverbes français est tributaire d'une riche tradition descriptive, échelonnée du XIIIᵉ au XXᵉ siècle ; une dette particulière doit être reconnue au remarquable ouvrage d'Adrien-Jean-Victor Le Roux de Lincy[2], qui épargne au chercheur moderne bien des tourments. Mais, comme la plupart des érudits du XIXᵉ siècle, Le Roux de Lincy s'est modérément soucié d'organiser, et point du tout de commenter. Le grand mérite de François Suzzoni, outre un choix exigeant au sein d'un ensemble excessif par sa redondance, a été de proposer une ordonnance où les domaines exploités de la métaphore sont successivement parcourus, dans une progression allant de l'expérience la plus quotidienne, celle du milieu de vie, du corps, des organes, à la perception des rapports sociaux et finalement à l'abstraction.

La longue histoire du proverbe français, puisqu'on en parlait en français, pouvait être évoquée par l'évolution de la langue même : c'est pourquoi de nombreuses variantes anciennes, rendues lisibles par la forme moderne, ont été retenues, améliorant souvent la qualité expressive de l'ensemble.

---

1. Voir la « Présentation » des proverbes de langue française par François Suzzoni (1ʳᵉ partie), celle d'Agnès Pierron sur les dictons de langue française (2ᵉ partie), et les réflexions de Florence Montreynaud sur les proverbes du monde (3ᵉ partie).
2. Ce chartiste, né en 1806, fut un grand bibliophile et un éminent bibliothécaire. Spécialiste du Moyen Âge et de ses légendes, il consacra une grande partie de sa vie à l'étude des chants populaires et des proverbes. Son *Livre des proverbes français* (1842-1859) bénéficie d'une connaissance approfondie des manuscrits et incunables médiévaux consacrés au domaine.

Un problème très délicat est celui des variantes locales des proverbes français. L'image qu'en donnent les grands recueils philologiques et notamment celui de Le Roux de Lincy est, sinon déformée, du moins simplifiée. En effet, pour le sociologue et l'historien des discours, le proverbe est lié à la variété des usages régionaux, et souvent des dialectes. Les proverbes du Moyen Âge sont formellement différents, selon qu'ils proviennent de Picardie, de France (c'est-à-dire de l'Île-de-France), de Normandie, de Champagne, etc. Ils le sont plus encore quand ils sont élaborés dans les parlers de langue d'oc ou du «franco-provençal». À ce sujet, il va de soi qu'il fallait considérer l'occitan comme langue de culture non française, et le faire figurer, de pair avec le catalan ou l'espagnol, dans la série romane des «proverbes du monde», en traduction. Il en va de même pour les proverbes créoles, même lorsqu'il s'agit de créole «français», langue dont seul le lexique est historiquement apparenté à la langue française, et dont les structures, la grammaire, sont totalement différentes. Cela ne nous empêchait pas de considérer aussi le proverbe créole en traduction française, dans la mesure où il peut circuler sous cette forme dans les communautés bilingues (créole et français) d'Haïti, de Guadeloupe ou de Martinique. De même, on a traité le proverbe franco-canadien, québécois ou acadien, comme une variante locale lointaine du proverbe de France. Celui-ci, dans cet ouvrage, est une réalité francophone, neutralisée par l'unité profonde d'une culture, comme sont neutralisées les variantes régionales si nombreuses et très pertinentes des proverbes italiens, allemands, etc., et les variantes nationales de l'hispano-américain. Il n'est d'ailleurs que de consulter les recueils consacrés aux proverbes belges ou québécois pour constater qu'une imposante majorité de formes est identique à celles que l'on connaît aussi en France. Peut-être est-ce dû en partie à la trop grande importance accordée aux sources littéraires ou du moins écrites, par rapport à la collecte orale; mais notre sentiment est que chaque grande civilisation élabore un fond proverbial commun, sans doute à partir de sources infiniment différenciées. Il en va de même pour les dictons, encore que leur caractère spatio-temporel plus précis les voue à une variété plus évidente.

D'ailleurs, un classement régional des proverbes français supposait que l'on citât (comme on a cité l'ancien français) dialectes et patois avec leur traduction française, ce qui eût considérablement alourdi l'ouvrage, qui n'est pas destiné aux anthropologues, et posé des problèmes insolubles, étant donné l'imperfection des connaissances. Cependant, la référence du proverbe de langue française nettement repéré comme propre à un seul usage local le précise.

Du côté des dictons, qui complètent la description du fonds français, Agnès Pierron a dégagé de grands domaines, dont le plus remarquable concerne la météorologie. Le temps qu'il fait et qu'il fera, la longueur du jour, le rapport entre le ciel et la terre des hommes ont toujours préoccupé une société rurale, rythmée par les dieux païens qui souvent se cachent derrière les fêtes de chrétienté. Ici, le classement ne pouvait être rhétorique, puisque la dimension métaphorique était absente. Mais il pouvait être, commodément et suggestivement, chronologique. Le calendrier des dictons parcourt allègrement l'année, en formulant avec une gentillesse parfois truculente («saint Médart, grand pissart...») ses vérités occasionnelles sur les vertus et les vices des jours, que règlent les astres et les saints patrons, en une petite cosmogonie ici rendue portative. Les vertus d'une poétique populaire s'illustrent alors avec vivacité. Pour ces dictons du temps, la collaboration de R. de Boissard de Senarpont nous a été précieuse. M. de Boissard nous a confié un recueil inédit et remarquable, notamment parce qu'il y avait rassemblé des dictons observés de nos jours en milieu rural, notamment morvandiau et picard.

Après le calendrier, le bestiaire et les plantes. Autre série de vignettes où l'observation d'un détail de la vie des champs est prétexte à prévision plus ou moins sérieuse. Puis, retour aux météores, lorsque les dictons ne sont plus liés à un moment précis de l'année. Enfin, quelques exemples de dictons concernant des noms propres illustrent la mise en formule des querelles de clochers.

On est ici assez loin de la sagesse, assez loin du discours sentencieux du proverbe. Dans ces dictons, la polémique la plus occasionnelle et les jugements particuliers prennent volontiers des allures de ronde enfantine.

On comprendra sans peine qu'à moins de consacrer au sujet une vaste bibliothèque, il n'était pas question de réunir des dictons du monde entier. Enregistrées ou non, les formulettes rengorgées ou moqueuses qui caractérisent une ville, un village ou une région sont innombrables, dans de nombreuses cultures. Les citer en traduction peut détruire leur principale qualité, qui est formelle. Deux exemples suffiront, l'un andalou :

> *Qui no a visto Sevilla*
> *No a visto maravilla*
> *Qui no a visto Granada*
> *No a visto nada*[1].

L'autre américain ; et, paraît-il de race noire, malgré son vocabulaire raciste :

> *Baltimore for its oysters*
> *Boston for its beans*
> *New-York for its pretty girls*
> *And for niggers — New Orleans*[2].

Quant aux dictons de la pluie et du beau temps, du froid ou de la canicule, des semailles et de la moisson, des bêtes et des herbes, ils fleurissent dans le monde entier, se ressemblent à l'intérieur de chaque culture, mais varient profondément selon les langues, les façons de dire, les traditions, les mythes, les religions, et naturellement les climats.

Cette variété, s'agissant de proverbes, est limitée par l'intention de dire *le* vrai. Cette prétention à l'universel aboutit à des réactions communes, que varient les moyens d'expression, les références culturelles, les attitudes. Mais la société qui produit le proverbe est toujours rurale, pré-capitaliste, plus souvent sédentaire que nomade ; on y travaille la terre, on y élève du bétail ; on y craint le puissant, on y respecte et on y hait le riche, on y critique la femme. D'où cette impression de cohérence, qui permet une présentation d'ensemble.

Florence Montreynaud, comme l'attestent ses pertinentes bibliographies, a dépouillé la plupart des recueils disponibles dans les grandes langues de culture européennes (anglais, allemand, italien, espagnol, russe, polonais, etc.), trouvant ainsi accès à un vaste ensemble de proverbes en 126 langues.

Il n'était plus question, dans ce domaine, de préserver le rapport intime entre forme et sens, ni de restituer, autrement que par approximation, la force poétique de certains proverbes. D'où le parti pris de présenter un maximum de proverbes, dans un ordre constant. Cet ordre, à la différence de celui qui organise les proverbes français, n'est pas celui des métaphores, surtout pertinent dans la langue d'origine, mais celui du contenu global des proverbes qui permet de souligner la cohérence de l'ensemble, et d'en faire sentir les différences.

---

1. « Qui n'a vu Séville n'a vu merveille ; qui n'a vu Grenade n'a rien vu. »
2. « Baltimore pour ses huîtres, Boston pour ses haricots, New York pour ses jolies filles, et pour les négros New Orleans (prononcé *O'lins'* et rimant avec *beans*). »

L'unité de l'ouvrage découle de la nature même de son objet. Si les proverbes français sont présentés selon leurs champs métaphoriques, cet arrangement ne sera pas perdu pour les proverbes étrangers : un index permet de repérer les proverbes mettant en scène le chat, le bœuf, le chêne, etc., et de les confronter à ceux qui utilisent le chameau, l'éléphant, le manioc ou l'igname. Complémentairement, l'ordre des thèmes (jeunesse et vieillesse, richesse et avarice, vie et mort, etc.), organisant les proverbes traduits, sera lui aussi indexé pour les proverbes français.

Enfin, des renvois entre proverbes français et étrangers évoqueront les nécessaires comparaisons entre cultures. On trouvera d'ailleurs dans le texte introductif des proverbes étrangers (troisième partie) des exemples très riches de ces répertoires d'expression d'une même idée, de variantes d'un même thème, qui structurent le trésor proverbial universel.

Sans vouloir impudemment vanter la marchandise, il nous a semblé que la rencontre d'une information sérieuse quant aux sources, d'une doctrine précise quant aux choix et à l'ordonnance, et d'une richesse d'information raisonnée donnait à ce recueil un caractère unique parmi les ouvrages en français consacrés aux proverbes et aux dictons.

Alain REY

# BIBLIOGRAPHIE
sur les proverbes et dictons de langue française
*(pour la première et la deuxième partie)*

## 1. MANUSCRITS ET OUVRAGES ANONYMES

*Almanach prov.,*
   1745 *Almanach des proverbes*, 1745.

*Almanach nouveau,*
   1812 *Almanach nouveau*, V. Bouquet éditeur, Paris, 1812.

*Almanach perpétuel...,*
   1774 *Almanach perpétuel, pronosticatif, proverbial et gaulois*, Desnos éditeur, Paris, 1774.

*Anthologie prov. fr.,*
   XVII<sup>e</sup> s. *Anthologie ou Conférence des proverbes français, italiens, espagnols*, etc., XVII<sup>e</sup> siècle.

*Comédie prov.,*
   1654 *La Comédie des proverbes*, pièce comique, La Haye, 1654.

*Dits des philosophes,*
   XV<sup>e</sup> s. «Les Dits des philosophes» in *Recueil de proverbes*, XV<sup>e</sup> siècle.

*III. Proverbes*
   1665 *Les Illustres Proverbes nouveaux et historiques*, R. Guignard éditeur, 1665, 2 vol.

Manuscrit de Cambridge,
   XIII<sup>e</sup> s. Manuscrit de Cambridge (du Corpus Christi College), XIII<sup>e</sup> siècle.

*Nomenclatures...,*
   1668 *Nomenclatures, Dialogues, Proverbes*, Paris, 1668.

*Plaisants Devis...,*
   1593 *Plaisants Devis des suppôts du seigneur de la Coquille*, 1593.

*Prov. au vilain,*
   XIII<sup>e</sup> s. *Proverbes au vilain*, XIII<sup>e</sup> siècle, publiés par M. Crapelet :
      1) *Dit de l'Apostoile* (dictons populaires);
      2) *Proverbes au vilain* (attribué au comte de Bretagne);
      3) *Les Proverbes de Marcoul et Salomon.*

*Prov. gallica,*
   XV<sup>e</sup>s. «*Proverbia gallica*», in *Recueil des proverbes français avec des commentaires latins*, XV<sup>e</sup> siècle.

*Prov. gallicana,*
   1558 *Proverbia gallicana*, Benoît Rigaud éditeur, 1558 (contient le recueil précédent et une version en latin due à Jean Gilles, de Nuits, en Bourgogne).

*Prov. ruraux...,*
    XIII^e s. *Proverbes ruraux et vulgaux,* XIII^e siècle.
*Roman des philosophes,*
    XIII^e s. *Roman (le) des philosophes,* XIII^e siècle.


## 2. BIBLIOGRAPHIE DES AUTEURS


Académie,
    1835 *Dictionnaire de l'Académie,* éd. de 1835, éd. de 1878.

Backer (G. de),
    1710 *Dictionnaire des Proverbes français,* 1710.

Baïf (Jean-Antoine de),
    1597 *Mimes, Enseignements et Proverbes,* Paris, 1597.

Barjavel (Casimir),
    1849-53 *Dictons et sobriquets, patois des villes, bourgs et villages du Vaucluse,* Carpentras, 1899-1853.

Baroja (Julio Caro),
    1979 *Le Carnaval,* Gallimard, 1979.

Barret (Pierre), Gurgaud (Jean-Noël) et Tiévaut (Claire),
    1979 *Almanach de la mémoire et des coutumes,* Hachette, 1979.

Beauquier (Charles),
    1897 *Blason populaire de Franche-Comté, sobriquets, dictons, contes relatifs aux villages du Doubs, du Jura et de la Haute-Saône,* Paris, 1897.
    1910 *Faune et Flore populaires de la Franche-Comté,* Leroux, Paris, 1910.

Bescherelle (Les frères),
    1845-46 *Dictionnaire national ou Dictionnaire universel de la langue française,* 1845-1846, 2 vol.

Bidault de l'Isle (G.),
    1952 *Vieux dictons de nos campagnes,* Nouvelles Éditions de la Toison d'or, Paris, 1952, 2 vol.

Bladé (Jean-François),
    1881 «Proverbes et Devinettes populaires recueillis dans l'Armagnac et l'Agenais», in *Recueil des travaux de la société d'agriculture, sciences et arts d'Agen,* Agen, 1881.

Boissard de Senarpont (R. de),
    *Deux mille proverbes, dictons et préceptes relatifs à la prévision du temps, aux mois, à la culture ou à la vigne,* recueil inédit.

Bonnaud (L.),
    1970 «Un recueil de proverbes limousins», in *Bulletin de la Société archéologique du Limousin,* 1970.

Bovelles (Ch. de),
    1557 *Proverbes et Dits sentencieux,* Paris, 1557.

Boxus (Robert),
    1954 *La Météorologie et l'Agronomie en Wallonie,* Lessines, 1954.

Cahier (Père Ch.),
    1856 *Quelque six mille proverbes et aphorismes usuels,* Paris, 1856.

Canel (Alfred),
    1971 *Blason populaire de la Normandie,* Brionne, 1971.

Carmontelle,
    1768-81 *Proverbes dramatiques*, Paris, Merlin, 1768-1781, 8 vol.
    1811 *Nouveaux Proverbes dramatiques*, Paris, 1811, 2 vol.

Chassany (Jean-Philippe),
    1970 *Dictionnaire de Météorologie populaire*, Maisonneuve et Larose éditeurs, Paris, 1970.

Chrétien (L. J.),
    1835 *Usages, préjugés, dictons, proverbes et anciens prots de l'arrondissement d'Argentan*, Alençon, 1835.

Collectif,
    1978 *L'Homme et son Corps dans la société traditionnelle*, Paris, 1978.

Combes (Anacharsis),
    1844 *Proverbes agricoles du Sud-Ouest de la France*, Toulouse, 1844.

Cotgrave,
    1611 *Dictionnaire*, 1611.

Coulogne (B.),
    1897 *Recueil de Proverbes*, Chaumont, 1897.

Crapelet (M.),
    1831 *Proverbes et Dictons populaires*, 1831.

Dallet (G.),
    1887 *La Prévision du temps et les Prédictions météorologiques*, Paris, 1887.

Dejardin (J.),
    1891 *Dictionnaire des spots ou proverbes wallons*, Liège, 1891.

Delsol (Paula),
    1970 *La Météorologie populaire*, Mercure de France, 1970.

Desruisseaux (Pierre),
    1976 *Dictionnaire de la météorologie populaire au Québec*, Éditions de l'Aurore, Montréal, 1976.
    1976 *Le Livre des proverbes québécois*, Hurtebise éditeur, Montréal, 1979.

Dethare,
    1868 *Chroniques du folklore berrichon*, Paris, 1868.

Doyon (Madeleine),
    1949 «Dictons et Remarques sur les sucres», *in* Publications de l'Université de Montréal : *Les Archives de folklore*, no 4, 1949.

Du Fail (Noël), pseud. Eutrapel et Léon Ladulphi, Sr de la Mérissaye,
    1547 *Les Propos rustiques*, J. de Tourmes, Lyon, 1547; rééditions au XVIᵉ siècle, et : Lemerre, Paris, 1878.
    1585 *Les·Contes et discours d'Eutrapel*, Rennes, 1585; rééditions aux XVIᵉ et XVIIᵉ siècles et : *Les Baliverneries et les Contes d'Eutrapel, Lemerre, 1894.*

Dufour (L.),
    1946 *La Météorologie populaire en Belgique*, Bruxelles, 1946.

Duplessis (M. G.),
    1897 *Bibliographie parémiologique*, Paris, 1847.
    1851 *La Fleur des proverbes français*, Paris, 1851.

Estienne (Henri),
    1591 *Précellence du langage français*, 1591.
    1594 *Prémices (...) ou Premier livre des proverbes*, 1594.

Finbert (Elian-J.),
    1962 *Dictons français de tous les jours*, Robert Morel éditeur, Forcalquier, 1962.
    1965 *Dictionnaire des proverbes du monde*, Paris, 1965.

Fleury de Bellingen,
    1656 *Étymologie des proverbes français*, La Haye, 1656.

Furetière (Antoine),
    1690 *Dictionnaire universel*, 3 vol., 1690; réédité par Le Robert, 1978, 3 vol.

Gaignebet (Claude),
    1974 *Le Carnaval*, Payot, 1974.

Gibault (Georges),
    1897 *Les Erreurs et les Préjugés dans l'ancienne horticulture*, extrait du «Journal de la Société nationale d'horticulture de France», cahier de mars 1897.

Gringore (P.),
    1533 *Notables Enseignements, Adages, Proverbes*, Lyon, 1533.

Gruter (J.),
    1610 *Florilège*, 1610.

Guibernatis (A. de),
    1878 *La Mythologie des plantes*, Paris, 1878.

Guillaume (Alfred),
    1971 *L'Âme du Morvan en patois*, Contes, légendes, chansons, prières, proverbes et dictons, croyances, coutumes, préjugés..., Avallon. 1971.

Hayet (Armand),
    1971 *Dictons, Tirades et Chansons des anciens de la voile*, Denoël, 1971.

Kérespert (Félix),
    *Météorologie du matelot*, Paris, sans date, probablement vers 1920.

Klipffel (Luc),
    1976 *Prévoir le temps par les dictons marins*, Arthaud, 1976.

Laisnel de la Salle,
    1875 *Croyances et légendes du Centre de la France*, Paris, 1875.

Lallement (Abbé Louis),
    1913 *Contes rustiques et folklore de l'Argonne, coutumes, blason populaire et patois*, Paris, 1913.

Lamesangère,
    1821 *Dictionnaire des Proverbes français*, Paris, 1821, 2e édition.

Lartigue (Robert),
    1978 *Les Dictons météorologiques de nos campagnes*, présentés par Albert Simon, Jean-Pierre Delarge éditeur, 1978.

Lateur (M.),
    1934 *Un peu de folklore. 400 locutions et dictons de nos régions minières de l'Artois*, Hénin-Liétard, 1934.

La Véprie (Jean de),
    1495 *Proverbes communs*, 1495.

Lavigne (L.),
    1940 *Le Patois de Cunières et du Verdunois*, Verdun, 1940.

Le Bon (J.), dit l'Hétropolitain.
    *Adages et Proverbes de Solon de Voge*, N. Bonfons, Paris, sans date.

Ledieu (Alcius),
    1906 *Blason populaire de la Picardie*, Paris 1906, t. I.
    1910 *Blason populaire de la Picardie*, Paris 1910, t. II.

Le Gai (H.),
    1852 *Encyclopédie des Proverbes français*, Paris, 1852.

Le Roux (P. J.),
    1718 *Dictionnaire comique*, 1718; rééditions 1752, 1786, 2 vol.

Le Roux de Lincy (Adrien-Jean-Victor),
    1842 *Le Livre des proverbes français*, Paulin, 1842, 2 vol.; réédition Slatkine,
        Genève, 1968. — N. B. Cet ouvrage fondamental est la principale source du
        présent choix.

Lespy (V.),
    1876 *Proverbes du Béarn*, Montpellier, 1876.

Levezier (M. A.),
    1907 *Recueil de pronostics normands et français, dictons, proverbes et maximes*,
        Paris, 1907.

Littré (Émile)
    1863-72 *Dictionnaire de la langue française*, 1863-1872, 4 vol. (et 1877, Supplément).

Loisel (Antoine),
    1607 *Institutes coutumières*, Paris, 1607; nouvelle édition, 1846.

Loubens (D.),
    1888 *Proverbes et Locutions de la langue française*, Paris, 1888.

Loux (Françoise) et Richard (Philippe),
    1978 *Sagesses du corps (la santé et la maladie dans les proverbes français)*, Maison-
        neuve et Larose, 1978.

Macé (H.),
    1533 *Mots et Sentences dorés du maître de sagesse Caton*, Lyon, 1533.

Madrelle (A.),
    1928 «Les Dictons météorologiques et agricoles en Touraine», in *Météorologie.*

Maloux (M.),
    1960 *Dictionnaire des Proverbes, Sentences et Maximes*, Larousse, Paris, 1960.

Marcel-Robillard (Charles),
    1966 *Le Folklore de la Beauce*, Maisonneuve et Larose éditeurs, 1966, 6 vol. Voir
        spécialement le 3ᵉ tome : «Dictons, propos et rubriques».

Merlet (Lucien),
    1892 *Dictons populaires pour les différentes époques de l'année*, Chartres, 1892.

Méry (M. C. de),
    1828 *Histoire générale des proverbes, adages, sentences, apophthegmes*, Paris, 1828,
        3 vol.

Meurier (G.),
    1568 *Recueil de Sentences notables et Dictons communs*, Anvers, 1568; réédition
        en 1617 «Trésor des sentences».

Mielot (J.),
    1456 «Proverbes français de Jehan Mielot», in *Proverbes français par ordre alpha-
        hétique*, 1456.

Miquet (François),
    1890 *Sobriquets patois et dictons des communes et hameaux de l'ancien Genevois*,
        Annecy, 1890.

Moisant de Brieux,
    1672 *Les Origines de quelques coutumes anciennes*, 1672.

Morawski (J.),
    1925 *Proverbes antérieurs au xvᵉ siècle*, Champion éditeur, Paris, 1925.

Moreux (Abbé Théophile),
    1919 *Comment prévoir le temps*, Paris, 1919.

Oudin (A.),
    1640 *Curiosités françaises*, Paris, 1640; rééditions 1649 et 1666; réédition Slatkine,
        Genève, 1971.

Panckoucke (J.),
  1749 *Dictionnaire des proverbes français*, Paris, 1749.

Pineaux (Jacques),
  1973 *Proverbes et Dictons français*, P. U. F., «Que sais-je?» Paris, 1973.

Pluquet (Frédéric),
  1834 *Contes populaires, préjugés, patois, proverbes, noms de lieux de l'arrondisse-
       ment de Bayeux*, Rouen, 1834.

Pourrat (Henri),
  1945 *Sous le pommier (les Proverbes de la terre, ou le Commencement de la
       Sagesse)*, Albin Michel, 1945.
  1960 *Le temps qu'il fait*, Albin Michel, 1960.

Quitard (P. M.),
  1842 *Dictionnaire étymologique, historique des proverbes...*, Paris, 1842; réédition
       Slatkine, Genève, 1968.
  1860 *Études historiques littéraires et morales sur les proverbes*, Paris, 1860.

Ravesteyn (P. de),
  1611 *Le jardin de récréation*, Amsterdam, 1611.

Richard (Gabriel),
  1963 «Les sobriquets en Lorraine dans la première partie du XIXᵉ siècle», in *Anna-
       les de l'Est*, Nancy, 1963.

Rolland (Eugène),
  1876 *Flore populaire ou Histoire naturelle des plantes dans leurs rapports avec la
       linguistique et le folklore*, Maisonneuve éditeur, 1876, 11 vol.
  1877 *Faune populaire de la France*, Maisonneuve éditeur, 1877, 13 vol.

Rozan (Charles),
       *Les Animaux dans les proverbes*, Ducrocq éditeur, Paris, sans date, 2 vol.

Saintyves (Pierre),
  1919 *Les notions de temps et d'éternité dans la magie et la religion*, Paris, 1919.
       — Texte repris dans *L'Astrologie populaire*, Paris, 1937.
  1937 *L'Astrologie populaire étudiée spécialement dans les doctrines et les traditions
       relatives à l'influence de la lune*, Paris, 1937.

Sébillot (Paul),
  1898 *Littérature orale de l'Auvergne*, Paris, 1898.
  1904 «Le Ciel et la Terre», in *Le Folklore de France*, Paris, 1904.
  1905 «La Mer et les Eaux douces», in *Le Folklore de France*, Paris, 1905.
  1906 «La Faune et la Flore», in *Le Folklore de France*, Paris, 1906.

Soland (A. de),
  1858 *Proverbes et Dictons de l'Anjou*, Angers, 1858.

Soulié,
  1892 *Sentences et Proverbes*, Paris, 1892.

Tuet (Abbé),
  1789 *Matinées senonaises ou Proverbes français*, Paris, 1789.

Tournier (Michel),
  1975 *Les Météores*, Gallimard, 1975.

Van Gennep (Arnold),
  1932-33 *Le Folklore du Dauphiné*, Maisonneuve éditeur, 1932-1933, 2 vol.
  1937-38 *Manuel de folklore français contemporain*, Auguste Picard éditeur, Paris,
          1937-1938, t. III et IV.
  1946 *Le Folklore des Hautes-Alpes*, Maisonneuve éditeur, 1946, t. I.
  1948 *Le Folklore des Hautes-Alpes*, Maisonneuve éditeur, 1948, t. II.

Vibraye (H. de),
    1934 *Trésor des proverbes français*, Paris, 1934.
Yard (F.),
    1930 *Almanach normand*, Rouen, 1930.
*Mélusine* (revue).
*R. T. P. :* Revue des Traditions populaires.

PREMIÈRE PARTIE

# PROVERBES
# DE LANGUE FRANÇAISE

choisis et présentés par

François SUZZONI

# PRÉSENTATION

Le destin des proverbes français peut-il se lire à travers les avatars de leur histoire
lexicographique ? Les clercs et les copistes anonymes du Moyen Âge qui nous ont
laissé, en pleine période de vitalité des proverbes, des listes abondantes de ces formules familières et pourtant déjà suffisamment énigmatiques pour susciter l'intérêt philologique naissant, percevaient-ils la menace de fossilisation qui guettait un
genre aussi dépendant de la tradition orale et de modes de vie en voie
de bouleversement ?
Avec l'apparition des ouvrages imprimés, les intentions des auteurs de recueils se
manifestent plus clairement. Depuis les humanistes du XVIᵉ siècle, soucieux, dans le
sillage d'Erasme, de reconnaître et consacrer les multiples formes du discours, jusqu'aux philologues positivistes de la deuxième moitié du XIXᵉ siècle, les proverbes
sont l'objet de plusieurs études notables. Mais cet intérêt érudit est déjà le signe
d'un déclin. Une coupure, en effet, s'instaure entre un usage proverbial vivant et
encore productif, abandonné au peuple illettré et voué à l'archaïsme culturel, et une
pratique lexicographique, diversement inspirée, mais conduisant à l'élimination pro-
gressive du proverbe de la langue « bien » parlée, celle des savants et de la cour.
En cela, le XVIIᵉ siècle porte un témoignage et une responsabilité exemplaires.
Après l'euphorie du siècle précédent, où l'essor de l'imprimerie, l'intérêt porté aux
langues vernaculaires, le renouveau d'une sagesse antique et évangélique — mais
l'adage et la sentence commencent à concurrencer le proverbe proprement dit —
se conjuguent en une sorte d'œcuménisme philologique favorable aux proverbes et
qui leur assure une large diffusion livresque, l'usage langagier va connaître, on le
sait, sa grande période d'assagissement et de normalisation.
On commence à s'apercevoir que la langue française n'est pas toujours bien fré-
quentée et que les proverbes sont au nombre des mauvaises rencontres qu'on peut
y faire. Ce constat entraîne des réactions différentes : alors que certains, comme
Nicole ou le Père Bouhours, ou encore Vaugelas, condamnent les proverbes à un
oubli méprisant, d'autres, tel Oudin (1640), invoquent l'argument de la curiosité ou
même de l'utilité pour proposer des recueils de ces étranges expressions qui rendent parfois si pittoresques et amusants, mais presque déjà incompréhensibles pour
l'homme du monde, les parlers populaires. D'autres, enfin, se livrent à un véritable
détournement du genre proverbial, au profit de divertissements de bonne compagnie — c'est l'époque des ballets (Bensérade) ou des comédies de proverbes, dont
la mode se poursuivra au XVIIIᵉ siècle avec Carmontelle et jusqu'à certains titres des
comédies de Musset.
Mais l'engouement mondain ou l'intérêt linguistique rejoignent ici la réaction puri-
taine du janséniste Nicole : ce qui est nié, et refoulé, c'est la force et la vitalité du proverbe, son emploi et sa nécessaire présence dans la spontanéité de la
parole ; exclusion volontaire ou inconsciente que ne peuvent masquer ni la curiosité
et l'audace un peu effrayée de l'interprète du Roi, Oudin, ni le succès parodique que connaissent les proverbes dans les milieux de la Cour. Le sort du genre
semble joué dans le titre significatif de l'ouvrage de P. J. Le Roux, paru au début

du XVIIIe siècle : *Dictionnaire Comique, satirique, critique, et burlesque, libre et proverbial* ; que de précautions pour amener le dernier terme !

Les *Fables* de La Fontaine ne doivent pas faire illusion. Elles participent elles aussi de cette entreprise de confiscation du discours populaire que fut, souvent, le siècle de Louis XIV (un autre exemple célèbre est celui des *Contes* de Charles Perrault). Une grande partie de leur succès social est dû aux expressions proverbiales qu'elles contiennent, mais en retour, beaucoup de proverbes nous sont restés connus et familiers grâce aux *Fables*, et non par le jeu attendu de la transmission orale : bel exemple de survie paradoxale, le proverbe devenant alors citation littéraire.

Au XIXe siècle, les dictionnaires se veulent historiques et étymologiques (Quitard, 1842 ; Le Roux de Lincy, 1859). Une nouvelle mutation s'est accomplie. Le proverbe d'objet de curiosité et de divertissement est devenu objet d'archive. Il y gagne en respectabilité. La sage rigueur du dictionnaire désamorce le défi inconvenant des origines roturières et de l'expression triviale. Les proverbes sont recueillis comme les témoins d'un monde qui s'éloigne, d'une langue au vocabulaire désuet, aux tournures vieillies. Ce nouveau zèle positiviste n'est pas dénué de parti pris : ces ouvrages consacrent la réconciliation d'un peuple que l'on découvre sage (la « sagesse des nations », un vieux mythe qui a la vie dure !) et d'une tradition féodale et monarchique. De quoi satisfaire les exigences d'un nationalisme à la recherche de ses fondements historiques. D'autre part, le fonds proverbial s'est enrichi au cours des siècles des adages de la tradition antique, grecque et latine, de citations devenues proverbiales, de préceptes évangéliques, d'aphorismes et de sentences d'une morale laïque plus récente. Entre une métaphore évangélique et une maxime de La Rochefoucauld le proverbe s'est assagi et purifié. Une sagesse universelle et éternelle égalise et récupère des énoncés venus souvent de milieux et d'époques bien différents, unifie les niveaux de langue, le discours savant et le parler populaire.

Sans doute, ces considérations n'intéressent qu'un nombre restreint d'utilisateurs de la langue. Le destin d'une tradition proverbiale aussi ancienne et enracinée dans le discours et l'imagerie populaires ne saurait dépendre de la décision d'un censeur ou d'une pratique lexicographique. Pendant cette longue période, les proverbes continuent de peupler le langage quotidien de l'immense majorité des Français : mais qui peut nier qu'en définitive la situation consciente et apparente de la langue française ne soit davantage déterminée par l'action délibérée de quelques grammairiens du Grand Siècle, que par son lent cheminement à travers la succession des générations ?

De même s'agit-il là de phénomènes linguistiques, encore que trahissant à l'évidence l'intention idéologique. Il faudrait, pour expliquer l'appauvrissement du fonds proverbial actuel et de son usage, évoquer des mutations plus larges et plus complexes ; économiques d'abord : transformations du monde rural, développement des villes, division, parcellisation du travail, recul et ruine de l'artisanat, remplacé par l'activité industrielle ; autant de bouleversements qui font exploser les cadres traditionnels. Cadres de la culture : alphabétisation, enseignement primaire, puis secondaire, diffusion de la grande littérature classique, extension triomphante du genre romanesque..., cadres scientifiques et technologiques enfin, qui rendent désuet tout un monde d'objets, d'outils et de techniques, familier de la littérature proverbiale. D'autres raisons de l'abandon progressif du proverbe tiennent aux conditions de son emploi, et apparaîtront mieux si on compare sa situation actuelle à la vitalité de la locution (attestée tout récemment par le dictionnaire de A. Rey et S. Chantreau paru dans la même collection). Proverbes et locutions puisent à un fonds lexical commun et leur origine repose sur des processus très voisins de la créativité de la langue. Mais là s'arrêtent les similitudes. La locution se glisse dans la phrase comme simple élément verbal ou nominal, en perdant le plus souvent un contenu sémantique propre et la force de son étymologie ; connotant tout au plus un niveau de langue ou une intention particulière du locuteur ; et son succès se nourrit de cette perte du sens...

Le proverbe, au contraire, est un énoncé fini, une phrase complète, dont le contenu résiste et garde une efficacité propre et intentionnelle. Il énonce, sous forme de citation non référenciée, un jugement, une observation ou une argumentation. De plus, il véhicule de façon prescriptive et répétitive un savoir étroitement lié à la mentalité de ses créateurs et premiers utilisateurs, c'est-à-dire à une vision du monde délibérément fixiste. L'expérience humaine y est jugée assez stable, assez définitive pour être mise en formules susceptibles de répondre à toutes les concurrences de la communication linguistique. Le proverbe semble ainsi voué, d'entrée, à l'archaïsme culturel et ne peut bénéficier de la neutralité de la locution.

Or, les beaux esprits, pas plus aujourd'hui qu'hier, ne veulent vivre de recettes. À la condamnation d'expressions jugées triviales et populaires s'ajoute le refus d'une « sagesse » perpétuant sa loi sous forme d'une mise en fiche proverbiale du comportement de l'individu.

Ces réflexions nous ont guidé dans le choix du classement proposé ici. Nous avons écarté un classement thématique et abstrait, dont le mérite aurait peut-être été de tenter une actualisation de l'emploi et de la signification des proverbes. Mais les rubriques auraient davantage relevé de catégories de pensée modernes (morales, psychologiques, sociales, etc.) que d'une fidélité illusoire à l'environnement socioculturel de nos ancêtres créateurs et consommateurs de proverbes. Quant à l'ordre alphabétique des mots-clés, rigoureux et plus objectif, il rend la lecture ingrate et voue le commentaire à la discontinuité et à la répétition. Il nous a semblé que l'intérêt d'un ouvrage de ce type, s'agissant des proverbes français dont le fonds est plus archaïque et surtout moins usité que celui d'autres cultures (voir la troisième partie de ce dictionnaire), était de mettre l'accent non sur l'emploi ou même la signification de ces proverbes, mais sur le problème de la production du sens, et de la métaphore.

Les proverbes tirent leur origine de l'observation du monde sensible et de l'expérience humaine. Il est possible, à partir de cette constatation, de délimiter des catégories stables et cohérentes (monde vivant, bestiaire, monde du travail, relations, échanges...), ordonnées dans une sorte de parcours anthropologique englobant tout le champ de l'expérience humaine. Nous avons choisi ces catégories comme première structure large et orientée de notre classement. À l'intérieur de chaque rubrique, notre souci principal a été de mettre en lumière le rôle de la métaphore. L'expression imagée est, en effet, la caractéristique la plus fréquente et la plus attendue de l'énoncé proverbial. Nous avons donc classé les proverbes en prenant pour base le « lexème » (mot, expression) support de la métaphore (animal, objet usuel, partie du corps humain...) ; un rapide commentaire initial souligne l'exploitation métaphorique à laquelle se prête le motif central, et évoque les possibilités qui se trouvent réalisées dans les exemples qui suivent le commentaire. Un nouveau classement intervient alors, qui groupe, par séries, les proverbes concernés par le lexème de base, suivant le « trait pertinent » (métaphoriquement pertinent) retenu dans l'énoncé-occurrence (mœurs d'un animal, usage de tel objet, détail anatomique...).

Une telle démarche nous éloigne d'une saisie, illusoire (parce que soumise à des déterminations socioculturelles révolues), de la « signification », que nous distinguerons ici du « sens » du proverbe, sans vouloir trop jouer sur les mots. La première est liée à l'emploi du proverbe, c'est-à-dire à son actualité, le second à sa production et à sa qualité d'objet-signe dans le discours.

Le sens est nécessaire à la saisie de la métaphore et il se trouvera précisé toutes les fois que le vieillissement du vocabulaire ou de la syntaxe risquera de le rendre incompréhensible. En outre, il réapparaît dans un index final. En revanche, nous ne rappelons l'emploi du proverbe qu'occasionnellement, lorsque cela peut éclairer sa place dans la rubrique, ou lorsque ce sens est l'objet d'un commentaire intéressant de l'auteur du recueil de référence.

Il faut remarquer d'ailleurs que le déclin des proverbes s'est accompagné d'un renoncement progressif à la métaphore. Les proverbes attestés plus récemment dans les recueils s'éloignent du domaine concret pour évoquer plus littéralement, et sur un mode abstrait, le monde moral ou affectif. Il ne s'agit pas de prétendre que les proverbes à base métaphorique sont toujours antérieurs aux autres, encore moins qu'ils sont les seuls authentiques ; le reste (adages, aphorismes, sentences...) n'étant que parents pauvres, annexions tardives.

En effet, beaucoup d'énoncés abstraits et moralisateurs sont attestés dès les premiers manuscrits (« L'homme propose et Dieu dispose » par exemple, ou bien : « Qui aime bien châtie bien ») mais là encore, ce qui est perdu avec le temps, ou parfois par la modernisation syntaxique, c'est la force de la formule, sa « frappe » (prosodie, rime, etc.), comme si celle-ci jouait le même rôle que la métaphore dans les autres énoncés : celui d'une griffe authentifiant le proverbe. L'appauvrissement du fonds proverbial français va de pair avec la perte d'une exigence rhétorique, comme si désormais plus rien du savoir humain ne pouvait se mettre en images ou en formules.

D'une façon générale, les proverbes non métaphoriques, largement représentés dans le choix que nous proposons, ne sauraient être considérés comme de simples doublets des autres, qu'ils expliciteraient sur un mode abstrait et forcément appauvri : « Bien mal acquis ne profite jamais » n'a pas la même valeur que « Ce qui vient de la flûte retourne au tambour » ou que « Farine du Diable retourne en son », même si ces trois proverbes se rejoignent dans leur emploi. Ces proverbes abstraits, opérant dans un domaine spécifique (monde moral, intellectuel, affectif), proviennent vraisemblablement de milieux linguistiques et sociologiques différents et relèvent d'autres intentions pédagogiques et moralistes. Pour toutes ces raisons, nous avons préféré les isoler et les grouper dans leur propre domaine de validité anthropologique. Mais une autre considération nous a conduit à privilégier le sens du proverbe plutôt que son emploi — que le classement thématique de l'index illustre mieux — c'est celle de l'*actualité* du proverbe, si l'on peut encore risquer ce terme après les analyses qui précèdent.

La publication d'un tel dictionnaire peut-elle se soutenir d'autres arguments que ceux de la curiosité, de l'intérêt archéologique — si légitime et nécessaire soit-il — ou, plus simplement de la fidélité à une pratique lexicographique ancienne ? On ne peut raisonnablement se référer au petit nombre de proverbes français encore en usage aujourd'hui pour justifier un recueil où les trois quarts des expressions citées échappent à la compétence linguistique courante.

C'est qu'il nous reste à interroger notre modernité, et à nous demander pourquoi elle est incompatible avec l'usage et surtout la productivité du proverbe, à la lumière de ce qui, jadis, rendait sa vitalité nécessaire.

Nous avons rappelé, comme éléments de réponse, l'évidence de mutations décisives. Les proverbes nous parlent d'une époque et d'un monde où l'intimité et la complicité de l'homme avec l'univers sensible, les objets, les animaux, étaient telles que le regard porté sur les choses et les êtres y découvrait la force de l'exemple et de la durée. Tout objet (le sac, la table, l'écuelle...) était lui-même et tous les autres ; le monde culturel renvoyait à l'homme l'image de sa propre permanence : le cheval n'ira jamais plus vite, l'âne ne pourra porter plus lourde charge, l'écuelle sera pleine ou désespérément vide, et le voisin ne sera jamais plus loin que la prochaine maison. Ces évidences ont une fonction : rappeler l'homme à la fatalité, à l'immuable. Aujourd'hui la qualité du regard a changé : nos yeux ne se fixent plus sur un univers immobile ; la source de la métaphore est, sur ce plan, tarie. Les animaux des proverbes ont disparu, les objets usuels ont l'existence éphémère et incertaine des signes et non la force tranquille des choses. Où le regard de l'homme se reposerait-il ? Comment une automobile — aujourd'hui l'objet le plus familier —

servirait-elle de support à la métaphore? Quelle est sa «vraie» nature? économique? fonctionnelle? technique? Nous percevons surtout en elle ce qui la distingue
des autres automobiles : puissance, confort, vitesse, moteur, carrosserie, etc. Nous
voyons des différences et non plus des similitudes. La technologie, le jeu du marché, la distinction sociale, toute une série de représentations secondaires, médiati-
sent notre rapport à l'environnement.
Le langage populaire, d'où jaillissait autrefois la métaphore proverbiale, a été le
premier touché par cette mutation. Une uniformisation linguistique que le rôle des
médias actuels accélère de plus en plus a fait disparaître cette opposition féconde
qui faisait que deux individus appartenant à des milieux culturels très éloignés
pouvaient parler le monde — leurs mondes —, chacun dans son propre registre :
l'un dans la spontanéité naïve et poétique du proverbe, l'autre dans l'abstraction
savante de l'adage ou de la sentence. On connaît le destin du discours théorique et
scientifique, sa marche de plus en plus solitaire ; le langage populaire d'aujourd'hui
semble réduit à en balbutier les retombées pratiques, techniques. La fréquentation
des proverbes français peut nous faire méditer sur le sens de cette parole perdue,
de ce regard oublié.

François SUZZONI

# CHAPITRE I

# la nature

D'une façon générale les proverbes français ne traduisent pas une inspiration particulièrement cosmique, encore moins animiste, contrairement à certaines cultures auxquelles on pourra les comparer avec intérêt sur ce point.

Le domaine de la nature qu'ils exploitent n'offre que quelques emplois très urbanisés (le soleil équivaut à la grandeur du Prince, par exemple). Les phénomènes naturels, comme le vent, la pluie ou le tonnerre ne sont que des acteurs modestes sur la scène des rivalités humaines et du profit.

Bien entendu, le lexique des éléments (eau, feu, etc.) est lui-même très productif; mais il s'agit là encore d'un monde investi davantage par les préoccupations pratiques des hommes, et souvent bien mesquines, que par les rêveries poétiques, avec lesquelles Bachelard nous a familiarisés.


## 1. LE SOLEIL

1  Le soleil luit pour tout le monde.

   → Le ciel est bleu partout.

2  Rien de nouveau sous le soleil.                    Origine biblique : Ecclésiaste I, 10.

3  En parlant du soleil on voit ses rayons.                             Québec.

   • Doublet laudatif du célèbre :

   → Quand on parle du loup on en voit la queue.

4  Le soleil n'échauffe que ce qu'il voit.                          Méry, 1828.

   • Les faveurs du Prince ne vont pas à ceux qui sont absents de sa cour.

5  On adore plutôt le soleil levant que le soleil couchant.

   • « On s'attache plutôt à faire la cour à un jeune prince qu'à un vieux » (Le Roux, 1752).


## 2. LA TERRE ET LES MONTS

6  Vantez les terres élevées mais tenez-vous sur les terres basses.    Suisse.

   • Admirez les héros mais ne les imitez pas.

7  Nulle montagne sans vallée.                                  Meurier, 1568.

   → Nul jour sans soir.

8  Deux hommes se rencontrent bien,

Mais jamais deux montagnes point. *Adages français*, XVI<sup>e</sup> s.

var. *régionale :*

◊ Deux rochers ne se rencontrent pas mais bien deux hommes. Dauphiné.

• Se dit en menaçant quelqu'un de représailles ou, plus généralement, pour signifier qu'il ne faut sous-estimer l'amitié ni la haine de personne.

9 Pierre qui roule n'amasse pas mousse.

var. *ancienne :*

◊ Pierre souvent remuée
De la mousse n'est vellée. Meurier, 1568.

• On ne gagne rien à courir le monde ; cf., dans un sens inverse, le n° 42. — Ce proverbe existe aussi en lituanien.

10 Fange sèche envy [difficilement] s'attache. Meurier, 1568.

• À l'adresse de ceux qui ont le cœur sec.

## 3. LES MÉTÉORES ET LES INTEMPÉRIES

11 Contre le tonnerre ne pète. Baïf, 1957.

• Image d'une grande force persuasive, dont on trouve des variantes, comme :

◊ À pisser contre le vent, on mouille sa chemise.

12 Toutes les fois qu'il tonne le tonnerre ne tombe pas. Académie, 1835.

• Les menaces ne sont pas toujours suivies d'effet.

13 Quand il tonne, il faut écouter tonner. *Adages français*, XVI<sup>e</sup> s.

• Il faut laisser passer l'orage.

14 Toujours ne dure orage ne guerre. La Véprie, 1495.

• Les plus mauvaises situations ont leur fin (cf. 17).

### La pluie

15 Petite pluie abat grand vent.

var. *ancienne :*

◊ À pou de pluie chiet grand vens
Et grand orgueil en pou de tens. *Prov. ruraux...*, XIII<sup>e</sup> s.

• Il suffit de peu de chose parfois pour faire cesser une grande querelle (Littré). — Ce proverbe existe en danois.

16 Pluie du matin n'arrête pas le pèlerin.

• Une difficulté initiale ne décourage pas l'homme décidé.

17 Après la pluie le beau temps. La Véprie, 1495.

• Cf. ci-dessus le n° 14.

18 Plus il gèle, plus il étreint. Panckoucke, 1749.

• Pour les malheureux exposés à un sort de plus en plus pénible.

### La neige

19 Quand la neige est sur le mont,
On ne peut attendre que le froid aux vallées.

- L'approche de la vieillesse, signalée par les cheveux blancs.

20  La neige qui tombe engraisse la terre.
- Dicton employé métaphoriquement.

21  On ne voit cygne noir, ni nulle neige noire.                    Meurier, 1568.
- Motifs familiers des anciennes fatrasies, invoqués ici à l'appui d'une vision prudente et conservatrice, et donc très peu poétique, du monde et de l'homme. Voir ci-dessous le n° 198 :
→ Nul lait noir, nul blanc corbeau.

### Le vent

22  Le vent de prospérité change bien souvent de côté.    *Almanach perpétuel...*, 1774.
- Image des vicissitudes du sort.

23  Ou vente ou pleut, si vet qui estuet.                     Ancien proverbe, XIIIᵉ s.
- Qu'il vente ou qu'il pleuve, celui qui doit aller va.
→ Besoin fait vieille trotter.

24  Le vent nettoie le froment
    Et les vices le châtiment.                          *Almanach perpétuel...*, 1774.
- Le châtiment nettoie les vices comme le vent enlève la balle du froment.

25  Tant vente qu'il pleut.                                          Bovelles, 1531.
- Dicton à usages métaphoriques variés : la constante porte sur le changement de situation et la causalité !

26  Le vent n'entre point s'il ne voit par où il pourra sortir.        Méry, 1828.

## 4. L'EAU

L'eau est un des champs métaphoriques les plus féconds : image du mouvement et de l'abondance (fleuve, mer), du changement et du mystère (eaux calmes, troubles, profondes), du danger (noyade) et surtout de l'efficacité la plus évidente liée au processus d'action le plus insignifiant (la goutte d'eau), elle permet d'illustrer par ses multiples aspects l'ambiguïté et la suspicion qui entourent l'activité économique : enrichissement rapide, épargne obstinée, profit illégitime, etc.

### La mer, les rivières et les ruisseaux

27  Goutte à goutte la mer s'égoutte.                             Meurier, 1568.
- L'océan même n'est fait que de gouttes (cf. aussi 38 et 39).

28  Les rivières retournent à la mer.
- «Ce que les officiers prennent aux princes, retourne à la fin dans leurs coffres», explique Oudin (1640). — Plus généralement :
→ L'argent va à l'argent.
◊ L'eau court toujours en la mer.                              Meurier, 1568.

29  Il passera bien de l'eau sous le pont...
- ... avant qu'un événement se produise.

30  Les rivières ne deviennent jamais grosses qu'il n'y entre de l'eau.
                                                            Lamesangère, 1823.

● Il n'y a pas d'effet sans cause et, plus particulièrement, il n'y a pas de fortune rapide sans qu'on ne puisse en soupçonner l'origine.

*var. régionale :*

◊ Les eaux grossissent mais pas sans être troublées.                    Agen.

31    Les petits ruisseaux font les grandes rivières.                    Gruter, 1610.

● Les petites économies font les grandes fortunes. Plus généralement correspond à :

→ Petite cause grands effets.

32    On ne se baigne jamais deux fois dans le même fleuve.

Proverbe d'origine grecque (Héraclite).

● Le caractère de l'homme, comme la situation où il se trouve, est toujours changeant.

33    Le monde est rond :
      Qui ne sait nager va au fond.                    Meurier, 1568.

● Seuls les habiles peuvent se tirer d'affaire.

34    Il n'est que de nager en grande eau.                    *Adages français*, XVIᵉ s.

● Il suffit de vivre dans l'abondance.

35    Bons nageurs sont à la fin noyés.                    *Adages français*, XVIᵉ s.

◊ Les meilleurs nageurs se noient.                    Méry, 1828.

36    Un noyé s'accroche à un brin d'herbe.

37    Dedans la mer de l'eau n'apporte.                    Baïf, 1597.

● Il est inutile d'apporter quelque chose là où elle est en abondance (cf. nº 501).

*Les propriétés de l'eau*

38    Goutte à goutte l'eau creuse la pierre.

● Image de la persévérance infinie et de l'efficacité. — Ce proverbe existe en vietnamien.

39    Goutte à goutte on emplit la cuve.                    Meurier, 1568.

→ Maille à maille se fait le hautbergeon.

40    Il n'est pire eau que l'eau qui dort.                    Ancien proverbe, XIIIᵉ s.

*var. anciennes :*

◊ Il n'est si périllouse eau que la coye.

◊ Aigue coye ne la croye [ne te fie pas à l'eau calme].

● Il faut se méfier des tempéraments doux et calmes.

41    La dernière goutte d'eau est celle qui fait déborder le vase.

● Ce proverbe tire parti du contraste entre l'insignifiance de la cause (dernière goutte) et l'effet produit (débordement du vase) pour signifier les changements subits et violents qui peuvent se produire chez certaines personnes lorsqu'elles sont poussées à bout.

42    Eau qui court ne porte point d'ordure.                    Prov. gallica, XVᵉ s.

● Sur le modèle de «Pierre qui roule n'amasse pas mousse» (cf. 9), mais avec une signification inverse. — Ce proverbe existe en créole et en malayalam.

43    L'eau trouble est le gain du pêcheur.                    Meurier, 1568.

● On peut tirer parti d'affaires mal gérées ou malhonnêtes.

44 Les eaux calmes sont les plus profondes.
● Proverbe d'origine latine : les fleuves les plus profonds sont ceux qui coulent avec le moins de bruit (Quinte-Curce, liv. VII).

### *L'eau du puits, la source et la fontaine*

45 Quand le puits est à sec, on sait ce que vaut l'eau.    Panckoucke, 1749.
● Sur le thème : « bien perdu, bien connu ».

46 Il faut puiser quand la corde est au puits.
● Il faut profiter de l'occasion qui s'offre.

47 C'est folie puiser l'eau au cribleau [avec un crible].
● Se donner inutilement du mal.

48 Il ne faut pas puiser au ruisseau quand on peut puiser à la source.
   Panckoucke, 1749.
● Il faut se servir directement à la source du profit.

49 À petite fontaine boit-on à son aise.    *Prov. ruraux...*, XIIIe s.
● Commodité du profit ; rapport entre le sujet et l'objet.

50 Il ne faut jamais dire : « Fontaine, je ne boirai pas de ton eau ».
   Quitard, 1842.

## 5. LE BOIS, LA FORÊT, L'ARBRE ET LE FRUIT

Le bois est d'abord nature vivante et animée, espace à parcourir et parfois à déchiffrer. N'oublions pas l'omniprésence de la forêt dans le paysage de l'ancienne Europe et les dangers aussi qu'elle représentait.
L'arbre est à la fois symbole de puissance et de solidité (le chêne, le vieil arbre, le gros de l'arbre), mais aussi l'image de la grandeur déchue et dépouillée (arbre abattu, arbre charmé). Associé au fruit, il renforce la vision fataliste qui domine dans les proverbes français, par l'image qu'il offre du déterminisme génétique le plus évident (« Tel arbre, tel fruit » : « Tel père, tel fils »).
Quant au fruit lui-même, doublement exploité dans sa constitution (noyau, amande) et son processus de maturation, il est une des nombreuses illustrations du profit (le fruit mûr) et de son mode d'acquisition.
● *N.B.* On trouvera regroupés sous la rubrique commune *bois/feu* d'autres proverbes concernant le bois, matière première source d'énergie, que la langue française, on le sait, ne différencie pas lexicalement.

### *Le bois*

51 Le bois a des oreilles et le champ des yeux.    Meurier, 1568.
*var. ancienne :*
◊ Bois a orelles et plain [plaine] a eus [yeux].    Morawski, 1925.
● Aujourd'hui on dit : « Les murs ont des oreilles » pour signifier qu'on n'est jamais assez prudent avec les indiscrets. Dans la langue médiévale, c'est la nature même qui est peuplée de témoins indésirables.

52 Qui craint les feuilles n'aille point au bois.    Le Roux, 1752.

◊ Qui a peur du loup n'aille pas au bois. Régional.

● Existe aussi en russe.

→ Qui craint le danger n'aille pas sur la mer.

53 Pour néant [pour rien] va au bois qui bois ne connaît. La Véprie, 1495.

● Sans savoir préalable, l'expérience est un échec.

### L'arbre

54 Vieil arbre d'un coup ne s'arrache. Baïf, 1597.

*var. ancienne :*

◊ Au premerin coup ne chiet [tombe] pas li chasnes. *Prov. ruraux...*, XIIIe s.

55 Le dernier coup abat le chêne. Manuscrit de Cambridge, XIIIe s.

56 Quand l'arbre est tombé, tout le monde court aux branches. Quitard, 1842.

● Image de la puissance déchue et dépouillée.

57 Quand l'acoma est tombé, tout le monde dit que c'est du bois pourri. Martinique.

58 Les branches des arbres trop chargés se rompent.

→ Trop de profit crève la poche.

59 L'arbre tombe toujours du côté où il penche. Québec.

● On agit toujours selon ses inclinaisons. Le français de France connaît la locution : «Pencher du côté qu'on va tomber». — Ce proverbe existe en russe et en rwanda.

60 Il faut se tenir au gros de l'arbre. Le Roux, 1752.

● «C'est-à-dire au parti juste et fort», selon Le Roux.

61 On ne jette de pierres qu'à l'arbre chargé de fruits. Quitard, 1842.

● On ne médit que de ceux qu'on envie.

62 D'un petit gland sourd [naît] un grand chêne. Baïf, 1597.

● Équivaut à :

→ Les petits ruisseaux font les grandes rivières.

63 Il ne faut pas mettre le doigt entre l'arbre et l'écorce. Quitard, 1842.

● Sens restreint : il ne faut pas intervenir dans les querelles des autres (scènes de ménage, par exemple).

64 Arbre trop souvent transplanté
Rarement fait fruit à planté [en abondance]. Meurier, 1568.

→ Pierre qui roule n'amasse pas mousse (cf. 9).

65 Il n'y a si petit buisson qui ne porte son ombre. Oudin, 1640.

● Il n'y a pas si petit ennemi qui ne puisse faire tort. — Ce proverbe existe aussi en allemand.

→ Un poil fait ombre.

66 Il vaut mieux être mûrier qu'amandier.

● «L'amandier est considéré comme le symbole de l'imprudence, parce que sa florai-son hâtive l'expose aux gelées du printemps ; et le mûrier comme celui de la sagesse,

parce qu'il fleurit à une époque où il ne peut éprouver aucun dommage»
(Quitard, 1842).

*L'arbre et le fruit*

67   Tel arbre tel fruit.                                                                 Meurier, 1568.
     → «Tel père tel fils» et, ci-dessous : «De noble plante...»

68   Bon fruit vient de bonne semence.                                                     Mielot, 1456.

69   De noble plante, noble fruit.                                                         Meurier, 1568.
     ● La nature illustre les déterminismes de la naissance. Le thème est plus général : il
       provient de la tradition évangélique (Matthieu 7, 15-20, etc.); cf. aussi 307-308.

70   Il n'y a si dur fruit et acerbe qui ne mûrisse.                                       Meurier, 1568.
     → Mauvaise graine croît toujours.

71   Mauvais est le fruit qui ne mûrit point.                                             MS, XIII<sup>e</sup> s.

72   Avec la paille et le temps
     Se mûrissent les nefles et les glands.                                               Meurier, 1568.
     ● Tout arrive avec le temps.

73   Entre deux verres la tierce est meure.                                    Ancien proverbe, XIII<sup>e</sup> s.
     ● Entre deux fruits verts le troisième est mûr.

*La poire*

74   Quand la poire est mûre, il faut qu'elle tombe.
                                                       Carmontelle, *Proverbes* (*in* Maloux, 1960).

75   Il faut garder une poire pour la soif.                                              Le Roux, 1752.
     ● Il faut garder quelque chose pour le besoin.

*La pomme*

76   La pomme ne tombe jamais loin de l'arbre.
     ● Le produit n'est jamais bien loin de sa source; il n'y a pas d'effet sans cause.
     — Ce proverbe existe en allemand.

77   Toujours siet [sied, convient] la pomme au pommier.
     ● Appariement logique.

*Autres fruits*

78   Les hommes sont comme les melons :
     Sur dix, il y en a un de bon.                                                       Régional, Agen.

79   Il ne faut pas confondre le coco et l'abricot :
     Le coco a de l'eau, l'abricot un noyau.                                               Martinique.
     ● Toute comparaison est odieuse.

80   Il faut casser le noyau pour en avoir l'amande.                                       Tuet, 1789.
     ● Pas d'avantage, de profit sans effort. — Ce proverbe existe en anglais.

81   Biaux noiaux gist sos foible escorce [Beau noyau gît sous faible écorce].
Ancien proverbe, XIII<sup>e</sup> s.

82   Au fond du taillis sont les mûres.                    MS, XIII<sup>e</sup> s. (*in* Maloux, 1960).
 ● Ces trois proverbes évoquent l'idée de l'effort à accomplir pour obtenir un bien
 désiré. En outre, 81 rappelle qu'il ne faut pas se fier aux apparences.

*Plantes et fleurs*

83   Mauvaise herbe croît soudain.                              Meurier, 1568.

 ◊ Mauvaise graine est tôt venue.                     La Fontaine (*Fables*, I, 8).

84   Le lierre meurt où il s'attache.              Ancien proverbe, XV<sup>e</sup> s. (*in* Maloux, 1960).
 ● Le lierre est le symbole de la fidélité.

85   Ce cuide li lierre
     Que tuit soyent ses freres.                              Ancien proverbe, XIII<sup>e</sup> s.
 ● Le lierre croit trouver des frères partout, Le sentiment de l'identité incite aux rapports étroits.

86   Nulle rose sans épines.                                    Meurier, 1568.

 → Nul bien sans peine.

87   Il n'est si belle rose qui ne devienne gratte-cul.
 ● «Tout enlaidit avec l'âge» (Oudin, 1640). — Ce proverbe existe aussi en danois.

88   L'épine en naissant va la pointe en avant.                 Quitard, 1842.
 ● «Le naturel du méchant se manifeste dès sa plus tendre enfance» (*ibid.*).

## 6. LE BOIS ET LE FEU

 Exemple privilégié de la relation *cause/effet*, il permet d'illustrer symboliquement
 le résultat de certaines activités humaines, appréciées à la qualité de l'effort produit ou au mérite de leurs auteurs. La même relation se retrouve dans le couple
 métaphorique *feu/fumée*, comme dans le proverbe bien connu :
 Il n'y a pas de fumée sans feu.
 Autre emploi métaphorique ; le feu couvert signifiant la passion cachée mais
 ardente. Notons enfin l'avantage que peut tirer l'énoncé proverbial, dans sa
 recherche de la concision et de la force expressive de l'image, de cette dernière
 particularité : une simple différence d'intensité pouvant transformer une situation
 confortable en son contraire : chaleur et brûlure :
 De trop près se chauffe qui se brûle.

89   Il n'est feu que de gros bois.                             Meurier, 1568.
 ● La vigueur de l'âge mûr.

90   Il n'est feu que de bois vert.
     *var. ancienne :*
 ◊ Verde bûche fait chaut feu.                              La Véprie, 1495.
 ● La *flamme* de la jeunesse.

91   Le bois tordu fait le feu droit.
     *var. anciennes :*
 ◊ Bûche tortue fait bon feu.                               Meurier, 1568.

◊ De torte bûche fait l'en droit feu.                          Ancien proverbe, XIIIe s.
  ● Peu importent certains défauts si le résultat est atteint ; et aussi : il ne faut pas se fier
  aux apparences.

92  Quand il n'y a pas de bois mort on en fait.
  ● Se dit à propos des arbres charmés (Littré).

93  En un coup se fend la bille.
  ● Le résultat s'obtient d'un coup, même après de longs efforts ; les plus résistants
  cèdent d'un seul coup.

94  Fagot a bien trouvé bourrée.                                Baïf, 1597.
  ● Contrairement au *fagot*, la *bourrée* est uniquement composée de menus branchages.
  → Il n'est si méchant pot qui ne trouve son couvercle.

95  Il y a fagot et fagot.                          Molière, *Le Médecin malgré lui.*
  ● Il y a gens et gens... Thème de l'individualité à l'intérieur de l'espèce.

96  Chacun buchet fait son tison.                        *Proverbe gallica*, XVe s.
  ● *Bûchet* ou *bûchette* : petite bûche.

97  Tison brûle tison.                                          Bovelles, 1531.

98  Petite étincelle engendre grand feu.                        La Véprie, 1495.
  → Petite cause grands effets.

99  En petite cheminée fait on bien grand feu.                  La Véprie, 1495.
  ● Ce n'est pas la taille qui compte.

### Le feu et la fumée

100  On ne saurait faire le feu si bas que la fumée n'en sorte. *Adages français*, XVIe s.

101  Il n'y a pas de fumée sans feu.
  ● Il y a toujours quelque chose de vrai dans les racontars. — Ce proverbe existe aussi
  en anglais.

102  Il n'est jamais feu sans fumée.                            *Adages français*, XVIe s.
  ● Ce proverbe est mieux attesté dans les recueils anciens que le précédent ; il pouvait
  s'entendre aussi dans le même sens (Le Roux, 1752).

103  Toujours fume le mauvais tison.
  ● Image du naturel vicieux.

104  La flamme suit de près la fumée.
  ● Ici, la fumée correspond aux signes et aux effets décevants d'une activité, mais qui
  précèdent de peu le résultat attendu.

105  Il ne faut pas jeter de l'huile sur le feu.
  ● Il ne faut pas attiser les querelles.

106  Le feu le plus couvert est le plus ardent.                 La Véprie, 1495.
  ● Les plus fortes passions sont les plus secrètes.

107  Feu ne sera ja bien couvert là où il y a autrui sergent.   *Prov. gallica*, XVe s.

● Le feu ne sera jamais bien couvert là où il y aura le serviteur d'un autre.

→ On n'est jamais si bien servi que par soi-même.

108    Qui a besoin de feu, avec le doigt il le va querre [chercher].       Vibraye, 1934.

● Quand on a vraiment besoin de quelque chose... La force de l'image vient ici de ce que le feu est à la fois l'objet désiré et la cause du mal.

109    De trop pres se chauffe qui se brûle.                              Meurier, XVIᵉ s.

*var. ancienne :*

◊ Tex cuide chauffer qui s'art [Tel pense se chauffer qui se brûle].

                                                          Ancien proverbe, XIIIᵉ s.

110    Ce que vous avez perdu dans le feu, vous le retrouvez dans la cendre.

                                                                    Martinique.

● Rien n'est jamais définitivement perdu. — Ce proverbe existe en créole.

CHAPITRE II

# le bestiaire

« Les bêtes, c'est comme les gens », dit un proverbe que nous aimerions prendre
pour un instant dans un sens un peu différent de son emploi habituel. Il semble
justifier par avance toute l'entreprise proverbiale. Car, c'est bien en s'autorisant
d'une telle analogie que l'homme des proverbes et d'une certaine littérature a
investi le monde animal du soin d'expliciter les mécanismes de son être social et
culturel, invoquant, devant son image confuse et insaisissable, la garantie représentative d'une nature animale fidèle et immuable.

Nous présentons, groupés dans cette rubrique, un premier lot de proverbes dont
la base métaphorique est tirée du bestiaire. Bien que l'homme soit la visée unique
et ultime de tous ces proverbes, il nous a semblé indispensable, dans la perspective globalement anthropologique de notre classement, de distinguer l'animal
familier de l'environnement domestique et du travail de l'homme de l'animal que
l'on dira, pour aller plus vite, plus lié à l'élément naturel qu'au domaine humain :
animal «sauvage», c'est-à-dire lointain et parfois dangereux, animal nuisible
ou inquiétant.

Deux groupes spécifiques sont essentiels, ceux des oiseaux et des poissons, auxquels nous avons joint, par souci de simplification, un certain nombre de proverbes concernant l'activité de la chasse et de la pêche.

On se reportera aussi au «bestiaire» des dictons (IIᵉ partie, chapitre II) et au
chapitre IV de cette partie : l'âne, le cheval, le bœuf, la vache, le mouton, les
volailles s'y retrouvent avec le chat et le chien.

## 1. LES BÊTES : PROVERBES GÉNÉRAUX

111    Les bêtes, le baptême mis à part, sont comme les gens.        Régional, Savoie.
    ● Une bête peut souffrir tout comme un homme, et, implicitement, l'appartenance reli-
gieuse, liée à l'humanité, ne suffit pas à la définir.

112    Deux bêtes paissent bien en un pré.        Le Gai, 1852.
    ● Il y a de la place pour deux personnes qui convoitent la même chose.

113    Deux loups mangent bien une brebis
    Et deux cordeliers une perdrix.

114    Morte la bête, mort le venin.
    ● Un ennemi mort ne peut plus nuire.

115    En la queue et en la fin
    Gît de coutume le venin.        Meurier, 1568.
    ● Proverbe latin : *In cauda venenum.*

116    Quand Jean Bête est mort, il a laissé bien des héritiers.    Panckoucke, 1749.
● Il y a encore bien des ignorants et des sots au monde...

117    Quand le soleil est couché, il y a bien des bêtes à l'ombre.    Oudin, 1640.
● Même signification que le précédent.


## 2. ANIMAUX SAUVAGE                    *Le roi des bêtes : le lion*

118    À l'ongle on connaît le lion.    Quitard, 1842.
● Proverbe d'origine grecque, «Il suffit d'un seul trait pour faire connaître un homme de grand talent ou d'un grand caractère» (Quitard).

119    Il n'y eut jamais peau de lion à bon marché.    G. Herbert, 1656 (*in* Maloux, 1960).
● Autrement dit : ce qui est rare est cher.

120    La fièvre quarte sied bien au lion.
● «Les maladies rendent l'orgueilleux plus sensé» (Méry, 1828),
— Voir aussi : la souris au n° 138.


*La belette*

121    Il faut se méfier même d'une belette morte.    Méry, 1828.


*Le crapaud et la grenouille*

122    Au diable tant de maîtres, dit le crapaud à la herse.    MS, XIIIᵉ s.
● Effet comique dû aux dents multiples de la herse.

123    Qui crapaud aime lunette lui ressemble.    Ancien proverbe, XIIIᵉ s.
● *Lunette* = petite lune : terme admiratif, puissance de l'amour ! (cf. 395).

124    Il n'y a pas de grenouille qui ne trouve son crapaud.    Régional, Centre.

125    Le naturel de la grenouille
Est qu'elle boit et souvent gazouille.    Meurier, 1568.

126    Il y a raine et reine.    Suisse, Jura.
● Jeu homonymique sur le thème : «il ne faut pas confondre...». — *Raine*, du latin *rana* = grenouille ; cf. *rainette*.


*Le hérisson*

127    Parez un hérisson, il semblera baron.    Cotgrave, 1611.


*Le rat*

— Voir ci-dessous, chap. IV : le chat et le rat.


*Le serpent*

128    Couleuvre lovée ne peut être grasse.    Guadeloupe.
● Une couleuvre qui dort trop ne peut pas engraisser.

129    Serpent qui change de peau est toujours serpent.    Martinique.

*Le lézard*

130   Si l'anoli était de la bonne viande, il ne se promènerait pas sur les bar-
      rières.                                                              Guadeloupe.
      ● L'*anoli* est un petit lézard.

131   L'anoli sait sur quel arbre il monte.                               Guadeloupe.
      → Bien sait le chat quelle barbe il lèche.

*Le loup, le renard*

      — Voir chap. IV : la brebis et le loup ; et ci-dessous, le paragraphe qui leur
      est réservé.

*Le singe*

132   La pomme est pour le vieux singe.                                   Quitard, 1842.
      ● L'avantage va à celui qui a le plus d'expérience.

133   Ce n'est pas à un vieux singe qu'on apprend à faire la grimace.

134   Un singe vêtu de pourpre est toujours un singe.

135   Plus le singe s'élève, plus il montre son cul pelé.                 Quitard, 1842.
      ● Une position brillante révèle davantage les défauts et les limites d'un parvenu.

136   À force de caresser son petit le macaque l'a tué.                   Martinique.
      ● À vouloir trop bien faire...

*La souris*

137   La souris qui n'a qu'un trou est bientôt prise.                    Le Roux, 1752.
         *var. ancienne :*
      ◊ Dolente la souris
         Qui n'a qu'un seul pertuis [trou].                        Ancien proverbe, XIIIᵉ s.

138   Mieux vaut être tête de souris que queue de lion.                   Québec.
      ● Ce proverbe existe en espagnol et en romani.
      — Voir ci-dessous, chap. IV : le chat et la souris.

## 3. LE LOUP ET LE RENARD

Le loup et le renard doivent leur succès dans l'imagerie populaire à la complémentarité exemplaire de leurs mœurs. Dans la peinture franche et souvent brutale que les proverbes français nous proposent des rapports de force qui régissent les relations humaines, ils se partagent équitablement les rôles principaux :
au premier la force affichée et cruelle, au second la ruse.
On s'aperçoit que de telles images servent moins à illustrer (on serait tenté de
dire à « personnifier », si le mot ici ne faisait sourire) ces mécanismes abstraits,
la force et la ruse, qu'à les fonder légitimement en nature. L'ordre naturel n'est
pas requis par la métaphore proverbiale pour expliciter les phénomènes sociaux
ou inter-individuels, le culturel en général, mais pour le dénoncer comme leurre,
leurre idéologique et symbolique.
Le « naturel » du loup est suffisamment connu pour qu'il ne soit pas nécessaire
d'en préciser les emplois proverbiaux. Remarquons seulement que l'intérêt ne

réside pas tant dans le rappel de son application au domaine humain que dans l'usage qui en est fait : l'important n'est pas de dire qu'il y a des hommes qui se conduisent comme des loups, ou comme des renards, mais qu'on ne saurait être déchargé de toute responsabilité quand on devient leur victime, tellement leurs intentions sont claires et connues. C'est la leçon des proverbes et bien souvent aussi celle des *Fables* de la Fontaine :

Quiconque est loup agisse en loup.

La scène sociale serait plus fréquentable si chacun acceptait d'assumer son rôle, fût-ce celui du méchant.

### Le naturel du loup

139   En la peau où le loup est, il y meurt.                    *Adages français*, XVIᵉ s.

    *var. ancienne :*

    ◊ En tel pel comme li lous vait en tel le convient morir.    Ancien proverbe, XIIIᵉ s.

140   Le loup change de poil, mais non de naturel.               *Lamesangère*, 1821.

    ● Ce proverbe existe aussi en bulgare.

    *var. ancienne :*

    ◊ Le loup alla à Rome et y laissa son poil mais non ses coutumes.

141   Tant vit le loup qu'il devient vieux.                      *Bruscambille*, XVIIᵉ s.

142   Jamais loup ne vit son père.                              *Fleury de Bellingen*, 1656.

    ● Le loup désigne ici le bâtard.

143   Les loups ne se mangent pas entre eux.                      *Académie*, 1835.

    *var. ancienne :*

    ◊ Un loup ne mange point l'autre.                         *La Véprie*, 1495.

144   Au loup ne faut [manque] la rage à prendre.                 *Baïf*, 1597.

### Le loup et sa proie

145   On crie toujours le loup plus grand qu'il n'est.            *La Véprie*, 1495.

    ● On a toujours tendance à exagérer l'importance du péril.

146   Le dernier, le loup le mange.                              *Gruter*, 1610.

147   Qui se fait bête, le loup le mange.                         *Oudin*, 1640.

    ● Les gens trop dociles ou trop patients sont des proies faciles pour ceux qui cherchent à leur nuire.

148   Homme seul est viande [nourriture] à loups.                *Adages français*, XVIᵉ s.

    ● Thème de la solidarité nécessaire.

149   Où le loup trouve un agneau
    Il y en cherche un nouveau.                             *Meurier*, 1568.

150   À mal berger qui loup aime.                                *Proverbe ancien*, XIIIᵉ s

    ● Le berger qui aime le loup est un mauvais berger. Altération probable du suivant.

151   À mol bergier chi lous laine.                              *Prov. ruraux...*, XIIIᵉ s.

    ● À berger indolent le loup prépare du tourment.

152     Il ne faut pas mettre le loup berger.                              Régional, Agen.

        ◊ Il ne faut pas donner de brebis à garder au loup.
        • Ce proverbe existe en langue indienne.

153     Quiconque est loup agisse en loup.
                                        La Fontaine, *Fables*, III, 3 : « Le Loup devenu berger ».

154     Il faut hurler avec les loups.                                     Meurier, 1568.
        • Il faut adopter les moeurs de ceux que l'on fréquente.

155     La faim fait sortir le loup du bois.                               Meurier, 1568.

        *var. ancienne :*
        ◊ La faim enchace le loup du bois.
                                                              Ancien proverbe, XIIIᵉ s.

156     Quand on parle du loup on en voit la queue.                       La Véprie, 1495.
        • Se dit lorsque survient une personne dont on est précisément en train de parler, pres-
        que toujours dans une acception péjorative qui fait pendant à :
        → Quand on parle du soleil on en voit les rayons.

157     Tandis que le loup chie, la brebis s'enfuit.                      Lamesangère, 1821.
        • « Ce proverbe signifie que ni la force ni l'agilité ne dispensent de se tenir sur ses gar-
        des » *(id.).*

                                                        *Le loup chassé et pris*

158     Quand le loup est pris, tous les chiens lui lardent les fesses.    Oudin, 1640.
        → Quand l'arbre est tombé, tout le monde court aux branches.

159     Tel loup tel chien.
        → À bon chat bon rat.

160     Si on savait où le loup passe, on irait l'attendre au trou.       Régional, Savoie.
        • Supposition absurde.

161     Si on savait les trous, on prendrait les loups.                   Régional.
        • Si on connaissait toutes les données d'un problème, on le résoudrait facilement.
        — Cf. dans le chapitre des animaux domestiques : la brebis et le loup.

                                                                *Le renard*

162     En sa peau mourra le renard.                                      Le Roux, 1752.
        • Même signification que le suivant.

163     Le renard change de poil mais non de naturel.                     Quitard, 1842.
        • « Et que le vieux renard toujours reprend demeure
        Bien qu'il change de poil, de place et de demeure. »      (Bruscambille, *Voyage d'Espagne.*)

164     Enfin les renards se trouvent chez le pelletier.
        • « On est enfin puni de ses méchancetés » (Oudin, 1640).

165     À la fin le renard sera moine.                                    Cotgrave, 1611.
        • À long terme tout est possible ; ou : le temps réunit les contraires.

166     Chaque renard porte sa queue à sa manière.                        Régional.

→ Chacun ses goûts.

167 À renard endormi ne vient bien ni profit.

◊ À renard endormi ne lui chest [tombe] rien en la gorge. La Véprie, 1495.

168 Il est avis au renard que chacun mange poule comme lui. Méry, 1828.

● Chacun (et notamment le méchant) juge les autres par lui-même.

*La ruse du renard*

169 Un bon renard ne mange jamais les poules de son voisin.

● « Quand on veut faire quelque chose de mal, il ne faut pas être en pays de connais-sance ». (Le Roux, 1752.)

170 Un renard ne se laisse pas prendre deux fois à un piège.

171 Avec le renard on renarde. Baïf, 1597.

◊ À renard renard et demy. Meurier, 1568.

→ Il n'y a si fin renard qui ne trouve plus finard.

172 Il faut coudre la peau du renard avec celle du lion. Le Roux, 1752.

● Il faut savoir allier la force avec la ruse.

173 Il ne faut pas se confesser au renard.

● Il ne faut pas faire de confidence à celui qui est susceptible d'en tirer parti (cf. 478).

174 Le renard cache sa queue.

● L'homme habile dissimule ses intentions.

## 4. LES OISEAUX

La multiplicité des espèces engendre une utilisation proverbiale nombreuse et variée selon les types, les mœurs (aigles, coucous, etc.), les motifs métaphori-ques attendus (la cage, le nid, les plumes), ou encore la valeur gastronomi-que (alouettes).

D'une façon générale, l'oiseau se prête bien à la vision fixiste ou déterministe qui prévaut dans les proverbes français.

On trouvera en fin d'énumération les proverbes qui concernent la chasse (gibier à plume). Nous les avons regroupés, parce qu'ils illustrent une activité humaine spécifique, à la technique délicate et aux résultats incertains, symbolisant toute une conception de l'action et surtout des rapports humains ; le vieil oiseau (comme, on vient de le voir, le vieux singe) valant pour l'homme âgé et expéri-menté qui ne se laisse pas abuser par des ruses grossières.

*L'oiseau en cage*

175 La belle cage ne nourrit pas l'oiseau. Académie, 1835.

176 Quand la cage est faite, l'oiseau s'envole. Oudin, 1640.

→ Quand la maison est achevée de bâtir, le maître meurt (cf. 179).

177 Mieux vaut être oiseau de bocage que de cage. Meurier, 1568.

*L'oiseau et son nid*

178    C'est un vilain oiseau que celui qui salit son nid.
- Celui qui médit de sa propre maison est méprisable.
→ Il faut laver son linge sale en famille.

179    Nid tissu et achevé
Oiseau perdu et envolé.                                    Meurier, 1568.
- Même signification que plus haut, avec l'image de la cage (cf. 176).

180    Petit à petit l'oiseau fait son nid.                    Académie, 1835.
- Image de l'obstination et de la persévérance.

181    À chacun [chaque] oiseau son nid semble beau.          *Prov. ruraux..., XIII*e s.
- Ce proverbe existe aussi en allemand.

                                                                 *La plume*

182    La belle plume fait le bel oiseau.

183    Plume nourrit.
Plume détruit.                                            Meurier, 1568.
- On mange les oiseaux et on se sert de leurs plumes pour fabriquer des flèches. Ce proverbe a pu s'appliquer à l'écrivain.

184    Il n'y a pas de plume tombée sans oiseau plumé.
- Sur le « motif » proverbial de : *il n'y a pas d'effet sans cause.* S'y ajoute ici l'idée qu'il n'y a pas de bonne affaire sans victime.

185    Plus l'oiseau est vieux, moins il veut se défaire de sa plume.   Oudin, 1640.
- Les plus vieux sont les plus difficiles à tromper.

                                                                 *Les ailes*

186    Oiseau ne peut voler sans ailes.                       La Véprie, 1495.

                                                                 *Le chant*

187    L'oiseau l'on connaît au chanter.                      Baïf, 1597.
- On reconnaît l'oiseau à son chant.

                                                                 *L'œuf*

188    De put oef, put oisel [De méchant œuf, méchant oiseau].
                                                        Ancien proverbe, XIII*e s.
- Proverbe de la causalité morale ; cf. ci-dessous, n° 195, le corbeau, par une détermination inverse.
— Voir aussi : l'œuf et la poule.

                                                                 *L'aigle*

189    L'aigle ne chasse point aux mouches.                   Quitard, 1842.
- Ce proverbe existe aussi en Inde.

190    L'aigle n'engendre pas la colombe.

*La colombe*

191   Craignez la colère de la colombe.                              Quitard, 1842.

   → Quand les brebis enragent, elles sont pires que les loups.

*L'alouette*

192   Les alouettes rôties ne se trouvent pas sur les haies.

   ◊ Les alouettes rôties ne tombent pas dans la cheminée.          Suisse.

193   Si le ciel tombait, il y aurait bien des alouettes de prises.   Quitard, 1842.

   ◊ Si les nues cheoit, les aloes sont toutes prises.           *Prov. gallica*, XVᵉ s.

   ◊ Si la mer bouillait, il y aurait bien des poissons cuits.

   • Type de la supposition absurde :

   → Avec des si, on mettrait Paris dans une bouteille.

194   Faute de froment, les alouettes font leur nid dans le seigle.   Finistère.

*Le corbeau et la corneille*

195   De mauvais corbeau, mauvais œuf.                              Oudin, 1640.

   • Quitard (*Dictionnaire des proverbes*, 1842) rappelle, comme étymologie légendaire de
   ce proverbe, la mésaventure de Corax le Syracusain (grec : *Corax*, corbeau), dépassé
   en subtilité rhétorique et abusé par son propre élève.
   Il est évident qu'il n'est pas nécessaire de recourir à une telle explication ; ce proverbe
   illustre comme beaucoup d'autres la vision déterministe de la « nature » humaine qui
   prévaut dans les proverbes français.

196   Jamais un corbeau n'a fait un canari.                         Régional, Savoie.

197   Les corbeaux ne crèvent pas les yeux aux corbeaux.            Meurier, 1568.

   • Dans le *Trésor des sentences*, on trouve aussi la précision explicative : « Corbeaux avec
   corbeaux ne se crèvent jamais les yeux, non plus que les brigands. » — Ce proverbe existe aussi en bulgare et en grec.

   → Les loups ne se mangent pas entre eux.

198   Nul lait noir, nul blanc corbeau.                            Bovelles, 1557.

   • Le proverbe français est peu enclin à la fatrasie, mais il en utilise souvent le procédé
   *a contrario*. Cf. ci-dessous le thème de la neige noire, etc.

199   Ce que chante la corneille,
      Si [ainsi] chante le cornillon.                          *Prov. gallica*, XVᵉ s.

   • Concerne le mimétisme servile. On trouve une variante avec : «... le moine,... le moinillon. »

200   Chaque corneille pique sa noix.                              Régional, Poitou.

   → Chaque bœuf connaît son piquet.

*Le coucou*

201   Les coucous ne font pas les merles.                          Guyenne.

202   Les coucous pondent toujours dans le nid des autres.          Régional, Agen.

*Le busard*

203   On ne peut faire un épervier d'un busard.                          Le Roux, 1752.
      • «... faire d'un ignorant un habile homme, d'un fat un homme d'importance» *(ibid.).*

*L'étourneau*

204   Les étourneaux sont maigres, parce qu'ils vont en troupes.
      • Le «collectivisme» n'a pas bonne réputation dans les proverbes français, issus d'une
      société fondée — après la féodalité — sur la propriété rurale privée. — Ce pro-
      verbe existe aussi en langue d'oc.

*L'hirondelle*

205   Une hirondelle ne fait pas le printemps.                           Le Roux, 1752.
      • «Un exemple ne suffit pas pour autoriser quelque chose» *(ibid.).*

*Le merle*

206   Or commence le merle à faire son nid.                      *Prov. gallica*, XV<sup>e</sup> s.
      • Il faut commencer par le commencement.

*La perdrix*

207   Perdrix qui court étend les ailes.                                 Quitard, 1842.

*Le pic*

208   Ce sont les plus vieux pics qui ont le bec le plus dur.            Suisse.

*La pie*

209   Il ne fut une pie qui ne ressemblât de la queue à sa mère          Du Fail, 1585.

*Le pigeon*

210   Le pigeon saoul [gavé, repus] trouve les cerises amères.           Cotgrave, 1611.

*Le rouge-gorge*

211   Il n'y a qu'un rouge-gorge par jardin.
      • Certains oiseaux ont un territoire qu'ils occupent seuls. Mais le rouge-gorge est ici
      valorisé et lié au thème de la répartition des richesses.

*La chasse aux oiseaux*

212   Au premier son, on ne prend la caille.                           MS, XV<sup>e</sup> s.
      • L'appeau n'agit pas du premier coup : le succès requiert une certaine persévérance.

213   On ne prend pas les oiseaux à la tarterelle.              Ancien proverbe, XIII<sup>e</sup> s.
      • La *tarterelle* est une crécelle.

214   On ne prend pas les vieux moineaux avec de la paille.              Régional.
      • Ce proverbe existe en lituanien.

215 On ne prend pas les vieux merles à la pipée.

216 Vieil oiseau ne se prend à rets. Cotgrave, 1611.
   ● Thème de l'expérience, comme le précédent.

217 Le moineau dans la main vaut mieux que la grue qui vole. Méry, 1828.
   → Un «tiens» vaut mieux que deux «tu l'auras».
   ● Ce thème proverbial est universel.

218 Un bon oiseau se dresse de lui-même. Panckoucke, 1749.
   ● Un bon naturel n'a pas besoin d'instruction.

## 5. LES POISSONS ET LA PÊCHE

En dehors d'un petit nombre de proverbes, variations sur des thèmes communs et familiers, c'est le domaine de la pêche qui fournit ici la meilleure spécificité métaphorique, avec ses deux caractéristiques dominantes :
*a)* La pêche, technique délicate symbolisant un certain savoir-faire dans le domaine des relations humaines, tout particulièrement la conquête des femmes difficiles (la pêche à l'anguille).
*b)* Le rôle de l'appât : nécessité de sacrifier un petit bien pour en obtenir un grand.
On trouvera à la rubrique «table-nourriture» les proverbes qui concernent l'aliment poisson.

### Les poissons

219 Au poisson à nager ne montre. Baïf, 1597.
   ● On n'apprend pas à nager au poisson.

220 Le grand poisson mange le petit. Meurier, 1568.

221 Tous les poissons mangent les gens,
   C'est le requin seul qu'on blâme. Martinique.
   ● On accuse toujours les mêmes. Équivaut aux emplois métaphoriques de : «On ne prête qu'aux riches.»

222 Les meilleurs poissons nagent près du fond. 
   ● Ils sont plus difficiles à prendre.

223 Si la mer bouillait, il y aurait bien des poissons cuits.
   ● Supposition absurde, sur le thème : «Avec des si...».

### La pêche

224 L'eau trouble est le gain du pêcheur.
   ● Cf. la locution «Pêcher en eau trouble» qui est entrée dans la langue.

225 Toujours pêche qui en prend un. La Véprie, 1495.
   ● Celui qui en prend un (poisson), qui réussit, c'est qu'il pêche, qu'il travaille toujours.

226 Il faut perdre un vairon
   Pour pêcher un saumon. Gruter, 1610.

● *Vairon :* petit poisson de rivière utilisé comme appât. Thème du sacrifice nécessaire (cf. 231). — Ce proverbe existe en néerlandais.

227  La caque sent toujours le hareng.                              Meurier. 1568.

→ Toujours sent le mortier les aux [l'ail].

● Fatalité des origines basses ou des mauvaises fréquentations. La *caque* est le récipient où l'on conserve les harengs.

228  On chatouille la truite pour mieux la prendre.            Quitard. 1842.

→ On caresse la vache pour la traire mieux.

229  Ne criez pas « des moules » avant qu'elles ne soient au bord.        Belgique.

● Sur le thème : « Il ne faut pas vendre la peau de l'ours... »

230  Beau boucaut, mauvaise morue.                            Guadeloupe.

● Le *boucaut* est une barrique contenant la morue salée. Le thème est : Il ne faut pas se fier aux apparences.

231  Il faut toujours tendre un ver pour avoir une truite.      Régional. Auvergne.

● Même signification que 226.

### La pêche à l'anguille

232  La nuit on prend les anguilles.              A. Brizeux, *Prov. bretons*, 1860.

● Se dit des femmes difficiles qui ne se laissent approcher que la nuit.

233  Qui tient l'anguille par la cue il ne l'a mie.        Ancien proverbe, XIIIᵉ s.

● Qui tient l'anguille par la queue, il ne l'a pas.

234  Quand on serre trop l'anguille on la laisse partir.      *Prov. vosgiens*, 1792.

● Il ne faut pas « trop en faire »

235  À grand pêcheur échappe anguille.                        La véprie, 1495.

● Même l'homme expérimenté peut échouer.

## 6. LES CRUSTACÉS                                                Le crabe

236  Il n'y a pas deux crabes mâles dans un même trou.        Guadeloupe.

● Deux fortes personnalités ne peuvent collaborer dans une même affaire.

237  Tous les crabes connaissent leur trou.                    Martinique.

● Chaque bœuf connaît son piquet.

238  C'est trop parler qui a fait que le crabe n'a pas de tête.    Guadeloupe.

● Les méfaits du bavardage.

## 7. LES INSECTES                                                L'abeille

239  La douceur du miel ne console pas de la piqûre de l'abeille.      Régional.

240  Compter les ruches à miel porte malheur.                Régional. Landes.

● Vieille crainte superstitieuse :

→ Brebis comptées, le loup les mange.

241  Si tu aimes le miel, ne crains pas les abeilles.          Régional.
  ● Pour d'autres proverbes concernant le miel, voir aussi la rubrique table-nourriture.

242  Une abeille vaut mieux que mille mouches.          Régional.
  ● Thème de la qualité et de la quantité. À noter que l'abeille est une «mouche (à miel)».

243  Chique n'a pas de réserve.          Guadeloupe.
  ● La *chique* est un insecte parasite qui se loge sous la peau.

244  La mouche se brûle à la chandelle.          Bovelles, 1557.
  ● Quand on cède à la tentation, on en pâtit.

245  La mouche va si souvent au lait qu'elle y demeure.          Gruter, 1610.
  ● Même signification que le précédent, l'humour en plus.

246  On prend plus de mouches avec du miel qu'avec du vinaigre. Académie, 1835.
  ● Plus fait douceur que force. — Ce proverbe existe en danois et en turc.
  *var. plus courante :*
  ◊ On ne prend pas les mouches avec du vinaigre.

247  Les vieilles mouches ne se laissent pas engluer ni prendre aisément.
          Littré.

248  Il ne faut pas émouvoir les frelons.          Panckoucke, 1749.
  ● Il ne faut pas se faire d'ennemis, quelque petits qu'ils soient.

249  Où la guêpe a passé, le moucheron demeure.          Régional, Bourbonnais.
  ● On ne prend que les petits voleurs.

250  Chaque luciole éclaire pour elle-même.          Martinique.
  ● Sur le thème : «Chacun pour soi...».

251  Le plus beau papillon n'est qu'une chenille habillée.          Limousin.

252  Puce en l'oreille
    L'homme réveille.          Bovelles, 1557.

## 8. LA CHASSE

Nous regroupons ici quelques proverbes sur la chasse du gibier à poil (voir plus haut, la chasse aux oiseaux). La chasse peut signifier par métaphore un jeu social plus compliqué et plus ambitieux, mais elle permet surtout, dans les proverbes, d'évoquer les déconvenues qui accompagnent les entreprises humaines quand elles se proposent un but aussi délicat et fuyant que le profit, ainsi que le danger de vouloir anticiper sur un résultat favorable.
C'est le thème de la fable bien connue de La Fontaine, «L'Ours et les Deux Compagnons», qui a d'ailleurs fourni sur ce sujet un des proverbes les plus usités (n° 256).

253  Qui va à la chasse perd sa place.
  *var. ancienne :*
  ◊ Qui se remue son lieu perd.          Manuscrit de Cambridge, XIIIᵉ s.

● Peut-être d'après une comptine :
C'est aujourd'hui la Saint-Lambert,
Qui quitte sa place la perd ;
C'est aujourd'hui la Saint-Laurent,
Qui quitte sa place la reprend.

254  Il ne faut pas laisser la proie pour l'ombre.                    Panckoucke, 1749.
● Proverbe illustré par La Fontaine dans sa fable : « Le chien qui lâche sa proie pour l'ombre » (VI, 18).

255  Il ne faut pas vendre la peau de l'ours avant qu'on ne l'ait mis à terre.
● « Il ne faut marchander la peau de l'ours devant que la beste soit prise et morte » (Commines, l. IV, ch. III). Cf. aussi La Fontaine, *Fables*, V, 20.

256  Gibier oublie, piège n'oublie pas.                                Martinique.

257  Qui fuit, il trouve qui le chasse.                          Ancien proverbe, XIIIᵉ s.
● Contredit d'autres proverbes (voir plus loin) sur l'opportunité de la fuite.

258  Qui fait la trappe qu'il n'y cheie.                                Baïf, 1597.
● Que celui qui fait la trappe prenne garde d'y tomber.

259  Sers comme serf ou fuis comme cerf.                       Le Roux de Lincy, 1859.
● Homonymie heureuse dont on a sans doute un exemple non explicité dans la fable de La Fontaine, *L'œil du Maître* (IV, 20) ; cf. 418.

### La chasse au lièvre

260  Il ne faut pas courir deux lièvres à la fois.                    Quitard, 1842.
   *var. ancienne :*
◊ Qui deux choses chace, ne l'une ne l'autre ne prent.   Ancien proverbe, XIIIᵉ s.

261  Il ne faut pas mettre le lièvre en sauce avant de l'avoir attrapé.
                                                                  Régional, Agen.
● Cf. la peau de l'ours, 255.
◊ C'est viande mal prête que le lièvre en buisson.
   *var. ancienne :*
◊ Ce n'est chose prest le lièvre en genesté.          Manuscrit de Cambridge, XIIIᵉ s.

262  Lièvre qui court n'est pas mort.                          Régional, Bourbonnais.

263  On n'attrape pas de lièvre avec un tambour.               Régional, Auvergne.
● Lorsqu'on est engagé dans une entreprise délicate, on ne crie pas sur les toits ses intentions.

264  Les uns lèvent le lièvre, les autres le tuent.
→ L'un a battu les buissons,
  L'autre a pris les oisillons.
● Thème de l'inégalité des chances, ou du profiteur tardif ; cf. la locution « Tirer les marrons du feu ».

265  Tant que le chien pisse, le lièvre s'enfuit.                      Belgique.
● Thème de l'occasion perdue par négligence.

266   Le lièvre revient toujours à son gîte.                           Le Roux, 1752.

  • On sait où, tôt ou tard, on retrouvera celui que l'on recherche.

267   Il n'y a pas de méchant lièvre ni de petit loup.

  • Tout lièvre est bon à prendre et un loup, même jeune, est toujours un danger.
    Thème de la nature des choses et des gens.

268   Avoine pointant, lièvre gisant.                          Panckoucke, 1749.

269   Quand on a mangé du lièvre, on est beau sept jours de suite.

                                                              Lamesangère, 1821.

  • Équivoque sur les mots latins : *lepus, leporis* (lièvre) et *lepos, leporis* (charme).

# CHAPITRE III

# le travail de la terre

Les proverbes français, nés pour la plupart au sein d'une population paysanne ou dépendante de l'activité des campagnes (première bourgeoisie urbaine), illustrent abondamment les grands aspects et stéréotypes de l'économie rurale.
Nous dégageons ici quelques couples métaphoriques privilégiés.

1. L'HOMME ET LA TERRE :
   a) Attachement à la propriété.
   b) Nécessité de la présence vigilante du maître.
   c) Valeur comparée de la terre et de l'effort humain (mérite).

2. SEMER ET MOISSONNER :
   a) Pressus logique (logique de l'action et du profit),
   b) Vision morale : vicissitudes du sort, résultats aléatoires des actions humaines.

3. LA PAILLE ET LE GRAIN :
   a) Variations sur le thème antique, cf. « La paille des mots et le grain des choses ».
   b) Vision déterministe : fatalité des origines.

4. LE FOUR ET LE MOULIN :
   a) Lieux familiers de rencontre : échange d'informations.
   b) Usage commun au service des intérêts particuliers (« Chacun moud pour son propre compte »).
   N.B. Avec, en ce qui concerne le four, la connotation sexuelle connue ; voir également pot, marmite, etc.
On trouvera à la rubrique *Table* (nourriture, boisson), les proverbes concernant le pain.

5. LA VIGNE ET LE VIN :
   a) Thèmes du lieu à protéger et dépendant du bon vouloir de la nature.
   b) Thème des qualités et des vertus du vin. Ce thème est traditionnel depuis l'Antiquité dans les pays de vigne (cf. Ecclésiaste 31, 25-31).

## *1. L'HOMME ET LA TERRE* · *La propriété*

270   L'homme est en enfer qui ne peut plus mettre une borne en un petit pré.

*Adages français*, XVIᵉ s.

● L'enfer du collectivisme, toujours dénoncé dans nos proverbes.

271   L'œil du fermier vaut fumier.                    Moisant de Brieux, 1672.

● Version imagée et paronymique du thème général de l'œil du maître. Chez La Fontaine : « Il n'est pour voir que l'œil du maître » (liv. IV, fable 21).

◊ L'œil du maître vaut plus que deux mains.          Bourbonnais.

*var. guadeloupéenne :*

◊ Jardin loin, gombo gâté.

● Il faut avoir l'œil sur ses affaires.

272  Celui qui laboure le champ le mange.
  ● Légitimité, mais aussi limite du profit.

273  Mieux vaut terre gâtée que terre perdue.                    Ancien proverbe, XIIIe s.

*Le travail de la terre*

274  Tant vaut l'homme, tant vaut la terre.                      Ancien proverbe, XIIIe s.
  ● On peut juger chacun aux effets de son activité.

275  Force paist [nourrit] le pré.                               Manuscrit de Cambridge, XIIIe s.
  → « Mais le vilain nous a conté
      Que force paist le pré. »                                 Roman du Comte de Poitiers, XIIIe s.
  ● La *force* est le dur travail.

276  Au paresseux laboureur
     Les rats mangent le meilleur.                              Almanach de Mathieu Laensberg, XVIIe s.

277  Labeurs sans soins,
     Labeurs de rien.

278  À faible champ fort laboureur.                             Baïf, 1597.
  ● Il faut un dur travail si le champ est petit ou si la terre est pauvre.

279  Le sillon n'est pas le champ.                               Suisse.
  ● Il y a commencer et finir.

280  C'est la faux qui paye les prés.                            Baïf, 1597.
  ● Sans le travail de l'homme, la terre est de peu de profit.

281  Après rastel n'a métier fourche.                           *Prov. ruraux...*, XIIIe s.
  ● Signifie : après le râteau la fourche est inutile.

282  En petit champ croît bon blé.                              *Adages français*, XVIe s.
  ● Comme beaucoup de proverbes, signifie que le mérite n'est pas proportionné à la
    taille.

283  Jardin entamé n'est plus respecté.                         Guadeloupe.
  ● Il faut réparer dès que le mal commence. Se dit de l'honneur des filles.

## 2. SEMER, MOISSONNER ET GLANER

284  De saison tout est bon.                                    Meurier, 1568.
  ● Équivaut à : « Chaque chose en son temps » (cf. 287).

285  Saison tardive n'est pas oisive.
  ● Les printemps tardifs sont les meilleurs.

286  En temps de moisson, on se sert de putes et de larrons.     Savoie.
  ● On ne choisit pas la main-d'œuvre quand le travail presse.

287  Le semer et la moisson
     Ont leur temps et leur saison.                             Meurier, 1568.
  ● Chaque chose en son temps (cf. 284).

288   Il faut semer qui veut moissonner.                    Meurier, 1568.
      *var. ancienne :*

      ◊ Qui ne sème ne cuilt.                              *Prov. gallica*, XVᵉ s.

289   En vain plante et sème
      qui ne clost et ne ferme.                            Meurier, 1568.
      ● Alors que les proverbes précédents exaltaient le travail fait en son temps en tant que
        source de tout profit, celui-ci requiert la protection jalouse de la propriété terrienne.

290   Il ne faut pas laisser de semer par crainte des pigeons.   Académie, 1835.
      ● Si l'on redoutait toujours des conséquences fâcheuses, on ne ferait jamais rien. — Ce
        proverbe existe en danois et en italien.

291   Qui sème en pleurs
      Recueille en heur [bonheur].                         Meurier, 1568.
      ● Un travail pénible aboutit à d'heureux profits. Ce proverbe a sans doute été inspiré
        par le célèbre psaume 125, v. 5-6 :
      Les semeurs qui sèment dans les larmes
        moissonnent en chantant.
      On s'en va, on s'en va en pleurant,
        on porte la semence ;
      on s'en vient, on s'en vient en chantant,
        on rapporte les gerbes.

292   Qui sème le vent récolte la tempête.                 Panckoucke, 1749.

293   Qui partout sème ne récolte nulle part.         Manuscrit de Cambridge, XIIIᵉ s.
      ● Thème de la dispersion des efforts.

294   Vienne qui plante.                                   Oudin, 1640.
      ● Équivaut à : « Advienne que pourra ».

295   Moisson d'autrui plus belle que la sienne.           Gruter, 1610.
      ● Le bien d'autrui paraît toujours préférable au sien propre. — Ce proverbe existe
        aussi en danois.

296   L'on ne doit pas mettre la faux en autrui blé [dans le blé d'autrui].
                                                           *Prov. gallica*, XVᵉ.
      ● Il ne faut pas prendre bien d'autrui.

297   Chacun se plaint que son grenier n'est pas plein.

298   À la grange vet [va] li blez [le blé].              Ancien proverbe, XIIIᵉ s.
      ● Signifie surtout : « L'argent va à l'argent », comme un autre proverbe de formulation
        voisine.
      → L'eau court toujours à la mer.

299   Par nuit semble tout blé farine.                     La Véprie, 1495.
      ● Illusion du travail fait et du profit assuré.

300   Farine du Diable retourne en son.                    Québec.
      → Bien mal acquis ne profite jamais.

301 Epi sur épi fait la glane.                                      Suisse.

● *Glane :* épis tombés dans le champ au moment de la moisson et traditionnellement abandonnés aux nécessiteux, à certaines conditions (attendre que les gerbes soient enlevées, par exemple), ce qui explique le suivant :

302 Ne fait pas ce qu'il veut qui glane.                  Ancien proverbe, XIIIe s.

→ Ne fait pas ce qu'il veut qui son pain sale.

## 3. LA PAILLE ET LE GRAIN

303 Chaque grain a sa paille.                                 Gruter, 1610.

→ Pas de roses sans épines.

304 Il y a plus de paille que de grain.                       Oudin, 1640.

305 Bon grain périt, paille demeure.                      Panckoucke, 1749.

306 Le bon blé porte l'ivraie.

● D'après l'Évangile, en arrachant l'ivraie on risque d'enlever en même temps le bon grain. Il faut les laisser croître ensemble : c'est au moment de la moisson que se fait le tri.

307 De mauvais grain jamais de bon pain.                     Meurier, 1568.

● Déterminisme de l'origine, comme le suivant. Thème évangélique (cf. 69).

308 Bonne semence fait bon grain
et bons arbres portent bons fruits.            Bible de Guyot, XIIIe s.

Il faut déshabiller un maïs pour voir sa bonté.         Guadeloupe.

● Thème de l'apparence et des vertus réelles.

## 4. LE FOUR ET LE MOULIN

310 À mal enfourner on fait les pains cornus.          *Prov. ruraux...*, XIIIe s.

● Nicot, dans son dictionnaire, commente : «Comme un boulanger, en voulant enfourner un pain qui doit être rond, le rend cornu, s'il vient à heurter à l'entrée du four, lorsqu'il est tendre, de même quand on commence mal on gâte tout».

311 Un vieux four est plus aisé à chauffer qu'un neuf.

● La connotation sexuelle de four est traditionnelle. Le proverbe signifie qu'une femme mûre s'enflamme plus facilement qu'une jeune.

312 Le premier venu engrène.

● Le premier venu au sens de «le premier arrivé».

→ Premier levé, premier chaussé.

313 Qui bien engrène bien finit.

● Le bon début d'une entreprise est garant du succès final.

314 Qui fuit la meule fuit la farine.

● Celui qui fuit le travail fuit également le profit.

315 Assez va au moulin qui son âne y envoie.                 Meurier, 1568.

● Quand on peut faire faire le travail par un autre... Mais on n'est pas moins concerné par les conséquences.

316   Qui entre dans un moulin, il convient de nécessité qu'il enfarine.
                                                                    Vibraye, 1934.
● On prend les habitudes de ceux qu'on fréquente.

317   Moulin de çà, moulin de là,
      Si l'un ne meult, l'autre meuldra.                      *Prov. gallica*, XVᵉ s.
● Si l'on ne réussit pas d'une manière il faut essayer d'une autre.

318   Chacun moulin trait [tire] l'eau à lui.              Ancien proverbe, XIIIᵉ s.
● Ce proverbe existe aussi en Corse.

◊ Chacun tire l'eau à son moulin.                            Meurier, 1568.

→  Chacun prêche pour sa paroisse [*ou* pour son saint].

319   Il faut tourner le moulin lorsque souffle le vent.
● Opportunité de l'action.

320   Au four et au moulin oyt l'en [on entend] les nouvelles.   *Prov. gallica*, XVᵉ s.

321   On ne peut être ensemble au four et au moulin.          Cotgrave, 1611.
● On ne peut exécuter deux tâches en même temps.

322   Le four appelle le moulin brûlé.                    Dictionnaire de Nicot.
● Cf. la parabole évangélique de la paille dans l'œil du voisin... (Luc 6, 39-42).

323   Qui au soir ne laisse levain, ja [jamais] ne fera au matin lever paste.
                                                              Rabelais, III, 3.
● Imprévoyance du lendemain.

324   Il fait bon pétrir près de la farine.          Manuscrit de Cambridge, XIIIᵉ s.
● Commodité du geste et du profit.

325   En four chaud ne croît point d'herbe.
● Trop de passion fait obstacle à la réussite.

## 5. *LA VIGNE, LES VENDANGES ET LE VIN*

326   Jamais ne grêle en une vigne
      Qu'en une autre il ne provigne.                        Le Roux, 1752.
● Thème de la justice distributive.

327   Il ne pleut que sur la vendange.                  *Adages français*, XVIᵉ s.
● La nature fait bien les choses.

328   Adieu paniers! Vendanges sont faites.     Rabelais, I, 27 ; Le Roux, 1752.

329   De bois noué courent grandes vendanges.               Baïf, 1597.
● Un petit homme peut réussir de grandes choses.

330   Vigne double si elle est close.                       Baïf, 1597.
● Elle rapporte doublement si elle est à l'abri des voleurs; cf. ci-dessus : En vain plante et sème... (nº 289).

331   La peur garde la vigne.                               Bas-Limousin.
● Se dit de la vertu des femmes.

332  On ne fait pas de processions pour tailler les vignes.
  ● Chacun est seul concerné par son propre travail.

*Les qualités du vin*

333  Jamais vin à deux oreilles
     Ne nous fit dire des merveilles.                    Fleury de Bellingen, 1656.
  ● «Si après avoir bu, j'avais branlé les deux oreilles et tourné et remué la tête à droite
    et à gauche, j'aurais montré par ce signe dédaigneux que le vin ne m'agréait pas»
    *(Les Illustres Proverbes).*

334  Vin aigre nuit aux dents.                                 Bovelles, 1557.

335  De bon vin bon vinaigre.                             Fleury de Bellingen, 1656.
  ● Les meilleures choses deviennent les pires. Cette interprétation antiphrastique n'est
    pas évidente : le proverbe peut équivaloir au thème du «bon arbre et du bon fruit»
    (cf. 68, 69, 307, 308).

336  Chaque vin a sa lie.                                      Oudin, 1640.
  → Toute médaille a son revers.

337  À bon vin ne faut point d'enseigne.                      La Véprie, 1495.
  ◇ À bon vin il ne faut pas de bouchon.
  ● Le *bouchon* était un faisceau de branches vertes, qui servait d'enseigne aux débits de
    boisson. Ce proverbe semble dire qu'un bon produit n'a pas besoin de publicité :
    sa qualité suffit.

338  On ne connaît pas le vin au cercle.                     Meurier, 1568.
  ● *Vin en cercle :* vin en barique. Il ne faut pas se fier aux apparences.

339  Toujours le vin sent son terroir.                         MS, XIIIᵉ s.
  ● On est toujours marqué par ses origines ou ses fréquentations.

340  Vin à la saveur et pain à la couleur.
  ● Dicton : on reconnaît le vin à son goût et le pain à son apparence.

*L'homme et le vin*

341  Bon vin, mauvaise tête.                                  Meurier, 1568.
  ● Les effets du bon vin sur l'humeur.

342  Qui bon l'achète bon le boit.                            Du Fail, 1585.
  ● Quand la marchandise est bonne, il ne faut pas regretter son argent.

343  Bon vin, bon éperon.                                     Oudin, 1640.
  ◇ Bon vin, bon cheval
  ● «Après un bon repas on poursuit son chemin plus agréablement» (Le Roux, 1752).

344  Tu as bu le bon, bois la lie.                            Baïf, 1597.
  ● Il faut subir les vicissitudes du sort.

345  Quand le vin est tiré, il faut le boire.                 Quitard, 1842.
  *var. ancienne :*
  ◇ Vin versé, il faut le boire.                             Baïf, 1597.

346   On ne doit servir à boire qu'à une main.                          *Adages français*, XVIᵉ s.

347   Vin versé n'est pas avalé.                                              Lamesangère, 1821.
      ● Sur le thème : Il y a loin de la coupe aux lèvres.

348   Qui a bu boira.
      ● On ne se corrige pas de ses défauts.

349   À la trogne on connaît l'ivrogne.                                        Meurier, 1568.

350   Vin sans ami, vie sans témoins.                                          Meurier, 1568.

                                                                   *Le vin et la santé*

351   Le vin est le lait des vieillards.                                         Tuet, 1789.

352   Lait sur vin est venin
      Vin sur lait est souhait.                                               Meurier, 1568.
         *var. plus récente :*
      ◊ Vin sur lait c'est santé
         Lait sur vin c'est venin                                            Le Roux, 1752.
      ● De l'enfance à l'âge d'homme et de santé en maladie.

353   Un verre de vin tire souvent mieux que deux boeufs.          Régional, Savoie.

354   Un bon verre de vin enlève un écu au médecin.                    Régional, Agen.

355   Qui vin ne boit après salade
      Est en danger d'être malade.                                         Estienne, 1594.

356   On voit plus de vieux ivrognes que de vieux médecins.

357   Rouge le soir, blanc le matin
      C'est la journée du pèlerin.                              Fleury de Bellingen, 1656.
      ● Parodie des paroles de Jésus aux Pharisiens et aux Saducéens concernant l'état du
      ciel et la prévision du temps (Matthieu 16, 1-4). L'interprétation par le vin (rouge
      et blanc) semble propre au XVIIᵉ siècle. Il s'agit fondamentalement d'un dic-
      ton météorologique.

358   Les méchants sont buveurs d'eau.                                       Quitard, 1842.

359   Toute boisson enivre ; c'est le rhum qui a bon dos.                       Antilles.
      ● On accuse toujours les mêmes.

# CHAPITRE IV

# les animaux domestiques

## 1. L'ÂNE

L'âne est une figure privilégiée de l'imagerie proverbiale où s'exprime le besoin d'identification de types humains stables, psychologiques ou sociaux, selon que l'on considère :

*a)* Le couple (âne, ânier) : rapport primaire de possession, mais aussi complicité peu flatteuse pour l'homme.

*b)* L'image exemplaire de l'humilité sociale : l'âne, c'est le paysan, le vilain, avec une intention d'autodérision, ou le reniement des origines, dans une société déjà urbanisée.

*c)* Le « naturel » supposé de l'âne, comiquement transféré à l'homme : vulgarité, ignorance entêtée, balourdise.

### L'âne et l'ânier

360   À rude âne rude ânier.                                        *Adages français*, XVIᵉ s.

361   À qui est l'âne, si le tienne par la queue.                    La Véprie, 1495.
   • Inquiétude du possesseur légitime, qui, pour assurer sa maîtrise, s'expose aux ruades de l'âne (et aux moqueries de l'assistance).

362   Qui bâte la bête la monte.
   • Sens restreint et misogyne : « Celui qui habille une femme en obtient les faveurs » (Le Roux, 1752).

363   Compte plutôt sur ton âne que sur le cheval de ton voisin.                 Auvergne

364   Qui dit du mal de l'âne le voudrait à la maison.
   • Ruse bien connue de celui qui déprécie une marchandise pour l'acquérir à meilleur prix.

365   Ce que pense l'âne ne pense l'ânier.                           *Prov. gallica*, XVᵉ s.
   *var. ancienne :*
   ◊ Une panse li asne et autre li asnier.                          Ancien proverbe, XIIIᵉ s.
   • L'entêtement légendaire de l'âne, illustrant ici une mésentente entre deux personnes très liées.

366   Ce que ne veut Martin veut son âne.      Gomes de Trier, *Jardin des Récréations*, XVIᵉ s.
   • Même remarque que pour le proverbe précédent.

367   Le meilleur âne garde toujours un coup de pied pour le maître.   Auvergne.

368   Pour un point Martin perdit son âne.

    *var. ancienne :*

    ◊ Par un soul poynt perdi Bretoun sa asnesse.   Manuscrit de Cambridge, XIIIᵉ s.

    ● L'étymologie la plus souvent proposée et la plus plaisante est la suivante : Un abbé nommé Martin avait fait écrire sur le portail de son abbaye appelée *Asello* (en latin, *asellus* : petit âne) la phrase suivante :
PORTA, PATENS ESTO. NULLI CLAUDARIS HONESTRO.
(Porte, reste ouverte. Ne sois fermée à aucun homme honnête.)
Mais, par mégarde, le point avait été mal placé et mis après *nulli* :
PORTA, PATENS ESTO NULLI. CLAUDARIS HONESTO.
(Porte, ne reste ouverte pour personne. Sois fermée à l'homme honnête.)
Le pape passant par là fut indigné de cette incivilité et priva Martin de son abbaye. D'où le dicton : *Pro solo puncto caruit Martinus asello* (Pour un seul point Martin perdit son âne) par confusion du nom de l'abbaye avec le mot latin signifiant « âne ».

    ● On trouve une autre variante de ce proverbe, sans doute plus récente :

    ◊ Pour un point, Martin perdit son âme.

369   Qui ne peut frapper l'âne, frappe le bât.
    ● Image du dépit.

### *L'âne, symbole de la condition servile*

370   Tous les ânes ne portent pas sac.
    ● « Toutes personnes ne sont pas d'une même condition », glose Oudin (1640).

371   L'âne de la communauté est toujours le plus mal bâté.   Quitard, 1842.
    ● On néglige ce que l'on possède en commun.

372   Âne convié à noces, eau et bois y doit apporter.   Anthologie prov. fr., XVIIᵉ s.
    ● On n'invite les pauvres que pour en tirer service, — Ce proverbe existe en bulgare.

    ◊ L'âne de la montagne porte le vin et boit de l'eau.   Quitard, 1842.

373   La surcharge abat l'âne.   Manuscrit de Cambridge, XIIIᵉ s.
    ● Une exploitation abusive peut contrarier le profit de l'exploiteur.

374   Qui ne veut selle, Dieu lui doint [donne] bast.
    ● « Ce proverbe s'applique à ceux qui, en quittant une condition qu'ils ne trouvent pas bonne, s'exposent à tomber dans une pire. » (Lamesangère, 1821).

375   Âne avec le cheval n'attèle.   Baïf, 1597.
    ● Il ne faut pas atteler l'âne avec le cheval : il ne faut pas apparier des personnes de condition différente. La Bible mentionnait déjà cette interdiction (Deutéronome 22,10).

### *L'âne et les relations humaines*

376   L'âne frotte l'âne.
    ● Proverbe d'origine latine *(Asinus asinum fricat)* pour dire que les sots se complimentent mutuellement.

377   Qui à âne tient à âne vient.   La Véprie, 1495.

*var. ancienne :*

◊ Ki asne bée asne vient [Qui âne désire âne devient].      Ancien proverbe, XIIIᵉ s.

378   Mangeant du foin, vous sentez l'âne.
   ● Correspond à : « On est toujours marqué par ses fréquentations », sur une base méta-
     phorique analogue à : « La caque sent toujours le hareng ».

379   Quand il n'y a plus de foin au râtelier les ânes se battent.
   ● Rivalité des gueux. Même proverbe avec les chevaux : 415, les chiens : 590.

380   Près des ânes l'on attrape des coups de pieds.                Régional, Agen.
   ● Danger des mauvaises fréquentations.

381   Si vous donnez de l'avoine à un âne, il vous paiera avec des pets.
                                                                  Régional, Agen.

*var. ancienne :*

◊ Chantez à l'âne, il vous fera des pets.              Meurier, 1568.
   ● Altération probable de : « Chantez à l'âne, il vous ferra [frappera] des pieds ».
                                                          *Adages français*, XVIᵉ s.

382   Deux Jean et un Pierre font un âne entier.          Meurier, 1568.
   ● Moquerie paysanne.

383   Il y a plus d'un âne à la foire qui s'appelle Martin.       Le Roux, 1752.
   ● Il y a plus d'une personne qui porte le même nom.

384   On ne dit guère Martin qu'il n'y ait d'âne.
   ● Il y a toujours quelque chose de vrai dans les commérages.
   → Il n'y a pas de fumée sans feu.

385   À laver la tête d'un âne l'on n'y perd que la lessive.    *Adages français*, XVIᵉ s.
   *var. régionale, Dauphiné :*
   ◊ Savonnez un âne noir, vous ne le rendrez jamais blanc.
   ● Il y a des personnes trop sottes ou trop entêtées pour qu'on puisse espérer les con-
     vaincre. — Ce proverbe existe en néerlandais.

### Le naturel de l'âne

386   Sous la peau est l'âne.                                    Auvergne.

387   Qui est âne et veut être cerf se connaît au saut du fossé.    Méry, 1828.
   ● L'épreuve se charge de révéler la sottise des prétentieux.

388   Un âne chargé ne laisse pas de braire.                     Le Roux, 1752.
   ● La richesse ne peut masquer la sottise.

389   D'un âne on ne peut pas demander de la viande de bœuf.

390   Le miel n'est pas fait pour les ânes.

391   Un âne n'entend rien en musique.                          La Véprie, 1495.

392   Amour apprend aux ânes à danser.
   ● La puissance de l'amour peut améliorer un naturel grossier.

393   La patience est la vertu des ânes.                         Panckoucke, 1749.

394   Qui a le cul pailleux a toujours peur que le feu n'y prenne.
● Vulnérabilité et timidité des malheureux. Le point de départ est l'âne ou le bœuf.

395   À l'âne l'âne semble très beau.                                  Baïf, 1597.
● Relativité des goûts.

396   Un âne affamé ne se soucie pas des coups.

397   Les chevaux courent les bénéfices et les ânes les attrapent.      Quitard, 1842.
● On n'accorde pas toujours les places ou les faveurs à ceux qui les méritent. En outre, la patience et l'humilité peuvent obtenir ce que l'activité brillante recherche.

398   Quand un âne va bien, il va sur la glace et se casse une patte.
● Thème de la malchance obstinée.

399   Un âne ne trébuche pas deux fois sur la même pierre.
● Thème de l'expérience qui rend sages les moins doués.

400   Un baudet périt toujours par les pattes.                         Belgique.
● C'est l'organe qui fonctionne le plus qui est usé le premier.

401   Le pré convie l'âne.

402   Nul ne sait mieux que l'âne où le bât le blesse.
● Chacun est le mieux placé pour apprécier son propre dommage. *Savoir où le bât blesse* est devenu une locution courante.

403   Tout âne qui tombe et qui se relève n'est pas une rosse.
● Le travail (la persévérance, le courage) ennoblit.

404   Une petite mouche fait péter un bel âne.                         Régional, Agen.
● À petite cause, effet... sonore.

405   À vieille mule, frein doré.                                      La Véprie, 1495.
● Il faut parer la marchandise pour s'en défaire.


## 2. LE CHEVAL

Le cheval est une figure aussi productive que l'âne, mais sa valeur métaphorique est plus «mobile». Le «naturel» de l'âne réserve peu de surprise puisqu'il est toujours dévalorisé. S'y ajoutent pour le cheval, image exemplaire du travailleur à la peine, mais aussi animal infiniment plus précieux pour le paysan comme pour le seigneur et le soldat, les incertitudes sur la valeur, les risques d'une mauvaise affaire (le bon et le mauvais cheval).
Au Moyen Âge, le cheval prend progressivement la place du bœuf dans l'attelage; mais si son efficacité est plus grande, sa docilité est moins assurée. Les proverbes témoignent des inquiétudes du paysan à son sujet.

### Condition et rapports humains

406   Si le cheval se connaissait cheval, il voudrait être homme.      Bovelles, 1557.

407   Il vaut mieux être cheval que charrette.                         Lamesangère, 1821.

● Il vaut mieux commander que d'obéir.

408   Aux chevaux maigres vont les mouches.                        Baïf, 1597.
● Le sort frappe d'abord les plus démunis.

409   Le cheval qui traîne son lien n'est pas échappé.            Meurier, 1568.
◊ N'est pas libre qui traîne son lien.
● Se dit d'un homme qui n'est pas tout à fait échappé d'un danger ou d'une mauvaise
affaire» (Le Roux, 1752).

410   On touche toujours sur le cheval qui tire.
● « On charge toujours les plus incommodés» (Oudin, 1640). *Toucher* signifie ici : frapper légèrement.

411   Souvent celui qui travaille mange la paille,
Celui qui ne fait rien mange le foin.                       Régional, Agen.

412   Tout cheval a besoin d'éperon.
● «Chacun a besoin d'être sollicité» (Oudin, 1640).

413   À méchant cheval bon éperon.
● Il faut être ferme dans les affaires difficiles.

414   Il n'y a pas de cheval auquel on ne puisse mettre la bride.   Régional, Bas-Valais.

415   Quand le foin manque au râtelier, les chevaux se battent.     Quitard, 1860.
● S'est appliqué aux querelle de ménage lorsque l'argent manque, mais est susceptible
d'un emploi plus extensif, cf. le même proverbe avec les ânes : 379, les
chiens : 590.

416   On ne sait qui mord ni qui rue.
● «On ne sait pas ce qui peut arriver» (Oudin, 1640).

417   Jamais coup de pied de jument ne fit mal à un cheval.        Académie, 1835.
● Les injures de la femme ne sauraient atteindre l'homme.

### Le cheval, symbole de valeur, de profit

418   L'œil du maître engraisse le cheval.                         Meurier, 1568.
● Variation sur le thème «l'œil du maître». — Ce proverbe existe aussi en corse et en
indien.

419   En fait de chevaux, on tromperait son père.

420   On achète les bons chevaux à l'écurie.                       Belgique.
● Sens restreint : Une jeune fille qui a du mérite n'a pas besoin de courir les bals pour
trouver un mari.

421   À cheval donné, ne lui regarde pas en la bouche.            Meurier, 1568.
*var. ancienne :*
◊ Cheval donné ne doit-on en dents regarder.           *Prov. ruraux...*, XIIIᵉ s.
● On connaît l'âge du cheval en examinant ses dents. — Il ne convient pas de se montrer difficile devant un cadeau ou une bonne affaire. Ce proverbe existe aussi en
allemand et en tchèque.

422  Quand la jument est sortie, il n'est plus temps de fermer l'étable.

Régional, Rouergue.

423  Qui que saille notre jument, le poulain en est nôtre.  La Véprie, 1495.

424  Qu'importe la jument pourvu que le poulain tête.  Régional, Agen.

425  À bon cheval, bon gué.  *Prov. gallica*, XVe s.

426  Un bon cheval va bien tout seul à l'abreuvoir.
  ● «Se dit quand on se lève de table pour se verser soi-même à boire» (Le Roux, 1752).

427  Un bon étalon pète en pissant.  Belgique.
  ● On peut faire deux choses à la fois.

428  Il n'est cheval qui n'ait sa tare.

429  Il n'est si bon cheval qui ne bronche.  Oudin, 1640.
  ● Les plus habiles sont sujets à se tromper. — Ce proverbe existe aussi en anglais.

430  Il n'est si bien ferré qui ne glisse.  Meurier, 1568.

431  Il n'est si bon cheval qui ne devienne rosse
  ● Mais on dit aussi : «Jamais bon cheval ne devient rosse.»

432  Ce que poulain prend en jeunesse
   Il le continue en vieillesse.  La Véprie, 1495.
   *var. ancienne :*
   ◊ Qu'apprend le poulain en denture
    Tenir le veult tant comme il dure.  Gautier de Coincy, *Fabliaux*, XIIIe s.

433  Celui qui ne travaille pas poulain
   À coup sûr travaillera «rossin» [vieux].  Régional, Agen.

434  Méchant poulain peut devenir bon cheval.

435  À jeune homme vieux cheval
   À jeune cheval vieil homme.  Le Gai, 1852.

436  Jamais cheval ni méchant homme
   N'amenda pour aller à Rome.
  ● On ne se corrige pas en voyageant.

437  Cheval fait et valet à faire.
   ◊ Cheval fait et femme à faire.
  ● «Il faut prendre un cheval tout dressé, et un valet que l'on puisse instruire à sa fantaisie» (Oudin, 1640). Le raisonnement vaut, *mutatis mutandis*, pour la femme. — Ce proverbe existe en anglais.

438  Qui contre aguilon regimbe, deux fois se point.  Ancien proverbe, XIIIe s.
  ● Celui qui regimbe contre l'aiguillon deux fois se pique. Ce proverbe n'est pas un encouragement à la rébellion !

439  L'avoine fait le cheval.  Régional, Agen.

440  Cheval d'aveine [d'avoine], cheval de peine.

Cheval de foin, cheval de rien.
- Dicton.

441 L'écurie use plus le cheval que la course.
- Se dit de ceux qui restent, oisifs, à la maison.

442 Cheval qui piaffe n'avance guère.

443 Qui ne peut galoper qu'il trotte. Baïf, 1597.

444 Trop piquer le cheval le fait rétif. Cotgrave, 1611.

445 Mors doré ne rend pas le cheval meilleur.

446 Entre bride et l'éperon
De toutes choses gît la raison. Meurier, 1568.
- Il faut conduire sa vie comme on maîtrise l'allure d'un cheval.

447 Entre deux selles chiet-on [on tombe] à terre. Ancien proverbe, XIIIᵉ s.
- Entré dans la langue sous la forme : Être (assis) entre deux chaises (*ou* deux selles)...

## 3. LES BOVINS

Le bœuf, la vache et le veau ont des emplois assez bien délimités : les proverbes exploitent surtout l'aspect physique du bœuf (masse, lenteur, etc.) et, bien sûr, le compagnon humble et résigné du laboureur ; tandis que la vache et le veau offrent une image de la richesse et du profit (peau, lait), et sont associés dans quelques proverbes pour manifester l'opposition *jeunesse/vieillesse* et signifier la menace aveugle et égalitaire du destin... et du boucher ; ainsi :
Autant meurt veau que vache.

### Le bœuf

448 Bœuf lassé va souef. La Véprie, 1495.
- Un bœuf va doucement quand il est las.

449 On a beau mener le bœuf à l'eau, s'il n'a pas soif. La Véprie, 1495.
- L'image massive du bœuf exprimant avec bonheur le refus tranquille et définitif qu'opposent les personnes entêtées à tout effort de persuasion.

450 Là où la barrière est basse le bœuf enjambe. Guadeloupe.
- On passe la haie là où elle est la plus basse.

451 Un seul bœuf chie plus que cent hirondelles.

452 Quand le bœuf ne veut pas entrer dans le bois, il dit que ses cornes sont trop longues. Martinique.

453 Si le bœuf ne connaissait pas la largeur de son derrière, il n'avalerait pas le noyau de l'abricot. Martinique.
- Chacun, attentif à ses propres intérêts, est le mieux informé à leur sujet.

454 Quand on a avalé le bœuf, il ne faut pas s'arrêter à la queue.

455 Dieu donne le bœuf et non les cornes. Meurier, 1568.

● Thème du cadeau : on ne peut demander plus que ce qui est donné.

456 Chaque bœuf connaît son piquet. Martinique.

● Chacun connaît sa place, sa situation.

### Le labour

457 Vieux bœuf fait sillon droit.

● Force de l'âge et de l'expérience... mais aussi de la résignation. — Ce proverbe existe en espagnol.

458 Les grands bœufs ne font pas les grands labours. Régional, Savoie.

◊ Ce ne sont pas les plus gros bœufs qui labourent toutes les terres.

● Thème des apparences trompeuses.

459 Il ne faut pas mettre la charrue avant les bœufs.

◊ Mettre le char devant les bœufs.

«Ce serait certes grans eschars [mépris] devant les buefs iroit li chars» (Roman de Tristan).

● Exemple proverbial du comportement illogique et improductif.

460 Ce n'est pas pour un mauvais pas qu'on tue un bœuf. Régional, Savoie.

461 La misère du bœuf n'est pas une peine pour le cheval. Martinique.

◊ Le bœuf de la vallée ne connaît pas les souffrances du bœuf de la colline.

### La vache et le veau

462 Il ne faut pas acheter la corde avant d'avoir le veau.

◊ Il ne faut pas faire l'étable au veau avant qu'il soit né.

● Variation sur le thème connu : «Le profit qu'on espère n'est jamais sûr».

463 D'un veau on espère un bœuf,
Et d'une poule un œuf.

● On proportionne ses désirs à ses moyens.

464 À la fraise, on connaît le veau. *Anthologie prov. fr.*, XVII<sup>e</sup> s.

● La fraise de veau est la membrane qui enveloppe l'intestin. Dès que la mode de la fraise (collerette plissée) s'est instaurée au XVI<sup>e</sup> s., le proverbe a reçu une valeur plaisante.

465 De veaux comme de vaches
vont les peaux à la place.

466 Autant meurt veau que vache. *Prov. ruraux...*, XIII<sup>e</sup> s.

● Le destin frappe aveuglément jeunes et vieux.

467 Mieux vaut laisser la peau que le veau.

468 Pour être bien battue la peau n'en sera jamais vendue. *Prov. gallica*, XV<sup>e</sup> s.

469 Vache qui vient de loin a gros pis.

● Illusion du désir.

470   Les bonnes vaches ne vont pas à la foire.       Régional, Agen.
- On ne souhaite pas s'en défaire; et toute marchandise est dès l'abord suspecte : c'est la loi tacite de l'échange, du moins dans cette communauté rurale, qu'évoquent les proverbes.

471   S'il ne tient qu'à jurer, la vache est à nous.       Oudin, 1640.
- Un serment ne coûte rien.

472   Il vient un temps que les vaches ont besoin de leur queue.
- «L'occasion vient que l'on a besoin de ceux que l'on méprise» (Oudin, 1640).

## 4. MOUTONS ET BREBIS

La brebis connaît dans les proverbes trois emplois métaphoriques assez bien délimités; ordonnés suivant les caractéristiques suivantes :
*a)* L'uniformité et l'obstination crédule de son cri : satire du langage, dénoncé comme perte de temps et surtout marque de confiance trop naïve envers celui qui écoute et qui se tait.
*b)* Ses mœurs grégaires : la brebis galeuse.
*c)* Son caractère exceptionnellement docile, justifiant l'exploitation qu'elle subit et qui en fait une proie facile pour le loup.
Enfin, il arrive que l'opposition *agneau/brebis* vaille pour *jeunesse/âge mûr,* comme dans le couple *veau/vache.*

473   Brebis qui bêle perd sa goulée.       Meurier, 1568.
- Se dit à ceux qui perdent leur temps en paroles.

474   La brebis bêle toujours d'une même sorte.       Le Roux, 1752.
- Thème de la force du naturel.

475   Les brebis qui bêlent le plus ne sont pas les meilleures.       Régional, Agen.
- Ceux qui parlent le plus ne sont pas ceux qui agissent.

476   Chaque oueille [brebis] cherche sa pareille.       Cotgrave, 1611.
→ Qui se ressemble s'assemble.

477   Il ne faut qu'une brebis galeuse pour gâter un troupeau.       Académie, 1835.
- Ce proverbe existe aussi en danois.

◊ Un mouton sale a envie de salir les autres.

*Le loup et la brebis*

478   Folle est la brebis qui au loup se confesse.       Meurier, 1568.
- Ce proverbe existe aussi en allemand.
→ La poule ne doit pas se confesser au renard.

479   Brebis comptées, le loup les mange.       Meurier, 1568.
- Proverbe inspiré par le latin : *Non ovium curat numerum lupus* (Virgile, *7ᵉ Églogue*).
  — L'excès de précaution n'empêche pas qu'on soit trompé et, même, selon une conception magique, il attire le malheur qu'il évoque en prétendant l'éviter.
→ Compter les ruches à miel porte malheur.

480   Quand les brebis enragent, elles sont pires que les loups.       Régional.
→ Craignez la colère de la colombe.

*La brebis, animal docile et exploité*

481   Brebis trop apprivoisée de trop d'agneaux est têtée.                Baïf, 1597.

482   Il n'est pas toujours saison de brebis tondre.        *Adages français*, XVIe s.

483   Il faut tondre les brebis et non pas les écorcher.              Le Roux, 1752.
  ● Comme le précédent, ce proverbe signifie qu'il faut savoir doser et modérer le profit
  que l'on tire de victimes résignées, sous peine de le voir tarir.

484   Sur la peau d'une brebis on écrit ce que l'on veut.             Méry, 1828.
  ● *Peau de brebis :* parchemin.
  → Le papier souffre tout.

*L'agneau*

485   Il va plus au marché peaux d'agneaux que de vieilles brebis.
                                                          *Prov. gallica*, XVe s.
  ● La jeunesse est plus vulnérable et plus exposée aux convoitises du destin.

486   Ne confiez pas votre agneau à qui en veut la peau. Manuscrit de Cambridge, XIIIe s.

487   D'où vient l'agneau là retourne la peau.                       Gruter, 1610.
  ● Variante métaphorique sur le thème : Bien mal acquis ne profite jamais.

488   Le mouton boit, c'est le cabri qui est saoûl.                  Martinique.
  ● Ce sont toujours les mêmes qu'on accuse. Mais le cabri (chevreau) est aussi le petit,
  le jeune.

489   Il ne faut pas faire cuire l'agneau dans le lait de sa mère.
  ● Interdiction d'origine biblique (Exode, 23, 19 ; Deutéronome 14, 21).

## 5. *LA CHÈVRE ET LE COCHON*

On attendrait sur la chèvre une littérature proverbiale plus fournie et plus variée ;
la chèvre (lat. *capra*) n'est-elle pas à l'origine du mot *caprice* ? En fait, les proverbes se contentent de faire référence à un appétit peu difficile et à un aspect
physique suffisamment caricatural pour représenter une des nombreuses images
parodiques de la femme. Aux Antilles, les proverbes créoles opposent le cabri
au mouton.
En revanche on ne s'étonnera pas de constater que le cochon n'offre à l'imagination proverbiale que la ressource d'exploiter une alternative très simple : graisse
ou saleté.

*La chèvre*

490   Tant gratte chèvre qui mal gît.                       *Roman de Renart*, XIIIe s.
  ● À force de rechercher ses aises, on finit par se retrouver dans une situation inconfortable. « Cette façon de parler tire son origine du vieux conte qu'on fait d'une chèvre,
  laquelle en grattant la terre découvrit un couteau duquel elle fut égorgée, pour être
  offerte en sacrifice » (Fleury de Bellingen, 1656).

491   Où la chèvre est liée, il faut qu'elle broute.         *Adages français*, XVIe s.

● Il faut s'accommoder de ce qu'on a, ou de la situation dans laquelle on est engagé.
— Ce proverbe existe en banen.

492    On n'a jamais vu une chèvre morte de faim.                          Quitard, 1842.
● Quand on n'est pas difficile, on survit.

493    À la chandelle, la chèvre semble demoiselle.                        Meurier, 1568.
→ La nuit, tous les chats sont gris.

494    La chèvre a pris le loup.
● «En parlant de ceux qui pensant perdre ou tromper les autres, demeurent eux-
mêmes pris» (Le Roux, 1752).

495    Le Bon Dieu donne des cornes à biquette comme elle peut les porter.
Régional, Franche-Comté.
● Thème de la providence divine.

496    La chèvre a mordu les cailloux, les dents du mouton sont tombées.
Martinique.

497    Comme tu me feras je te ferai, dit la chèvre au chevreau.           Suisse.

498    La chèvre est la vache du pauvre.

499    On ne peut ménager la chèvre et le chou.                            Le Roux, 1752.
● On ne peut pas contenter tout le monde, ni éviter tous les inconvénients.

500    Les affaires du cabri ne sont pas celles du mouton.                 Martinique.
● Chacun son métier et les vaches seront bien gardées. — Ce proverbe existe aussi en
créole.

*Le cochon*

501    On ne doit pas à gras pourceau le cul oindre.                       La Véprie, 1495.
● Il est inutile d'ajouter à l'abondance.
→ Dedans la mer l'eau n'apporte.

502    C'est la graisse du cochon qui a cuit le cochon.                    Martinique.
● Du bâton que l'on tient souvent on est battu.

503    On n'engraisse pas les cochons avec de l'eau claire.                Régional.
● Ce proverbe existe aussi en anglais.

504    C'est folie de semer les roses aux pourceaux.                       Meurier, 1568.
● Variante de la parole évangélique : «Ne jetez pas vos perles aux pourceaux»
(Matthieu 7,6) sur la propagation de la doctrine.

505    Aux cochons la merde ne pue point.                                  Furetière, 1690.

506    Mieux aime truie bren que rose.
◊ Une truie songe toujours à merde.                                   Oudin, 1640.

507    Le cochon ne défèque pas là où il dort.                             Martinique.

508    Il ne faut pas regarder la saleté du cochon pour en manger.         Martinique.

509  Fais du bien à un cochon et il viendra chier sur ton balcon.      Québec.

→ Oignez vilain il vous poindra.

## 6. *L'ŒUF ET LA POULE*

Une solide tradition populaire fait de la poule un des personnages les moins flattés du bestiaire proverbial.
Relevons quelques-uns des rôles qu'elle assume :
a) l'infériorité de la femme dans le ménage ;
b) le rôle de victime mystifiée par le voleur rusé et adroit (« plumer la volaille ») ;
c) un comportement vil (gratter la terre).
C'est cependant l'œuf, qui connaît la meilleure utilisation proverbiale, soit que, associé à la poule, il permette de lier commodément le producteur et le produit dans une même dynamique de l'avoir ou du profit, soit qu'il offre à l'imagination l'aubaine d'une remarquable disponibilité métaphorique : objet physique et économique très maniable, mot idéalement assonancé avec « bœuf », pour un jeu d'oppositions multiples, enfin signe d'une double fonction de nourriture et de reproduction.

*La poule*

510  Jamais géline [poule] n'aima chapon.      Meurier, 1568.

● Rappelons que le chapon est un coq châtré.

511  Quand on tient la poule, il faut la plumer.

● Il faut profiter de l'occasion qui s'offre.

512  Il faut plumer la poule sans la faire crier.      Fleury de Bellingen, 1656.

● Il faut voler l'autre avec discrétion, avec une « prudence mondaine ».

513  Poule égarée est bonne pour le renard.      Régional, Agen.

→ Homme seul est viande à loup.

514  Chaque poule vit de ce qu'elle gratte.      Auvergne.

515  Qui naît poule aime à gratter.

● H. Estienne glose : « Qui est extrait de géline, il ne peut qu'il ne gratte » (*Précellence du Langage français*).

516  Qui suit les poules apprend à gratter.      Cotgrave, 1611.

● Danger des mauvaises fréquentations.

517  Quand le blé vient à moisson, si haut soit-il, les poules l'attrapent.

Régional, Savoie.

● Les plus grands finissent par trouver leur maître.

518  Le ravet ne peut rien devant une poule.      Guadeloupe.

● *Ravet* : gros cafard dont les poules sont friandes,

*Le coq*

519  Un bon coq n'est jamais gras.

● Ce proverbe existe aussi en russe.

520    Un coq est bien fort sur son fumier.
Panckoucke, 1749.

   ● L'assurance que donne la légitimité. — Ce proverbe existe aussi en hongrois.

   → Un chien est fort à la porte de son maître.

521    Qui monte ma poule est mon coq.
Bourbonnais.

522    La poule ne doit pas chanter devant le coq.

   ● Molière *(Les femmes savantes)* met ici en forme un proverbe ancien :

   ◊ C'est chose qui moult me déplaist
     Quand la poule parle et coq se taist.
*Roman de la Rose*, XIIIe s.

   ● Thème de la supériorité de l'homme dans le ménage, traité avec une certaine dérision. — Ce proverbe existe aussi en dialecte corse et au Rwanda.

523    Coq chante ou non, viendra le jour.
Baïf, 1597.

   *Var. ancienne :*
   ● Si ja [jamais] ne chante le coq, si [pourtant] vient le jour.
La Véprie, 1495.

   ● L'inéluctable n'a pas besoin de prophètes. — Ce proverbe existe en alsacien.

*L'œuf et la poule*

524    Noire géline pond blang œf.
Ancien proverbe, XIIIe s.

   ● « Une poule noire pond un œuf blanc » : double thème des apparences et de la causalité. — Ce proverbe existe en gaélique.

525    Plus on a de poules
     plus on a d'œufs.
Suisse.

526    Il ne faut pas tuer la poule pour avoir l'œuf.

   ● Il ne faut pas sacrifier le plus pour le moins. Le thème mythique de la poule aux
œufs d'or dérive de cette constatation de bon sens.

527    Ne comptez pas les œufs dans le derrière d'une poule.
Guadeloupe.

   ● Construire sur des suppositions est imprudent.

528    Celui qui mange des œufs ne sait pas si la poule a mal au derrière.
Martinique.

   ● Ce proverbe existe en créole.

529    Les poules qui gloussent le plus fort ne sont pas les meilleures pondeuses.
Languedoc.

   ● Ceux qui font le plus de bruit ne sont pas les plus utiles ; cf. la locution : « Faire plus
de bruit que de besogne. »

530    C'est la poule qui chante qui a fait l'œuf.
Bourbonnais.

   ● Mais on dit aussi : « La première poule qui chante, ce n'est pas celle qui a fait l'œuf »
(Régional, Agen).

*L'œuf*

531    Mieux vaut œuf donné que œuf mangé.
*Prov. gallica*, XVe s.

   ● Un don peut être un bon placement.

532    Un œuf aujourd'hui vaut mieux qu'un poulet pour demain.
*Almanach perpétuel...*, 1774.

● Sur le thème : Un « tiens » vaut mieux que deux « tu l'auras ». — Ce proverbe se rencontre dans de très nombreuses langues.

533    Mieux vaut promptement un œuf que demain un bœuf.

◊ Mieux vaut en paix un œuf qu'en guerre un bœuf.                    Meurier, 1568.

● Variations sur le thème de : Un « tiens » vaut mieux que deux « tu l'auras »,

534    Au pauvre, un œuf vaut un bœuf.                                Meurier, 1568.

535    Qui vole un œuf vole un bœuf.                                    Bladé, 1881.

536    Il ne faut pas mettre tous ses œufs dans le même panier     Quitard, 1842.

● Il faut diversifier ses biens, ses ressources, ses possibilités...

537    À l'aventure met-on ses œufs à couver.                         Gruter, 1610.

● On se lance dans des entreprises dont le succès n'est pas toujours assuré.


## 7. LE CHAT

Le chat est avec le chien l'animal familier de l'environnement domestique. Plus autonome par rapport à l'homme, il offre à l'invention proverbiale moins de signes aisément exploitables :
*a)* le coup de griffe : agressivité soudaine et imprévue ;
*b)* le chat et la souris : image, avec tant d'autres, des rapports de force qui régissent les sociétés humaines.
L'image de l'animal mystérieux, objet de toute une mythologie superstitieuse, n'apparaît guère dans les proverbes qui suivent. En revanche, quelques emplois ont des connotations sexuelles, peut-être favorisées par une certaine rencontre homonymique avec le vocabulaire érotique *(chas).*

*Le chat et la souris*

538    À bon chat bon rat.

● La défense vaut l'attaque.

539    À vieux chat, jeune souris.

540    Quand le chat n'est pas là, les souris dansent.

*var. anciennes :*

◊ Absent le chat, les souris dansent.                               Baïf, 1597.

◊ Là où le chat n'est, souris y révèle.                  Ancien proverbe, XIIIe s.

● Euphorie insouciante, quand on ne se sent plus surveillé ou menacé. — On trouve ce proverbe en créole, baoulé, oubykh, et chez les juifs du Yémen.

541    Qui naquit chat court après les souris.                        Quitard, 1842.

● Le naturel l'emporte toujours.

542    Chat ganté ne peut pas rater.

● *Rater :* prendre ou chasser les rats. — Ce proverbe existe en catalan.

*var. anciennes :*

◊ Chat emmouflé ne prend souris.                                   Baïf, 1597.

◊ Chat engaunté ne surrirera ja bien.          Manuscrit de Cambridge, XIIIe s.

● Il ne faut pas renoncer à ses moyens « naturels ».

543   Qui ne nourrit pas le chat nourrit le rat.
      ● En voulant s'épargner un dommage on risque de s'en préparer un plus grand. — Ce
      proverbe existe en langue d'oc.

544   Bon chaton tourne en petit lieu.
      ● Un bon chat chasse sur une petite surface. Ce proverbe est peut-être l'altération d'un
      plus ancien :

      → Bon charron [charretier] tourne en petit lieu.

                                                                                      *Autres thèmes*

545   À laide chatte, beaux minous.
           *var. régionale :*
      ◊ Aux vilains matous les belles chattes.                                        Champagne.

546   Bien sait li chas quel barbe il lèche.                              Ancien proverbe, XIIIᵉ s.
      ● Signifie que le rusé est toujours prudent :
           « Bien sait chat cui barbe il laiche.
           Bien s'aperçoit li veziiez [le rusé]
           les quiex il puet avoir sous piez. »
                                                                          Marie de France, XIIIᵉ s.

547   Il n'est si petit chat qui n'égratigne.
      ● Il n'y a pas de petit ennemi.
      → Il n'est si petit buisson qui ne porte son ombre.

548   Chat échaudé craint l'eau froide.
           *var. anciennes :*
      ◊ Chat eschaudez iave [eau] creint.                                  Ancien proverbe, XIIIᵉ s.
      ◊ Eschaudez eve crient.                                              Roman de Renart, XIIIᵉ s.
      ● On est doublement prudent après une première expérience malheureuse.

549   La nuit tous les chats sont gris.                                       Quitard, 1842.
      ● La nuit efface les différences : « Dans l'obscurité on ne distingue pas une belle
      femme d'une laide » (Quitard).

550   Il ne faut pas acheter chat en poche.
      ● Il faut examiner l'affaire avant de conclure. — Ce proverbe existe aussi en danois.

551   Inutile de landangier [gronder] le chat, quand le fromage est mangé.
      → Quand la jument est sortie, il n'est plus temps de fermer l'étable.
      ● Thème de l'inutilité des regrets tardifs.

552   Il ne faut pas réveiller le chat qui dort.                              Meurier, 1568.
      ● Au XIIIᵉ siècle, il s'agissait du chien qui garde la maison.

553   Occasion trouve qui son chat bat.                                      La Véprie, 1495.
      → Qui veut noyer son chien l'accuse de la rage.

554   Personne ne veut attacher la sonnette au cou du chat.
      ● « On n'ose pas être le premier à entreprendre une affaire dangereuse » (Oudin,
      1640). La langue courante connaît dans ce sens la locution : *attacher le grelot.*
      dans sa fable (II, 1) : « Conseil tenu par les Rats », La Fontaine met en scène
      cette situation.

555    Quand les chats siffleront,
       À beaucoup de choses nous croirons.                    Régional, Agen.
       ● Supposition absurde.

556    Ce que l'homme épargne de sa bouche,
       Le chat ou le chien vient qui l'embouche.              Meurier, 1568.

## 8. LE CHIEN

Animal le plus populaire des proverbes, il possède des traits distinctifs nombreux
susceptibles de significations multiples et variées. Par exemple :
*a*) sa dépendance vis-à-vis de l'homme (le chien et son maître) valant pour certaines relations humaines ;
*b*) l'aboiement, signe à déchiffrer, thème de «l'apparence et la réalité» dans la
connaissance d'autrui : la menace et l'acte (la morsure) ;
*c*) un naturel parfois querelleur : rivalité entre gens de condition inférieure ;
*d*) l'égoïsme glouton : le chien et l'os correspond à l'âpreté de la lutte pour
le profit.
D'autres valeurs s'expliquent par la présence familière du chien dans l'environnement de l'homme.

### Naturel et comportement du chien

557    On ne peut empêcher les chiens d'aboyer et les menteurs de mentir.

558    Chien qui aboie ne mord pas.                           Baïf, 1597.
       *var. ancienne :*
       ◊ Chacun chien qui aboye ne mort pas.         Ancien proverbe, XIIIᵉ s.
       ● Ceux qui menacent beaucoup ne sont pas les plus dangereux. — Ce proverbe existe
       en cambodgien.

559    Jamais bon chien n'abboye [aboie] à faute.            Oudin, 1640.
       ◊ Jamais bon chien n'aboie à faux.                    Quitard, 1842.
       ● Se dit d'un homme qui ne menace pas sans frapper.

560    Gardez-vous de l'homme secret et du chien muet.

561    À chien qui mord il faut jeter des pierres.

562    Haïssez un chien, dites que ses dents sont blanches.  Guadeloupe.
       ● Reconnaissez les qualités de celui que vous haïssez.

563    Le petit chien conduit le gros chien à le mordre.     Martinique.

564    Il ne faut pas se moquer des chiens qu'on ne soit hors du village.
                                                             Le Roux, 1752.

565    Le chien attaque toujours celui qui a les pantalons déchirés.
       ● Thème de la malchance des malheureux. — Ce proverbe existe en vietnamien.

566    Chien hargneux a toujours l'oreille déchirée.
       ● Vers de La Fontaine, *Fables*, X, 9 : «Le chien à qui on a coupé les oreilles».
       ● Ce proverbe existe en langue d'oc et en russe.
       *var. ancienne :*

◊ Chien rioteur [batailleur] a volontiers les oreilles tirées.  *Adages français*, XVIᵉ s.

567   De maigre poil âpre morsure.                                      La Véprie, 1495.

   ◊ En maigre poil a morsure.                              *Adages français*, XVIᵉ s.

   ◊ De maigre poil aspre pointure.              Manuscrit de Cambridge, XIIIᵉ s.

568   Les poils du chien guérissent la morsure du chien.               Martinique.

   → La lance d'Achille blesse et guérit.
   ● Le mal se guérit par le mal.

569   Le chien a quatre pattes, mais il n'est pas capable de prendre quatre che-
     mins.                                                    Créole antillais.

   ● On ne peut pas tout faire à la fois. — Ce proverbe existe aussi au Congo.

570   Ce sont des pièces de rencontre
     Que les chiens vont pisser contre.                        Belgique.

   ● Ce sont des choses vulgaires.

571   Lavez chien, peignez chien,
     Toutefois n'est chien que chien.

572   Qui hante chien, puces remporte.                                  Baïf, 1597.

   ● Avec les chiens on ne gagne que des puces : « Il n'y a rien à profiter avec les imbéci-
   les et les ignorants » (Oudin, 1640).

573   En lit de chien ne quers ja soyn.                        Ancien proverbe, XIIIᵉ s.

   ● Ne cherche pas la propreté dans un lit de chien.

574   Bon chien chasse de race.                                         Quitard, 1842.

575   Il n'est chasse que de vieux chiens.                              Quitard, 1842.

576   Chaque chien lèche sa queue selon son goût.                       Martinique.

577   Les chiens ne font pas des chats.

   → L'aigle n'engendre point la colombe.

### Le chien et son maître

578   Qui veut noyer son chien l'accuse de la rage.   Molière, *Les Femmes savantes*, II, 5.

    *var. ancienne :*

   ◊ Qui son chien veut tuer la raige li met seuze.          Ancien proverbe, XIIIᵉ s.

   ● Quand on veut rompre avec quelqu'un on trouve toujours un prétexte. La forme
   actuelle du proverbe est chez Molière (*Les Femmes savantes*, II, 5).

579   Qui aime Martin aime son chien.                                  Bourbonnais.

   ◊ Qui m'aime aime mon chien.

580   Tout chien est fort à la porte de son maître.                     Guadeloupe.

   ● L'assurance que donne la légitimité. — Ce proverbe existe en gaélique.

   → Un coq se sent fort sur son fumier.

581   Pour l'alouette le chien perd son maître.                        Bovelles, 1557.

582   Qui chasse le chien chasse le maître.   Régional, Agen.

583   Quand un chien se noie, tout le monde lui offre à boire.   Vibraye, 1934.

● On n'a souvent aucune pitié pour ceux auxquels il arrive malheur. — Ce proverbe existe aussi en anglais.

### Le chien et l'os

584   Il faut flatter le chien pour avoir l'os.   Régional.

585   Par un os en bouche
Se tait qui grouche [gronde].   Bovelles, 1557.

586   Chien en cuisine
Son pair n'y désire.

*var. ancienne :*

◊ Chien en cosyn compagnie ne désire.   Manuscrit de Cambridge, XIIIᵉ s.

587   Querelles de chiens, ils se raccommodent à la soupe.   Belgique.

588   Le chien peureux n'a jamais son saoûl de lard.   Régional, Savoie.

● Sur le thème : « La fortune sourit aux audacieux ».

→ Jamais honteux n'eut belle amie.

589   Là où il y a un os, c'est là qu'on trouve les chiens.   Martinique.

590   Deux chiens à un os ne s'accordent.

● Ce proverbe existe aussi en anglais.

→ Deux gloutons ne s'accordent pas en une même assiette.

591   Jamais à un bon chien, il ne vient un bon os.

● Le bien ne va pas au mérite. « Ceux qui ont bonne envie de travailler n'en trouvent pas les occasions » (Le Roux, 1752).

### Emplois divers

592   Chien en vie vaut mieux que lion mort.

● Ce proverbe existe en anglais.

→ Goujat [valet d'armes] debout vaut mieux qu'empereur enterré.

593   Il n'est pas permis de tuer le chien pour sauver la queue de la chatte.   Québec.

594   La lune est belle lorsque le chien l'espère.   Régional, Savoie.

595   Un chien qui pisse fait pisser l'autre.   Belgique.

● Thème de la contagion des attitudes (cf. 696).

596   Les chiens qui ont la queue coupée n'ont pas peur de faire voir leur cul.   Régional, Savoie.

● Quand on a pris l'habitude de vivre mal, on finit par ne plus se cacher.

597   Le chien n'aime pas la banane et il ne veut pas que la poule en mange.   Martinique.

● On n'aime pas voir un autre accepter ce qu'on dédaigne.

CHAPITRE V

# l'homme :

## Le corps, les actes, la vie

### 1. LE CORPS

Les différents organes et parties du corps désignent d'abord, par le jeu métonymique courant de la langue, les fonctions physiologiques qu'ils assurent : bouche
= parole ; dent, ventre = alimentation, nourriture, etc.

Ils sont ensuite autant de signes qui renvoient à un monde intérieur, moral, intellectuel ou affectif, dont ils dessinent métaphoriquement une sorte d'anatomie
mythique (bouche = *vérité/mensonge* ; œil = intelligence, etc.).

Souvent même, la combinaison de deux éléments *(dent/langue ; main/pied)* dyna-
mise ce monde moral par un jeu d'opposition ou de complémentarité transfor-
mant le corps humain en une scène où viennent s'écrire le débat moral, la relation affective, le vécu personnel de l'individu.

L'abondance des proverbes concernant le corps et la santé est remarquable ;
dans une superbe et savante étude récente : *Sagesses du corps*, Françoise
Loux et Philippe Richard ont commenté non moins de 4 718 proverbes sur ce
thème (voir la bibliographie au début de ce dictionnaire).

598    D'un petit homme souvent grand ombre.                     Meurier, 1568.
 • Petitesse physique, grandeur morale, les proverbes français recourent volontiers à de
   tels contrastes établissant en quelque sorte une loi de compensation.

599    Quand on regarde quelqu'un, on n'en voit que la moitié.   Régional, Artois.
 • Les lois de l'optique justifient la méfiance (cf. 715).

*La beauté*

600    Chacun en sa beauté se mire.                               Baïf, 1597.

601    Quand beau vient sur beau, beau perd sa beauté.           La Véprie, 1495.
        *var. ancienne :*
        ◇ Quand bel vient sur bel si pert bel saison.           Ancien proverbe, XIIIe s.

602    Beauté n'est qu'image fardée.                      *Adages français*, XVIe s.

603    Beauté sans bonté est comme vin éventé.                   Meurier, 1568.

604    Belle montre et peu de rapport.                            Tuet, 1789.

• *Montre* : « action de montrer. » Thème de l'apparence flatteuse et trompeuse.

605   Il est assez beau qui a tous ses membres.      *Bonum spatium*, XIVᵉ s. (*in* Maloux, 1960).
      • Ce proverbe souligne la fréquence des infirmités et mutilations dans la société médié-
      vale.

606   Sous la crasse, la beauté s'y cache.                          Régional, Nantes.

### La tête

607   Grosse tête, peu de sens.                                     Quitard, 1842.
      *var. antonymique :*
      ◊ En petite tête gît grand sens.                      *Adages français*, XVIᵉ s.

608   Qui a bonne tête ne manque pas de chapeaux.                   Quitard, 1842.
      • « L'homme habile trouve toujours le moyen de se procurer ce qui lui est nécessaire »
      (*ibid.*).

609   Qui n'a pas de tête n'a que faire de bonnet.

### Le visage

610   Chère [visage] d'homme fait vertu.
      ◊ Face d'homme porte vertu.
      • « La présence d'un homme sert bien ses affaires » (Littré).

611   Au vis [visage] le vice.                              Fleury de Bellingen, 1656.
      • Le vice se voit au visage. De même le suivant :

612   Au semblant cognoit-on l'homme.                       Ancien proverbe, XIIIᵉ s.

613   Homme à deux visages
      N'agrée en villes ni villages.                                Meurier, 1568.

614   Belle chère [beau visage] et cœur arrière                     Meurier, 1568.
      • Des dehors affables peuvent dissimuler un cœur sec.

615   Une oreille coupée a toujours son conduit.                    Martinique.
      • Les apparences sont parfois trompeuses.

616   Un grand nez ne gâte jamais beau visage.                      Le Roux, 1752.
      • Mais on dit aussi :
      → Beau visage n'a jamais eu vilain nez.

### Les yeux

617   Les yeux sont le miroir de l'âme.                             Littré.
      *var. rhétorique :*
      ◊ Les yeux sont les fenêtres de l'âme.

618   Un bon avis vaut un œil dans la main.                         Quitard, 1842.

619   Œil luisant vaut argent.                              Régional, Auvergne.

620   Bon pied, bon œil !

621   Orgueil n'a pas bon œil.                                          Cotgrave, 1611.
    • L'orgueil est un mauvais conseiller.

622   On ne doit pas avoir les yeux plus grands que le ventre.      *Prov. gallica*, XVe s.
    • On ne doit pas désirer plus qu'on ne peut garder. — Ce proverbe existe en anglais.

623   Loin des yeux [*ou* de l'œil], loin du cœur.                     Gruter, 1610.

624   Ce que les yeux ne voient pas ne fait pas mal au cœur.
    • Tant qu'on ignore son infortune, on n'en souffre pas.

625   Œil un autre œil voit et non soi.                               Bovelles, 1557.
    • L'image de l'œil qui ne peut se voir lui-même est une illustration commode de la
      méconnaissance de soi, thème évoqué par de nombreux autres proverbes.

626   À l'œil malade, la lumière nuit.                                Cotgrave, 1611.

627   C'est le nez qui reçoit le coup et ce sont les yeux qui pleurent.     Martinique.
    • Pour signifier que l'épreuve qui frappe quelqu'un cause du chagrin à ses proches.

628   Œil pour œil, dent pour dent.                                   Panckoucke, 1749.
    • La loi du talion (édictée dans la Bible : Exode 21, 24, par exemple, et abrogée dans
      l'Évangile : Matthieu 5, 38).

### Les lunettes, signe de l'âge

629   Bonjour lunettes, adieu fillettes.                              Méry, 1828.

630   Les lunettes et les cheveux gris sont des quittances de l'amour.
                                                                      Lamesangère, 1821.

### Les lunettes et la vue

631   Chacun voit avec ses lunettes.                                  Littré.
    • Chacun pense à sa manière. Thème de la « manière de voir », du « point de vue » per-
      sonnel.

### Les cheveux et le poil

632   Tous nos cheveux sont comptés.
    • Reprise de la parole évangélique : « Ne craignez rien... Vos cheveux même sont tous
      comptés » (Matthieu, 10, 31).

633   Cheveu fin, cheveu malin.                                       Régional, Orléanais.
    • Analogie fondée sur le double sens de *fin*.

634   On ne peut prendre un homme rasé aux cheveux.

635   Un poil fait ombre.                                             Cotgrave, 1611.
    • Il n'y a pas d'ennemi ou de danger insignifiants.

### La barbe

636   La barbe ne fait pas l'homme.

637   Du côté de la barbe est la toute-puissance.

● L'homme est le maître dans le ménage. Voir l'utilisation parodique que fait Molière de ce proverbe dans *L'école des Femmes*.

638 En la grande barbe ne gît pas le savoir. Ancien proverbe, XIIIe s.

639 Barbe rousse, noir de chevelure,
Est réputé faux par nature. Meurier, 1568.

● Thème très ancien de la méfiance à l'égard des roux, illustré par des locutions (méchant comme un âne rouge, etc.).

### La bouche

640 Main droite et bouche ronde
Pour aller par tout le monde. Gruter, 1610.

641 En bouche close n'entre mouche. Gruter, 1610.

*var. régionale :*

◊ Dans bouche fermée rien ne rentre. Agen.

● Vertu du silence : qui se tait ne s'expose pas. — Ce proverbe existe aussi en espagnol.

642 La vérité sort de la bouche des enfants.

643 La bouche n'a pas de dimanche.

644 De l'abondance du cœur la bouche parle.

● Citation évangélique (Matthieu 12, 34). «Nos cœurs sont comme les archives d'où nos lèvres tirent tout ce qu'elles expriment» (Fleury de Bellingen).

645 Bouche en cœur au sage,
Cœur en bouche au fou. Bovelles, 1557.

● Le sage sait tenir secret ses désirs, le fou les clame imprudemment.

646 Miel sur la bouche,
Fiel sur le cœur. Régional.

● Le contraste *bouche/cœur* (paroles/sentiments) est ici souligné par l'heureuse assonance *(miel/fiel)*.

### Les dents

647 Qui ferme la bouche ne montre pas les dents. Régional.

648 Bonnes sont les dents qui retiennent la langue. *Anthologie prov. fr.*, XVIIe s.

649 La langue va où la dent fait mal. Quitard, 1842.

*var. ancienne :*

◊ La langue va où deult la dent. Ancien proverbe, XIIIe s.

● On parle volontiers de ses peines.

650 Il ne sert à rien de montrer les dents lorsqu'on est édenté. Régional, Agen.

● Il ne faut pas menacer sans moyen d'agir. — Ce proverbe existe aussi en yiddish.

651 À pain dur, dent aiguë. Meurier, 1568.

● Il faut proportionner les moyens à la difficulté de la tâche.

652 Tel a du pain quand il n'a plus de dents. Anc. Théâtre français.

◊ Le pain nous vient lorsqu'on n'a plus de dents.

653   Dents aiguës et ventre plat
      Trouve tout bon qu'est au plat.                        *Gazette française*, XVIIe s.

## Les épaules

654   Les épaules aiment le dos à la folie, le dos ne le sait pas.      *Martinique.*
      ● Image de l'amour non partagé.

655   Pendant que la bâton va et vient, les épaules se reposent.      *Quitard, 1842.*
      ● « Il n'est point de peine si persistante qui n'ait quelque légère intermission » *(ibid.).*

## Les mains

656   Une main lave l'autre.                                  *Académie, 1835.*
      ● L'image connote la complicité plus que la solidarité.

657   Mains blanches sont assez lavées.                       *Meurier, 1568.*

658   Les mains noires font manger le pain blanc.
      ● Le travail enrichit.

659   Ce que le gantelet gagne, le gorgerin le mange.         *Le Roux, 1752.*
      ● *Gorgerin* : partie de l'armure qui recouvrait la gorge.

660   Au paresseux, le poil lui pousse dans la main.          *Quitard, 1842.*
      ● Locution familière : « Avoir un poil dans la main. »

661   Les mains sont faites avant les couteaux.
      ● « On se sert de ces mots en prenant de la viande ou du sel avec les doigts pour excuser son incivilité » (Oudin, 1640). C'est l'idée de *la fourchette du père Adam* (locution).

662   Aux innocents les mains pleines.
      ● Se dit par dépit, au jeu de cartes par exemple, lorsque la chance favorise l'adversaire.

663   De mains vides, prières vaines.                         *Meurier, 1568.*
      *var. ancienne :*
      ◊ De wide main, wide prière.                            *Prov. ruraux..., XIIIe s.*
      → On ne prête qu'aux riches.

664   Longue langue, courte main.                             *Meurier, 1568.*
      ● Qui parle beaucoup agit peu.

665   Froides mains, chaudes amours.
      ● Les mains froides considérées comme un signe de la passion : opposition du physiologique et du psychique.
      *var. antonymique :*
      ◊ Main chaude, amour froid.                             *Régional, Auvergne.*

666   Il faut plutôt prendre garde à ses mains qu'à ses pieds.    *Oudin, 1640.*
      ● Il ne faut pas céder à la tentation de dérober.

667   Ce que tu jettes aujourd'hui avec le pied, tu le ramasses demain avec la
      main.                                                                *Martinique.*

### Les doigts

668   Les doigts d'une main ne s'entresemblent pas.            *Prov. gallica*, XVe s.
      ● Thème de la proximité dans la diversité.

669   Un seul doigt ne prend pas de puce.                                  *Martinique.*
      ● Ce proverbe existe en abé (voir, en tête des index, le tableau des différentes langues).

670   Quand ce n'est pas mon pouce c'est mon doigt.            *Régional, Artois.*
      ● Pour signifier des ennuis ou des importuns auxquels on ne peut échapper. « Quand
      ne n'est pas l'un, c'est l'autre. »

### Le ventre, l'estomac

671   Ventre plein donne de l'assurance.                    *Régional, Auvergne.*

672   Après la panse vient la danse.                                *Le Roux, 1752.*
      ● Mais déjà employé par Villon dans *Le Testament.*

      ◊ De la panse vient la danse.                         *Régional, Auvergne.*

      ◊ Après la panse, la danse.                                   *Quitard, 1842.*
      ● Rapport de successivité entre deux plaisirs : la nourriture (oralité) précède d'autres
      plaisirs ludiques (et, implicitement, érotiques comme le prouvent les locutions figu-
      rées : « La danse du loup », etc.).

673   Si l'estomac pouvait parler, il dirait carotte.                     *Régional.*

674   Ventre affamé n'a point d'oreille.                   *Fleury de Bellingen, 1656.*

675   Jamais la cornemuse ne dit mot si elle n'a le ventre plein.
                                                            *Adages français*, XVIe s.

676   Douleur de tête veut manger,
      Douleur de ventre veut purger.
      ● Dicton médical, illustrant une symbolique des fonctions *(ingestion/excrétion)* et des
      thérapeutiques.

677   Corps vide, âme désolée ;
      Et bien repu, âme consolée.                                  *Meurier, 1568.*

### Le cœur

678   En petit ventre, gros cœur.                          *Adages français*, XVIe s.
      ● Le cœur est ici le courage, la vaillance à l'action ; le ventre symbolise les appétits
      matériels.

679   À pauvre cœur petit souhait.

680   Cœur blessé ne peut aider.                                   *Bovelles, 1557.*

681   Cœur qui soupire n'a pas ce qu'il désire.

682   Mauvais cœur et bon estomac.                                 *Quitard, 1842.*

● Devise des égoïstes : «...en étouffant sa sensibilité et digérant très bien, on évite beaucoup de souffrances morales et physiques» (Quitard).

683    Cœur étroit n'est jamais au large.
       ● *Étroit* connote avarice et *large* générosité.

684    Main serrée, cœur étroit.

*La poitrine*

685    Les seins ne sont jamais trop lourds pour la poitrine.                Martinique.
       ● Sur le thème : la nature est bien faite.

*Les pieds*

687    Meilleur nus pieds
       Que nuls pieds.                                                    Bovelles, 1557.

## 2. *ACTIVITÉS PHYSIOLOGIQUES*            *Le rire et les larmes*

L'association contrastée du rire et des larmes en une même formule expressive est un lieu commun proverbial. Leur succession dans l'énoncé, rendue possible logiquement par l'intervention de la dimension du temps, désamorce et dédramatise l'opposition pour signifier le thème banal des vicissitudes humaines. Elle traduit aussi une profonde méfiance devant les réactions brutales et émotionnelles, dont le temps se charge de montrer la vanité.

688    Tel qui rit vendredi, dimanche pleurera.
       *var. ancienne :*
       ◊ Cil qui rit au matin qui au soir pleure.                        La Véprie, 1495.

689    Rira bien qui rira le dernier.                          Florian, *Fables*, IV, 18.
       *var. ancienne :*
       ◊ Il rit assez qui rit le dernier.       A. de Montluc, *La Comédie des Proverbes*, 1616.

690    Rien ne sèche plus vite que les larmes.                          Quitard, 1842.

691    Mieux vaut pleurechante que chantepleure.

*Autres activités physiologiques*

692    Qui son nez mouche ne peut prendre mouche.          Le Roux de Lincy, 1859.

693    Les morveux veulent toujours moucher les autres.

694    Qui se sent morveux se mouche.                                    Baïf, 1597.

695    Qui se sent galeux se gratte.                                    Oudin, 1640.
       ● Dans ces deux proverbes *mouche* et *gratte* s'entendent habituellement comme des subjonctifs. Ces proverbes se disent de celui qui se sent concerné pas l'allusion qu'on vient de faire.

696    Un bon bâilleur en fait bâiller deux.                           Quitard, 1842.

697    Jamais teigneux n'aima le peigne.                               Meurier, 1568.

698    A un chacun sent bon sa merde.                                      Baïf, 1597.
       ● Voir aussi 505.

699    Plus on remue la merde, plus elle pue.                             Le Roux, 1752.
       ● Mise en garde à l'adresse de ceux qui veulent éclaircir une affaire louche ; cf.
       l'expression : «Mettre son nez dans...». — Ce proverbe existe aussi en grec.

700    Mieux vaut suer que grelotter.
       ● Ces deux réactions opposées du corps indiquent une rupture de l'équilibre physiolo-
       gique due à une modification de l'environnement, mais *grelotter* connote un état de
       misère, tandis que *suer* serait plutôt le signe d'un surcroît d'abondance et de confort.

## 3. LES INFIRMITÉS

       Les diverses infirmités du corps connaissent une faveur bien attestée dans les
       proverbes français. Celle-ci s'explique sans doute, en grande partie, par l'image
       familière de l'infirme dans les communautés d'autrefois, mais elle reflète aussi
       certaines croyances superstitieuses dans le pouvoir maléfique de ces êtres dont
       le corps témoigne symboliquement de la noirceur des intentions.

*La bosse et le bossu*

701    Bigle, borgne, bossu, boiteux,
       Ne t'y fie si tu ne veux.                                   *Adages français*, XVIᵉ s.

702    À bossu la bosse.                                                  Oudin, 1640.
       ● Oudin commente : «Malheur aux méchants.»

703    Chacun est bossu quand il se baisse.
       ● On peut toujours contracter un défaut.

704    Bossu ne voit pas sa bosse.                                        Martinique.

705    Il ne faut pas vingt ans pour qu'un bossu entre dans un cercueil droit.
                                                                          Martinique.

*Le boiteux*

706    Il ne faut pas clocher devant les boiteux.                        Meurier, 1568.
       ◊ Clochier ne faut devant boiteux.                                Mielot, 1456.
       ● Oudin (1640) explique : «Il ne faut pas user de finesse devant les méchants ou
       rusés.»
       → Il ne faut pas parler latin devant un cordelier.

707    Un boiteux ne veut aller avec plus boiteux que lui.        *Adages français*, XVIᵉ s.

*Les aveugles et les borgnes*

708    Au royaume des aveugles, les borgnes sont rois.                    Gruter, 1610.

709    Si un aveugle en conduit un autre, ils tomberont tous les deux.
       ● Citation de l'Évangile (Matthieu 15, 14).

710     Il n'est pire sourd que celui qui ne veut pas entendre.

    *var. ancienne :*

    ◊ N'est si mal sourd comme cil qui ne veut ouïr goutte.        Jean de Meung, XIIIᵉ s.

## 4. GESTES, ATTITUDES, MOUVEMENTS

La mobilité et le dynamisme du corps sont la base de plusieurs proverbes très pittoresques. Les connotations morales courantes du lexique du mouvement (tomber, reculer, monter, descendre) permettent de passer aisément de l'image physique simple à la peinture de situations morales moins évidentes et le plus souvent inconfortables, de la constatation de certaines apories physiques élémentaires, telle :
On ne peut humer et souffler ensemble
jusqu'à la mise en garde moralisatrice et moqueuse à l'adresse de ceux dont l'ambition oublie la modestie ou la faiblesse des moyens, comme le montre le premier proverbe cité ici :

711     On ne saurait péter plus haut que le cul.                           Oudin, 1640.

    ● Pour remettre à leur place les gens prétentieux ou ambitieux sans moyens

712     L'on ne peut humer et souffler tout ensemble.

    ◊ L'on ne peut courir ensemble et corner.                         Meurier, 1568.

    ● Sur le thème : On ne peut pas faire deux choses à la fois.

713     Qui crache en l'air reçoit le crachat sur soi.                      Bovelles, 1557.

    ● Ce proverbe existe en alsacien, en basque, en grec.

    → À pisser contre le vent, on mouille sa chemise.

714     Il ne faut jamais trembler qu'on ne voie sa tête à ses pieds.

    ● « Il ne faut point avoir peur sans sujet » (Oudin, 1640).

715     Mal est caché à qui l'on voit le dos.

    *var. ancienne :*

    ◊ Mal se musse à qui le cul pert.                                Lamesangère, 1821.

    ● « Ce proverbe s'applique aux poltrons : ayant tourné le dos, les voilà connus pour des lâches et, pour cette raison, exposés à de nouvelles attaques » *(ibid.).* Voir aussi 599.

716     Qui n'a pas de siège s'accote contre le mur.

717     Qui plus haut monte de plus haut chiet [tombe].              Ancien proverbe, XIIIᵉ s.

    ◊ Cil prend mal coup qui trop haut monte.          Chanson sur Hugues Aubriol, XIVᵉ s.

718     Ce n'est pas honte de choir mais de trop gésir.              Ancien proverbe, XIIIᵉ s.

    ● La honte n'est pas de tomber mais de ne pas se relever assez tôt.

719     Tout ce qui branle ne tombe pas.

    ● Il ne faut pas se fier aux apparences : les personnes les plus fragiles d'aspect peuvent être très résistantes.

720   On se heurte toujours où l'on a mal.                       Quitard, 1842.
    ● C'est-à-dire que, ailleurs, les heurts, étant moins douloureux, passent inaperçus.

721   Mieux vaut ployer que rompre.                             Meurier, 1568.
    ● Voir la fable : «Le Chêne et le Roseau» (La Fontaine, I, 22).

### Monter et descendre

722   Il en est ainsi en ce monde
    Quand l'un descend l'autre monte.                    *Prov. gallica*, XVe s.
    ● Vicissitudes et justice distributive.

723   Il est plus facile de descendre que de monter.

724   Il vaut mieux allonger le bras que le cou.              Bruscambille, XVIIe s.
    ● Il vaut mieux mendier que s'exposer à être pendu (ou décapité) pour avoir volé.

725   Qui trop embrasse mal étreint.                            Le Roux, 1752.
    ● Qui veut entreprendre ou faire trop de choses à la fois risque de ne rien réussir.
    *var. ancienne :*
    ◊ Qui trop embrasse peu estraind.                         XIVe s.

### Se lever, se coucher

726   Paris appartient à ceux qui se lèvent tôt.              Maloux, 1960.

727   Premier levé, premier chaussé.                           Meurier, 1568.

728   Qui perd sa matinée perd les trois quarts de sa journée.   Régional, Agen.

729   Coucher de poule et lever de corbeau
    Écartent l'homme du tombeau.                      Régional, Franche-Comté.
    *var. ancienne :*
    ◊ Couchier à dix, lever à six.                          Mielot, 1456.

730   Ce n'est pas le tout de se lever matin, il faut encore arriver à l'heure.
    *var. ancienne :*
    ◊ Au matin lever ne gist mie tous li esplois.       Ancien proverbe, XIIIe s.

731   A beau se lever tard qui a bruit [réputation] de se lever matin.
                                                             Duplessis, 1856.
    ● Les premières impressions qu'une personne donne d'elle-même sont difficiles à chasser.

732   Puce en l'oreille
    L'homme réveille.                                        Bovelles, 1557.
    ● Cf. la locution : «Mettre la puce à l'oreille», dont le sens initial est érotique.

733   Comme on fait son lit on se couche.
    *var. ancienne :*
    ◊ Qui mal fait son lit,
    Mal couche et gist.                                      Meurier, 1568.
    ● Il faut subir les conséquences de sa conduite. — Ce proverbe existe aussi en grec.

734   Le lit est l'écharpe de la jambe.                         Le Roux, 1752.

● Quand on a mal à la jambe, il faut garder le lit.

735   Un bon coup de coussin
      Fait mieux que le médecin.                                         Régional.
      ● Thème fréquent des bienfaits du sommeil.

736   L'oreiller porte conseil.                                 Régionale, Auvergne.
      ● Variante de : « La nuit porte conseil ».

737   Mieux vaut user des souliers que des draps.
      ● Mieux vaut être debout que couché. — Ce proverbe existe aussi en italien.

738   On est plus couché que debout.                                Le Roux, 1752.
      ● On passe plus de temps couché en terre que vivant ; de plus le lit est parfois pris
      comme image de la mort.

739   Il ne faut pas se dépouiller avant de se coucher.              Oudin, 1640.
      ● Il ne faut pas se dessaisir de ses biens avant sa mort.

      → Homme vif n'a pas d'héritier.

740   Le plus beau lendemain ne nous rend pas la veille.
      ● Ce proverbe existe aussi en chinois.

## 5. *LA SANTÉ ET LA MALADIE*

Des proverbes qui traitent du thème général de la santé, et qui expriment çà et
là les banalités attendues, crainte et prudence superstitieuses, on retiendra surtout le retour fréquent de l'image du médecin. À une époque où l'art de guérir
est encore si peu sûr et efficace, le médecin apparaît comme un des personnages les plus familiers de la vie sociale. Il est vrai que son évocation dans les proverbes est presque toujours négative : il partage avec l'avocat le privilège d'être
le « professionnel » le plus décrié des proverbes français. Il faut y voir le signe
d'une pratique très tâtonnante mais lucrative, dont la satire est un lieu commun
de l'imagerie populaire et littéraire (voir Molière), mais également une sorte de
manœuvre quasi magique destinée à éloigner la maladie : se moquer du médecin, c'est essayer de conjurer magiquement la maladie et la mort.
Le médecin vient en fait perturber le système de la nature, où les rapports
entre physique et moral, leur connaissance et leur respect, qui se traduit par
une modération dans l'« usage du corps », assurent un heureux équilibre. Ces
proverbes étaient encore très employés à la fin du XIXᵉ siècle (voir F. Loux et
Ph. Richard : *Sagesses du corps, la santé et la maladie dans les proverbes français*).

741   Celui qui a la santé est riche.                                    Régional.

742   C'est une belle baronie que santé.                      *Adages français*, XVIᵉ s.

743   Qui a la santé a tout,
      Qui n'a pas la santé n'a rien.

744   Quand le bâtiment va, tout va.                                  Maloux, 1960.
      ● Phrase du discours d'un ouvrier, Martin Nadaud, à l'Assemblée nationale en 1848.
      Dans ce proverbe, *bâtiment* est employé métaphoriquement pour *corps* (de métier).
      Mais la phrase est en général employée au sens propre de *bâtiment*.

745 Plus le corps est faible, plus il commande ;
Plus il est fort, plus il obéit.

746 De fortune et de santé il ne faut jamais se vanter. Régional, Savoie.
● Prudence superstitieuse.

747 Deux bras et la santé font le pauvre aisé. Régional.

748 Loin de cité, loin de santé.
● Ce proverbe, qui paraît aujourd'hui étrange, sinon ironique, fait allusion à la solidarité sociale (*cité* s'emploie au XVIIᵉ s. pour «ensemble des citoyens»).

749 Mal sur mal n'est pas santé. Vibraye, 1934.
● On ne guérit pas le mal par un autre mal.

750 Qui demande au malade s'il veut la santé ? La Véprie, 1495.

## Les maladies

751 Les maladies viennent à cheval et s'en retournent à pied.
● On tombe subitement malade et on guérit très lentement. — Ce proverbe existe aussi
en suédois.

752 Tout paraît jaune à qui a la jaunisse. Cahier, 1856.
● Une plaisante illustration de l'égocentrisme.

753 Au mal de la goutte
Le mire [médecin] n'y voit goutte. Quitard, 1842.

754 Goutte tracassée est à demi pansée.
● L'exercice est un bon remède pour la goutte ; cf. la fable «La Goutte et l'Araignée»
(La Fontaine, III, 8).

755 Le rhumatisant a un almanach dans sa tête. Régional.

756 À œil ou nez malade, ne touche que du coude. *Anthologie prov. fr.*, XVIIᵉ s.
● N'y touche pas du tout.

757 Remède contre la peste et meilleur art :
Tôt et loin s'écarter et tourner tard. Meurier, 1568.

## Les remèdes

758 Il vaut mieux prévenir que guérir. Panckoucke, 1749.

759 Aux grands maux les grands remèdes. Académie, 1835.

760 À vieux corps, point de remède. Régional, Bourbonnais.

761 Contre la mort, point de remède. *Adages français*, XVIᵉ s.

762 La guérison n'est jamais si prompte que la blessure. Cahier, 1856.

763 Selon le bras, fais la saignée. Baïf, 1597.
● Il faut adapter les exigences au possible. — Le terme *saignée* invite à appliquer plus
particulièrement le conseil au domaine de la fiscalité.

764   Dieu qui donne la plaie donne le remède.                                    Régional.

◊ Dieu donne la gale, mais il donne aussi des ongles pour la gratter.
                                                                                   Martinique.

● Une façon d'envisager le rôle de la providence divine.


765   Où il n'y a point de mal il ne faut point d'emplâtre.              Le Roux, 1752.

766   « Pardon » ne guérit pas la bosse.                                       Guadeloupe.
      ● Quand on a heurté quelqu'un, une excuse ne répare pas le mal.


*Le médecin*

767   Mieux vaut condamnation de médecin que de juge.
      ● En effet, le médecin se trompe souvent, même dans son pronostic.

768   Trompez le médecin le malade reste.                                    Guadeloupe.

769   Il n'est permis de mentir qu'au médecin.              Fleury de Bellingen, 1656.

770   Si on avait toujours des cerises et des raisins, on pourrait se passer
      de médecin.                                                       Régional, Savoie.

771   Il vaut mieux aller au moulin qu'au médecin.            Régional, Champagne.

772   Hippocrate dit oui et Galien non.                      *Adages français*, XVIᵉ s.
      ● Quand les médecins ne sont pas d'accord entre eux.

773   Médecin, guéris-toi toi-même.                                       Académie, 1835.
      ● Ce proverbe est déjà cité dans l'Évangile (Luc 4, 23). « Se dit de celui qui se mêle de
        donner des remèdes ou des conseils aux autres, et qui lui-même en a besoin » (Le
        Roux, 1752).

774   Médecin de Salamanque
      Guérit l'un et l'autre manque.                        *Proverbes en Rimes*, XVIIᵉ s.

775   Les médecins et les maréchaux
      Tuent les gens et les chevaux.                                      La Véprie, 1495.

776   La faute du médecin
      La terre la recouvre.                                                     Auvergne.

      ◊ Médecins et paveurs de rue, la terre recouvre leur faute.

777   Trop de docteurs, peu de médecins.
      ● Beaucoup se prétendent savants, mais peu guérissent.

778   Un médecin soigne, deux estropient, trois tuent.                      Régional.

779   De jeune médecin, cimetière bossu.                                  Gruter, 1610.

      ◊ Les médecins font les cimetières bossus.

      ● L'image pittoresque du cimetière bossu revient souvent dans les proverbes français
        pour désigner les conséquences (mortelles) de certaines interventions humaines. Pour
        une autre profession, on utilisait ce proverbe voisin :

      → De jeune avocat, héritage perdu.

780 C'est folie de faire de son médecin son héritier.                    Meurier, 1568.

781 Dieu guérit le médecin encaisse.                                      Régional.

782 Après la mort, le médecin.              Pièces sur le Connétable de Luynes, XVII⁰ s.
   ● Le médecin arrive toujours trop tard. Le rapport entre médecin et mort est illustré
   autrement dans l'expression : « En dépit des médecins nous vivons jusqu'à la mort ».
   → Après le dîner, la moutarde.

## 6. LES ÂGES DE LA VIE ; LA MORT

   Nous avons rangé dans cette rubrique les proverbes non métaphoriques qui concernent les âges de la vie et la mort. Ils font preuve d'un fatalisme prudent.
   L'opposition *jeunesse/vieillesse* y est traitée sur le mode pessimiste et désabusé,
   et l'évocation directe de la mort dévie curieusement vers des considérations sur
   l'égoïsme humain :
   Chaque vieille son deuil plaint.

783 L'âge n'est fait que pour les chevaux.
   ● Cf. le dicton médical : « On a l'âge de ses artères. » Voir aussi 423.

784 On ne peut pas être et avoir été.                                    Panckoucke, 1749.

785 Qui vivra verra.                                                      La Véprie, 1495.

786 Qui a le temps a la vie.                                             Panckoucke, 1749.

787 Chaque âge a ses plaisirs.
   ● Formule implicitement déceptive.

788 Tant qu'il y a de la vie il y a de l'espoir.

789 Homme vif n'a point de heir.                                         Le Roux, 1752.
   ● Un homme vivant n'a point d'héritier.

                                                         *La jeunesse, la vieillesse*

790 Jeunesse oiseuse, vieillesse disetteuse.
   ● Une jeunesse oisive prépare une vieillesse démunie.

791 Le vieil meurt, le jeune oublie.                                     Vibraye, 1934.

792 Si jeunesse savait,
   Si vieillesse pouvait.                                                Meurier, 1568.

793 Le vieux n'y voit pas assez pour marteler la faux
   Et le jeune ne sait pas l'affiler.                                    Régional.

794 Pour vivre longtemps il faut être vieux de bonne heure.             Régional.

795 En conseil écoute le vieil.                                          Meurier, 1568.

796 Il faut que jeunesse se passe.
   ● Pour excuser les excès et les fredaines de la jeunesse.

797    Ce qu'on apprend au berceau dure jusqu'au tombeau.                    Quitard, 1842.
       *var. ancienne :*
       ◊ Ce qui s'apprend au ber dure jusqu'au ver.
       ● Ce proverbe existe en allemand.

798    Ventre pointu n'a jamais porté chapeau.                              Lamesangère, 1821.
       ● Proverbe concernant les femmes enceintes : un ventre qui n'est pas rond n'annonce
       qu'une fille.

799    Aujourd'hui en chair,
       Demain en bière.

800    Le lange l'a apporté
       Le linceul l'emportera.                                                  Régional.

801    Ce qui vient avec le béguin
       S'en retourne avec le suaire.                                            Régional.

802    Quand tu es né rond, tu ne meurs pas pointu.                           Martinique.
       ● On ne change pas.

803    On ne sait ni qui meurt ni qui vit.                                  Duplessis, 1856.
       ● Adage de droit : On n'est jamais sûr de rien.

804    On ne meurt qu'une fois.
       *var. ancienne :*
       ◊ On ne peut mourir que d'une mort.                           *Adages français*, XVI<sup>e</sup> s.

805    De mauvaise vie mauvaise fin.                                   *Prov. gallica*, XV<sup>e</sup> s.

*La mort*

806    Il faut mourir chacun pour soi.
       *var. ancienne :*
       ◊ Chascun por sei morir estuet.                                      Quitard, 1842.

807    Chaque vieille son deuil plaint.                           Ancien proverbe, XIII<sup>e</sup> s.

808    Tous vont au convoi du mort et chacun pleure son deuil.              Quitard, 1842.
       ● Ce proverbe existe aussi en espagnol.

809    Les candélabres coûtent plus cher que l'enterrement.                 Martinique.
       ● Signifie que les moyens sont disproportionnés aux fins.

810    Contre la mort point de remède.

811    La mort n'a pas d'ami.                                             Vibraye, 1934.

812    Les morts avec les morts, les vifs à la toustée.             *Prov. gallica*, XV<sup>e</sup> s.

# CHAPITRE VI

# la vie domestique

On trouvera, classés dans cette rubrique à la dénomination assez large, un ensemble de proverbes traitant de l'individu dans son intimité familiale ou plus largement domestique : la maison, le ménage, les enfants... ; l'individu, c'est-à-dire l'homme. S'il se trouve que la femme occupe la plus grande place dans ces proverbes, c'est d'abord que l'homme en est l'énonciateur anonyme, mais aisément reconnaissable, tandis que la femme est l'objet privilégié et obsédant de ce discours.

Remarquons aussi, sur ce point, que l'homme est le plus souvent saisi à travers la métaphore (bestiaire ou éléments), alors que la femme est directement nommée, en dehors des emplois particuliers, mais très clairement connotés par l'usage, de certains objets usuels, le pot, le four par exemple, où c'est l'allusion sexuelle qui réclame la médiation métaphorique.

D'autre part, c'est en grande partie la femme qui détermine par sa conduite ménagère l'ordre et la sécurité économique de la famille et l'on ne s'étonnera pas alors de voir tel ou tel proverbe juger la femme avec le cynisme d'un boutiquier appréciant une bonne ou une mauvaise affaire.

D'une façon générale, ces proverbes sont à l'évidence misogynes (on dirait aujourd'hui sexistes), mais ils révèlent bien davantage la peur de l'homme devant les pouvoirs et les mystères de la femme, qu'un langage outrancier et parodique essaie maladroitement de conjurer.

## 1. L'HABITAT                                        *Le pays, la maison*

813   Le pays est là où l'on se peut vivre.                *Prov. gallica*, XVᵉ s.

814   À l'entrée de la ville sont les premières maisons.        La Véprie, 1495.
   ● Lapalissade et conseil de sagesse : il faut chercher les choses là où elles peuvent se trouver.

815   Les maisons empêchent de voir la ville.                Le Roux, 1752.
   ● « Se dit quand on voit tant de belles choses ensemble, qu'on n'a pas le loisir de les considérer en particulier » *(ibid.)*.

   ◊ L'arbre cache la forêt.

816   Gardez votre maison, elle vous gardera.

817   Mal se guête [garde] du larron qui l'enclôt dans sa maison.
                                                        Ancien proverbe, XIIIᵉ s.

818   Qui a bon voisin a bon matin.                                    Meurier, 1568.
   • «Il n'a pas de mauvaise surprise à son réveil.» — Une autre interprétation s'appuie
   sur un jeu de mots : *matin/mâtin*. Dans cette hypothèse, le proverbe signifierait :
   «celui qui a un bon voisin est bien gardé, bien protégé», et s'écrirait :
   ◊ Qui a bon voisin a bon mâtin.
   *autre variante :*
   ◊ Qui a maul voisin si a maul matin.                     Ancien proverbe, XIII^e s.

819   Si ton voisin va se noyer, tu ne dois point pour tant aller.
                                             *Bonum spatium*, XIV^e s. (*in* Maloux, 1960).

820   Si tu vois la barbe de ton voisin brûler, tu peux mettre la tienne à trem-
   per.                                                            Régional, Agen.
   • Le malheur ne saurait tarder à te frapper à ton tour.

## 2. LA VIE DOMESTIQUE

821   Que chacun balaie devant sa porte et les rues seront nettes.
   → Chacun son métier et les vaches seront bien gardées.

822   Il faut laver son linge sale en famille.

823   Il faut qu'une porte soit ouverte ou fermée.   Brueys et Palaprat, *Le Grondeur*, 1691.
   • Pas de demi-mesures.

824   Le dernier venu ferme la porte.                                  Meurier, 1568.
   • Oudin (1610) glose ainsi ce proverbe : «qui s'amuse perd l'occasion».

825   Trois déménagements valent un incendie.

826   On n'est jamais si riche que quand on déménage.                     Méry, 1828.
   • Mot attribué à Fontenelle, à l'issue d'un examen de conscience. Rappelons que Fontenelle est mort centenaire.

827   Charbonnier est maître chez soi.                        Fleury de Bellingen, 1656.
   • Affirmation (même pour un charbonnier) des droits liés à la propriété privée.

828   Un petit chez soi vaut mieux qu'un grand chez les autres.
                                                           Régional, Bourbonnais.

829   Suivant l'oiseau, le nid ;
   Suivant l'homme, le logis.                                      Régional, Agen.

830   De bonne maison bon brason [foyer] ;
   En pauvre maison bas tison.                                      Bovelles, 1557.

831   Maison sans flamme,
   Corps sans âme.                                                  Bovelles, 1557.

832   Quand la maison est trop haute, il n'y a rien au grenier.      Bescherelle, 1846.
   • L'intelligence est inversement proportionnelle à la taille. — Ce proverbe existe en
   russe.

833  Parois blanches, parois fendues.                              Bovelles, 1557.
     ● Il ne faut pas se fier aux apparences.

834  De grand train
     Sur l'estrain [la paille].                                     Meurier, 1568.
     ● Proverbe d'économie.

835  Farine fraîche et pain chaud font la ruine de la maison.       Suisse.
     ● Ils se consomment trop vite.

836  Grand chère, petit testament.                                  Cotgrave, 1611.
     ◊ Grasse cuisine maigre testament.                             Gruter, 1610.

837  Petite cuisine,
     Grosse famille.                                                Québec.

838  Jamais bon cuisinier n'a rendu son maître savant.

839  Épargne de bouche vaut rente de pré.

840  Cuisine étroite fait bâtir grande maison.          *Adages français*, XVIe s.
     ● Antonyme de «Grasse cuisine, maigre testament». Voir aussi 836.

841  Quand le malheur entre dans une maison, faut lui donner une chaise.
                                                                    Québec.
     ● ... car il s'installe pour longtemps.

### Le mariage

842  Il y a plus de mariés que de contents.                  Régional, Morvan.

843  Fiançailles vont en selle et repentailles en croupe.
     ● «L'on se marie promptement et puis l'on se repent à loisir» (Oudin, 1640).

844  L'année où l'on se marie :
     Plutôt gale que métairie.

845  Un homme mal marié, il vaudrait mieux qu'il fût noyé.    Régional, Auvergne.

846  Ne prends jamais femme chez un cafetier,
     Ni une vache chez un meunier.                           Régional, Savoie.
     ● Elles seront l'une et l'autre dépensières.

847  Qui loin se va marier
     Sera trompé ou veut tromper.                               Meurier, 1568.
     ● «En mariage, trompe qui peut» (Quitard, 1852).

848  Qui épouse la femme épouse les dettes.                    Académie, 1835.

849  La terre fait marier bouse.                             Régional, Savoie.
     ● Une femme qui a des terres trouve facilement un mari, même la plus défavorisée.

850  Maison faite et femme à faire.                            Quitard, 1842.
     ● Il faut acheter une maison toute faite et épouser une femme dont le caractère ne soit
       pas encore formé.

     ◊ Cheval fait et femme à faire.

851 Homme de paille vaut une femme d'or. Meurier, 1568.

• Ce proverbe est l'extrême de la misogynie : rien ne peut faire que la femme vaille l'homme.

852 L'homme est pour le purgatoire, la femme pour l'enfer. Martinique.

853 La femme et l'œuf un seul maître veut. *Prov. gallicana*, 1558.

### Le ménage, l'épouse

854 Le fuseau doit suivre le garreau. Meurier, 1568.

• « Si l'homme travaille aux champs, la femme ne doit pas chômer à la ville » (*ibid.*). — *Fuseau* et *garreau* (ou *garrot*) sont des bâtons de bois mais le premier sert aux femmes pour filer à la quenouille et les hommes utilisent le second pour assujettir avec des cordes le chargement d'une charrette.

855 L'homme ne doit rien à sa femme s'il n'est en sa maison.

*Adages français*, XVIe s.

856 Les femmes sont comme les omelettes, elles ne sont jamais assez battues.

857 Souvent les jupons se moquent du pantalon.

858 Le ménage va mal quand la poule chante plus haut que le coq.

◊ Malheureuse maison et méchante
Où coq se tait et poule chante. Gruter, 1610.

• Proverbe utilisé par Molière dans *Les Femmes savantes* (cf. 522).

859 Fumée, pluie et femme sans raison
Chassent l'homme de sa maison. Meurier, 1568.

860 Qui femme a, noise a.

◊ Où femme il y a, silence il n'y a. Meurier, 1568.

• Se rappeler l'épigramme :
« Deux femmes font un plaid,
Trois un grand caquet,
Quatre un plein marché. »

861 Vides chambres font femmes folles.

• Lamesangère (1821) explique : « Le désir d'avoir des nippes fait commettre aux femmes de grandes fautes. »

862 Femmes couchées et bois debout,
Homme n'en voit jamais le bout.

• « C'est dans le lit qu'une femme fait paraître sa force... » (Fleury de Bellingen, 1656).

863 Patience de Griselidis
Met à bout bien des maris. *Prov. en Rimes*, XVIIe s.

• D'après une nouvelle du *Décaméron* de Boccace, dont Griselidis était l'héroïne, maltraitée par son mari qui doutait à tort de sa fidélité.

864 À qui Dieu veut aider, sa femme meurt. *Adages français*, XVIe s.

865 Beauté de femme n'enrichit homme. Bovelles, 1557.

→ La beauté ne sale pas la marmite.

866 Belle femme, mauvaise tête ;
    Bonne mûle, mauvaise bête.                                    Meurier, 1568.

867 Contre femme point ne débattre.                               Baïf, 1597.

868 Une femme ne cèle que ce qu'elle ne sait pas.        *Adages français*, XVIᵉ s.
    *var. ancienne :*
    ◊ Ne dire à ta femme ce que tu celer veus.               Ancien proverbe, XIIIᵉ s.

869 Pas de samedi sans soleil
    Ni de femme sans conseil.                                     Régional, Agen.
    • Le samedi est toujours ensoleillé pour permettre à la Sainte Vierge de faire sécher le
      linge de l'enfant Jésus.

870 Prends le premier conseil de la femme, non le second.        Bovelles, 1531.
    • Éloge ironique de l'intuition féminine.

871 Femme bonne vaut couronne.

872 Femme avisée est toujours modérée.

873 Quand vous êtes bien habillé, vous ne rencontrez pas votre belle-mère.
                                                                   Guadeloupe.


## 3. LA FEMME


874 Il n'est si fort lien que de femme.
    *var. ancienne :*
    ◊ N'est nus si fort loiens comme de femme.              Ancien proverbe, XIIIᵉ s.

875 Femme sait un art avant le Diable.                     *Prov. gallica*, XVᵉ s.

876 Ce que femme veut Dieu le veut.                              Méry, 1828.

877 Souvent femme varie
    Bien fol est qui s'y fie.                    Attribué par Brantôme à François Iᵉʳ.
    ◊ Foi de femme est plume sur l'eau.                         Quitard, 1842.

878 La femme tombe sept fois et toujours se relève.            Martinique.

879 Femme et melon à peine les connaît-on.                     Gruter, 1610.

880 Femme et vin ont leur venin.                               Meurier, 1568.

881 Des femmes et des chevaux il n'y en a point sans défaut.

882 Il faut se garder du devant d'une femme, du derrière d'une mule et d'un
    moine de tous côtés.         *Les Bigarrures et Touches du Seigneur des Accords* (1662).

883 Femme, feu, messe, vent et mer
    Font cinq maux de grand amer.                              Meurier, 1568.

884 À toute heure
    Chien pisse et femme pleure.                              Meurier, 1568.

◊ Femme rit quand elle peut
Et pleure quand elle veut.
● Thème des excrétions : une petite fille est une « pisseuse ».

885  Femme qui prend, elle se vend ;
Femme qui donne s'abandonne.                          *Adages français*, XVIe s.

886  Dites une seule fois à une femme qu'elle est jolie, le Diable le lui répé-
tera dix fois par jour.                                            Le Gai, 1852.

887  Le fard ne peut d'Hécube faire Hélène.
● Le fard ne peut « réparer des ans l'irréparable outrage ».

888  À femme avare, galant escroc.                       La Fontaine, *Conte*, livre II.

889  Femme sotte se connaît à la toque.                          Gruter, 1610.
● On connaît la sottise d'une femme à son habit.

890  Hasard qui tocque, femme qui pêle n'est pas morte.
● « Se dit quand on est près à hasarder quelque chose » (oudin, 1640).

891  D'une bonne vigne prenez le plant ;
D'une bonne mère prenez la fille.                            Régional, Limousin.

892  Il faut aux filles des hommes ou des murailles.             Régional, Limousin.
● Le mariage ou le couvent, sort des femmes.

893  Jolie fille porte sa dot au front.
● La beauté est une dot suffisante ; ce proverbe signifie aussi peut-être que la richesse,
la situation sociale ne se voient pas clairement.

894  La plus belle fille du monde ne peut donner que ce qu'elle a.
Chamfort, *Maximes et pensées*.

895  Fille cachée,
Fille cherchée.                                              Régional, Bourbonnais.

896  Poires et femmes sans rumeur
Sont en prix et grand honneur.                                Meurier, 1568.

897  Belle fille et méchante robe
Trouve toujours qui les accroche.

### La conduite des filles

898  Fille qui trop se mire, peu file.                            Gruter, 1610.
● Se mirer : se regarder dans un miroir.

899  Les filles et les poules se perdent de trop courir.          Régional, Limousin.

900  Fille qui trotte et géline qui vole de légier sont adirées.   *Prov. gallica*, XVe s.
● Elles sont facilement enlevées.

901  Les tisons relevés chassent les galants.                     Quitard, 1842.
● Dicton fondé sur un usage symbolique très ancien. Une jeune fille signifiait par là à
un jeune homme qu'elle refusait de l'épouser. *Tisons relevés* = foyer mort.

## 4. LES ENFANTS, LES RELATIONS DE FAMILLE

902   Nourriture passe nature.                                    Cité dans Brantôme.
- L'éducation peut corriger la nature. Contredit un grand nombre de proverbes qui affirment la force toujours victorieuse des inclinations naturelles, et le plus souvent en mauvaise part.

903   Bien labeure qui chastoie son enfant.                       Ancien proverbe, XIIIᵉ s.
- Signifie exactement : « Bien travaille qui élève son enfant ». Sous sa forme moderne : « Qui aime bien châtie bien », le verbe *châtier* s'entend plutôt dans le sens de punir, ce qui donne au proverbe un sens bien différent du précédent.

904   Un père peut nourrir cent enfants mais cent enfants ne nourri— raient pas un père.                                          Régional, Savoie.
- Thème de l'ingratitude des enfants.

905   Une maman est un bon bol à couvercle.                       Martinique.
- Elle s'emploie à cacher les défauts de son enfant.

906   Folle mère pour enfant.                                     *Prov. gallica*, XVᵉ s.
- La mère peut faire des folies pour son enfant.

907   Le dernier venu est le mieux aimé.                          Mielot, 1456.

908   Il vaut mieux laisser son enfant morveux que de lui arracher le nez.
- « Il vaut mieux souffrir un petit mal que de l'augmenter par un remède » (Le Roux, 1752).

909   Enfant haï est toujours triste.

910   Enfant aime moult qui beau l'appelle.                       *Prov. gallica*, XVᵉ s.
- L'enfant aime ceux qui le flattent.

911   Enfant par trop caressé,
      Mal appris et pis réglé.                                    Meurier, 1568.

912   Ce que l'enfant dit au foyer
      Est tôt connu jusqu'au moustier [monastère].               Meurier, 1568.

913   Celui qui n'a qu'un enfant n'en a aucun.                    Régional, Agen.
- Une progéniture nombreuse est la promesse d'aide et de ressources futures pour un ménage modeste. Il faut se souvenir aussi de la forte mortalité enfantine qui frappait les familles.

914   Mal enfant berce qui le Diable endort.                      Mielot, 1456.
- C'est un mauvais enfant celui qui est bercé par le Diable. L'expression était très usitée autrefois pour désigner un mauvais caractère : « Quand il dort, le Diable le berce. »

915   Il est mon oncle qui mon ventre me comble.
                                                *Bonum spatium*, XIVᵉ s. (*in* Maloux, 1960).
- Jusqu'au XIIIᵉ s. environ, la relation *oncle/neveu* est privilégiée dans les structures de la parenté. — Il s'agit du frère de la mère (l'*avunculus* latin). On retrouve cela dans certaines expressions populaires, comme « la vigne à mon oncle... », et dans des dictons.

916   Enfant nourri de vin,
      Femme parlant latin,
      Rarement font bonne fin.                    Régional, Auvergne.

### Relation père-fils et père-fille

917   La gelée ne faut [manque] au grésil
      Non plus que le père au fils.                    Bovelles, 1531.

918   Tel père, tel fils.
      ● Ce proverbe est contredit par les deux suivants :

919   À père amasseur, fils gaspilleur.               Cotgrave, 1611.

920   À père avare, fils prodigue.
      ● Ce proverbe existe aussi en espagnol.

921   Qui a des filles est toujours berger.
      ● ... Il doit garder son troupeau.

922   Quand ma fille est mariée, tout le monde la demande.
      ● « Après une affaire conclue, quantité de personnes se présentent pour traiter. »
      (Oudin, 1640).

      ◊ Quand notre fille est mariée, nous trouvons trop de gendres.    Le Roux, 1752.

923   Entre promettre et donner,
      Doit-on sa fille marier.                         Meurier, 1568.

### Le gendre

924   Amitié de gendre, soleil d'hiver.               Meurier, 1568.
      ● C'est une amitié rare et capricieuse. — Ce proverbe existe aussi en espagnol et en
      langue d'oc.

925   Morte la fille, mort le gendre.                  Baïf, 1597.

926   Aux gars on promet,
      Aux filles on donne.                        Régional, Beauce.
      ● La fille doit avoir une dot.

### Les frères

927   Courroux de frères,
      Courroux de Diable d'enfer.                     Meurier, 1568.

928   Tantôt frère,
      Tantôt larron.                                      Suisse.
      ● Tantôt ami, tantôt ennemi.

# CHAPITRE VII

# la nourriture, la table

Comme toutes les activités essentielles de l'existence (la sexualité mise à part, qui fait l'objet dans les proverbes d'un traitement indirect), la satisfaction du besoin alimentaire donne lieu à des énoncés nombreux et variés.

On retrouvera l'analogie attendue entre l'expression de la faim et de l'appétit et celle plus générale du désir humain, de ses perversions (avouables) ou de ses frustrations.

On ne s'étonnera pas non plus que le pain soit l'aliment le plus souvent sollicité. Dans une société marquée par la rareté et la cherté des produits alimentaires de base, le pain doit à son universalité, au circuit familier mais aussi aux incertitudes de sa production, de signifier par excellence le résultat, positif ou négatif, des visées humaines : gain ou richesse domestique, aisance née du travail...

Certaines nourritures ont une spécificité métaphorique plus marquée : comme le miel ou le beurre symbolisant le profit ou la tentation du profit, ou le lard, dont l'usage était plus précieux et plus répandu que de nos jours. D'une façon générale les proverbes évoquent les habitudes alimentaires ou gastronomiques d'une société déjà bien loin de nous.

*N.B.* On trouvera, classés à la rubrique « vie domestique, train de vie », d'autres proverbes concernant la table ou la cuisine, intéressant plus précisément l'économie domestique.

*La table*

929    On ne vieillit point à table.                                        Quitard, 1842.

930    Table vaut bien école.                                               Bovelles, 1531.

931    La paix engraisse plus que la table.                          Régional, Gascogne.

932    Il faut manger pour vivre et non vivre pour manger.       Molière, *L'Avare*.
    • Proverbe d'origine latine.

933    À petit manger bien boire.                                        Académie, 1835.
    • La boisson abondante compense la médiocrité de la nourriture.

934    Le manger fait réveiller le boire.                                 Gruter, 1610.

935    Où nous avons dîné, nous souperons.                         Mielot, 1456.

936    Qui dort dîne.                                                        Quitard, 1842.

• «Le sommeil fait oublier la faim,» Littré voit dans ce proverbe «une manière plaisante de rappeler que la paresse est le moyen de n'avoir pas à manger».

937  Bien jeûne le jour qui le soir a assez à manger.                    *Prov. gallica*, XVe s.

938  Mal soupe qui tard dîne.                                            Cotgrave, 1611.
     • Celui qui dîne [déjeune] tard n'a plus d'appétit pour le souper.

939  Courte messe et long dîner,
     C'est la joie du chevalier.                                         *Prov. gallica*, XVe s.

     ◊ Court sermon et long dîner.                                       Mielot, 1456.

940  On ne va point aux noces sans manger.                               Québec.
     • Il faut accepter les conséquences.

     ◊ On ne dîne point quand on est de noces le soir.                   Québec.

## La faim

941  Qui a faim ne peut manger bellement.                                Lamesangère, 1821.
     • Pas de gastronomie pour les affamés.

942  À qui a faim, tout est pain.                                        Suisse.

943  À bon goût et faim
     N'y a mauvais pain.                                                 Meurier, 1568.

944  Le bâillement ne ment pas : faim, sommeil ou ennui.                 Régional, Gascogne.

945  Faim fait dîner,
     Passe temps souper.                                                 Bovelles, 1557.

946  La faim étouffe l'orgueil.                                          Régional, Savoie.

## Le goût et les goûts

947  Tous les goûts sont dans la nature.                                 Le Roux, 1718.

948  Des goûts et des couleurs on ne discute pas.
     • Proverbe scolastique : *De gustibus et coloribus non disputandum.*

949  Morceau avalé n'a plus de goût.                                     Académie, 1835.

     ◊ Les premiers morceaux nuisent aux derniers.
     • Cette variante est ainsi glosée par Oudin : «Quand on a bien mangé, on ne saurait
       plus rien manger.»

950  Mange à ton goût et habille-toi au goût des autres.
     • *Appétit* a une valeur plus large qu'aujourd'hui et équivaut à *désir* (cf. *appétance*).

## L'appétit

951  L'appétit vient en mangeant.                                        Mielot, 1456.

952  Il n'est sauce que d'appétit.                                       Meurier, 1568.
     • L'appétit est le meilleur des assaisonnements.

953  Pain dérobé réveille l'appétit.                                        Tuet, 1789.
   ● Cf. La Fontaine :
   Pain dérobé que l'on mange en cachette
   Vaut mieux que pain qu'on cuit ou qu'on achète.

954  Changement de corbillon, appétit de pain bénit.
   ● « La nouveauté est une espèce de ragoût » (Le Roux, 1752).
   *Corbillon* : petite corbeille dans laquelle on mettait le pain bénit.

### La gourmandise

955  Trop à manger,
   Peu d'appétit.                                                      Régional, Agen.

956  La gourmandise tue plus de gens que l'épée.                            Tuet, 1789.

957  Les gourmands font leur fosse avec leurs dents.                      Estienne, 1593.

958  Deux gloutons ne s'accordent point en une même assiette.         Quitard, 1842.
   → Deux chiens à un os ne s'accordent.

### Le pain

959  Pain coupé n'a point de maître.                                      Le Roux, 1752.
   ● Se dit quand on prend à table le pain d'un autre, mais ce proverbe peut s'entendre
     évidemment dans un sens beaucoup plus large.

960  Nul pain sans peine.                                                 Cotgrave, 1611.
   ● Ce proverbe existe en polonais.

961  Il ne fait pas ce qu'il veut qui son pain sale.            *Adages français*, XVIe s.
   ● ... qui en est réduit à saler son pain pour tout accompagnement.
   → Ne fait pas ce qu'il veut qui glane.

962  Celui qui est né pour un petit pain n'en aura jamais un gros.          Québec.
   ● Thème de l'inégalité des chances et de la malchance des miséreux.

963  Le pain d'autrui est amer.                                             Littré.
   ● Celui que l'on doit à la générosité ou à la protection d'un autre.

964  Là où pain fault [manque], tout est à vendre.                     La Véprie, 1495.

965  Les peines sont bonnes avec le pain.                            Régional, Auvergne.

966  Les mains noires font manger le pain blanc.
   ● « Le travail procure l'aisance » (Littré).

967  Après blanc pain,
   Le bis ou la faim.                                                  Meurier, 1568.

968  Si tu manges ton pain blanc en premier,
   Tu manges ton pain noir plus tard.                                      Québec.
   ● Variante, moins pessimiste, du précédent.

969   Pain criez ne crieve ventre [Le pain vendu à la criée ne crève pas le
        ventre].                                                                   Ancien proverbe, XIIIe s.

970   Il vaut mieux pain sans nappe que nappe sans pain.                      Régional.

971   À l'autre huys [à l'autre porte], on donne deux pains.              Mielot, 1456.
        ● Moquerie un peu méchante à l'adresse des quémandeurs.

972   De tel pain telle soupe.                                             La Véprie, 1495.
        ● « Les choses sont bonnes selon la matière qu'on y met » (Le Roux, 1752).

973   Croûte de pâté vaut bien pain.                                       La Véprie, 1495.
        ● Le meilleur peut toujours remplacer le bon.

974   Jamais pains à deux couteaux
        Ne furent ni bons ni beaux.                               Fleury de Bellingen, 1656.
        ● « On appelle pain à deux couteaux celui qui, étant trop humide ou mal essuyé, laisse
        le couteau pâteux après qu'on l'a coupé » (*ibid.*).

975   Le pain et le vin sont le commencement d'un festin.          Régional, Savoie.

976   Pain tant qu'il dure,
        Mais vin à mesure.                                                   Meurier, 1568.

977   Mettre le pain à l'envers empêche les amours.              Régional, Touraine.

### Les aliments, la viande et le poisson

978   Peu et bon.                                                         Lamesangère, 1821.

979   La chair [viande] nourrit la chair.

980   Telle chair, telle sauce.

981   Bonne chair [viande] fait le cœur lie [content].                   Mielot, 1456.

982   Toute chair n'est pas venaison.                                      Oudin, 1640.

983   Vieille viande fait bonne soupe.

984   Qui chapon mange
        Chapon (*ou* perdrix) lui vient.                                    Oudin, 1640.
        ● L'argent va à l'argent.

985   Qui veut jouir d'aile, il lui faut lever la cuisse.
        ● « C'est par équivoque *d'elle*, qui veut jouir d'une femme ; autrement pour bien tran-
        cher l'aile d'un chapon il faut premièrement en lever la cuisse » (Oudin, 1640).

986   Aile de perdrix, cuisse de bécasse,
        Dos de carpe, ventre de brochet.                                 Panckoucke, 1749.
        ● Dicton gastronomique.

987   Faute de grives, on mange des merles.
        ◊ Faute de poires, on ronge des trognons.                     Régional, Savoie.
        ◊ Faute de morue, on mange du poulet.                             Martinique.

● Pour cette dernière variante, le proverbe est retourné : lorsqu'on a épuisé une nourriture ordinaire, on consomme ce qu'on avait de plus précieux.

988   Mieux vaut ta propre morue que le dindon des autres.                 Martinique, créole.

   *var. québécoise :*

   ◊ Une tartine de sirop chez nous est parfois meilleure qu'un banquet ailleurs.

   ● Il s'agit du *sirop d'érable.*

989   Chair de mouton
       Manger de glouton.                                                  Lamesangère, 1821.

   ● D'un temps où on se nourrissait surtout de bœuf ou de porc.

990   Jamais ne demeure chair à la boucherie.                              Meurier, 1568.

991   Jeune chair et vieux poisson.                                        Oudin, 1640.

   ● Conseil gastronomique... et connotation grivoise.

992   Jamais poisson à deux mains
       Ne fut du goût des humains.                                         Fleury de Bellingen, 1656.

   ● *Poisson à deux mains :* qu'il faut manger en s'aidant des deux mains, c'est-à-dire avec beaucoup d'arêtes.

### Les assaisonnements

993   La sauce fait passer le poisson.                                     Oudin, 1640.

994   Sans de l'aigreur la sauce est fade.                                 Baïf, 1597.

   ● Perversité du goût, et du désir en général.

995   C'est la sauce qui fait manger la grôle.                             Régional (Bourbonnais).

996   Table sans sel, bouche sans salive.                                  Gruter, 1610.

997   Trop de sel gâte la soupe.                                           Martinique.

### Le beurre et le lard

998   Qui approche le beurre du feu ne l'empêche pas de fondre.

   ● À trop vouloir risquer...

999   On ne saurait manier le beurre qu'on ne s'en graisse les doigts.

   ● « On profite toujours à manier de l'argent » (Le Roux, 1752).

1000  Il ne faut pas tant de beurre pour faire un quartron.               Oudin, 1640.

   ● *Quarteron :* la quatrième partie d'une livre.

1001  Pour connaître quelqu'un, il faut avoir mangé un minot de sel avec lui.
                                                                           Méry, 1828.

   ● C'est-à-dire avoir souvent dîné avec lui : l'avoir fréquenté longtemps.

1002  Toute la pluie n'enlève pas la force d'un piment.                    Guadeloupe, créole.

   ● Force du naturel.

1003  Après le dîner, la moutarde.                                         Baïf, 1597.

*var. ancienne :*
◊ Après manger, nappe.                          Prov. ruraux..., XIIIᵉ s.
● Pour dire qu'une chose arrive quand on n'en a plus besoin.

1004   On ne peut pas avoir le lard et le cochon.     Régional, Bourbonnais.
● Sur le thème : on ne peut pas tout avoir.

1005   Ce n'est pas le tout que des choux, il faut du lard pour les cuire.
                                                      Suisse romande.

1006   À la fin saura-t-on qui a mangé le lard         La Véprie, 1495.
*var. explicative :*
◊ En la fin connaît-on le bon et la fin.        Gruter, 1610.

1007   Jamais lard ni cuit ni cru
       N'a fait le cimetière bossu.                    Littré.
● Le lard n'a jamais tué personne.

1008   Qui a mangé le lard ronge l'os.                 Cotgrave, 1611.

### Le fromage

1009   Après la chair [viande] vient le fromage.       Mielot, 1456.

1010   Nul ne pèle son fromage qu'il n'y ait perte ou dommage. *Adages français*, XVIᵉ s.

1011   Entre le fromage et la poire,
       Chacun dit sa chanson à boire.                  Le Roux, 1752.
● Cf. la locution : « Entre la poire et le fromage... »

1012   Au fromage et jambon,
       Connaît-on voisin et compagnon.                 Meurier, 1568.

### Autres aliments

1013   Ris du riz, tu pleures pour des lentilles.      Guadeloupe.
● Proverbe créole.

1014   Soupe aux choux
       Au médecin ôte cinq sous.

1015   Un bouillon de chou
       Fait perdre au médecin cinq sous.               Régional, Anjou.

1016   Veau mal cuit et poulet cru
       Font les cimetières bossus.                     Estienne, 1591.
● Dicton : il faut manger l'un et l'autre bien cuits.

### Le miel

1017   Nul miel sans fiel.                             Gruter, 1610.
● Heureuse assonance sur le thème : « Nul plaisir sans peine » ; cf. aussi 965.

1018   Au dégoûté le miel est amer.                    Meurier, 1568.
◊ À ventre saoûl cerises amères.                Lamesangère, 1821.

1019   Qui manie le miel s'en lèche les doigts.                          Méry, 1828.
       ● La tentation de celui qui manie l'argent des autres.

1020   Trop achète le miel qui sur épine le lèche.                      La Véprie, 1495.
       ● C'est payer trop cher le miel que de le lécher sur des épines.

1021   Ce n'est mie comparaison de suie à miel.
       ● Il faut comparer les choses comparables.


                                                                       *La cuisine*

1022   C'est aux épluchures qu'on reconnaît la ménagère.              Régional, Artois.

1023   On ne fait pas de rien grasse potée.
       ● « On ne fait pas de bonne chair sans dépenser » (Oudin, 1640).

1024   On ne fait pas d'omelette sans casser d'œufs.                 Académie, 1878.
       ● Pour justifier les abus et dommages qu'entraîne un changement radical.

1025   La tourte est bonne qui garde la fourme [la forme].           La Véprie, 1495.

1026   Avec une crêpe manquée
       On fait une bonne gaufre.                                       Belgique.

1027   Les premières gaufres sont pour les enfants.                  La Véprie, 1495.
       ● Se dit au jeu de cartes à propos des premières levées.

# CHAPITRE VIII

# les objets usuels

La richesse symbolique d'objets usuels tels que le pot, la marmite, l'écuelle, le sac, et surtout le jeu métonymique auquel ils se prêtent, leur proximité dans l'environnement domestique et leur permanence sous le regard ou la main de l'homme dans les moments essentiels (travail, échanges, nourriture) expliquent la fréquence et la variété de leur emploi dans l'énoncé proverbial.

Cette proximité de l'environnement matériel permet d'associer commodément les objets de la vie courante pour signifier certains aspects des relations humaines (par exemple : *marmite/chaudron, pelle/fourgon, torchon/serviette*).

On peut distinguer trois séries de signification, axées sur :

1. le rapport *contenant/contenu*, valant pour
   a) l'apparence et la réalité,
   b) la taille et le mérite,
   c) l'âge et la valeur ;
2. le rapport *possesseur/objet* (ou *intérêt privé*) ;
3. l'opposition *rempli/non rempli* (biens, *avoir/privation*).

## L'écuelle, le plat

1028   En grande écuelle peut-on faire mauvaise part.            *Prov. gallica*, XVᵉ s.

  ● L'écuelle, comme le pot, la marmite (voir plus loin) signifie symboliquement le profit le plus personnel et le moins partagé.

1029   Qui est loin de son écuelle est près de son dommage.        *Prov. gallica*, XVᵉ s.

  → Loin de ses biens, près de sa ruine.
  ● Thème de « L'œil du maître ».

1030   Qui s'attend à l'écuelle d'autrui a souvent mauvais dîner.        Académie, 1835.

  *var. ancienne :*
  ◊ À tart prend qui a autrui s'atent.                        *Prov. ruraux...*, XIIIᵉ s.

  → Ne t'attends qu'à toi seul ; c'est un proverbe commun.
                                    La Fontaine, IV, 21 : « L'Alouette et ses petits... »

1031   Au chaudron des douleurs, chacun porte son écuelle.        Estienne, 1594.

  ● Thème de la justice distributive.

1032   Le plat du bas est toujours vide.                        *Adages français*, XVIᵉ s.

  ● Commodité du profit.

1033   À ronde table n'y a débat
       Pour être près du meilleur plat.                        Meurier, 1568.

1034  Il vaut mieux changer de plat que d'assiette.
  ● *Plat* désigne ici le contenu. *Changer de plat :* abondance de bien, ou du moins variété ; *changer d'assiette :* on est à la merci d'autrui.

1035  Deux gloutons ne s'accordent pas à une même assiette.                Quitard, 1842.
  → Deux chiens à un os ne s'accordent.

1036  J'aime mieux mon écuelle vide que rien dedans.                       Cité par Littré.
  ● J'aime mieux n'avoir rien (et le savoir) que d'avoir une chose en apparence et rien en réalité (d'après Littré).

### Le chaudron et la marmite

1037  Chacun sait ce qui bout dans sa marmite.                             Martinique.

1038  Il y a assez à faire de regarder ce qui cuit dans sa marmite, sans aller regarder ce qui cuit dans celle du voisin.                         Savoie.

1039  C'est le couvercle qui sait ce qu'il y a dans la marmite.            Guadeloupe.
  ● *Couvercle-marmite :* une des nombreuses métaphores des liens de parenté.

1040  La marmite dit au chaudron : «tu as le derrière noir».               Guadeloupe.
  ● Aveuglement de certaines critiques ; cf. le thème : la paille et la poutre. — Ce proverbe existe en créole.

1041  Le meilleur médecin est la marmite.                                  Savoie.

1042  La beauté ne sale pas la marmite.
  ● La beauté de la femme (dont le rôle est de préparer le repas) n'assure pas du résultat.

1043  Chaque chaudron trouve son couvercle.                                Québec.
  ● Thème de l'appariement, surtout appliqué au couple.

1044  Petit chaudron, grandes oreilles.
  ● «Se dit des enfants qui écoutent avidement tout ce qui se dit» (Lamesangère, 1821).

1045  Le chaudron machure la poêle.                                        Cotgrave.
  ● *Machurer :* barbouiller de noir. Cf. le thème : la paille et la poutre ; voir aussi 1110.

1046  À Carême-Prenant, chacun a besoin de sa poêle.                       Tuet, 1789.
  ● Se dit en réponse à une sollicitation importune. Il s'agit ici de la poêle à crêpes.

1047  Qui tient la poêle par la queue, il la tourne par où il lui plaît.
                                                                          La Véprie, 1495.
  ● *Celui qui tient la queue de la poêle :* expression familière pour désigner le nanti.

1048  Mieux vaut tenir la queue de la poêle que de l'avoir dans le dos.    Beauce.
  ● Avec parfois la variante : «... dans le cul».

### Le pot

1049  Tant va la cruche à l'eau qu'à la fin elle se brise.
  *var. anciennes :*
  ◊ Tant va le pot à l'ève que se brise.                      *Roman de Renart*, XIIIe s.

◊ Tant va le pot au puis que il quasse.                    Ancien proverbe, XIIIe s.

1050   À chaque pot son couvercle.                              Meurier, 1568.

◊ Il n'y a si méchant pot qui ne trouve son couvercle.        Oudin, 1640.

● Ce proverbe existe en alsacien, en turc, en vietnamien. — Se dit d'une femme à la
recherche d'un mari.

1051   Petit pot tient bien pinte.                          *Adages français*, XVIe s.

● Valorisation, fréquente dans les proverbes, des personnes de petite taille.

1052   Dans les vieux pots, les bonnes soupes.                   Oudin, 1640.

● « C'est la réponse des femmes âgées lorsqu'on les appelle vieilles, qu'elles ont des
attraits ou des douceurs aussi bien que les jeunes » (Oudin), — Par attraction des
proverbes sur les « petites boîtes » ou les « petits sacs » (voir plus loin), on
entend aussi :

→ Dans les petits pots, les bons onguents.

1053   Bien pert au tes ques li pot furent.                 Ancien proverbe, XIIIe s.

● « On reconnaît bien aux tessons quels furent les pots » *(ibid.).*

1054   À un pot rompu, on ne peut mal faire.                    Meurier, 1568.

1055   Les pots fêlés sont ceux qui durent le plus.             Quitard, 1842.

● S'emploie pour marquer l'admiration devant la résistance des personnes malades.

◊ Ce n'est pas la tasse fêlée qui casse.                    Martinique.

1056   Je sais à mon pot comment les autres bouillent.      *Adages français*, XVIe s.

● « Lorsque qu'un homme fait subsister le ménage d'autrui, on dit qu'il fait bouillir le
pot » (Le Roux, 1752).

1057   Il n'est que d'être là où on fait le pot bouillir.   *Adages français*, XVIe s.

● Commodité du profit.

1058   Au fond des pots sont les bons mots.                     Le Roux, 1756.

1059   Entre les pots changer propos.                           Bovelles, 1557.

1060   Quand on a un pot de chambre en argent les bords en sont minces.
                                                                Quitard, 1842.

● Inconvénients du luxe.

1061   Les cornichons ne sont pas tous dans les pots.           Québec.

### Vases, bouteilles et verres

1062   Les tonneaux vides sont ceux qui font le plus de bruit.   Lamesangère, 1821.

*var. ancienne :*

◊ Un vaisseau [vase] vide sonne plus haut que le plein.        Bovelles, 1557.

● Les ignorants prétendent parler plus haut que les autres.

1063   En grand huitille [baril] ce qu'on veut, en petit met-on ce qu'on peut.
                                                                Ancien proverbe, XIIIe s.

1064   Tel vaisseau, tel vin.                                   Meurier, 1568.

1065 De mauvais vaisseau ne sortira ja [jamais] bon boire. *Prov. gallica*, XVe s.

1066 Il n'y a qu'une bonne pinte de vin en un vaisseau [récipient]. Mielot, 1456.

1067 À bon buveur, telle bouteille.
- La bouteille doit être telle que le buveur.

1068 Le jeu et les bouteilles [*ou* la bouteille] rendent les hommes égaux.

1069 Si vous cassez la bouteille vous n'y boirez plus. Oudin, 1640.
- Oudin commente sans vergogne : « Nous disons ceci à qui nous frappe sur les fesses ».

1070 On pardonne au vin, mais on pend la bouteille.
- Thème de la responsabilité et du poids des apparences.

1071 Il n'y a que la première pinte de chère. Oudin, 1640.
- Il n'y a que le premier pas qui coûte.

1072 À grand homme, grand verre. La Véprie, 1495.

1073 Qui casse les verres les paie. Académie, 1835.
- Pour éviter qu'un autre ne paie « les pots cassés » ; et cf. « Les casseurs seront les payeurs ».

1074 Il souvient toujours à Robin de ses flûtes. Lamesangère, 1821.
- Robin est un ivrogne assagi, mais le nom évoque le paysan, le berger, d'où le jeu de mots sur *flûte* qui peut être un verre.

1075 Il y a loin de la coupe aux lèvres.
   *var. anciennes :*

   ◊ **Entre bouche et cuiller,**
   **Vient bien encombrier [ennui, difficulté].** Ancien proverbe, XIIIe s.

   ◊ **De la main à la bouche**
   **Se perd souvent la soupe.** Meurier, 1568.
- Même les succès les plus sûrs en apparence peuvent être compromis.

### Le couteau

1076 Un couteau aiguise l'autre. Bovelles, 1531.
- Image de la solidarité entre complices.
→ Une main lave l'autre.

1077 Couteau qui ne fait pas le tour du tronc n'emporte pas le chou.
- Il faut achever ce qu'on a commencé ; et d'abord choisir un moyen adapté à la tâche.

1078 Trop tranchant ne coupe pas,
Trop pointu ne perce pas.
- Ce qui est excessif est insignifiant et inefficace.

### Les ciseaux

1079 Il n'est rien comme les vieux ciseaux pour couper la soie. Québec.
- Pour les travaux délicats, rien ne vaut l'expérience.

*les objets usuels*

*Torchons et serviettes*

1080 Un torchon trouve toujours sa guenille.

● Thème de l'appariement. Signifie aussi que « On trouve toujours plus mal loti que soi ».

1081 Serviette damassée devient torchon de cuisine.

● Vicissitudes des conditions, plus particulièrement à propos du statut social de la femme. — Ce proverbe existe en créole.

◊ La serviette se change en torchon,
Le torchon en serviette.

1082 Il ne faut pas mêler (mélanger, confondre) les torchons et les serviettes.

XIXᵉ s.

● La serviette symbolise le monde bourgeois, le torchon représente le service domestique.

*Le mortier*

1083 Dans un mortier de l'eau ne pile. Baïf, 1597.

● Image de l'effort inutile.

1084 Il est bon avoir aucune chose sous le mortier. *Prov. gallica*, XVᵉ s.

● Il est bon d'avoir quelque chose en réserve.

1085 Toujours sent le mortier les aux. *Prov. gallica*, XVᵉ s.

● *Aux* : pluriel de *ail*. — Fatalité des origines ou des mauvaises fréquentations.

→ La caque sent toujours le hareng.

*Le sac*

Ce thème métaphorique s'articule sur l'opposition *plein-vide* et sur le rapport entre contenant visible (ou apparence) et contenu caché (ou réalité).

1086 Sac plein dresse l'oreille. Oudin, 1640.

● Euphorie de la richesse ou de l'ivresse.

1087 Sac vide ne tient pas debout. Guadeloupe.

● S'applique en particulier à l'homme qui a faim et s'affaiblit. — Ce proverbe existe en alsacien, en anglais, en avikam.

1088 On lie bien le sac avant qu'il soit plein. Ancien proverbe, XIIIᵉ s.

● Il faut savoir borner ses projets et se limiter.

1089 Le sac ne fut oncques si plein
Qu'il n'y entrât bien un grain. Meurier, 1568.

1090 Oncques souhait n'emplit le sac. Meurier, 1568.

◊ En souhaitant nul n'enrichit. *(Ibid.)*.

1091 Ce qui est au sac part du sac. Baïf, 1597.

1092 Il ne sort du sac que ce qu'il y a.

*var. ancienne :*

◊ Il ne peut issir [sortir] du vaissel [récipient] fors ce qu'on y a mis.

Ancien proverbe, XIII<sup>e</sup> s.

1093   Dans les petits sacs sont les fines épices.               Fleury de Bellingen, 1656.
   ● Thème de l'excellence des personnes de petite taille.

   → Dans les petits pots, les bons onguents.

1094   Il ne faut pas juger le sac à l'étiquette.
   ● Dénonciation des apparences, souvent trompeuses ; image analogue avec la ficelle
   (voir ci-dessous).

1095   L'on ne peut cacher aiguille en sac.                       Meurier, 1568.
   *var. ancienne :*
   ◊ Alène ne se puet celer en sac.
   ● La vérité finit par « percer ».

1096   D'un sac à charbon il ne saurait sortir blanche farine.          Académie, 1835.

1097   Autant pèche celui qui tient le sac que celui qui met dedans.
   ● Les receleurs sont aussi coupables que les voleurs.

1098   Un sac percé ne peut tenir la graine.
   ● Se dit de celui qui ne sait pas garder son argent. Voir l'expression : « Un panier
   percé ».

## La corde, les liens

1099   Trop tirer rompt la corde.                                 Meurier, 1568.
   ● Échec des ambitions ou abus du profit.

1100   Quand on tire trop, on fait deux bouts.
   ● La concision expressive de ce proverbe évoque bien la surprise de celui à qui arrive
   pareille mésaventure.

1101   Il ne faut pas juger un paquet d'après ses ficelles.
   → Il ne faut juger du sac sur l'étiquette.
   ● Thème des apparences et de la réalité ; voir aussi le suivant :

1102   Le lien ne fait pas le fagot.
   ● Il ne faut pas se fier aux apparences.

## Objets divers

1103   Dans les petites boîtes, les bons onguens.                 Le Roux, 1752.
   ● « Se dit quand on veut flatter les personnes de petite taille » *(Ibid.).*
   → Dans les petits sacs, les fines épices.

1104   La chandelle qui va devant éclaire mieux que celle qui va derrière.
   Du Fail, 1585.
   ● Il vaut mieux faire du bien de son vivant.

1105   Il ne faut pas cacher la lampe sous le boisseau.          Le Roux, 1752.
   ● Proverbe évangélique : il ne faut pas cacher la Vérité ou les qualités qu'on possède.

1106   La clé dont on se sert est toujours la plus chère.        Panckoucke, 1749.

◊ La clé dont on se sert est toujours claire.                        Quitard, 1860.

● Ces deux proverbes se comprennent également bien ainsi : cette clé est plus précieuse que les autres et son usage fréquent la rend lisse et brillante.

1107   La clé d'or ouvre toutes les portes.

● Mais il s'agit d'une clé plus rare... — Ce proverbe existe aussi en allemand.

1108   Un clou chasse l'autre.

● « Une passion chasse l'autre » (Oudin, 1640). — Ce proverbe existe aussi en anglais.

1109   Le miroir porte en soi l'image laquelle il ne voit.        Bovelles, 1557.

1110   La pelle se moque du fourgon.                              Le Roux, 1752.

● Thème de l'aveuglement de la critique ; cf. plus haut :

→ La marmite dit au chaudron : « Tu as le derrière noir ».

● Voir aussi 1045.

CHAPITRE IX

# le drap et l'habit

La langue courante a limité aujourd'hui l'usage le plus courant du mot *drap* dans un emploi très particulier (*le drap de lit*), mais, en ancien français, le mot valait comme terme générique pour désigner la marchandise de première nécessité qu'est le produit du tissage. De même le tissage était une technique familière qui parlait à l'imagination de chacun.

Le lexique du vêtement trouve dans les proverbes français une utilisation originale, caractérisée par les bases métaphoriques suivantes :

*a*) la déchirure : image de la rupture entre deux amis ou de l'échec dans l'action ou l'ambition ;

*b*) la qualité de l'étoffe : diversité des conditions sociales ;

*c*) la convenance de l'habit : légitimité du bien ;

*d*) les couples : *peau/chemise* et *chemise/habit* : jeu d'appariements, très sollicité dans les proverbes, servant à exprimer des rapports de contiguïté plus ou moins forts, une relation de parenté ou d'intimité, par exemple.

*Le drap, le tissu*

1111 **Au bout de l'aune faut [manque] le drap.**
Quitard, 1842.
- Il n'y a rien qui ne vienne à son terme. Le drap se mesurait à l'unité dite *aune*, soit 1,18 m, puis 1,20 m.

1112 **La lisière est pire que le drap.**
Académie, 1835.
- La lisière est le bord de l'étoffe, tissé plus serré. Peut s'entendre de toute sorte de surenchère entre deux personnes alliées ou deux populations voisines ; par exemple : les gens de la frontière sont pires que ceux de l'intérieur.

1113 **On ne peut avoir le drap et l'argent.**
- On ne peut pas tout avoir.

1114 **Dieu donne le froid selon le drap.**
→ Dieu mesure le froid à la brebis tondue.
Estienne, 1594.
- Dieu proportionne les épreuves à l'endurance de l'individu.

1115 **Dieu donne fil à toile ourdie.**
Estienne, 1594.
- Sur le thème : « Aide-toi, le ciel t'aidera ». L'ourdissage consiste à réunir les fils de chaîne et de trame, avant de procéder au tissage.

1116 **Il ne faut pas ourdir plus qu'on ne peut tisser.**
- Il ne faut pas préparer, engager, plus qu'on ne peut faire.

1117    De peu de drap, courte cape.                          Meurier, 1568.

1118    Il faut tailler son manteau selon son drap.
    ● Il faut limiter ses désirs à ses moyens. — Ce proverbe existe en indien.

1119    De forte couture, forte déchirure.                    Mielot, 1456
    ● Plus forte est la relation, plus violente est la rupture.

1120    Quand le camelot a pris son pli, c'est pour toujours.   Quitard, 1842.
    ● Le *camelot*, à l'origine, est une étoffe de poil de chameau.
    Se dit d'une personne incorrigible.

1121    Bureau vaut bien écarlate.
    *var. ancienne :*
    ◊ Aussi bien sont amourettes
    Sous buriaus cum sous brunettes.               Ancien proverbe, XIIIᵉ s.
    ● Le *bureau*, dérivé de *bure*, est une étoffe grossière, alors que l'*écarlate*, étoffe teinte
    en rouge, était réservée aux « cardinaux », aux « présidents » (Furetière) ; la *brunette*
    était une étoffe fine. Le proverbe n'affirme pas l'égalité des conditions mais simple-
    ment l'analogie des situations.

### *L'habit*

1122    L'habit, c'est l'homme.
    ● « Le caractère des hommes ne se montre jamais mieux que dans les choses qui
    paraissent indifférentes » (Lamesangère, 1821). Cette valeur spéciale permet au pro-
    verbe d'échapper à la contradiction avec : « L'habit ne fait pas le moine ».

1123    L'habit volé ne va pas au voleur.                     Quitard, 1842.

1124    D'habits d'autrui mal on s'honore.                    Baïf, 1597.
    ● On ne se flatte pas de ce qui nous vient de la générosité d'autrui.

1125    Tout habit sied bien à qui en a besoin.               Méry, 1828.
    *var. ancienne :*
    ◊ Tout habit au pauvre duit [convient].

1126    Riche habit fait fol honorer.

1127    Habit de velours, ventre de son.                      Duplessis, 1851.
    ● Se dit de ceux qui épargnent sur la nourriture et s'habillent avec luxe.

1128    Il vaut mieux avoir trou ou reprise aux cotillons que pli au ventre.
                                                 Régional, Auvergne.

    ● Fait pendant au précédent.

1129    Que celui à qui le bonnet fait, le mette.             Québec.
    ● À bon entendeur, salut !
    → Que celui qui se sent morveux se mouche !

1130    Mieux vaut belle panse que belle manche.             Régional, Artois.

1131    Joli dessus, vilaine doublure.                        Régional, Agen.

1132    Sous les haillons sont les louis d'or.                Régional.

1133   On doit plaire par mœurs
       Et non par robe de couleur.

*Le cuir*

1134   D'autrui cuir, large courroie.                           *Prov. ruraux...,* XIIIe s.
       *var. ancienne :*
       ◊ D'ottre cuir large curreie.              Manuscrit de Cambridge, XIIIe s.
       ● On est libéral du bien d'autrui.

1135   Qui cuir voit tailler courroie demande.              Ancien proverbe, XIIIe s.
       ● Il ne faut pas montrer ses richesses si l'on veut éviter la convoitise d'autrui.

*Le manteau, le pourpoint...*

1136   Les beaux habits servent fort à la mine.
       ● «Proverbe mis en vers par Régnier» (Furetière, 1690).

1137   On connaît bien pourpoint au collet.                        Meurier, 1568.
       ◊ Au col on connaît l'habit.

1138   Qui trop étend son mantel, la penne en ront [l'étoffe se rompt].   MS, XIIIe s.
       ● Mauvaise surprise des frileux... et des ambitieux.

1139   Un vieux manteau est plus nécessaire qu'un nouveau.          Bourbonnais.

1140   Plus on se découvre, plus on a froid.                   Lamesangère, 1821.
       ● On ne gagne rien à dévoiler ses misères aux autres. Un proverbe ancien dit :
       → Ceil ton duel et conte ta joie [cache ton chagrin et dit ta joie].   Morawski, 1925.

1141   Manche désirée fait court bras.
       ● On essaie de «raccourcir» le bras pour que la manche, signe de distinction ou de
       luxe, paraisse plus large.

*Chausses, chaussures et souliers*

1142   À courte chausse, longue lannière.                         Mielot, 1456.
       *var. ancienne :*
       ◊ À courtes hoeses longues lanières.                 *Prov. ruraux...,* XIIIe s.

1143   Chacun sait où son soulier le blesse.              Fleury de Bellingen, 1656.
       ● Chacun est le mieux placé pour apprécier le dommage qu'il a subi. — Ce proverbe
       existe en allemand, en russe, en tchèque.

1144   Beau soulier vient [devient] laide savate.                    Baïf, 1597.
       → Il n'est si belle rose qui ne devienne gratte-cul.

1145   En attendant les souliers des morts, on peut aller longtemps pieds nus.
                                                          Régional, Bourbonnais.
       ● Il ne faut pas escompter l'héritage.

1146   Selon la jambe, la chausse.                              Meurier, 1568.
       ● Thème de l'appariement nécessaire ou souhaitable.

1147    Regardez vos chaussures et vous verrez le trou de vos bras.

*La chemise*

1148    L'homme heureux n'a pas de chemise.
- Nostalgie d'un âge d'or où l'on ignore les soucis de la propriété.

1149    La chemise est plus proche que le pourpoint.     Lamesangère, 1821.
     *var. ancienne :*
    ◊ Pres est ma coste [cotte], plus pres ma chemise.     *Prov. gallica*, XV<sup>e</sup> s.
    - « Nos parents ont plus de droits à notre bienveillance que nos amis » (Lamesangère, 1821).

1150    La peau est plus proche que la chemise.     Quitard, 1842.
     *var. ancienne :*
    ◊ Plus pres m'est char que m'est chemise.
    - Les intérêts personnels passent avant les intérêts d'autrui. — Ce proverbe existe aussi en portugais.

1151    Ta chemise ne sache ta guise.     Lamesangère, 1821.
    - On n'est jamais assez prudent pour garder le secret sur une affaire.

1152    Entre la chair et la chemise, il faut cacher le bien qu'on fait.     La Fontaine.

CHAPITRE X

# relations humaines

## 1. L'AMOUR

Le sujet ne convient guère au génie proverbial français. Aussi s'emploie-t-on souvent dans les proverbes à le dévaloriser, soit par le voisinage critique de l'argent : Amour fait tout, argent vainc tout.

soit en lui associant un élément de comparaison concret et trivial, qui, sous le prétexte d'expliciter son mystère et sa force, contribue à le dépoétiser et à le ramener à une représentation parodique, familière et rassurante.

1153  Il n'est pas de belles prisons ni de laides amours.                    Oudin, 1640.

1154  Le temps est cher en amour comme en guerre.          La Fontaine, *Contes* II.

1155  Qui bien aime tard oublie.
 ● «... n'oublie que longtemps après».

1156  Les amoureux ont toujours un œil aux champs et l'autre à la ville.
                                            Montluc, *Comédie des proverbes*, 1616.
 ● Ils ne peuvent pas penser à autre chose qu'à leur amour.

1157  Jamais honteux [timide] n'eut belle amie.

1158  On revient toujours à ses premières amours.                     Quitard, 1842.

1159  Vieilles amours et vieux tisons
      S'allument en toutes saisons.                          Bruscambille, XVIIᵉ s.

1160  Des soupes et des amours
      Les premières sont les meilleures.                          Meurier, 1568.

1161  Amour, toux, fumée et argent
      Ne se peuvent cacher longtemps.                            Meurier, 1568.
 ● Assimilation de deux situations individuelles (amour, richesse) à des signes extérieurs, à des signaux.

1162  L'or, la gale et l'amour
      Ne peuvent pas durer toujours.                           Régional, Agen.

1163  Lorsque la faim est à la porte
      L'amour s'en va par la fenêtre.
      *var. ancienne :*

◊ Quand la pauvreté entre par la porte
Amour s'en va par la fenêtre. Méry, 1828.

● Ce proverbe existe aussi en allemand et en roumain.

1164 Amour vainct tout
Et argent fait tout. Meurier, 1568.

● Peut-être repris du latin : *Omnia vincit amor...* (Virgile).

1165 Mieux vaut aimer bergères que princesses. Quitard, 1842.

1166 L'amour fait passer le temps et le temps fait passer l'amour.

Lamesangère, 1821.

1167 L'amour, c'est pisser dans un sabot et le jeter dehors. Belgique.

● Proverbe phallocratique par sa symbolique et plaisanterie cynique.

*La jalousie*

1168 La jalousie est pire que la sorcellerie. Suisse.

● Elle est plus efficace dans les « sorts » qu'elle jette.

## 2. *L'AMITIÉ*

Les proverbes concernant l'amitié sont pour beaucoup d'entre eux antérieurs à l'idéal humaniste de la Renaissance française. Aussi évoquent-ils une image de l'amitié plus encombrée de considérations pratiques (services, argent, besoin) que de grandes déclarations abstraites. Mais, avec cet aspect utilitaire, l'amitié reste une des valeurs humaines les plus respectées par les proverbes.

Les proverbes plus récents expriment une vision plus « noble » et plus désintéressée de l'amitié.

1169 Amis valent mieux qu'argent. La Véprie, 1495.

◊ Loyauté vaut mieux qu'argent.

1170 Loyauté dort. *Bonum spatium*, XIVe (*in* Maloux, 1960).

1171 Les vieux amis et les vieux écus sont les meilleurs. Académie, 1835.

● On trouve des variantes avec d'autres éléments bonifiés par le temps, notamment le bon vin.

1172 Mieux vaut ami en voie
Que deniers en courroie. Jean de Meung, XIIIe s.

● En voyage, la compagnie d'un ami est plus utile que de l'argent dans sa bourse.

1173 Le cérémonial est la fumée de l'amitié. Maloux, 1960.

1174 Au besoin l'ami. Meurier, 1568.

*var. ancienne :*

◊ Au besoin voit-on son ami. *Roman de Renart*, XIIIe s.

1175 Bien servir fait amis
Et vrai dire ennemis. Meurier, 1568.

● Mieux vaut ne pas trop dire ce qu'on pense... Le proverbe valorise l'action *(bien servir)* au détriment de la parole, même juste *(vrai dire)*.

1176 Mieux vaut prochain ami que long [lointain] parent. La Véprie, 1495.
 • Il vaut mieux un ami proche qu'un parent éloigné.
 ◊ Mieux vaut son bon voisin que longue parenté. *Prov. gallica*, XVᵉ s.

1177 Entre deux amis n'a que deux paroles. La Véprie, 1498.

1178 Les petits présents entretiennent l'amitié. Tuet, 1789.
 ◊ Les petits cadeaux entretiennent l'amitié.

1179 Un ami en amène un autre. Quitard, 1842.

1180 Les amis de nos amis sont nos amis. Quitard, 1842.

1181 Si ton ami est borgne, regarde de profil. Panckoucke, 1749.

1182 Petit bol va, petit bol vient, l'amitié reste. Martinique.
 • Les objets vont et viennent et les échanges portent sur des choses transitoires, alors que les sentiments sont stables.

1183 L'amitié descend plus souvent qu'elle ne monte. Belgique.
 • Celle des parents est plus fidèle que celle des enfants.

1184 Affection aveugle raison. Gruter, 1610.

1185 Qui cesse d'être ami ne l'a jamais été. Quitard, 1842.

1186 Aujourd'hui ami, demain ennemi. Gruter, 1610.
 • Ce proverbe pessimiste contredit le précédent.

1187 Il n'est meilleur ami ni parent que soi-même.
 La Fontaine, *Fables* : « L'Alouette et ses petits... ».

1188 On n'est jamais trahi que par les siens. *Prov. gallica*, XVᵉ s.

1189 Ami de plusieurs, ami de nully [personne]. Meyrier, 1568.
 • On ne peut entretenir qu'une véritable relation d'amitié ; l'amitié vraie ne se divise pas, ne se partage pas ; cf. aussi 1444.

1190 Rien n'est si dangereux qu'un ignorant ami.
 Mieux vaudrait un sage ennemi.
 • Vers proverbiaux de La Fontaine, *Fables*, VIII, 10 : « L'Ours et l'Amateur des jardins ».

### L'inimitié, l'ennemi

1191 Homme haï est demi-mort. *Prov. gallica*, XVᵉ s.

1192 Plus de morts, moins d'ennemis.
 • À son confesseur qui lui demandait de pardonner à ses ennemis, R. M. de Narváez (1800-1868), agonisant, répondit : « Je n'ai pas d'ennemis. Je les ai tous fusillés ».

1193 Ennemi ne dort. *Adages français*, XVIᵉ s.

1194 De son ennemi réconcilié, il faut se garder. Bovelles, 1557.

1195 Il faut faire un pont d'or à l'ennemi qui fuit. Méry, 1828.

1196  Notre ennemi, c'est notre maître.   La Fontaine, *Fables*, IV, 9 : « *Le Vieillard et l'Âne* ».

## 3. LA COMPAGNIE, LES RENCONTRES, LES ÉCHANGES

*Connaissance d'autrui*

1197  Au semblant connaît-on l'homme.   Ancien proverbe, XIII<sup>e</sup> s.

1198  Homme hutineux [querelleur]
Et cheval coureur,
Flacon de vin
Ont tôt leur fin.   Meurier, 1568.

1199  Chassez le naturel, il revient au galop.   Destouches, *Le Glorieux*, 1732.

1200  Dis-moi qui tu fréquentes, je te dirai qui tu es.
● Ce proverbe existe aussi en espagnol.
*var. ancienne :*
◊ Entre tels, tel deviendras.   La Véprie, 1495.

1201  Qui se ressemble s'assemble.   Bovelles, 1557.

1202  Les beaux esprits se rencontrent.   Tuet, 1789.
● Se dit, plutôt ironiquement, lorsqu'une même pensée vient à l'esprit de deux interlocuteurs.
*var. parodique :*
◊ Les grands esprits se rencontrent... sur le chemin de l'imbécillité.

1203  On ne peut rester longtemps dans la boutique d'un parfumeur sans en emporter l'odeur.   Méry, 1828.
◊ Qui se frotte à l'ail ne peut sentir la giroflée.
→ Le mortier sent toujours les aux [l'ail].
● Effet des mauvaises fréquentations.

1204  Qui a compagnon il a maître.   Ancien proverbe, XIII<sup>e</sup> s.

1205  Il vaut mieux être seul que mal accompagné.   La Véprie, 1495.

1206  Il vaut mieux péter en compagnie que crever seul.   Régional, Auvergne.

*L'hôte*

1207  L'hôte et la pluie après trois jours ennuient.   MS, XIII<sup>e</sup> s.

1208  De mauvais hoste tost en ost[e].   Meurier, 1568.
● On fuit très vite le mauvais hôte.

1209  De douce assemblée, dure desservée.   Ancien proverbe, XIII<sup>e</sup> s.
● *Desservée :* séparation.

1210  Ne mesurez pas autrui à votre aune.
● *Aune :* ancienne unité de mesure.

1211  Fais à autrui ce que tu voudrais qu'on te fît.   Ancien proverbe, XIII<sup>e</sup> s.

● Repris d'un texte évangélique (Luc 6, 31).

◊ Ce que l'oie ne se laisse pas faire, elle ne doit pas le faire au canard.

Martinique.

1212   Passez-moi la rhubarbe, je vous passerai le séné.                    Quitard, 1842.

● On peut s'épargner des critiques réciproques, ou échanger des compliments.

1213   On a souvent besoin d'un plus petit que soi.

La Fontaine, *Fables*, II, 11 : «Le Lion et le Rat».

1214   L'union fait la force.                                              Panckoucke, 1749.

## 4. LES RAPPORTS DE FORCE ET DE RUSE

Si la peinture des relations humaines à fort investissement affectif, comme l'amour ou l'amitié, ou de certains sentiments complexes (la jalousie, l'envie...) supportent difficilement la netteté expressive de la métaphore, on peut considérer en revanche que les proverbes suivants, qui évoquent les rapports de force régissant les sociétés humaines, explicitent sur le mode littéral et sentencieux des jugements déjà illustrés à leur manière par bien des proverbes des séries métaphoriques précédentes (image du loup et de la brebis, etc.).

«Rapports de ruse», devrait-on dire plutôt; en effet, le recours à la force est exclu comme peu efficace et d'ailleurs incompatible avec le jeu social, alors que la ruse est jeu social, c'est-à-dire expression policée de la violence. L'autre est toujours un trompeur potentiel qu'il vaut mieux supposer plus rusé que soi ; et les proverbes nous entraînent dans une surenchère permanente de la ruse :
Homme rusé tard abusé.
Tard... mais sûrement !

*Les éloges*

1215   L'art de louer commença l'art de plaire.                          Lamesangère, 1821.

1216   Sans la liberté de blâmer, il n'est pas d'éloge flatteur.

Beaumarchais, *Le Mariage de Figaro*.

1217   Un mauvais los [éloge] vaut un grand blâme.                        *Prov. gallica*, XVe s.

1218   On ne donne rien de si bon marché que les compliments.

Montluc, *Comédie des proverbes*, 1616.

*Plaire et déplaire*

1219   On ne peut complaire à tous.                                       La Véprie, 1495.

1220   On ne peut contenter tout le monde et son père.

La Fontaine, *Fables*, III, 1 : «Le Meunier, son Fils et l'Âne».

*Le mépris*

1221   La familiarité engendre le mépris.                                 Le Roux, 1752.

● Cf. «Il n'y a pas de grand homme pour son valet de chambre».

1222   Il n'y a point de dette si tôt payée que le mépris.                Le Roux, 1752.

### Les injures

1223 Les injures s'écrivent sur l'airain et les bienfaits sur le sable. *Le Roux, 1752.*

1224 Le meilleur remède des injures c'est de les mépriser. *Quitard, 1842.*

### L'envie

1225 Il vaut mieux faire envie que pitié. *Le Roux, 1752.*
   *var. ancienne :*
   ◊ Mieux vaut être envié qu'apitoyé. *Meurier, 1568.*

1226 Envieux meurent, mais envie ne meurt jamais. *Adages français, XVIᵉ s.*
   ● Cf. «Les envieux mourront mais non jamais l'envie» (Molière, *Le Tartuffe*).

### Hostilité, lutte, vengeance

1227 La vie est un plateau de rats. *Martinique.*
   ● Équivaut au «panier de crabes» de la phraséologie française.

1228 Il peut bien peu qui ne peut nuire. *Prov. gallica, XVᵉ s.*

1229 Où manque la police abonde la malice. *Gruter, 1610.*
   ● *Malice :* volonté de nuire, méchanceté et malveillance. *Police :* la loi, l'ordre.

1230 Le méchant est comme les mouches qui ne s'arrêtent qu'aux plaies.

1231 Méchanceté porte sa peine. *Quitard, 1842.*

1232 La raison du plus fort est toujours la meilleure.
   *La Fontaine, Fables, I, 10 : « Le Loup et l'Agneau ».*

1233 La vengeance est un plat qui se mange froid.
   ● Il vaut mieux prendre le temps de préparer et réussir sa vengeance.

1234 Qui s'y frotte s'y pique. *Devise de Louis XII.*

### La ruse et la tromperie

1235 Mieux vaut ruse que force. *Meurier, 1568.*
   *var. ancienne :*
   ◊ Mieux vaut engins [ruse] que ne fait force. *Roman de Renard, XIIIᵉ s.*

1236 À force faut [manque] industrie. *Gruter, 1610.*
   ● Ici l'*industrie*, c'est la ruse.

1237 Plus fait douceur que violence. *Méry, 1828.*

1238 Il est plus de trompeurs que de trompettes. *Adages français, XVIᵉ s.*
   ● En général on évite de se vanter publiquement de ses fourberies.

1239 À trompeur trompeur et demi. *Adages français, XVIᵉ s.*

1240 À corsaire corsaire et demi.

1241 Aujourd'hui trompeur, demain trompé. *Gruter, 1610.*

1242    Celui qui rit toujours trompe souvent.                              Meurier, 1568.

1243    Cil qui n'entend pas mon sens me trouble,
        Et qui entend me double.                                  Bible de Guyot, XIIIᵉ s.
        ● Celui qui ne me comprend pas me trouble et celui qui me comprend me trompe. Le
        proverbe dénonce les pièges du langage.

1244    Fin contre fin n'est pas bon à faire doublure.                Lamesangère, 1821.
        ● Lamesangère commente ce proverbe en citant La Bruyère : « Avec les gens qui par
        finesse écoutent tout et parlent peu, parlez encore moins ».

1245    Le plus fin n'est pas celui qui chante, c'est celui qui écoute    Régional, Agen.

1246    Homme rusé, tard abusé.                                            Gruter, 1610.

1247    Tel est pris qui croyait prendre.
        *var. anciennes :*
        ◊ Tel cuide engeigner autrui qui s'engeigne lui-même.    Manuscrit d'Oxford, XIIIᵉ s.
        ◊ Qui croit guiller Guillot, Guillot le guille.         *Farce de maître Pathelin.*

                                                                        *Le bâton*
        Le bâton appartient à la symbolique du jeu social ; sa vertu est d'ailleurs moins
        répressive que pédagogique.

1248    Le bâton est le roi du monde.

1249    Du bâton que l'on tient souvent on est battu.
        *var. ancienne :*
                            ◊ ... dou fust
        c'on kint sovent est-on batu.                       Roman de Renart, XIIIᵉ s.
        ● Cf. la locution proverbiale : « Donner les verges pour se faire battre ».

1250    Autant pleure mal battu que bien battu.                      La Véprie, 1495.

1251    Bats le méchant, il empirera ;
        Bats le bon, il s'amendera.                                    Meurier, 1568.

# CHAPITRE XI

# les échanges et les biens

Bien des métaphores, tirées des différents domaines de l'expérience sensible ou du bestiaire, illustrent dans les proverbes déjà cités les rapports — de jouissance, de désir, de frustration — qui lient l'homme à ce qu'il possède ou voudrait avoir. Il s'agit toujours de l'intérêt le plus personnel : la notion de bien commun n'a guère cours, sinon pour être moquée ou rejetée, dans une société où le profit est si directement fonction du travail et de l'effort fournis par l'individu et où ce qui est commun est « banal », c'est-à-dire propriété du seigneur. Les proverbes poursuivent, sur les biens, un discours plus abstrait et moralisateur, donc moins riche. Leur ordre n'est pas rigoureusement défini par les mots, bases métaphoriques, mais suit plutôt une thématique générale du profit (convoitise, estimation quantitative, jugement moral), où réalisme et bon sens essayent de conjurer la force reconnue du désir.

## 1. LES BIENS ET LEUR POSSESSION

*Le bien commun*

1252   Commun n'est pas comme un.

Meurier, 1568.

1253   Qui donne au commun
Ne donne à pas un.

1254   Bien en commun ne fait pas monceau.

Baïf, 1597.

→ L'âne de la communauté est toujours le plus mal bâté.
● Tous les proverbes généraux sur la communauté des biens sont négatifs.

*Les biens et la convoitise*

1255   Belle chose est tôt ravie.

Adages français, XVIᵉ s.

1256   Ce qu'on aime est toujours beau.

● Cf. entre autres 123 et 395.

1257   Tout nouveau, tout beau.

◊ De nouvel tout m'est bel.

Ancien proverbe, XIIIᵉ s.

1258   Rien n'agrée sans belle mine.

1259   Chose défendue, chose désirée.

Gruter, 1610.

→ Pain dérobé réveille l'appétit.

1260   Chose accoutumée rarement prisée.

Meurier, 1568.

→ Chose trop vue n'est pas chère tenue.

1261    Désir promet plus que jouissance ne tient.

1262    Désir ne peut mourir.                                     Bovelles, 1557.

1263    Espoir de gain diminue la peine.                          Gruter, 1610.

1264    Le plus sûr moyen de vaincre la tentation, c'est d'y succomber.
        • Ce proverbe, qui s'applique à la convoitise des biens, a évidemment un champ plus
        vaste, qui relève de la morale générale. Helvétius glose ainsi ce proverbe : «En
        s'abandonnant à son caractère, on s'épargne du moins les efforts inutiles qu'on fait
        pour y résister».

1265    Qui plus a plus convoite.                         Ancien proverbe, XIIIᵉ s.

1266    Cil [celui] qui tout convoite tout perd.          *Roman de Renart*, XIIIᵉ s.
        • Ce proverbe existe aussi en arabe.

1267    Glout [glouton] a tout, ou il perd tout.              *Prov. gallica*, XVᵉ s.

### L'estimation des biens

1268    Chacun aime le sien.                                   Meurier, 1568.

1269    À chacun le sien n'est pas trop.                       Le Roux, 1752.

1270    Trop n'est pas assez.                                  Quitard, 1842.

1271    Il n'y a point assez, s'il n'y a trop.                 Quitard, 1842.

1272    Il y a deux sortes de trop : le trop et le trop peu.
            *var. ancienne :*
        ◊ Nul trop n'est bon, nul peu n'est assez.        *Prov. ruraux...*, XIIIᵉ s.

1273    Mieux vaux moins mais mieux.
        • Sur le thème de l'opposition *quantité/qualité*.

1274    Mieux vaut peu que rien.                               Meurier, 1568.

1275    Tant as, tant vaux et tant te prise.              Ancien proverbe, XIIIᵉ s.
        • *Te prise :* première personne, pour «Je te prise».

1276    Bien perdu, bien connu.                                Meurier, 1568.
        → Quand le puits est à sec, on sait ce que vaut l'eau.

1277    Assez à qui se contente.

1278    Contentement passe richesse.                           Meurier, 1568.
        • Un homme qui se contente de ce qu'il a est plus heureux que le riche toujours insa-
        tisfait.

1279    Mieux vaut corps que bien.                             Régional.

1280    On a toujours plus de bien que de vie.

### Logique du profit

1281    De rien, rien.                                    *Adages français*, XVIᵉ s.

1282    Rien ne fait pas d'enfants.                                    Guadeloupe.

1283    De petit petit et d'assez assez.                  *Adages français*, XVIᵉ s.

1284    Qui ne risque rien n'a rien.                          La Véprie, 1495.

1285    Qui reste dans son désert,
        Si rien n'y gagne, rien n'y perd.

1286    Il vaut mieux tenir que quérir.                      Le Roux, 1752.
        → Un « tiens » vaut mieux que deux « tu l'auras ».

1287    Acquérir et jouir sont deux.                              Baïf, 1597.

1288    On n'est jamais riche si l'on ne met du bien d'autrui avec le sien.
        ● Les proverbes, et les inventeurs sont indifférents à la notion de « croissance économi-
        que ».

1289    Il faut prendre les bénéfices avec les charges.        Le Roux, 1752.
        ● Il faut savoir accepter les avantages d'une affaire avec les inconvénients.

1290    Abondance de bien ne nuit pas.                        Quitard, 1842.
        ● Se dit quand on accepte, par mesure de prévoyance, une chose dont on a déjà suffi-
        samment.

1291    Provision, profusion.                              Lamesangère, 1821.

1292    Trop de profit crève la poche.                          Martinique.
        → Les branches des arbres trop chargés rompent.

### La perte des biens

1293    Aseür [tranquille] dort qui n'a que perdre.          *Prov. gallica*, XVᵉ s.

1294    On ne peut homme nu dépouiller.                      Meurier, 1568.
        *var. ancienne* :
        ◊ Homme nu ne puet nus home despouillez.        Ancien proverbe, XIIIᵉ s.
        ◊ Homme ne peut rien prendre là où n'a rien.        *Prov. gallica*, XVᵉ s.

1295    L'on ne peut perdre ce que l'on n'eut onc [jamais].      Meurier, 1568.

1296    Pour un perdu, deux retrouvés.              Manuscrit de Cambridge, XIIIᵉ s.

1297    Nul ne perd qu'autrui ne gagne.                  *Prov. gallica*, XVᵉ s.
        ● Justice distributive.

1298    À tout perdre n'a qu'une fois.                          Baïf, 1597.
        ● C'est au moins une expérience malheureuse [tout perdre] qui ne se répète pas.

### La morale des biens

1299    Bien mal acquis ne profite jamais.

◊ De bien mal acquis courte joie.                                    Meurier, 1568.

1300   D'injuste gain juste daim [dommage].                          Meurier, 1568.

1301   Du gain, l'odeur à bonne saveur.                               Gruter, 1610.

1302   Ce qui vient par la rapine.
       S'en va par la ruine.                                               Suisse.


## 2. LES ÉCHANGES

Dans le système des échanges qui caractérise la société rurale, l'emprunt (la dette) et surtout le don sont des pratiques familières et attestées par de nombreux proverbes, mais qui n'en constituent pas moins de « petits scandales » économiques.

Nous sommes aussi loin du privilège aristocratique de la dépense que de la mobilité fructueuse des valeurs des sociétés bourgeoises. La dette est d'abord inconfort et dépendance, et l'intention généreuse — quelques timides sentences chrétiennes mises à part — est limitée dans le meilleur des cas par l'exigence de la réciprocité, et presque toujours par le risque d'obliger un ingrat ou d'humilier celui qui reçoit ou reçoit mal (« la façon de donner... »).

D'autre part les variations pessimistes sur le thème : *(promettre/tenir)* sont une des nombreuses formes de l'opposition, fondamentale dans les proverbes, entre la parole et l'acte.

*Services et bienfaits*

1303   On n'est jamais si bien servi que par soi-même.
       *var. ancienne :*
       ◊ Nully ne fait si bien l'œuvre que celui à qui elle est.      La Véprie, 1495.

1304   Biax service taut pain de main.                          Ancien proverbe, XIIIe s.

1305   Assez donne qui bien sert.                                   Cotgrave, 1611.
       ● Un bon service est un véritable don.

1306   Un brochet fait plus qu'une lettre de recommandation.   *Adages français*, XVIe s.
       ● Quand on sollicite une faveur, un cadeau consommable (poisson, volaille) est plus efficace.

1307   Une bonté autre requiert.
       ● « Courtoisie qui ne vient que d'un côté ne peut longuement durer » (Lamesangère, 1821).

1308   Qui prend s'oblige.
       *var. ancienne :*
       ◊ Li don qu'on prend lient la gent.                     Ancien proverbe, XIIIe s.
       ● Recevoir des présents, c'est contracter des obligations envers ceux qui les font.

1309   Un bienfait n'est jamais perdu.                         *Adages français*, XVIe s.

1310   Dont me tient me souvient.                              Ancien proverbe, XIIIe s.
       ● Il me souvient de qui me tient.

1311   Qui oblige fait des ingrats.

1312    En souhaitant nul n'enrichit.                          Meurier, 1568.

        ◊ Le roi des souhaits est mort à l'hôpital.

1313    Obliger un ingrat, c'est acheter la haine.             Quitard, 1842.

        ● Ne pouvant ou ne voulant pas rendre le bienfait, il se mettra à vous haïr.

1314    Obliger un ingrat, c'est perdre un bienfait.           Quitard, 1842.

### Le don

1315    Tel don, tel donneur.                                  Meurier, 1568.

1316    Qui donne au commun
        Ne donne à pas un.

        «Signifie que personne ne vous sait gré de ce que vous donnez au public»
        (Le Roux, 1752).

1317    Ce que l'on garde [*var. :* mange] pourrit,
        Ce que l'on donne fleurit.                             Auvergne.

1318    On ne donne rien pour rien.                            Panckoucke, 1749.

1319    Petit don est le haim [hameçon] du plus grand don.     Bovelles, 1557.

1320    Qui tout me donne tout me nie.                   *Prov. au vilain,* XIIIᵉ s.

        ● L'offre est trop peu sérieuse pour qu'on y croie.

1321    Donner et retenir ne vaut.                             Loisel, 1607.

        ● Proverbe juridique.

1322    Le don humilie rocher et mont.                         Meurier, 1568.

1323    La façon de donner vaut mieux que ce qu'on donne.

                                        Corneille, *Le Menteur,* XVIIᵉ s.

        ● Le proverbe est peut-être antérieur, mais on ne le connaît que sous sa forme corné-
        lienne.

1324    Qui tôt l'accorde donne deux fois.                     Baïf, 1597.

        *var. ancienne :*

        ◊ Qui donne tost, il donne deux fois.         Ancien proverbe, XIIIᵉ s.

        ● Proverbe d'origine latine.

1325    Quand on fait un cadeau à plus riche que soi, le diable s'en moque.

                                                            Régional, Savoie.

        ● On trouve ce proverbe également en langue juive.

1326    Petit présent trop attendu
        N'est point donné mais bien vendu.                Lamesangère, 1821.

        ● La réitération de la demande et une longue attente l'ont bien chèrement payé.

1327    Un «tiens» vaut mieux que deux «tu l'auras».     Ancien proverbe, XIIIᵉ s.

        ● Ce proverbe connaît, dans toutes les cultures, une grande expansion métaphorique.

1328    Donner l'aumône n'appauvrit personne.                  Gruter, 1610.

1329    La petite aumône est la bonne.                   *Prov. gallica,* XVᵉ s.

● Un don infime peut avoir une grande valeur morale ou spirituelle, cf. « L'obole de la veuve » dans l'Évangile (Luc 21, 1-4).

1330  Charité bien ordonnée commence par soi-même.          Le Roux, 1752.
● Se dit souvent en mauvaise part lorsqu'on attire l'attention de quelqu'un sur ses propres défauts.

### La promesse : promettre et tenir

1331  Promettre et tenir sont deux.                          Loisel, 1607.

1332  On promet comme on veut
        Et l'on tient comme on peut.

1333  Mieux vaut donner sans promettre que promettre sans tenir.

1334  Chose promise, chose due.

### L'emprunt et la dette

1335  Qui prête à l'ami perd ou double.
● Il perd à la fois son argent et son ami.

1336  Ami au prêter, ennemi au rendre.                       Le Roux, 1752.
◊ Au prêter cousin, au rendre fils de putain.               Oudin, 1640.
◊ Au prêter ange, au rendre Diable.                         Cotgrave, 1611.

1337  Prêter argent fait perdre la mémoire.          *Adages français*, XVIᵉ s.

1338  Qui prête son aiguille sans gage en perd l'usage.      Régional, Limousin.

1339  Emprunt n'est pas avance.
● « Il est plutôt retard ; car les intérêts qu'il faut payer retiennent plus longuement l'emprunteur dans la gêne » (Quitard, 1842).

1340  Il ne choisit pas qui emprunte.                        La Véprie, 1495.

1341  Qui doit n'a rien à soi.                               Régional, Auvergne.
        *var. ancienne :*
◊ Qui a cent et cent doit, nul n'en a sien.               *Prov. gallica*, XVᵉ s.

1342  Les mauvais débiteurs font les mauvais prêteurs.       *Prov. gallica*, XVᵉ s.

1343  Cent livres de mélancolie ne payent un sou de dettes.  *Anthologie prov. fr.*, XVIIᵉ s.

1344  Qui nous doit nous demande.
● « C'est-à-dire qu'on est souvent attaqué par ceux que nous devrions attaquer » (Le Roux, 1752).

1345  Mieux vaut vieilles dettes que nouveau melon.          *Prov. gallica*, XVᵉ s.
● Les proverbes ont souvent recours à la saveur problématique du melon pour signifier les incertitudes des choses humaines.

1346  Qui paie ses dettes s'enrichit.
        *var. ancienne :*

◊ Qui paie sa dette fait grand acquêt.                          Meurier, 1568.

1347    Ce qui est bon à prendre est bon à rendre.
        • « On peut toujours restituer ce qu'on a pris par mécompte » (Oudin, 1640).


## 3. LE COMMERCE

Les proverbes considèrent le plus souvent l'échange commercial du point de vue
de l'acheteur, dont ils nous dessinent une mentalité familière caractérisée par :
*a)* la conscience du risque encouru à chaque échange ;
*b)* la méfiance devant l'habileté (pour ne pas dire plus) du marchand, et le bon
marché, dénoncé comme un leurre ;
*c)* l'obsession du compte juste.

1348    De marchand à marchand il n'y a que la main.                Le Roux, 1752.
        • Il leur suffit de toucher dans la main pour conclure un marché, sans aucun écrit.

1349    Il n'est pas marchand qui toujours gagne.              Pierre Gringore, 1533.

1350    Fou est le marchand qui déprise sa denrée.                 Meurier, 1568.

1351    Marchand d'oignons se connaît en ciboules.

                                                          *Acheter et vendre*

1352    Au soir danse
        Qui matin hanse [vend].                                  Bovelles, 1557.

1353    Qui vend le pot dit le mot.                               Loisel, 1607.
        • Le vendeur doit parler le premier.

1354    Marchandise qui plaît est à moitié vendue.                Oudin, 1640.

1355    Un quartier fait vendre l'autre.                       La Véprie, 1495.

1356    On vend au marché plus de harengs que de soles.           Le Roux, 1752.
        • Les biens modestes et usuels sont économiquement plus importants que les produits
        de luxe : l'image donne lieu à diverses métaphores.

1357    À l'encan se vend autant bran que farine.        *Anthologie prov. fr.*, XVIIe s.
        • Le *bran* est le son, mais aussi la merde ; l'*encan* est la vente publique à l'enchère, où
        l'on propose des marchandises de toutes qualités.

1358    Chez toi priser [estimer], au marché vendre.               Baïf, 1597.
        • Il faut estimer chez soi, au calme, la valeur de la marchandise.

        ◊ À la maison acheter, au marché vendre.        *Proverbes rustiques*, XIIIe s.

1359    Il n'y a que les bons marchés qui ruinent.             Académie, 1835.
        *var. anciennes :*
        ◊ Bons marchés traict argent de bourse.          Ancien proverbe, XIIIe s.
        ◊ Bon marché fait argent débourser.              *Adages français*, XVIe s.

1360    On n'a jamais bon marché de mauvaise marchandise.        Panckoucke, 1749.
        • On achète toujours trop cher ce qui ne vaut rien.

1361    Bon marché vide le panier mais il n'emplit pas la bourse.    Panckoucke, 1749.
● Le panier et la bourse du vendeur.

1362    Cherté foisonne.                                              Le Roux, 1752.
● On ménage les choses quand elles sont chères.

1363    Chaque chose a son prix.

1364    Le prix s'oublie, la qualité reste.
● Proverbe marchand, utilisé comme slogan publicitaire.

1365    On ne s'en va pas des foires comme du marché.
● Le *marché* est celui du village, donc familier ; tandis que la *foire* est éloignée, se tient
dans les villes. Le risque y est plus grand.

1366    Si tu vas à la foire sans argent,
Lève le nez et retourne-t'en.                                  Auvergne.

1367    La marchandise est bonne où l'on gagne la moitié.       *Prov. gallica*, XVe s.

1368    Mieux vaut acheter qu'emprunter.                  *Adages français*, XVIe s.

1369    À trop acheter il n'y a qu'à revendre.

1370    Acheter ce dont on n'a pas besoin, c'est le moyen d'aller de tout à rien.
Belgique.

1371    Il est plus facile acheter que payer.                     Meurier, 1568.

1372    On ne peut avoir le drap et l'argent.
→ On ne peut avoir le lard et le cochon.


                                                                    *Payer*

1373    En bon payeur on ne perd que l'attente.
Henri Estienne, *Proverbes épigrammatisés*, XVIe s.

1374    Qui paie mal paie deux fois.

1375    Les conseilleurs ne sont pas les payeurs.               Meurier, 1568.

1676    Quand on quitte un maréchal [maréchal ferrant], il faut payer les vieux
fers.                                                       Panckoucke, 1749.

                                                              *Les comptes*

1377    Payer une fois et compter deux.

1378    Erreur ne fait pas [*ou* n'est pas] compte.

1379    À vieux comptes, nouvelles disputes.                      Cahier, 1856.

1380    Qui compte sans son hôte, il compte deux fois.
● Il sera obligé de recompter en sa présence.

1381    Le denier oublié ou mesconté grace ne gré.            *Prov. gallica*, XVe s.

1382    À tout bon compte revenir.                                Le Roux, 1752.

• On peut recompter sans crainte quand on n'a pas trompé la première fois.

1383    Les bons comptes font les bons amis.
                                                                    Quitard, 1842.


                                                                    ***Les affaires***

1384    Les affaires font les hommes.
                                                                    Le Roux, 1752.

1385    Les affaires, c'est l'argent des autres.
                                                        *Le Moyen de Parvenir*, 1610.

1386    Pousse tes affaires que ce ne soit pas elles qui te poussent.

1387    À nouvelles affaires, nouveaux conseils
        • « Pour répondre à ceux qui prévoient trop d'inconvénients » (Le Roux, 1752).

1388    Quand on est seul on devient nécessaire.
                                                                    Quitard, 1842.
        • Quand on n'a pas de concurrents...


### 4. LE LARRON

1389    Au plus larron la bourse.
                                                                    Le Roux, 1752.

1390    Larron est le nom d'un homme.
                                                        *Adages français*, XVIᵉ s.
        • Peut rappeler que le malfaiteur est aussi un homme et inviter au pardon, ou suggérer
        que tout homme est un larron en puissance.

1391    L'occasion fait le larron.
                                                                    Tuet, 1789.

        ◊ Le trou et l'occasion invitent le larron.
                                                                    Meurier, 1568.

1392    Grand bandon [abandon] fait les gens larrons.
                                                        *Adages français*, XVIᵉ s.

1393    Bien est larron qui laron emble [vole].
                                                                    Quitard, 1842.
        • La forme et le vocabulaire sont médiévaux, mais on ne rencontre pas ce proverbe
        dans les anciens recueils.

1394    De larron à larron il n'y a que la main.
                                                                    Académie, 1835.

1395    Larrons perdus,
        Biens perdus.
                                                                    Meurier, 1568.

1396    À gros larron, grosse corde.
                                                                    La Véprie, 1495.
        • ... pour le pendre.

1397    Pèlerin qui chante
        Larron épouvante.
                                                                    Bovelles, 1531.


### 5. L'ARGENT

        Le discours que les proverbes français tiennent sur l'argent, ou son représentant
        métonymique usuel, la bourse (avec l'avantage de spécifier alors l'idée de pro-
        priété), expriment le dilemme attendu : nuisance morale et efficacité pratique.
        Quand l'argent manque, on espère peu de la générosité d'autrui ; on le dépense
        ou on l'épargne presque toujours avec excès.
        La paronomase *bourse/bouche* permet d'illustrer l'opposition entre les désirs
        (paroles) et les moyens (argent).

1398   Il faut prendre le temps comme il vient,
       Les gens pour ce qu'ils sont,
       Et l'argent pour ce qu'il vaut.          *Almanach de Mathieu Laensberg*, XVIIe s.

1399   Argent comptant porte médecine.                              Quitard, 1842.
       *var. ancienne :*
       ◊ Argent porte médecine
         À l'estomac et poitrine.                                  Meurier, 1568.

1400   Pas d'argent, pas de Suisses.                    *Adages français*, XVIe s.
       • Allusion à la défection des mercenaires suisses au cours de l'expédition du Milanais
         en 1522.
       *var. ancienne :*
       ◊ À point d'argent, point de varlet [valet].             *Prov. gallica*, XVe s.

1401   L'argent est le nerf de la guerre.                       Le Roux, 1752.

1402   Monnaie fait tout.                                       Le Roux, 1752.

1403   Qui a de l'argent a des pirouettes.                         Oudin, 1640.
       • Il peut satisfaire tous ses caprices.

1404   L'argent ne pousse pas sur les arbres.                         Québec.

1405   Si vous voulez savoir le prix de l'argent, essayez d'en emprunter...
                                                                  Quitard, 1842.

1406   Argent d'autrui
       Nul n'enrichit.                                          Bovelles, 1557.

1407   Il vaut mieux deux sous ici que quatre ailleurs.
       • Dans un emploi régional, correspond à il vaut mieux se marier dans son village.

1408   L'argent ne reste pas dans la main de la personne qui sue.    Martinique.

1409   Prêter argent fait perdre la mémoire.          *Adages français*, XVIe s.

1410   Argent changé
       Argent mangé.

1411   Beau gain fait belle dépense.                            Meurier, 1568.

1412   Qui plus despend qu'il n'a vaillant,
       Il fait la corde où il se pend.                          Le Gai, 1852.

1413   Jour ouvrier [ouvrable] gagne denier,
       Jour de feste despensier.                                Meurier, 1568.

1414   L'argent n'a pas de queue.
       • On ne peut pas rattraper l'argent jeté.

1415   L'argent c'est de l'éther.                                    Martinique.
       • Il « s'évapore ».

1416   L'argent est rond pour rouler ;
       L'argent est plat pour s'entasser.                       Quitard, 1842.
       • Pour signifier la dépense ou l'épargne.

*La bourse*

1417    Belle tête, peu de sens;
        Belle bourse, peu d'argent.

1418    La bourse ouvre la bouche.                    Meurier, 1568.
        • L'argent délie les langues.

1419    Gouverne ta bouche selon ta bourse.          Oudin, 1640.
        • Dépense selon tes moyens, et, plus généralement, comporte-toi en société, notam-
        ment par la parole, selon ta condition, ta position sociale.

1420    Avant de consulter ta fantaisie, consulte ta bourse.

*L'épargne et l'avarice*

1421    Qui n'épargne pas un sou n'en aura jamais deux.          Auvergne.

1422    C'est avec des cents qu'on fait des piastres.           Québec.
        • *Piastre* se dit encore au Québec pour « dollar ».
        → Les petits ruisseaux font les grandes rivières.

1423    Bonne la maille qui sauve le denier.          Baïf, 1597.
        • *Maille :* ancienne monnaie de cuivre qui valait la moitié d'un denier. — Souvent une
        petite dépense en temps utile permet d'en éviter une plus importante.

1424    Il n'y a pas de petites économies.

1425    L'avare crierait famine sur un tas de blé.

1426    Jamais chiche [avare] ne fut riche.          Meurier, 1568.

1427    Autant dépend chiche que large.          Panckoucke, 1749.
        • L'excès d'économie ne fait que remettre ou déplacer la dépense.

*La morale de l'argent*

1428    L'argent n'a point d'odeur.          Quitard, 1842.

1429    Quand la bourse se rétrécit la conscience s'élargit.          Du Fail, 1585.

1430    L'argent ne fait pas le bonheur.
        • On ajoute avec bon sens : «... mais il y contribue », ou bien on sous-entend :
        « L'argent *des autres...* ».

1431    L'argent est un bon serviteur, mais c'est un mauvais maître.          Tuet, 1789.
        • Proverbe d'origine latine.

1432    Plaie d'argent n'est pas mortelle.          Quitard, 1842.

1433    Argent fait perdre et prendre gens.          Meurier, 1568.
        *var. ancienne :*
        ◊ Argent ard [brûle] gent.          Gruter, 1610.

1434    Où il y a un écu, il y a un diable
        Où il n'y en a pas, il y en a deux.

● Progression diabolique mais réaliste.

1435   Au jugement, crotte de chat vaudra autant que marc d'argent.    Oudin, 1640.
● Il s'agit évidemment du Jugement dernier.

### *L'or*

1436   Or qui a or vaut.                          Ancien proverbe, XIIIᵉ s.
● Celui qui a de l'or vaut de l'or.

1437   La clé d'or ouvre toutes les portes.
● Ce proverbe existe aussi en allemand.

1438   Nul or sans écume [scorie].                Meurier, 1568.

1439   En la balance l'or et le fer sont un.        Meurier, 1568.
● Thème des apparences vaines et de la vanité.

1440   Tout ce qui brille n'est point or.
    *var. anciennes :*
◊ N'est pas tot or ice qui luist
Et tiex ne peut aidier qui nuist.        *Roman de Renard*, XIIIᵉ s.

◊ Ce n'est pas tout or ce qui reluit
Ne farine ce qui blanchit.        Meurier, 1568.
● Les belles apparences ou les mines avenantes sont souvent trompeuses.

1441   À la touche [pierre de touche], on éprouve l'or.

# métiers et monde du travail

La division du travail artisanal en différents métiers spécialisés sert d'illustration métaphorique à l'un des thèmes les plus constants des proverbes français, celui de l'individualisme et de la primauté de l'intérêt privé :
Chacun son métier et les vaches seront bien gardées.
Dans un champ métaphorique plus restreint, l'évocation du travail du fer ou du bois, associant la résistance du matériau ou l'image de l'outil à l'habileté technique et à la persévérance de l'artisan, évoque :
tantôt l'âpreté de certaines relations sociales, où :
Il faut être enclume ou marteau,
tantôt l'obstination qui vient à bout des résistances les plus tenaces :
Au long aller la lime mange le fer,
parfois même au-delà du souhaitable :
En limant on fait d'une poutre une aiguille.
L'image de l'ouvrier est également présente, confrontée souvent à celle du maître. Il s'agit de proverbes qui sont le plus souvent empreints d'une sagesse moralisatrice et déjà toute laïque, à l'usage des classes laborieuses.

1442    Chacun travaille à son métier.                               Fleury de Bellingen, 1656.

1443    Chacun son métier et les vaches seront bien gardées.              Le Roux, 1752.

1444    Ouvrage de commun, ouvrage de nul.                                 Cotgrave, 1611.
        ● Thème de la valorisation de l'individuel, de l'unique ; cf. aussi, dans le domaine des sentiments, 1189.

1445    Il n'y a pas de sots métiers, il n'y a que de sottes gens.    Le Roux de Lincy, 1842.

1446    Il n'est si petit métier qui ne nourrisse son maître.              Quitard, 1842.

                                                                          *Le barbier*

1447    Un barbier rase l'autre.                                           Oudin, 1640.
        ● Illustration de la solidarité (complicité) professionnelle.

1448    Oncques punais ne fut bon barbier.                                Meurier, 1568.
        ● *Punais :* qui rend par le nez une odeur infecte.

1449    Jeune barbier, vieux médecin :
        S'ils sont autres ne valent pas un brin.                          Meurier, 1568.
        ● C'est-à-dire, si c'est l'inverse.

*Le maçon*

1450   Il n'est pas bon maçon qui pierre refuse.        Meurier, 1568.
       ● Ce proverbe existe aussi en néerlandais.

       → Fou est le prêtre qui blâme ses reliques.

1451   C'est au pied du mur qu'on voit le maçon.
       ◊ À l'ouvrage connaît-on l'ouvrier.        Meurier, 1568.
       ◊ À l'œuvre on connaît l'artisan.        La Fontaine, *Fables*, I, 21.

*Le mercier*

1452   Il n'est pas mercier qui ne sait faire sa loge.     Lamesangère, 1821.
       ● *Loge :* boutique foraine.

1453   Chaque mercier prise ses aiguilles et son panier.   Meurier, 1568.
       → Chaque prêtre loue ses reliques.

1454   À petit mercier petit panier.        *Prov. ruraux...*, XIIIe s.

1455   Qui fait les paniers fait les corbeilles.      Régional, Savoie.

1456   Les cordonniers sont toujours les plus mal chaussés.   Oudin, 1640.
       ● «Se dit de ceux qui, travaillant pour autrui, sont négligents à travailler pour eux-
         mêmes» (Le Roux, 1752).

1457   Tout faiseur de journaux doit tribut au malin.   La Fontaine, *Lettres*, XIV.

1458   Le potier au potier porte envie.      Fleury de Belligen, 1656.
       ● Les gens de même état sont envieux les uns des autres.

1459   Oncques tripière n'aima harengère.      Meurier, 1568.

1460   Gros vent et sage-femme ne courent pas pour rien.   Régional, Savoie.
       ● La sage-femme fait payer très cher ses services.

1461   Le tavernier s'enivre bien de sa taverne.   *Adages français*, XVIe s.
       → Il faut que le prêtre vive de l'autel.

1462   Il sait trop de chasse qui a été veneur.     *Prov. gallica*, XVe s.

*Le maître et l'ouvrier*

1463   Apprenti n'est pas maître.

1464   Il est maître qui se sait aider de sa maîtrise.   *Adages français*, XVIe s.

1465   Ce n'est pas maîtrise de faire comme les autres.   *Prov. gallica*, XVe s.

1466   Il n'est ouvrage que de maître.       Meurier, 1568.

1467   Il est plus d'ouvriers que de maîtres.     Meurier, 1568.

125                                    *métiers et monde du travail*

*L'ouvrier*

1468  Un bon ouvrier n'est jamais trop chèrement payé.            Cotgrave, 1611.

1469  Bon ouvrier ne viendra jamais tard à son travail.    Manuscrit de Cambridge, XIIIᵉ s.

1470  Mauvais ouvrier ne trouve jamais bon outil.            *Prov. ruraux...*, XIIIᵉ s.

*La besogne, le travail et la paresse*

1471  Oisiveté est mère de tous les vices.                      Quitard, 1842.

*La besogne, l'art, le travail.*

1472  Qui ne sait l'art sert la boutique.                      Meurier, 1568.
      ● Il se rend utile en nettoyant la boutique.

1473  Besogne qui plaît est à moitié faite.

1474  Naquit un Dimanche ou fête
      Qui n'aime que besogne faite.                  *Almanach perpétuel...*, 1774.

1475  Chose bien commencée est à demi achevée.                 Meurier, 1568.

1476  À toute peine est dû salaire.                       Le Roux de Lincy, 1842.
      ◊ Toute peine mérite salaire.

*Le travail du fer*

1477  C'est en forgeant qu'on devient forgeron.
      *var. ancienne :*
      ◊ En forgeant devient-on febure.                        La Véprie, 1495.
      ● Proverbe d'origine latine.

1478  Il faut battre le fer tandis [tant] qu'il est chaud.       Meurier, 1568.

1479  Tant chauffe-t-on le fer qu'il rougit.                     Gruter, 1610.

1480  À dure enclume marteau de plume.                         Meurier, 1568.
      ● « Les coups du malheur deviennent légers pour l'homme armé de patience ou de rési-
        gnation, comme le seraient ceux d'un marteau de plume sur une enclume solide »
        (Quitard, 1842).

1481  Il faut être enclume ou marteau.                        Académie, 1835.

1482  Il vaut mieux être marteau qu'enclume.                   Le Roux, 1752.
      ● Il vaut mieux battre qu'être battu. S'emploie lorsqu'on ne peut éviter de faire du mal
        ou d'en souffrir. — Ce proverbe existe aussi en allemand.

1483  Entre l'enclume et le marteau, il ne faut pas mettre le doigt.  Académie, 1835.
      → Entre l'arbre et l'écorce, il ne faut pas mettre le doigt.

1484  Au long aller la lime mange le fer.                       Cahier, 1856.
      ● Thème de la persévérance, de l'obstination.

1485  En limant on fait d'une poutre une aiguille.           Régional, Bourbonnais.

● Ce proverbe existe aussi en espagnol.

*Autres techniques*

1486    De l'arbre d'un pressoir
        Le manche d'un cernoir.
        ● *Cernoir* : petit couteau. «Ce proverbe s'applique à ceux qui faisant quelque ouvrage,
        le touchent et le retouchent tant qu'ils le réduisent quasi à rien» (Nicot, *Prover-
        bes expliqués*).

1487    Il ne faut pas jeter le manche après la cognée.                    Meurier, 1568.
        ● Ici, la *cognée* désigne le fer (emmanché).

1488    De méchant fondement jamais bon bâtiment.                         Meurier, 1568.
        ● *Méchant* signifie « mauvais », mais se prête à des métaphores morales.

# CHAPITRE XIII

# la communication

## 1. LE LANGAGE

Il n'y a qu'un mot qui serve.

Ce proverbe, malgré le champ restreint de son emploi, exprime assez justement la conception que les proverbes se font du langage, plus exactement de la parole, car l'écrit, par sa rareté, mais aussi par la netteté et la solennité de son usage (droit, commerce), offre des garanties suffisantes à la profonde méfiance qui préside à la communication.

Le mensonge n'est pas la moindre infirmité de la parole : celle-ci est constamment menacée de débordements incontrôlés, du risque de se trahir, de favoriser le partenaire plus prudent, qui sait se taire : le fou parle trop, le sage se tait.

Les vertus que l'on reconnaît au silence (prudence, sagesse, ruse) sont celles mêmes qui garantissent le succès de toute entreprise.

Quant à la vérité, elle apparaît dans les proverbes français comme une sorte d'instance qui transcende le discours humain et se fait entendre malgré lui : lorsque parler c'est déjà se trahir, qui prendrait le risque supplémentaire de parler vrai ?

1489    Langage ne paist [nourrit] pas gens.                 *Prov. gallica*, XVe s.

1490    En demandant on va à Rome.

&#9671; Quand langue a, à Rome va.                          Meurier, 1568.

1491    Salive d'homme tous serpents domme [dompte].        Bovelles, 1557.

1492    La langue est un bon bâton.                          Guadeloupe.
&#8226; Les paroles peuvent blesser.

1493    Juge l'oiseau à la plume et au chant,
Et au parler l'homme bon ou méchant.                        Meurier, 1568.

&#9671; À la plume et au chant l'oiseau,
Et au parler le bon cerveau.

1494    On lie les bœufs par les cornes et les hommes par les paroles.
&#8226; Les hommes s'engagent en donnant leur parole.

1495    L'usage est le tyran des langues.                    Académie, 1835.
&#8226; L'usage prévaut sur les règles.

1496    Puisque la parole est issue du corps, elle n'y peut jamais entrer.

*Prov. gallica*, XV<sup>e</sup> s.

1497    Il faut tourner sept fois sa langue dans sa bouche avant de parler.

Académie, 1835.

1498    Il ne faut pas parler latin devant un cordelier.      Quitard, 1842.
- Les cordeliers avaient la réputation d'être de très bons latinistes.

1499    Il ne faut point parler de corde dans la maison d'un pendu [*ou* devant un pendu].
- C'est-à-dire devant un ancien condamné qui a échappé miraculeusement à la mort (si la corde rompait pendant l'exécution, le condamné était absous).

1500    Trop gratter cuit, trop parler nuit.      Ancien proverbe, XIII<sup>e</sup> s.
- Quand on cède aux excès de la démangeaison ou au bavardage.

1501    Faute de parler, on meurt sans confession.      Régional, Franche-Comté.

1502    Paroles vieillies, paroles sages.      Régional.

1503    Les belles paroles n'écorchent pas la langue.
- «Il faut parler avec courtoisie plutôt qu'avec arrogance» (Oudin, 1640).

*var. anciennes :*

◊ Douce parole n'écorche pas la bouche.      Meurier, 1568.

◊ Bien parler ne conchie bouche.

1504    Qui parle sème, qui écoute récolte.
- Ce proverbe existe en persan.

1505    La parole est d'argent, mais le silence est d'or.
- Ce proverbe existe en arabe.

1506    À paroles lourdes, oreilles sourdes.      Meurier, 1568.

1507    Méchante parole jetée va partout à la volée.      Cotgrave, 1611.
- La calomnie se répand plus vite que toute autre parole.

1508    Petit homme abat grand chêne.
Et douce parole grande ire [colère].      Oudin, 1640.

→ Petite pluie abat grand vent.

1509    À coup de langue écu d'oreille.      Ancien proverbe, XIII<sup>e</sup> s.
- L'écu est un bouclier, une protection ; l'oreille doit se fermer aux propos qui peuvent blesser, faire mal.

1510    À sotte demande, il ne faut pas de réponse.      *Adages français*, XVI<sup>e</sup> s.

1511    Il n'y a qu'un mot qui serve.      Académie, 1835.
- Parlons clair, en choisissant le seul mot qui convient.

1512    Qui ne dit mot consent.
- Thème de l'interprétation positive du silence ; cf. «Pas de nouvelles, bonnes nouvelles».

1513    L'entente est au diseur.

• «Il s'entend bien mais il ne se fait pas comprendre» (Lamesangère, 1821).

1514   Les paroles dites au matin
       N'ont pas au soir même destin.                          Le Roux de Lincy, 1842.

1515   Ce n'est pas tout Évangile
       Ce qu'on dit parmi la ville.                            Meurier, 1568.

1516   Les longs propos font les courts jours.                 *Adages français,* XVIe s.

1517   Changement de temps
       Entretien de sot.                                       Tuet, 1789.
       • Ce proverbe existe en anglais.

1518   Pas de nouvelles, bonnes nouvelles.                     Panckoucke, 1749.

1519   De longues [lointaines] terres longues nouvelles.      Ancien proverbe, XIIIe s.
       • Celui qui revient de loin a beaucoup à dire.

1520   À beau mentir qui vient de loin.                        Tuet, 1789.
       • Personne ne pourra contester les dires de celui qui vient de loin.

### Le secret

1521   Secret de trois, secret de tous.                        Cotgrave, 1611.
       • Ce proverbe existe aussi en espagnol.

1522   Rien ne pèse tant qu'un secret.                         Cahier, 1856.

1523   Un mot dit à l'oreille est entendu de loin.
       • Ce proverbe existe aussi en chinois.

### La comparaison

1524   Comparaisons sont odieuses.                             *Adages français,* XVIe s.
       • On n'aime pas s'entendre comparer aux autres.

1525   Comparaison n'est pas raison.                           Ancien proverbe, XIIIe s.
       • Une comparaison n'est pas une preuve. — Ce proverbe existe en allemand.

### Les « si »

1526   Avec des « si », on mettrait Paris dans une bouteille.

       ◊ Si la mer bouillait, il y aurait bien des poissons (de) cuits.

       ◊ Si le ciel tombait, il y aurait bien des alouettes (de) prises.

       ◊ Si les chiens chiaient des haches, ils se fendraient le cul.        Québec.

1527   Il n'est homme ni femme où il n'y ait un « si ».        *Prov. gallica,* XVe s.

1528   Au cas que Lucas n'ait qu'un œil, sa femme aurait épousé un borgne.
                                                               Le Roux, 1752.
       • Se dit pour se moquer de ceux qui posent trop de conditions.

## *La vérité*

1529 La vérité sort de la bouche des enfants.

1530 La vérité comme l'huile vient au-dessus. Gruter, 1610.
• Ce proverbe existe en espagnol.

1531 La vérité est cachée au fond du puits. Le Roux, 1752.
• Proverbe d'origine grecque.

1532 Toutes les vérités ne sont pas bonnes à dire.
*var. ancienne :*
◊ Tuit voir ne sont pas bel à dire. Ancien proverbe, XIII^e^ s.

1533 Il n'y a que la vérité qui blesse. Le Roux, 1752.
• Lorsqu'on s'indigne devant un reproche, c'est qu'il est mérité.

## *Le mensonge*

1534 À dire vérités et mensonges, les vérités seront les dernières crues. Régional, Agen.

1535 Beaux mensonges aident. *Prov. ruraux...*, XIII^e^ s.

1536 Peut-être empêche les gens de mentir. Panckoucke, 1749.

1537 Un démenti vaut un soufflet.
• « Ce proverbe... signifie deux choses : l'une, que quiconque a donné un démenti à quelqu'un, mérite de [s'expose à?] recevoir un soufflet ; l'autre qu'autant vaudrait donner un soufflet à quelqu'un qu'un démenti » (Lamesangère, 1821).

1538 Il faut qu'un menteur ait bonne mémoire. Duplessis, 1851.
• Pour ne pas se trahir. — Ce proverbe existe aussi en indien.

1539 De grands langages, grandes baies [mensonges]. Baïf, 1597.

## *L'écrit*

1540 Ce qui est écrit est écrit. Le Roux, 1752.
• On ne peut rien y changer. Parole de Pilate citée dans l'Évangile (Jean 19, 22).

1541 Les paroles s'en vont, les écrits restent.
• Proverbe d'origine latine : *verba volant, scripta manent.*

1542 Le papier souffre tout.
• « On écrit sur le papier tout ce qu'on veut » (Le Roux, 1752).
→ Sur la peau d'une brebis [parchemin], on écrit ce que l'on veut.

1543 Papier parle quand gens se taisent. Cahier, 1856.

1544 Les mots ne se battent sur le papier. Finbert, 1965.

1545 Écris comme les habiles et parle comme tout le monde. Cahier, 1856.

1546 À mal exploiter bien écrire.

● « Quand les sergents ont fait des fautes dans leurs exécutions, ils les couvrent en faisant de faux exploits, auxquels on ajoute foi. » (Panckoucke, 1749).

## 2. *LA PAROLE ET L'ACTION*

Déjà bien suspecte en elle-même, la parole, confrontée à l'action, révèle non plus ses dangers, mais ses limites. Un proverbe comme :
Aussitôt dit, aussitôt fait,
est aussi remarquable par sa structure et son emploi familiers que par son isolement dans la rubrique. La parole est presque toujours vantardise, illusoire promesse d'action, impuissance :
Les paroles sont femelles et les faits sont mâles.
La tentation était grande de transformer en contraires des termes aussi couramment associés dans le discours, de s'autoriser de l'intervalle chronologique et logique entre deux activités normalement complémentaires *(parole/action)* pour les opposer dans une dénonciation, chère aux proverbes, des apories et des illusions humaines.

1547   Aussitôt dit, aussitôt fait.                                          Le Roux, 1752.

1548   Les paroles sont femelles et les faits sont mâles.          Meurier, 1568.
● Plutôt qu'une symbolique philosophique, ce proverbe trahit une mentalité misogyne : la parole (volontiers mensongère) est rapportée à la femme et au fou, le silence au sage (qui est un homme), l'action à l'homme.

1549   Il est plus facile de dire que de faire.                       Meurier, 1568.

1550   À beau parler qui n'a cure de bien faire.             Lamesangère, 1821.

1551   De grands vanteurs petits faiseurs.                        La Véprie, 1495.

1552   Au parler ange, au faire change.                            Meurier, 1568.
● Celui qui parle comme un ange peut agir de toute autre façon.

1553   Bien dire fait rire, bien faire fait taire.                      Quitard, 1842.

1554   Fais ce que je dis, ne fais pas ce que je fais.            Quitard, 1842.

## 3. *LE JEU*

Nous avons regroupé dans cette rubrique un ensemble assez disparate de proverbes traitant de diverses activités ludiques.
Le jeu proprement dit, avec ses règles et conventions, ce qu'il exige chez le joueur de sens du risque, de l'opportunité, de maîtrise de soi, de ruse, explicite un code du comportement social, que la morale commune évoque d'habitude plus pudiquement.
D'autre part, des activités de divertissement comme le chant ou la danse n'ont pas bonne réputation dans les proverbes ; réaction attendue d'une communauté de paysans ou d'artisans qui ne peut y voir que perte de temps ou insouciance :
Jamais danseur ne fut bon clerc,
ou tentative de dissimulation d'une réalité qui se prête rarement à de telles manifestations ; celles-ci supposent l'aisance ou la sécurité. Sinon :
Tel chante qui ne rit pas.

1555   Le jeu ne vaut pas la chandelle.                           Quitard, 1842.

● Les frais ou la peine exigés sont disproportionnés au but poursuivi.

1556    À beau jeu beau retour.
● «Chacun trouve occasion de se venger à son tour» (Le Roux, 1752).

1557    Qui en jeu entre jeu consente.                          Ancien proverbe, XIIIᵉ s.
● Si l'on veut participer au jeu (à une tentative collective), il faut en accepter les règles. Voir le suivant.

1558    Les fautes sont faites pour le jeu.
● «En toutes choses il y a des règles qu'il faut observer» (Littré).

1559    Au bout du jeu voit-on qui a gagné.   *Pièces contre Luynes*, XVIIᵉ s., *in* Le Roux de Lincy.
→  À la fin saura-t-on qui a mangé le lard.

1560    À mauvais jeu, bonne mine.                                    Gunter, 1610.
● La bonne mine est destinée à dissimuler le mauvais jeu. — Ce proverbe existe aussi en allemand.

1561    Au vrai dire perd-on le jeu.                                 La Véprie, 1495.
● Qui veut gagner doit cacher la vérité : définition médiévale du bluff.

1562    À bourse de joueur n'a point de loquet.             *Prov. ruraux...*, XVIᵉ s.

1563    La balle cherche le joueur.                                 Académie, 1835.
        *var. ancienne :*
◊ À bon chouleur la pelote lui vient.                             La Véprie, 1495.
● *Chouleur*, joueur de paume.

1564    Il faut prendre la balle au bond.

1565    De deux regardeurs il y en a un qui devient joueur.         Méry, 1828.

                                                              *Chanson et danse*

1566    Tel chante qui ne rit pas.
◊ Chacun n'est pas aise qui danse.                          Le Roux de Lincy, 1842.

1567    En une chanson il n'y a qu'un mot.                     Le Roux de Lincy, 1842.

1568    La chanson du ricochet, toujours à recommencer.                 Littré.
● Se dit d'un homme qui dit ou fait toujours la même chose.

1569    Qui bien chante et bien danse
        Fait un métier qui peu avance.                     Le Roux de Lincy, 1842.

1570    Toujours va qui danse.                                      Le Roux, 1752.
● Faire bien ou mal mais faire de son mieux.

1571    Un harpeur danse à la harpe.                              Bovelles, 1531.

1572    Tout finit par des chansons.
● Refrain du vaudeville du *Mariage de Figaro*, caractérisant la frivolité d'une époque (et des Français).

1573   Quand la cornemuse est gonflée, on n'en chante que mieux.
                                                           Panckoucke, 1749.

1574   Ce qui vient de la flûte retourne au tambour.          Meurier, 1568.
       • Variante métaphorique de : « Bien mal acquis ne profite jamais ».

                                                             *Les échecs*

1575   Dame touchée, dame jouée.                              Oudin, 1640.

1576   Dame blanche a le cul noir.                        Panckoucke, 1749.
       • Le motif s'offrait ici bien commodément à la plaisanterie grivoise.

1577   Au jeu d'échecs, les fous sont les plus près du roi.    Le Roux, 1752.
       • Aux échecs et... à la cour.

CHAPITRE XIV

# logique des actions

Les proverbes qui suivent évoquent une problématique de l'action, où la référence au temps est constante et impérieuse. Le temps est, à la fois, principe
souverain de décision, agissant indépendamment de la volonté humaine, fixant
ses limites et autorisant ses espoirs, et, plus logiquement, ce milieu de genèse où
s'organisent la finalité et le déroulement des actions, dans leurs différents aspects
(commencement, fin, moyens), et qui contraint l'individu à toute une stratégie
de l'attente, de l'opportunité et de l'évaluation des moyens et du possible.
Au nombre de ces moyens attendus, figurent la prudence et même une certaine
lâcheté bien comprise :
Bonne honte sort de danger.
La casuistique du XVIIᵉ siècle a opposé, à une morale rigide de l'action attestée
dans quelques proverbes anciens comme :
Le fait juge l'homme ;
une morale de l'intention (c'est l'intention qui compte), ouvrant de nouvelles
possibilités pour combler — et justifier — l'écart culpabilisant entre la volonté de
l'homme et le sort hasardeux de ses actes.

*Le temps*

1578    Selon le temps, la manière.                            Ancien proverbe, XVIIIᵉ s.
        ● Définition de l'opportunisme.

1579    Le temps est un grand maître.                          Corneille, *Sertorius*, 4.

1580    Le temps n'épargne pas ce qui se fait sans lui.

1581    Les béquilles du temps font plus que la massue d'Hercule.        Méry, 1828.

1582    Il faut attendre le boiteux.                           Quitard, 1842.
        ● Il faut attendre la confirmation d'une nouvelle avant d'y croire.

1583    Il n'y a que le provisoire qui dure.
        ● Les mesures dites provisoires durent souvent très longtemps. Le proverbe exprime
        aussi l'idée que la durée d'une chose ne dépend pas de la volonté humaine.

1584    Il y a commencement à tout.
        ● «Cela se dit à un qui commence à souffrir quelque incommodité» (Oudin, 1640).

*L'attente*

1585    Bien attend qui parattend.                            Ancien proverbe, XIIIᵉ s.

- Qui *parattend* : qui attend jusqu'au bout.

1586    Tout vient à point qui sait [peut] attendre.                Meurier, 1568.
- Nous dirions : «... à celui qui sait attendre».

1587    La patience vient à bout de tout.

1588    Mieux vaut bon fuir que mauvaise attente.        Ancien proverbe, XIIIᵉ s.

1589    Il n'est pas perdu quanques au péril gît.
- Tout ce qui est en péril n'est pas perdu.

### La fin, le but

1590    Qui veut la fin veut les moyens.                                Littré.
- Proverbe dont l'attestation semble récente et qui se fait l'écho, sur le mode pragmati-
  que, du grand débat moral engagé autour du problème de la fin et des moyens ; cf.
  «La fin justifie les moyens».

1591    Bonne fin attrait bonne fin.                        *Adages français*, XVIᵉ s.
- Un succès en entraîne un autre.

1592    En toute chose, il faut considérer la fin.
                              La Fontaine, *Fables*, III, 5 : «Le Renard et le Bouc».

1593    La fin couronnera le tout.                        *Plaisants devis...*, 1593.

1594    Tout est bien qui finit bien.
- Se dit quand une entreprise est menée à bon terme, après avoir donné beaucoup
  d'inquiétude.

### Temps et action

1595    Ce qui est fait est fait.                                Le Roux, 1752.

    ◊ Ce qui est fait n'est plus à faire.
- «C'est-à-dire que, quand on peut faire une chose, il ne faut pas la différer à un autre
  temps» (Le Roux, 1752).

1596    Mal fait qui ne parfait.                                Cotgrave, 1611.
- Il faut mener à bien ce qu'on a commencé.

1597    Rome [ou Paris] ne s'est pas faite en un jour.        Meurier, 1568.
    *var. ancienne :*
    ◊ On ne fait pas tout en un jour.                        La Véprie, 1495.

1598    Qui ne fait quand il peut ne fait pas quand il veut.        La Véprie, 1495.

1599    Rien ne sert de courir, il faut partir à point.
                              La Fontaine, *Fables*, VI, 11 : «Le Lièvre et la Tortue».
    *var. ancienne :*
    ◊ Ce n'est pas tout de courir, il faut partir à temps.        Gruter, 1610.

1600    Ne remets pas au lendemain ce que tu peux faire le jour même.
    *var. ancienne :*

◊ Ce que tu peux faire au matin,
N'attends vêpres le lendemain.

*Prov. gallica*, XV<sup>e</sup> s.

1601   C'est peu de se lever matin, il faut encore arriver à l'heure.

1602   Qui vient tard les autres il regarde.                        Baïf, 1597.
● Cf. le proverbe latin : *Tarde venientibus ossa* (c'est-à-dire : les os sont pour ceux qui arrivent en retard).

1603   Il vaut mieux tard que jamais.                          La Véprie, 1495.
*var. formelle :*
◊ Mieux vaut tard que jamais.

1604   Il n'est jamais trop tard pour bien faire.
◊ Il n'est jamais tard à bien faire.                          Meurier, 1568.

### *L'art et le manière*

1605   La manière fait tout.                               *Prov. gallica*, XV<sup>e</sup> s.

1606   Ce qu'art ne peut, hasard achève.                            Baïf, 1597.

1607   Il faut laisser quelque chose au hasard.                         Littré.
● Ce proverbe exprime l'idée que l'homme ne saurait tout maîtriser ou décider par sa seule volonté et que cela n'est d'ailleurs pas souhaitable.

1608   L'art est de cacher l'art.                              Lamesangère, 1821.
● Pour mieux plaire...

1609   Prudence [méfiance] est mère de sûreté.

1610   Deux précautions valent mieux qu'une.
● Cf. «Deux sûretés valent mieux qu'une
Et le trop en cela ne fut jamais perdu.»
La Fontaine, *Fables*, IV, 14 : «Le Loup, la Chèvre et le Chevreau».

1611   Un homme averti en vaut deux.                            Estienne, 1594.
◊ Un bon averti en vaut deux.

1612   Dans le doute abstiens-toi.                              Quitard, 1842.

1613   Bonne honte sort de danger.                              Baïf, 1597.
● *Bonne honte :* entendus une honte opportune.

1614   Un peu de honte est bientôt bue.                          Cahier, 1856.

1615   Il y en a toujours qui aimeront mieux sauver que passer les seaux.
Régional, Beauce.
● Il y en a qui, dans un incendie, choisiront de mettre les biens à l'abri plutôt que de combattre le feu.

### *Le conseil et l'action*

1616   À parti pris point de conseil.
● Il est inutile de vouloir informer et conseiller celui qui a pris sa décision.

1617  À chose faite, conseil pris.

● Après l'action, il n'est plus temps de conseiller ; c'est ce qu'exprime plus prosaïquement :

→ Après le dîner, la moutarde.

1618  Après le fait ne faut souhait.                    Meurier, 1568.

1619  Colère n'a conseil.                          Ancien proverbe, XIII<sup>e</sup> s.

1620  Rien ne se donne si libéralement que les conseils.

1621  Ce que chacun sait n'est pas conseil.            *Prov. gallica*, XV<sup>e</sup> s.

● Un conseil doit nécessairement apporter une information qui ne soit pas un lieu commun.

### Morale et logique de l'action

1622  Le fait juge l'homme.                  Manuscrit de Cambridge, XIII<sup>e</sup> s.

1623  Fais ce que tu dois, advienne que pourra.          La Véprie, 1495.

1624  C'est l'intention qui compte.

*var. anciennes :*

◊ L'intention vaut l'action.

◊ L'intention est réputée pour l'action.

● Héritage proverbial de la casuistique du XVII<sup>e</sup> s. On voit que l'idée est bien différente de celle qui est exprimée dans les deux proverbes, plus anciens, qui précèdent.

1625  Quand orgueil chevauche devant,
Honte et dommage suivent de près.            Commynes, *Mémoires.*

### Le possible et l'impossible

1626  À l'impossible nul n'est tenu.                    Tuet, 1789.

1627  La fortune aide aux audacieux.                  Le Roux, 1752.

● Proverbe d'origine latine : *Audaces fortuna juvat.*

1628  À cœur vaillant rien d'impossible.              La Véprie, 1495.

● Devise de Jacques Cœur, argentier du roi Charles VII.

1629  Qui peut le plus peut le moins.              Panckoucke, 1749.

1630  Ce qu'on ne peut empêcher, il faut le vouloir.

● Conseil plutôt de résignation que d'héroïsme.

1631  Qui peut et n'empêche, pèche.

1632  Qui est propre à tout n'est propre à rien.

● « Celui qui prétend tout savoir faire n'est bon à rien. Il faut avoir une spécialité » (Dictionnaire de l'Académie, 1798).

*var. moderne :*

◊ Bon à tout, bon à rien.

## LE SAGE ET LE FOU

Si la sagesse, à défaut d'une définition bien précise, jouit d'un statut consacré dans le discours moraliste et humaniste traditionnel comme dans le langage du sens commun, la folie, dans l'attente de son destin médical, est une notion aussi vague que familière.

En fait, est fou celui qui agit comme un fou, c'est-à-dire qui manifeste un comportement incompatible avec l'intérêt «bien compris» de l'individu : excès de langage, naïveté, confiance, franchise, insouciance..., autant de «défauts», on le voit, qui donnent au fou le rôle de victime toute désignée dans le jeu social, qui en font une proie facile pour l'homme sage, c'est-à-dire pour l'homme rusé.

Le sage et le fou constituent dans les proverbes un couple fonctionnel, désignant ses rôles (qui d'ailleurs peuvent s'échanger, s'inverser) et non des types psychologiques distribués individuellement.

### Le fou

1633    Au miroir de la vanité, un fou s'est toujours regardé.      Régional, Agen.

1634    Au ris connaît-on le fol et le niais.      Meurier, 1568.
- Cf. l'expression : « Rire comme un fou ».

1635    Châtier fol est coup en ewe [eau].      Manuscrit de Cambridge, XIIIᵉ s.
- Il est illusoire de corriger un fou.

1636    De fol folie, de cuir courroie.      Ancien proverbe, XIIIᵉ s.
- D'un fou on ne peut attendre qu'acte de fou.

1637    Fol promettant,
Nuée non pleuvant.      Bovelles, 1557.
- Promesse de fou est comme nuage sans pluie, elle n'est pas suivie d'effet.

1638    Fol s'y fie, musard attend.      La Véprie, 1495.
- *Musard* signifie ici : sage, prudent.

1639    À barbe de fou, on apprend à raire [raser].      La Véprie, 1495.
- On devient habile dans son métier aux dépens des naïfs et des inconscients.

1640    À chaque fou sa marotte.      Le Roux, 1752.
- Ce proverbe existe aussi en espagnol et en allemand.

1641    À conseil de fol, cloche de bois.      Meurier, 1568.
- Il ne faut pas donner suite.

1642    À la presse vont les fous.
- Les fous se précipitent dans la cohue. Emploi restreint : « Il ne faut pas s'empresser d'acheter les marchandises, tandis que tout le monde en veut avoir » (Le Roux, 1752).

1643    À la quenouille, le fol s'agenouille.      Meurier, 1568.
- Il se plie aux volontés d'une femme.

1644    Après la fête, le fou en blanc reste.
- Quand la fête est terminée, le fou (et lui seul) garde son habit de fête.
- — Ce proverbe existe aussi en espagnol.

1645   Fol et avoir ne se peuvent entr'avoir.           Lamesangère, 1821.
● Folies et richesses sont contradictoires.

1646   Il y a plus de fols acheteurs que de fols vendeurs.     Loisel, 1607.

1647   Il n'y a que les fous [*ou* les imbéciles] qui ne changent pas d'avis.

1648   Les plus courtes folies [*ou* plaisanteries] sont les meilleures.

1649   Muraille blanche, papier de fol.
Meurier, 1568.
● Condamnation des... grafiti.

1650   Plus on est de fous, plus on rit.             Le Roux, 1752.

1651   Qui fol envoie, fol attend.           Ancien proverbe, XIIIᵉ s.

1652   Tête de fou ne blanchit jamais.           Le Roux, 1752.
● Le fou reste toujours enfant.

1653   Bouche en cœur au sage,
Cœur en bouche au fou.             Quitard, 1842.
● Opposition entre la réserve prudente du sage et la précipitation (mais aussi la sincérité) du fou.

1654   Ce sont les fous qui troublent l'eau et ce sont les sages qui pêchent.
● Thème analogue à celui de : «Tirer les marrons du feu»; on agite l'eau pour déranger les poissons avant de pêcher.

1655   Les fols font les banquets et les sages les mangent.   *Adages français*, XVIᵉ s.

1656   Les fous inventent les modes et les sages les suivent.   Le Roux, 1752.
● Ces trois proverbes expriment la même idée... sur l'utilité des fous.

1657   Un fol avise bien un sage.
● «J'ai souvent oui en proverbe vulgaire qu'un fol enseigne bien un sage» (Rabelais, III, 37).

1658   N'est pas sage qui n'a peur d'un fol.     Fleury de Bellingen, 1656.

1659   Il n'est pas si grande folie que de sage homme.   Le Roux de Lincy, 1842.

1660   Il n'est si sage qui ne foloie.        *Roman de Renard*, XIIIᵉ s.

1661   Qui ne sait être fou n'est pas sage.          Quitard, 1842.

1662   C'est être fou que d'être sage selon raison contre l'usage.   Baïf, 1597.

1663   Fol semble sage quand il se tait.           Meurier, 1568.
● Ce proverbe existe aussi en espagnol.

### Le sage

1664   De sage homme sage demande        Ancien proverbe, XIIIᵉ s.

1665   Le plus sage se tait.            *Adages français*, XVIᵉ s.

1666   Sage est qui fait de son tort droit.       *Roman de Renart*, XIIIᵉ s.

    ● Sage et surtout... rusé.

1667   Les astres peuvent l'homme incliner,
       Le sage les peut dominer.               *Almanach perpétuel..., 1774.*
      ● Le sage peut vaincre son étoile, le destin.

1668   En une étroite couche
       Le sage au milieu se couche.                  Meurier, 1568.
      ● Image expressive pour illustrer l'opportunisme et le sens pratique que les proverbes
        associent à la sagesse.

1669   Le temps et l'usage
       Rendent l'homme sage.                        Gruter, 1610.

1670   Le doute est le commencement de la sagesse.

1671   Tout le monde sait être sage après coup.

1672   La sagesse n'est pas enfermée dans une tête.
      ● «Les plus sages ont besoin des conseils» (Le Roux, 1752).

1673   Mieux vaut une once de fortune qu'une livre de sagesse.      Cotgrave, 1611.

# CHAPITRE XV

# conditions et milieux sociaux

Les proverbes qui mettent en scène les différents milieux sociaux, le monde des grands et des privilégiés, la cour, la hiérarchie en général, sont ceux dont on attend qu'ils reflètent le plus directement la situation sociale et l'idéologie de leurs inventeurs et utilisateurs ; dans la mesure du moins où l'on peut attribuer une certaine cohérence et unité à une énonciation proverbiale qui s'étale sur une longue période difficile à délimiter.

L'évocation craintive et respectueuse du seigneur, ou de la figure mythique et lointaine du roi, fait contraste avec l'image violemment parodique et décriée du vilain ; il est vrai qu'il s'agit là d'un thème banal de la littérature satirique et comique au Moyen Âge et jusqu'au XVIIe siècle.

On pourrait déduire de cette opposition qu'une idéologie courtoise dominante a imprégné les mentalités de cette population mi-paysanne, mi-bourgeoise au sein de laquelle la plus grande et la plus ancienne partie de nos proverbes a vu le jour. Mais, dans ce domaine, toute interprétation ne peut être avancée qu'avec prudence.

*Le seigneur*

1674   À tout seigneur, tout honneur.                    *Prov. ruraux...*, XIIIe s.
   ● À chaque seigneur, l'honneur qui lui est dû. S'emploie pour revendiquer un avantage justifié.

1675   Nulle terre sans seigneur.                         Le Roux, 1752.

1676   Tant vaut le seigneur, tant vaut la terre.         Le Roux, 1752.

1677   Au surnom connaît-on l'homme.                      Mielot, 1456.
   ● À partir du XIe siècle, l'usage du surnom se généralise chez les nobles. Il s'étendra plus tard aux autres catégories sociales.

1678   Tel seigneur, tel mesnye [maison].                 La Véprie, 1495.

1679   À grands seigneurs, peu de paroles.                Le Roux, 1752.
   ● « Il ne faut pas abuser de leur audience. »

1680   Les paroles des grands ne tombent jamais à terre.  Lamesangère, 1821.
   → Les sottises des grands sont des sentences.

1681   Seigneur ne plaide jamais saisie.                  *Adages français*, XVIe s.

1682   Un grand seigneur, un grand clocher et une grande rivière sont
       trois mauvais voisins.                              Le Roux, 1752.
       ● « Car ils emportent toujours quelque chose de l'héritage voisin ».

1683   Le plus grand est le plus pourri.                    La Véprie, 1495.

1684   Amour de seigneur n'est pas héritage.                La Véprie, 1495.
       ◊ Promesse d'un grand n'est pas héritage.

1685   Foi de gentilhomme, un autre gage vaut mieux.      *Adages français*, XVIᵉ s.

1686   Grand chevalier ne va mie seus.                 Ancien proverbe, XIIIᵉ s.
       ● Un grand chevalier ne va jamais seul.

### La noblesse : nobles et princes

1687   Noblesse oblige.                                     Académie, 1835.

1688   Nul noble sans noblesse.

1689   Longueur de temps n'éteint noblesse ni franchise.   Loisel, 1607.

1690   Bon sang ne peut mentir.
          *var. ancienne :*
       ◊ Nature ne peut mentir.                         *Prov. ruraux...*, XIIIᵉ s.

1691   Noble est qui noblesse ne blesse et n'oublie.       Gruter, 1610.

1692   Jeu de prince, qui ne plaît qu'à celui qui le fait. Oudin, 1640.
       ● *Jeu de prince*, cf. « Ce sont là jeux de prince... » (La Fontaine, *Fables*, IV, 4 : « Le Jar-
       dinier et son Seigneur »).

1693   Nouveaux maîtres, nouvelles lois.                   Méry, 1828.
          *var. ancienne :*
       ◊ De nouveau roi nouvelle loi.

### Le roi

1694   Qui aura de beaux chevaux si ce n'est le roi ?      Académie, 1835.

1695   Les rois ont les mains longues.                     Le Roux, 1752.
       ● Proverbe d'origine latine (Ovide).

1696   Abattez bois, le roi se baigne.                     Mielot, 1456.

1697   Il ne parle pas au roi qui veut.                    La Véprie, 1495.

1698   Les trésoriers sont les éponges du roi.
       ● « ... Le financier s'étant par les vols et les concussions qu'il a faits, rend tout ce qu'il
       a pris, lorsque le Prince vient à le presser » (Manuscrit de Gaignères).

1699   Qui mange l'oie du roi, cent ans après il en rend les plumes.   Méry, 1828.
       ◊ Qui mange la vache du roi, à cent ans de là en paie les os.   Le Roux, 1752.
       ● Ceux qui ont manié les finances royales sont souvent l'objet de poursuites.

1700    Il ne faut pas être plus royaliste que le roi.                    Chateaubriand, 1816.
    ● Se dit quand on manifeste plus de zèle que ne l'exige la cause que l'on défend.

1701    Les lys ne filent point.
    ● Le royaume de France ne passe point aux femmes.


### La cour

1702    À chaque cour son traître                                         Meurier, 1568.

1703    À la cour le roi, chascuns y est pour soi.                       La Véprie, 1495.
    ● À la cour du roi, chacun œuvre pour lui-même.

1704    Qui s'éloigne de la cour, la cour s'éloigne de lui.             La Véprie, 1495.

1705    On a plus de mal à suivre la cour qu'à se sauver.       *Adages français*, XVIe s.
    ● *Se sauver :* faire son salut.

1706    Il avient sovent à cort [cour] qui ne pêche si [encourt].   Ancien proverbe, XIIIe s.
    ● Il arrive souvent qu'à la cour on poursuive celui qui n'a rien à se reprocher. Cf. La
      Fontaine : « Selon que vous serez puissant ou misérable... »


### Le maître et le serviteur

1707    Nul ne peut servir deux maîtres.                                 Académie, 1835.
    ● Citation tirée de l'Evangile (Matthieu 6, 24).

1708    Tel maître, tel valet.                                           Meurier, 1568.
    ● Ce proverbe existe aussi en lituanien.

1709    Bon maître, bon serviteur.                                       Gruter, 1610.

1710    Les bons maîtres font les bons serviteurs.                      Académie, 1835.

1711    Au sénéchal de la maison
    Peut-on connaître le baron.                              *Prov. ruraux...*, XIIIe s.

1712    À telle dame telle chambrière.                              Ancien proverbe, XIIIe s.

1713    Le bon écuyer fait le bon chevalier.                            La Véprie, 1495.

1714    Il n'y a point de grand homme [*ou* héros] pour son valet de chambre.
                                                         Quitard, 1842.

1715    Quand le vassal dort, le maître veille.                         Panckoucke, 1749.
    ● Le seigneur peut se venger de la négligence du vassal en saisissant le fief.

1716    Valet à prince, per [pair, égal] à baron.                   *Prov. gallica*, XVe s.

1717    Autant de valets, autant d'ennemis.                             Quitard, 1842.
    ● Proverbe d'origine latine : *Quot hostes tot servi.*

1718    Libre n'est celui qui sert autrui.                              Gruter, 1610.

1719    Qui avec son seigneur mange poires, il ne choisit pas les meilleures.
                                                         La Véprie, 1495.
    ● Mieux vaut donc manger avec des égaux ou des inférieurs.

1720  Il ne faut pas trop se jouer à son maître.                    Du Fail, 1585.

1721  Ce que maître donne et valet pleure, ce sont larmes perdues.
                                                      *Adages français*, XVIᵉ s.

1722  À passage et à rivière :
      Laquais devant, maître derrière.                        Le Roux, 1752.
      ● Le risque est toujours pour l'inférieur.

1723  Liberté et pain cuit.                                   Littré, 1865.
      ● Indépendance et subsistance.

## Le vilain

1724  À vilain, vilain et demi.                               Le Roux, 1752.
      ● Le vilain (rustre, grossier, ou méchant) en trouve toujours un pire que lui.

1725  À vilain, charbonnée d'âne.                             Oudin, 1640.
      ● *Charbonnée* : grillade de viande. Il faut traiter un vilain comme il le mérite.

1726  Jeu de main, jeu de vilain.                             Le Roux, 1752.
      ● Les querelles de manants finissent par des coups. *Vilain* ayant pris un sens moral, le
        proverbe a changé de domaine et s'applique aux attouchements érotiques.

1727  Jamais vilain n'aima noblesse.                    *Adages français*, XVIᵉ s.

1728  Vilain ne sait ce que valent éperons.                   Quitard, 1842.

1729  Graissez les bottes d'un vilain il dira qu'on les lui brûle.    Académie, 1835.

1730  Dépends le pendart, il te pendra ;
      Oigne vilain, il te poindra.                            Meurier, 1568.
          *var. ancienne :*
      ◊ Oignez vilain, il vous poindra ;
        Poignez vilain, il vous oindra.                  Cité par Rabelais.

1731  Donnez le pied à un nègre, il prend la main.            Martinique.

1732  Mieux vaut un courtois [homme de cour] mort qu'un vilain vif [vivant].
                                                              Meurier, 1568.
          *var. ancienne :*
      ◊ Il est voirs [vrai] que muis vaut
        Uns mort cortois c'uns vilain vis.         *Roman de Renart*, XIIIᵉ s.

1733  Vilain enrichi ne connaît parent ni ami.               Meurier, 1568.
      ● Thème éternel du « nouveau riche ».

1734  Il n'est chère [repas] que de vilain.
      ● « Pour dire qu'un avare, quand il donne à manger, le fait avec profusion » (Lamesan-
        gère, 1821).
      ◊ Il n'est chère que d'avaricieux.                     Furetière, 1690.

1735  Peine de vilain est comptée pour rien.                  Le Roux, 1752.

*Conditions sociales diverses*

1736   Mieux vaut goujat [valet d'armes] debout qu'empereur enterré.

La Fontaine, *La Matrone d'Éphèse.*

→ Chien en vie vaut mieux que lion mort.

1737   Bâton porte paix facquin faix.        Meurier, 1568.

1738   Les mûlatres se battent, ce sont les cabris qui meurent.     Créole.

• Se dit lorsque de personnes faibles ou inférieures subissent les effets des querelles des grands ; c'est un thème universel.

1739   Quand un Blanc a pété, c'est le Nègre qu'on met dehors.   Créole, Martinique.

1740   Jamais bâtard ne fit bien.       *Adages français*, XVIᵉ s.

1741   Bâtard est bon, c'est aventure [hasard] ;
Étant mauvais, c'est de nature.       Meurier, 1568.

1742   À gens de village, trompette de bois.

• «Il faut proportionner les choses aux personnes» (Le Roux, 1752).

1743   Selon la ville les bourgeois.        La Véprie, 1495.

1744   Si souhaits fussent vrais,
Pastoureaux seraient rois.        La Véprie, 1495.

1745   Haine du populaire,
Supplice gref [pénible] et aigre.       Meurier, 1568.

1746   Cent ans bannière, cent ans civière.

• «C'est-à-dire qu'avec le temps on déchoit de la plus haute noblesse» (Le Roux, 1752). *Bannière* (ban) : marque seigneuriale de la propriété féodale ; la *civière* servait à porter les charges, entre autres le fumier.

1747   Hier vacher, huy [aujourd'hui] chevalier.      Gruter, 1610.

◊ Aujourd'hui roi, demain rien.

1748   Faveurs, femmes et deniers
Font de vachers chevaliers.       Meurier, 1568.

• Ce proverbe existe aussi en allemand.

*Riches et pauvres*

1749   Les pauvres ont la santé les riches les remèdes.    Régional, Agen.

1750   Au riche homme souvent sa vache vèle,
Et du pauvre le loup veau emmène.      Meurier, 1568.

• La fortune sourit aux riches et la malchance accable les malheureux.

1751   Les modes rendent les riches pauvres.

• Parce qu'on ne les distingue plus ?

1752   Pour être beau chaque jour, on est ou très pauvre ou très riche.    Régional.

• Ou bien ça vous coûte trop, ou ça ne vous coûte rien.

1753    Suffisance fait richesse
        Et convoitise fait pauvresse.                              *Roman de la Rose.*
        ● L'opposition *pauvreté/richesse* se trouve transposée du domaine social où elle
        s'observe au domaine individuel et moral où elle se justifie.

1754    Pauvreté n'est pas vice.                                        Loisel, 1607.
        ● Une affirmation sympathique, mais était-elle vraiment convaincue ? Se rappeler des
        expressions comme « pauvre *mais* honnête ». Voir aussi les proverbes qui suivent.

1755    En grande pauvreté ne gît pas grande loyauté.          *Adages français*, XVIe s.

1756    Pauvre homme n'a point d'amis.                          *Prov. gallica*, XVe s.
        ● Ce proverbe existe aussi en haoussa.

1757    À pauvre gens la pâte gèle au four.              *Anthologie prov. fr.*, XVIIe s.
        ● Image très expressive de la malchance qui accable les malheureux.

1758    Au pauvre, un œuf vaut un bœuf.                               Meurier, 1568.

1759    À pauvres, enfants sont richesses.                           Meurier, 1568.

1760    Il n'est orgueil que de pauvres enrichis.                    Estienne, 1594.
        ● La même idée est sans doute implicite dans le proverbe suivant.

1761    Il vaut mieux qu'un clocher se démolisse
        Plutôt qu'un pauvre gueux devienne riche.
        ● La stabilité sociale doit régner, fut-ce au prix de l'injustice.

1762    Un pauvre en grand tènement
        Vaut mieux qu'un serf à grand argent.              Ancien proverbe, XIIIe s.
        ● *Tènement :* métairie dépendante d'une seigneurie mais exploitée librement (cf. *tenan-
        cier* et *tenure*).

1763    Les malheureux n'ont point de parents.                    Panckoucke, 1749.
        ◊ Les malheureux sont seuls au monde.

1764    La susceptibilité est interdite aux malheureux.

1765    Qui avec malheureux couche, il a froid quoiqu'il lui touche.   Bovelles, 1531.

1766    Le gibet n'est fait que pour les malheureux.              Panckoucke, 1749.

1767    Faute de bien
        Va sur le fien [fumier].                                      Bovelles, 1557.

### Gueux et truands

1768    Les gueux ne sont jamais hors de leur chemin.              Quitard, 1842.
        ● Parce qu'ils n'ont pas une demeure fixe où se diriger.

1769    Les gueux se réconcilient à la gamelle.                   Panckoucke, 1749.
        ● Ce proverbe existe aussi en allemand.

1770    Deux truands [mendiants] ne s'entraimeront ja [jamais] à un huis [porte].
        → Deux chiens à un os ne s'accordent.

1771   Au gueux, la besace.                                      Maloux, 1960.
       ● Formule de mépris.

       → À bossu, la bosse.

1772   À coquin honteux, plate besace.                   *Adages français*, XVIᵉ s.
       → Jamais honteux n'eut belle amie.

1773   Besace bien promenée nourrit son maître.            Panckoucke, 1749.

                                                          *Les riches, la richesse*

1774   Que le riche dîne deux fois !                           Quitard, 1842.
       ● Proverbe d'origine latine. Défi du pauvre (sûr de son appétit) au riche rassasié.

1775   Il est plus facile à un chameau de passer par le trou d'une aiguille qu'à
       un riche d'entrer dans le royaume de Dieu.       Ancien proverbe, XIIIᵉ s.
       ● Citation évangélique (Matthieu 19, 24).

1776   Les sottises du riche sont des sentences.         Régional, Bourbonnais.
       → Les paroles des grands ne tombent jamais à terre.

1777   Les riches mangent de l'or et chient du plomb.      Régional, Auvergne.

1778   Le plus riche n'emporte qu'un linceul.                 La Véprie, 1495.

# CHAPITRE XVI

# voyages

Nous présentons ici une série largement métaphorique concernant le thème du voyage. À l'époque des proverbes — et s'agissant de communautés rurales peu mobiles par nature — les voyages étaient rares, longs, dangereux, et généralement inconfortables. Autant de caractéristiques qui se prêtent bien à la description métaphorique de l'entreprise *risquée* et de ses différentes modalités :
Commencement, décision : le premier pas (celui qui coûte) ;
Méthode : lenteur et précipitation ;
Circonstances : le bon et le mauvais chemin ;
Dangers et obstacles : les voyages en mer, la haie, le fossé ;
Aides : compagnons de route, aides utiles et inutiles (« La cinquième roue de la charrette »).

## *1. LES PAS DU VOYAGEUR*　　　　　　　　　　　*Hâte et lenteur*

1779　Pas à pas on va bien loin.　　　　　　　　　　　　Meurier, 1568.

　　　*var. ancienne :*
　　　◊ Petit à petit on va bien loing.　　　　　　　Ancien proverbe, XIII° s.

1780　Il n'y a que le premier pas qui coûte.　　　　　　Quitard, 1842.
　　　→ Il n'y a que la première pinte de chère.

1781　La peur a bon pas.　　　　　　　　　　　　　　Tuet, 1789.
　　　◊ La peur donne des ailes.

1782　Qui va doucement va sûrement.　　　　　　　　Meurier, 1568.
　　　● Équivalent français du célèbre adage italien : *Chi va piano va sano.*

1783　Plus me hâte et plus me gâte.　　　　　　　　Bovelles, 1531.

1784　Qui trop se hâte reste en chemin.　　　　　　　Quitard, 1842.

1785　Hâtez-vous lentement.　　　　　　　　　　　　Tuet, 1789.
　　　● Voir la fable de La Fontaine, *Le lièvre et la Tortue :* « Elle se hâte avec lenteur ».

1786　Qui va pieds nus ne sème pas d'épingles.
　　　*var. ancienne :*
　　　◊ Qui veut aller pieds nus ne doit pas semer des épines.

1787　Celui qui n'a pas bon pied part avant.　　　　　Guadeloupe.

● Quand on connaît ses faiblesses ou ses limites on prend ses précautions à l'avance.

1788 Quand on n'avance pas, on recule. Le Roux, 1752.
● Se dit dans certaines circonstances où il faut garder l'initiative des opérations.

1789 Rien ne chet à qui rien ne porte. Baïf, 1597.
● Celui qui ne porte rien ne laisse rien tomber.
*var. ancienne :*
◊ Qui riens apporte riens ne li chiet. Ancien proverbe, XIIIe s.
● Conseil de prudence... ou humour consolateur à l'adresse des démunis et des travailleurs (celui qui ne fait rien ne fait pas d'erreurs).

1790 On marche toujours de travers sur un plancher qui ne nous appartient
pas. Québec.
● Position inconfortable de ceux qui dépendent de l'aide ou de la générosité des autres.

1791 Les voyages forment la jeunesse.
● Proverbe très usité, que contredit le proverbe suivant, non moins célèbre mais plus ancien :

1792 Pierre qui roule n'amasse pas mousse.
● Celui-ci est compris généralement comme une mise en garde à l'adresse des jeunes trop aventureux. — Ce proverbe existe aussi en lituanien.

1793 On ne gagne pas beaucoup à courir le monde. Suisse.
● Même valeur que le précédent.

1794 On ne trouva jamais meilleur messager que soi-même. Le Roux, 1752.

1795 On sait bien quand on part, mais jamais quand on revient. La Véprie, 1495.

1796 Partir, c'est mourir un peu.
● Quand on part, on laisse toujours quelque chose derrière soi.

1797 Grand aise d'avoir la clé des champs. Ancien proverbe, XIIIe s.
● *La clé des champs :* la liberté.

1798 Avec le florin, la langue et le latin,
Par tout l'univers on trouve son chemin.
● Le *florin* était la monnaie de Florence. Ancien et bel exemple d'unité monétaire et linguistique européenne.

1799 Il vaut mieux arriver en retard qu'arriver en corbillard. Québec.

1800 On va bien loin encore quand on est las.
● « S'applique ironiquement à certains personnages qui affectent de regarder comme un fardeau la haute position qu'ils occupent » (Duplessis, 1851).

1801 C'est bien allé quand on revient.

1802 Qui va lèche, qui repose sèche. Le Roux, 1752.
● Il faut aller soi-même faire ses affaires.
→ Qui sied il sèche. Baudoin de Condé.

1803 Qui bête va à Rome, tel en retourne. Meurier, 1568.
● Ce proverbe existe aussi en catalan.

1804    Bien venu qui apporte.                                         Duplessis, 1851.

*Le voyage en mer*

1805    Qui craint le danger, ne doit pas aller sur la mer.            Le Roux, 1752.
        → Il ne doit pas aller au bois qui craint les feuilles.
        ● Ces proverbes incitent tous ceux qui connaissent leurs limites à ne pas chercher à les
        franchir.

1806    Il ne faut pas s'embarquer sans biscuits.                      Panckoucke, 1749.

1807    À barque désespérée Dieu fait trouver le port.                 Duplessis, 1851.
        ● Ce proverbe existe aussi en espagnol.

1808    Qui est sur la mer il ne fait pas des vents ce qu'il veut.      La Véprie, 1495.

1809    Recours à Dieu, l'ancre est rompue.                            Baïf, 1597.

1810    Il n'y a pas de mauvais pilote quand le vent est bon.
        ● On n'a pas beaucoup de mérite à réussir quand la fortune vous sourit.

1811    Selon le vent, la voile.                                       Académie, 1835.
        ◊ On tend les voiles du côté que vient le vent.
        ● Une façon de désigner l'opportunisme.

*Le chemin*

1812    Bonne terre, mauvais chemin.
        ◊ De grasse terre, méchant chemin.                             Gruter, 1610.
        ◊ Bon pays, mauvais chemin.                                    Meurier, 1568.
        ● La plupart des avantages sont mêlés d'inconvénients.

1813    En tout pays il y a une lieue de méchant chemin.
        ● « Dans toutes les entreprises il y a un moment difficile » (Littré).

1814    À chemin battu ne croît point d'herbe.                         Quitard, 1842.
        ● Il faut éviter les professions trop encombrées ; on n'y fait pas fortune.

1815    Aller et retourner fait le chemin frayer.                      La Véprie, 1495.

1816    Il ne faut pas aller par quatre chemins.                       Oudin, 1640.
        ● Il faut se décider...

1817    Mieux vaut la vieille voie que le nouveau sentier.             La Véprie, 1495.
            *var. ancienne :*
        ◊ Meuz valent les veilles veyes que les noves.      Manuscrit de Cambridge, XIIIᵉ s.

1818    À longue voie paille pèse.                                     Mielot, 1456.
        ● Le moindre fardeau pèse quand la route est trop longue.

1819    À haute montée le fais [fardeau] encombre.                     La Véprie, 1495.

1820    Bien foloie qui à mi-voie se retourne.                  Ancien proverbe, XIIIᵉ s.
        ● C'est sottise que de faire demi-tour quand on a fait la moitié du chemin.

### 2. LES OBSTACLES                         *Le fossé, la haie, la boue.*

1821   Au bout du fossé la culbute.                              Quitard, 1842.
● Conséquence d'une hardiesse imprudente.

1822   Ce qui tombe dans le fossé est pour le soldat.          Académie, 1835.
● Ce qui est tombé appartient à tout le monde.
→ Pain coupé n'a point de maître.

1823   Mieux vaut faire le tour du fossé que d'y tomber.

1824   Qui conduit dans le fossé, tombe le premier.

1825   On passe la haie par où elle est la plus basse.      *Prov. gallica*, XVᵉ s.
→ Le plat du bas est toujours vide.

1826   On n'est jamais sali que par la boue.                  Duplessis, 1851.

1827   Il n'est que d'être crotté pour affronter le bourbier.
● « Après avoir fait quelques taches à son honneur, on ne craint plus d'y en ajouter de nouvelles » (Quitard, 1842).

### 3. LA MONTURE

1828   Qui veut voyager loin ménage sa monture.
● Mis en forme par Racine dans *Les Plaideurs*.

1829   Il est bien aise d'aller à pieds qui tient son cheval par la bride.
*var. ancienne :*
◊ A eise va à pié qui son cheval maine en destre.        *Prov. ruraux...*, XIIIᵉ s.
● On peut se permettre de prendre des risques (modérés) lorsqu'on a des arrières assurés.

1830   Celui qui ne s'aventure n'a ni cheval ni voiture.         Régional, Agen.
→ Qui ne risque rien n'a rien.

1831   On emballe sa monture afin de la maîtriser.              Cahier, 1856.

### 4. LES VÉHICULES

1832   Du char, la plus méchante roue est celle qui crie toujours.   Baïf, 1597.
● Le plus gênant est celui qui se fait le plus remarquer. C'est aussi une reprise du thème : « Beaucoup de bruit, peu de besogne ».
◊ C'est la plus mauvaise roue qui fait le plus de bruit.
→ Le tonneau creux résonne le plus.

1833   La cinquième roue de la charrette gêne plus qu'elle n'aide.   Maloux, 1960.
● Thème de « La cinquième roue du carrosse ».

1834   Compagnon bien parlant vaut en chemin chariot branlant.   Estienne, 1594.
● Un *chariot branlant* est un chariot suspendu.

1835   Il n'est si bon chartier [charretier] qui ne verse.       *Adages français*, XVIe s.

   → Il n'est si bon cheval qui ne bronche.

CHAPITRE XVII

# le droit et la justice

La première partie de cette rubrique est constituée par un ensemble de proverbes sur le droit en général ou la loi. Il est trop hétéroclite et lacunaire pour offrir une image représentative des croyances populaires sur ce sujet. En dehors de quelques proverbes connus sur la fragilité du Droit ou la confusion de l'autorité de la loi avec la volonté du Souverain, il ne s'agit que d'adages ou d'aphorismes coutumiers, très usités mais qui nous font sortir du cadre des proverbes proprement dits.

Plus cohérente et significative est la série de proverbes qui évoquent le monde de la justice et des procès (acteurs, procédure). Image familière et violemment satirique (personnages du juge, de l'avocat), qui montre combien le débat judiciaire (« civil ») était au centre des préoccupations des individus. Les proverbes témoignent à la fois de l'importance, de la fréquence des procès et du peu de confiance que l'opinion leur accordait. Le procès, perdu ou gagné, est toujours une mauvaise affaire :

Gagne assez qui sort de procès.

De tous les rôles qui animent la scène judiciaire, celui d'avocat est le plus décrié : les proverbes ne voient dans cette fonction qu'un moyen habile de s'enrichir aux dépens des autres. Cependant, comme nous le remarquions à propos du médecin, pareillement maltraité, ces critiques ne traduisent pas tant la réalité des mœurs de l'époque (médecine, justice) qu'une réaction rancunière de défoulement contre ceux auxquels il faut avoir recours pour faire valoir des droits aussi essentiels et naturels que la santé du corps et la sécurité des biens.

*La loi*

1836    Un Dieu, un roi, une loi.
                                                    Le Roux, 1752.

1837    Que veut le roi
        Le veut la loi.
                                                    La Véprie, 1495.
        ● Loisel (1607) commente : « le Roi ne veut que ce que veut la loi ».

        ◊ La loi dit ce que le roi veut.

        ◊ Tel roi, telle loi.
                                                    Meurier, 1568.

1838    Nécessité n'a point de loi.
                                                    Académie, 1835.

1839    Force passe droit.
                                                    *Adages français*, XVIᵉ s.

1840    Convenances rompent loi.
                                                    *Anthologie prov. fr.*, XVIIᵉ s.

        ◊ Convenant ley veynt.
                                                    Manuscrit de Cambridge, XIIIᵉ s.

*La coutume*

1841  Accoutumance est loi bien dure.                            Baïf, 1597.

1842  Coutume dure
      Vaut nature.                                               Bovelles, 1557.
      ◊ Coutume est une autre nature.                            Baïf, 1597.
      • L'habitude est une seconde nature.

1843  Une fois n'est pas coutume.                       *Adages français*, XVIᵉ s.

1844  De mauvaises coutumes naissent les bonnes lois.

*Le bon droit*

1845  Force passe droit.                               *Adages français*, XVIᵉ s.
      • Ce proverbe existe aussi en néerlandais.

1846  Droit ne se remue.                                    *Prov. gallica*, XVᵉ s.

1847  Bon droit a besoin d'aide.                             La Véprie, 1495.
      • Il ne suffit pas qu'une cause soit juste pour qu'elle soit gagnée. — Ce proverbe existe
      aussi en néerlandais.

*La justice*

1848  On aime la justice en la maison d'autrui.             Quitard, 1842.
      • C'est-à-dire : quand elle est respectée à votre avantage.

1849  La justice est comme la cuisine, il ne faut pas la voir de trop près.
                                                            Régional, Touraine.

*La règle juridique*

1850  Il n'est règle qui ne faille.                    *Adages français*, XVIᵉ s.

1851  L'exception confirme la règle
      • Élément d'un adage juridique latin, qui en éclaire le sens : l'exception prévue permet
      l'application de la règle pour tous les cas qui ne sont pas explicitement énumérés
      comme exceptionnels.

1852  Mieux vaut règle que rente.                            Cotgrave, 1611.

*Le procès*

1853  Peu de chose peu de plaid.                     Fleury de Bellingen, 1656.
      • Il n'est pas nécessaire de plaider longuement une petite affaire. — Ce proverbe
      existe en turc.

1854  En grands plaids petits faits.                          Meurier, 1568.

1855  Gagne assez qui sort de procès.              *Anthologie prov. fr.*, XVIIᵉ s.
      → Un mauvais arrangement vaut mieux qu'un meilleur [*ou* bon] procès.

1856  Qui gagne son procès est en chemise ;

Qui le perd est tout nu.                                   Régional, Dauphiné.
• Ce proverbe existe en serbo-croate.

1857   En plaid n'a point d'amour.                    Ancien proverbe, XIIIᵉ s.
• Les sentiments n'ont pas cours dans un procès.

1858   Homme plaideur, homme menteur.                      Meurier, 1568.

1859   Chiche plaideur perdra sa cause.                       Baïf, 1597.
• Il faut savoir dépenser, proportionner les moyens à l'objectif.

1860   Les belles offres font perdre les bons procès.
• *Offres* : terme de jurisprudence, désignant la proposition de régler l'affaire à l'amia-
ble.

1861   Jamais homme ne gagne qui plaide à son maître.    *Adages français*, XVIᵉ s.

1862   Nul ne doit être témoin en sa cause.              *Prov. gallica*, XVᵉ s.
• Adage de droit.

1863   Témoins passent [l'emportent sur] lettres.
• Adage de droit. *Lettres :* il s'agit des titres ou des actes écrits.

1864   Pour témoins jamais ennemis n'y soit reçus, ni moins amis.   Meurier, 1568.

1865   Les absents ont toujours tort.                      Quitard, 1842.
• Il faut être présent pour défendre ses intérêts.
*var. ancienne :*
◊ Les os sont pour les absents.

1866   Absent n'est point sans coulpe, ni présent sans excuse.   Quitard, 1842.
• On trouve toujours des torts aux absents et des excuses pour ceux qui sont présents
pour défendre leurs intérêts.

1867   Les morts ont tort.                                  Tuet, 1789.

1868   Qui mieux abreuve mieux preuve.                     Loisel, 1607.
• Celui qui mieux abreuve les témoins en obtient des témoignages très fermes, irrécu-
sables.

1869   Qui prouve trop ne prouve rien.
• L'insistance devient suspecte...

1870   Les querelles ne dureraient pas longtemps si les torts n'étaient que
d'un côté.

1871   Contre fort et contre faux
Ne valent lettres ni sceaux.                 Olivier de la Marche, *Mémoires*, XVᵉ s.

1872   Tel juge, tel jugement.                             Meurier, 1568.

1873   De fol juge brève sentence.                       La Véprie, 1495.
• Les ignorants décident sans examiner.

1874   On ne peut être à la fois juge et partie.            Méry, 1828.
• Adage de droit.

1875    De jeune procureur, cas mal entendu.                    Gruter, 1610.
        ● Sur le même thème que 779, 1449...

1876    De part et d'autre la balance.                          Baïf, 1597.
        ● Justice distributive.

### L'avocat

1877    De bon avocat, courte joie.                             Gruter, 1610.

1878    Barbe d'avocat qui croît par article,
        Barbe de jardinier qui croît par bouquet.
        ● « Une barbe qui vient inégalement en quelques endroits du menton ou de la joue »
          (Oudin, 1640).

1879    Quand l'avocat prête, il achète.                        *Adages français*, XVIe s.

1880    Le vent n'entre jamais dans la maison d'un avocat.      *Adages français*, XVIe s.
        ● Un avocat n'est jamais dans la gêne.

1881    Le gentilhomme chasse pour l'avocat.                    *Adages français*, XVIe s.

1882    Les avocats sont des lèche-plats ;
        Les procureurs sont des voleurs.                        Régional, Bourbonnais.

1883    Bon avocat, mauvais voisin.                             Gruter, 1610.
        ● Il vous cherchera chicane avec succès.
        ● Humour des proverbes :
        → Pour une fois qu'un avocat est bon, il se retrouve contre vous.

1884    Aux notaires et aux meuniers l'entrée du paradis est interdite.
                                                                Régional, Bourbonnais.

### Gain, héritage, usage

1885    Usage rend maître.                             Manuscrit de Cambridge, XIIIe s.
        ● Adage de droit.

1886    De gage qui mange nul ne s'en arrange.                  Meurier, 1568.

1887    Gagnage [gain] n'est pas héritage.                      Maloux, 1960.

1888    De petit gage gros gagnage [gain].                      Bovelles, 1557.

1889    Achat passe louage.                                     Le Roux, 1752.
        ● L'acquéreur peut évincer le locataire.

1890    Il n'est si bel acquet que de don.                      Loisel, 1607.

1891    Un troisième héritier ne jouit pas des biens mal acquis.   Quitard, 1842.
        ● Adage de droit d'origine latine.

### Taxes, amendes, peines

1892    Où il n'y a pas de quoi,
        Le roi perd son droit.                                  *Adages français*, XVIe s.

◊ Où les reitres ont passé, on n'y doit point de dîsmes.

1893   En mal fait ne gît qu'amendes.                              *Adages français*, XVI<sup>e</sup> s.

1894   Le battu paye l'amende.
       ● D'après une coutume de Lory, en Gâtinais. Se dit quand on condamne celui qui a
       raison, Fleury de Bellingen propose une étymologie fantaisiste de ce proverbe : « Le
       bas-tu ? Paie l'amende ».

1895   Amende surannée ne doit pas être payée.                     *Prov. gallica*, XVI<sup>e</sup> s.
       ● *Surannée :* de l'année passée, périmée.

1896   Qui fait la faute la boit.                                  Quitard, 1842.

       ◊ Qui a fait la faute si la boive.                          Oudin, 1640.
       ● *Boire la faute :* être obligé d'endurer les conséquences de ses actes.

1897   Le gibet ne perd jamais ses droits.                         Quitard, 1842.
       ● Les criminels sont punis tôt ou tard. Mais on dit aussi :
       Le gibet n'est fait que pour les malheureux.

CHAPITRE XVIII

# la guerre et les armes

La problématique de la guerre est bien étrangère au personnage moyen des proverbes, qui subit les conflits sans trop les comprendre, et pour qui l'ennemi est plutôt le voisin fourbe ou procédurier (voir le chapitre XVII : «Justice»). Un proverbe comme : «Si tu veux la paix, prépare la guerre» n'est pas populaire et fait partie de la tradition antique (latine).

Le soldat est une image plus familière et volontiers parodique ; mais c'est avec le lexique des armes que le génie inventif retrouve ses droits (voir aux nos 1929-1932 : «Arc»). L'épée et le fourreau, le couteau et la gaine sont de beaux exemples de variations métonymiques sur les thèmes connus : «manifeste *vs* caché» ou «apparence *vs* valeur réelle».

## 1. LA GUERRE

1898 À la guerre comme à la guerre.
  - «Se dit généralement quand on balaie les dernières hésitations» (Le Roux, 1752).

1899 La guerre nourrit la guerre. *Académie, 1835.*
  - Les troupes vivent du pillage sur les terres qu'elles occupent.

1900 Guerre est marchandise. *Adages français, XVIe s.*
  - La guerre est un trafic : elle entraîne échanges, dépenses et profits. À noter qu'une expression du XVIIe s. oppose *guerre* (relations violentes) et *marchandise* (échanges amiables).

1901 Il ne faut pas aller à la guerre qui craint les horions. *Meurier, 1568.*
  - Quand on connaît ses limites, il ne faut pas essayer de les franchir.

1902 Qui terre a, guerre a.
  ◊ Qui a terre ne vit sans guerre. *Meurier, 1568.*
  - Se dit à propos de querelles de voisinage, de contestations sur les héritages ou les limites des propriétés, et de procès...

1903 Homme mort ne fait pas la guerre. *Meurier, 1568.*

1904 Il n'est guerre que de loyaux amis. *Adages français, XVIe s.*

**Guerre et paix**

1905 Qui a fait la guerre, fasse la paix. *Meurier, 1568.*

1906   De guerre mortelle fait-on bien paix.                    La Véprie, 1495.

1907   Si tu veux la paix prépare la guerre.
       ● Proverbe d'origine latine : *Si vis pacem, para bellum.*

1908   Mieux vaut paix que victoire.

### L'ennemi

1909   Ennemi ne dort.                               *Adages français*, XVIe s.

1910   Plus de morts, moins d'ennemis.

1911   De son ennemi réconcilié il faut se méfier.               Bovelles, 1531.

1912   Il faut faire un pont d'or à l'ennemi qui fuit.              Méry, 1828.

### Sièges et batailles

1913   Ville qui parlemente est à demi rendue.                     Baïf, 1597.
       ● Emploi restreint : « Une femme qui écoute des cajoleries et des propositions se laisse
       bientôt persuader » (Le Roux, 1752).

1914   Ville gagnée, château perdu.                   *Adages français*, XVIe s.

       ◊ Ville prise, château rendu.
       ● Cette variante du XVIIe s. indique qu'on ne peut plus défendre le château quand la
       ville (où il se trouve et qu'il défend) est envahie.

1915   Château pris n'est plus secourable.                         Baïf, 1557.
       ● Implique qu'il ne faut pas attendre pour agir.

1916   Soleil à la vue, bataille perdue.                         Bovelles, 1557.

### L'armée

1917   Les vivres suivent l'ost [l'armée].
       ● L'intendance suit.

1918   Où le peuple vit, le camp y peut bien vivre.    *Adages français*, XVIe s.

### Le soldat

1919   La soupe fait le soldat.                              Carmontelle, 1781.

1920   Le soldat combat et c'est l'officier qui porte les galons.      Martinique.

1921   Bon capitaine, bon soldat.                               Gruter, 1610.

1922   Cartes et dés, table de capitaine.            *Adages français*, XVIe s.

1923   À bon gendarme, bonne lance.                            Meurier, 1568.
       ● Thème des outils qui caractérisent l'ouvrier.

1924   La crainte [*ou* peur] du gendarme est le commencement de la sagesse.
                                                            Panckoucke, 1749.

1925    Talon de gens d'armes,
        Talon de fromage.                                          *Adages français*, XVIᵉ s.
        ● Le *talon* du fromage est la partie durcie, près de la croûte.

1926    Au danger on connaît les braves.


## 2. LES ARMES

1927    Les armes sont journalières.                               Le Roux, 1752.
        ● La fortune change souvent de camp.

1928    Chaque chevalier parle de ses armes.
        → Chaque prêtre loue [fait l'éloge de] ses reliques.


### L'arc

L'arc est un thème métaphorique exemplaire : composé d'éléments simples et
que l'on peut commodément isoler (la flèche, la corde, l'arc proprement dit),
avec un mouvement en deux temps également bien distincts (tension, relâche-
ment), il donne au petit nombre de proverbes qui suit l'avantage d'embrasser la
totalité du domaine métaphorique.

1929    Débander l'arc ne guérit pas la plaie.                     Manuscrit de Gaignières.
        ● « Il ne suffit pas, pour réparer ou pour guérir le mal qu'on a fait, de renoncer au
        moyen d'en faire » (Quitard, 1842).
        → Arco per lentare, piaga non sana.                        Devise attribuée au roi René.
        ● 'Pardon' ne guérit pas la bosse.

1930    Il faut avoir deux cordes à son arc.                       Bovelles, 1531.

1931    Arc trop tendu, tôt lâché ou rompu.                        Gruter, 1610.

1932    L'on ne peut faire de bois tord droite flèche.            *Prov. gallica*, XVᵉ s.
        ◊ Bois tordu ne se redresse pas.


### L'épée

1933    À vaillant homme courte épée.                              Le Roux, 1752.

1934    L'épée use le fourreau.
        ● Se dit en parlant d'un homme dont la grande activité altère la santé.


### Le couteau

1935    En une belle gaine d'or,
        Couteau de plomb gît et dort.                             Meurier, 1568.

1936    Tel couteau, tel fourreau.                                 Meurier, 1568.

1937    Le couteau n'apaise pas l'hérésie.                        *Adages français*, XVIᵉ s.

1938    Ceux qui portent les longs couteaux
        Ne sont pas tous queux [cuisiniers] ni bourreaux.         Meurier, 1568.

*La lance*

1939 Qui a la lance au poing,
Tout lui vient à point. Meurier, 1568.

1940 Tel cuide férir qui tue. Ancien proverbe, XIII<sup>e</sup> s.
● Tel croit blesser qui tue.

*L'armure*

1941 Harnois [harnais] ne vaut rien s'il n'est défendu. Adages français, XVI<sup>e</sup> s.

1942 Maille à maille se fait le haubergeon.
● *Haubergeon :* petite cotte de mailles.

1943 Ce que le gantelet gagne, le gorgerin le mange. Le Roux, 1752.
● *Gorgerin :* partie de l'armure qui recouvre le cou, la « gorge ». On ne met guère à profit le gain qui se fait à l'armée.

*L'étendard*

1944 À l'étendard tard va le couard. Meurier, 1568.

1945 Il n'est ombre que d'étendard. Le Roux de Lincy, 1842.

1946 Tambour lointain n'a pas de son. Martinique.
● On ne croit pas au danger éloigné ni à la menace lointaine.

CHAPITRE XIX

# la religion

## I. DIEU ET LE DIABLE

Les proverbes illustrant le nom et l'image de Dieu sont innombrables (on n'en a cité ici que quelques exemples caractéristiques); ils sont empreints d'une foi prudente, et respectueuse qui répugne à une métaphorisation trop familière. Ces proverbes ne «s'animent» un peu que dans la série :

Aide-toi, le ciel t'aidera,

où il n'échappe à personne, et surtout pas au commentateur chrétien, que l'initiative ou tout simplement l'égoïsme de l'homme sont plus concernés que l'intervention souhaitée de la providence divine.

En revanche, le Diable se prête remarquablement à la manipulation métaphorique : il ne sollicite guère le respect, et la crainte qu'il inspire se trouve conjurée par l'humour et la familiarité de l'expression ou de l'image. Il est dès lors très présent dans le discours proverbial, où il se glisse (c'est son mode d'approche le plus habituel), avec autant de facilité qu'il met de ruse à intervenir dans tous les moments de la vie humaine. Il est donc plus populaire et surtout moins distant que son rival, ce qui est d'ailleurs conforme à la mythologie et à la dramaturgie chrétiennes du Moyen Âge.

*Dieu*

1947  Aide-toi, Dieu te aidera. La Véprie, 1498.

● Cf. La Fontaine : «Aide-toi, le ciel t'aidera» *(Fables, VI, 8)*. Henri Estienne censure l'ironie un peu sacrilège de ce proverbe : «Comme s'il n'était pas nécessaire de commencer par l'invocation de Dieu à notre aide» *(Proverbes épigrammatisés, 1594)*.

1948  Chacun pour soi et Dieu pour tous. Meurier, 1568.

1949  Ce que Dieu trempe, Dieu le sèche. Régional, Auvergne.

● Ce proverbe existe en danois et en russe.

→ Dieu donne la gale, mais il donne aussi des ongles pour se gratter.

1950  Dieu donne fil à toile ourdie. Cotgrave, 1611.

● Cf. «Aide-toi, le ciel t'aidera».

1951  Dieu mesure le froid à la brebis tondue. Estienne, 1594.

◊ Dieu donne le froid selon le drap.

● Ces trois proverbes illustrent le thème de la providence de Dieu qui proportionne les épreuves à l'endurance de chaque personne.

1952  Qui sert à Dieu, il a bon maître.

1953  Recours à Dieu, l'ancre est rompue.                    Baïf, 1597.
- Dans les circonstances critiques, il faut bien s'en remettre à Dieu.

1954  L'homme propose et Dieu dispose.                    Meurier, 1568.

1955  En peu d'heures
Dieu labeure.                                    Ancien proverbe, XIIIᵉ s.
- Henri Estienne (1594) précise que ce proverbe se dit à propos de celui qui manifeste une conversion soudaine.

1956  Là où Dieu veut, il pleut.                        La Véprie, 1495.

*var. ancienne :*

◊ Où Diex veut se pleut.                            Ancien proverbe, XIIIᵉ s.

1957  L'on ne peut bien servir à Dieu et au monde.        *Prov. gallica*, XVᵉ s.
- Thème évangélique : «Nul serviteur ne peut servir deux maîtres... vous ne pouvez servir Dieu et l'argent» (Luc 16, 13).

1958  Voix du peuple, voix de Dieu.                    Meurier, 1568.
- Traduction du célèbre adage latin : *Vox populi, vox Dei.*

### Le diable

1959  Dieu fait les gens et le diable les accouple.        Lespy, 1892.

1960  Quand Dieu donne de la farine,
Le diable clôt [*ou* enlève] le sac.
- Se dit d'une occasion manquée, Henri Estienne, dans *Proverbes épigrammatisés* (1594) corrige l'irrespect de la formule en donnant au présent une valeur inchoative, «il tâche de clore le sac».

1961  Il y a toujours un diable pour empêcher la procession de passer.    Martinique.
- Ce joli proverbe montre bien la fonction oblique et impertinente du diable, sans doute la plus familière.

1962  Le diable ne dort jamais.                        Meurier, 1568.

1963  Ce qui vient du diable, retourne au diable.
- Correspond à «Bien mal acquis ne profite jamais». Henri Estienne (1594) cite une formule plus ancienne :

◊ Ce qui est venu de pille, pille,
S'en reva de tire, tire.

1964  Farine du diable retourne en son.                    Québec.
- Même signification que le précédent.

1965  Les anges ne croient au diable que quand ils ont reçu un coup de cornes.
                                                    Belgique.
- Se dit de personnes naïves qui se laissent convaincre difficilement.

1966  On connaît le diable à ses griffes.                Oudin, 1640.

1967  Où il y a un écu, il y a un diable ;

Où il n'y en a pas, il y en a deux.

→ Avoir le diable dans sa bourse.

1968   En oiseuse [oisiveté], le diable se boute.
● Le diable s'empare des personnes oisives.

1969   Plus a le diable, plus veut avoir.                    Ancien proverbe, XIIIe s.
● Le diable n'est jamais satisfait.

1970   Le diable était beau quand il était jeune.
● Prestige de la jeunesse : même le diable était beau... Thème de la « beauté du diable ».

1971   Le diable devenu vieux se fit ermite.                        Quitard, 1842.
       *var. ancienne :*
◊ De jeune diable, vieux ermite.                                      Brantôme.
● S'emploie pour parler d'un repentir tardif.

1972   De jeune angelot vieux diable.                             La Véprie, 1495.
● Évolution inverse du précédent ; cf. Rabelais (*livre* IV) :
« De jeune hermite, vieux diable.
Notez ce proverbe authentique. »

1973   De service au diable conchie gueredon.                  *Prov. gallica*, XVe s.
● De service au diable mauvaise récompense (littéralenent : récompense de merde).

1974   Qui diables achète, diables doit vendre.                      MS, XIVe s.

1975   Le valet du diable fait plus qu'on ne lui demande.         Académie, 1878.
● Dénonce l'empressement servile.

1976   Porte fermée, le diable s'en va.                             Méry, 1828.

1977   Toujours ne sont diables à l'huis.                           MS, XVe s.
       *var. plus moderne :*
◊ Le diable n'est pas toujours à la porte d'un pauvre homme.
→ Le pire n'est pas toujours sûr.

1978   Au diable l'on peut faire tort.                        *Prov. gallica*, XVe s.
● Il est rassurant de pouvoir faire tort à quelqu'un sans en éprouver de remords.

1979   On ne peut pas peigner un diable qui n'a pas de cheveux.

1980   À manger avec le diable, la fourchette n'est jamais trop longue.
                                                          Régional, Bourbonnais.

## 2. LES SAINTS

Le saint a un avantage ; celui d'hériter vraisemblablement du vieux fonds de mythologie païenne encore vivace dans la tradition populaire chrétienne (polythéisme, multiplicité des cultes) ; et un inconvénient : aussi haut placé qu'il soit, sa subordination naturelle au pouvoir du Créateur fait de lui une image commode de l'inférieur hiérarchique ; ainsi :
Il vaut mieux s'adresser au Bon Dieu qu'à ses saints.

1981  À chaque saint sa chandelle.       Quitard, 1842.

     *var. ancienne :*

     ◊ Il n'y a si petit saint qui ne veuille sa chandelle.

     ● «Chacun veut avoir son droit» (Oudin, 1640).

1982  À saint breneux, chandelle de merde.     Fleury de Bellingen, 1656.

1983  À petit saint petite offrande.      *Prov. gallica*, XVe s.

     ◊ Selon le saint, l'encens.

1984  Tel saint tel miracle.      Meurier, 1568.

     ◊ C'est au miracle qu'on reconnaît les saints.

1985  Le saint de la ville ne fait pas de miracles     MS, XVe s.

     ◊ Le saint de la ville n'est pas adoré.     La Véprie, 1495.

     ● Nul n'est prophète en son pays.

1986  Comme on connaît les saints on les honore.     Le Roux, 1752.

     ● On accorde aux gens l'estime qu'ils méritent.

1987  Il vaut mieux s'adresser à Dieu qu'à ses saints.

     *var. ancienne :*

     ◊ Il vaut mieux Dieu prier que ses saints.     *Prov. gallica*, XVe s.

1988  Pourquoi cacher à Dieu ce que savent les saints?

1989  Danger passé, saint moqué.

     ◊ Péril passé, promesses oubliées.     Quitard, 1842.

     ◊ Qui de danger son pied retire
       Soudain du saint vient à se rire.     Estienne, *Proverbes épigrammatisés*, 1594.

### 3. *L'ABBAYE ET LA PAROISSE*

     L'abbaye est un microcosme social du monde féodal très hiérarchisé, image de puissance (abbé) et de richesse (travail de la terre), où se manifestent le plus clairement les rapports immuables de domination et d'obéissance (couple abbé/moine).

     Traité isolément, le personnage du moine connaît dans les proverbes anciens une grande extension comique et satirique (envie, parasitisme, sensualité). Rarement symbole de religiosité, sinon *a contrario* comme dans le célèbre :
     L'habit ne fait pas le moine.

1990  L'abbé mange le couvent.     Oudin, 1640.

1991  Abbé et couvent, ce n'est qu'un mais la bourse diverse.     La Véprie, 1495.

1992  Au temps de la Saint-Barnabé,
     La gerbe retourne à l'abbé.

     ● La Saint-Barnabé se fête le 11 juin (mais il faut rappeler que, à l'époque où ce dicton s'est formé, le calendrier était décalé d'une dizaine de jours : voir, dans l'introduction à la 2e partie de ce dictionnaire, les explications sur «le calendrier grégorien», ainsi que les dictons nos 459 à 468.)

● Ce dicton a une valeur générale et «métaphorisable» : le profit, en temps voulu (ici, la moisson), tombe dans les mains du maître.

1993   Le moine répond comme l'abbé chante.                    Quitard, 1640.

◊ Le bedeau de la paroisse est toujours d'accord avec monsieur le curé.

● Cf. l'expression «Dire amen», c'est-à-dire approuver.

1994   Pour un moine l'abbaye ne faut pas.                     Le Roux, 1752.

*var. ancienne :*

◊ Pour un moine ne faut couvent.

● L'absence d'un membre du groupe n'empêche pas l'assemblée de se réjouir.

1995   Pour un moine, on ne laisse pas de faire un abbé.       Le Roux, 1752.

● Même signification que le précédent.

1996   Quand l'abbé danse à la cour, les moines sont en rut aux forêts.

*Adages français*, XVIᵉ s.

◊ Quand l'abbé tient la taverne, les moines peuvent aller au vin.

1997   Homme ne connaît mieux la malice que l'abbé qui a été moine.

Cotgrave, 1611.

1998   Il n'est envie que de moine.                            Meurier, 1568.

1999   Grand nau [nef : navire] veut grande eau
       Et gros moine, gras veau.                               Meurier, 1568.

2000   Méfiez-vous des gens qui ne voient le jour que par une fenêtre de drap
       [le capuchon du moine].                                 Lamesangère, 1821.

2001   L'habit ne fait pas le moine.                           Meurier, 1568.

*var. ancienne :*

◊ La robe ne fait pas le moine.                               *Roman de la Rose*, XIIIᵉ s.

◊ Li abis ne fait pas l'ermite.                               *Fabliaux*, XIIIᵉ s.

2002   Il faut laisser le moustier [monastère] où il est.      Le Roux, 1752.

● Il faut laisser le monde comme il est.

## 4. L'ÉGLISE                                                 *Le clocher*

2003   Un grand clocher est un mauvais voisin.       Fleury de Bellingen, 1656.

● Il s'agit de la proximité de l'abbaye.

2004   Plus le clocher est élevé
       Plus la sonnerie est haute.                             Finberg, 1962.

2005   Quand on carillonne au clocher, il est fête en la paroisse.

● Opposition *clocher/paroisse, extérieur/intérieur*, valant pour la tête et le cœur, par exemple. Lamesangère (1823) y voit le sens plaisant de donner le fouet.

2006   À petite cloche, grand son.

● Devise de la maison de Grandson passée en proverbe (Menestrier, *Recherches de blason*).

2007 Qui n'entend qu'une cloche n'entend qu'un son. Académie, 1835.
● Qui ne dispose que d'une seule source d'information n'a pas une connaissance juste et sûre.

2008 Mieux vaut à la cloche se lever que à la trompette. Bovelles, 1531.
● Mieux vaut la paix et le village que la guerre ou les camps.

2009 On ne peut pas sonner la cloche et suivre la procession. Régional, Savoie.
● Sur le thème : on ne peut pas faire deux choses à la fois.

## L'église

2010 Qui est près de l'église est souvent loin de Dieu. La Véprie, 1495.
● Le Roux (1752) commente ce proverbe en évoquant «celui qui loge près de l'église et n'y va guère», mais l'allusion satirique aux mœurs du clergé est assez claire.

2011 Quand on pisse contre l'église, il ne vous manque jamais rien. Belgique.
● Ceux qui vivent de l'église ne sont jamais dans la gêne.

2012 Hors de l'Église point de salut. Le Roux, 1752.
● «Au figuré : pour faire réussir une affaire, si on ne se sert pas de certains moyens, si on n'a certaines protections» (Le Roux, 1752).

2013 Un curé n'a besoin d'autre titre que de son clocher pour demander ses dîmes.
● Légitimité du profit.

2014 Ce qui est le plus près du clocher, c'est l'église. Guadeloupe.
● Métaphore qui désigne la parenté et les obligations qui en découlent.

## Le clergé

2015 Il faut que le prêtre vive de l'autel. Quitard, 1842.
*var. ancienne :*
◊ Qui autel sert d'autel doit vivre. Ancien proverbe, XIIIᵉ s.
● Il faut trouver sa subsistance dans sa profession. L'adage prend son origine dans les critiques adressées au clergé.

2016 Chacun prêche pour sa paroisse.
◊ Chaque curé prie Dieu pour sa paroisse. Régional, Agen.

2017 Chaque prêtre loue [fait l'éloge de] ses reliques. Ancien proverbe, XIIIᵉ s.

2018 Fou est le prêtre qui blâme ses reliques. Ancien proverbe, XIIIᵉ s.
→ Fou est le marchand qui déprise sa denrée.

2019 Dieu a ôté les enfants aux prêtres, le diable leur a donné des enfants.
Fleury de Bellingen, 1656.
● Allusion plaisante aux bâtards des prêtres.

2020 Crosse de bois, évêques d'or ;
Évêque de bois, crosse d'or. Fleury de Bellingen, 1656.
«Au temps passé de l'âge d'or,
Crosses de bois, évêques d'or ;

Maintenant sont changées les lois,
Crosse d'or, évêques de bois. »                                    *Satire du luxe du haut clergé.*

2021    **Un chien regarde bien un évêque.**
- « Se dit à un glorieux qui se fâche qu'on le regarde trop fixement » (Le Roux, 1752).
Le proverbe est plus général : chacun, et le plus modeste, a le droit de s'adresser
aux grands.

2022    **Dieu sait comment se font les papes.**                         Baïf, 1597.
- Allusion au secret du conclave, et aux « manœuvres » qui s'y déroulent.

2023    **Qui entre pape au conclave en sort cardinal.**                 Quitard, 1842.
- Confusion des ambitieux ou des favoris.

2024    **Qui veut vivre à Rome ne doit pas se quereller avec le pape.**
- Il faut se conformer aux usages d'une ville ou aux habitudes d'une personne dont on
a besoin.

◊ À Rome comme à Rome.

2025    **La mule du pape ne mange qu'à ses heures.**
- « Un riche serait mal servi, s'il faisait continuellement des largesses à ses gens »
(Lamesangère, 1821). Commentaire assez inattendu ; on penserait plutôt aux capri-
ces du célèbre animal.

## 5. LA LITURGIE                                                    *La fête*

2026    Il n'est pas tous les jours fête.                               Oudin, 1640.

2027    Il ne faut pas chômer les fêtes avant qu'elles soient venues.
- Il ne faut pas s'arrêter de travailler pour les fêtes avant le jour.

2028    Il n'y a pas de fête sans lendemain.
- On serait tenté d'interpréter ce proverbe comme la constatation amère que les bonnes
choses ont leur fin, mais la variante suivante contredit cette interprétation :

◊ Il n'est pas de bonnes fêtes sans lendemain.                  Oudin, 1640.
- C'est-à-dire que les réjouissances d'une fête se poursuivent le lendemain. Se rappeler
que certaines se prolongeaient même pendant « l'octave », c'est-à-dire jusqu'au hui-
tième jour.

*Le jeûne*

2029    Deux fêtes valent mieux qu'un jeûne.                        *Prov. gallica*, XVᵉ s.

2030    Il faut faire Carême-Prenant avec sa femme et Pâques avec son curé.
- « Aux deux époques du carnaval et de Pâques, nos pères, lorsqu'ils étaient en voyage,
faisaient souvent un long trajet pour rejoindre leur famille » (Lamesangère, 1821).

◊ Fais carnaval avec ta femme, et Pâcques avec ton curé.        Régional, Savoie.

→ Chaque chose en son temps.

2031    L'eau gâte moult le vin,
Une charrette le chemin,
Le carême le corps humain.                                  *Almanach perpétuel...*, 1774.

2032  Double jeûne, double morceau.                                    Quitard, 1842.
- « Le vingt-troisième canon du concile d'Elvire avait institué des jeûnes doubles, c'est-
  à-dire de deux jours de suite, sans rien manger le premier de ces deux jours » (ibid.).

2033  Bon jour, bonne œuvre.
- « Les scélérats font les jours de fête leurs meilleurs coups » (Le Roux, 1752).
◊ Aux bonnes fêtes les bons coups.

2034  Rien plus que Mars faut [manque] en carême.                        Mielot, 1456.

2035  Tarde qui tarde.
      En Avril aura Pâques.                                         *Prov. gallica*, XVe s.

2036  Pâques longtemps désirées.
      Sont en un jour tôt passées.                                    Meurier, 1568.

2037  Tant crie-t-on Noël qui vient.                              Villon, *Ballades*, XVe s.
→ Tout vient à point (à) qui sait attendre.

### L'Office

2038  À la fin se chante le Gloria.                                    Meurier, 1568.
- Dans l'Office, chanté ou récité par les moines, à la fin de chaque psaume, on ajoute
  comme un refrain le verset *Gloria Patri...*

2039  Après les matines doit-on chanter le Te Deum.
- On ne doit point se réjouir avant l'heure.                         Bovelles, 1557.

2040  Quand tout est dit, Vêpres sont dites.              *Le Moyen de parvenir*, XVIe s.
- Pendant longtemps, l'Office du jour s'est terminé avec les Vêpres ou prière du soir
  (les Complies furent introduites plus tardivement).

### La prière

2041  Courtes prières pénètrent les cieux.              *Les Illustres Proverbes*, 1665.
- Courtes,... mais sincères. C'est le thème de « la lettre (longue prière formelle) et de
  l'esprit » ; cf. saint Paul : « la lettre tue mais l'esprit fait vivre » (2e Lettre aux
  Corinthiens 3, 6).

2042  Il n'y a que la foi qui sauve.
- Dans l'usage courant, cette formule est porteuse d'une ironie un peu sacrilège : on
  n'accorde en général plus beaucoup d'espoir à celui à qui on le dit.

2043  Chacun porte sa croix.
- Reprise d'un thème évangélique, par exemple : Matthieu 16, 24 ; Luc 14, 27.
                                                                     Le Gai, 1852.

2044  Tous les chapelets ont leur croix.                               Martinique.

2045  Il ne faut pas ambitionner sur le pain bénit.                     Québec.
- Il ne faut pas trop demander de faveurs.

## 6. LE PÉCHÉ ET L'ENFER

2046   À tout péché miséricorde.                                              MS, XIII<sup>e</sup> s.

2047   On ne doit pas avoir d'un péché deux pénitences.
       ● À rapprocher de l'adage du droit : *Non bis in idem.*

2048   Dieu ne veut pas la mort du pécheur.
       ● Repris d'un texte évangélique ; s'emploie pour indiquer qu'on est prêt à « passer
       l'éponge » à oublier une erreur ou un préjudice.

2049   Péché celé est à demi-pardonné.                                  *Prov. gallica,* XV<sup>e</sup> s.

2050   Faute avouée est à moitié pardonnée.                             Le Roux, 1752.
       ● Ce second proverbe semble plus conforme à la morale chrétienne que le précédent.

2051   Vieux péché nouvelle honte.                              Manuscrit de Cambridge, XIII<sup>e</sup> s.

2052   Charité oingt
       Et péché poingt [pique, blesse].                                Cotgrave, 1611.

2053   On est souvent puni par où l'on a péché.

2054   Nul vice sans supplice,
       Nuls vifs sans vices.                                           Gruter, 1610.

2055   L'enfer est pavé de bonnes intentions.                        Panckoucke, 1749.
       ● Il s'agit des bonnes intentions qui... sont restées seulement des intentions, c'est-à-dire
       n'ont pas été efficaces et n'ont rien donné.

## 7. RELIGIONS NON CHRÉTIENNES

Dans la civilisation profondément et presque exclusivement chrétienne où les
proverbes français se sont élaborés, les allusions à d'autres religions ne peuvent
être qu'indirectes et ne concernent en fait que la seule tradition extra chrétienne
(il faudrait dire « anté chrétienne ») connue par les Livres saints : la tradition
juive. Elle a fourni aux proverbes deux termes-clés : *prophète* et *synagogue.*

2056   Nul n'est prophète en son pays.
       ● Ce proverbe est repris de l'Évangile : [Jésus leur disait :] « Un prophète n'est méprisé
       que dans sa patrie, parmi ses parents, dans sa maison. » (Marc 6, 4)
       *var. ancienne :*
       ◊ En son pays prophète sans pris.                               Bovelles, 1557.

2057   Il faut enterrer la synagogue avec honneur.                    Le Roux, 1752.
       ● Il faut mettre honorablement fin à quelque chose.

# morale et vision du monde

Il est aujourd'hui bien difficile de distinguer ce qui est morale officielle ou ensei-gnée de ce qui relève d'une inspiration populaire plus authentique, tellement, à travers les siècles, sentences et aphorismes humanistes et littéraires sont venus s'ajouter au fonds proverbial archaïque. On peut mettre au compte de ce dernier la vision fataliste et résignée qui prévaut généralement dans cette littérature. Les proverbes sont sensibles à l'alternance fatale des joies et des peines, à la jus-tice distributive qui préside aux destinées humaines. Il en va des plaisirs et des douleurs comme de la monnaie : ils circulent et s'échangent. Mais on ne s'éton-nera pas que l'alternance soit presque toujours évoquée dans le même sens, défavorable ; et si « le malheur des uns fait le bonheur des autres », comprenons qu'il ne s'agit pas là d'un effet de compensation consolateur, mais plutôt d'un surcroît de malchance pour celui que l'échange défavorise.

D'une façon générale, la vision du monde que traduisent les proverbes est pessi-miste et désabusée : mal et malheur en sont les thèmes dominants. Le proverbe, par le rituel de sa formule et de son emploi, appelle une réaction de prudence et de crainte superstitieuses ; mais il faut y voir aussi l'écho des conditions de vie souvent difficiles, toujours incertaines, qui étaient le lot de nos ancêtres à l'épo-que de vitalité des proverbes.

## I. LES VICISSITUDES

2058  Chacun à son tour.                                          La Véprie, 1495.
   ● On ajoute parfois «... comme à confesse », en évoquant les pénitents attendant leur tour d'entrer au confessional, surtout les veilles de fête.

2059  Aujourd'hui à moi, demain à toi.                            Gruter, 1610.

2060  Le malheur des uns fait le bonheur des autres.
   *var. plus ancienne :*
   ◊ Ce qui nuit à l'un duit [profite] à l'autre.
   ● Thème de la justice distributive.

2061  Toute médaille a son revers.                                Le Roux, 1752.
   ● Les inconvénients suivent ou accompagnent toujours les avantages d'une affaire.

2062  Nul bien sans peine.                                        La Véprie, 1495.

2063  Pour une joie, mille douleurs.                              La Véprie, 1495.

2064  Nul plaisir sans peine.                                     Littré.

2065   Il n'y a chance qui ne rechange.                                    Meurier, 1568.

2066   Les plaisirs portent ordinairement les douleurs en croupe.
                                              Bruscambille, *Voyage d'Espagne*, XVIIe s.

2067   Il n'y a qu'heur et malheur en ce monde.                        Lamesangère, 1821.

2068   Toute joie fault en tristesse.                                     La Véprie, 1495.
       ● Toute joie se change en tristesse lorsqu'elle disparaît (*fault* : manque, fait défaut).

2069   À force de mal, tout ira bien.                                  Lamesangère, 1821.
       ● Réciproque optimiste — mais en apparence seulement — du précédent.


## 2. TEMPS ET DESTIN

2070   À chaque jour suffit sa peine                                        Méry, 1828.
       ● Ce proverbe existe aussi en langue juive.

2071   A chaque jour son vespre.

       ◊ Il n'y a si long jour qui ne vienne à la nuit.                  Meurier, 1568.

       ◊ Il n'est si grand jour qui ne vienne au vespre, ni temps qui ne prenne fin.
                                                      *Adages français*, XVIe s.

2072   Les jours se suivent mais ils ne se ressemblent pas.            Le Roux, 1752.

2073   Tout passe,
       Tout casse,
       Tout lasse.

2074   Nous ne comptons les heures que quand elles sont perdues.

2075   L'an passé est toujours le meilleur.                            Bovelles, 1557.
       ● Ce proverbe existe aussi en grec.

2076   Il faut prendre le temps comme il vient.      *Almanach de Mathieu Laensberg*, XVIIe s.

2077   Temps vient et temps passe
       Fol est qui se compasse.                                          Gruter, 1610.
       ● Il est absurde de vouloir tout régler, tout organiser quand le temps condamne toutes
         choses.

2078   Astrologues parlent bien de l'avenir
       Mais ils ne le font pas venir.                         *Almanach perpétuel...*, 1774.

2079   Autres temps autres mœurs.                                      Académie, 1835.

2080   Alors comme alors.
       ● «Veut dire qu'on se réglera selon la conjoncture des affaires et du temps» (Le Roux,
         1752).
       → À Rome comme à Rome
       → À la guerre comme à la guerre.

### 3. LA FORTUNE ET LE SORT

2081   De la fortune nul n'est content.                                    Bovelles, 1557.

2082   Contre fortune bon cœur.                                           Panckoucke, 1749.
       ◊ Il faut faire contre fortune bon cœur.

2083   Quand le guignon est à nos trousses, on se noie dans un crachat.

2084   Il ne faut jurer de rien.                                           Le Roux, 1752.
       • Nous pouvons toujours être infidèles à nos résolutions présentes.

2085   Jamais deux sans trois.
       • Locution très employée ; mais on peut se demander d'où vient pareille certitude, et à
       quelle superstition ou symbolique elle se rattache.

2086   L'espoir fait vivre.                                                Panckoucke, 1749.

### 4. JOIES ET PEINES : BONHEUR ET MALHEUR

2087   Chacun prend son plaisir où il le trouve.                           Littré.

2088   Pour vivre heureux vivons cachés.                                   Florian, *Fables*.

2089   Qui mal cherche mal trouve.                                         *Prov. gallica*, XVe s.
       *var. régional :*
       ◊ Le mal est pour celui qui le cherche.                            Gascogne.
       ◊ Qui cherche trouve.
       • « Qui a trop de curiosité trouve son malheur » (Oudin, 1640).

2090   Qui mal dit mal lui vient.                     *Bonum spatium*, XIVe s. (*in* Maloux, 1960).
       • Ces derniers proverbes sont autant d'invitations à ne pas se mêler des affaires des
       autres.

2091   On croit plutôt le mal que le bien.                                *Prov. gallica*, XVe s.

2092   On oublie plutôt le bien que le mal.                               Ancien proverbe, XIIIe s.

2093   On se rie plutôt du mal que du bien.                               *Prov. gallica*, XVe s.
       • La signification de ce proverbe, sinon le sens, n'est pas très claire.

2094   De deux maux il faut choisir le moindre.
       *var. ancienne :*
       ◊ De deus max prend-en le minor.                     *Roman de Renart*, XIIIe s.
       • Il faut s'exposer à une petite perte, pour en éviter une plus grande.

2095   De peu de cas vient chose grande.                                  Baïf, 1597.

2096   Petite négligence accouche d'un grand mal.                         Maloux, 1960.

2097   Le mal arrive d'un seul coup et se retire par parcelles.           Régional, Touraine.

2098   Le mal porte le repentir en queue.                                 Panckoucke, 1749.

2099   À peine endure le mal qui ne l'a appris.                           Cotgrave, 1611.

● Celui qui ne s'est pas familiarisé avec le mal le supporte avec peine.

2100    L'affliction ne guérit pas le mal.                          Quitard, 1842.
        ● Proverbe d'origine latine.

2101    Les grandes douleurs sont muettes.

2102    Plutôt souffrir que mourir
        C'est la devise des hommes.                      La Fontaine, *Fables*, I, 16.

2103    Mal d'autrui n'est que songe.
        ● «C'est-à-dire, qu'on en n'est pas si vivement touché que du sien propre» (Le Roux,
        1752).

2104    Honni soit qui mal y pense.
        ● Devise, passée en proverbe, de l'ordre de la Jarretière.

2105    Un malheur ne vient jamais seul.
        *var. ancienne :*
        ◊ Cui advient [à qui arrive] une n'advient seule.          Ancien proverbe, XIIIe s.

2106    Malheur ne dure pas toujours.                        *Adages français*, XVIe s.

2107    Assez gagne qui malheur perd.                              Meurier, 1568.

2108    À quelque chose malheur est bon.                       *Prov. gallica*, XVe s.
        ● «Une infortune nous procure parfois un avantage que nous n'aurions pas eu sans
        elle» (Littré).

## 5. SAGESSE : *LE JUSTE MILIEU*

2109    Vertu gît au milieu.                                      La Véprie, 1495.
        ● Proverbe d'origine latine : *In medio stat virtus.*

2110    Le milieu est le meilleur.                                  Gruter, 1610.

2111    L'excès en tout est un défaut.

2112    En toutes choses a mesure.                               La Véprie, 1495.
        ● «Il y a une mesure en toutes choses» (Horace).

2113    Le mieux est l'ennemi du bien.                           Quitard, 1842.
        ● Sagesse des conservateurs.

# activités intellectuelles

Nous présentons ici un petit lot de proverbes concernant l'activité intellectuelle et le savoir ; il ne s'agit pas, on le sait, d'un thème familier de la littérature proverbiale. La vie intellectuelle est au Moyen Âge le domaine réservé des clercs, et les communautés consommatrices de proverbes ne sont pas particulièrement portées aux spéculations abstraites et désintéressées (on ne trouvera dans cet ouvrage aucune référence au domaine artistique).

Ne peut-on voir d'ailleurs dans l'économie formelle du proverbe, dans sa concision brutale, un témoignage — certes inconscient — de méfiance et de suspicion à l'égard de tout excès du discours et de la pensée ?

## 1. LE SAVOIR, LA « SCIENCE »

2114    **Expérience est mère de science.**                          Gruter, 1610.

● Il s'agit encore d'un empirisme plus moral que proprement scientifique. La science est ici « sagesse » et « savoir ».

2115    **Patience passe science.**                          Meurier, 1568.

● « Nos ancêtres disaient : diligence passe science, mais aucuns aujourd'hui disent : patience passe science » (Henri Estienne, *Précellence du langage françois*). La modification est de taille, et surprenante si on la rapproche du proverbe : « La patience est la vertu des ânes ».

2116    **Science sans conscience n'est que ruine de l'âme.**      Rabelais, *Pantagruel*, XVIᵉ s.

2117    **De savoir vient avoir.**                          Meurier, 1568.

## 2. IGNORANCE, SOTTISE, ERREUR

2118    **Admiration est fille de l'ignorance.**               Panckoucke, 1749.

● Ce proverbe existe aussi en anglais.

2119    **À sot homme, sot songe.**                     *Prov. ruraux...*, XIIIᵉ s.

2120    **À sot auteur, sot admirateur.**                     Quitard, 1842.

● Cf. Boileau : « Un sot trouve toujours un plus sot qui l'admire ».

2121    **Mal pense qui ne repense.**                          Cotgrave, 1611.

### 3. ACTIVITÉS INTELLECTUELLES DIVERSES

2122   Trop penser fait rêver.                                          Meurier, 1568.

2123   Un berger a souvent plus de sens qu'un savant.              Régional, Côte d'or.

2124   La lettre tue et l'esprit vivifie.                                   Méry, 1828.
       ● Proverbe d'origine biblique (2ᵉ Lettre aux Corinthiens 3, 6).

2125   L'imagination est la folle du logis.                           Quitard, 1842.
       ● Cette locution proverbiale, tard apparue dans les recueils, est très en vogue depuis
         Montaigne, illustre la dichotomie classique *raison/imagination*. L'activité cérébrale
         est comparée à un intérieur domestique dont un élément fantasque menace toujours
         de troubler l'ordre ou la réputation.

### 4. LES CLERCS

2126   Les bons livres font les bons clercs.                  *Adages français*, XVIᵉ s.

2127   Un bon clerc comprend à demi-mot.                         Régional, Limousin.

2128   Les meilleurs clercs ne sont pas les plus sages.         *Prov. gallica*, XVᵉ s.
       ◊ Les plus grands clercs ne sont pas les plus fins.          Quitard, 1842.

2129   Mieux vaut plein poing de bonne vie
       Que ne fait sept muys de clergie.                           La Véprie, 1495.
       ● *Muid* : ancienne mesure de grande capacité ; *clergie* : savoir du clerc.

2130   Jamais danseur ne fut bon clerc.                             Le Gai, 1852.

2131   De jeune docteur argument cornu.                            Gruter, 1610.

### 5. LECTURE, EXPÉRIENCE ET SAVOIR

2132   Autant vaut celui qui chasse et rien ne prend
       Comme celui qui lit et rien n'entend.                       La Véprie, 1495.

2133   Quiconque a beaucoup vu
       Peut avoir beaucoup retenu.                          La Fontaine, *Fables*, I, 8.

### 6. L'OPINION ET LES OPINIONS

2134   De la discussion jaillit la lumière.
       ● Les idées nouvelles, ou la vérité, naissent de la confrontation entre des avis différents
         ou opposés.

2135   Autant de têtes autant d'avis.                               Quitard, 1842.
       ● Proverbe d'origine latine : *Quot homines, tot sententiae* : « Autant d'hommes, autant
         d'avis » (Cicéron, *De finibus*, I, 15). Il existe aussi en allemand.

       ◊ Autant de gens, autant de sens.                          Meurier, 1568.

       ◊ Tant de gens, tant de guise.                              Gruter, 1610.

◊ Autant de villes, autant de guises.                              Gruter, 1610.

2136    L'opinion est la reine du monde.                           Méry, 1828.

DEUXIÈME PARTIE

# DICTONS
# DE LANGUE FRANÇAISE

choisis et présentés par

Agnès PIERRON

# PRÉSENTATION

*Le Vocabulaire météorologique international,* édité en 1966 par le Secrétariat de l'Organisation météorologique mondiale à Genève, définit ainsi les dictons météorologiques : « Règles empiriques de prévision du temps, souvent énoncées en vers, de nature très locale ; elles ont généralement un caractère de tradition et leur utilité est très variable. » À cette définition il conviendrait d'ajouter deux éléments. D'une part une distinction préalable du dicton et du proverbe s'impose. Pour citer L. Dufour : « Il [y] est question soit directement, soit indirectement du temps. » Et surtout, un dicton, au contraire de la plupart des proverbes, n'est pas métaphorique. S'il arrive, pourtant, de rencontrer des dictons qui vont au-delà d'un simple « dit », ils seront chaque fois signalés. L'inverse, à savoir le passage du proverbe au dicton, est extrêmement rare. En voici un exemple, où la métaphore proverbiale s'applique à la nature et aux saisons :

> Si les pénitents ne se déchargent,
> Ils retournent à la charge.

Ce qui voudrait dire, météorologiquement parlant : si les arbres restent couverts de neige, il en tombera encore.

D'autre part, il se peut que les dictons ne parlent pas seulement du temps ; les semailles, le labourage, les récoltes et leur consommation, les conseils d'hygiène en représentent une partie non négligeable.

Bien que ses limites paraissent dès lors plus précises, il n'est pas inutile de distinguer le dicton d'autres formes avec lesquelles il entretient des rapports certains : les pronostics, les superstitions, les invocations, les bouts-rimés, les comptines. De plus, il va de soi qu'un dicton n'est pas une comparaison, encore que comparaisons et métaphores se rencontrent aussi dans ce domaine, par exemple :

> fou comme la lune de mars.

Voici un *pronostic* :

> Mouron fermant ses fleurs, pluie.

C'est pourquoi on appelle le mouron « baromètre du pauvre ». La métaphore peut passer directement dans le nom, sans intermédiaire, et se « lexicaliser » ; ainsi, on appelle le colchique qui, en automne, donne le signal des veillées : « veillette ». La forme est ici moins élaborée que dans le dicton ; du constat, le pronostic passe directement au résultat.

Il en va de même pour la *superstition,* qui attribue à un fait concret une valeur d'indice :

> Trouver un fil noir sur soi, signe de peine.

Les *invocations* interpellent directement le personnage (en général, un saint) doué d'un pouvoir de guérison. Ce pouvoir est souvent lié soit à des similitudes de sonorités entre le nom propre et la maladie (saint Leu guérit de la peur), soit à des références à la vie ou au martyre du saint (sainte Agathe est invoquée pour les inflam-

mations des femmes qui allaitent, parce que son martyre fut d'avoir les
seins coupés).
Le *bout-rimé*, lui, n'a pas la prétention d'informer, ni de conseiller, mais seulement
de jouer sur les mots :

> Voilà que crie saint Valentin : au bal,
> Réjouissez-vous bien du Carnaval !

Quant à la *comptine*, elle se remarque par sa forme plus longue que celle du dicton
et elle en diffère surtout par le fonctionnement, en général ludique ou plaisant :

> Puce sur la main,
> Nouvelle en chemin.
> Puce sur le bras,
> Nouvel embarras.
> Mais puce sur le ventre,
> C'est la plus nuisante.

En fait, la démarcation n'est pas toujours très nette, et cela pour deux raisons : le
nombre important de variantes montre assez combien le dicton est une forme souple. Mais, à son propos, Arnold Van Gennep parle de «littérature populaire
fixée» : «[...] le principe est dans tous les cas que la formule (prière, incantation,
comptine, dicton, proverbe, adage, etc.) se caractérise par la résistance aux modifi-
cations et même n'a de valeur magique, psychologique ou éthique qu'à la condition de se transmettre telle quelle, sans intervention déformante du récitant.» Si ce
principe doit être mis en pratique pour la sélection des dictons, auxquels on doit
reconnaître un minimum de fixité, il faut bien admettre qu'ils ont perdu, dans le
passage du patois au français, et de leur fixité (la rime, en particulier, ou bien
n'existe plus, ou bien est reconstituée), et de leur pouvoir magique, lequel réside
justement dans les sonorités des mots.
La plupart du temps, on rencontre le dicton sous une forme courte ; mais, alors
qu'il a l'air de se suffire à lui-même, il peut n'être qu'un fragment d'une forme plus
longue ; ainsi :

> Année neigeuse,
> Année fructueuse ;
> Année nébuleuse,
> Année plantureuse ;
> Année venteuse,
> Année pommeuse ;
> Année sèche,
> Année de vin ;
> Année de glands,
> Année cancéreuse ;
> Année de champignons,
> Année tourmentée ;
> Année pluvieuse,
> Année malchanceuse ;
> Année de givre,
> Année de fruits :
> Année de groseilles,
> Année de bouteilles ;
> Année de raves,
> Année de santé ;
> Année hannetonneuse,
> Année pommeuse ;
> Année de noisettes,
> Année de disette.

L'exemple est spectaculaire, car cette forme très proche de la litanie (des dictons
mis bout à bout, sur un thème commun et un mot leitmotiv, forment une litanie)
n'est pas close ; elle pourrait encore s'allonger. Le dicton ne serait-il pas un anneau

d'une chaîne plus longue, comme dans la tradition, les petites étoiles fossiles que l'on trouve à Sion-Vaudémont, dans les Basses-Vosges, sont les morceaux tronqués de vers marins ? Le dicton pourrait ainsi être considéré comme une forme annelée, morcelable à loisir, un « lego » (jeu à éléments emboîtables) de bouts rimés, que l'on a choisi concis et sec, ou alangui.

Ce n'est pas sans quelque arbitraire que l'on distingue des formes qui se chevauchent et interfèrent. En fait, c'est une forme laïque qui se crée ainsi, une forme artificielle. Car il convient de se reporter aux parcours et aux rythmes qui faisaient le contexte d'épanouissement des dictons. Certes, la plupart, pour le contenu si ce n'est pour la forme, viennent des Latins. Leur état, tel qu'il nous est parvenu, date surtout du XVIᵉ siècle. Ils étaient alors propagés par le *Calendrier des bergers*, inventé et édité par un certain Guiot Marchant, dès la fin du XVᵉ siècle. Cet ancêtre des almanachs, qui allaient foisonner aux siècles suivants jusqu'aux almanachs des Postes ou à l'almanach Vermot, réunit en un même livre un matériau analogue à celui qui figurait dans les missels et les livres d'heures. C'est le livre de prières à l'usage des laïques n'ayant ni le loisir ni l'obligation de réciter l'office ou le bréviaire, le guide du berger tiré du *Vrai Régime et Gouvernement des bergers*, de Jehan de Brie (1379). La diffusion des almanachs par le colportage a aplani les différences climatiques régionales. Il semble même que les images choisies soient à peu près identiques dans le monde entier. Les variations ne durent parfois que l'espace d'une fleur ; un dicton chinois dit :

> Orchidée de printemps,
> Chrysanthème d'automne.

Ce n'est pas un hasard, un caprice des productions populaires, que le dicton présente ce que nous avons appelé une forme annelée ; c'est pour la langue et le discours, l'équivalent de l'accessoire privilégié de la prière, le chapelet ; au lieu de grains de buis ou de nacre, le dicton égrène des rimes. Cette forme est à rapprocher aussi des parcours favoris des prières, litanies et invocations : la procession. Forme serpentine qui va aux champs en prenant le détour respectueux par le cimetière, aux Rogations, la procession se déploie comme peut le faire un dicton qui n'a pas envie de finir. Et pourquoi ne pas aller jusqu'à l'image du dicton-ostensoir, où l'objet de culte n'est plus une hostie enfermée dans un cercle doré ou serti de pierres précieuses, comme pour la procession de la Fête-Dieu, mais des astres favorables, des éléments calmés, des météores bienfaisants ?

Influences religieuses, influences laïques aussi. Les rythmes de la fête des moissons ou des vendanges sont ceux de la ronde et du chant qui les accompagne. Quêtes de Carnaval, jeux et rondes scandent les temps forts d'une année chantée. La rime est là, partout.

Que dire des veillées pendant lesquelles le dicton a peut-être bien pris le chemin de la poésie ?

> Si le deuxième de février
> Le soleil apparaît entier,
> L'ours étonné de sa lumière
> S'en va remettre en sa tanière,
> Et l'homme économe prend soin
> De faire resserrer son foin ;
> Car l'hiver tout ainsi que l'ours
> Séjourne encore quarante jours.

À moins que le raffinement ne vienne plutôt des horticulteurs et des jardiniers royaux, qui ont composé force traités. Ainsi Charles Estienne, qui écrivit l'*Agriculture et la Maison rustique* en 1565 ; Claude Mollet, le *Théâtre des plans et jardinages* ; Olivier de Serres, le *Théâtre d'agriculture* en 1600. À une époque plus récente, aux débuts du XXᵉ siècle en particulier, l'élucubration autour du thème du temps, sous une forme rimée, semble venir des folkloristes du dimanche dont les recueils, publiés à compte d'auteur, pullulent.

Par exemple :

> Qui laboure ses oliviers,
> De porter des fruits les prie ;
> Qui les nourrit de fumier,
> De produire les supplie ;
> Qui les soigne la serpe en main,
> Dans leur nature les contraint.

Si, dans ses modalités formelles, le dicton semble issu de cette double influence religieuse et laïque, dans son mode d'appréhension de son environnement, il relève de la mentalité primitive. Il est vain, en effet, d'adopter le point de vue de nombreux commentateurs qui se sont occupés des dictons, sans les comprendre et, partant, sans les aimer, en les confrontant froidement à des résultats scientifiques et statistiques, confrontation dont les pauvres dictons sortent en piteux état de flagrante erreur. Nous suivrons plutôt Saintyves : «[...] en vérité, règles et dictons, loin d'être le fruit de l'expérience des générations passées, sont nés de raisonnement ou de principes qui relèvent de la mentalité magique. »

L'une des constantes de cette mentalité est une conception particulière du temps : «L'année ou la lunaison forme une sorte de chaîne insécable et, qui plus est, homogène ; tant que n'est pas achevé son déroulement, sa trame demeure la même » *(id.).* Ce qui a pour résultat que chaque période astronomique (jour, semaine, mois, saison, année) doit nécessairement peser sur tout ce qui commence au même moment sur la terre. De là vient l'apparente témérité du dicton, qui fait des traversées de plusieurs mois, de Noël à Pâques, d'une Saint-Jean à l'autre. Pour citer encore Saintyves, car la notion est essentielle et sous-tend bon nombre des dictons choisis : «Cette foi en la possibilité de prévoir le temps à longue échéance repose sur une conception de la nature du temps qui naquit avec la mentalité magique et survécut de toutes les civilisations demeurées, en quelque mesure, d'esprit magico-religieux. Le temps n'est pas, pour de tels esprits, quelque chose d'abstrait et d'insaisissable, de quasi irréel, mais c'est une sorte de fluide qui s'incorpore à tout ce qui existe et à tout ce qui vit. » D'où l'importance des commencements, que ne manquent pas de souligner les dictons.

Autre constante, le principe de similitude. Le semblable engendre le semblable. Ainsi vaut-il mieux faire semer les citrouilles, si on veut qu'elles soient rebondies, par quelqu'un qui a un gros derrière. Les dictons qui ont trait aux semailles et aux récoltes sont gouvernés par ce principe. Une dernière caractéristique de la mentalité magique est la répétition. Elle est le fondement des invocations à la guérison ; ainsi, pour guérir les brûlures, il faut répéter cent fois la formule :

> Feu de Dieu, perds ta chaleur,
> Comme Judas perdit sa couleur
> Quand il a trahi Notre Seigneur
> Au jardin des Olives.

Le dicton fonctionnant dans une mentalité de type magique, il est légitime de se demander ce qu'il peut encore signifier de nos jours. Étant donné qu'il est souvent pris en défaut, pourquoi n'a-t-il pas purement et simplement disparu ? C'est qu'il appartient au domaine de la tradition et qu'il n'a pas besoin d'être vérifié par les faits pour traverser les siècles. La tradition porte en elle-même le principe de sa perpétuité. Et puis, le dicton, malgré les allures péremptoires qu'il s'octroie souvent, ne se prend pas systématiquement au sérieux. Les réticences datent du XVIIᵉ siècle, quand Olivier de Serres et La Quintinie émettaient leurs réserves :

> Mentira bien souvent
> Qui prédira le temps.
>
> Qui veut se faire menteur,

Du temps qu'il se fasse deviner.

Parler du temps et du gouvernement,
C'est vouloir se mettre dedans.

En fait, si le dicton jouit encore de quelques faveurs, c'est qu'il remplit une fonction
ludique. Il tient moins du renseignement que de la fantaisie. Les pataphysiciens ne
s'y sont pas trompés, jouant sur une forme à la fois peu crédible et nécessaire :

À la Saint-Cosinus,
Enterre tes crocus.

Jusqu'à la Saint-Fornicule,
Ne te découvre pas le cul.

À la Sainte-Ruth,
Les chats sont en rut.

À la Saint-Sigisbée,
Sans crainte, forniquez!

Ces dictons fantaisistes n'ont pas l'air moins vraisemblables que ceux doctement
relevés et consignés. Un fait attesté par les folkloristes nous en convaincra, s'il en
est besoin : c'est le sort de Saint-Jean-Porte-Latine. Fêté le 6 mai[1], ce saint est
considéré comme le protecteur de la vigne, car « saint Jean porte la tine » (la tine
est la cuve pour transporter le raisin)...
Il s'agit de jouer pour faire semblant de maîtriser. Car, on sait que le lot de la
majorité des Français, aux temps de la naissance des dictons, était le travail de
la terre. Leur sort était directement lié aux récoltes, elles-mêmes tributaires d'une
pluie subite, d'une gelée mal venue, d'une sécheresse inopinée. La rengaine plaisante ou fade qui sort des dictons est la manifestation sans détours des obsessions
des paysans. Alors, pour désamorcer l'importance de facteurs sur lesquels il n'a
guère de pouvoir (si ce n'est au stade de la croyance dans les invocations), le dicton se fait jongleur, tant sur les rimes que sur les durées : son parcours équivaut
souvent à une demi-année, comme la balle trace un demi-cercle. Les mots participent de la fête (« sainte *Eutrope estropie* les cerises »), à des moments de célébration : par des rites et des festins sont marqués les temps forts de l'année. Quant
aux fêtes quotidiennes, elles célèbrent non seulement le saint, mais celui qui porte
son nom, puisque anniversaire et fête coïncident toujours. Dans cette perspective,
qui est la nôtre, le dicton rejoindrait la facétie de la foire ou du marché, de la
place ou du parvis.
Outre sa fonction ludique, le dicton, par sa forme la plupart du temps bi-partite,
a une fonction protectrice, quasi maternelle. Il reproduit le rassurant va-et-vient,
le balancement du berceau. Il a vertu d'ancrage, de réconfort, d'insertion. Michel
Tournier, romancier des *Météores*, a merveilleusement compris cette fonction : « Le
soir, Franz était souvent tenaillé par une sourde angoisse, et il fixait obstinément
les yeux au sol en sentant la lumière baisser autour de lui, terrifié à l'avance par
ce qu'il verrait s'il levait le regard vers le ciel, ces édifices de nuages crémeux et
bourgeonnants qui s'avançaient à des hauteurs vertigineuses en croulant lentement
les uns sur les autres, comme des montagnes minées, soulevées par un tremble-
ment de terre.
« Contre cette irruption du changement et de l'imprévisible dans son île déserte, il
avait édifié des défenses. La première, la plus enfantine, il l'avait trouvée auprès
de la vieille Méline [...]. Comme tous les paysans de jadis, Méline suivait la ronde
des saisons et les rythmes météorologiques avec une extrême attention en s'aidant
d'almanachs [...]. Franz, qui avait toujours opposé un front de bélier à tous les

---

1. Selon la tradition, l'apôtre Jean, déjà très âgé, fut amené d'Éphèse à Rome pour y être jugé pendant la persécution de Domitien. Condamné à être plongé dans une cuve d'huile bouillante, devant la
Porte Latine, il en serait ressorti sain et sauf.

efforts des éducateurs pour lui apprendre ne fût-ce qu'à lire et à écrire, avait assimilé avec une stupéfiante facilité le contenu de tout ce qui lui était tombé sous la main et qui était propre à emprisonner le temps qui passe dans un tableau mécanique où l'avenir et le hasard paraissent eux-mêmes fixés à jamais [...].

«Ce fut Méline elle-même qui détruisit d'un mot banal, prononcé machinalement, l'édifice chronologique et proverbial dans lequel son enfant adoptif abritait sa démence. Un jour de janvier que chauffait un beau soleil, étonnamment haut dans le ciel bleu, elle prononça cette phrase [...] : 'Il n'y a plus de saison'. La remarque est banale. Parce que les variations saisonnières servent de cadre à notre mémoire, notre passé nous paraît plus fortement teinté que le présent par les couleurs conventionnelles des mois de l'année, et cela d'autant plus qu'il est plus lointain. Le système de Franz devait être déjà éprouvé par des infidélités indéniables. La petite phrase de Méline frappa l'enfant comme la foudre. Il se jeta sur le sol en proie à des convulsions.» *(Les Météores*, Gallimard, 1975)

Le dicton, ainsi que notre système d'éducation, nous protège du dynamisme exaltant et angoissant de la vie, en proposant la récurrence apaisante.

L'enveloppe omniprésente du dicton est la Mère-Nature. C'est elle qui alimente la parole, comme elle nourrit manants et seigneurs. Aussi, l'idée de la mère se rencontre souvent, et partant, l'idée de la femme.

Toujours, mère et femme sont soumises aux rythmes «suprêmes» de la nature. La femme comme mère se doit d'être vigilante aux dates de ses relevailles, qui ne doivent coïncider ni avec les temps pleins de la récolte, ni avec les temps exubérants de la ripaille et de l'orgie. Il faut prendre bien garde que l'accouchement ne se passe ni en août, ni pendant les Jours gras. Comme source de plaisir, la femme est mise sur le même plan que les produits de l'alimentation courante : en août, gare aux femmes et aux choux, aussi épuisants l'un que l'autre !

Créé par les hommes, le dicton est pourtant transmis par les femmes. Vieilles et veillées sont ses lieux de passage privilégiés et, parce que la femme vit dans l'attente, elle vit dans le discours. Vieilles et moins vieilles parlent en filant, parlent en tissant, parlent en attendant. Alors que le temps décrit par le dicton s'étire entre les deux Notre-Dame ou entre Rogations et moissons, celui du dicton, démesurément rétréci en une petite phrase, déjoue la dilution. Rythmé par la bouche des femmes, il se donne comme une conjuration de l'attente.

Allant de pair avec sa fonction de rassurement et de réconfort, le dicton a pour fonction de susciter l'émerveillement : comme c'est beau, un nouveau jour ! Regardons comment il se présente. Louons le saint qui l'estampille. La jouissance d'être là, vivant, en ce jour de la Saint-Eusèbe, est donnée par le surcroît de parole qui fait le dicton. *Dire* le jour qui vient, c'est faire monter au niveau conscient l'aube diffuse d'un bonheur renouvelé.

                                                                Agnès PIERRON

# dictons météorologiques
# le calendrier grégorien

Vivre dans le moment, pour les gens du XVIᵉ siècle, c'est se repérer à des temps forts. Le calendrier a pour but, non pas de mesurer le temps, mais de fixer les moments critiques de l'activité des astres, l'entrée en jeu des influences lunaire ou solaire, planétaires ou zodiacales et, d'autre part, de régler la périodicité des rites nécessaires à l'heureuse ouverture des périodes magiques ou religieuses.

Or, ce que disent les dictons et ce que propose le calendrier ne se correspondent pas toujours, non seulement pour les raisons évoquées ci-dessus, mais à cause d'un fait objectif : la réforme du calendrier. En effet, le calendrier julien (celui de Jules César, entré en vigueur au commencement de l'an 45 avant Jésus-Christ) a été réformé en 1582 par le pape Grégoire XIII. Cette réforme avait pour but de faire disparaître un décalage accumulé depuis des siècles. Pour être clair, il convient d'entrer dans des considérations un peu techniques. L'année solaire se compose de 365 jours et 6 heures moins 11 minutes. Dans la correction faite au calendrier sous Jules César, on négligea de tenir compte de ces 11 minutes qui, s'accumulant tous les ans hors du temps social formèrent 10 jours vers la fin du XVIᵉ siècle. Elles en avaient en réalité formé 13, mais 3 jours ayant été omis à différentes époques, l'excédent n'était plus que de 10. Le pape ordonna donc, en l'an 1582, de passer du 5 octobre au 15 du même mois, en supprimant 10 jours de cette année, qui n'eut ainsi que 355 jours ; ce qui la fit surnommer « la petite année ». Aujourd'hui ne subsiste plus en Europe qu'une seule marque festive de cet événement : la célébration de la Saint-Sylvestre le 13 janvier du calendrier actuel, à Urnäsch en Appenzell (Suisse) sous le nom de « Sylvesterklausen », avec masques, sonnailles et quêtes.

Aussi, la plupart des dictons météorologiques étant antérieurs à 1582, l'image qu'ils nous offrent du temps qu'il fait ou qu'il va faire est une image décalée. La subsistance du dicton de la Sainte-Luce est la plus exemplaire : c'est dix jours plus tard que les jours commenceront à s'allonger. Mais il y a une raison sous ce manque de logique ; pour la comprendre nous sommes amenés à revenir à l'ancienne conception du temps qui considère les jours comme des blocs caractérisés et mobiles : « [...] on oublie totalement, prisonniers que nous sommes de notre conception du temps, l'impression jadis ressentie qu'une fête pouvait se transporter en bloc, avec tous ses rites. On ne tenait pas alors le calendrier pour une forme vide dans laquelle on aurait inscrit n'importe quoi. Chaque jour était, en quelque sorte, réifié, avec ses qualités. Témoins plusieurs dictons restés attachés à certains jours, sans que l'on se préoccupe de leur nouvelle place dans le calendrier. » (Claude Gaignebet, *Le Carnaval*, Payot, 1974.)

L'impression de flou, qui émane des dictons se référant au calendrier, tient à d'autres raisons encore. Comme « il y a, à la foire, plus d'un âne qui s'appelle Martin », il arrive que plusieurs saints portent le même nom[1] ; de plus le même personnage peut être célébré à plusieurs dates : le jour de « sa fête » (instituée pour solenniser le jour de sa mort) et à un autre jour où l'on commémore un événement important de sa vie. D'où, par exemple, ce dicton qui peut paraître curieux :

Il y a la Saint-Jean qu'on fauche,
La Saint-Jean qu'on tond,
La Saint-Jean qu'on bat
Et la Saint-Jean qu'on chauffe,

c'est-à-dire dans l'ordre où elles viennent d'être énumérées :
— la fête de la Nativité de saint Jean-Baptiste, le 24 juin (qu'on appelle traditionnellement *la Saint-Jean* ou *la Saint-Jean d'été*) ;
— celle qui commémore le martyre de saint Jean l'évangéliste, le 6 mai (*la Saint-Jean-devant-la-Porte-latine*, voir ci-dessus la note sur cet événement) ;
— celle qui rappelle le martyre de saint Jean-Baptiste décapité sur l'ordre d'Hérode, le 29 août (*la Décollation de saint Jean*) ;
— enfin la fête de saint Jean apôtre et évangéliste, le 27 décembre (appelée *la Saint-Jean d'hiver*)[2].

Une réforme beaucoup plus récente ajoute à la difficulté quand on cherche à replacer un dicton au jour dit : celle qui est entrée en vigueur à partir du 1er janvier 1970. Ses buts sont d'ordre religieux ; l'un d'eux tend à faire en sorte que les fêtes de saints, souvent mythiques, ne l'emportent pas sur les fêtes célébrant les mystères du salut. C'est ainsi qu'une quarantaine de saints ont disparu, même ceux dont les prénoms sont les plus usuels : Christophe, Barbe, Catherine. Parfois, on a regroupé des saints ayant entre eux des affinités : Basile et son ami Grégoire ; les trois archanges : Michel, Gabriel, Raphaël. Ce qui a pour résultat de nombreuses suppressions de fêtes, puisque, pour de pratiques raisons de place, ils ne figurent plus sur les calendriers.
Il est ainsi des dictons errants, qui circulent dans un temps hors limites, dans un calendrier mouvant, vivant. Malgré les airs anachroniques de la Saint-Onésiphore ou de la Saint-Hildephonse, le dicton, par son existence même, proclame son autonomie, témoigne de mystères d'un autre ordre que les mystères métaphysiques. Sans plus d'attaches que celles de ses rimes et de ses assonances, il erre dans l'impalpable, intouchable.
En fait, il assume les paradoxes de la vie : il s'épanouit dans le contradictoire. Il n'est pas très intéressant, ainsi que le font les commentateurs, de le surprendre dans ses erreurs, dans son manque de logique, de le fixer dans ses contradictions comme une chouette sur une porte de grange. Elles sont trop évidentes, d'ailleurs, pour que l'on ait la naïveté de prendre les dictons tels quels. Qu'à la Saint-Urbain ne gèlent plus ni pain ni vin, ou qu'au contraire Saint-Urbain anéantisse pain et vin, est la manifestation éclatante de la jubilation rimée qui caractérise le dicton. Décréter qu'il est inepte, c'est s'interdire d'en prendre les mesures, c'est se fer-

---

1. À titre d'exemple, dans un « Missel des fidèles », on a relevé les messes pour les fêtes de 3 saints différents nommés *André*, 7 saints *Félix*, 7 saints *François*, 18 saints *Jean*, 3 saints *Joseph*, 4 saints *Paul* et 9 saints *Pierre* (pour les distinguer, on ajoute au nom du saint un adjectif ou le nom de son lieu d'origine).
2. Les quatre *Saint-Jean* du dicton cité concernent donc deux saints (Jean-Baptiste et Jean l'évangéliste) ayant chacun deux fêtes. Sans parler des nombreux jours consacrés à « Notre-Dame », d'autres saints sont célébrés à plusieurs dates. On trouve ainsi quatre fêtes pour saint Pierre, commémorant : son séjour à Antioche (22 février), son arrivée à Rome (18 janvier), son emprisonnement (1er août) et son martyre (29 juin).

mer, en tout cas, à une dimension qui aujourd'hui nous importe : la coexistence des contraires.

Au fond, quoi qu'il en soit des réformes et des changements arbitraires, l'important est qu'une sainte bienveillance se penche sur chaque jour que Dieu fait, comme les bons évêques du haut de l'église Saint-Nicolas se penchent sur les passants, à Prague. « L'ange gardien : la sympathie, nous en avons sans cesse besoin », dit Max Frisch.

## CALENDRIER

Les dictons sont classés par mois. Viennent d'abord ceux qui concernent généralement ce mois, puis chaque fête à son quantième. Les fêtes mobiles sont traitées au début du mois où elles se produisent généralement. Les Rameaux, la Semaine sainte et Pâques, bien que mobiles, sont ainsi associées au temps d'avril et de mai : les dictons qui s'y réfèrent sont placés entre ces deux mois. Ceux des Rogations, de l'Ascension et de la Pentecôte se trouvent à la fin du mois de mai.

Les fêtes de saints se succèdent donc dans l'ordre du calendrier (selon leur ancienne date). Nous en donnerons la liste alphabétique, pour la commodité du lecteur, après la liste des fêtes mobiles.

### LES FÊTES MOBILES

Les dates de ces fêtes mobiles sont établies par rapport à la fête de Pâques (commémoration par les chrétiens de la résurrection du Christ) qui est comme le pivot de l'année liturgique. Depuis les premiers siècles de notre ère, le jour de Pâques est déterminé par un calcul complexe prenant en compte la date de l'équinoxe de printemps et le cycle lunaire, ce qui explique les déplacements de cette fête, suivant les années, entre le 22 mars et le 25 avril. Ci-dessous, dans la liste des fêtes religieuses — et des fêtes profanes qui suivent leur rythme —, nous avons indiqué leur situation par rapport à Pâques. Et nous avons pensé être agréable au lecteur en lui offrant un tableau récapitulatif de ces fêtes mobiles pour les vingt années à venir.

— LES « JOURS GRAS » : ce sont les trois jours précédant le Carême : occasion de réjouissances avant le temps de pénitence. C'était la principale période du Carnaval :

*Dimanche gras* [*ou* Quinquagésime] : 7<sup>e</sup> dimanche avant Pâques,
*Lundi gras*
*Mardi gras*

— CARÊME-PRENANT [*ou* mercredi des Cendres] : c'est le premier jour du Carême.
— CARÊME : période de 40 jours préparant à Pâques (dans la religion catholique). Cette préparation revêtait un caractère pénitentiel, les dimanches (traditionnellement jours festifs) ne sont pas comptés. Le Carême commence donc le mercredi des Cendres et s'achève le Samedi saint qui est la veille de Pâques.
— BORDES [*ou* Quadragésime = 1<sup>er</sup> dimanche de Carême] : c'est le 6<sup>e</sup> dimanche avant Pâques.

— QUATRE-TEMPS[1] DE PRINTEMPS [*ou* du Carême] : mercredi, vendredi et samedi suivant le 1ᵉʳ dimanche de Carême.

— LA MI-CARÊME : dans certaines régions, le jeudi suivant le 3ᵉ dimanche de Carême était l'occasion de réjouissances ; on en trouve la trace dans des défilés carnavalesques [*N. B.* La liturgie marquait cette réjouissance du milieu du Carême le dimanche suivant, ou dimanche de *Laetare* « Réjouis-toi »].

— « PÂQUES FLEURIES » *ou* dimanche des RAMEAUX : c'est le dimanche avant Pâques et le début de la Semaine sainte.

Jeudi saint
Vendredi saint } jours où la liturgie commémore la passion du Christ.
Samedi saint

— PÂQUES [*ou* dimanche de la Résurrection du Christ].

— ROGATIONS[2] : Processions des lundi, mardi et mercredi précédant l'Ascension.

— ASCENSION : jeudi de la 5ᵉ semaine (ou 40ᵉ jour) après Pâques.

— PENTECÔTE : 7ᵉ dimanche (ou 50ᵉ jour) après Pâques.

— TRINITÉ : Dimanche après la Pentecôte.

— FÊTE-DIEU : jeudi après la fête de la Trinité (processions) ; aujourd'hui la solennité de cette fête est souvent reportée au dimanche suivant.

— AVENT : période de préparation à Noël, commençant avec le 4ᵉ dimanche avant la fête de Noël qui est fixée le 25 décembre. Le 1ᵉʳ dimanche de l'Avent peut varier entre le 27 novembre (si Noël est un dimanche) et le 3 décembre (si Noël est un lundi).

---

1. *Quatre-Temps :* dans la liturgie catholique, les Quatre-Temps sont quatre groupes de 3 jours (mercredi, vendredi et samedi) correspondant à peu près avec le début des saisons. C'était l'occasion de prières, en particulier pour les semailles ou les récoltes ; c'était aussi le temps privilégié des ordinations aux différents ministères.
— Quatre-Temps de printemps : dans la semaine suivant le 1ᵉʳ dimanche de Carême.
— Quatre-Temps d'été : dans la semaine de la Pentecôte.
— Quatre-Temps d'automne : dans la 17ᵉ semaine après la Pentecôte.
— Quatre-Temps d'hiver : dans la semaine suivant le 3ᵉ dimanche de l'Avent.
2. *Les Rogations :* ces processions avec chants de litanies et prières, créées au Vᵉ siècle en Dauphiné ont été à l'origine des prières publiques contre les fléaux (famine, peste, guerre), puis sont devenues des prières pour les récoltes. On les appelle aussi « litanies mineures » pour les distinguer des « grandes litanies » ou « litanies majeures », d'institution romaine, fixées à la fête de saint Marc, le 25 avril.

# PRINCIPALES FÊTES MOBILES

| Année | Jours gras | | Carême | | | | Temps pascal | | | | |
|---|---|---|---|---|---|---|---|---|---|---|---|
| | Dimanche de Quinqua-gésime | Mardi gras | Carême-Prenant Mercredi des Cendres | Dim. des Bordes 1er dim. de carême Quadragé-sime | Pâques fleuries Dimanche des Rameaux | Samedi saint | Dimanche de PÂQUES Résur-rection | Jeudi de l'Ascen-sion | Dimanche de la Pentecôte | Jeudi de la Fête-Dieu | 1er dim. de l'Avent |
| 1980 | 17 févr. | 19 févr. | 20 févr. | 24 févr. | 30 mars | 5 avril | 6 avril | 15 mai | 25 mai | 5 juin | 30 nov. |
| 1981 | 1er mars | 3 mars | 4 mars | 8 mars | 12 avril | 18 avril | 19 avril | 28 mai | 7 juin | 18 juin | 29 nov. |
| 1982 | 21 févr. | 23 févr. | 24 févr. | 28 févr. | 4 avril | 10 avril | 11 avril | 20 mai | 30 mai | 10 juin | 28 nov. |
| 1983 | 13 févr. | 15 févr. | 16 févr. | 20 févr. | 27 mars | 2 avril | 3 avril | 12 mai | 22 mai | 2 juin | 27 nov. |
| 1984 | 4 mars | 6 mars | 7 mars | 11 mars | 15 avril | 21 avril | 22 avril | 31 mai | 10 juin | 21 juin | 2 déc. |
| 1985 | 17 févr. | 19 févr. | 20 févr. | 24 févr. | 31 mars | 6 avril | 7 avril | 16 mai | 26 mai | 6 juin | 1er déc. |
| 1986 | 9 févr. | 11 févr. | 12 févr. | 16 févr. | 23 mars | 29 mars | 30 mars | 8 mai | 18 mai | 29 mai | 30 nov. |
| 1987 | 1er mars | 3 mars | 4 mars | 8 mars | 12 avril | 18 avril | 19 avril | 28 mai | 7 juin | 18 juin | 29 nov. |
| 1988 | 14 févr. | 16 févr. | 17 févr. | 21 févr. | 27 mars | 2 avril | 3 avril | 12 mai | 22 mai | 2 juin | 27 nov. |
| 1989 | 5 févr. | 7 févr. | 8 févr. | 12 févr. | 19 mars | 25 mars | 26 mars | 4 mai | 14 mai | 25 mai | 3 déc. |
| 1990 | 25 févr. | 27 févr. | 28 févr. | 4 mars | 8 avril | 14 avril | 15 avril | 24 mai | 3 juin | 14 juin | 2 déc. |
| 1991 | 10 févr. | 12 févr. | 13 févr. | 17 févr. | 24 mars | 30 mars | 31 mars | 9 mai | 19 mai | 30 mai | 1er déc. |
| 1992 | 1er mars | 3 mars | 4 mars | 8 mars | 12 avril | 18 avril | 19 avril | 28 mai | 7 juin | 18 juin | 29 nov. |
| 1993 | 21 févr. | 23 févr. | 24 févr. | 28 févr. | 4 avril | 10 avril | 11 avril | 20 mai | 30 mai | 10 juin | 28 nov. |
| 1994 | 13 févr. | 15 févr. | 16 févr. | 20 févr. | 27 mars | 2 avril | 3 avril | 12 mai | 22 mai | 2 juin | 27 nov. |
| 1995 | 26 févr. | 28 févr. | 1er mars | 5 mars | 9 avril | 15 avril | 16 avril | 25 mai | 4 juin | 15 juin | 3 déc. |
| 1996 | 18 févr. | 20 févr. | 21 févr. | 25 févr. | 31 mars | 6 avril | 7 avril | 16 mai | 26 mai | 6 juin | 1er déc. |
| 1997 | 9 févr. | 11 févr. | 12 févr. | 16 févr. | 23 mars | 29 mars | 30 mars | 8 mai | 18 mai | 29 mai | 30 nov. |
| 1998 | 22 févr. | 24 févr. | 25 févr. | 1er mars | 5 avril | 11 avril | 12 avril | 21 mai | 30 mai | 11 juin | 29 nov. |
| 1999 | 14 févr. | 16 févr. | 17 févr. | 21 févr. | 28 mars | 3 avril | 4 avril | 13 mai | 23 mai | 3 juin | 28 nov. |

# LA FÊTE DES SAINTS

# les dictons météorologiques au long des jours et des mois

*Regarde comme sont menées*
*Depuis Noël douze journées*
*Car, en suivant ces douze jours*
*Les douze mois feront leur cours.*

(Cf. dicton n° 861.)

## JANVIER

1   Le mauvais an
    Entre en nageant.

2   Janvier sec et sage
    Est un bon présage.

3   Sécheresse de janvier,
    Richesse de fermier.

4   Janvier d'eau chiche
    Fait le paysan riche.

5   Sec janvier,
    Heureux fermier.

6   Janvier ne veut pas
    Voir pisser un rat.

7   L'or du soleil en janvier
    Est or que l'on ne doit envier.

8   Un mois de janvier sans gelée
    N'amène jamais une bonne année.

9   Si janvier ne prend son manteau,

Malheur aux arbres, aux moissons, aux côteaux!

● Sur les *côteaux* (dans certaines régions on dit *côtes*) sont plantés les bons vignobles.

10 Au mois de janvier,
Il vaut mieux voir le loup dans les champs qu'un homme en chemise.

● Le même dicton existe aussi pour février.

◊ Il vaut mieux voir le loup sur le fumier
Qu'un homme en bras nus travailler en janvier.

◊ Il vaut mieux voir un voleur dans son grenier
Qu'un laboureur en chemise en janvier.

11 Garde-toi du mois de janvier
Comme d'un voleur au grenier.
S'il fait vent, nous aurons la guerre,
Et si l'on voit épais brouillards,
Mortalité de toutes parts.

12 Qui gèle en été, transpire en hiver,
Tournera vite ventre en l'air.

13 Si la grive chante au mois de janvier,
Prends garde, bouvier, à ton grenier.

14 Quand le crapaud chante en janvier,
Serre ta paille, métayer!

15 Si les mouches dansent en janvier,
Ménage ton foin au grenier.

16 Les douze premiers jours de janvier
Indiquent le temps qu'il fera les douze mois de l'année.

◊ Regarde comme sont menées
Depuis Noël douze journées
Car, en suivant ces douze jours
Les douze mois feront leur cours.

● On appelle ces douze jours les «jours mâles».

## CIRCONCISION                    1<sup>er</sup> janvier

17 Calme et claire nuit de l'an
À bonne année donne l'élan.

18 Le vent du jour de l'an
Souffle moitié de l'an.

19 Quand le soleil brille le jour de l'an,
C'est signe de glands.

20 Quand il pleut le premier jour de l'an,
Les chariots reviennent sales des champs.

21 Jour de l'an beau,
Mois d'août très chaud.

22 Tel jour de Circoncision,
Tel mois de moisson.

## SAINTE-GENEVIÈVE                                                    **3 janvier**

23  Sainte-Geneviève ne sort point
    Si Saint-Marcel ne la rejoint.

    ● La Saint-Marcel se fête le 16 janvier.

## LES ROIS (MAGES) ou ÉPIPHANIE                                      **6 janvier**

24  Si le soir du jour des Rois
    Beaucoup d'étoiles tu vois :
    Auras sécheresse en été
    Et beaucoup d'œufs au poulailler.

25  Les hivers les plus froids
    Sont ceux qui prennent vers les Rois.

26  Pour les Rois,
    Goutte au toit :
    Saison de pois.

27  Pluie aux Rois,
    Blé jusqu'au toit.

    ◊ S'il pleut pour les Rois,
      Du blé aussi haut que les toits.

28  Belle journée aux Rois :
    L'orge croît sur les toits.

29  Quand il fait beau le soir des Rois,
    Il vient du chanvre par-dessus les toits.

## SAINTE-MÉLANIE                                                      **7 janvier**

30  La Sainte-Mélanie
    De la pluie n'en veut mie.

## SAINT-JULIEN                                                        **9 janvier**

31  Saint Julien brise la glace ;
    S'il ne la brise, c'est qu'il l'embrasse.

## SAINT-GUILLAUME                                                    **10 janvier**

32  Beau temps à la Saint-Guillaume
    Donne plus de blé que de chaume.

33  Entre le 10 et le 20 janvier,
    Les plus contents sont les drapiers.

    ● C'est la période où le chanvre croît.

## SAINT-ARCADE 12 janvier

34 Arcade et Hilaire
Gèlent les rivières.

## SAINT-HILAIRE 14 janvier

35 Soleil et chaleur à la Saint-Hilaire
N'indiquent pas la fin de l'hiver.

36 Soleil au jour de Saint-Hilaire,
Rentre du bois pour ton hiver.

37 Le soleil pour Saint-Hilarien,
Il faudra force tison.

38 Qui file le jour de la Saint-Hilaire
Est sûr de filer son suaire.

## SAINT-MAUR 15 janvier

39 À la Saint-Maur,
Tout est mort.

40 S'il gèle à la Saint-Maur,
La moitié de l'hiver est dehors.

◊ D'habitude, à la Saint-Maur,
Moitié de l'hiver est dehors.

## SAINT-ANTOINE 17 janvier

41 À Saint-Antoine grande froidure,
À Saint-Laurent grand chaud ne durent.
● La Saint-Laurent se fête le 10 août.

42 Si la Saint-Antoine a la barbe blanche,
Il y aura beaucoup de pommes de terre.
● Il faut comprendre : s'il neige...

## CHAIRE DE SAINT PIERRE À ROME 18 janvier

43 À la Saint-Pierre,
L'hiver s'en va ou se resserre.

◊ À la chaire de grand saint Pierre,
L'hiver s'en va, s'il ne se resserre.

## SAINT-SÉBASTIEN 20 janvier

44 S'il gèle à la Saint-Sébastien,
Mauvaise herbe ne revient.

45 À la Saint-Sébastien,
L'hiver s'en va ou revient.

## SAINTE-AGNÈS ET SAINT-FRUCTUEUX                 21 janvier

46   À Sainte-Agnès, une heure de plus.

47   Pour Sainte-Agnès et Saint-Fructueux,
     Les plus grands froids.

48   Gelée du jour de Saint-Fructueux
     Rend le vigneron malheureux.

## SAINT-VINCENT                                   22 janvier

49   À la Saint-Vincent,
     Tout dégèle ou tout fend.

     ◊ Le jour de la Saint-Vincent,
        Tout gèle et tout fend.

50   À la Saint-Vincent,
     L'hiver monte ou descend.

     ◊ Pour la Saint-Vincent,
        L'hiver se reprend
        Ou se rompt la dent.

     ◊ Pour Saint-Vincent,
        L'hiver perd ses dents
        Ou les recouvre pour longtemps.

51   À la Saint-Vincent,
     Cesse la pluie et vient le vent.

52   Saint-Vincent clair,
     Beaucoup de grain.
     S'il est couvert,
     Pas de pain.

53   Saint-Vincent clair et beau,
     Plus de vin que d'eau.

54   Le jour de la Saint-Vincent,
     Si le soleil luit grand comme un chapeau,
     On aura du vin plein le tonneau.

55   Si le jour de la Saint-Vincent est trouble,
     Il met le vin au double.

56   À la Saint-Vincent,
     Le vin monte au sarment ;
     Ou s'il gèle, il en descend.

57   Saint-Vincent au pied sec,
     La vigne à la serpette.

58   Saint-Vincent clair et Saint-Paul trouble
     Mettent le vin dans la gourde.

### SAINT-RAYMOND                                    23 janvier

59  S'il gèle à la Saint-Raymond,
    L'hiver est encore long.

### CONVERSION DE SAINT PAUL                         25 janvier

60  Le jour de saint Paul,
    L'hiver se rompt le col.

    ◊ À la Saint-Paul,
      L'hiver se casse ou se recolle.

    ◊ À la Conversion de saint Paul,
      L'hiver se renoue ou se casse le col.

61  À la Saint-Paul s'entre-battent les vents ;
    Celui qui l'emporte dominera l'an.

    ● Selon la tradition, du 25 janvier au 3 février, se déroule la bataille des vents dont le
      vainqueur, au 3 février (fête de saint Blaise, que l'on prie pour les maux de gorge),
      soufflera toute l'année. Aussi gonfle-t-on, au carnaval, de grandes chemises, à l'aide
      de soufflets.

62  De Saint-Paul, claire journée,
    Nous annonce une bonne année.
    S'il fait brouillard,
    Mortalité de toutes parts.

    ● Il est intéressant de souligner que, dans ce dicton, météorologie et superstition se
      côtoient.

### SAINT-JULIEN                                     27 janvier

63  Saint Julien brise la glace ;
    S'il ne la brise, il l'embrasse.

### SAINT-CHARLEMAGNE                                28 janvier

64  Saint-Charlemagne,
    Février en armes.

### SAINT-SULPICE                                    29 janvier

65  S'il gèle à la Saint-Sulpice,
    Le printemps sera propice.

### SAINT-HIPPOLYTE                                  30 janvier

66  À la Saint-Hippolyte,
    Bien souvent l'hiver nous quitte.

# FÉVRIER

67  Février, le plus court des mois,
    Est de tous le pire à la fois.

◊ Février, entre tous les mois,
   Le plus court et le moins courtois.

68   Quand février commence en lion,
     Il finit comme un mouton.

69   Il vaut mieux un renard au poulailler
     Qu'un homme en chemise en février.

70   Si février n'a ni pluie, ni giboulées,
     Tous les mois de l'année seront ennuyés.

71   Si février n'a pas de grands froids,
     Le vent dominera tout le reste des mois.

72   Si février n'a ses bourrasques,
     Tous les mois feront des frasques.

73   Mieux vaut un loup dans son troupeau
     Qu'un mois de février beau.

74   Si février ne « févrière » pas,
     Tout mois de l'an peu ou prou le fera.

75   Si février est sec et chaud,
     Garde du foin pour tes chevaux.

76   Février trop doux,
     Printemps en courroux.

77   Si février est chaud,
     Croyez bien sans défaut
     Que, par cette aventure,
     Pâques aura sa froidure.

78   Février et mars trop chauds
     Mettent le printemps au tombeau.

79   Eau de février,
     Eau de fumier.

80   Pluie de février
     Emplit les greniers.

81   Février remplit les fossés,
     Et mars les vide.

     ◊ Février doit remplir les fossés
        Et mars, après, les quitter séchés.

82   Neige de février
     fuit comme un lévrier.

83   Neige de février
     Tient comme l'eau dans un panier.

84   Neige qui tombe en février,
     La poule l'emporte avec son pied.

85  La neige de février
    Brûle le blé.

86  Quand il tonne en février,
    Montez vos tonneaux au grenier.

87  S'il tonne en février,
    Point de vin au cellier,
    Jette les fûts au fumier.

88  En février, le tonnerre
    Fait tenir toute l'huile dans une cuillère.
    ● Il s'agit de l'huile de noix ; la récolte de noix sera mauvaise.

89  Qui taille sa vigne au mois de février,
    N'a pas besoin de corbeille ni de panier.

90  Au mois de février,
    Chaque herbe fait son pied.

91  Œufs de février,
    Œufs de fumier.
    ● La terre étant gelée, les poules ne peuvent picorer que sur le fumier ce qui, paraît-il,
    parfume les œufs.

92  Le mois de février
    Est bon agnelier.
    ● C'est en effet, en février que naissent les agneaux.

    ◊ Au mois de février,
      Le bel agnelet.

    ◊ En février, les agneaux
      Naissent plus beaux.

93  En février, si au soleil ton chat tend sa peau,
    En mars, il l'exposera au fourneau.

94  En février, civelles,
    En mars, bonnes et belles,
    En avril, fi d'elles !

95  En février,
    La feuille au groseillier.

    ◊ Il ne faut pas que février
      Laisse sans feuilles le groseillier.

    ◊ Jamais février n'a passé
      Sans voir le groseillier feuillé.

    ◊ Février
      Fleurit son groseillier.

    ◊ Février aimerait mieux être enragé
      Que de ne pas faire feuiller le groseillier.

96  Février,
    L'anelier.

• *Anelier* serait à rapprocher de *anneau*. « On peut attribuer l'origine de ce dicton au grand nombre de mariages qui se contractent pendant le mois de février, mois qui précède très souvent le Carême » (Frédéric Pluquet).

## SAINT-IGNACE                                                              1ᵉʳ février

97    À la Saint-Ignace,
      L'eau est de glace.

## LA CHANDELEUR                                                             2 février

• C'est aussi le jour de la Purification de la Vierge. La Chandeleur tient son nom du fait que les chandelles bénites ce jour-là sont censées préserver la maison des maléfices.

98    Celui qui rapporte le cierge de la Chandeleur allumé,
      Pour sûr ne meurt pas dans l'année.

99    Quand la Chandeleur est arrivée,
      La perdrix grise est mariée.

100   Autant l'alouette chante avant la Chandeleur,
      Autant elle se tait après.

101   À la Chandeleur,
      La chandelle pleure.
      • C'est-à-dire que la glace qui pend des toits dégèle.

102   S'il pleut sur la chandelle,
      Il pleut sur la javelle.

103   Rosée à la Chandeleur,
      Hiver à sa dernière heure.

104   Si, le jour de la Chandeleur, le soleil brille dès son lever,
      Il y aura des noix au pied des noyers.

105   Du perce-neige, la blanche fleur,
      Est la violette de la Chandeleur.

106   À la Chandeleur, il faut manger la soupe dorée
      Pour avoir de l'argent toute l'année.

      ◊ Qui mange des crêpes quand la Chandeleur est arrivée,
        Est sûr d'avoir argent pendant l'année.

107   À la Chandeleur
      La grande douleur.
      • Autrement dit : le plus grand froid.

108   Étrennes d'honneur
      Durent jusqu'à la Chandeleur.

109   À la Chandeleur, verdure,
      À Pâques, neige forte et dure.

110   Si l'hiver ne fait son devoir
      En mois de décembre et janvier,

Au plus tard il se fera voir
Dès le deuxième de février.

◊ J'ouïs le paresseux hiver,
Lequel disait au laboureur :
Je ne manquerai pas d'arriver
Au plus tard à la Chandeleur.

111 À la Chandeleur,
L'hiver s'en va ou prend vigueur.

112 Le soleil de Chandeleur
Annonce hiver et malheur.

● On a cru remarquer que, s'il fait trop beau temps vers le 12 février du calendrier
actuel, il y a une recrudescence de froid de quarante jours. Malgré le décalage
calendaire, ce dicton de la Chandeleur est, avec celui de la Saint-Médard, l'un des
plus communément employés.

◊ Soleil au 2 février,
L'hiver sera prolongé.

◊ Mieux vaut un loup au troupeau
Qu'à la Chandeleur un jour beau.

113 Si, à la Chandeleur, le soleil fait lanterne,
Quarante jours après il hiverne.

● *Faire lanterne*, se dit lorsque le soleil est en grande partie caché par les nuages, mais
que quelques rayons les percent par endroits.
*var. forme longue :*

◊ Quand Notre-Dame de la Chandeleur luit,
L'hiver quarante jours s'ensuit.
La Chandeleur noire,
L'hiver a fait son devoir.
La Chandeleur trouble,
L'hiver redouble.

114 Selon que nos vieillards ont dit,
Si le soleil se montre et luit
À la Chandeleur, croyez
Qu'encore un hiver vous aurez.

115 Chandeleur borgnette,
Vendange est faite.

116 Lorsqu'à la Chandeleur le soleil luit sur la cire,
La récolte en foin est des plus pires.

117 Le jour de la Chandeleur,
L'ours rit ou pleure.

118 Si fait beau et luit Chandelours,
Six semaines se cache l'ours.

● *Calendrier des bons laboureurs.* Il semble que cette forme du dicton, qui compte de
nombreuses variantes, soit la plus ancienne.

◊ Si, la nuit de la Chandeleur, le temps est clair,
L'ours reste encore quarante jours dans sa tanière.

◊ À la Chandeleur, le soleil,
   L'ours pour quarante jours dans sa caverne.

◊ Quand à la Chandeleur le soleil luiserne,
   L'ours rentre dans sa caverne.

● *Luiserner* veut dire : luire par éclaircies courtes.

◊ Le jour de la Chandeleur, quand le soleil suit la bannière,
   L'ours rentre dans sa tanière.

● La *bannière*, souvent ornée d'une image de la Vierge, précède la procession du jour
   de la Chandeleur, qui est aussi le jour de la purification de Notre-Dame.

   *var. (formes longues) :*

◊ À la Chandeleur, s'il pleut ou nivole,
   Après quarante jours l'hiver s'envole.
   Si, au contraire, il fait beau temps,
   L'ours entre dans sa tanière, mécontent.

◊ Selon les [des] anciens le dit,
   Si le soleil clair luit,
   À la Chandeleur vous croirez
   Qu'encore un hiver vous aurez.
   Pourtant, gardez bien votre foin,
   Car il vous sera de besoin ;
   Par cette règle se gouverne
   L'ours retourné en sa caverne.

● « Dans certaines régions de France et d'Espagne, en Catalogne surtout, à Prats-de-
   Mollo par exemple, on fait, ce jour-là, sortir l'animal. On déguise au préalable des
   jeunes gens en ours. Ils sortent alors et entreprennent, à l'aide de suie, de noircir
   ceux qui les entourent, afin que tout soit sombre puisque c'est à cette condition,
   affirme le dicton, que leur sortie peut être définitive et la venue du printemps pro-
   clamée » (Claude Gaignebet, *Le Carnaval*, Payot, 1974).

                                            (Cf. Eugène Rolland, 1876.)

◊ Si le deuxième de février
   Le soleil apparaît entier,
   L'ours étonné de sa lumière
   S'en va remettre en sa tanière ;
   Et l'homme économe prend soin
   De faire resserrer son foin ;
   Car l'hiver tout ainsi que l'ours
   Séjourne encore quarante jours.

119   Si le loup met sa patte au soleil le jour de la Chandeleur,
      Il y a quarante jours d'hiver.

120   Quand, à la Chandeleur, le blaireau sort de sa tanière,
      Et voit son ombre, il rentre au terrier pour six semaines.

● Le même dicton existe aussi pour la loutre. Mais l'ours reste l'animal choisi le plus
   souvent, probablement en raison du rôle qu'il joue dans la mythologie : il représente
   le brillant au sein des ténèbres.

121   Laissez passer la Chandelouse
      Après neuf lunes sans pouse ;
      Et le mardi après suivant,
      Vous trouvez Carême-Entrant.

● Le lendemain de la Chandeleur est la première date possible du Mardi gras. Avec le
   Lundi gras, cette date constitue la période de Carnaval, période de ripailles précé-

dant les quarante jours de jeûne du Carême acheminant à Pâques. Le premier jour de Carême est appelé le mercredi des Cendres. En fait, la période carnavalesque, dans sa plus grande extension, commence le jour des Rois, et s'intègre dans les «fêtes de l'hiver» qui commencent par les festins de la Saint-Martin.

## LUNDI GRAS

122   Quand tombe de l'eau le Lundi gras,
      Lin fin et beau tu auras.

    ● La période des deux jours du Carnaval proprement dit est très intimement liée à la croissance du chanvre. C'est ainsi que, pour la favoriser, certains cortèges carnavalesques voient passer les «fous», sautant sur d'immenses perches. Aussi haut est le saut, aussi haut poussera le chanvre. À notre connaissance, ces traditions ne se voient pas en France. En revanche, elles se rencontrent, encore de nos jours, en forêt Noire, en Allemagne (à Rottweil, en particulier) et dans les Hautes Tatras, en Slovaquie.

## MARDI GRAS

123   Au Mardi gras,
      L'hiver s'en va.

124   Mardi gras, (ne) t'en vas pas,
      Je ferai des crêpes, et t'en mangeras!

125   Quand Mardi gras est de vert vêtu,
      Pâques met des habits blancs.

126   Lune de Mardi gras,
      Tonnerre tu entendras.

    ◊ Lune nouvelle au Mardi gras,
      Le tonnerre peu après entendras.

## CARNAVAL

127   Quand le Carnaval est sans lune,
      De cent brebis n'en reste qu'une.

    ◊ Carnaval sans lune,
      Sur cent femmes, il s'en sauve une.

    ● Malgré son allure elliptique, ce dicton peut s'expliquer ainsi : on connaît les débordements du carnaval. Or, l'absence de lune — qui coïnciderait avec les règles des femmes, donc avec une période inféconde — favorise les excès. Après l'écoulement et le déclin, femmes et lune deviennent pleines. Le décours de la lune et les règles ont très tôt été associés dans la mentalité primitive.

128   Carnaval crotté,
      Pâques mouillées,
      Coffres comblés.

129   Carnaval au soleil,
      Pâques au feu.

## CARÊME-PRENANT

130    Il ne faut point filer le jour de Carême-Prenant,
       De peur que les souris ne mangent le fil tout le reste de l'année.

131    Il faut faire Carême-Prenant avec sa femme
       Et Pâques avec son curé.

       ● Le dicton invite à la philosophie du « Chaque chose en son temps » : les jours de
       liesse carnavalesque se doivent passer en galante compagnie ; en revanche, il con-
       vient de célébrer la joie pascale en compagnie ecclésiastique.

132    Le vent de Carême-Prenant
       Revient le plus souvent.

       ◊ Vent de Carême-Prenant
       Reste toujours le plus fréquent.

## CARÊME

133    En Carême, saumon
       Et sermon
       Sont de saison.

       ● En effet, alors que la période carnavalesque invite, par une étymologie fantaisiste, à
       « carne avale » (manger de la viande), la période de Carême est, sinon une période de
       jeûne total, du moins un temps de nourriture « maigre ». Dépendant des fêtes chré-
       tiennes, le Carême est lié aux offices et à la prière.

134    Le plus fort vent des premiers du Carême,
       Le plus souvent dans l'année est le même.

## DIMANCHE DES BORDES ou DES BRANDONS ou QUADRAGÉSIME

       ● C'est le dimanche qui suit le Carnaval, donc le premier dimanche de Carême. Il est
       ainsi appelé parce que sa caractéristique est le rituel de la confection de bûchers ;
       dans certaines régions, ils sont dénommés aussi « bures » ; ce dimanche s'appelle
       alors « dimanche des bures ».

135    Le plus fort vent du jour des Bordes,
       Le plus souvent tout l'an déborde.

136    Le dimanche des Brandons,
       Tout est à l'abandon.

137    Si tu veux avoir des dindons,
       Mange des crêpes aux Brandons.

       ● En général, c'est plutôt au Mardi gras que l'on mange des crêpes. Car, en ce jour de
       lune cornue, c'est-à-dire de nouvelle lune, « on dévore l'astre sous forme de crêpes
       (...) et on barbouille les Pierrots lunaires », comme le fait judicieusement remarquer
       Claude Gaignebet.

## SAINT-BLAISE                                                     3 février

138    Le lendemain de Saint-Blaise,
       Souvent l'hiver s'apaise.

139  Devant Saint-Blaise
     Tout s'apaise.

140  Prenez garde au lendemain
     De Saint-Blaise s'il est serein,
     Car cela présage une année
     Très fertile et très fortunée.
     S'il neige ou pleut, sera cherté ;
     S'il fait brouillard, mortalité ;
     S'il fait vent, nous verrons que mars
     Fera voler ses étendards.

141  Pour Saint-Blaise,
     Il y a de la neige jusqu'à la queue de l'âne.

142  S'il ne pleut ou ne neige à la Saint-Blaise,
     En mars, le froid en prendra à son aise.

## SAINT-ISIDORE                                                4 février

143  À la Saint-Isidore,
     Si le soleil dore,
     Le blé sera haut et chenu,
     Mais le pommier sera nu.

## SAINTE-AGATHE                                                5 février

144  À la Sainte-Agathe,
     Moitié de ton foin et de ta paille.

     • C'est-à-dire qu'il faut avoir encore la moitié de ses récoltes dans la grange car seule-
       ment la moitié de l'hiver est passée ; voir n° 159.

145  À la Sainte-Agathe,
     Oignons se plantent, même dans la glace.

     ◊ Sainte-Agathe passe :
       Sème ton oignon,
       Sans réflexion,
       Même dans la glace.

146  Si pour la Sainte-Agathe il pleut,
     Le maïs croit au mieux.

     ◊ (...)
       Même sur les pierreux.
     • C'est-à-dire même sur les mauvais terrains.

147  Eau qui court à la Sainte-Agathe
     Mettra du lait dans la baratte.

     ◊ À la Sainte-Agathe, si l'eau
       Court dans le ruisseau,
       Le lait, ou ne s'en faudra guère,
       Coulera dans la chaudière.

**SAINTE-DOROTHÉE**                                          6 février

148   À la Sainte-Dorothée,
      La plus forte neigée.

**SAINT-JEAN DE MATHA**                                      8 février

149   Eté de la Saint-Jean,
      Quelques jours cléments.

**SAINTE-EULALIE**                                          12 février

150   Si le soleil luit pour Sainte-Eulalie,
      Pommes et cidre à la folie.

      ◊ Soleil qui rit à la Sainte-Eulalie
        Promet du cidre à la folie.

**SAINT-VALENTIN**                                          14 février

151   Pour la Saint-Valentin, l'amandier fleurit.

152   À la Saint-Valentin,
      Tous les vents sont marins.

      ◊ À la Saint-Valentin,
        Tous les vents sont parrains.

153   Valentin, Séverin, Faustin
      font tout geler sur le chemin.

154   À la Saint-Valentin,
      La pie monte au sapin.

      • Si la pie «monte au sapin», c'est pour faire son nid. Cette fête constitue un doublet
        de la Chandeleur. D'après les dictons, «c'est à l'une ou l'autre de ces dates que les
        oiseaux s'accouplent et l'on comprend alors le patronage des amoureux à la Saint-
        Valentin» (Claude Gaignebet).

155   À la mi-février
      fait son nid le cujelier.

      • «Cet oiseau, appelé aussi 'alouette lulu', est beaucoup plus petit que l'alouette ordi-
        naire. Il se fait remarquer par son chant clair et flûté; il est la girouette vivante des
        Solognots : il chante volontiers ayant le bec tourné du côté du vent.» (Eugène Rol-
        land, 1877.)

156   À la mi-février,
      La bonne oie doit couver.

157   À la Saint-Valentin,
      La sarpe à la main.

      • C'est ce jour-là qu'au marché on achetait les serpettes neuves, bien aiguisées, à man-
        che rouge.

**SAINT-CLAUDE**                                            15 février

158   À la Saint-Claude, regarde ton seau,

Tu ne le verras pas plus haut.

- Dans le Jura, cette époque est considérée comme celle du plus haut rendement des vaches en lait.

159 À mi-février,
Mi-grenier.

- C'est-à-dire qu'il faut encore avoir la moitié de ses récoltes.

## SAINT-ONÉSIME 16 février

160 S'il neige à la Saint-Onésime,
La récolte est à l'abîme.

## SAINT-ALEXANDRE 18 février

161 À la Saint-Alexandre,
Finies les cendres.

- C'est-à-dire les veillées.

## SAINTE-ISABELLE 22 février

162 Neige à la Sainte-Isabelle
Fait la fleur plus belle.

## SAINT-FLORENT 23 février

163 À la Saint-Florent,
L'hiver quitte ou reprend.

## SAINT-GABRIEL, SAINT-MATHIAS 24 février

164 Saint-Gabriel
Apporte bonne nouvelle.

- Ce dicton n'a rien à voir avec la météorologie, il est une allusion à l'Annonciation.

165 À Saint-Mathias,
Neige et glace.

166 Saint-Mathias
Casse la glace;
S'il n'y en a pas,
Il en fera.

◊ Quand Saint-Mathias
Trouve de la glace,
Il la casse.
Quand il n'en trouve pas, il faut qu'il en fasse.

◊ À la Saint-Mathias,
Se fond et se brise la glace.

167 Qui se soigne à Saint-Mathias,
Un an de santé il aura.

**SAINTE-HONORINE**                                      **27 février**

168  Gelée du jour Sainte-Honorine
     Rend toute la vallée chagrine.

# MARS

169  Mars, petit mars,
     Tue l'agneau, le bébé et la vieille au bord du feu.

170  Mars avec ses marteaux,
     Dans leur mère tue les veaux.

171  Mars est capable
     De tuer les bêtes à l'étable.

172  Mars, marseau,
     Chaque brebis avec son agneau.

173  Si mars commence en courroux,
     Il finira tout doux, tout doux.

174  Soit au début, soit à la fin,
     Mars nous montre son venin.

175  En mars, vent ou pluie,
     Que chacun veille sur lui.

176  Pluie de mars
     N'engraisse ni oie, ni jars.

177  Pluie de mars
     Ne vaut pas pisse de renard.

178  Eau de mars,
     Pis que les vaches.

179  Pluie de mars grandit l'herbette
     Et souvent annonce disette.

180  Quand mars bien mouillé sera,
     Beaucoup de fruits cueilleras.

181  Plus les rivières s'enflent en mars,
     Et plus les chenevières croissent.

     ◊ Quand mars bien mouillé sera,
        Bien du lin il te donnera.

182  Le bourgeon de mars
     Remplit les chars,
     Celui d'avril le baril,
     Celui de mai le chai.

183  Neige de mars
     Vaut un parc.

• C'est-à-dire : vaut du fumier.

184   De mars la verdure,
      Mauvais augure.

185   Mars venteux,
      Verger pommeux.

      ◊ Mars venteux,
        Pommiers plantureux.

186   Quand il tonne en mars, les vaches sont tirées.

      • Le tonnerre de mars est, en effet, un mauvais présage : il n'y aura pas de foin, et par
      suite pas de lait.

187   En mars, les vaches au pré ;
      Si ce n'est pour manger,
      C'est pour s'y gratter.

      • Les vaches se trouvent bien de sortir de l'étable et de vivre en plein air quand vient
      la bonne saison.

188   Mars bon ou méchant :
      Ton bœuf à l'herbe, ton chien dedans.

      • Le même conseil est donné que dans le dicton précédent, avec en plus une préoccu-
      pation au sujet de la divagation des chiens de campagne, destructeurs habituels des
      couvées de perdrix et des portées de levrauts (d'après G. Bidault de l'Isle).

189   Des fleurs de mars ne tiens pas grand compte,
      Non plus que des filles sans honte.

190   Des fleurs qui s'ouvrent en mars,
      On n'en a que le regard.

191   Taille tôt, taille tard,
      Taille toujours en mars.

      *var. forme longue :*

      ◊ La vigne dit :
        En mars me lie,
        En mars me taille,
        En mars il faut qu'on me travaille.

192   Entre mars et avril,
      On sait si le coucou est mort ou en vie.

193   Quand mars fait avril,
      Avril fait mars.

194   Autant de gelées en mars,
      Autant de rosées en avril.

      ◊ En mars, autant de gelées,
        En avril, autant de poussées.

195   À mars poudreux,
      Avril pluvieux.

196   Mars martelle,
      Avril coutelle.

● Allusion aux grands froids qui règnent presque toujours pendant ces deux mois, par l'image de froideur métallique.

197  Quand mars se déguise en été,
     Avril prend ses habits fourrés.

198  Si mars est beau,
     Avril fait la mine.

● La traduction a perdu la rime du patois de la Suisse romande :

◊ Se mar ne marmotte
  Avri fâ la potte

199  En mars, quand il fait beau,
     Prends ton manteau.

200  Brouillard en mars,
     Gelée en mai.

201  C'est en mars que le printemps chante
     Et que le rhumatisme augmente.

202  Le soleil de mars
     Donne des rhumes tenaces.

203  Quand le mois de mars est poussiéreux,
     Le bouvier devient orgueilleux.

204  Si le seigle est sans épis
     Au mois de mars, c'est tant pis.

205  Mois de mars,
     Il faut voir clair à souper ;
     Mois d'avril,
     Il faut voir clair à se couvrir.

206  Entre mars et avril,
     On va de la table au lit.

● Les jours sont trop longs pour pouvoir continuer les veillées après le souper. Aussi, passe-t-on directement de la table au lit.

207  Le mois de mars doit être sec, avril humide et mai friquet
     Pour que juin tienne ce qu'il promet.

208  Bonne ou mauvaise poirette,
     Il faut que mars la trouve faite.

## QUATRE-TEMPS

● Les Quatre-Temps étaient des groupes de trois jours (mercredi, vendredi et samedi) dans quatre semaines de l'année liturgique correspondant à peu près avec le début de chaque saison astronomique :

Quatre-Temps de printemps : 1re semaine du Carême ;

Quatre-Temps d'été : semaine de la Pentecôte ;

Quatre-Temps d'automne : 17e semaine de la Pentecôte ;

Quatre-Temps d'hiver : 3e semaine de l'Avent.

209   Le vent qui domine aux Quatre-Temps
      Dominera trois mois.

210   Telles Quatre-Temps,
      Telles saisons.

211   Si les Quatre-Temps amènent le mauvais temps,
      Il y en aura pour longtemps.

212   Quand il pleut pour les Quatre-Temps,
      Il faut piquer les bœufs et les juments.
      ● Ce qui veut dire qu'il faut forcer les bêtes de trait pour activer les semailles, parce
        que le beau temps ne sera pas de longue durée.

## SAINT-AUBIN                                               1er mars

213   Quand il pleut à la Saint-Aubin,
      N'as ni paille, ni foin, ni grain.

214   Quand il pleut pour la Saint-Aubin,
      L'eau est plus chère que le vin.

215   À la Saint-Aubin,
      C'est du vin
      Quand le buisson goutte au matin.

216   Taille au jour de Saint-Aubin
      Pour avoir de gros raisins.

217   À la Saint-Aubin,
      L'acourci est en chemin.
      ● L'*acourci* est une ablette.

218   Le jour de la Saint-Aubin,
      Coupe la queue à ton poulain.
      ● Chevaux, bœufs et moutons, en Puisaye, pour qu'ils restent bien portants durant le
        cours de l'année, ont la queue coupée.

219   À la Saint-Aubin, on tond
      D'ordinaire le mouton,
      Mais si vous voulez m'en croire,
      Tondez-le à la Saint-Grégoire.

## SAINTE-CUNÉGONDE                                          3 mars

220   Lorsqu'il tonne à la Sainte-Cunégonde,
      Il faut encore porter des gants.

## SAINTE-COLETTE                                            6 mars

221   Au jour de Sainte-Colette
      Commence à chanter l'alouette.

## SAINTE-VÉRONIQUE                                    8 mars

222   À Sainte-Véronique,
Les marchands de marrons plient boutique.

## SAINT-GRÉGOIRE, SAINT-MARIUS              12 mars

223   À la Saint-Grégoire,
Il faut tailler la vigne pour boire.

224   À la Saint-Marius,
On voit clair à l'Angélus.

## SAINTE-EUPHRASIE                                  13 mars

225   À la Sainte-Euphrasie,
Pointe la fraise.

                                                         15 mars

226   À la mi-mars.
Le coucou est dans l'épinard.
   ● C'est-à-dire qu'il est caché dans les haies d'épines.

## SAINTE-GERTRUDE, SAINT-PATRICE         17 mars

227   Gertrude amène les cigognes,
Barthélemy vide leur nid.
   ● La Saint-Barthélemy se fête le 24 août.

228   Quand il fait doux à la Saint-Patrice,
De leurs trous sortent les écrevisses.

## SAINT-JOSEPH                                       19 mars

229   Pour la Saint-Joseph, chaque oiseau
Bâtit son château.

230   Le chaud à la Saint-Joseph,
L'été sera bref.

231   Si le vent se lève le jour de la Saint-Joseph,
La mer se couvre d'écume.
   ● C'est ce qu'on appelle la « barbe de Saint-Joseph ».

232   Qui veut bonne melonnière,
À la saint-Joseph doit la faire.

## SAINT-BENOÎT                                       21 mars

233   S'il pleut le jour de Saint-Benoît,
Il pleut trente-sept jours plus trois.

234   À la Saint-Benoît,

Le coucou chante dans les bons endroits,
Ou bien il est mort de froid.

- « Le coucou annonce la venue du printemps. Il arrive dans nos pays à époque fixe,
  variant du 21 mars au 15 avril, selon que la contrée est plus ou moins au Midi. »
  (Eugène Rolland, 1877.)

## LE PRINTEMPS                                          21 mars

235   Une hirondelle ne fait pas le printemps.

236   Fleurs de printemps sont fruits d'automne.

237   Jamais pluie de printemps
      N'a passé pour mauvais temps.

238   Quand, au printemps, la lune est claire,
      Peu de noix espère ;
      Si la lune est trouble,
      La noix redouble.

239   Quand le printemps tient rigueur,
      L'année sera bonne aux pêcheurs.

## ANNONCIATION ou VISITATION DE L'ANGE
## ou NOTRE-DAME DE MARS                                 25 mars

240   Si pour l'Annonciation la pluie est là,
      Pour toutes les fêtes de la Vierge elle y sera.

241   À l'Annonciation,
      Les hirondelles viennent annoncer la belle saison.
      À la Nativité,
      Elles nous quittent avec l'été.

242   S'il pleut à la Visitation,
      Pluie à discrétion.

243   Avant Bonne-Dame-de-Mars,
      Autant de jours les raines chantent,
      Autant par après s'en repentent.

- Ainsi s'exprime *Le Prévoyant Jardinier* de 1781 pour faire remarquer que, s'il fait
  trop beau temps en février ou en mars, il y aura une recrudescence du froid au
  mois d'avril. La *raine* est la grenouille ou « rainette » (latin : *rana*).

◊ Si la rane chante devant la fête de Notre-Dame de Mars,
  Elle perd le chanter autant après.                          (Dauphiné)

244   S'il gèle à Notre-Dame de Mars,
      Chaque mois aura sa part.

## SAINT-GONTRAN                                         28 mars

245   S'il gèle à la Saint-Gontran,
      Le blé ne deviendra pas grand.

**SAINT-BENJAMIN**                                          **31 mars**

246  À la Saint-Benjamin,
Le mauvais temps prend fin.

# AVRIL

247  Avril entrant comme un agneau
S'en retourne comme un taureau.

248  Avril le doux,
Quand il se fâche, le pis de tout.

249  Il n'est si gentil mois d'avril
Qui n'ait son manteau de grésil.

250  Il n'est point d'avril si beau
Qui n'ait de neige à son chapeau.

251  Avril,
Un de bon sur mille.

252  Le vent d'avril [*prononcé :* avri]
N'a pas d'abri.

253  Mars gris, avril pluvieux,
Font l'an fertile et plantureux.

254  Ce n'est jamais avril
Si le coucou ne l'a dit.

255  Quand avril est froid et pluvieux,
Les moissons n'en vont que mieux.

256  Avril a trente jours ;
S'il pleuvait durant trente-un,
Il n'y aurait mal pour aucun.

257  Avril pluvieux mais soleilleux
Rendent le paysan orgueilleux
Et... l'usurier soucieux.

258  Avril frais et mai chaud
Remplissent les granges jusqu'en haut.

259  Avril pluvieux et mai venteux
Ne rendent pas le paysan disetteux.

260  Gelée d'avril ou de mai,
Misère nous prédit au vrai.

261  Avril et mai sont la clé
De l'année.

    ◊ Avril et mai, de l'année,
     Font tout seuls la destinée.

262   Avril [avri]
      Quelques nids.
      Mai,
      Ils sont tous faits.
      Juin,
      Ils sont bien communs.
      Juillet,
      Ils sont tous cueillis.

263   Les poussins du mois d'avril [avri]
      Sont toujours rabougris.

      ◊ Les poussins du mois d'avril
        Sur la gerbe font leur nid.

264   L'avoine d'avril,
      C'est pour les brebis.

      ● Elle ne poussera pas de hautes tiges et il faudra la faire manger en herbe.

265   Au mois d'avril,
      Toute bête change de poil.

266   Le vin d'avril est un vin de Dieu,
      Le vin de mai est un vin de laquais.

267   S'il tonne en avril,
      Prépare ton baril.

      ◊ Tonnerre d'avril,
        Apprête ton baril.

      ◊ Quand il tonne en avril,
        Vendangeurs, apprêtez vos barils.

268   Bourgeon qui pousse en avril
      Met peu de vin au baril.

269   Avril fait la fleur,
      Mai en a l'honneur.

270   D'avril, les ondées,
      Font les fleurs de mai.

271   Nul avril
      Sans épi.

272   Au mois d'avril,
      Ne quitte pas un fil ;
      Au mois de mai,
      Va comme il te plaît.
      Et encore, je ne sais.

      ◊ En mai,
        Retire ce qui te plaît.

      ◊ En avril
        Ne te découvre pas d'un fil
        En mai
        Fais ce qu'il te plaît.

273   Avril pleut aux hommes,
      Mai pleut aux bêtes.

      ● C'est-à-dire que la pluie d'avril est favorable pour les blés, celle de mai pour les four-
      rages.

274   Au mois d'avril,
      La chèvre rit.

      ● Parce que les buissons qu'elle aime brouter commencent à bourgeonner.

275   Entre mai et avril,
      Tout oiseau fait son nid,
      Hormis caille et perdrix
      Et le rossignol joli.

      ● Dans le Jura, on dit qu'à la Saint-Joseph (le 16 mars), les oiseaux se marient;
      ensuite, ils font leurs nids.

276   L'ouaille et l'abeille en avril ont leur deuil.

      ● L'*ouaille* signifie la brebis.

277   Au mois d'aivri,
      Le blé est en épis;
      Au mois de mai,
      Il est en lait;
      À la Saint-Urbain,
      Il fait le grain;
      À la Saint-Claude,
      Le froment ôte sai caule.

      ● *Caule* est un bonnet en franc-comtois; c'est-à-dire que l'épi sort de sa gaine.

## LES RAMEAUX

Si la date de Pâques est tardive, avril en est le mois.

Le dimanche qui le précède est le dimanche des Rameaux, dit aussi «Pâques fleuries»
(on se souvient de la 9ᵉ Promenade des *Rêveries du promeneur solitaire :* en ce jour
béni eut lieu la rencontre de J.-J. Rousseau avec Madame de Warens). C'est ce jour-
là que le buis ou le laurier que l'on porte à bénir doit être fleuri aussi l'appelle-t-on
parfois «jour du Buis» ou «jour du Laurier». C'est aussi le jour du «buisage»
des tombes.

278   Au dimanche des Rameaux,
      Les grenouilles tournent crapauds.

      ● Henri Pourrat donne à ce dicton l'explication suivante : «les pluies d'avril étant plus
      courtes, les mares sont plus en boue qu'en eau».

279   Le vent pour les Rameaux béni,
      Toute l'année souffle et s'ensuit.

      ◊ Vent qui souffle le jour des Rameaux
        Ne change pas de sitôt.

      ◊ Le vent du jour du Buis
        Dure aussi longtemps que lui.
        Le vent qui mène la bannière
        Mène la moissonnière.

      ● La *bannière* fait allusion aux processions auxquelles donne lieu cette fête qui précède
      Pâques.

280 Le propre jour des Rameaux,
Sème oignons et poreaux.

281 Le vent du jour du Buis
Dure aussi longtemps que lui.

282 S'il pleut sur le laurier,
Il pleut sur la faucille.

● Si *laurier* est la métaphore de « Rameaux », *faucille* est la métaphore de « moisson ».

## JEUDI SAINT

283 La gelée du Jeudi saint
Gèle le sarrasin.

## VENDREDI SAINT

284 Gelée du Vendredi saint
Gèle le pain et le vin.

285 Pour que les rats ne mangent pas le raisin,
Il faut tailler la treille le Vendredi saint.

◊ Taille le Vendredi saint,
T'auras beaucoup de raisin.

286 Un œuf du Vendredi saint
Se conserve toujours sain.

287 Le Vendredi saint, sème giroflées :
Elles doubleront dans l'année.

288 Le Vendredi de la Croix,
La pie croise son nid.

● Le Vendredi saint est le jour de la Crucifixion.

## PÂQUES

289 Pâques, de longtemps désirées,
Sont en un jour tôt passées.

290 Pâques tôt, Pâques tard,
Un bon merle a des petits à Pâques.

● Outre son allusion à la date mobile de Pâques, qui peut se situer entre le 22 mars et le 25 avril, ce dicton renseigne sur le fait que le merle niche de très bonne heure.

◊ Pâques bas, Pâques haut,
Toujours y a des marlauds.

291 Pâques, vieilles ou non vieilles,
Ne viennent jamais sans feuilles.

292 Si Pâques marsine,
Il y aura guerre ou famine.

● *marsine* : arrive en mars.

293 Pâques en avril,
Mort à femmes et à brebis.

294   Pâques d'avril
      Vaut fumier ou purin de brebis.

295   Quand Pâques est bas,
      Les primeurs ne tardent pas.

296   Pâques en mars,
      Tombes de toutes parts.

297   Les Pâques pluvieuses
      Sont souvent fromenteuses
      ... Et souvent fort menteuses.
      ● Dicton proposé par le *Calendrier des bons laboureurs pour 1618.*

298   Pâques pluvieuses,
      Mains pâteuses.
      ● Ce qui veut dire qu'il y aura abondance de blé.

      ◊ Pâques pluvieuses,
        Femmes pâteuses.
      ● Il faut entendre : « femmes occupées à pétrir ».

299   Pâques pluvieux,
      Saint-Jean farineux.

300   À Pâques, le temps qu'il fera,
      Toute l'année s'en rappellera.

301   Quand il pleut le jour de Pâques,
      Il pleut pendant quarante jours.

302   Pâques commence les sucres ou bien les finit.
      ● Dicton québécois ; le *sucre* dont il s'agit ici est le célèbre sucre d'érable.

303   Entre Pâques et la Pentecôte,
      Le dessert est une croûte.
      ● Ce qui veut dire que, entre ces deux fêtes, il n'y a encore aucun produit, fromage
      frais ou fruit, pouvant terminer le repas du paysan qui doit se contenter d'un « qui-
      gnon » de pain.

304   Entre Pâques et Rogations,
      Cinq semaines tout au long.

305   Après Pâques et Rogations,
      Fi de prêtres et d'oignons !

      ◊ Après Pâques et Rogations,
        Fi de morues et d'oignons !
      ● *Prêtres* symbolise ici les offices à l'église, *morue* évoque le temps du jeûne ou plus
      exactement, de l'abstinence de viande ; chacun des deux termes évoque un aspect du
      Carême dont le dicton annonce qu'il est fini.
      ● Selon Paul Sébillot (*Revue des traditions populaires*, n° 4, avril 1888), la tradition du
      1er avril s'explique diversement ; ce peut être « une allusion à la pêche qui, dans quel-
      ques pays s'ouvre le 1er avril ; comme la pêche est alors presque toujours infruc-
      tueuse, ce mécompte aurait donné lieu à la coutume d'attraper les gens simples et
      crédules en leur offrant un appât qui leur échappe, comme le poisson en avril
      échappe au pêcheur. D'autres, et parmi eux Fleury de Bellingen, ont cru à une

réminiscence d'un très antique usage des Hébreux, qui aurait consisté à renvoyer de l'une à l'autre une personne dont on voudrait se moquer; c'est ce qu'on fit à Jésus-Christ qui fut renvoyé d'Hérode à Pilate, de Caïphe à Anne dans les premiers jours d'avril, suivant le comput ecclésiastique. D'après ceux-là, «poisson» ne serait qu'une corruption de «passion». Beaucoup d'écrivains pensent aussi que cet usage s'introduisit vers la fin du XVI<sup>e</sup> siècle, à l'époque où l'année cessa de commencer en avril, en vertu d'une ordonnance de Charles IX, roi de France, en 1507. Par suite, les étrennes se firent au 1<sup>er</sup> jour de janvier et le 1<sup>er</sup> avril, on ne fit plus que des félicitations de plaisanterie aux personnes qui s'accommodaient avec regret du nouveau régime; on s'amusait à les mystifier par des cadeaux simulés ou par de faux messages.»

## SAINT-HUGUES 1<sup>er</sup> avril

306 Premier avril, faut que pinson
Boive sur buisson.

307 Au moment où commence avril,
L'esprit doit se montrer subtil.

308 Pluie de Saint-Hughes à Sainte-Sophie
Remplit grange et fournil.
   ● Beaucoup de pluie en avril favorise les récoltes (Sainte-Sophie se fête le 30 avril).

3 avril

309 Le 3 avril
Le coucou chante, mort ou vif.

## SAINTE-PRUDENCE 6 avril

310 Au jour de la Sainte-Prudence,
S'il fait du vent, le mouton danse.

## SAINTE-LÉONIDE 19 avril

311 À Sainte-Léonide,
Chaque blé pousse rapide.

## SAINT-THÉODORE 20 avril

312 À Saint-Théodore,
Fleurit chaque bouton d'or.

## SAINTE-OPPORTUNE 22 avril

313 Pluie le jour de Sainte-Opportune,
Ni cerises, ni prunes.

## SAINT-GEORGES 23 avril

314 À la Saint-Georges,
La caille dans l'orge.

315 À la Saint-Georges,
    Sème ton orge.

   ◊ Saint-Georges,
     Il faut semer fève et orge.

   ◊ À la Saint-Georges,
     Quitte tes avoines pour semer ton orge.
     *var. (forme longue) :*
   ◊ Pour la Saint-Georges,
     Sème ton orge.
     Pour la Saint-Robert,
     Qu'il soit couvert.
     Mais si tu attends la Saint-Marc,
     Alors il est un peu trop tard.

316 Quand il pleut le jour de Saint-Georges,
    Sur cent cerises, on a quatorze.

   ◊ S'il pleut à la Saint-Georges,
     N'y aura ni guigne, ni orge.
   • La *guigne* est une cerise douce à longue queue.
     *Autres var.*
   ◊ (...)
     ni cerise, ni gogue.
   • La *gogue* équivaut à la liesse, à la joie.

   ◊ (...)
     ni cerise, ni corme.
   • La *corme* est le fruit du sorbier ou cormier, servant à fabriquer une boisson alcooli-
     sée.

   ◊ S'il pleut le jour de Saint-Georgeau,
     Pas de fruits à noyaux,
     Ni guignes, ni bigarreaux.

   ◊ S'il pleut le jour de Saint-Georges,
     Toutes les cerises lui passent par la gorge.

317 Georget, Marquet, Phalet,
    Sont trois casseurs de gobelets.

   ◊ Goerget, Marquet, Croiset, Urbinet,
     Cassent le robinet.

   ◊ Geourgot, Marcot, Philippot, Crousot et Jeannot
     Sont cinq malins gaichenots
     Que cassent souvent nos gobelots.
   • En patois franc-comtois, *gaichenot* signifie « garçon » et *goubalot* « verre, gobelet ».

318 Georget, Marquet, Colinet,
    Sont trois méchants garçonnets.

   • Dans le Limousin, ils sont appelés les saints chevaliers, en fonction de Saint-Georges,
     grand amateur de chevaux. En fait, les « chevaliers angoumois » sont au nombre de
     huit : Saint-Georges (Georget, 23 avril), Saint-Marc (Marquet, 25 avril), Saint-
     Eutrope (Tropet, 30 avril), Saint-Jacques (Jacquet, 1er mai), Sainte-Croix (Crucet,

3 mai), Saint-Jean (Joannet, 6 mai), Saint-Antoine (Tanet, 11 mai), Saint-Urbain (Robinet, 25 mai).

Le curieux est que l'exaltation de la Croix se soit personnifiée et masculinisée dans le diminutif. Quant à Saint-Urbain, qu'il se soit métamorphosé en Robinet, n'a rien d'extravagant : la date de la Saint-Urbain est déterminante pour la vigne.

319   Saint-Georges, Saint-Marc, sont réputés saints grêleurs
       Ou saints vendangeurs.

320   Georget, Marquet, Vitalet et Croiset,
       S'ils sont beaux, font du vin parfait.

       ● Saint-Vital se fête le 28 avril.

321   Entre Georges et Marquet,
       En un jour, l'hiver se met.

## SAINT-MARC                                          25 avril

322   À la Saint-Marc, s'il tombe de l'eau,
       Il n'y aura pas de fruits à couteau.

       ◊ Quand Saint-Marc n'est pas beau,
         Pas de fruits à noyaux.

323   S'il pleut le jour de la Saint-Marc,
       Les guignes couvriront le parc.

## SAINT-FRÉDÉRIC                                      27 avril

324   À Saint-Frédéric, tout est vert, tout est nids,
       Plantes, bêtes et puis gens, tout sourit.

## SAINT-AIMÉ                                          28 avril

325   À Saint-Aimé,
       Point de moutons affamés.

## SAINT-ROBERT                                        29 avril

326   La pluie, le jour de Saint-Robert,
       De bon vin remplira ton verre.

327   À la Saint-Robert,
       Tout arbre est vert.

## SAINT-EUTROPE                                       30 avril

328   Saint-Eutrope mouillé estropie les cerises.

       ● L'allitération fait le dicton.

       « Le nom est de bonne augure, puisqu'il signifie 'qui tourne bien' ; ce sens est évidem-
       ment peu connu du peuple qui a préféré presque partout en France jouer avec 'estro-
       pier' et invoquer ce saint contre les fractures, entorses, etc. » (Arnold Van Gennep.)
       Le saint est, en outre, censé guérir de l'hydropisie, pour d'évidentes raisons
       de sonorités.

329   Sème tes haricots à la Saint-Eutrope,
      Pour en avoir à trochte

      ● Dans le patois beauceron, *à trochte* ou *à trochtée* veut dire «à foison».

      ◇ Plantez vos fèves à la Saint-Eutrope,
         Vous aurez plus de fèves que de mottes.


# MAI


330   Mai
      Fait ou défait.

331   Au mois de mai,
      Voleurs sont nés.

      ● Il y a déjà des choses à voler.

332   Le mois de mai de l'année
      Décide la destinée.

333   Celui ne sait qu'est vendre vin,
      Qui de mai n'attend la fin.

334   Mai frileux : an langoureux.
      Mai fleuri : an réjoui.
      Mai venteux : an douteux.

335   Mai frais et venteux
      Fait l'an plantureux.

336   Plus mai est chaud,
      Plus l'an vaut.

      ◇ Du mois de mai la chaleur,
         De tout l'an fait la valeur.

337   Chaleur de mai
      Verdit la haie.

338   Le froment sera mal nourri
      Si mai ne voit sa fleur et son épi.

339   Quand le raisin naît
      En mai,
      Faut s'attendre à du mauvais.

340   Mai jardinier
      Ne comble pas le grenier.

341   Mai froid n'enrichit personne,
      Mais il est excellent quand il tonne.

342   Petite pluie de mai,
      Tout le monde est gai.

      ◇ La rosée du mois de mai
         Rend le cœur du laboureur gai.
         Pluie de mai,
         Vache à lait.

*var. (forme longue) :*

◊ En mai rosée, en mars grésil,
   Pluie abondante au mois d'avril,
   Le laboureur est content plus
   Que s'il gagnait cinq cents écus.

343 Mars aride,
    Avril humide,
    Mai tenant de tous deux
    Présagent l'an plantureux.

344 Froid mai et chaud juin
    Donnent pain et vin.

◊ Froid mai et chaud juin
   Emplissent la grange jusqu'aux coins.

345 Noces de mai
    Ne vont jamais.

◊ Noces de mai, noces mortelles.

● En ce mois de la Vierge, on interdisait les mariages. Et puis, « on était retenu par la crainte des naissances qui pourraient survenir neuf mois plus tard, c'est-à-dire en pleine période de Carnaval, en pleine période de folie » (Claude Gaignebet).

346 Si le dicton dit vrai,
    Méchante femme s'épouse en mai.

347 Mariages de mai
    Ne fleurissent jamais.

348 Mariage du mois de mai
    Fleurit tard ou jamais.

349 Mai pluvieux
    Marie la fille du laboureux.

◊ Mai pluvieux
   Marie fille et laboureur.

● En mai, il n'y a rien d'autre à faire, s'il pleut, que de festoyer. Le rythme humain doit s'accorder à celui de la nature.

350 Frais mai, épaisse tourte,
    Mais peu de vin dans la coupe.

351 Au mois de mai, les essaims
    Font les charrettes de foin.

352 Quand il tonne en mai,
    Les vaches ont du lait.

353 Brouillard de mai, chaleur de juin,
    Amènent la moisson à point.

354 Au mois de mai,
    Le seigle déborde la haie.

355  En mai,
     Fleurit le hêtre et chante le geai.

356  Pendant le joli mois de mai,
     Couvre-toi plus que jamais.

357  Celui qui s'allège avant le mois de mai,
     Certainement ne sait pas ce qu'il fait.

358  Mai, juin, juillet,
     Bouche fraîche, le reste net.

1ᵉʳ mai

359  Quand il pleut le premier jour de mai,
     Les fourrages rendent amer le lait.

     ◊ Quand il pleut le premier jour de mai,
        Les vaches perdent la moitié de leur lait.

360  Quand il tonne le premier jour de mai,
     Les vaches auront du bon lait.

361  Quand le premier mai la pluie oint,
     Il n'y aura pas le moindre coing.
         *var. (forme longue)* :
     ◊ S'il pleut le premier mai,
        Peu de coings ;
        S'il pleut le deux,
        Ils sont véreux ;
        S'il pleut le trois,
        Il n'y en a pas.

362  S'il pleut le premier jour de mai,
     Les coings ne seront qu'aux haies.

363  De la pluie le premier jour de mai
     Ôte aux fourrages de la qualité.

## SAINTE-CROIX                              3 mai

364  À la Sainte-Croix,
     On sème les pois.

365  Qui n'a pas semé à la Sainte-Croix,
     Au lieu d'un grain en mettra trois.

366  Sème haricots à la Sainte-Croix :
     Tu n'en auras guère que pour toi.
     Sème-les à la Saint-Gengoult,
     On t'en donnera beaucoup.
     Sème-les à la Saint-Didier,
     Pour un tu en auras un millier.

367  Lorsqu'il pleut le 3 mai,
     Point de noix au noyer.

◇ Pluie de la Croix,
  Disette de noix.

**4 mai**

368  Regarde bien, si tu me crois,
     Le lendemain de Sainte-Croix
     Si nous avons le temps serein.
     Car on dit, comme un fait certain,
     Que quand cela vient, Dieu nous donne
     L'année premièrement bonne.
     Mais si le temps est pluvieux,
     Nous aurons l'an infructueux.

## SAINT-JEAN-PORTE-LATINE ou PETITE SAINT-JEAN  6 mai

369  S'il pleut à la petite Saint-Jean,
     Toute l'année s'en ressent
     Jusqu'à la grande Saint-Jean.

## SAINT-ANTONIN                                    10 mai

370  C'est à la Saint-Antonin
     Que vend son vin le malin.

     • Personne ne sait encore si les saints de glace ne vont pas détruire la future récolte.
       Le paysan, en vendant le produit de sa vigne, avant que la récolte soit sûre,
       part gagnant.

## SAINT-GENGOULT, SAINT-MAYEU                       11 mai

371  S'il pleut le jour de Saint-Gengoult,
     Les porcs auront de glands leur saoûl.

372  S'il pleut le jour de Saint-Mayeu,
     Les cerises tombent toutes par la queue.

## LES SAINTS DE GLACE                          11, 12, 13 mai

373  Les trois saints au sang de navet,
     Pancrace, Mamert et Servais
     Sont bien nommés les saints de glace,
     Mamert, Servais et Pancrace.

     • À propos des *saints de glace*, Arnold Van Gennep fait remarquer « ce qu'il y a de
       curieux dans les dictons météorologiques concernant les saints de glace : on a réussi
       à intercaler le jour de la Sainte-Croix en l'assimilant à celui d'un saint ordinaire en
       le nommant 'Croiset', ou 'Crouzet' selon les dialectes.
       En effet, les dictons sont nombreux, qui vont de la Saint-Georges (23 avril) à la
       Saint-Urbain (25 mai), emportant dans ce sillage d'un mois tout entier des saints qui
       se laissent aisément faire un diminutif.

374  Quand il pleut à la Saint-Servais,
     Pour le blé, signe mauvais.

### SAINT-BONIFACE                                          14 mai

375    Au jour de Saint-Boniface,
       Toute boue s'efface.

### SAINTE-DENISE                                           15 mai

376    À la Sainte-Denise,
       Le froid n'en fait plus à sa guise.

### SAINT-HONORÉ                                            16 mai

377    À la Saint-Honoré,
       S'il fait gelée,
       Le vin diminue de moitié.

### SAINT-PASCAL                                            17 mai

378    S'il tonne au jour de Saint-Pascal,
       Sans grêle, ce n'est pas un mal.

### SAINTE-JULIETTE, SAINT-FÉLIX                            18 mai

379    Bon fermier, à Sainte-Juliette,
       Doit vendre des poulettes.

380    À Saint-Félix,
       Tous les lilas sont fleuris.

### SAINTE-ÉMILIE                                           22 mai

381    Beau temps du jour Sainte-Émilie
       Donne du fruit à la folie.

### SAINT-DIDIER                                            23 mai

382    Saint-Didier
       Ramasse tout dans son devantier.
       • Devantier = tablier.

383    Haricot semé à la Saint-Didier
       En rapporte un demi-setier.
       • Un demi-setier = un quart de litre.
       ◊ Sème tes haricots à la Saint-Didier
         Pour un, tu en auras un millier.

### SAINTE-ANGÈLE                                           24 mai

384    Après Sainte-Angèle,
       Le jardinier ne craint plus le gel.

## SAINT-URBAIN 25 mai

385 Le vigneron n'est rassuré
Qu'une fois la Sainte-Urbain passée.

386 À la Saint-Urbain, s'il fait beau,
Préparez vos tonneaux.

387 À la Saint-Urbain,
Ce qui est à la vigne est au vilain.

◊ À la Saint-Urbain,
Ce qui est à la vigne ne vaut rien.

388 Gelée le soir à la Saint-Urbain
Anéantit fruits, pain et vin.

389 Urbinet
Est le pire de tous quand il s'y met,
Car il casse le robinet.

390 À la Saint-Urbain,
Vends ton blé et ton vin.

391 Après la Saint-Urbain,
Plus ne gèlent vin ni pain.

392 Comme Saint-Urbain se tient,
Le temps souvent se maintient.

393 À la Saint-Urbain,
Le blé doit avoir fait son grain.

394 À la Saint-Urbain, sème ta chicorée,
Elle ne montera pas dans l'année.

## SAINT-PHILIPPE 26 mai

395 Quand il pleut le jour de la Saint-Philippe,
Il ne faut ni tonneau, ni pipe.
● La *pipe* est une ancienne mesure de capacité pour les liquides.

◊ Saint-Philippe mouillée,
Ni tonneau, ni pipée.

396 Quand il pleut à la Saint-Philippe,
Le pauvre n'a pas besoin du riche.

## SAINT-ILDEVERT 27 mai

397 À Saint-Ildevert
Est mort tout arbre qui n'est point vert.

## SAINT-GÉRARD 29 mai

398 À Saint-Gérard,
La récolte est encore au hasard.

## SAINTE-PÉTRONILLE                                              **31 mai**

399   S'il pleut à la Sainte-Pétronille,
      Pendant quarante jours, elle trempe ses guenilles.

      ◊ S'il pleut le jour de Sainte-Pétronille,
        Elle met quarante jours à sécher ses guenilles.

      ◊ (...)
        Le blé diminue jusqu'à la faucille.

400   Eau de Sainte-Pétronille
      Change raisins en grapilles.

      ◊ S'il pleut à la Sainte-Pétronille,
        Les raisins deviennent grapilles
        Ou tombent en guenilles.

401   Quand mouille Pétronille
      Sa jupe au long du jour,
      Elle est quarante jours
      À sécher ses guenilles.

## ROGATIONS

      ● Les Rogations sont les trois jours qui précèdent l'Ascension ; cette période s'appelle
        aussi « Semaine blanche » ou « Carême du loup ».

402   Si vous semez fèves aux Rogations,
      Soyez certains qu'elles rouilleront.

      ◊ Fèves semées en Rogations
        Rouilleront.

403   Ceux qui sèment le chanvre aux Rogations
      Le tirent à croupetons.

      ● Semé trop tard, il est tout petit et il faut s'agenouiller pour l'arracher.

404   Haricots de Rogations
      Rendent à foison.

405   Belles Rogations,
      Belles moissons.

406   S'il pleut aux Rogations :
      Le 1er jour, il pleuvra pendant la fenaison.
      Le 2e jour, il pleuvra pendant la moisson.
      Le 3e jour, il pleuvra pendant la vendaison.

## ASCENSION

407   Quand il pleut le jour de l'Ascension,
      Les cerises s'en vont en procession.

      ● Dicton à la fois malicieux et poétique, qui anime les fruits, intégrés eux aussi dans les
        rites (la procession).

408   À l'Ascension,
      Les cerises sur le pont.

• Il s'agit du pont qui joint Battant à Besançon, où l'on apporte au marché les cerises que la région produit en abondance.

409  Quand il pleut à l'Ascension,
Les blés dépérissent jusqu'à la moisson.

410  À l'Ascension,
La fille vaut le garçon ;
À la Pentecôte,
Elle en vaut une côte ;
Au Sacre,
Qu'une patte.

411  S'il pleut à l'Ascension,
Tout va en perdition.

◊ S'il pleut le jour de l'Ascension,
C'est comme du poison.

412  L'eau de l'Ascension
Amène le bangon.
• Le *bangon* : c'est de cette maladie de gorge que périssent les moutons mouillés le jour de l'Ascension. (Eugène Rolland, 1877.)

413  À l'Ascension
Le dernier frisson.

414  À l'Ascension
La belle sur le jonc,
La laide sur le tronc.

415  Laver la lessive la semaine de l'Ascension
Tire la bière du maître de la maison.

◊ Lessive aux Rogations,
Cercueil à la moisson.

◊ Celui qui fait la bue aux Rogations
Sera au lit pour les moissons.

◊ Qui coule du linge aux Rogations
Veut faire mourir son patron.

416  Entre l'Ascension et la Pentecôte, si on tond les moutons,
Il sort un corps de la maison.

417  Il ne faut pas couper le chardon
Le jour de l'Ascension :
Il en viendrait dix sur un même tronc.
• Le jour de l'Ascension est soumis à plusieurs interdictions d'ordre ménager ou agricole.

418  À l'Ascension,
On quitte le veau pour le mouton.

◊ À l'Ascension,
Blanche nappe et gras mouton.
• Interdits d'ordre alimentaire.

419    À l'Ascension,
       La caillebotte au poëlon.

       • Arnold Van Gennep précise que, dans le bocage vendéen, il fallait manger, la veille
       de la fête, du lait caillé dans lequel on avait fait tremper de la graine de chardon
       cultivé. On le coupait en croix et on l'arrosait de lait frais, puis on sucrait ; ce mets
       était nommé « caillibottes ». Dans l'Angoumois, on lui attribuait une vertu magique.

420    À l'Ascension,
       Quitte ton cotillon.

       • C'est-à-dire qu'il ne convient plus de rechercher la compagnie des femmes, pour
       mieux se consacrer aux travaux que vont exiger les champs.

       *var. (forme longue) :*

       ◇ À l'Ascension
       Quitte tes cotillons.
       À la Pentecôte
       Découvre tes côtes.
       À la Fête-Dieu,
       Quitte tout, si tu veux.

## LA PENTECÔTE

       • C'est le 7e dimanche après Pâques.

421    Dieu nous garde des chaleurs de la Pentecôte
       Et des rosées de la Saint-Jean.

422    À la Pentecôte,
       On voit tailler la vigne de côte en côte.

423    À la Pentecôte, roses vont,
       À la Saint-Jean, s'en vont.

424    La Pentecôte
       Donne les foins ou les ôte.

425    Pentecôte fraises rouges
       Ou le laboureur s'étonne.

426    À la Pentecôte,
       Fraises on goûte.
       À la Trinité,
       Fraises au panier.

       • C'est, dit-on, à la Penthecouste,
       Que qui trop mange cher luy couste.
                            G. Meurier, 1617.

427    De Pentecôte à la Fête-Dieu,
       Un jeudi au milieu.

## LA TRINITÉ

       • C'est le premier dimanche après la Pentecôte.

428    S'il pleut pour la Trinité,
       Le blé diminue de moitié.

429    S'il pleut le jour de la Trinité,
       Il pleut tous les jours de l'année.

# JUIN

430 Juin froid et pluvieux,
Tout l'an sera grincheux.

431 La pluie de juin
Fait belle avoine et maigre foin.

432 En juin, juillet et août,
Ni femme, ni choux.

● L'explication en est qu'en ces mois de récoltes, le paysan a besoin de toutes ses
énergies ; il ne doit les dépenser, ni en mangeant du chou — considéré comme très
indigeste —, ni auprès des dames. La femme est ici objet de consommation domma-
geable pour la santé, donc deux fois dépréciée.

433 Si juin fait la quantité,
Septembre fait la qualité.

434 En juin la pluie est loin,
Et, s'il pleut, chaque goutte est comme le poing.

435 Juin larmoyeux
Rend le laboureur joyeux.

436 Eau de juin
Ruine le moulin.

437 Un pré est vaurien
Quand en juin
Il ne donne rien.

438 Qui en juin se porte bien,
Au temps chaud ne craindra rien.

● Le paysan craignait ce qu'on appelait « les Canicules », à savoir les trois derniers
jours de juillet. Aussi, pour les supporter, fallait-il être en bonne santé, et sur le
pied de guerre dès le mois les précédant.

439 Entre juin et juillet
Le coucou devient émouchet.

● « Cet oiseau subit une métamorphose à laquelle on croit encore dans beaucoup de
campagnes. Comme il ressemble par son plumage à différents oiseaux de proie qui
sont à peu près de la même grosseur que lui, on s'est figuré qu'à une certaine époque, lorsqu'il cesse de chanter, il devenait oiseau de proie. Il reprend sa forme première au printemps et revient dans nos contrées sur le dos du milan » (Paul Sébillot).

440 En juin, brume obscure,
Trois jours seulement dure.

441 En juin, la pluie qui vient d'amont
Trempe la terre jusqu'au fond.

442 En juin, c'est la saison
De tondre brebis et moutons.

443 Qui pêche en juin
Pêche fretin.

444   Juin bien fleuri,
      Vrai paradis.

## LA FÊTE-DIEU

● Cette fête se célèbre le 2ᵉ jeudi après la Pentecôte ; elle est donc également liée à la date de Pâques, et se situe généralement en juin.

445   Pavillée mouillée,
      Fenaison manquée.

● En certaines régions, les reposoirs qui sont édifiés sur le parcours du Saint-Sacrement le jour de la procession de la Fête-Dieu, se nomment des « pavillées ».

446   S'il pleut sur la chapelle,
      Il pleut sur la javelle.

447   À la Saint-Sacrement,
      L'épi est au froment.

448   Tel sacre,
      Tel battre.

## SAINT-MARCELLIN                                            2 juin

449   Saint-Marcellin,
      Bon pour l'eau, bon pour le vin.

## SAINT-NORBERT                                              6 juin

450   Les bains que prend Saint-Norbert
      Inondent toute la terre.

## SAINT-MÉDARD                                               8 juin

451   Saint-Médard éclairci
      Fait le grenier farci.

452   Saint-Médard
      Est le meilleur jour de l'année pour semer le blé noir.

453   S'il pleut le jour de Saint-Médard,
      Si t'as pas de vin, t'auras du lard.

454   Quand Saint-Médard ouvre les yeux,
      Écoute voir s'il pleut.

455   S'il pleut à la Saint-Médard,
      Il pleut quarante jours plus tard.

      ◊ S'il pleut à la Saint-Médard,
        C'est du beau temps pour les canards.

      ◊ Pluie de Saint-Médard,
        Quarante jours bousards.

456   S'il pleut à la Saint-Médard,
      Le tiers des biens est au hasard.

457 S'il pleut à la Saint-Médard,
La récolte diminue d'un quart.

458 Saint-Médard,
Grand pissard,
Fait boire le pauvre homme comme le richard.

● « Ce dicton reste toujours très vivant, bien que sa date de création soit antérieure à 1582, année de la réforme grégorienne du calendrier. À cette époque-là, la Saint-Médard venait le 20 juin, la veille du solstice, au lieu du 8, chaque saint avançant de douze places sur le calendrier, ce qui représentait les douze jours de décalage avec le calendrier julien. Or, le 20 juin, veille du solstice d'été, est l'un des jours où la lumière solaire est la plus vivifiante, en une époque où les influences astronomiques peuvent amener des troubles atmosphériques se traduisant par des orages ou de la pluie. S'il fait beau ce jour-là ou s'il pleut, les conditions de la saison s'en ressentiront sûrement. Dans ces conditions, la pluie du 8 juin n'aurait plus l'importance que les adages populaires semblent lui prêter. On s'en rendit compte dès l'adoption du calendrier grégorien et l'on créa alors la restiction de Saint-Barnabé, puis enfin celle de Saint-Gervais, dont la fête tombe à un jour près à la même date que Saint-Médard du temps du calendrier julien. » (G. Bidault de l'Isle.)

459 S'il pleut le jour de Saint-Médard,
Il pleut quarante jours plus tard.
Mais vient le bon Saint-Barnabé
Qui peut encore tout raccommoder.

*var.*

◊ S'il pleut pour la Saint-Médard,
Il pleut quarante jours plus tard.
À moins que Saint-Barnabé
Ne vienne l'arrêter.

◊ S'il pleut pour la Saint-Médard,
L'été sera bâtard.
À moins que Saint-Barnabé
Qui vient par derrière, lui coupe le pied.

● Les variantes portent principalement sur le dernier vers :

(...)
Ne vienne lui casser le nez.
(...)
N'y vienne mettre le nez.
(...)
Ne lui coupe l'herbe sous le pied.
(...)
Ne lui tape sur le bé [bec].

◊ Saint-Médard s'est mis à pisser...
Saint-Barnabé y a coupé.

460 Si Médard et Barnabé, comme toujours,
S'entendaient pour te jouer des tours,
Tu auras encore Saint-Gervais
Que le beau temps va [*ou* peut] ramener.

*var. (forme longue) :*

◊ Quand il pleut à la Saint-Médard,
Il pleut quarante jours plus tard.

À moins que Saint-Barnabé
Remette le pain dans la maie.
Et s'il pleut à Saint-Barnabé,
Ça repousse jusqu'à la Saint-Gervais
Qui ferme le robinet.

## SAINT-BERNABÉ                                        11 juin

461   Le plus grand jour de l'été,
      C'est le jour de Saint-Barnabé.
      À la Saint-Barnabé,
      On sème le navet.

462   Au temps de la Saint-Barnabé,
      La gerbe retourne à l'abbé.

463   À Saint-Barnabé,
      Canards potelés.

464   À la Saint-Barnabé,
      Fauche ton pré.

      ◊ À la Saint-Barnabé,
        La faux au pré.

465   Pour la Saint-Barnabé,
      Le soleil rayonne au fond du piché.
      • Le «piché» est une mesure locale (région d'Agen) de deux litres.

466   Quand il pleut à la Saint-Barnabé,
      Il y a de l'avoine partout où on a semé.

467   Blé fleuri à la Saint-Barnabé
      Donne abondance et qualité.

468   À la Saint-Barnabé,
      Le taon passe le Vé.
      • Ce dicton est localisé en Normandie. L'anse des Vés est sur la limite d'Isigny. C'est
        effectivement à cette époque que les taons commencent à tourmenter les mouches.

## SAINT-BASILIDE                                       12 juin

469   Qui naît à la Saint-Basilide
      Ne sera jamais invalide.

## SAINT-ANTOINE                                        13 juin

470   Saint-Antoine ouvre le derrière des poules.
      • Elles commencent à pondre.

## SAINT-MODESTE                                        15 juin

471   À la Saint-Modeste,
      Repique tes choux, s'il t'en reste.

## SAINT-CYR, SAINT-FARGEAU, SAINT-AURÉLIEN     16 juin

472   À la Saint-Bernabé apôtre,
Tous les biens sont nôtres
À moins que Saint-Cyr ne les ôte.

473   S'il pleut le jour de Saint-Cyr,
Le vin diminue jusqu'à la tire.

   • « On sait que lorsqu'il pleut à cette époque où la vigne est la fleur, cette fleur pourrit et tombe ; c'est ce que les vignerons appellent 'couler' (E. Bidault de l'Isle).

474   Si le jour de Saint-Fargeau,
La lune se fait dans l'eau,
Le reste du mois est beau.

## SAINT-FLORENTIN     18 juin

475   Beau temps à la Saint-Florentin
Assure belle récolte pour certain.

## SAINT-GERVAIS     19 juin

476   Quand il pleut à la Saint-Gervais,
Il pleut quarante jours après.

477   S'il pleut à la Saint-Gervais,
Pour les blés, c'est signe mauvais.

## SAINT-SYLVÈRE     20 juin

478   Pluie d'orage à la Saint-Sylvère,
C'est beaucoup de vin dans le verre.

## SAINT-LEUFROY     21 juin

479   S'il pleut le jour de Saint-Leufroy,
Foin dans le pré n'est pas à toi ;
Car, si l'eau commence au matin,
En voilà pour trois jours sans fin.

480   Les récoltes auront trop froid
S'il fait du vent à Saint-Leufroy.

## ÉTÉ     21 juin

481   Été bien doux,
Hiver en courroux.

482   L'été,
La nonne l'enflamme,
Le moine l'éteint.

   • Il faut comprendre : *la nonne* : sainte Claire (12 août) ; *le moine* : saint Bernard (20 août). Ce dicton est intéressant, parce qu'il est à la limite de la devinette.

483  D'été bien chaud vient un automne
     Pendant lequel souvent il tonne.

484  Été brûlant
     Fait lourd froment.

485  Celui qui néglige trop ses prés en été,
     De l'hiver la moitié ne pourra passer.

486  Labour d'été vaut fumier.

487  Quand en hiver est été
     Et en été hivernée,
     Jamais n'est bonne année.

## SAINT-JEAN                                                         24 juin

488  Jean et Jean
     Partagent l'an.

     • Si la Saint-Jean Baptiste se fête le 24 juin, la Saint-Jean l'évangéliste se célèbre le
       27 décembre.

489  À la Saint-Jean,
     Les feux sont grands.

     • Sont grands, tant les feux du soleil (c'est le solstice d'été) que ceux allumés par tradi-
       tion.

490  À la Saint-Jean,
     Les jours les plus grands.

491  La nuit de Saint-Jean
     Est la plus courte de l'an.

492  Si Saint-Jean manque sa ventée,
     Celle de Saint-Pierre ne sera pas volée.

493  S'il pleut à la Saint-Jean,
     Il fera beau à la Saint-Pierre.

     ◊ Saint-Jean doit une averse,
       S'il ne la paie, Saint-Pierre la verse.

494  Prends tes habits légers le 24 juin
     Et reprends ceux d'hiver le lendemain.

495  L'eau de la Saint-Jean ôte le vin
     Et ne donne pas de pain.

     *var. (forme longue) :*
     ◊ Beau temps
       Trois jours durant
       Avant la Saint-Jean,
       Bon grain pour l'an.

496  La pluie de Saint-Jean
     Emporte la noix et le gland.

497  Du jour Saint-Jean, la pluie
     Fait la noisette pourrie.

◊ S'il pleut à la Saint-Jean d'été,
Pas de noisettes au coudrier.

◊ Si Saint-Jean fait la pissette,
Aux coudriers, pas de noisettes.

◊ Pluie de la Saint-Jean
Enlève noisettes et glands.

498 S'il pleut à la Saint-Jean,
Le blé dégénère souvent.

◊ ... L'orge s'en va dépérissant.

499 Avant la Saint-Jean, pluie bénite ;
Après la Saint-Jean, pluie maudite.

500 Quand Saint-Jean blanchit la mousse,
Saint-Sylvestre n'a rien dans sa bourse.

501 Si Saint-Jean
Trouve poule couvant,
Il y aura mort de bêtes ou de gens.

◊ Saint-Jean rencontrant
Poule couvant,
Leur tortille le cou en passant
Ou meurent dans l'année bêtes et gens.

● Dans le Loiret, les ménagères se lèvent pour ôter les couveuses de dessus leur nid au
moment où va, de minuit, sonner le premier coup, tant elles redoutent ce dicton.

502 Autant de jours le lis fleurit avant la Saint-Jean,
Autant de jours on vendangera avant la Saint-Michel.

503 Si le lis a fleuri pour la Saint-Jean,
J'aurai vendangé pour la Saint-Cénan ;
S'il a fleuri pour la Fête-Dieu,
J'aurai vendangé pour la Saint-Mathieu.

● Saint Cénan se fête le 27 septembre et saint Mathieu le 21 septembre.

504 Un berger qui vaut quelque argent
N'est plus à louer à la Saint-Jean.

● Ce jour-là, se fait la louée des domestiques de ferme pour la durée d'une année ;
c'est ce qu'on appelle « la *louée* de la Saint-Jean ».

505 À la Saint-Jean,
Le rossignol perd son chant.

● « On en dit autant du coucou. Aux veillées d'hiver on en contait jadis la raison : il
advint qu'un jour, pressé par le temps, un brave paysan avait dû louer le coucou
pour l'aider à rentrer sa moisson. Mais l'été est chaud, la terre est brûlante et les
récoltes sont lourdes à mettre en gerbe. Harassé du dur labeur sous un soleil de
plomb fondu, le coucou jura de ne plus s'y laisser prendre. Aussi s'abstient-il pru-
demment d'élever la voix dès que vient la moisson. » (G. Bidault de l'Isle.)

◊ ... Tout oiseau perd son chant.

506 À la Saint-Jean,
L'oiseau sur le gant.

● L'oiseau est le faucon. L'image semble tout droit sortie d'une enluminure.

507   Après la Saint-Jean, si le coucou chante,
      L'année sera rude et méchante.

508   À la Saint-Jean,
      Perdreaux volants.

509   Pour les prunes, à la Saint-Jean,
      Qu'on en voie une, on en voit cent !

      ◊ À la Saint-Jean,
        Qui voit une pomme en voit cent.

510   À la Saint-Jean
      Les groseilles vont rougissant.

511   Pour avoir une bonne vinée,
      Il faut que Saint-Jean soit secouée.

512   À la Saint-Jean,
      Le raisin pend.

      ◊ À la Saint-Jean,
        Raisins pendants.

      ◊ Saint-Jean,
        Verjus pendant,
        Argent comptant.

513   La Saint-Jean à regret voit
      Qui corvée ou argent doit.

514   De Saint-Jean à Saint-Pierre,
      La semaine des haricots.

515   Les herbes de Saint-Jean
      Gardent leurs vertus tout l'an.

      ● En effet, les herbes de la Saint-Jean bénéficient de la double influence du soleil et de
        la lune. Le millepertuis, l'héliotrope, la camomille, sont consacrés au soleil ;
        l'armoise, la sauge, le lierre terrestre, sont consacrés à la lune. Au début du siècle,
        les messagers qui vont de village en village, la hotte au dos, par les Ardennes, sont
        souvent encore porteurs de la « jarretière du voyageur », c'est-à-dire d'une jarretière
        en peau de lièvre dans laquelle on a introduit un brin d'armoise séchée, cueilli la
        nuit de la Saint-Jean, à la clarté de la lune.

## SAINT-PIERRE ET PAUL                                            29 juin

516   S'il pleut à la veille Saint-Pierre,
      La vigne est réduite au tiers.

517   Saint-Paul et Pierre pluvieux,
      Est pour trente jours dangereux.

518   Saint-Pierre et Paul
      Lavent la place à Saint-Martial.

      ● Saint Martial est fêté le 1er juillet.

519   De Saint-Paul, la claire journée,
    Annonce une bonne année ;
    S'il fait vent, aurons la guerre ;
    S'il neige ou pleut de l'eau, tout sera cher ;
    Si on a un bien épais brouillard,
    Mortalité de toutes parts.

## SAINT-THIBAUT                          30 juin

520   À la Saint-Thibaut,
    Sème tes raves, arrache tes aux.

# JUILLET

521   Juillet ensoleillé
    Remplit cave et grenier.

522   S'il fait beau en juillet, bonne récolte ;
    S'il pleut, moisson molle.

523   Juillet sans orage,
    Famine au village.

524   Qui veut bon navet,
    Le sème en juillet.

    ◊ Pour avoir beau navet,
      Juillet doit le trouver fait.

525   Au mois de juillet,
    Bouche noire, gosier sec.
    ● C'est-à-dire que, les années où les mûres sont arrivées à maturation en juillet, la vendange sera mauvaise.

526   Pluie du matin,
    En juillet, est bonne au vin.

527   En juillet, mois d'abondance,
    Le pauvre a toujours sa pitance.

528   Entre juillet et août,
    Le boire est de bon goût.

529   Qu'on soit fumiste ou dramaturge,
    En juillet il faut qu'on se purge.

530   Au mois de juin et de juillet,
    Qui se marie, fort peu fait.

531   Les abeilles, en juillet,
    Ne valent grain de millet.

## SAINT-THIERRY, SAINT-MARTIAL      1er juillet

532   À la Saint-Thierry,
    Aux champs jour et nuit.

533  À Saint-Martial,
     Point de charcuterie à l'ail.

## LA VISITATION                                      2 juillet

534  S'il pleut à la visitation,
     Pluie à discrétion.

     ◊ S'il pleut à la Visitation,
       Pluie de Saint-Médard continuation.

## SAINT-ANATOLE                                      3 juillet

535  Soleil du jour Saint-Anatole
     Pour la moisson joue un grand rôle.

536  À Saint-Anatole,
     Confitures dans la casserole !

## SAINTE-BERTHE, SAINT-RACHET                        4 juillet

537  Pour la Sainte-Berthe
     Se cueille l'amande verte ;
     Si elle n'est pleine que de lait,
     Il faut laisser mûrir le blé.

538  À Sainte-Berthe,
     Moisson ouverte.

539  Quand il pleut à la Saint-Rachet,
     Pu tu vas aux vignes et moins y est.

     • Ce saint mystérieux ne serait autre que Saint-Martin-le-Bouillant, un petit Saint-Mar-
       tin d'été, « rachet », malingre, rachitique.

## SAINTE-VIRGINIE                                    8 juillet

540  À Sainte-Virginie,
     La récolte des fraises est finie.

## SAINTE-AMALBERGE, SAINTE-FÉLICITÉ                  10 juillet

541  Le jour de la Sainte-Amalberge
     Se voit venir avec gaieté,
     Car on l'a toujours remarqué,
     C'est le plus beau jour de l'été.

     • Cette sainte peu connue vient de Belgique.

542  À Sainte-Félicité,
     C'est le plein cœur de l'été.

## SAINT-SAVIN                                        12 juillet

543  Rosée du jour de Saint-Savin
     Est, dit-on, rosée de vin.

## SAINT-EUGÈNE, SAINT-HIPPOLYTE                    13 juillet

544    Pluie au jour de Saint-Eugène
       Met le travailleur à la gêne.
       Mais si le soleil pompe l'eau,
       C'est signe de huit jours de beau.

545    C'est vers la Saint-Hippolyte
       Que le raisin change au plus vite.

## SAINT-HENRI                                        15 juillet

546    Quand reviendra la Saint-Henri,
       Tu planteras ton céleri.

547    À Saint-Henri, suée,
       Mauvaise moissonnée.

## SAINT-VINCENT                                      19 juillet

● Le 22 janvier, nous avons déjà rencontré une « Saint-Vincent » ; c'était la fête du dia-
cre Vincent, martyrisé au début du IVᵉ s., qui est considéré comme le patron des
vignerons. Ici, on célèbre un autre saint du même nom : Vincent de Paul
(1576-1660 ; ces dates permettent de penser que ce dicton est relativement récent).
Seul le contenu des dictons permet de décider s'il s'agit d'un saint de l'hiver ou
de l'été.

548    À la fête de Saint-Vincent,
       Le vin monte dans le sarment ;
       Août mûrit, septembre vendange,
       En ces deux mois, tout bien s'arrange ;
       Puis, plus tard, à la Saint-Martin,
       Tout le moût est devenu vin.

● Sous cette forme, le dicton a passé le cap de la poésie ou, plutôt, de la narration.
Fabriquée de morceaux, l'histoire aurait tout aussi bien pu prendre des allures plus
laconiques et demeurer au stade du dicton. Une série de ce genre semble être issue,
soit d'un poème, soit d'un traité d'agriculture. La *Saint-Martin* se fête le 11 novembre. Sur le même thème que le présent dicton, voir en particulier les nᵒˢ 758 à 762.
C'est, manifestement, à la suite d'un jeu de mots sur son nom que saint Vincent, dia-
cre, est considéré comme le patron des vignerons.

## SAINTE-MARGUERITE                                  20 juillet

549    À la Sainte-Marguerite,
       Forte pluie est maudite.

550    S'il pleut à la Sainte-Marguerite,
       Les noix seront gâtées bien vite.

551    Du tonnerre à la Sainte-Marguerite
       Le fermier se console vite ;
       Il n'est jamais assez mouillé
       Pour que le blé ne soit rouillé.

552   À la Sainte-Marguerite, pluie
      Jamais au paysan ne sourit.
      Mais pluie à Sainte-Anne,
      Pour lui c'est de la manne.

## SAINT-VICTOR                                        21 juillet

553   Quand il pleut le jour de Saint-Victor,
      La récolte n'est pas d'or.

## SAINTE-MADELEINE                                    22 juillet

554   Pour Vendée, pour Aunis, juillet mourant, bourrasques certaines;
      On les dit : de Marie-Madeleine.

555   À la Sainte-Madeleine, il pleut souvent,
      Car elle vit son Maître en pleurant.

      • Ce dicton évoque les larmes versées par Marie-Madeleine repentante, lorsqu'elle
        pleura devant Jésus. La plupart des dictons du 22 juillet jouent sur cette allusion.

556   Sainte-Madeleine,
      La pluie mène.

557   S'il pleut à la Sainte-Madeleine,
      Il pleut durant six semaines.

      ◊ S'il pleut pour la Madeleine,
        Il faut six semaines pour calmer sa peine.

      • On dit : «pleurer comme une Madeleine».

558   À la Madeleine,
      Les noix sont pleines.
      À la Saint-Laurent,
      Mets le couteau dedans.

      ◊ (...)
        Attends Saint-Laurent
        Pour fouiller dedans.

559   Pour la Sainte-Madeleine,
      La noisette pleine,
      Le raisin coloré,
      Le blé fermé.

560   À la Sainte-Madeleine,
      L'amande est pleine,
      Le raisin change,
      La figue mûre,
      Le blé dedans.

## SAINT-JACQUES                                       25 juillet

561   Si Saint-Jacques est serein,
      L'hiver sera dur et chagrin.

562   Saint-Jacques pluvieux,

Les glands malheureux.

563 De glands sera votre porc dépouillé
Si, la Saint-Jacques, votre toit est mouillé.

◊ Si à la Saint-Jacques votre toit est mouillé,
De glands sera le porc privé.

## SAINTE-ANNE                                      26 juillet

564 De Sainte-Anne à Saint-Laurent,
Plante des raves en tout temps.

565 Pour Sainte-Anne, pluie,
L'eau est une manne.

566 S'il pleut pour la Sainte-Anne,
Il pleut un mois et une semane [semaine].

● On aura deviné qu'en certains patois, semaine se prononce *semane*.

567 Sainte-Anne
Renverse la channe.

● La *channe* est un mot de Suisse romande qui est l'équivalent de « pot ».

## LES SEPT DORMANTS                                27 juillet

568 Les Sept Dormants
Redressent le temps.

## SAINT-SAMSON                                     28 juillet

569 Si le jour de Saint-Samson
Le pinson est au buisson,
Tu peux, bon vigneron,
Défoncer ton poinçon.

## SAINTE-MARTHE                                    29 juillet

570 Mauvais temps le jour de Sainte-Marthe
N'est rien, car il faut qu'il parte.

## SAINT-GERMAIN                                    31 juillet

571 Pourvu qu'à la Saint-Germain,
Le Bon Dieu ne soit pas parrain !

● Ce qui signifie joliment : pourvu que le Bon Dieu n'offre pas des dragées sous forme de grêle.

572 Chaleur du jour de Saint-Germain
Met à tous le pain dans la main.

573 S'il pleut à la Saint-Germain,
C'est comme s'il pleuvait du vin.

# AOÛT

574    Temps trop beau en août
       Annonce hiver en courroux.

575    Quand il pleut en août,
       Il pleut miel et bon moût.

      ◊ Mois d'août pleureux
        Rend le cep vineux.

576    Jamais d'août la sécheresse
       N'amènera la richesse.

577    Pluie d'août fait truffes et marrons.

      ◊ Quand il pleut au mois d'août,
        Les truffes sont au bout.
      • Dicton périgourdin.

578    Soleil rouge en août,
       C'est de la pluie partout.

      *var. (forme longue) :*
      ◊ En août, le soleil se levant comme un rouge miroir
        Annonce de l'eau pour le soir.
        Mais s'il est rouge le soir,
        D'un beau jour pour demain il nous donne l'espoir.

579    Dieu nous garde des fanges d'août
       Et des poussières de mai surtout !

580    Chaleur d'août,
       C'est du bien partout.

581    Au mois d'août,
       Il fait bon aller chercher salade et ciboule.

582    Le mois d'août
       N'a jamais fait grossir le Doubs.

583    C'est le mois d'août
       Qui donne bon goût.

584    Quand le mois d'août a été « mouilleux »,
       On a un gros printemps.
      • Ce dicton, comme le suivant, concerne les érables et la récolte des sucres au Québec.

585    Quand le mois d'août a été sec,
       On a un petit printemps.
      • On dit, en effet, que c'est au mois d'août que les érables font leur réserve de sève.

586    Les poulets du mois d'août
       N'ont jamais le derrière clos.
      • Les poulettes nées au mois d'août sont de bonnes pondeuses.

587    Les nuits d'août
       Trompent les sages et les fous.

● ... parce qu'il y a de brusques orages.

588 Tonnerre d'août,
Belle vendange et bon moût.

589 S'il tonne en août,
Grande prospérité partout,
Mais des maladies beaucoup.

590 Au mois d'août,
Le vent est fou.

591 Ce que le mois d'août ne mûrira pas,
Ce n'est pas septembre qui le fera.

592 Août mûrit les fruits,
Septembre les cueille.

593 Août mûrit, septembre vendange ;
En ces deux mois, tout bien s'arrange.

594 Août pluvieux,
Cellier vineux.

595 En août,
Les gélines sont sourdes.
● Car les poules ne font pas, ce mois-là, entendre leur caquetage.

596 En août et en vendanges,
Il n'y a ni fêtes, ni dimanches.

597 Au mois d'août,
Femmes, retirez-vous !

598 En août, quiconque dormira
Sur midi, s'en repentira.

◊ Au soleil, qui s'endormira,
En août s'en repentira.

◊ Soit dans un pré, soit au soleil,
Est nuisible en août le sommeil.

◊ Quand même la couche serait à ton goût,
Ne dors pas sous le soleil d'août.

599 Quiconque se marie en août,
Souvent n'amasse rien du tout.

600 Il faut cueillir les choux
L'un des trois premiers jours d'août.

601 Tels les trois premiers jours d'août,
Tel le temps de l'automne.

## SAINT-PIERRE-ÈS-LIENS                                            1<sup>er</sup> août

602 S'il pleut à la Saint-Pierre-ès-Liens,
Les noisettes ne vaudront rien.

603   Lorsqu'il pleut au 1ᵉʳ août,
      Les noisettes sont piquées de poux.

## SAINT-DOMINIQUE                                          4 août

604   À la Saint-Dominique,
      Te plains pas si le soleil pique.

## SAINT-LAURENT                                          10 août

605   Saint-Laurent
      Partage l'été par le milieu.

606   Pour Saint-Laurent,
      Tout fruit est bon pour les dents.

607   À la fête de Saint-Laurent,
      Si noix est, regardez dedans.

608   À la Saint-Laurent,
      La noisette craque sous la dent.

609   À Saint-Laurent,
      Betterave profite amplement.

610   À la Saint-Laurent,
      La faucille au froment.

611   S'il pleut à la Saint-Laurent,
      La pluie est encore à temps.

612   De Saint-Laurent à Notre-Dame,
      La pluie n'afflige pas l'âme.

613   Froidure à la Saint-Laurent,
      Froidure à la Saint-Vincent.

## SAINTE-SUZETTE                                          11 août

614   À la Sainte-Suzette,
      Veau bien venu qui tète.

## SAINTE-CLAIRE                                          12 août

615   Si, le jour de Sainte-Claire,
      La journée est chaude et claire,
      Comptez sur les fruits à couteau,
      À coup sûr ils seront beaux.

## SAINTE-RADEGONDE                                          13 août

616   S'il pleut le jour de Sainte-Radegonde,
      Misère abonde sur le monde.

## SAINTE-EUSÈBE 14 août

617 À la Saint-Eusèbe,
Au plus tard, fais battre la gerbe.

618 À la Saint-Eusèbe,
Ponte de poule est faible.

**mi-août**

619 À la mi-août,
L'hiver est au bout.

◊ À la mi-août,
L'hiver se noue.

620 À la mi-août,
Les noix ont le ventre roux.

621 Au 15 août, le coucou perd son chant ;
C'est la caille qui le reprend.

## L'ASSOMPTION 15 août

622 La Vierge du 15 août
Arrange ou défait tout.

623 S'il pleut pour l'Assomption,
Tout va en perdition.

624 Quand il pleut le jour de l'Assomption
Il pleut jusqu'à la Nativité.

● C'est-à-dire jusqu'au 8 septembre (Nativité de la Vierge).

625 Pluie de l'Assomption,
Huit jours de mouillon.

626 À la Dame d'août,
Le dormeur dort son saoûl.

## LES DEUX NOTRE-DAME

● Période qui va du *15 août* (Assomption) *au 8 septembre* (jour de la Nativité de la Vierge).

627 Les œufs pondus entre les deux Notre-Dame
Se gardent plus longtemps que les autres.

◊ Les œufs pondus entre les deux Notre-Dame
Ne se gâtent jamais.

● On rencontre la même croyance pour les œufs de la Pentecôte et pour ceux du Vendredi saint ; Déjeuner avec deux œufs pondus le Vendredi saint préserve de la fièvre ; jeté dans un incendie allumé par la foudre, l'œuf pondu entre les deux Notre-Dame l'éteint aussitôt.

628 Pluie entre Notre-Dame
Fait tout vin ou tout châtaigne.

629   Entre les deux Notre-Dame,
      Jamais serpent n'a osé se montrer.

## SAINT-ROCH                                          16 août

630   Après Saint-Roch,
      Aiguise ton soc!

      • C'est, en effet, le moment de commencer les labours pour les semailles d'automne.

## SAINTE-HÉLÈNE                                        18 août

631   Vigneron qui prie Sainte-Hélène
      Ne perd pas sa peine.

632   À la Sainte-Hélène,
      La noix est pleine
      Et le cerneau
      Se met dans l'eau.

## SAINT-BERNARD                                        20 août

633   Quand arrive la Saint-Bernard,
      Si tu n'es pas en retard,
      Ton blé n'est plus sous le hangar
      Et le moissonneur a sa part.

## SAINT-BARTHÉLEMY                                     24 août

634   Saint-Barthélemy, paye qui doit.

      • « À cette époque, le blé est engrangé, et on peut le vendre pour payer ses dettes.
      Voilà pourquoi les échéances étaient jadis fixées à la Saint-Barthélemy » (Jean-François Bladé).

635   Pluie à la Saint-Barthélemy,
      Chacun en fait fi.

      *var. (forme longue) :*

      ◊ S'il pleut pour Saint-Laurent,
        La pluie est bien à temps.
        À Notre-Dame même,
        Chacun encore l'aime.
        Mais à la Saint-Barthélemy,
        Tout le monde en fait fi.

636   À la Saint-Barthélemy : la perche au noyer,
      Le trident au fumier.

637   Cigognes à la Saint-Barthélemy,
      Un doux hiver nous est promis.

638   À la Saint-Barthélemy,
      La grenouille sort de son nid.

**SAINT-LOUIS** 25 août

639 Si la lune de Saint-Louis
Se fait en beau, sois réjoui. [Suisse romande]

**SAINT-EBBON** 27 août

640 Qui pluie demande à Saint-Ebbon
N'est jamais laissé à l'abandon.

**SAINT-AUGUSTIN** 28 août

641 C'est comme s'il pleuvait du vin,
Fine pluie à Saint-Augustin.

# SEPTEMBRE

642 Septembre se nomme
Le mai de l'automne.

643 Bel automne vient plus souvent
Que beau printemps.

644 Septembre en sa tournure,
De mars suivant fait la figure.

645 Septembre emporte les ponts ou tarit les fontaines.

646 Septembre nous produit
Le plus délectable des fruits.

647 Vins de septembre
Font les femmes étendre.

648 Septembre humide :
Pas de tonneau vide.

649 Aux mois qui sont écrits en « R »,
Il faut mettre de l'eau dans son verre.
 • Ce qui veut dire que, pendant les grands froids, de septembre à avril, il faut surveiller sa santé.

650 En septembre,
Les feignants peuvent s'aller pendre.
 • « *Feignant*, ce n'est pas *fainéant*, qu'on prononçait *fait-niant*; c'est le participe présent du vieux verbe "feindre" qui signifiait hésiter, reculer devant l'effort » (Henri Pourrat).

651 En septembre,
Le raisin ou la figue pendent.

652 En septembre,
Si tu es prudent, achète grains et vêtements.

## SAINT-LOUP                                              1ᵉʳ septembre

653  À la Saint-Loup,
La lampe au clou.
- C'est à partir de cette date que les ouvriers commencent à travailler à la lumière de la lampe.

## SAINT-ONÉSIPHORE                                        6 septembre

654  À la Saint-Onésiphore,
La sève s'endort.

## NATIVITÉ DE LA VIERGE                                   8 septembre

655  Le temps de la Nativité
Dure tout un mois sans variété.

656  À la Nativité
Commence la maturité.
- Il s'agit de la maturité du raisin.

657  Après la Nativité,
Le regain ne peut plus sécher.

658  À la Bonne Dame de septembre,
Tout fruit est bon à prendre.

659  À la Bonne Dame de septembre,
Bonhomme, allume ta lampe;
Quand vient le Vendredi saint,
Bonhomme, ta lampe éteins.

## SAINTE-HYACINTHE                                        11 septembre

660  Tu peux semer sans craintes
Quand arrive la Sainte-Hyacinthe.

## SAINTE-AUBIERGE                                         12 septembre

661  À la Sainte-Aubierge
Vole fil de la Vierge.

## SAINT-ALBIN                                             15 septembre

662  La rosée de Saint-Albin
Est, dit-on, rosée de vin.

## SAINT-REGNOBERT                                         16 septembre

663  C'est la Saint-Regnobert;
Qui quitte sa place la perd.
- Ce dicton concerne les ouvriers agricoles; voir le suivant.

### SAINT-LAMBERT                                    17 **septembre**

664   Le jour de la Saint-Lambert,
      Qui quitte sa place la perd.

      • À cette époque de l'année, il y a peu de chance pour les domestiques de ferme de
        retrouver du travail s'ils ont quitté leur patron.

665   La pluie au jour de Saint-Lambert,
      Il y en a pour un novennaire.

      • C'est-à-dire l'espace d'une neuvaine.

### SAINT-JANVIER                                    19 **septembre**

666   Qui sème à la Saint-Janvier
      De l'an récolte le premier.

667   À Saint-Janvier,
      Les chrysanthèmes repoussent du pied.

### SAINT-EUSTACHE                                   20 **septembre**

668   Gelée blanche de Saint-Eustache
      Grossit le raisin qui tache.

### SAINT-MATTHIEU                                   21 **septembre**

669   Quand il pleut à la Saint-Matthieu,
      Fais coucher tes vaches et tes bœufs.

      • Il faut alors rentrer le bétail à la ferme, parce qu'il ne peut plus coucher dehors, le
        sol étant détrempé.

670   Si Matthieu pleure au lieu de rire,
      Le vin en vinaigre vire.

### L'AUTOMNE                                        21 **septembre**

671   Chaleur de l'automne pique fort
      Et cause à bien des gens la mort.

672   Fièvre qui vient pendant l'automne
      Est bien longue ou la mort donne.

673   Automne en fleurs,
      Hiver plein de rigueurs.

### SAINT-MAURICE                                    22 **septembre**

674   Semis de Saint-Maurice,
      Récolte à ton caprice.

      ◊ Sème tes pois à la Saint-Maurice,
        Tu en auras à ton caprice.

**SAINT-FIRMIN**                                              **25 septembre**

675   À la Saint-Firmin,
      L'hiver est en chemin.

**SAINTE-JUSTINE**                                            **26 septembre**

676   À Sainte-Justine,
      Toute fleur s'incline.

**SAINT-MICHEL**                                              **29 septembre**

677   À la Saint-Michel,
      Regarde le ciel;
      Si l'ange se baigne l'aile,
      Il pleut jusqu'à Noël.

678   À Saint-Michel,
      Départ d'hirondelles.

679   Quand les hirondelles voient la Saint-Michel,
      L'hiver ne vient qu'à Noël.

      ◊ Quand l'hirondelle veut voir la Saint-Michel,
        On n'aura d'hiver qu'après la Noël.

680   Toutes les pluies perdues
      Par Saint-Michel sont rendues.

      • C'est-à-dire qu'il se met alors à pleuvoir tout ce qui n'a pas pu tomber pendant l'été.

      ◊ Toutes les pluies perdues
        Sont à Saint-Michel rendues.

681   Pluie de Saint-Michel sans orage,
      D'un hiver doux est le présage.

682   De Saint-Michel à la Toussaint,
      Laboure grand train.

683   À la Saint-Michel,
      Le goûter remonte au ciel.

      ◊ À la Saint-Méchie,
        Lai mercie
        Monte au cie.

      • «Lai mercie», en patois franc-comtois, est le repas de quatre heures. Le dicton signi-
        fie que le repas de quatre heures, comme celui de dix heures disparaît, les journées
        étant devenues trop courtes. Ne subsistent donc plus que trois repas au lieu de cinq.

684   Saint-Michel
      Emporte le goûter au ciel;
      Saint-Mathias le redescend.

      • La fête de saint Mathias se situe le 24 février, quand les activités, autres qu'hivena-
        les, reprennent à la ferme.

685   À la Saint-Michel,
      La chaleur va dans le ciel.

686 À la Saint-Michel,
Cueille ton fruit tel quel.

## SAINT-JÉRÔME                                    **30 septembre**

687 À la Saint-Jérôme,
Hoche tes pommes.


# OCTOBRE

688 Octobre en bruine,
Hiver en ruine.

689 Octobre glacé
Fait vermine trépasser.

690 Vent d'octobre est la mort des feuilles.

691 Brouillards d'octobre et pluvieux novembre
Font bon décembre.

692 Brouillard d'octobre, pluie de novembre,
Beaucoup de biens du ciel font descendre.

693 En octobre, qui ne fume rien
Ne récolte rien.

694 Quand octobre prend sa fin,
Dans la cuve est le raisin.

## SAINT-RÉMY                                       **1er octobre**

695 À la Saint-Rémy,
Les perdreaux sont pris.

696 À la Saint-Rémy,
La grande chaleur, fini.

697 À la Saint-Rémy,
Cul assis.

## SAINT-LÉGER                                      **2 octobre**

698 À la Saint-Léger,
Faut se purger.

699 Ne sème point au jour de Saint-Léger
Si tu veux blé trop léger.
Sème au jour de Saint-François,
Il te rendra grain de bon poids.
Mais n'attends pas la Saint-Bruno,
Ton blé serait abruné.

● *Abrumé* signifie « noirci ». La Saint-Bruno se fête le 6 octobre.

## SAINT-FRANÇOIS                                4 octobre

700   À la Saint-François, on sème,
      Si l'on veut, et plus tôt même.

701   À la Saint-François,
      La bécasse est au bois.

702   À Saint-François d'Assise,
      Si tu bâtis, sois prudent pour tes assises.

## SAINT-PLACIDE                                 5 octobre

703   À la Saint-Placide,
      Le verger est vide.

## SAINT-SERGE                                   7 octobre

704   À Saint-Serge,
      Achetez vos habits de serge.

## SAINT-DENIS                                   9 octobre

705   À la Saint-Denis,
      Bécasse en tout pays.

706   Beau temps à la Saint-Denis,
      Hiver pourri.

707   S'il fait beau à la Saint-Denis,
      L'hiver sera bientôt fini.

708   S'il pleut à la Saint-Denis,
      La rivière sort neuf fois de son lit.

709   À la Saint-Denis
      La bonne sèmerie.

      ◊ Sème à la Saint-Denis,
        Tu contempleras les semis.

      ◊ Qui sème à la Saint-Denis
        Comptera les semis.

      ◊ Le jour de la Saint-Denis,
        Le vent se marie à minuit.

## SAINTE-EUGÉNIE                               15 octobre

710   À la Sainte-Eugénie,
      Dans la grasse Normandie,
      Les semailles sont finies.

## SAINT-GALL, SAINT-LÉOPOLD                    16 octobre

711   Pour la Saint-Gall, le raisin
      Fait du mauvais vin.

712  Coupe ton chou à la Saint-Gall,
     En hiver c'est un vrai régal.

713  À la Saint-Léopold
     Couvre tes épaules.

## SAINT-LUC                                                          18 octobre

714  À la Saint-Luc, la pluie du vallon
     Fait de la neige sur le mont.

715  À la Saint-Luc,
     Sème dru,
     Ou ne sème plus.

716  À Saint-Luc,
     Betterave devient sucre.

## SAINT-VALLIER                                                      22 octobre

717  À la Saint-Vallier,
     La charrue sous le poirier.
     La Toussaint venue,
     Quitte la charrue.

## SAINT-RENOBERT, SAINT-RAPHAËL                                      24 octobre

718  À la Saint-Renobert,
     On met les choux par terre.

719  À la Saint-Raphaël,
     La chaleur monte au ciel.

## SAINT-CRÉPIN                                                       25 octobre

720  À la Saint-Crépin,
     Les mouches voient leur fin.

     ◊ Saint-Crépin,
       La mort aux mouches.

     ● Les mouches n'incommodent plus, à cette époque de l'année, les chevaux de labour.
       En effet, il en survit peu à l'approche de l'hiver.

## SAINT-ÉVARISTE                                                     26 octobre

721  À Saint-Évariste,
     Jour de pluie, jour triste.

## SAINTE-ANTOINNETTE                                                 27 octobre

722  À la Sainte-Antoinette,
     La neige s'apprête.

## SAINT-SIMON et JUDE                                    **28 octobre**

723    À la Saint-Simon
       L'éventail se repose.
       • Il n'est plus besoin de chasser les mouches.

724    À la Saint-Simon,
       Une mouche vaut un mouton.

       ◊ À la Saint-Simon,
         Une mouche vaut un pigeon ;
         Mais passé la Saint-Simon,
         Le pigeon ne vaut qu'un moucheron.

725    À la Saint-Simon,
       La neige sur le tison.

726    Quand Simon et Jude n'apportent pas la pluie,
       Elle n'arrive qu'à la Sainte-Cécile.
       • La Sainte-Cécile est le 22 novembre.

727    À la Sainte-Simone,
       Il faut avoir rentré ses pommes.

## SAINT-NARCISSE                                        **29 octobre**

728    Saint-Narcisse,
       De six à six.
       • Ce dicton veut-il dire qu'il fait nuit de six heures du soir à six heures du matin ?

# NOVEMBRE

729    Novembre,
       Toussaint le commande,
       Saint-André le voit descendre.
       • Saint André se fête le 30 novembre.

730    Le mois des brumes réchauffe par devant
       Et refroidit par derrière.

731    Quand en novembre il a tonné,
       L'hiver est avorté.

732    En novembre,
       Fou engendre :
       En août gît sa femme.
       • Ce qui veut dire qu'en août, la femme du paysan, engrossée en novembre, étant en
       couches, sera incapable de l'aider au mois des récoltes.

## LA TOUSSAINT                                          **1ᵉʳ novembre**

733    Quand d'octobre vient la fin,
       Toussaint est au matin.

◊ Quand octobre prend sa fin,
La Toussaint est au matin.

734   Le mois de novembre est malsain :
Il fait tousser dès Toussaint.

735   À la Toussaint
Manchons aux bras, gants aux mains.

◊ Pour la Toussaint,
Laisse l'éventail et prends les gants.

736   De la Toussaint aux Avents,
Jamais trop de pluie ou de vent.

737   La Toussaint venue,
Laisse-là ta charrue.

◊ Le Jour des Morts, ne remue pas la terre,
Si tu ne veux sortir les ossements de tes pères.
Quand la semaille réussit après Toussaint,
Le père ne doit pas le dire à son fils.

738   À la Toussaint, les blés semés,
Et tous les fruits serrés.

◊ À la Toussaint, blé semé
Aussi le fruit enfermé.

739   Vent de Toussaint,
Terreur de marin.

740   À la Toussaint
Le froid revient
Et met l'hiver en train.

741   À la Toussaint
Commence l'été de la Saint-Martin.

● Période reconnue de réchauffement de la température, d'une durée de quelques
jours. C'est pourquoi Saint-Martin a reçu le surnom de Bouillant.

742   Été de la Saint-Martin
Dure trois jours et un brin.

743   Été de la Saint-Martin,
Qui dure du soir au matin,
Avec la neige en chemin.

744   Telle Toussaint, tel Noël,
Tel jour de Saint-Michel,
Pâques au pareil.

## SAINT-CHARLES                                    **4 novembre**

745   À Saint-Charles,
La gelée parle.

### JOUR DES RELIQUES                                          8 novembre

746   Il pleut au saint jour des Reliques
Et vente à décorner les biques.
Mais souvent le grand Saint-Martin,
Pour trois jours sèche le chemin.

### SAINT-MARTIN                                             11 novembre

747   À la Saint-Martin,
L'hiver est en chemin,
Manchons aux bras et gants aux mains.

748   Pour la Saint-Martin,
La neige est en chemin ;
Pour Sainte-Catherine,
Elle est à la courtine.

749   Si l'hiver va droit son chemin,
Vous l'aurez à la Saint-Martin ;
Et s'il trouve quelque encombrée,
Vous l'aurez à la Saint-André.

    ◊ À la Saint-Martin,
     L'hiver est en chemin ;
     À la Saint-André,
     Il est tout acheminé.

    *var. (forme longue) :*
    ◊ Si l'hiver va droit son chemin,
     Vous l'aurez à la Saint-Martin ;
     S'il n'arreste tant ne quant,
     Vous l'aurez à la Saint-Clément ;
     Et s'il trouve quelque encombrée,
     Vous l'aurez à la Saint-André.
     Mais s'il allait ce ne say, ne l'ay,
     Vous l'avez en avril ou may.       (Calendrier des bons laboureurs pour 1618.)

750   Saint-Martin,
Saint-Tourmentin.

    ● Novembre est le mois des bourrasques.

751   Si le vent du Sud souffle pour la Saint-Martin,
L'hiver ne sera pas coquin.

752   Si le brouillard entoure Saint-Martin,
L'hiver passe tout bénin.

753   À la Saint-Martin,
La chasse prend fin.

754   Saint-Martin
Fait le blé fin.

755   Si tu veux tromper ton voisin
Fume tes prés pour la Saint-Martin.

◇ Fume tes prés à la Saint-Martin,
Tu récolteras toujours bien.

*var. (forme longue) :*

◇ Veux-tu surprendre ton voisin ?
Plante le mûrier gros, mais sain,
Le peuplier droit, le figuier nain,
Et fume tes prés à la Saint-Martin.

756  Pour Saint-Martin,
Mène la chèvre au bouquin.

● Pour avoir des chevreaux en avril.

757  À la Saint-Martin,
Les vaches au lien.

● Ce dicton de Franche-Comté et de Suisse romande signifie que l'on rentrait, à ce
moment de l'année, les vaches du pâturage.

758  Pour la Saint-Martin,
Le moût est vin.

◇ À la Saint-Martin,
Bonhomme, bonde ton vin !

◇ À la Saint-Martin,
Bouche ton tonneau, tâte ton vin.

759  À la Saint-Martin,
Bois le vin, Et laisse l'eau aller au moulin !

760  À la Saint-Martin,
Jeune ou vieux, bois le vin !

761  À la Saint-Martin,
Tire ton vin,
Saint-Martin
Le met en chemin.

762  À la Saint-Martin,
Faut goûter le vin.
Notre-Dame d'après,
De la table, il est près.

● *Notre-Dame d'après* est la fête du 8 décembre. « Ce jour-là il fallait boire tout ce qui
restait de l'ancienne récolte pour faire place à la nouvelle, ce qui se nommait
"prendre le vieux", autrement dit "se saoûler". "Avoir le mal de Saint-Martin"
désigne un ivrogne. En Touraine, "martiner", c'est finir la tirée et boire du vin doux,
ou vin nouveau, en mangeant des châtaignes » (Arnold Van Gennep).

763  Qui veut du mal à son voisin,
Lui fait acheter un gouris de la Saint-Martin.

● En franc-comtois, un *gouris* est un cochon. Les plus difficiles à élever sont ceux qui
sont nés en automne.

764  Tue ton cochon à la Saint-Martin
Et invite ton voisin.

765  À la Saint-Martin, bonde ta barrique
Vigneron, fume ta pipe,

Mets l'oie au toupin
Et... convie ton voisin!

● La Saint-Martin est un jour de ripailles : jusqu'au XIIIᵉ siècle, on appelait *petit carême*
la période entre la fin novembre et le 24 décembre, temps de préparation religieuse à
la fête de Noël, comme le Carême achemine à celle de Pâques.

## SAINTE-ÉLISABETH                                        19 novembre

766    Sainte-Élisabeth nous montre quel bonhomme l'hiver sera.

767    À Sainte-Élisabeth,
       Tout ce qui porte fourrure n'est point bête.

## SAINTE-CÉCILE                                           22 novembre

768    Pour Sainte-Cécile,
       Chaque fève en fait mille.

## SAINT-CLÉMENT                                           23 novembre

769    Passé la Saint-Clément,
       Ne sème plus froment.

770    Quand l'hiver vient doucement,
       Il est là à la Saint-Clément.

## SAINTE-FLORA                                            24 novembre

771    À Sainte-Flora,
       Plus rien ne fleurira.

## SAINTE-CATHERINE                                        25 novembre

772    À la Sainte-Catherine,
       L'hiver s'aberline.
       À la Saint-André,
       Il est aberliné.

773    À la Sainte-Catherine,
       Tout bois prend racine.

774    Quand Sainte-Catherine au ciel fait la moue,
       Il faut patauger longtemps dans la boue.

775    Pour la Sainte-Catherine,
       Le porc couine.

       ● C'est l'époque où l'on tue le cochon.

776    Sainte-Catherine ne va pas sans un blanc manteau.

       ◇ Sainte-Catherine
         Amène la farine.

       ◇ Sainte-Catherine
         Amène la vouétine.

       ● *Vouétine* = ouatine, en franc-comtois.

777  Pour Sainte-Catherine,
Fais de la farine,
Car pour Saint-André,
Le bief sera gelé.

778  À la Sainte-Catherine,
Les sardines tournent l'échine.
À la Saint-Blaise,
Elles reparaissent.
- Saint-Blaise se fête le 3 février.

779  Sainte-Catherine, toute fille veut la fêter,
Mais point ne veut la coiffer.

## SAINTE-DELPHINE                    26 novembre

780  À Sainte-Delphine,
Mets ton manteau à pèlerine.

## SAINT-SÉVERIN                    27 novembre

781  À Saint-Séverin,
Chauffe tes reins.

## SAINT-ANDRÉ                    30 novembre

782  Neige de Saint-André
Peut cent jours durer.

783  À la Saint-André,
La terre retournée,
Le blé semé,
Il peut neiger.

784  Quand l'hiver n'est pas pressé,
Il arrive à la Saint-André.

785  À la Saint-André, la nuit
L'emporte sur le jour qui suit.

786  Pour Saint-André,
Qui n'aura pas de cape, doit l'emprunter.

787  Pour que tout marche à son gré,
Jeûnez à la Saint-André.

# DÉCEMBRE

788  Décembre prend,
Il ne rend.

789  Décembre aux pieds blancs s'en vient,
     An de neige est an de bien.

790  Décembre, de froid trop chiche,
     Ne fait pas le paysan riche.

     *var. (forme longue) :*

     ◊ En décembre froid,
       Si la neige abonde,
       En une année féconde
       Le laboureur a foi.

791  Quand l'eau sort
     Au mois mort,
     Toute l'année elle sort.

792  En décembre, fais du bois
     Et endors-toi.

## SAINT-ÉLOI                                    1ᵉʳ décembre

793  Lorsque Saint-Éloi
     A bien froid,
     Quatre mois dure le grand froid.

## LES AVENTS                    Les 4 semaines précédant Noël

● Cette période qui annonce l'arrivée du Christ est aussi appelée « petit carême ».

794  Le mois de l'Avent
     Est de pluie et de vent,
     Tire ton bonnet jusqu'aux dents.

795  La neige des Avents
     A de longues dents.

     ◊ La neige de l'Avent
       Gèle très facilement.

796  Quand secs sont les Avents,
     Abondant sera l'an.

797  Il faut les Avents froids et secs,
     Si l'on veut boire sec.

798  Il fait bon semer dans les Avents,
     Mais il ne faut pas le dire aux enfants.

799  Chaque chose en son temps ;
     Les navets et les choux pour le mois de l'Avent.

800  Pluie d'orage dans les Avents
     Empêche l'hiver d'arriver en son temps.

     ◊ Pluie orageuse dans l'Avent,
       L'hiver n'arrive pas à temps.

801  Tel Avent,
     Tel printemps.

802   Quand les Avents de Noël sont fleuris,
Il y aura abondance de fruits.

    ● Curieux dicton, qui joue sur les mots. En patois franc-comtois, les *avants* ou *avans*, sont les osiers qu'il faut couper aux «Avents» de Noël.

## SAINTE-BARBE     4 décembre

803   À la Sainte-Barbe,
Le soleil peu arde.

## SAINT-NICOLAS     6 décembre

804   Le jour de Saint-Nicolas
De décembre est le moins froid.

    ◊ L'hiver est déjà las
À la Saint-Nicolas.

805   Neige de Saint-Nicolas donne froid
Pour trois mois.

806   Saint-Nicolas fait les bons mariages,
Guérit de la fièvre et de la rage.

## SAINT-AMBROISE     7 décembre

807   Quand Saint-Ambroise voit neiger,
De dix-huit jours de froid nous sommes en danger.

808   À la Saint-Ambroise,
Du froid pour huit jours.

## SAINTE-JULIE     10 décembre

809   À Sainte-Julie,
Le soleil ne quitte pas son lit.

## SAINTE-CONSTANCE     12 décembre

810   À Sainte-Constance,
Plein hiver en France.

## SAINTE-LUCE     13 décembre

    ● Nous avons regroupé ici les dictons sur la croissance des jours.

811   À la Sainte-Luce,
Le jour croît du saut d'une puce.
À la Saint-Thomas,
Du saut d'un tât [lézard, salamandre].
Pour la Nau [Noël]
D'un pas de jau [jars].
À l'an neuf,
Du pas d'un bœuf.
Aux Rois,

Du pas d'une oie.
À la Saint-Hilaire,
D'une heure de bergère.
À la Saint-Antoine,
Du repas d'un moine.
À la Saint-Vincent,
D'une heure grand.
À la Saint-François,
De la patte de l'oie.
À la Chandeleur,
De deux petites heures.
À la Saint-Barnabé,
Du saut d'un baudet.

● Cette longue litanie regroupe des dictons qui peuvent se rencontrer dispersés, celui de la Sainte-Luce est, de loin, le plus célèbre.

◊ Al Saint-Thomas,
Du saut d'un cat.
Au Noë,
Du saut d'un baudet.
Au bon an,
D'un pas de sergent.
Aux rois,
On s'en aperçoit.
Al Candelée,
A tout allée.

● Dicton picard.

◊ À la Sainte-Luce,
Les jours allongent d'un pas de russe.

◊ À la Saint-Thomas,
Les jours rallongent du cri du jars.

◊ (...)
Les jours s'agrandissent d'un pas.

◊ Au Nouvel An,
Les jours croissent du pas d'un serpent.

◊ (...)
Les jours croissent d'un vol de faisan.

◊ (...)
Pour les Rois,
Fou qui ne s'en aperçoit.

◊ (...)
D'un écheveau de soie.

◊ À la Saint-Sébastien,
Les jours rallongent du pas d'un chien.

● La Saint-Sébastien se place le 20 janvier.

◊ À la Chandeleur
Les jours rallongent du repas d'une épouse.

◊ À la Chandeleur,
Le jour croît d'une heure ;
Rougi de douleur,
Le bout du nez pleure.

● Ce dicton fut aussi populaire que celui de la Saint-Médard. De fait, avant 1582, les jours diminuaient jusqu'au 11 décembre. Ils recommençaient à augmenter le 13 décembre, qui correspondait alors, comme le 23 aujourd'hui, au lendemain du solstice d'hiver.

## HIVER                                                    21 décembre

812  L'hiver n'est pas bâtard,
     Quand il ne vient pas tôt, il vient tard.

813  Le loup ne mange pas l'hiver.
     ● C'est-à-dire qu'il faut que l'hiver se fasse.

814  L'hiver mange le printemps, l'été, l'automne.

815  En hiver, partout pleut ;
     En été, là où Dieu veut.

816  Hiver, sitôt qu'il est trop beau,
     Nous promet un été plein d'eau

817  En hiver, eau ou bruine,
     Vent, neige ou grêle pour voisine.

818  Soleil d'hiver, amour de paillarde,
     Tard vient et peu tarde.

819  Belle nuit en hiver,
     Jour qui suit souvent couvert.

820  En hiver, sombre nuit,
     Le lendemain beau jour luit.

821  Pendant les glaces de l'hiver
     Ne faut les terres cultiver.

822  Des neiges, avec bon hiver,
     Mettent bien du bien à couvert.

823  L'hiver nous fait plus de mal que l'été ne nous fait de bien.

824  Si l'hiver est chargé d'eau,
     L'été ne sera que plus beau.

     ◊ À l'hiver, s'il est en eau,
       Succède été bon et beau.

825  Soleil d'hiver, tard levé,
     Bientôt couché et caché.

826  L'hiver n'est bon que pour les choux
     Et pour faire gagner la toux.

827  Autant de jours d'hiver passés,
     Autant d'ennemis renversés.

828  Quand en hiver est été,

Mais en été l'hivernée,
Cette contrariété
Ne fit jamais bonne année.

829   Serein l'hiver, pluie en été,
      Ne font pas grande pauvreté.

830   Doux hiver, printemps desséché,
      Pénible hiver, printemps mouillé.

831   Hiver rude et tardif
      Rend le pommier productif.

832   Après un hiver froid, n'attends jamais de pluie :
      La source, dans les airs, semble en être tarie.

833   En hiver, plus même qu'en été,
      Est incommode pauvreté.

## SAINT-THOMAS                              21 décembre

834   À la Saint-Thomas
      On marie les filles avec les gars.

835   À la Saint-Thomas
      Les jours sont bien bas.

836   S'il gèle à la Saint-Thomas,
      Il gèlera encore trois mois.

837   À la Saint-Thomas,
      Cuis ton pain, lave tes draps,
      Dans trois jours Noël t'auras.

## NOËL                                      25 décembre

838   Noël et Saint-Jean
      Partagent l'an.

839   Un mois avant et après Noël,
      L'hiver se montre plus cruel.

840   Noël porte l'hiver dans une besace :
      Quand il ne l'a pas devant, il l'a derrière.

841   Vent qui souffle à la sortie de la messe de minuit
      Dominera l'an qui suit.

842   Après Noël,
      Brise nouvelle.

843   Noël humide,
      Greniers et tombeaux vides.

844   Quand Noël est étoilé,
      Force paille, guère de blé.

845 Claire nuit de Noël,
Claire javelle.

846 À Noël, nuit noire,
Signe de blé noir.

847 Quand Noël est sans lune,
De cent brebis il n'en demeure une.

● L'absence de lune durant la nuit de Noël est un présage de mortalité des brebis.

848 Qui va à la messe de minuit avec la lune,
De deux brebis doit en vendre une.

● C'est-à-dire que la récolte sera mauvaise.

849 Noël un mardi,
Mauvais pour les semis.

850 Noël un samedi,
An où tout le monde mendie.

851 À la Noël, froid dur,
Annonce épis durs.

852 À Noël, les limas,
À Pâques, les grouas.

● Dicton d'Ille-et-Vilaine qui veut dire que, si les limaces sortent à Noël, il y aura de la
glace à Pâques.

853 Vert Noël,
Blanches Pâques.

◊ Qui prend le soleil à Noël,
À Pâques se gèle.

854 Noël au balcon,
Pâques au tison.

◊ Noël au buisson (...)

◊ Noël au perron (...)

855 À Noël, les moucherons,
À Pâques, les glaçons.

◊ Mouches noires à Noël,
Mouches blanches à Pâques.

● Les *mouches blanches* de Pâques sont la métaphore des flocons de neige.

856 Quand à Noël
Tu prends le soleil,
À Pâques tu te rôtiras l'orteil.

857 Qui se chauffe au soleil à Noël, le saint jour,
Devra brûler du bois quand Pâques aura son tour.

858 Quand on mange le gâteau au chaud,
On mange les œufs derrière le fourneau.

● Le gâteau correspond à notre bûche de Noël et les œufs à ceux de Pâques.

859   Quand on mange les bouquettes à la porte,
      On mange les cocognes au coin du feu.

      • Les *bouquettes* ou *cougnons* sont, en Belgique, les petits pains de Noël. Les *cocognes*
      sont les œufs de Pâques.

860   Entre Noël et Chandeleur,
      Il n'y a plus de laboureur.

861   Les jours entre Noël et les Rois
      Indiquent le temps des douze mois.

      ◊ Regarde comme sont menées
      Depuis Noël douze journées,
      Car suivant ces douze jours,
      Les douze mois auront leur cours.

      • Ces douze jours, appelés *les jours mâles*, relèvent d'une constante de la mentalité pri-
      mitive : l'importance des commencements. Le premier jour de la période annonce le
      temps qui dominera pendant le premier mois de l'année. Ce cycle est bien connu en
      Belgique, où les douze jours comptent parmi les «jours de sort», auxquels on
      accorde un pouvoir prophétique, il nous reste, de ces croyances, la tradition des
      vœux de Nouvel An et des étrennes, comme si les souhaits échangés au début de
      l'année avaient le pouvoir de se répercuter sur l'année entière.

      Il semble que ces dictons aient vu le jour pour contrebalancer l'importance démesu-
      rée accordée à la lune. Le soleil entre alors, à son tour, dans le jeu des influences.

## SAINT-ÉTIENNE                                          26 décembre

862   À la Saint-Étienne,
      Chacun trouve la sienne.

## SAINT-SYLVESTRE                                        31 décembre

863   Saint-Sylvestre ne peut être qu'une fois l'an :
      C'est la veille du 1er de l'an.

# dictons de la croyance

C'est par les perceptions que l'être humain a prise sur l'environnement. Mais, de l'homme primitif à l'homme civilisé, il est des sens qui se sont perdus. Les écoles américaines de thérapie tendent à une reconquête de sens de l'homme, perdus par l'homme, qui a privilégié la vue au détriment de l'odorat ou du toucher. Aussi, pour prévoir le temps, l'homme a-t-il besoin de médiateurs : les animaux et les plantes. Il est reconnu que beaucoup d'êtres vivants ont une sensibilité météorique. On sait que, lors des séismes de Messine et des éruptions de la Martinique, beaucoup de vies humaines auraient pu être épargnées si les victimes avaient accordé plus d'attention aux réactions des animaux avant la catastrophe (fuite de chiens, fauves agités, chevaux piaffants, etc.). Les plantes, êtres vivants, réagissent également aux variations de l'atmosphère, bien avant que l'être humain en ait conscience.

Le dicton, malgré ses airs didactiques, ne désire pas toujours renseigner. Discours souvent gratuit, il est surtout un regard sur l'environnement quotidien du paysan ; le chat et le coq, le pêcher et la vigne. Outre les conseils de plantations et de récoltes, de consommation et d'hygiène, outre les signes avant-coureurs de l'orage ou du beau temps, il déploie, sur l'assise de son verbe, ce qui constitue le bien du terrien : voici ta basse-cour, voici ton bétail, voici ta grange, voici ta vigne et tes champs. Regarde, pour déduire et prévenir, mais aussi, simplement, pour prendre une pause.

## La faune et la flore

### 1. LE BESTIAIRE

#### L'abeille

864 À piqûre d'abeille,
Cérumen d'oreille.

#### L'alcyon

865 Alcyons rasant ton sillage,
Veille à ton arrimage :
Tu auras roulis et tangage.

866 Alcyons nommés puants,
Dans leurs ailes ont le mauvais temps.

## L'âne

867 Âne qui saute et brait sans fin,
Pluie pour demain.

## L'araignée

868 Au bout du fil, l'araignée,
La journée sera mouillée.

869 Araignées tissant,
Mauvais temps.

870 Quand on voit les fileuses,
C'est le moment d'aller en benisson.

● Les *fileuses* sont appelées aussi « fils de la Vierge ».
En Côte-d'Or, le *bénisson* représente les semailles du blé.

871 Araignée du matin, chagrin
Araignée du soir, espoir.

## La baleine

872 Sauts de baleine,
Grosse bise prochaine;
Mais sauts plus hauts,
Tempête au plus tôt.

## La bécasse

873 Le fioulet au marais,
La bécasse au bois.

● Le *fioulet* est une petite bécassine; le mot vient du patois franc-comtois, « fioulet » :
mince, fluet. La bécassine fait son apparition du 10 au 15 octobre. Le chasseur
peut alors chercher la bécasse au bois.

## La bergeronnette

874 Si les bergeronnettes
Trottent sur les ruisseaux,
Ferme ta maisonnette,
Il va pleuvoir à seaux.

## Le boeuf

875 Si le boeuf a rempli ta grange,
C'est aussi le boeuf qui la mange.

876 D'un veau, l'on espère un boeuf
Comme une poule d'un œuf.

## La brebis

877   Quand les brebis bêlent en levant la tête,
      La pluie est proche.

## La buse

878   Buse planant,
      Beau temps.

## La caille

879   Plus la caille carcaille,
      Plus chère est la semaille.

## Le canard

880   Le canard qui nage,
      Le poisson sautant,
      Appellent l'orage,
      La pluie et le vent.

881   Si le canard crie,
      C'est signe de pluie.

      ◊ Si les canards battent de l'aile dans le ruisseau,
        Il y aura bientôt de l'eau.

      ◊ Canard qui bat des ailes et plonge dans l'onde,
        Est signe de pluie à la ronde.

882   Le canard et le pigeon,
      Manger d'or, chier de plomb.

## La carpe

883   La carpe saute,
      De l'eau sans faute.

## Le chapon

884   Chapon de huit mois,
      Manger de rois.

## Le chat

885   Quand le chat se débarbouille,
      Bientôt le temps se brouille.

      ◊ Quand le chat se passe la patte sur la tête,
        Bientôt il y aura tempête.

886   Chats passant pattes sur l'oreille,
      S'il vient beau temps serait merveille.

887   Quand le chat se débarbouille

Avec sa patte de velours,
S'il va par-dessus l'oreille,
Il pleuvra avant trois jours.

## La chauve-souris

888 Chauves-souris volant en grand nombre,
Annoncent le beau temps dans la nuit sombre.

## Le cheval

889 Cheval de foin ou de regain,
Cheval de rien.
Cheval d'aveine,
Cheval de peine.
Cheval de paille,
Cheval de bataille.

● L'*aveine* est, bien sûr, l'avoine.

## Le chien

890 Langue de chien
Sert de médecin.

891 Chiens tristes se roulant, se couchant à couvert,
Bientôt de mauvais temps vous aurez un revers.

## La chouette

892 Quand la chouette miaule au soir,
De beau temps on a espoir.

## La cigogne

893 La cigogne a telle pitié
De ses père et mère en vieillesse,
Qu'elle les nourrit par amitié
Au nid, et jamais ne les laisse.

## Le cloporte

894 Cloportes en foule sur les murs,
Le mauvais temps est sûr.

## Le congre

895 Sois prévoyant, c'est le vieux dit :
N'embarque pas sans biscuit,
Ne vas pas aux congres sans crochet,
À la fille sans écus, sans poignard au cabaret.

## Le coq

896  Quand en été le coq boit,
     La pluie est au-dessus des toits.

897  Quand le coq chante souvent,
     Signe de changement de temps.

898  Quand le coq chante à midi,
     Signe d'un temps de paradis.

899  Si, entre trois et quatre heures, le coq a chanté,
     Le temps est gâté.

900  Quand le coq chante le soir,
     C'est signe qu'il va bientôt pleuvoir.

     ◊ Quand le coq chante avant la nuit,
        Signe de pluie.

     ◊ Si le coq chante avant minuit,
        C'est du brouillard ou de la pluie.

     ◊ Quand le coq chante le soir,
        La pluie lui court au derrière.

     ◊ Quand le coq chante à la veillée,
        Il a déjà la queue mouillée.

901  Le coq et le serviteur
     Un seul an sont en vigueur.

## La corneille

902  Quand les corneilles s'assemblent,
     Du bois pour ton hiver assemble.

## Le coucou

903  Quand chante le coucou,
     Le matin mouillé,
     Le soir séché.

     ◊ Au temps où chante le coucou,
        Le soir sec, le matin mou.

     ◊ Le coucou
        Ramène le temps doux.

904  Un jour est mouillé, l'autre sec,
     Quand le coucou ouvre son bec.

     ● C'est-à-dire que, au printemps, lorsque chante le coucou, le temps est encore irrégu-
        lier.

905  Le coucou avant les feuilles
     Annonce beaucoup de paille, mais pas de grain.

     ◊ Quand le coucou arrive déshabillé,
        Peu de paille, beaucoup de blé.

- « Quand le coucou arrive, il trouve les arbres couverts ou non de verdure, selon que le printemps a été précoce ou tardif. Dans ce dernier cas, le blé en retard ne montera pas haut en tige, mais fournira beaucoup de grain » (Eugène Rolland).

906  Une fois que l'avoines est épiée,
     On n'entend plus le coucou chanter.

907  Autant de fois chante le coucou, autant de francs vaut le froment.

908  La barbe d'orge
     Coupe au coucou la gorge.

## La couleuvre

909  Quand la couleuvre traverse le chemin,
     Orage avant demain matin.

## Le courlis

910  Sous grand vent mâture geindra
     Quand courlis volant chantera.

## Le crapaud

911  Quand les crapauds chantent,
     Le beau temps s'avance.

## L'étourneau

912  L'étourneau vient dans le pré
     Quand le champ labouré est bien gelé.

## La fauvette

913  Quand tu vois la fauvette,
     Sarcle ta navette.

## La fourmi

914  Si les fourmis font de gros tas,
     Un dur hiver viendra.

## Le goéland

915  Qui tue le goéland,
     La mort l'attend.
     - Cet exemple est l'un des rares où une superstition est donnée sous forme de dicton.

## La grenouille

916  Grenouilles qui coassent le jour,
     Pluie avant trois jours.

◊ Si la grenouille croatte,
Le temps se déboîte.

◊ La rainette de sortie
S'en va chercher la pluie.

◊ Lorsque la grenouille chante,
Le temps change.

◊ Si chantent fort les grenouilles,
Demain, le temps de Gribouille.

◊ Si la grenouille appelle
Rigot, Rigot, Rigot,
Il pleuvra sur la plaine
À tire-larigot.

## Le grillon

917  Si le grillon chante, plus de gelées à craindre.

## La grive

918  Quand les grives sortent,
Vendangeurs, apprêtez vos hottes!

919  Quand la grive chante au genévrier,
L'on n'est pas loin du mois de février.

920  Chante la grive,
La pluie arrive.

## Le hanneton

921  Année de hannetons,
Année de prunes.

922  Si l'année a produit beaucoup de hannetons,
Il y aura beaucoup de châtaignes.

923  Grande hannetonnée,
Petite vinée
Et grande pommée.

◊ Année hannetonneuse,
Année pommeuse.

924  Année de hannetons,
Blé à foison.

◊ Année de hannetons,
Année de grenaison.

## L'hirondelle

925  Quand l'hirondelle fait son nid,
Ne cherchons plus d'abri.

926 L'hirondelle aux champs
Amène joie et printemps.

927 Hirondelle volant haut,
Le temps sera beau;
Hirondelle volant bas,
Bientôt il pleuvra.

◊ Quand l'hirondelle vole, à terre,
Adieu la poussière.

◊ Quand l'hirondelle,
À tire-d'aile,
Vole en rasant la terre et l'eau,
Le mauvais temps viendra bientôt.

## Le huard

928 Cri du huard donne l'alarme
De grand vent et grosses larmes.

◊ Cri du huard donne l'alarme
De temps mauvais comme gendarme.

## Le limaçon

929 Limaçon aventureux,
Le temps sera pluvieux.

## La lotte

930 Pour un foie de lotte,
L'homme vend sa culotte.

◊ Pour la moitié d'une lotte,
La femme trousse sa cotte.

## Le loup

931 Si le loup sentait,
Si l'orvet voyait
Et si la chèvre avait des dents dessus,
Tout le monde serait perdu.

## Le marsouin

932 Les marsouins sont très souvent
Du côté d'où viendra le vent.

933 Marsouins sautant
Annoncent le vent.

## Le merle

934 Quand siffle le merle,
L'hiver est fini.

### La mouche

935  Les mouches et les taons
     Piquent avant le mauvais temps.

### La mouette

936  Cris de mouette,
     Signe de tempête.

### Le mouton

937  Les moutons se choquent la tête
     Un peu avant la tempête.

938  Il n'est pas toujours saison
     De tondre brebis et mouton.

939  Chair de mouton,
     Manger de glouton.

### L'oiseau de mer

940  Bandes d'oiseaux des mers
     Se réfugiant à terre :
     Tempête va venir d'une forte manière.

### L'outarde

941  Le vent du Nord déjà nous larde
     Dans le pays, quand vient l'outarde.

### Le paon

942  Si le paon crie : Léon !
     Reste à la maison.

### Le papillon

943  Le papillon blanc
     Annonce le printemps.

### La pie

944  Pie dans la ferme,
     Neige à court terme.

945  Quand on voit une pie,
     Tant pis ;
     Quand on en voit deux,
     Tant mieux.

● On voit les pies se déplacer par deux au temps des nids : c'est l'annonce du printemps, c'est tant mieux. Tandis que, plus tard, les pies volent seules : la mauvaise saison revient, tant pis. Le dicton a la forme d'une comptine.

◊ Une pie,
Tant pis ;
Deux pies,
Tant mieux ;
Trois pies, malheur.

946   Quand la pie bâtit bien haut,
Bon signe pour un été chaud.
Mais, si par malheur, elle bâtit bas,
Du mauvais temps tu verras.

947   Quel temps qu'il fasse, en fait d'oiseau,
Préfère la pie au corbeau.

## Le pigeon

948   Quand les pigeons sont perchés,
La pluie est annoncée.

## La pintade

949   La pintade perchée qui crie
Appelle la pluie.

## Le pivert

950   Quand il sent la pluie,
Le pivert gémit.

## Le pluvier

951   Qui n'a pas mangé de pluvier,
Ne connaît pas de bon mangier.

## Le poisson

952   Si les mois ne sont errés,
Le poisson ne mangerez.
    ● *Erré* = « en R ». Ce dicton s'applique encore de nos jours, en particulier pour les moules.

## Le porc

953   Gros grognard ; peu de rapport,
Dit celui qui tue le porc.
    ● Quand on saigne un cochon qui crie très fort et s'agite violemment, c'est signe qu'il ne produira pas beaucoup de viande ni de boudin.

954   Propre ou non,
Tout engraisse le cochon.

955   Qui mange trop de porc
Mange sa mort.

### La poule

956    Dans la poussière, on voit les poules,
Avant l'orage, qui se roulent.

957    Deux poules, plus un coq qu'on élève à régal,
Mangent tout autant qu'un cheval.

958    Lorsque les poules se couchent tard,
C'est signe de pluie pour le lendemain.

959    Si, quand il pleut, les poules vont à l'abri,
Dites que la pluie s'en va finie.
Si elles restent dehors et se laissent mouiller,
Ne pensez pas que la pluie va cesser.

     ◊ Quand les poules
       S'épouillent à l'abri,
       C'est la pluie.

960    Quand les poules commencent à se déplumer par la tête,
C'est signe de grand hiver.

961    Quand les poulets se déplument par la tête, semez tôt ;
Par la queue, semez tard.

962    Coucher de poule et lever de corbeau
Écartent l'homme du tombeau.

963    Vieille géline
Engraisse la cuisine.

### Le rat

964    Au négligent laboureur,
Les rats mangent le meilleur.

### Le requin

965    Requin qui perd la tête,
Tempête.

966    Requin qui se défend,
Grand vent.

     • Ces signes, les requins les donnent quand on leur coupe la tête.

### Le rouge-gorge

967    Si le rouge-gorge chante sur l'épine,
Le beau temps est en ruine.

### Le serpent

968    Salive d'homme
Tous serpents dompte.

### La souris

969 Si les souris s'agitent, et les rats,
La pluie viendra.

970 Si ton enfant pisse au lit,
Fais-lui manger des souris.

### La taupe

971 Les taupes poussent, le dégel n'est pas loin.

● Ce qui veut dire que les taupes qui s'enfoncent profondément sous terre, pendant les
rigueurs de l'hiver, reviennent travailler à la surface aussitôt que la chaleur revient.

972 Si taupe voyait,
Si sourd entendait,
Homme sur terre ne vivrait.

● Plusieurs animaux passent pour être dépourvus d'un sens.

### La vache

973 Quand les bêtes à cornes rentrent à l'étable la queue en trompette :
Signe d'orage.
Quand elles agitent leurs pieds de derrière :
Signe de neige.

974 Vaches à bord, flairant l'air et les pieds léchant :
Signe assuré de mauvais temps.

● Il faut comprendre : « à bord d'un bateau ».

975 Quand une vache fait deux veaux,
La maison est au plus haut.

976 Quand la queue de la vache dépasse le jarret,
Elle donne abondance de lait.

### Le vanneau

977 Qui n'a pas mangé de vanneau
Ne connaît pas de bon morceau.

◊ Celui qui n'a pas goûté du vanneau
Ne sait pas ce que le gibier vaut.

### La vipère

978 Jamais vipère
N'a vu son père
Ni sa mère.

● On croit encore dans les campagnes que les petits de la vipère percent eux-mêmes le
ventre de leur mère pour en sortir et que celle-ci en meurt. La vipère couperait la
tête du mâle et l'avalerait ; ainsi s'opérerait la fécondation.

◊ La vipère n'a ni père ni mère ;
Si elle en avait, personne ne pourrait vivre sur terre.

## 2. L'HERBIER

### L'abricotier

979  Quand l'abricot est en fleurs,
Jours et nuits ont même longueur.

◊ Quand l'abricot est en fleurs,
Le jour et la nuit sont d'une teneur.

### L'absinthe

980  Le jus d'absinthe est fort amer,
Mais il guérit du mal de mer.

981  Rien que toucher à l'absinthe
Fait avorter les femmes enceintes.

### L'acacia

982  Tant que l'acacia verdit, l'automne n'entre pas.

### L'ail

983  Si l'on savait ce que l'ail vaut,
On en planterait des journaux.

● *Journaux :* la surface de terre qu'un homme peut travailler en une journée.

984  Ail et oignon
Font du poison.

### L'ajonc

985  Quand l'ajonc fleurit,
La brebis pâtit.

### L'amandier

986  Lorsque l'amandier fleurit tard,
On ramasse les amandes à pleins paniers.

### L'artémise

987  Si l'homme savait ce qu'est l'artémise,
Il en mettrait entre chair et chemise.

◊ Si tu connaissais les vertus de l'artémise,
Tu en garnirais l'ourlet de ta chemise.

### L'artichaut

988  Pour que monte l'artichaut
Il faut de la pluie et du temps chaud.

### L'aubépine

989 Quand l'aubépine entre en fleurs,
Crains toujours quelques fraîcheurs.

◊ Quand l'aubépine est en fleurs,
Le temps est en rigueur.

• « L'"Hiver de l'Aubépine" correspond, en mars, à l'" Hiver de l'épine noire", refroidis-
sement de la température, qui coïncide assez souvent avec la floraison du prunel-
lier sauvage » (G. Bidault de l'Isle). L'hiver de l'aubépine répond à l'été de
la Saint-Martin.

990 Quand fleurit l'aubépin,
La gelée n'est pas loin.

991 Quand fleurit le mai,
Gare la gelée.

992 À l'épine fleurie,
Adieu, alose, ma mie.

• Dicton des environs de Pont-Audemer. En effet, quand l'aubépine fleurit, on cesse de
voir des aloses dans la Seine. Les aloses sont des poissons de rivière qu'en Moselle
on appelle «poisson de mai », parce que, venant de la mer, il remonte les rivières
au mois de mai (Eugène Rolland).

993 Quand l'aubépine fleurit,
Il faut s'approcher du surplis.

• « L'aubépine fleurit à la fin du Carême, époque où l'on s'approche du surplis ou du
prêtre pour se confesser avant la communion pascale » (Jean-François Bladé).

### L'avoine

994 Avoine pointant,
Lièvre gîtant.

### Le blé

995 Quand le blé est en fleurs.
Mettez couver les poules.

996 Blé bien fleurissant,
Boisseau comblant.

997 Quand du blé tu vois l'épi,
Dans six semaines viens le quérir.

◊ Six semaines après la floraison,
Commence la moisson.

998 Si tu veux des blés,
Fais des prés.

• Des prés, ce sont des bestiaux ; des bestiaux, c'est du fumier ; le fumier, c'est la véritable garantie des récoltes.

999 Beaucoup de paille, peu de grain.

1000    Avec le blé se cueille
        Et la paille et l'ivraie.

● Dicton à valeur métaphorique, qui signifie : il n'est jamais de récolte sans quelque
imperfection.

1001    Pauvre laboureur, tu ne vois
        Jamais ton blé beau l'an deux fois
        Car si tel tu le vois en herbe,
        Tu ne l'y verras pas en gerbe.

## La bourrache

1002    Prends la bourrache,
        Mais ne l'arrache ;
        Des maux de cœur
        Guérit sa fleur.

## Le céleri

1003    Le céleri
        Rend les forces aux vieux maris.

1004    Si les femmes savaient ce que le céleri vaut à l'homme,
        Elles en iraient chercher jusqu'à Rome.

1005    Le céleri, arbre à grimper,
        Il fait monter le père sur la mère.

## Le cerfeuil

1006    Bien fou qui se laisse mourir
        Qui a du cerfeuil et du persil.

## La cerise

1007    Quand la cerise périt,
        Tout s'ensuit.

1008    Si toute l'année il y avait des cerises,
        Messieurs les médecins n'iraient plus qu'en chemise.

## Le champignon

1009    Quand on voit, en été,
        Champignons sur le fumier,
        C'est que la pluie va tomber.

## Le chou

1010    Choux réchauffés,
        Mauvais dîner.

1011    Semez-y des choux,
        Il viendra des raves.

● Ce dicton, qui peut avoir un emploi métaphorique, est, à l'origine, directement issu de la croyance en une transmutation imaginaire à laquelle on croyait encore à la fin du XVIIe siècle. Si le jardinier qui avait semé des choux craignait vraiment de ne récolter que des raves, le dicton, passé au statut de proverbe, signifie : il faut s'attendre à une déception.

## La fève

1012    Quand les fèves sont en fleurs,
        Les fols sont en vigueur.

◊ Quand les fèves sont fleuries,
  Sots commencent leurs folies.                                (Rabelais).

◊ Fève fleurie,
  Temps de folie.

◊ Fraîcheur de mai,
  Fèves fleuries,
  Temps de folies,
  Du pain dans la maie.

● Nous citerons, sans commentaires, cette remarque de Casinir Barjavel : « D'un relevé qui a été fait à la Salpêtrière à Paris, de 1806 à 1814, il résulte que les admissions dans cet hospice d'aliénés ont été plus nombreuses en mai, en juin et en août ; que cette proportion décroît de septembre à décembre, pour décroître encore davantage en février et mars. »

1013    Fèves et haricots
        Font plus de pets que de rots.

## Le figuier

1014    Jamais figuier
        Sans héritier.

## Le foin

1015    Année de foin,
        Année de rien.

◊ Année en foin fertile,
  Année, hélas, stérile.

● C'est-à-dire que, dans les années où la pluie est assez abondante pour amener une belle récolte de foin, tous les autres produits de la terre ont à souffrir de l'humidité.

## La fougère

1016    Où pousse la fougère,
        C'est la bonne terre.

## Le frêne

1017    Le frêne en certaines saisons,
        Près de la mare est poison.

**Le froment**

1018  Les froments sèmeras en la terre boueuse,
      Les seigles logeras en la terre poudreuse.

**Le genêt**

1019  Quand la fleur est au genêt,
      Le midi est au corbillon.

  ● Sous-entendu : « Le repas de midi ». Comme le genêt fleurit à une époque où il y a
    beaucoup à faire dans les champs, les commis de ferme ne reviennent pas à la mai-
    son pour midi, et on leur porte le repas aux champs dans un panier.

1020  Genêt fleuri,
      Gel enfui.

**Le gland**

1021  An qui produit par trop de glands,
      Pour la santé n'est pas bon an.

1022  Année de glands
      Année d'enfants.

**Le groseillier**

1023  Peu de fruits au groseillier,
      Peu de blé au grenier.

**Le jasmin**

1024  Le jasmin donne l'amour à qui ne l'a
      Et fait reverdir à qui l'a.

**Le jonc**

1025  Joncs marins en fleurs,
      Filles en chaleur.

**Le lilas**

1026  Quand lilas il y a,
      Blé y a.

**Le lin**

1027  Il faut chanter le lin en le cueillant
      Ou les filandières s'endorment en filant.

**La morille**

1028  Beaucoup de morilles,
      Petits greniers.

## Le mûrier

1029 Beaucoup de mûres
Veulent hiver dur.

## La noisette

1030 Année de noisettes,
Année de bâtards.

> ● Il faut savoir que les noisettes représentent le cadeau offert traditionnellement par les jeunes gens à leurs bonnes amies.

## L'oignon

1031 Oignon bien habillé,
Verra fortes gelées.

> ◊ Oignons à trois pelures :
> Signe de froidure.

## L'ortie

1032 Si tu as de l'insomnie,
Prends un bouillon d'ortie.

## L'osier

1033 Si l'osier fleurit,
Le raisin mûrit.

> ● Voir ci-dessous, n° 1040 : le rosier.

## Le pêcher

1034 Lorsque le pêcher est en fleurs,
Jour et nuit ont même longueur.

> ◊ Lorsque la pêche est mûre,
> Jour et nuit de même mesure.

## La poire

1035 Après la poire,
Il faut boire.

> ● La poire passe bizarrement pour très indigeste, probablement à cause de la « poire d'angoisse ».

> ◊ Après la poire,
> Le prêtre ou le boire.

> ◊ Sur poire,
> Vin boire.

> ◊ Si la poire passe la pomme,
> Garde ton vin, bonhomme.
> Si la pomme passe la poire,
> Bonhomme, il faut boire.

1036   Poire bouillie
       Sauve la vie.

## Le poireau

1037   Femme stérile
       Mangeant poireau,
       Son ventre gros
       Devient fertile.

       ● Témoigne d'un symbolisme naïf et clair.

## Le pois

1038   Sitôt que les pois sont levés,
       Les fols commencent à monter.

       ● Croyance en l'action des plantes sur les personnes. Elle est fondée, ici, sur le préjugé
       que la fleur des pois ou des fèves rend fou ; voir ci-dessus, n° 1012.

## La prune

1039   Les prunes et le melon
       Mettent la fièvre à la maison.

## Le rosier

1040   Si le rosier fleurit,
       Le raisin mûrit.

## La salade

1041   Salade bouillie
       Rallonge la vie.

## Le salsifis

1042   Des salsifis semés par un barbu
       Deviendraient branchus.

## La sauge

1043   Qui a de la sauge dans son jardin
       N'a pas besoin de médecin.

       ◊ Sauge et lavande, je te dis,
         Guérissent toutes maladies.

## Le serpolet

1044   Lorsque le serpolet fleurit,
       La brebis tarit.

### Le thym

1045   Donner du thym,
       C'est faire l'amour sans fin.

### La valériane

1046   Valériane et pimprenelle
       Guérissent la maladie la plus rebelle.

### La véronique

1047   L'herbe de la véronique
       Au médecin fait la nique.

### La vigne

1048   Vignes entre vignes,
       Maisons entre voisines.
       ● Voilà un des rares dictons où il est question du type d'habitat.

1049   Vigne trop près d'un grand chemin
       À près d'elle un mauvais voisin.

1050   Plante ta vigne de bons plants,
       Prends la fille de bonnes gens.
       ● Exemple caractéristique du glissement du dicton vers l'adage ou le proverbe.

1051   Quand la vigne est en fleurs,
       Elle ne veut voir ni manant, ni seigneur.

# Les astres et les météores,
# les éléments et les intempéries

Le déclin que subit le culte des saints au XVIe siècle, sous les violentes attaques du protestantisme, fit certainement négliger par maints paysans les invocations à Sainte-Hélène ou à Saint-Loup. Ils portèrent alors davantage attention aux phénomènes naturels et à l'environnement cosmique.
Il est vraisemblable que les nombreux dictons relatifs à la lune, surtout à la lune rousse, soient issus de réactions sectaires. Au gré de leurs apparitions et de leurs disparitions, de leur durée, les intempéries réagissent les unes sur les autres. L'animisme ne s'exerce plus sur des personnages, mais sur des formes devinées, sur des projections. Astronomes et jardiniers des XVIIe et XVIIIe siècles dénigrent les croyances en la trop grande influence de l'astre lunaire. Décidément, on ne sait plus à quel saint se vouer.

### L'arc-en-ciel

1052   Si l'arc-en-ciel paraît,
       Trois jours beaux, trois jours laids.

1053   Quand l'arche de Noé trempe dans l'eau,

Pluie deux jours après au plus tôt.
Arc-en-ciel vers la nuit,
Pluie et vent à minuit.

1054  Arc-en-ciel double ou trop brillant,
De la pluie, encore, comme avant.

1055  Arc-en-ciel du matin
Met la pluie en train ;
Arc-en-ciel du soir
Met la pluie en retard.

◊ Arc en ciel du matin
Fait tourner le moulin ;
Arc-en-ciel du soir
Fait mourir l'arrosoir.

◊ Arc-en-ciel du soir,
Du beau temps, espoir.

1056  Arc-en-ciel du soir
Met le bœuf en repos ;
Arc-en-ciel du matin
Met le bœuf en chemin.

◊ Arc-en-ciel du matin,
Bonne femme, mets les vaches en chemin.
Arc-en-ciel du soir,
Tu verras pleuvoir.

1057  Arc-en-ciel de vêpres
Rend le temps honnête ;
Arc-en-ciel du matin
Met l'eau au moulin.

1058  Arc-en-ciel du matin
Donne à boire à ton voisin ;
Arc-en-ciel du soir
Donne bon espoir.

● Les dictons qui tournent autour de l'arc-en-ciel donnent des exemples typiques de
leur fragmentation possible. Découpés en tranches, comme l'arc-en-ciel...

**L'autan,** voir Vent.

**La bise,** voir Vent.

### Le brouillard

1059  Le brouillard du matin
N'arrête pas le pèlerin.

● Variante avec *pluie,* voir n° 1209.

1060  Brouillard qui ne tombe pas
Donne, pour sûr, des eaux en bas.

1061  Brouillard dans la vallée,

Pêcheur, fais ta journée ;
Brouillard sur le mont,
Reste à la maison.

1062 Du brouillard dans le croissant
De la lune, c'est beau temps.
Du brouillard dans le décours,
C'est de l'eau dans les trois jours.

◊ Brouillard en croissant,
Beau temps durant.

◊ Brouillard en croissant
Remet le temps.

◊ Après la pluie, s'il vient un brouillard,
Le beau temps viendra sans retard.

◊ Brouillard après un mauvais temps
Indique retour de beau temps.

1063 Léger brouillard blanc
Après mauvais temps,
C'est bon signe pour un moment.

1064 S'il fait brouillard : mortalité ;
S'il fait beau : prospérité.

## La bruine

1065 Bruine obscure
Trois jours dure ;
Si plus poursuit,
En dure huit.

1066 Bruine est bonne à la vigne,
Et au blé, la ruine.

## La brume

1067 Après la brume,
Vient la plume.

1068 Brume de mer,
Vent de terre.

1069 Brume qui fuit au matin,
Beau temps certain.

## Le ciel

1070 Ciel couleur perdreau, beau temps fini.

1071 Midi, ciel vilain,
Minuit, ciel serein.

1072 Quand, le matin, il y a assez de bleu au ciel
Pour tailler une culotte de gendarme,
On peut voyager sans alarmes.

1073   Ciel rouge au matin
       Est un pluvieux voisin.

◇ Rouge du soir dessèche l'étang,
  Celui du matin le remplit.

◇ Rouge matin,
  Temps chagrin.
  Quand rouge est la matinée,
  Pluie ou vent dans la journée.

◇ Temps rouge le soir
  Laisse bon espoir ;
  Temps rouge le matin,
  Pluie en chemin.

◇ Rouge le soir,
  Au temps aie espoir ;
  Rouge le matin,
  Abrège ton chemin.

◇ Rougeur de l'horizon le soir,
  Beau temps le jour qui vient ;
  Rougeur du matin
  Amène le carapin.

● Dans le patois du Val-de-Bagnes, en Suisse française, le *carapin* est une petite couche de neige.

1074   Ciel rouge le soir, blanc le matin,
       C'est le souhait du pèlerin.

● Hayet signale que ce dicton s'est « amariné » de la sorte :

◇ Rouge au soir, blanc au matin,
  Bon quart partout pour le marin.

1075   Ciel vêtu de laine,
       Eau peu lointaine.

1076   Ciel moutonné,
       Femme fardée,
       Ne sont pas de longue durée.

◇ Ciel pommelé,
  Pomme ridée,
  Femme fardée,
  Ne sont pas de longue durée.

◇ Pommes au ciel,
  Femme fidèle,
  Ne sont pas éternelles.

◇ Ciel pommelé,
  Beau temps passé.

◇ Ciel à gradins :
  S'il ne pleut le soir,
  C'est le matin.

1077   Ciel bleu foncé,
       Vent renforcé.

## Le dégel

1078 Un dégel sans pluie
Ne vaut pas une pomme pourrie.

## L'éclair

1079 Lorsqu'il fait éclairs
En hiver,
Bientôt neige ou pluie et tempête dans l'air.

## L'étoile

1080 Étoiles pâles, mauvais temps.

1081 Quand les étoiles paraissent épaisses,
On dit que le beau temps ne dure pas.

◊ Grosses étoiles se montrant,
Très lumineuses paraissant,
Du temps annoncent changement.

◊ Ciel très étoilé
N'est pas de longue durée.

1082 Lorsque les étoiles se rassemblent, changement de temps.

1083 Quand les étoiles scintillent fort,
C'est un présage de beau temps en été, de gelée en hiver.

1084 Si, plus qu'à l'ordinaire, les étoiles grossissent,
C'est de l'eau que bientôt les nuages vous pissent.

◊ Étoiles plus grosses et en abondance,
Changement de temps prévu à l'avance.

1085 Étoiles perdant leur clarté sans nuages,
Signe d'orage.

◊ Étoiles brillant peu sans au ciel un nuage
Disent au matelot qu'il y aura de l'orage.

1086 Quand le Chemin de Saint-Jacques tourne contre les Sept Laux,
Il sèche comme des os.

• Le Chemin de Saint-Jacques correspond à la Voie lactée, les Sept Laux sont situés en
Belledonne, dans l'Isère. Ce dicton, recueilli par van Gennep appartient à la famille
de ceux — peu nombreux — qui localisent très précisément les signes du changement de temps.

1087 Le Chemin de Saint-Jacques porte bonheur
À tous les navigateurs.

1088 Quand on voit une étoile filante, ce que l'on pense arrivera.

1089 Vers le bord où file une étoile,
Le vent soufflera dans la voile.

1090    Quantité d'étoiles filant,
        Signe de pluie ou de vent.

1091    Étoiles filantes,
        Personnes mourantes.

## Le feu follet ou feu Saint-Elme

1092    Le feu Saint-Elme allant aux mâts,
        Indique du vent grands ébats.

1093    Le feu Saint-Elme sur le pont,
        Garez de la mer l'entre-pont.

1094    Feu follet dans le gréement,
        Avec le vent du Sud soufflant,
        C'est mauvais temps assurément.

● À la campagne, et manifestement aussi chez les marins, on croit aux feux follets, dits
« chandelles errantes », feux de Saint-Nicolas, de Sainte-Claire ou de Sainte-Hélène.
Ils semblent issus de l'antique croyance selon laquelle les démons de l'air empêchent
les âmes de monter au ciel en percevant, pour ainsi dire, des droits de passage à
l'entrée du paradis. Aussi, sont-ils considérés comme des signes funestes, présages
de toutes sortes de malheurs : ils sont briseurs de mâts, destructeurs de navires,
dévoreurs d'équipages.

## La gelée

1095    Année de gelée,
        Année de blé.

1096    Après la gelée,
        La lavée.

◊ Blanche gelée,
   L'eau est annoncée.

◊ Après trois gelées blanches,
   L'eau en avalanches.

◊ Par la blanche gelée,
   Souvent pluie est appelée.

1097    Gelée hors saison
        Gâte la vigne et la maison.

1098    S'il gèle la nuit, les érables couleront beaucoup le lendemain.

                                                                    [Québécois]

1099    Est à la terre, gelée,
        Ce qu'est au vieillard robe fourrée.

1100    Laboure avec la gelée,
        Et tu auras une bonne année.

1101    Trois jours de gelée,
        Pluie assurée.

1102 Quand il gèle en plein vent,
Tout fend.

1103 La gelée blanche et les bohémiens
Ne restent jamais neuf jours à la même place.

1104 La gelée blanche
Passe sous la planche.

- La *planche* est une passerelle rustique établie sur un petit cours d'eau. Les gelées
blanches sont souvent suivies de pluies qui grossissent les ruisseaux.

## Le givre

1105 Année de givre, année de fruits.

1106 Si tu salues le givre,
Une bonne récolte il livre.

## La grêle

1107 Vigne grêlée,
Vigne vendangée.

1108 De grêle n'est mauvaise année
Qu'aux lieux où plus elle est tombée.

1109 Jamais ne grêle en une vigne
Qu'en une autre il ne provigne.

## La lune

1110 Aux yeux la lune,
Bonne fortune.

1111 Si la lune brille en clarté,
Le temps sec est apprêté ;
Mais la lune aux cercles pâlots
Fait sortir les escargots.

1112 La lune pâle fait pluie et tourmente ;
L'argentine, temps clair ; et la rougeâtre, vente.

1113 Lune jaune et pisseuse,
Les mers seront pleureuses.

1114 Lune brouillée,
Pluie assurée.

1115 Lune levant ou se couchant
Mollit ou fraîchit le vent.

1116 Lune rouge en se levant
Annonce le vent.

1117 Au lever et coucher de lune,
Veillez les mâts de hune.

1118 Cercle de lune

N'a jamais cassé mâts de hune,
Mais souvent les a bien branlés.

◊ Cerne à la lune
   N'abat jamais mât de hune
   Car, le voyant,
   Le capitaine attend gros vent.

1119   Cornes pâles, pluie ;
       Cornes nettes, beau temps.

1120   Corne pointue,
       Terre fendue ;
       Corne levée,
       Terre mouillée.

       ◊ Lune qui pend,
          Terre qui se fend.

1121   Croissant de quatre jours et corne d'en-bas ronde :
       Signe de mauvais temps sur la terre et sur l'onde.
       Corne d'en-bas pointue à quatre jours de lune :
       Plusieurs jours de beau temps sans casser mâts de hune.

1122   Quand le berger peut pendre sa houlette aux cornes de la lune
       Pendant le premier quartier, c'est signe de beau temps.

1123   Ne sème pas dans le croissant, il faucille avant toi.

1124   Quand on taille dans le croissant, les érables coulent beaucoup plus.
       • Ce dicton est québécois.

1125   Si tu sèmes tes truffes à la lune cornue,
       Truffes cornues tu déterreras.

1126   Sème, pour la rendre féconde,
       En pleine lune plante ronde.

1127   Planter de l'ail au commencement de la lune,
       C'est vouloir obtenir autant de gousses dans une tête
       Qu'il y a de jours depuis la nouvelle lune.

1128   En jeune lune, foin coupé
       Est de mauvaise qualité.

1129   Laboure en lune nouvelle,
       Ta récolte sera belle.

1130   Qui son fumier enterre,
       En nouvelle lune doit le faire.

1131   Toute graine semée en nouvelle lune est moitié perdue.

1132   Qui sème en lune tendre
       N'a rien à attendre.
       • On appelle *lune dure* la deuxième partie de la révolution synodique de la lune par
         opposition à la première révolution dite *lune tendre*.

1133  La vigne taillée en lune jeune fait du bois ;
      Taillée en lune vieille, elle donne du fruit.

1134  Sème ta graine au décours,
      Elle germera toujours.
      • On appelle *décours* la phase de décroissance de la lune.

1135  Pour détruire les chardons,
      En décours tracez vos sillons.

1136  Ce qui croît au-dessus de la terre doit être semé en lune croissante ;
      Ce qui croît au-dessous, en décours.

      ◊ Plantes qui gra=nent se sèment en croissant,
        Plantes qui racinent se sèment en défaillant.

      • Les Anciens étaient persuadés que l'échappement du germe hors de la graine bénéfi-
        cie de l'action ascendante de l'astre de la nuit. C'est le principe de magie sympathi-
        que : le semblable engendre le semblable. Ainsi, si l'on veut avoir de l'ail bien
        gros, bien rond, il faut le planter en pleine lune, lorsqu'elle est ronde. Le blé semé
        en lune dure n'est jamais cassé. Quant à la salade, pourtant légume qui pousse au-
        dessus de la terre, elle doit être semée au décours, pour qu'elle ne monte pas.

1137  Quand décroîtra la lune,
      Ne sème chose aucune.
      • La période dite « déclin de la lune » précède immédiatement et prépare le croissant,
        et se nomme parfois, « la lune paresseuse ».

1138  Abats ton bois tendre en cours
      Et ton bois dur en décours
      Si tu ne veux pas que les vers s'y mettent.
      • Étant entendu que le « cours » correspond à la période de croissance de la lune, appe-
        lée aussi « lune tendre », et le « décours » à la période de décroissance, appelée aussi
        « lune dure », on ne manquera pas de se souvenir du principe de similitude, cons-
        tante de la mentalité primitive. Il ne pouvait en être autrement que le bois tendre soit
        du côté de la lune tendre et le bois dur du côté de la lune dure.

1139  La vache que l'on mène au taureau à la lune nouvelle
      Donne une velle ;
      Celle que l'on mène au taureau à la lune vieille
      Donne un veau.

1140  Il faut abattre la truie à la lune vieille
      Et le mâle à la lune nouvelle.

1141  Prends du temps la règle commune
      Au premier mardi de la lune.

1142  Au cinq de la lune tu verras
      Quel temps dans le mois on aura.
      • La croyance à l'influence des cinq premiers jours de la lunaison est très ancienne. Ne
        trouve-t-on pas dans les *Géorgiques* de Virgile les vers suivants :
        « Le quatrième jour, cet augure est certain,
        Si son arc est saillant, si son front est serein,
        Durant le mois entier que ce beau jour amène,
        Le ciel sera sans eau, l'aquilon sans haleine,
        L'océan sans tempête ».

La croyance se perpétue, jusqu'au xixᵉ siècle, codifiée sous le nom de «règle du maréchal Bugeaud» (1784-1849). Le maréchal n'en aurait pas été l'inventeur, mais aurait reçu la formule d'un moine du monastère de Burgos où il avait séjourné pendant la guerre d'Espagne. Voici une version : «La lunaison tout entière se comporte comme le 5ᵉ jour onze fois sur douze, si le temps ne change pas au 6ᵉ jour. D'autre part, neuf fois sur douze, le 4ᵉ jour détermine le temps du mois, si le temps du 6ᵉ jour ressemble au 4ᵉ.» L'affaire est d'importance, non pas pour les récoltes, cette fois, mais pour les campagnes militaires.

1143    La lune est périlleuse au cinq,
        Au quatre, six, huit et vingt.

1144    Entre le neuf et le dix,
        Le mort et le vif.

        ● Dicton de marins. Il faut savoir que le jour de *morte-eau* est le neuvième de la lune,
        et les *vives-eaux* commencent le dixième jour.

        ◊ Du huit au neuf,
        L'eau ne se meut.

1145    Femme barbue, ainsi qu'au mercredi de la lune,
        De cent ans en cent ans, c'est encore trop d'une.

1146    Lune rousse
        Rien ne pousse.

1147    Lune rousse
        Vide bourse.

        ● La *lune rousse* suit Pâques et peut commencer entre le 5 avril et le 6 mai, suivant la
        date de Pâques. On ne manquera pas de constater la valeur néfaste attribuée à la
        couleur rousse.

1148    Récolte point n'est arrivée
        Que lune rousse ne soit passée.

        ● Elle est ainsi appelée, parce qu'elle roussit les bourgeons et les jeunes plantes, bien
        que le thermomètre se maintienne au-dessus de 0°. La lunaison commence en avril
        et a sa pleine lune, soit dans la deuxième moitié du mois, soit dans le courant de
        mai. Pierre Saintyves constate : «Les Anciens n'ont pas ignoré les grands dangers
        que courait la végétation hâtive entre les premières et les secondes *Vinalia* (23 avril
        et 10 mai), où l'on suppliait Jupiter, Vénus et les Pléiades, de protéger les bourgeons
        de la vigne. Ces supplications, y compris les *Robigalia* (25 avril), où l'on demandait
        au ciel d'empêcher les jeunes blés de roussir, et les *Floralia* (28 avril-3 mai), où
        l'on célébrait des jeux en l'honneur de Flore pour la protection des fleurs en général
        et de celle des arbres fruitiers en particulier, avaient toutes pour but principal de
        parer aux gelées redoutables de cette époque, autrement dit d'empêcher la 'rouille'
        (*robigo*) de brûler ou de détruire les bourgeons, les jeunes pousses et les fleurs.»

1149    Tant que dure rousse lune,
        Les fruits sont sujets à fortune.

1150    Les gelées de la lune rousse
        De la plante brûlent la pousse.

1151    L'hiver n'est point passé
        Que la lune rousse n'est déclinée.

1152    Quand la lune rousse est passée,

On ne craint plus la gelée.

1153    La lune rousse sur la semence,
        D'ordinaire a grande influence.

1154    Ne crois pas de l'hiver avoir atteint la fin,
        Que la lune d'avril n'ait accompli son plein.

        ● Cette lune redoutée n'est pas, cette fois-ci et selon la tradition, nommée en fonction
        de sa couleur, mais de sa place dans l'année.

1155    Lune jaune ou rousse,
        Pluie à vos trousses.

1156    Les légumes ne sont de bonne cuite
        Que s'ils sont semés en lune vieille.

1157    Il faut toujours semer pendant que la lune croît,
        Et couper ou cueillir pendant qu'elle décroît.

        ● « Comment expliquait-on cette singulière influence de la lune sur la végétation ? Par
        un raisonnement fort simple et qui paraissait logique à une époque où la physique
        végétale n'existait pas. Le voici : s'il est reconnu que la lune produit, par son attrac-
        tion, un flux et un reflux sur les eaux de la mer, elle doit agir également sur tous
        les autres liquides ; aussi bien sur la sève des plantes que sur l'"humeur" contenue
        dans le sol, laquelle, disait-on, fait croître et multiplier les plantes. À cause de cette
        double action, la lune était regardée comme propice pendant sa croissance, néfaste
        pendant son décours, parce que les fluides nécessaires aux plantes devaient abonder
        ou se raréfier selon ses phases de croissance ou de décroissance »(Georges Gibault,
        « Les erreurs et les préjugés dans l'ancienne horticulture », extrait du *Journal de la
        Société nationale d'Horticulture de France*, cahier de mars 1897).

        En ce qui concerne plus précisément le dicton cité, on peut penser au fait que, pour
        Jacques Boyceau, Intendant des jardins royaux sous Henri IV et sous Louis XIII, il
        n'était pas raisonnable de transplanter un arbre pendant la pleine lune : c'était le
        moment où la sève affluait dans les branches et, selon lui, le précieux liquide ne
        manquait pas de s'évaporer ; en revanche, l'opération était bonne pendant le décours,
        par suite de l'effet contraire de la lune qui, pendant cette période, selon une croyance
        populaire très répandue, allait jusqu'à vider la moëlle des os.

        Ainsi, paysans et horticulteurs avaient l'attention presque constamment monopolisée
        par la lune. « Presque », car il y avait des jours dits *inlunes* qui correspondent aux
        deux jours qui précèdent la nouvelle lune et aux deux jours qui la suivent pendant
        lesquels il était admis que la lune perdait de son pouvoir.

1158    Quand la lune éclaire à la messe de minuit,
        Il n'y aura pas de prunes.

1159    Plante tes choux sous la constellation du fumier
        Et cuis-les sous celle du lard.

        ● Se dit pour se moquer des donneurs de conseils météorologiques, (Dicton fribour-
        geois, *Romania*, 1877, cité par Eugène Rolland.)

1160    L'homme étant par trop lunier
        De fruits ne remplit son grenier.

        ● Pour une fois, nous avons affaire à un dicton qui n'est pas anonyme. Il est d'Olivier
        de Serres, agronome du XVIIe siècle. « Jean de la Quitinie (savant jardinier de
        Louis XIV) et plusieurs autres niaient toute influence de la lune sur la végétation. De
        même les célèbres agronomes, Olivier de Serres au XVIIe siècle et l'abbé Rozier au

XVIIIᵉ, se refusaient aussi à l'admettre et traitaient cette croyance de fable, de préjugé ridicule et de superstition » (G. Bidault de l'Isle).

## La mer

1161   Rien ne vaut mieux pour purger
       Qu'un verre d'eau de mer.

&bull; Les recueils consultés sont muets sur les dictons concernant la mer, à part ce conseil
pharmaceutique. Thème proverbial important, la mer ne semble pas donner lieu à
beaucoup de dictons.

## La neige

1162   De la neige, les flocons,
       Sont les papillons de la saison.

1163   On ne voit cygne noir,
       Ni nulle, neige noire.

1164   La neige vaut un engrais.

1165   Année de neige emplit le grenier ;
       Année sans neige appauvrit le meunier.

1166   Huit jours de neige : fumure ;
       Huit jours de plus : pourriture.

&#9671; Neige huit jours, terre nourrit ;
       Mais au-delà, terre appauvrit.

&#9671; Huit jours de neige, c'est une mère ;
       Plus, c'est une belle-mère.

1167   Si la première neige ne prend pas,
       De l'hiver elle ne prendra.

1168   Pour que l'année aille comme il se doit,
       Il convient que les champs s'enneigent par deux fois.

1169   Neige qui tombe en temps qu'il faut,
       C'est or qui tombe et son prix vaut.

1170   De la neige sur de la boue :
       De la gelée avant trois jours.

1171   La neige au blé rend le même service
       Que fait à l'homme une chaude pelisse.

1172   Les oignons deviennent gros
       S'il neige sur leur dos.

1173   Quand la neige tombe épaisse et mouilleuse,
       C'est du sucre qui tombe, c'est une bordée de sucre.

&bull; Il faut comprendre « sucre d'érable » et cela se dit au Québec.

1174   Quand il neige sur les monts
       Il fait froid dans les fonds.

## Les nuages

1175   Nuages sur la montagne
       Ne baignent pas la campagne.

1176   Gros nuages,
       Temps d'orage.

1177   Nuages livides et noirs,
       Tempête et foudre feront voir.

1178   Nuages en ballons :
       Vent d'amont.

1179   Barbes de chat aux nuages
       Annoncent de vent tapage.

1180   Brebis qui paissent aux cieux
       Font temps venteux et pluvieux.

1181   Nuages faits en ballons de laine,
       De Nord-Est la voile sera pleine.

1182   Nuages étendus et fouettés,
       Annoncent un vent frais entêté.

1183   Quand le bord des nuages frangera,
       Grand vent frais durera.

1184   Quand les pompiers montent à Saint-Quentin,
       C'est qu'il pleut le lendemain.

       • On nomme *pompiers* les petits nuages blancs qui montent de la vallée de l'Isère au
         flanc des collines, du côté de Saint-Quentin. Exemple assez rare de dicton à locali-
         sation précise.

1185   C'est signe de pluie quand les nivolles boivent.

       • *Nivolles :* «nuages», dans l'Isère. Il est possible de comprendre ce dicton de la façon
         suivante : c'est signe de pluie quand les nuages restent accrochés aux flancs des
         montagnes. Dans l'environnement cosmique, les nuages sont les premiers sur les-
         quels s'exerce l'animisme de mentalité primitive. Aujourd'hui encore, les enfants
         jouent à identifier des formes, projections d'eux-mêmes.

1186   Quand les nuages font la pinièra, c'est signe de pluie.

       • C'est-à-dire quand les nuages s'effilochent sur les forêts des montagnes (le dicton
         provient, lui aussi, de l'Isère) comme le lin, quand on le peignait.

## L'orage

1187   Orage de nuit :
       Peu de mal, mais bien du bruit.

1188   Orage du matin
       Ruine le vilain.

1189   Jamais d'orage si funeste,
       Qu'après quelque chose ne reste.

1190    Quand le blé est en fleurs,
        Il faut que les chevaux tremblent à l'écurie
        Pour qu'il soit bien grené.

## La pluie

1191    Ni pluie, ni vent, ni soleil,
        Est temps de demoiselle.

1192    Sécheresse de racine,
        De l'arbre fait la ruine.

1193    Du dimanche au matin la pluie,
        Bien souvent la semaine ennuie.

1194    La pluie, le vent et les parents,
        Après trois jours sont ennuyants.

1195    Petite pluie abat grand vent.
        • Dicton météorologique à emploi métaphorique proverbial.

        ◊ Petite pluie abat l'autan,
          Et donne grain et vin souvent.

1196    Pluie menue,
        Femme barbue
        Et chien sans queue,
        Sauve qui peut.

        ◊ Pluie menue,
          Femme barbue,
          Jamais bon à être connues.

        ◊ Petite pluie,
          Femme à barbe,
          Homme sans barbe,
          Tenez-vous sur vos gardes.

1197    Sous l'eau, la faim ;
        Sous la neige, le pain.

1198    C'est signe de pluie
        Lorsqu'il fait bleu dans les bois et dans les haies.

1199    Vallon clair et montagne obscure,
        La pluie est sûre.

1200    Montagne claire, Bordeaux obscur,
        Nous avons la pluie à coup sûr.

        ◊ Bordeaux clair, montagne obscure,
          Le temps se rassure.
        • Un des rares dictons précisément localisé.

1201    Pluie qui fume en tombant
        Dure longtemps.

        ◊ Pluie qui tombe en fumant
          Doit durer longtemps.

1202 Quand il fait beau,
Prends ton manteau;
Quand il pleut,
Prends-le, si tu veux.

1203 Héros, vous ressentez vos blessures?
Annoncez-le, la pluie est sûre.

1204 Les murailles pleurent avant la pluie.

1205 Quand remonte le fond de l'eau,
L'averse suivra bientôt.

1206 Air bas
Sans eau ne passe pas.

1207 Mieux vaut faire le fou
Que de labourer par temps mou.

    ◊ Qui ne laboure quand il peut,
    Ne laboure pas quand il veut.

    • Il est sous-entendu qu'il vaut mieux ne pas attendre de labourer, crainte de pluie.

1208 Qui n'a pas de bœufs
Laboure quand il pleut.

    • « La pluie, par elle-même, régénérera la terre que le cultivateur sans attelage ne
    pourrait retourner, aérer, effriter. Il lui suffira de biner les plus grosses mottes à
    la bêche ou à la houe pour mettre le sol en état d'y semer le grain » (G. Bidault
    de l'Isle).

1209 Pluie matinale
N'est pas journale.

    • Ne dure pas toute la journée.

    ◊ Pluie du matin
    N'arrête pas le pèlerin;
    Pluie de midi
    L'envoie dormir.

    • Voir le n° 1059 : le brouillard.

1210 Pluie du matin
N'a jamais submergé un moulin.

1211 Si la pluie précède le vent, veille aux drisses;
Si la pluie vient après le vent, borde et hisse.

    • Ce dicton concerne la marine à voile.

1212 Pluie de bise
Mouille la chemise.

1213 S'il pleut le jour du mariage,
Les écus rentreront dans le futur ménage.

    ◊ De l'eau sur la mariée,
    De l'or dans le panier.
    (*ou* : un fils premier né).

1214 Lorsqu'il pleut le jour des noces,

Bientôt les époux se rossent.

1215    Qui se marie avec la pluie
        Toute l'année pleure.

1216    S'il pleut avant la messe,
        De toute la semaine il ne cesse.

        ◊ S'il pleut le dimanche avant la messe,
          Toute la semaine sera épaisse.

        ◊ Si, pendant la messe, il tombe une rosée,
          Toute la semaine sera noyée.

1217    Quand il pleut sur la Cène,
        L'on fait son foin sans peine.

        • La *Cène* ici désigne le Jeudi saint.

1218    Rien n'annonce le beau temps comme la pluie.

        ◊ Après la pluie, le beau temps.

        • L'emploi de cette variante est, la plupart du temps, métaphorique. Elle veut dire
          qu'après une période néfaste ne peuvent suivre que des temps meilleurs.

## La rosée

1219    Rosée matutine,
        Pluie serotine.

        • Appellations, l'une latinisante, l'autre fantaisiste, pour « du matin » et « du soir ».

1220    La rosée de la matinée
        Vit toujours la bergère mouillée.

## Le soleil

1221    Soleil qui joue à cache-cache avec les nuages,
        Eau à plein brocs.

1222    Soleil qui pompe l'eau,
        La pluie pour bientôt.

1223    Chaude raie,
        Pluie mouillée.

        • *Raie* ou *rayée* désigne un mince faisceau de rayons du soleil qui se glissent dans un
          ciel nuageux et paraissent particulièrement chauds.

1224    Pas de samedi sans soleil.

        • On dit qu'il y a toujours un rayon de soleil le samedi pour que la Sainte Vierge
          puisse faire sécher la chemise du dimanche du petit Jésus.

1225    Le soleil fait, par excellence,
        Le samedi la révérence.

1226    En hiver comme en été,
        Jamais samedi ne s'est passé
        Que le soleil n'y ait mis son nez.

1227  Plutôt vieille sans conseil
      Que samedi sans soleil.

1228  Si le soleil se cache dans le sac,
      On peut être assuré d'un beau lendemain.

    ● L'image du soleil qui « se cache dans le sac », c'est-à-dire qui disparaît dans les nuées
      un peu avant son coucher, vient du Val-de-Bagnes, en Suisse romande.

1229  Soleil rouge promet de l'eau,
      Et soleil blanc fait le temps beau.

1230  Là où entre le soleil,
      Le médecin n'entre pas.

## La terre

1231  Terre bien cultivée,
      Moisson presque arrivée.

1232  Le meilleur engrais de la terre
      Est le pied du propriétaire.

1233  À la terre n'est rien pire
      Que ce que charretier désire.

    ● À savoir la sécheresse.

1234  Tu n'emploieras ton labeur
      Qu'en terre de bonne senteur.

1235  Terre dont la chaux fait le lard
      Ne produit que pour le vieillard.

1236  Terre de mauvaise aventure,
      Quand il pleut elle devient dure,
      Au soleil elle se fait molle,
      Au moindre vent elle s'envole.

1237  Noir terrain porte grain et bien,
      Le blanc terrain ne porte rien.

1238  Terre noire fait du bon blé,
      La blanche fait l'épi grainé.

## Le tonnerre

1239  Tant tonne qu'il pleut.

    ● Emploi métaphorique et proverbial, voir *vent*, n° 1246.

1240  Tonnerre en bruit continuel
      Annonce fort vent sans pareil.

    ◊ Le tonnerre au matin,
      De vent signe certain.

1241  Tonnerre au soir présage
      Un pluvieux orage.

1242    Si tonnerre un seul coup fait sonner sa trompette,
        Vous aurez tempête complète.

1243    Tonnerre de midi
        Amène la pluie.

## Le vent

1244    Le vent n'est bon qu'à faire marcher navires et moulins.

1245    Dis-moi les vents,
        Je te dirai tous les temps.

1246    Tant vente qu'il pleut.
        ● Emploi métaphorique, voir *tonnerre*, n° 1239.

1247    Par vent et nue,
        L'air se remue.

1248    Jour de vent,
        Jour de tourment.

1249    Si, contre la vague, la mer frise,
        Saute de vent vient en surprise.

1250    Vent d'autan
        S'en va voir son père malade et revient en pleurant.

1251    Le vent d'autan,
        Le père des vents.

1252    Lorsque souffle le vent d'autan,
        Jamais il ne gèle tant.

1253    L'autan du printemps
        Dérange le temps.
        Celui de l'automne,
        Le beau temps donne.

1254    Le vent marin, comme le gueux, porte toujours la gourde.

1255    Vent au visage
        Rend marin sage.

1256    Suroît le doux,
        Quand il se fâche, est le plus fou.

        ◊ Vent de Sud-Ouest qui fait le doux,
          Quand il se fâche est des plus fous.

1257    Dans un coup de Suroît,
        Veille l'aube de la saute au Noroît !

1258    Vent de Noroît et belle putain
        Ne se lèvent jamais matin.

1259    Vent du Nord,
        Poisson dans tous les ports.

1260     Vent de montagne, fille de cabaret
      Ne pâtissent jamais de soif.

1261     Vent d'Albion,
      Vent de grêlon.

      ● C'est un vent de nord-ouest, qui vient, comme son nom l'indique, d'Angleterre.

1262     Vent de nord-ouest, balai du ciel,
      Beau temps après un arc-en-ciel.

1263     Lorsque souffle le vent de bise,
      Il perce la peau et la chemise.

      ● La *bise* est un vent du nord-est.

1264     Quand il fait de la bise,
      Il en pleut à sa guise.

      ◊ L'eau qui vient de bise
        Tombe à sa guise.

1265     Si la bise perd son chapeau,
      Il fera beau.

      ● On nomme *chapeau de bise* un temps sombre, mais avec des nuages hauts.

1266     Si la bise vient du couchant,
      La pluie arrive incontinent.

1267     Quand la pluie vient de bise,
      Il en choit tant qu'on s'en avise.

1268     Vent d'ouest amène la pluie ;
      L'été, la sueur, il l'essuie.

1269     Vent de Givet,
      Rien au filet.

      ● « Les pêcheurs des bords de Meuse disent que c'est un présage de mauvais temps et
      spécialement d'orage, lorsque le poisson mord plus vite. Si le poisson ne mord pas,
      c'est que le temps va changer, amené par le vent » (L. Dufour).

1270     Le vent n'est ni chasseur,
      Ni pêcheur.

1271     Vent de soulaire,
      Gibier sous terre.

1272     Le vent de soulaire
      Fait geler six pieds sous terre.

1273     Ouvre ta fenêtre à aquilon et orient,
      Ferme à midi et occident.

1274     Quand la lampe met son chapeau,
      Le vent nous apporte de l'eau.

      ● La lampe forme au-dessus du manchon une croûte de noir de fumée ; c'est ce que les
      paysans appellent le *chapeau* de la lampe. C'est le seul dicton rencontré, qui mette
      en scène un ustensile de l'environnement quotidien.

1275    Il faut faire tourner le moulin
        Lorsque le vent souffle.

1276    Suivant le vent, il faut mettre la voile.
        ● Ce dicton, comme le précédent, a un emploi métaphorique.

1277    À vent d'orage, point d'abri ;
        À pauvre homme, jamais d'ami.
        ● Le dicton météorologique glisse vers l'adage.

CHAPITRE III

# les proverbes locaux
# et historiques

Pour notre sélection le proverbe local ou historique se distingue du sobriquet ou blason, de la comptine et de la comparaison. Bien que les uns et les autres remplissent des fonctions voisines, il est commode de les distinguer, vu leur nombre impressionnant. «Sous le nom de Blason populaire, on désigne l'ensemble des qualificatifs que les habitants d'un pays, d'une province, parfois d'une commune ou d'un village, adressent à leurs voisins. Il y en a de différentes sortes; les uns sont la simple constatation, sans épigramme, d'une qualité réelle ou supposée; d'autres font allusion à un fait local (ou supposé tel), généralement comique. » (Paul Sébillot, *Le Blason libre de la France.*) Exemple de blason : les gens de Dinan appellent ceux de Plénan-le-Petit : «les mangeurs de pâté de nouvettes» (la nouvette est un insecte). La plupart du temps, le voisin ainsi interpellé a une réponse toute prête qu'il lance par-delà le mont ou la rivière. Cela s'appelle «blasonner». Le jeu consiste à se «traiter de tous les noms» ou à faire rimer un adjectif avec une expression dépréciative; «Angevin, sac à vin».

La comptine déroule ses rimes, évolue en méandres de ville en ville, de hameau en hameau, effectue un parcours régional dépréciatif ou laudatif :

Pour du bon lait, Coëmieux
Vaut mieux ;
Saint-Eran
Va devant ;
La Poterie
En est marrie.

Quant à la comparaison, elle ne se suffit pas à elle-même et attend de s'intégrer à une phrase : «C'est la cloche de Batterans, qui ne la voit l'entend», se dit d'une femme acariâtre, qui crie toujours. Ou encore; «Il avait affaire là comme Monsieur d'Orbandel à la Saint-Gourgon», qui est une allusion aux insultes que reçut un grave magistrat dans une fête de village où sa présence était tout à fait inutile.

S'ils s'inscrivent parfois précisément dans l'histoire, au point de n'être compréhensibles qu'accompagnés d'une explication, les proverbes locaux s'ancrent en effet dans l'espace. Il s'agit d'avoir sa place et de la marquer.

Les pierres blanches, repères posés au carrefour, sont assez décevantes, si l'on s'attend, comme l'existence d'une géographie mythique de la France pourrait le faire accroire, à des références poétiques et des balises merveilleuses. Point de lutins, point de salamandre, point de Mélusine, point de Chat botté : le registre adopté est celui de la revendication, non celui du mythe et de la légende. Toujours localisé, le proverbe gagne, par la parole, la place du lieu-dit. C'est le voisin que l'on vise, voisin immédiat, car ce proverbe ne voyage que sur de petites distances, d'une localité à l'autre, d'une province à l'autre. Quel qu'il soit, le voisin est tourné en dérision ou critiqué, au moyen de procédés faciles, soit en banalisant son nom dans un rapprochement dérisoire, soit en le vulgarisant par des similitudes grossières. Il n'est, ni plus ni moins, qu'une forme élaborée et circonstanciée du traditionnel «bisque - bisque - rage». Tandis que certains proverbes ne tendent qu'à l'identification simple par la délimitation ou la caractérisation d'un territoire, la plupart n'arrivent à imposer leurs créateurs qu'au prix du dénigrement et du rapport de forces.

Aussi, le proverbe local ou historique, à l'inverse du dicton, n'est pas serein. Le dicton va tranquillement d'une saison à une autre, d'une fête à une autre, dans l'assurance de leur existence et dans la certitude de leur retour. Bien que certains mythes, comme celui d'Orphée, reposent sur l'inquiétude du non-retour possible, sur l'angoisse d'un soleil qui ne se relèverait pas, on peut affirmer que le dicton n'en tient pas compte et qu'il s'appuie sur le temps en toute confiance de résurrection. Le proverbe local, qui s'élabore et se meut dans la revendication de limites géographiques aux contours mouvants, soumises à des variations toujours possibles, est souvent agressif[1]. Ce n'est d'ailleurs pas un hasard si les blasons normands et bretons sont les plus nombreux. Et, si le jeu sur les rimes est effectivement un jeu, le rire qu'il engendre est jaune et grinçant. En cela, il est fondamentalement différent du dicton qui est gratuit et ludique. Les rixes rituelles de l'été, dans les villages de montagne, entre jeunes gens à marier, si elles n'avaient pas toujours la conclusion tragique de celle des amants de Vérone, n'en étaient pas moins sérieuses et brutales. La conquête de la fiancée — revendication d'une autre sorte de territoire, dans une perspective machiste — démarre comme un jeu et, agacée par la rime titillante du sobriquet et du blason, finit par agir sur les nerfs du destinataire ; cette persécution verbale a alors la même fonction que les cris de la foule destinés à augmenter la combativité du boxeur ou du catcheur. Si nous suivons la classification de Roger Caillois dans *Les Jeux et les Hommes* (Gallimard, 1967), le «proverbe local» fait partie de l'«agôn».

Étrange constat : les proverbes sur l'espace sont agressifs, donc angoissés. Alors que le dicton joue sans angoisse sur le temps, le proverbe local, se fondant sur le statique spatial, évolue dans une inquiétude constante. Sans répit, ce proverbe du tangible déroule son angoisse, comme si la marge de liberté offerte par l'espace ne pouvait engendrer que l'hostilité et le dénigrement.

## Abbans, Doubs

1278   Ni bonnes gens,
       Ni bon vent,
       Ne sont sortis d'Abbans.
       ● Même dicton pour Falaise, le Morvan.

## Acey, Jura

1279   Il n'y a pas de moine à Acey
       Qui n'ait sa gouine à Bresilley.

---

1. Il semble qu'il le soit plus en France qu'en Angleterre ou en Espagne, où des formules laudatives ont aussi cours.

• *Guenée, guenau, gouine, gueuné, gounie, gounille*, s'emploient pour désigner une femme malpropre, au physique comme au moral, et par extension une femme de mauvaise vie. L'emploi de «gouine» au sens de lesbienne est récent.

Les Bénédictins de l'abbaye d'Acey étaient fameux pour leurs débordements, et les filles de Bresilley n'avaient pas une grande réputation de vertu. Ce genre de plaisanterie anti-monacale se retrouve partout où il y a un couvent d'hommes.

## Andelarre, Haute-Saône

1280    Andelarre
        Andelarrot,
        Les femmes n'y valent pas un pot.

## Angers

1281    Angers,
        Basse ville et hauts clochers,
        Riches putains, pauvres écoliers.

## Alençon, Orne

1282    Alençon,
        Petite ville, grand renom,
        Habit de velours et ventre de son,
        Plus de cocus que de maisons.

   • La première partie de ce proverbe s'explique par le fait que, à une époque donnée, les habitants d'Alençon se sont privés des nécessités du confortable pour les vanités du luxe.

   ◊ Alençon,
     Petite ville, grand renom,
     Autant de putains que de maisons,
     Et si elles étaient bien comptées,
     Autant que de cheminées.

## Alménèches, arrondissement d'Argentan

1283    Comme dans le pré salé d'Alménèches,
        L'herbe qui se couche peut se redresser.

   • Ce proverbe est une *équivoque :* il repose sur le rapport qui existe entre Alménèches et Allemand.

## Asnières, Normandie

1284    À Asnières, Louvières et Veret,
        Plus de putains que de vaches à lait,
        Vierville, Colleville et Saint-Laurent
        En fourniraient bien autant.

## Angleterre

1285    D'Angleterre
        Ne vient bon vent ni bonne guerre.

### Arc-sous-Cicon, Doubs

1286   Arc-sous-Cicon,
Petite ville, grands fripons.

### Armançon

1287   Armançon, ainsi de nom,
Mauvaise rivière et bon poisson.

### Aubervilliers

1288   Choux pour choux, Aubervilliers vaut bien Paris.
    &bull; Veut dire qu'une personne en vaut bien une autre.

### Auvergne

1289   Les Auvergnats et Limousins
Font leurs affaires, puis celles des voisins.

### Avignon

1290   Il n'est palais qu'en Avignon.
    &bull; Un des rares dictons laudatifs.

### Baguelande, hameau des Andelys

1291   Quand on est à la Baguelande,
Plus on recule, plus on avance.
    &bull; « Plus on s'éloigne de la Baguelande, plus on se rapproche soit des Andelys, soit de
toute autre localité circonvoisine de la Baguelande. C'est une vérité de La Palisse, qui
pourrait être applicable à tous les points de l'univers » (Alfred Canel).

### Basque

1292   Tous les Basques iront au ciel :
Le diable lui-même n'entend rien à ce qu'ils disent.

### Beauce

1293   Gentilhomme de Beauce déjeune de bâiller,
S'en trouve bien et n'en crache que mieux.     Rabelais, *Gargantua*, chap. XVI.

1294   Gentilhomme de Beauce
Reste au lit quand on raccommode ses chausses.
    &diams; Gentilhomme de Beauce
      Reste au lit, faute de chausses.
    &bull; La Beauce est le symbole de la richesse foncière ; ce qui n'a pas empêché l'ironie de
s'exercer aux dépens de la petite noblesse jouissant de revenus peu importants, mais
désireuse de paraître au-dessus de sa véritable condition.

1295   Gentilhomme de Beauce
Une épée pour trois, un cheval pour deux.

1296   Beauceron tant que tu voudras...
       Pas plus loin que le ruisseau de Gas.

       ● Le ruisseau de Gas prend sa source à l'étang de Gas et se jette dans la Voise après
       avoir arrosé les communes de Gas et de Houx, canton de Maintenon.

## Beaune, Bourgogne

1297   Il n'est pain que de froment ;
       Il n'est vin que de Beaune.

## Beauvais

1298   Gens de Beauvais, avant de casser vos œufs
       Taillez vos mouillettes.

       ● Ce qui signifie : « Prenez vos précautions ».

## Bec-Hellouin, Normandie

1299   De quelque côté que le vent vente,
       L'abbaye du Bec a rente.

## Bernières-sur-Mer

1300   À Bernières sur la mer fut prise la grande baleine
       De cinquante pieds de long : la longueur n'est pas vilaine.

       ● Cet exploit se situe au XVIᵉ siècle.

## Besançon, Doubs

1301   Orgueil et Folie
       Sont deux Carolus de Besançon.

       ● Les deux Carolus de Besançon sont Charles le Téméraire et Charles Quint.

1302   À Besançon, on n'y voit que des soldats ou des putains,
       Des curés ou des chiens.

## Betton, nord-est de Rennes

1303   Les filles de Betton
       N'ont ni fesses, ni tétons.

## Blanc-Moutier, Normandie

1304   Quand tu verras le Blanc-Moutier,
       Prends garde au rocher !

       ● « Ce dicton des matelos du Bessin s'applique à l'église de Fresné-Saint-Côme et au
       rocher du Calvados, sur lequel on suppose que se brisa, en 1588, un vaisseau espa-
       gnol nommé 'Le Calvados' (ou plutôt 'le Salvador'), qui faisait partie de la Grande
       Armada envoyée par Philippe II contre la reine Élisabeth » (Alfred Canel).

### Boissi-Lamberville, arrondissement de Bernay

1305    Il est fête à Boissi, voilà Morçan qui sonne.

### Bonneville, Picardie

1306    Bonneville, bonnes gens,
        Grande marmite, rien dedans;
        Belles filles à marier
        Sans rien à leur donner.

1307    À Bonneville-la-Louvet,
        Plus de putains que de vaches à lait;
        Et de l'autre côté de la rivière,
        Plus de vaches annoulières.

    ● On appelle *vaches annoulières* les vaches qui n'ont pas eu de veau dans l'année et
      que l'on met à l'engrais pour la boucherie.

### La Bouille, arrondissement de Rouen

1308    À la Bouille, on ne trouverait pas un honnête homme
        Pour courir après un fripon.

    ● Le nom du lieu est, il est aisé de l'imaginer, propice aux sobriquets.

1309    Qui n'a pas vu la Bouille n'a rien vu.

    ● Alors que la Bouille est une infime bourgade.

### Boulogne

1310    Qui va à Boulogne
        Prend la fièvre ou la rogne.

### Bouquetot, arrondissement de Pont-Audemer

1311    Fussiez-vous belle comme la Vierge de Bouquetot, Marie,
        Si vous n'avez pas d'écus, vous ne serez pas ma mie.

    ● « Une comparaison répandue dit : 'Elle est comme la Vierge de Bouquetot; elle n'a ni
      cul, ni ventre, ni tétons'. Elle s'applique aux femmes dont la conformation est par
      trop maigre. Elle nous révèle que la statue de la Vierge conservée dans l'église de
      Bouquetot est un bien triste échantillon de sculpture. Mais, si cette statue n'est qu'un
      bloc informe, en revanche elle était jadis très richement vêtue » (Alfred Canel).

### Bray, Saine-et-Marne

1312    Un essaim du mois de mai
        Vaut une vache à lait.

    ◊ Un essaim du mois de mai
      Vaut une vache du pays de Bray.

### Bourgogne

1313    Parler de Bourguignon,
        Parler de cochon.

1314    La dévotion
        D'un bourguignon
        Ne vaut pas un bouchon.

1315    Quatre-vingt-dix-neuf pigeons et un Bourguignon
        Font cent voleurs.

### Boves, Picardie

1316    Le château de Boves,
        Belle montre et peu de chose

### Bretagne

1317    Qui fit Breton
        Fit larron.

1318    Qui a Bretagne sans Jugon
        A chape sans chaperon.

### Brie

1319    Tant en Brie qu'en Champagne,
        Il n'a du pain qui ne le gagne.

### Brusnily, canton de Dinan

1320    À Brusnily,
        Ils tuent la navette entre deux nombrils.
        • La *navette* est un insecte qui affectionne la fougère qui croît dans cette région.

### Caen

1321    Si tu veux être heureux
        Va entre Caen et Bayeux.

        ◊ Entre Caen et Bayeux,
          Mets-toi, si tu peux.
        • Ces deux distiques font allusion à la fertilité des campagnes situées entre ces deux
          villes.

### Candes, Indre-et-Loire

1322    Entre Candes et Montsoreau
        Il ne repaît vache ni veau.
        • Déjà cité pas Rabelais, 1. IV, chap. xix

### Cendrey, Doubs

1323    Les vaches de Cendrey
        N'ont point de pé.
        • *Pé* = pis. Le proverbe s'applique tant aux vaches... qu'aux femmes.

### Chamboi, arrondissement d'Argentan

1324 Deux tousés et un pelé font le marché de Chamboi.

● *Tousé* veut dire tondu. Une locution est très employée en Normandie pour désigner une réunion peu nombreuse et mal choisie : « Ils étaient deux tousés et un pelé ».

### Champagne

1325 Quatre-vingt-dix-neuf moutons et un Champenois
Font cent bêtes.

### Chartres

1326 Le chanoine de Chartres
Peut jouer aux dés et aux cartes.

### Chaudefontaine, Doubs

1327 Chaudefontaine,
Telle mitaine.

◊ Chaudefontaine,
Tosse-mitaine.

● C'est-à-dire que les habitants y sont si malheureux qu'ils en sont réduits à se sucer les pouces.

### Chaux de Dombief, Jura

1328 Au Chaulieu ne te fie ;
S'il ne te trompe, il s'oublie.

### Chevannes, Nièvre

1329 Chevannes les pots d'eau,
Plus de putains que de crapauds.

### Coémieux, Picardie

1330 Coémieux,
Il y a mieux.

### Conturbie, arrondissement de Mortagne

1331 Conturbie, Brésolettes et Prépotin
Ne peuvent, à elles trois, nourrir un lapin.

● Allusion à la stérilité du sol de ces trois localités.

### Cordillon, arrondissement de Bayeux

1332 Le vent vient du côté des pisseuses de Cordillon,
Il pleuvra bientôt.

- Les *pisseuses de Cordillon* désignent les femmes du couvent de ce lieu. Ce dicton est employé par les gens de Caen au moment où le vent se met à souffler de l'ouest ; et on sait que les vents d'ouest amènent la pluie.

## Coulandon, Normandie

1333 Des filles de Coulandon,
La chemise passe le jupon.
- Elles avaient, en effet, la réputation de s'habiller très court.

## Coulonche, arrondissement de Domfront

1334 À la Coulonche,
Ils sont tous onches.
- « *Onche* peut signifier 'travailleur', si on le considère comme ayant la même origine que le mot *onchine*, usine, fabrique, manufacture » (Alfred Canel).

## Courteille, Faubourg d'Alençon

1335 À Courteille, on pèse les œufs.
- Voici l'explication donnée par Jean-François Bladé : « Courteille est habité par une population de tisserands et de filottiers. Pour peser leur fil, ils portent presque toujours avec eux une romaine (vous connaissez ce petit instrument à peser que nous avons emprunté aux conquérants de la Gaule, et dont l'usage a survécu à leur puissance, le nom à leur mémoire). À la moindre contestation sur le poids d'un objet quelconque, l'habitant de Courteille s'empresse de tirer sa romaine de sa poche et de la mettre en action. De là le proverbe. »

## Courtonne, arrondissement de Lisieux

1336 Il est de Courtonne :
Tout le monde lui donne.
- Ce n'est manifestement que la rime qui a pu inspirer ce dicton.

1337 C'est un pet de Courtonne,
Ceux qui les font les donnent.
- « Ceci est une de ces grosses paillardises dont les habitants de la campagne font un si fréquent usage ; et il ne faut pas croire que les mystifiés à qui on l'adresse, à l'occasion, la laissent tomber à terre sans l'honorer d'un mot de réplique. À pareille apostrophe, la réponse sacramentelle est celle-ci : C'est un pet de Lisieux, ceux qui les font les font pour eux » (Alfred Canel).

## Coutances

1338 À Contances,
Tout le monde danse.

## Cussy, arrondissement de Bayeux

1339 La noblesse de Cussy,
La soupe et le bouilli.
- Le proverbe vise la pauvreté volontaire, résultat d'un préjugé féodal. « À côté des gentilshommes à grandes propriétés, il y en avait d'autres qui mouraient de faim et

que, cependant, un sot orgueil empêchait de recourir à un travail quelconque pour
améliorer leur sort. C'est à ce travers de vanité nobiliaire, aussi bien qu'à la misère
qu'il engendrait, que ce proverbe fait allusion» (Alfred Canel).

## Dauphiné

1340 Dauphinois,
Fin matois,
Ne vous y fiez pas.

1341 Si le Dauphiné était un mouton,
Tullins en serait le rognon.
- Le proverbe indique la grande fertilité et la richesse des environs de Tullins.

## Dijon

1342 Il n'est ville sinon Dijon;
Il n'est moutarde qu'à Dijon.

## Domfront, Orne

1343 À Domfront, on pend les gens sur la mine.

◊ À Domfront, l'enterrement se paie en même temps que le baptême.
- Les nombreux pendus de cette ville ne faisaient pas l'affaire des curés qui se voyaient
souvent privés du casuel des enterrements. L'un d'eux trouva une astuce pour remé-
dier à ce mal : faire payer l'enterrement en même temps que le baptême.

1344 Domfront, ville de malheur,
Arrivé à midi, pendu à une heure.
- Ce dicton est suffisamment répandu pour qu'il ne soit pas vain de le commenter un
peu longuement. Ses origines sont obscures, mais Alfred Canel rapporte ceci : «Il
y a longtemps, bien longtemps, quatre chaudronniers de Villedieu venant ici rencontrent un monsieur qui s'était égaré, et qui les pria de lui indiquer le chemin de
Domfront. Ils lui dirent qu'ils y allaient eux-mêmes et qu'il l'y conduiraient. L'un
des chaudronniers s'approcha de lui et lui mit son paquet sur le dos pour se payer
de lui avoir indiqué son chemin. Les trois autres en firent autant ; de sorte que le
monsieur était chargé de quatre paquets et marchait avec peine (...). Ils arrivèrent
enfin à midi sonnant. À peine furent-ils entrés dans la ville, que tout le monde entou-
rait le Monsieur : c'était le roi! Les quatre chaudronniers furent à l'instant livrés à
la justice, qui les jugea sans délai. Arrivés à midi, ils furent pendus à une heure».

◊ Domfront, ville de malheureux,
Arrivé à une heure, pendu à deux.

## Douet-Artus, arrondissement d'Argentan

1345 Les sorciers du Douet-Artus font plus de tours que de miracles.

## Drôme, rivière du Calvados

1346 La rivière de Drôme,
À tous les ans cheval ou homme.
- Car c'est une rivière dangereuse.

### Ebey, Doubs

1347    Quand les épines blanches fleurissent,
        Tous les fous d'Ebey se réunissent.

### Espagne

1348    Six seigneurs, quatre Espagnols,
        Font dix diables en France.

1349    On fait plus de chemin en Espagne
        Pour dix écus qu'en France pour cent.

1350    L'Espagnol dit qu'il vaut mieux porter
        Ses chausses rompues que rapiécées.

### Évreux, Eure

1351    Évreux,
        Petites gens et gens moqueux.

### Falaise, Calvados

1352    De Falaise, il ne vient ni bon vent,
        Ni bonnes gens.
        ● C'est à Caen que l'on s'exprime ainsi. L'origine de ce proverbe est très lointaine. En
          1127 fut fondé un établissement de charité sous les murs de la ville et « Un jour,
          pendant les rigueurs de l'hiver, deux pauvres arrivèrent à Falaise et, ayant cherché
          l'hospitalité dans la ville, ils ne purent l'obtenir. Ils en sortirent et vinrent dans un
          lieu nommé Bocci, où personne ne voulut encore les recevoir. Ces hommes, aperce-
          vant la grange d'un bourgeois nommé Godefroi, fils de Rou, brisèrent la porte et
          s'y réfugièrent. Ils y allumèrent ensuite du feu et, ayant préparé de la farine qu'ils
          avaient, ils en firent du pain qui fut cuit sous la cendre. Mais l'un d'eux ne put y
          goûter et, pendant la nuit, il mourut. Godefroi éleva un hôpital et une église sur le
          lieu où avait existé la grange » (Alfred Canel). Cf. *Abbans*, n° 1278.

### Fécamp, arrondissement du Havre

1353    De quelque côté que le vent vente,
        L'abbaye de Fécamp a rente.

### Flamarens, département du Gers

1354    Le château de Flamarens,
        Beau dehors, laid dedans.

### Flandres

1355    Qui va en Flandres sans couteau,
        Il perd de beurre maint morceau.
        ● Leroux de Lincy fait remarquer que ce proverbe fait allusion à l'ancien usage de la
          Flandre et de toute l'Allemagne, qui consistait à porter avec soi un étui renfermant
          un couteau et une fourchette, ce qui fait que l'on ne trouvait ni l'un ni l'autre dans
          les auberges.

## France

1356    Quand le Français dort, le diable le berce.

1357    Cour de France et cour romaine
        Ne veulent de brebis sans laine.

1358    Roux Français, noir Anglais et Normand de toute taille,
        Ne t'y fie si tu es sage.
        ● On soulignera la connotation dépréciative attachée au roux et au noir, fondement
        d'un racisme.

1359    Trop de châteaux en France et, de là, trop de pauvres.

1360    France est un pré
        Qui se tond trois fois l'année.
        ● Allusion aux levées répétées des impôts, qui aurait son origine dans une réponse du
        roi François Iᵉʳ à l'empereur Charles V, lequel ayant demandé combien il levait par
        an sur son royaume, François Iᵉʳ lui dit : « Mon royaume est un pré, je le fauche
        quand je veux ».

## Gascogne

1361    Garde-toi d'un Gascon ou Normand,
        L'un hâble trop, l'autre ment.

## Glamondans, Doubs

1362    Glamondans,
        Grandes dents,
        Bonne terre, méchantes gens.

## Granville, Manche

1363    Granville, grand vilain,
        Une église et un moulin,
        On voit Granville tout à plein.

## Grenoble, Isère

1364    L'Isère et le Dragon
        Mettront Grenoble en savon.
        ● On dit aussi *en sablon*, c'est-à-dire en plaine de sable. L'Isère et le Drac sont deux
        rivières qui, de tout temps, ont fait de grands ravages dans la plaine de Grenoble et
        qui l'ont menacée d'anéantissement. Drac et dragon sont ici assimilés. « L'imagina-
        tion populaire a peuplé les rivières de dragons fabuleux. Les eaux sont tantôt
        fécondantes et tantôt dévastatrices. Les dragons qui les incarnent sont ambivalents.
        On fête la Tarasque le 3ᵉ jour des Rogations » (Henri Doutenville, *Histoire et géo-
        graphie mythiques de la France*, Maisonneuve et Larose, 1973).

## La Capelle

1365    Les rues de La Capelle sont pavées de têtes de vaches.

● « Le hameau de La Capelle est habité par un nombre assez considérable de pauvres gens qui, faute de mieux, ne s'approvisionnent, aux boucheries du bourg, que de bas morceaux, et principalement de têtes de vaches » (Alfred Canel).

## Lambale, arrondissement de Saint-Brieuc

1366   À Lambale,
       Ils mangent des balles.

## Langres

1367   Qui a maison à Langres,
       Il a château en France.

## La rivière, hameau des Andelys

1368   Le manant de La Rivière
       Emprunte jusqu'à la bière.
       ● Les habitants de ce hameau étaient des mendiants.

## La Sauvagère, hameau des Andelys

1369   À la Sauvagère
       Ils sont tous hères.
       ● *Hère* vient de *haeres :* héritier ; le mot n'est pris en mauvaise part que dans « pauvre hère » : « pauvre héritier ».

## La Vacherie, hameau des Andelys

1370   Où est la Vacherie
       Se trouve la laiterie.
       ● Les habitants de ce hameau approvisionnent de lait la ville des Andelys.

## Lavit, chef-lieu de canton, Tarn-et-Garonne

1371   Terre de Lavit,
       Grand peine, petit profit.

## Le Bec, Normandie

1372   Le Bec le Riche, Jumièges l'Aumônier,
       Grestain le Gourmand,
       Saint-Wandrille-le-Putassier.
       ● Le Bec-Helloin, Jumièges et Saint-Wandrille sont de célèbres abbayes.

## Le Mans

1373   Du Mans, le pays est bon,
       Mais aux gens ne se fie-t-on.

### Le Mesnil, hameau des Andelys

1374    Les manants du Mesnil
        Prennent les œufs et laissent le nid.

        ● Des accusations de maraudage étaient portées contre les habitants de ce hameau.

### Lengronne, arrondissement de Coutances

1375    À Lengronne,
        Tout le monde donne.

        ● Lengronne est pourtant une commune de cette Normandie où tout le monde prend,
        s'il faut en croire les mauvaises langues... Mais que de concessions ne ferait-on pas,
        pour la rime !

### Lisieux, voir COURTONNE.

### Longuemare, hameau des Andelys

1376    Aux plaids de Longuemare,
        On juge tôt, on juge tard.

        ● Il n'était pas rare, avant la Révolution, de rencontrer des juges ou trop lents ou trop
        expéditifs.

### Lorraine

1377    Lorrain,
        Vilain,
        Traître à Dieu et à son prochain.

        ◊ Lorrain,
        Mauvais chien,
        Traître à Dieu et à son prochain.

### Lot

1378    Qui passe le Lot, le Tarn et l'Aveyron,
        N'est pas sûr de revenir à la maison.

### Lourdes

1379    Les filles de Lourdes
        Et celles de Cauterets
        Prennent, à la file,
        Les amants par trois.

### Lyon

1380    À Lyon,
        La Saône perd son nom.

### Marmande, chef-lieu d'arrondissement, Lot-et-Garonne

1381    Marmandais au sac,

Mange raves sauvages et chie tabac.

● On cultive le tabac dans cette région où les gens sont accusés d'avarice.

### Marolle, Sambre

1382    Pucelles qui viennent de Marolle,
        On les prend à tour de rôle.

### Matignon, arrondissement de Dinan

1383    Matignon,
        Petite ville et grand renom.

### Mesnil-Jean, arrondissement d'Argentan

1384    Au Mesnil-Jean,
        Plus de pain d'orge que de froment.

### Montboillon, Haute-Saône

1385    Montboillon, sale village,
        Où l'on fait de sale fromage.

### Montbozon, Haute-Savoie

1386    À Montbozon
        Il faut trois hommes pour arracher un oignon.

### Montcontour, arrondissement de Saint-Brieuc

1387    Montcontour,
        Ville de tours.

### Mont-Saint-Michel, arrondissement d'Avranches

1388    Si bonne n'était Normandie
        Saint-Michel n'y serait mie.

        ◊ Le Couesnon, par sa folie,
          A mis le mont en Normandie.

        ● La petite rivière qui sépare la Bretagne de la Normandie aurait passé au-dessous du
          mont Saint-Michel et l'aurait ainsi rattaché à la Bretagne ; mais, plus tard, changeant
          de cours, elle se serait rapprochée des côtes et, par là, le Mont serait
          devenu Normand.

1389    Les petits gueux vont à Saint-Michel,
        Et les grands à Saint-Jacques.

        ● Les pèlerinages avaient leur standing. Il s'agit, bien sûr, de Saint-Jacques de Com-
          postelle.

### Morogne, Haute-Saône

1390    Si le comté était un mouton,

Morogne en serait le rognon.

● Le rognon est considéré comme le meilleur morceau de l'animal ; aussi l'emploie-t-on comme un superlatif : « le rognon du pays », pour désigner le meilleur champ.

## Mortain, près de Saint-Lô

1391 Quand les maurets sont en saison,
Vivent le Rocher, Mortain et Bion.

● Le sol de ces endroits est particulièrement stérile. Le *mauret* est une airelle qui croît dans les bois, dans les landes, et jusque dans les anfractuosités des rochers ; elle est très abondante aux environs de Mortain et son fruit noir qui, d'ailleurs, n'est guère recherché que par les enfants, sert quelquefois à la nourriture de toute la famille.

◊ Mortain
Plus de roches que de pain.

## Morvan

1392 Il ne vient du Morvan
Ni bonnes gens, ni bon vent.

● Cf. aussi *Abbans, Falaise, Normandie*.

## Normandie

1393 La lisière est pire que le drap.

● La lisière représente, ici, le Maine, et le drap, la Normandie.

1394 De Normandie, mauvais vent,
Mauvaises gens.

● Se dit à Paris ; c'est vrai pour le vent...

1395 Les Normands ont été engendrés d'un renard et d'une chatte.

● C'est-à-dire qu'ils ont la réputation d'être rusés et traîtres.

1396 Qui fit Normand,
Il fit truand [*ou* mendiant].

● Mendiant, tant est lourde la charge des impôts.

1397 Quatre-vingt-dix-neuf pigeons et un Normand
Font cent voleurs.

● C'est la représaille du Champenois à : Quatre-vingt-dix-neuf moutons et un Champenois font cent bêtes, n° 1325.

1398 Gars Normand, fille Champenoise,
Dans la maison, toujours noise.

1399 Quand un Normand sort d'une maison et qu'il n'a rien emporté,
Il croit avoir oublié quelque chose.

1400 Le Normand trait l'Orient et l'Occident.

1401 Si le Normand n'exerce la pratique en mer,
Il l'exerce en terre.

- Ces deux proverbes font allusion aux brigandages exercés par les hommes du Nord qui, pendant de longues années, furent des pirates. Leur principal moyen d'existence fut le pillage exercé à main armée, sur mer et sur terre.

1402   Saint-Martin et Sainte-Marie
       Se partagent la Normandie.

- Ces deux saints sont souvent les patrons des paroisses; de plus, beaucoup d'églises ont admis Saint-Martin comme second patron.

1403   Jamais Normand de Normandie
       N'a pissé seul en compagnie.

- De même qu'il y a fagots et fagots, il y a Normands et Normands. Nous avons affaire à une lapalissade.

1404   Chapon de Normandie :
       Une croûte de pain dans la bouillie.

- Ce qui veut dire qu'en Normandie, en guise de chapon, on mange une croûte de pain dans de la bouillie. Et, comme le chapon est une des pièces honorables du blason culinaire, on l'a placé ici, par antonomase, comme synonyme de régal.

1405   Jamais rousseau ni Normand
       Ne prends ni crois à serment.

- Encore une fois, le signe négatif dont est doté l'homme roux.

1406   Le Normand vous attrape quand il peut,
       Et le Provençal quand il veut.

1407   N'est laquais, Normand ou Basque
       Qui soit des pieds et mains, flasque.

1408   Un Normand a son dit et son dédit.

- Proverbe judiciaire, il est dit dans *Les Principes du droit normand*, en parlant de la vente : «Si les parties sont convenues de passer le contrat par devant notaires, il n'est point parfait qu'il ne soit rédigé par écrit et signé par des parties, des témoins et des notaires, et jusque-là il leur est libre de s'en départir impunément». Voilà bien le 'dit' et le 'dédit' posé en principe. Canel ajoute qu'il n'est rien à induire de là contre le caractère normand; toutefois, la malice en a fait son profit.

◊ Il vaut mieux se dédire
  Que se détruire,
  Comme dit le Normand.

1409   Un Normand n'a plus qu'à mourir
       Quand son bras droit se paralyse.

- Ce proverbe renvoie aux accusations de faux témoignage devant la justice.

1410   Le Normand tourne autour du bâton,
       Le Gascon saute par-dessus.

- Ce qui veut dire que le Normand s'entoure de précautions pour en venir à éluder la vérité, alors que le Gascon la foule bravement aux pieds.

1411   Un Manceau vaut un Normand et demi.

- Ce dicton a été souvent expliqué par la numismatique. Ainsi explique le Dictionnaire de Trévoux : «(Ce dicton) n'est pas odieux, comme plusieurs pensent, du moins il ne l'est pas originairement. Il vient de ce qu'autrefois la monnaie de cette province (le Maine) valait une moitié plus que celle de Normandie. Ces différentes monnaies s'appelaient 'Manseaux' et 'Normands'. Le Manseau était de plus grande valeur et passait pour un Normand et demi. » Dans son étymologie des proverbes français, Fleury de Bellingen trouve une seconde explication qu'Alfred Canel juge historiquement contestable : ce proverbe viendrait des guerres que les peuples de ces deux provinces avaient souvent ensemble : « Quoique les Normands missent sur pied des troupes plus nombreuses que les Manceaux, à cause de la grande étendue de leur province, cependant les Manceaux, quoiqu'en petit nombre, étaient victorieux de ces premiers, et ces deux explications faisaient dire également : 'Un Manceau vaut un Normand et demi' ».

1412    En Normandie, si l'on jette un nouveau-né contre une glace,
       Il y trouvera moyen de s'y accrocher.

  • On dit qu'en Normandie, un père aussitôt après la naissance de ses enfants, les jette au plafond de la maison, et il les étrangle s'ils n'ont pas les mains disposées de manière à s'y retenir accrochés.

  ◊ Les Normands naissent les doigts crochus.

  • Outre son allusion à la sinistre légende qui précède, ce proverbe souligne la réputation de voleurs des Normands.

1413    Les Normands sont comme les Gascons :
       Ils prennent partout.

  • En plus des deux allusions précédentes, ce proverbe veut dire que Normands et Gascons prennent racine partout.

1414    Les Normands naissent avec un grain de chènevis dans une main
       Et avec un gland dans l'autre.

  • Cela est encore une allusion à la propension supposée des Normands au vol. Le chènevis devient chanvre et le chanvre devient corde ; le gland devient chêne et le chêne devient potence.

1415    À cadet de Normandie,
       Épée, bidet et la vie.
       À cadet de la Bretagne,
       Ce que son industrie gagne.
       Et à cadet de Gascogne,
       Souvent rien que gale et rogne.

  • Allusion aux immenses avantages que la coutume accordait aux aînés pour le partage des successions.

1416    Les Normands sont brevetés par la fortune
       Pour faire la barbe aux Anglais.

  • Ce proverbe est cité par Motteley dans son *Histoire des révolutions de la barbe des Français*. Alfred Canel en donne l'explication suivante : « On invoque, pour en expliquer l'origine, un des monuments de la législation de Guillaume-le-Conquérant. À l'époque de la conquête, les Anglo-Saxons avaient la coquetterie de nourrir deux petites moustaches au-dessus de la lèvre supérieure, avec accompagnement d'une mouche sur le menton, tandis que les Normands, en général, avaient fait depuis longtemps le sacrifice de toute leur barbe. Le Bâtard, voulant effacer la différence que le rasoir établissait entre ses anciens et ses nouveaux sujets, obligea ceux-ci à supprimer les quelques poils qu'ils prenaient plaisir à cultiver. La loi parut dure ; elle fut cependant exécutée et c'est peut-être à cette occasion que le proverbe prit naissance. »

### Octeville-la-Verret, arrondissement de Cherbourg

1417    Octeville-la-Verret,
        Plus de putains que de vaches à lait.

### Paix, hameau des Andelys

1418    À Paix, il y a six maisons,
        Trois sans portes, trois sans chevrons.
        • Allusion à l'état misérable du hameau.

### Paris

1419    Si Paris était plus petit,
        On le mettrait dans un baril.

1420    Quand Paris boira le Rhin,
        Toute la Gaule aura sa fin.

1421    Parisien, tête de chien
        Parigot, tête de veau.

### Perthes-les-Hurlus, Argonne

1422    Qui passe au Mesnil sans être aboyé,
        Aux Hurlus sans être mordu,
        À Perthes sans être moqué,
        À Tahure sans être crotté,
        Ne trouvera pas femme à marier.

### Pleine-Haute, canton de Quintin

1423    Si vous allez à Pleine-Haute,
        Faut porter du pain pour soi et pour un autre.

### Ploüer, canton de Dinan

1424    C'est les filles de Ploüer,
        Qui ne passent pas devant un cabaret sans boire [bouèr'].

### Pont-Audemer, Calvados

1425    Pont-Authou, Pont-de-l'Arche, Pont-l'Évêque et Pont-Audemer,
        Les quatre pays d'enfer.
        • La chicane est à l'origine de ce proverbe.

1426    Si les étangs du Perche se crevaient,
        Pont-Audemer et Bernai périraient.

### Port-Bail, arrondissement de Valognes

1427    Entre Port-Bail et Govei,
        Il ne croît ni herbe ni blé.
        • Ces deux communes sont si rapprochées que le proverbe est exact, malgré ses appa-
        rences d'exagération ; voir aussi Candes, n° 1322.

## Provence

1428   Trois choses gâtent la Provence :
       Le vent, la Contessa et la Durance.

   • *La Contessa* (terme régional) symbolise ici la Réforme ; il s'agit de la comtesse de
     Tende, épouse protestante du comte Claude de Savoie qui obtint une trève pendant
     les guerres de Religion en Provence.

1429   Trois grands fléaux pour la Provence :
       Le Parlement, le mistral et la Durance.

   • La plainte porte essentiellement sur le fait que, au XVIᵉ siècle, la composition du
     Sénat d'Aix était, presque exclusivement, aristocratique, ignorante et vindicative.

## Radeval, hameau des Andelys

1430   À Radeval,
       Tout dévale.

   • La rime était tentante, d'autant plus que le sol est, effectivement, en pente.

## Saint-Denis-le-Gast, arrondissement de Coutances

1431   À Saint-Denis-le-Gast,
       Tous grands bégâts.

   • Le *bégât* est un chandelier de bois ; le mot est aussi employé comme synonyme
     d'étourdi.

## Saint-Evroult, arrondissement d'Argentan

1432   À Saint-Evroult,
       On mène les fous.

   • Parmi les vertus merveilleuses de l'eau de la fontaine consacrée à Saint-Evroult,
     l'historien de l'abbaye du même nom mentionne celle de guérir la fureur et
     les maléfices.

## Saint-Gemme, commune du département du Gers

1433   Entre l'Orbe et l'Orbat, Saint-Gemme est placé.

## Saint-Godard, quartier de Rouen

1434   Aux enfants de Saint-Godard,
       Si l'esprit ne vient tôt, il vient tard.

   ◊ Aux enfants de Saint-Godard,
     L'esprit ne vient qu'à trente ans.

   • L'esprit de clocher trouve parfois des constatations assez justes. Alfred Canel expli-
     que ainsi le proverbe : « La paroisse de Saint-Godard, à Rouen, avait pour habitants
     les patriciens, les riches, les heureux du siècle : celle de Saint-Nicaise, les ouvriers de
     la draperie, les tisserands, les laneurs, les éplucheurs, les tondeurs, puis, dans les
     rues les plus hautes, des jardiniers, des marchands de fleurs, de fruits, de légumes.
     On conçoit que des voisins si différents de position et d'habitudes, ne pouvaient
     guère sympathiser ensemble (...). Et, tandis que dans la pauvre paroisse, la nécessité
     poussait les enfants à s'ingénier dès le berceau pour seconder leurs parents, ceux

de la riche paroisse pouvaient impunément laisser dormir leurs facultés, et n'avaient pas besoin de s'inquiéter si tôt de satisfaire au présent ou d'assurer l'avenir ».

## Saint-Lambert-sur-Dive, arrondissement d'Argentan

1435    À Saint-Lambert,
       Pays des navets, celui qui quitte sa place, la perd.
       • Ce proverbe est une variante de :
       ◊ Le jour Saint-Lambert,
         Quand on quitte sa place, on la perd.

## Saint-Lô

1436    Qui voudrait avoir de bons couteaux,
       Il faudrait aller à Saint-Lô.
       • La coutellerie est une branche importante de l'industrie de Saint-Lô.

## Saint-Malo

1437    Il est de Saint-Malo
       Il entend à demi-mot.
       • Ce proverbe tire son origine des célèbres chiens, gardiens de la ville.

## Saint-Sauveur, arrondissement de Coutances

1438    À Saint-Sauveur-la-Pommeraie, tapage
       Sans courage.
       • Correspond à l'expression : « plus de bruit que de besogne ».

## Saintonge

1439    Si la France était un œuf,
       Saintonge en serait le milieu.

## Salamanque

1440    Médecin de Salamanque
       Guérit l'un, et l'autre manque.

## Sempesserre, commune du département du Gers

1441    Sempesserre,
       Méchantes gens et bonnes terres.

## Séville

1442    Qui guère ne vaut en sa ville,
       Vaudra moins en Séville.

## Sicile

1443    Vêpres de Sicile, matines de France.

● Allusion aux événements de la Saint-Barthélemy en France et des Vêpres de Sicile.

## Sologne

1444 Les Solognots, sots à demi,
Qui se trompent à leur profit.

## Sotteville, arrondissement de Rouen

1445 Sotteville, sottes gens,
Belles maisons, rien dedans.

## Suisse

1446 Autant vaudrait parler à un Suisse
Et cogner la tête contre un mur.

## Touraine

1447 De Tourangeaux et Angevins,
Bons fruits, bons esprits et bons vins.
● C'est sûrement la région de France la plus valorisée. Les rois ne s'y sont-ils pas établis ?

## Trelli, arrondissement de Coutances

1448 À Trelli,
Tous étourdis.

## Troyes

1449 Femme de Troyes,
Femme de proie.

## Trun-en-Trunois, arrondissement d'Argentan

1450 Trun-en-Trunois,
Les femmes accouchent au bout de trois mois
Mais seulement pour la première fois.
● Il faut comprendre : trois mois après le mariage...

## Valence

1451 C'est un avocat de Valence,
Longue robe et courte science.

◊ Médecin de Valence,
Longues robes et peu de science.

## Vaugirard

1452 Tu viens de Vaugirard :
Ta gibecière sent le lard.

### Vé, rivière de l'arrondissement de Bayeux

1453    À la Saint-Barnabé,
        Le taon passe le Vé.

### Velloreille, Haute-Saône

1454    À Velloreille,
        Les gens chient des gueniés.
        ● C'est-à-dire des noyaux. La région produit beaucoup de cerises.

### Venise

1455    Le blanc et le noir ont fait Venise
        Riche.
        ● Le *blanc* est le coton, le *noir* le poivre.

1456    Les secours des Vénitiens...
        Trois jours après la bataille.
        ● Allusion à la bataille de Marignan.

### Verneuil

1457    À Verneuil, la rivière Iton, Dans la Mariette perd son nom.
        ● « L'Iton qui, au-dessus de Condé, avait anciennement un cours unique, ayant été
        divisé au XIIᵉ siècle pour fournir les eaux à Breteuil et à Verneuil, forme aujourd'hui
        plusieurs branches. Le bras forcé de Verneuil, comme l'indique le proverbe, change
        de nom en se réunissant au ruisseau de Mariette » (Alfred Canel).

### Vieuvy, Haute-Saône

1458    Les filles de Vieuvy,
        Qui sont vicieuses comme des pies.

### Villiers, écart dépendant des Andelys

1459    Les manants de Villiers,
        Caristaux l'été, caristaux l'hiver.
        ● « Avant que personne eût songé à rappeler que le hameau de Villiers avait eu la
        gloire de donner le jour à Nicolas Poussin, l'usage avait consacré à ses habitants le
        sobriquet de *caristaux* parce que antérieurement à l'extinction de la mendicité (...),
        ce hameau servait de retraite à un grand nombre de gueux, faisant profession de
        demander la 'caristade' » (Alfred Canel).

### Vosges

1460    Qui est connu en Vosges
        N'est pas inconnu partout.

TROISIÈME PARTIE

# PROVERBES
# DU MONDE

Choisis et présentés par

Florence MONTREYNAUD

# PRÉSENTATION

Qui n'a fait cette expérience lors de l'apprentissage d'une langue ? On commence à parler, à comprendre et soudain on bute contre un obstacle incontournable, un groupe de mots courants, formant une phrase simple, mais dont le sens littéral reste obscur jusqu'au moment où un équivalent français vient à l'esprit ; « Bien sûr, se dit-on alors, 'la corneille effrayée craint le buisson', c'est le proverbe russe qui correspond à 'chat échaudé craint l'eau froide' »

Évidemment, pour comprendre ces faits de langue et de société que sont les proverbes, il faut aussi connaître les circonstances, coutumes, modes de vie, mentalités, qui leur ont donné naissance. Comme dit le proverbe masaï, « L'écorce d'un arbre n'adhère pas à l'écorce d'un autre arbre », c'est-à-dire : une tribu ne peut emprunter les coutumes ou les proverbes d'une autre. Tant qu'on n'a pas compris les manières de dire, la phraséologie et les proverbes d'un peuple, on a beau en parler la langue, on reste un étranger[1]. Faire aborder au lecteur français la spécificité des peuples par les « phrases de la tribu », tel est, parmi d'autres, l'objet de ce livre. Le recueil a été conçu dans une perspective linguistique : les proverbes y sont présentés par langues, celles-ci étant classées par familles.

6 000 proverbes provenant de 126 langues[2] correspondant à l'usage effectif de la quasi-totalité de la population du monde (au moins quant à la compréhension), voici le matériel qui a été choisi pour offrir la plus grande variété possible de réflexions imagées sur l'expérience humaine,

C'est la première fois qu'un ouvrage français propose un choix aussi abondant. Une notice précise les caractères externes de chaque langue traitée et son importance dans le monde. Une bibliographie indique les principaux ouvrages sur les proverbes de cette langue et recense tout ce qui a été publié en français sur ce sujet.

De nombreux proverbes, accessibles seulement dans des recueils à diffusion limitée ou encore publiés dans des traductions anglaises, allemandes ou russes, sont publiés pour la première fois en français.

En présentant ces 6 000 proverbes, nous avons eu à cœur la variété dans le choix, la rigueur dans la traduction et l'exhaustivité des références bibliographiques.

Or, pour les 126 langues présentées, la documentation était loin d'être homogène. Entre les proverbes arabes, pour lesquels existe une longue tradition de recueils et dont nous connaissons de nombreuses traductions et les proverbes indiens (d'Amérique), qui n'ont donné lieu qu'à quelques rares études, on rencontre toutes les situations intermédiaires.

Les circonstances historiques expliquent que pour certains pays les proverbes aient été traduits dans la langue du colonisateur ou du protecteur : ainsi, les proverbes d'anciennes colonies françaises ou belges sont connus par des ouvrages en français,

---

1. Jean Paulhan a admirablement raconté son expérience de l'apprentissage des proverbes malgaches dans un livre intitulé *Expérience du proverbe**.
2. Sur les 3 000 à 4 000 langues parlées dans le monde.

ceux des pays de l'ancien Empire britannique ont été traduits en anglais, les langues de l'Asie centrale ont été étudiées par des Russes.

Inversement, pour d'autres pays, bien qu'il existe une riche tradition locale d'études parémiologiques, peu de traductions nous sont accessibles : c'est le cas de la Finlande ou du Japon.

Si les chapitres du recueil sont de longueur inégale, ce n'est pas parce que certaines langues seraient moins riches que d'autres en proverbes. Dans tous les cas étudiés (à l'exception des Indiens d'Amérique), le nombre total des proverbes que compte une langue semble assez stable, de l'ordre de plusieurs dizaines de milliers. Le cas des langues pour lesquelles les variantes locales ont été complètement répertoriées, par exemple le finnois et l'estonien, semble démontrer que les formes proverbiales sont beaucoup plus nombreuses (plusieurs centaines de milliers).

*

L'importance relative de chaque chapitre relève ici de deux facteurs :
— la nature de la documentation : il fallait que les sources soient accessibles dans une des grandes langues de culture ; — l'importance de la langue pour des francophones : les principales langues du monde et les cultures voisines des nôtres ont été consciemment privilégiées.

Ces éléments ont déterminé la place prépondérante de treize chapitres, avec des regroupements entre langues ou cultures voisines ayant en commun de nombreux proverbes. Il s'agit des ensembles suivants : italien, espagnol, anglais, allemand, groupe scandinave, russe, persan, groupe indien (y compris les langues dravidiennes), turc, chinois, monde juif, monde arabe, groupe africain.

Pour chaque langue ou ensemble de langues, nous avons sélectionné des proverbes dont le sens était assez clair pour le lecteur francophone. Ainsi, avons-nous pu alléger au maximum les explications. Le proverbe est fait pour fonctionner dans la spontanéité, le didactisme n'étant de mise que dans le mépris ; comme dit le proverbe ashanti : « Quand on dit un proverbe à un sot, il faut encore lui en expliquer le sens ». D'ailleurs, de trop nombreuses explications eussent alourdi le texte et restreint la plurivalence caractéristique des proverbes.

Les proverbes des langues anciennes ont été éliminés, un de nos critère étant l'utilisation actuelle. Les quelques proverbes d'origine latine, chinoise classique ou sanscrite que l'on a cités ici sont restés vivants. Alors que de nombreux recueils entretiennent une certaine confusion, il nous a paru préférable de nous en tenir aux proverbes proprement dits, sans reprendre locutions proverbiales, dictons ou « wellérismes ».

Les « wellérismes », surtout étudiés dans le monde anglo-saxon, tirent leur nom d'un de leurs plus prolifiques auteurs, Weller. Ils se rencontrent aussi dans les cultures africaines. Il s'agit d'aphorismes de structure ternaire, tournant en dérision par son emploi une phrase de la sagesse populaire. Par exemple : « Au milieu est la vertu, dit le diable en s'asseyant entre deux prostituées ». « Tu seras guérie par des paroles saintes, dit le pasteur en lançant la Bible à la tête de sa femme ».

Ces « wellérismes » font souvent appel aux mêmes catégories sociales que les proverbes. Leur effet comique est assuré par la juxtaposition de la citation et de la description de l'attitude qui l'accompagne et la prend au pied de la lettre.

Enfin nous avons donné quelques exemples de *triades*. Répandues dans toutes les cultures, elles sont du type : « Il y a trois choses (bonnes, ou mauvaises, ou difficiles, etc.) ». En voici un exemple irlandais : « Trois sortes d'hommes ne comprennent rien aux femmes : les vieux, les jeunes et ceux d'entre les deux ».

Quant aux proverbes, ainsi délimités par contraste, restait à les choisir dans une masse gigantesque. Choix difficile, dont voici les principes :

— Il fallait que les proverbes fussent représentatifs d'un environnement, de sorte que toutes les métaphores utilisées évoquent la culture concernée. Par exemple, abordant le chapitre finnois, on s'attend à des images de neige, et on trouve en effet : « Nul ne skie assez doucement pour glisser sans laisser de traces ». De même, il est normal que les Kirghiz, peuple nomade, aient fait mention de la hutte qui les abrite : « Le vent trouve des trous de la yourte, l'âme trouve les mensonges des mots ».

— Nous souhaitions aussi privilégier les proverbes à contenu métaphorique ; ceux qui ont un contenu prescriptif se rapprochent plutôt de la sentence ou de la maxime. Parmi les métaphores, il fallait retenir les plus originales, les plus marquantes. D'autres critères sont liés aux problèmes spécifiques de la traduction.

*

Traduisant en français, on doit tenir compte du patrimoine culturel des lecteurs. C'est pourquoi il n'est pas judicieux de retenir un proverbe étranger dont la traduction sonne moins bien que l'équivalent français qui vient à l'esprit. Ainsi le proverbe russe « Chacun est son meilleur serviteur » pâlit au regard de « On n'est jamais si bien servi que par soi-même ». Au contraire l'accent a été mis sur les formulations originales.

Comme le traducteur de poésie, le traducteur de proverbes affronte un problème ardu : il doit donner une traduction fidèle *et* qui sonne comme un proverbe.

Comment trouver des équivalents à ces courtes phrases d'une grande concision où chaque mot a un sens très précis et une vaste portée métaphorique ?

Comment préserver ces effets euphoniques alors qu'ils reposent sur des procédés formels (rimes, allitérations, assonances) dont la traduction entraîne, sauf rares coïncidences, la déperdition totale ? Et que dire des nombreux jeux de mots ? Seules certaines figures, tel le chiasme, sont transposables (par exemple : « Les mots des rois sont les rois des mots »).

Voici quelques exemples qui montreront l'ampleur de la tâche du traducteur et son résultat immanquablement décevant.

Les proverbes se présentent souvent sous forme de deux vers ou contiennent des éléments qui riment. Parfois on peut retrouver le même effet, comme dans le proverbe allemand « Jugend hat keine Tugend » : « Jeunesse n'a point de sagesse » ; parfois, c'est au prix d'un léger arrangement : « A stitch in time saves nine », proverbe anglais, peut se rendre par « Un point à temps en épargne cent » (au lieu de neuf dans l'original). Mais, le plus souvent, il est impossible de conserver les jeux de sonorité. Voici quelques témoignages de cette déperdition : « Kein Haus ohne Maus » (allemand) : « Pas de maison sans souris ». « An apple a day keeps the doctor away » (anglais) : « Une pomme par jour éloigne le docteur ». « Care killed the cat » (anglais) : « Les précautions ont tué le chat ». « Femo de bèn e de bono mino vai pas pu luen sa galino » (occitan) : « Femme de bien et de bonne mine ne va pas plus loin que sa poule ». « Barba parada no guanya soldade » (andorran) : « Bateau arrêté ne gagne rien ». « Mas vale ser cabeza de raton que cola de leon » (espagnol) : « Mieux vaut être tête de rat que queue de lion ».

Il faut renoncer à des efforts, presque toujours vains, pour rendre un proverbe sur le plan formel : dans la grande majorité des cas, les sonorités de l'original sont obscurcies, voire perdues. D'où vient que l'on n'a pas retenu les proverbes qui tirent leur principal intérêt de caractéristiques formelles.

Si l'on accepte de s'attacher surtout au contenu, la tâche est heureusement plus aisée. Dans un proverbe, la construction est simple, les mots sont courants ou usuels : les meilleurs proverbes sont souvent les plus simples. On peut même faire cette curieuse expérience. Grâce à l'habitude acquise après la lecture de plusieurs centaines de recueils, on peut, en consultant une collection de proverbes dans une langue peu familière, retenir des proverbes sans en connaître le sens, en observant le balancement de la phrase, en jugeant que les mots courts proviennent de racines essentielles, en retrouvant une structure fondamentale dans d'autres langues, etc.; vérification faite, ces proverbes s'avèrent d'excellente frappe.

Ces filtres successifs permettaient de ne retenir que les proverbes représentatifs d'une culture donnée, dont le contenu était original, et qui étaient traduisibles sans déperdition de substance. Mais il fallait aussi éviter un écueil auquel n'ont pas échappé d'autres grands recueils de proverbes du monde : la monotonie due à la répétition fastidieuse, de proverbes identiques[1]. Il n'est donc pas étonnant qu'avec des critères si sévères, nous n'ayons retenu dans notre choix final que 2 à 3 % de la masse totale des proverbes que nous avons étudiés.

Le choix ayant été opéré à partir de critères généraux, communs à l'ensemble de cette partie, l'on pourra toujours objecter l'absence d'un proverbe dans une langue. En revanche, le lecteur peut-être assuré que, étant donné l'ampleur de l'échantillon, les structures fondamentales de tous les proverbes sont toutes représentées, avec un nombre significatif de variantes.

Le problème des proverbes de contenu identique est, nous l'avons dit, une pierre d'achoppement pour un recueil. Très souvent un proverbe est commun à toutes les langues d'une famille ou encore à toute une région. Comment trancher et à quelle langue attribuer un proverbe très répandu? La réponse a souvent été empirique. Dans certains cas, les coïncidences entre les langues étaient si frappantes que nous avons regroupé celles-ci en ensembles régionaux. Dans les chapitres scandinave, indien et africain, on notera que certains proverbes figurent sans attribution de langue ; ce sont les proverbes généraux, communs à toutes les langues de cette famille. Dans d'autres cas, nous avons privilégié la langue la plus parlée de la famille (par exemple, le russe pour le groupe slave).

Dans l'état actuel de la recherche, les schémas d'élaboration des proverbes et les circuits d'emprunts sont trop mal connus pour que des attributions soient faites avec plus de certitude.

Ceci pose le problème de l'origine des proverbes, problème complexe, car le plus souvent plusieurs traditions populaires se superposent dans un pays.

Nous n'avons pas indiqué cette origine. Comme d'autres genres du folklore, le proverbe est par essence populaire, il est le fruit d'une collectivité et n'a pas d'auteur désigné. Même si l'on peut y retrouver l'influence de textes sacrés (par exemple, la Bible pour le proverbe anglais : « Ne jetez pas vos perles au pourceau »), s'il s'agit parfois d'un vers d'un poème (voir le chapitre persan), d'un aphorisme de philosophe (Chine), ou de la morale d'une fable perdue (cas fréquent dans les proverbes africains), nous n'avons pas considéré que ces indications, au demeurant très aléatoires, étaient essentielles.

Cependant, quand on rencontre le même proverbe dans deux langues très différentes, dans des cultures très éloignées, on ne peut attribuer cette coïncidence ni à une source commune, ni à des emprunts, directs ou indirects, ni même à des similitudes culturelles qui conduiraient des populations différentes à adopter les mêmes attitudes envers certains concepts. Il faut alors se placer dans une perspective encore plus générale et poser que les proverbes nous permettent d'appréhender l'être humain au travers de ses préoccupations essentielles, indépendamment des facteurs d'environnement.

---

1. À titre d'exemple et pour montrer à quel point les mêmes thèmes sont communs à toutes les cultures, nous avons fait figurer dans un grand nombre de langues les variantes du proverbe qui recommande la sécurité dans les transactions :
« Un œuf aujourd'hui vaut mieux qu'une poule demain » (aspect temporel) ou « Un moineau dans la main vaut mieux qu'un rossignol sur le toit » (aspect spatial).

Or à quoi se réduit cet « être humain », quels que soient sa race, sa religion, son mode de vie[1] ? À des besoins, à des désirs. Dans les sociétés rurales et pauvres que dépeignent les proverbes, l'homme est à l'origine un animal nu et sans défense dont les besoins fondamentaux sont la nourriture et la protection. La faim et la peur sont ses ressorts essentiels ; elles fournissent à la fois les thèmes de nombreux proverbes et les métaphores les plus utilisées.

Ces besoins satisfaits, l'homme donne libre cours à ses facultés d'observation, de jugement et d'analyse : on trouve alors toutes les descriptions du comportement de l'individu et des relations interpersonnelles, parmi lesquelles figurent les relations sexuelles. Les animaux, par des métaphores transparentes, fournissent alors une variété d'images familières. Puis apparaissent d'autres thèmes qui donnent une dimension métaphysique au désir humain : l'amour, le destin, la mort. Ils sont plus privilégiés dans certaines cultures. C'est un des points qui différencient le plus les proverbes français, pauvres en notations philosophiques, de ceux du reste du monde. Dans certaines sociétés traditionnelles et rurales, plus évoluées, plus raffinées, on rencontre une notion de transcendance, une appréhension de l'infini ; on en trouvera des exemples dans les proverbes chinois ou arabes.

Ce n'est qu'en postulant cette unicité de l'être humain social, émetteur d'une sagesse, que l'on peut expliquer les multiples coïncidences entre les proverbes. Des recherches théoriques ont été menées pour tâcher d'élucider le problème de leurs structures fondamentales[2].

Tout en faisant nôtres les conclusions des chercheurs, mais sans reprendre leur formulation abstraite, nous allons donner quelques exemples de types proverbiaux répandus dans le monde entier et pour que ces exemples soient plus clairs pour le lecteur francophone, nous citerons leur variante française. (Pour connaître les autres métaphores employées sur le même thème, on se reportera à l'index thématique.)

— Sur l'observation de la nature humaine et du comportement individuel :

> Sac vide ne tient pas droit.
> Les maladies viennent à cheval et s'en vont à pied.
> Le fruit [dans d'autres langues, c'est souvent la pomme] ne tombe jamais loin de l'arbre.
> Le loup change de poil, mais non de naturel.
> Chat échaudé craint l'eau froide.
> Les cordonniers sont toujours les plus mal chaussés.
> Douze métiers, treize misères.

— Sur les relations humaines :

> La peau est plus proche que la chemise.
> D'une bonne mère prenez la fille.
> Femme scet (sait) un art avant le diable.

(La misogynie, élément caractéristique des cultures traditionnelles, fournit un répertoire inépuisable de proverbes dans toutes les langues. Les thèmes principaux en sont la puissance des femmes, illustrée par le proverbe ci-dessus, et leur médisance — du type : « L'épé des femmes est leur langue ; elles n'ont garde de la laisser rouiller » —, mais aussi leur frivolité, leur inconstance, etc.)

> Goutte à goutte, l'eau creuse la pierre.
> Quand le chat n'est pas là, les souris dansent. (Il est curieux de constater que ce proverbe est répandu dans des termes identiques chez les Juifs du Yémen, les Baoulé, les Oubykhs, etc.)
> À cheval donné, ne lui regarde pas (en) la bouche. (Proverbe très courant en allemand, italien, russe.)

---

1. Si nous n'indiquons pas dans cette énumération, comme il est d'usage, « ... quel que soit son sexe », c'est que cette donnée est loin d'être indifférente. Sur les rapports du proverbe et du sexe, voir plus loin.
2. Voir « Lectures sur les proverbes », à la fin de cette partie, p. 698.

Moisson d'autrui plus belle que la sienne.
Il ne faut pas vendre la peau de l'ours avant qu'on ne l'ait mis par terre.
Le moineau dans la main vaut mieux que la grue qui vole.

(Dans les variantes, on trouve un oiseau ordinaire et un oiseau plus rare.)

Un œuf aujourd'hui vaut mieux qu'un poulet pour demain.

Certaines catégories sociales (médecins, hommes de loi, hommes d'église) ont donné lieu aux mêmes clichés dans de nombreuses langues, par exemple, « On ne devient pas un bon médecin avant d'avoir rempli un cimetière » (suédois).
D'autres proverbes sont très répandus dans le monde, mais pas en France, par exemple :

La langue n'a pas d'os, mais elle brise les os.
Le flambeau n'éclaire pas sa base.

(très courants dans le monde arabe et dans les pays qui ont subi l'influence arabe).
— sur des thèmes moraux et philosophiques :

Aide-toi, le ciel t'aidera.
Ce qui vient du diable retourne au diable.
Qui crache en l'air (ou contre le ciel) reçoit le crachat sur soi.
Dieu donne le froid selon le drap.
Contre la mort, il n'y a point de remède.
Le plus riche n'emporte qu'un linceul.

Au lieu de donner ces exemples dans la variante française, nous aurions toujours pu le faire avec leur structure abstraite. Ainsi le proverbe créole « Les mulâtres se battent, ce sont les cabris qui meurent » est un exemple de la structure universelle : « Quand les grands se battent, les petits souffrent ». Un chercheur soviétique, Permiakov*, a proposé un répertoire de ces structures sémantiques de base, ou invariants. Il en dénombre une centaine. À chaque invariant correspond un nombre considérable de variantes, utilisant des métaphores de registres différents. Il est curieux d'en constater la variété et, inversement, de remarquer que la même image peut être employée par des peuples très éloignés.
En voici deux exemples. Le premier concerne l'artisan qui ne jouit pas du confort que son travail procure à d'autres. En français : « Les cordonniers sont toujours les plus mal chaussés ». Voici les autres métiers illustrés par des proverbes de ce type :

Le cordonnier est toujours sans chaussures. [polonais]
La chaussure du savetier n'a pas de talon. [persan]
Tous les savetiers vont nu-pieds. [yiddish]
Le tailleur est nu, le savetier pieds nus. [lituanien]
Qui est plus en guenilles que le fils du tailleur ? [anglais]
Chez le potier, on sert de l'eau dans un vase ébréché. [arabe]
Le potier boit dans un pot cassé. [persan]
Le potier mange dans un tesson. [rwanda]
Dans la maison du forgeron, la hache est en bois. [brésilien]
La marchande d'éventails s'évente avec ses mains. [chinois]

La seconde série illustre le thème de la prudence — parfois excessive — que donne une expérience malheureuse. En français : « Chat échaudé craint l'eau froide ». Très proche est le proverbe breton : « Chat échaudé craint l'eau tiède ». L'image de la brûlure engendre les proverbes suivants :

Enfant brûlé craint le feu. [allemand, danois]
Qui s'est brûlé la langue n'oublie plus de souffler sur la soupe. [allemand]
Qui s'est brûlé une fois soufflera sur l'eau froide. [bachkir]
Qui s'est brûlé avec du lait bouillant souffle sur le lait caillé. [arménien, azerbaïdjanais]
La vieille a été brûlée par la bouillie, elle souffle aussi sur le lait caillé. [albanais]
Qui s'est brûlé avec la purée souffle même sur le caillé. [grec]
Qui s'est brûlé avec du lait souffle sur le petit lait. [persan]

Qui s'est brûlé avec du lait souffle sur la crème glacée. [turc]
Le taureau qui a souffert du soleil tremble à la vue de l'ombre. [coréen]
Chien qui s'est brûlé le nez ne flaire pas les cendres. [foulfouldé]

Ce qui rappelle en partie :

Le chien qui a léché les cendres ne se fie plus à la farine. [italien]

L'eau — sans la brûlure — est évoquée en allemand par :

Chiens arrosés craignent l'eau.

La morsure du serpent est à l'origine d'une autre série de proverbes :

Celui qui a été mordu par les serpents craint aussi les lézards. [serbo-croate]
Celui qui a été mordu par un serpent redoute la vue d'une corde. [pushtù, judéo-arabe, berbère]
Qui a été mordu par un serpent craint la corde noire ou blanche. [persan]
Le chat mordu par un serpent craint même la corde. [arabe]
Quand on a été mordu par un serpent, on fuit même le mille-pattes. [bamiléké]
Celui qui a vu un serpent noir craint même un bâton noir. [russe]

Enfin on rencontre aussi :

La corneille effrayée craint le buisson. [russe]
Un soldat battu craint un roseau. [japonais]

Nous avons fait appel principalement aux proverbes cités dans cet ouvrage, mais on pourrait allonger la liste à l'infini, car les invariants, dans la mesure où ils expriment des notions fondamentales pour l'être humain, ont des correspondances dans toutes les langues, nous pensons l'avoir montré par les exemples précédents.

*

Ayant réuni les proverbes les plus représentatifs de chaque langue, nous les avons classés par thèmes[1] et ordonnés en trois parties : Individu, Relations humaines, Sagesse. Chaque partie comprend des subdivisions plus ou moins nombreuses selon la quantité de proverbes à classer. Voici le classement le plus détaillé :

INDIVIDU
— **Désirs et goûts**
— **Nature, épreuve, apparence**
— **Comportements**

RELATIONS HUMAINES
— **Biens et échanges**
  biens : don, aumône, reconnaissance, ingratitude, avarice, vol
  affaires et dettes
— **Relations humaines**
  bonnes relations
  mauvaises relations
  amitié et hospitalité
  langage : parole, vérité, mensonge, conseil, secret
— **Femme et famille**
  femme
  amour et mariage
  famille, enfants

---

1. On trouvera p. 698 une approche du problème théorique de la classification des proverbes. Étant donné le caractère de cet ouvrage, nous avons choisi le cadre classique d'un classement thématique.

— Groupes et rôles sociaux

SAGESSE
— Morale
  règles de vie
  morale et justice
— Philosophie
  nature humaine et monde
  destin, Dieu, bonheur
  mort et espoir

Toute classification thématique est arbitraire dans la mesure où, selon les circonstances de l'utilisation, un proverbe peut recevoir plusieurs interprétations et est donc susceptible d'être classé dans plusieurs rubriques. Nous nous en sommes tenu au contenu le plus immédiat, nous réservant de renvoyer le lecteur aux contenus latents par le moyen de l'index thématique.

En particulier, l'érosion de l'usage et l'action de la censure ont fait disparaître quantité d'allusions sexuelles. C'est en toute innocence que nous disons aujourd'hui : « La nuit, tous les chats sont gris » ou « Tel pot, tel couvercle »[1].

Ne pouvant que constater cette déperdition de sens, nous avons classé dans les relations humaines en général les proverbes dont les connotations sexuelles sont perdues dans l'usage courant. En revanche, on trouvera dans la rubrique « femme » ceux qui utilisent des métaphores transparentes : la poule, la jument, la génisse, etc.

Les différences d'interprétation peuvent être dues aux significations variées de la même image selon les cultures. Par exemple, le proverbe « Pierre qui roule n'amasse pas mousse »[2] existe dans des termes identiques en français, en écossais et en vêpse ou tchoude du Nord. Dans notre langue, il signifie qu'on ne s'enrichit pas à courir le monde ou à changer d'état. Or pour les Écossais et pour les Tchoudes, ce même proverbe a un sens bien différent, car la mousse est interprétée comme un symbole négatif. Il signifie qu'une personne active ne se laisse pas arrêter et n'est pas importunée par des parasites. Nous en trouvons une confirmation dans le proverbe tchoude, car il s'énonce en deux parties, dont la première est : « Le torrent qui mugit ne gèle pas ».

Les conditions d'utilisation peuvent aussi expliquer les différences d'interprétation. C'est ainsi que certains proverbes africains sont compris différemment selon les personnes qui les emploient. En effet, les hommes qui sont les seuls à vivre certaines expériences initiatiques, perçoivent dans les proverbes des significations que ne peuvent soupçonner les femmes ni les jeunes.

C'est aussi le cas des allusions obscènes. Il faut préciser quelle est l'action de la censure. Celle-ci peut déjà s'appliquer à l'expression orale, mais celle dont nous sommes victimes est relative à la chose imprimée : les recueils de proverbes ne nous restituent que la partie « convenable » de la masse totale.

Le monde rural ne connaissant pas la honte des besoins physiques, de nombreux proverbes étaient empruntés aux registres de l'érotisme et de la scatologie. De plus, les proverbes étant de structure binaire, il arrivait que la seconde partie vînt renforcer l'idée exprimée dans la première avec une allusion obscène[3]. La censure, orale ou écrite, a fait disparaître ce matériel. Les cas où l'on peut reconstituer l'intégralité d'un proverbe donnent à penser, car l'ensemble est bien plus har-

---

1. Le problème de la censure des proverbes obscènes est abordé dans les « sources » des proverbes russes, p. 458.
2. C'est Milner dans son article « De l'armature des locutions proverbiales* » qui a donné cet exemple pour le français et l'écossais. Nous le corroborons avec le proverbe tchoude.
3. On trouvera des exemples dans Milner*, *op. cit.* et Carey, *Les Proverbes érotiques russes**.

monieux et expressif. Il manque donc tout un pan de notre connaissance : l'expérience livresque ne pourra jamais retrouver cette dimension censurée, caractéristique de la tradition orale.
La censure dont il vient d'être question concerne un matériel existant. On peut
aussi s'étonner d'autres lacunes dans les thèmes des proverbes. Sont-elles dues à
des phénomènes d'auto-censure ou à une sensibilité différente de la nôtre ? Ainsi,
les petits chagrins de l'existence ont leur place dans les proverbes, mais les grandes douleurs n'y figurent pas. Seraient-elles muettes ? On y trouve des consola-
tions pour les pertes d'argent, les chagrins d'amour ou même la mort de la femme,
présentée comme un soulagement. Comment expliquer que n'y soient pas abordés
des problèmes cruciaux (ou qui nous semblent tels) ? Par exemple, le veuvage, dans
son aspect dramatique, ou la solitude. Voici un autre exemple : le thème de la mort
est bien représenté, nous l'avons dit. Comment se fait-il alors que la sagesse populaire fasse silence sur cette donnée importante dans les sociétés anciennes qu'est
la mort des enfants en bas âge ? Comment est-il possible que ce fléau, qui atteint
encore à notre époque des proportions catastrophiques dans les pays sous-
développés, ne soit pas même évoqué dans leurs proverbes[1] ?
On doit donc se demander : qui parle dans les proverbes ? pour avoir une idée de
l'origine de ces lacunes. Le proverbe traduit un mode de relations traditionnel entre
les hommes et les femmes. Il exprime le pouvoir des hommes, véhicule leurs con-
ceptions. C'est essentiellement une parole d'homme, et d'homme âgé, détenteur de
pouvoir et de savoir et qui parle en vertu de son expérience.
Si des aventures humaines comme la grossesse, l'accouchement, l'allaitement, ne
sont pas évoquées, c'est bien que la personne qui parle ne se sent pas concernée
par ces questions. En lisant à la suite les paragraphes « Femme et famille » de chacun des chapitres — épreuve d'une monotonie accablante — on s'aperçoit que le
portrait des femmes est dessiné avec des traits entièrement négatifs et que ce qui
concerne les relations sexuelles est dégradant, dévalorisant pour elles : c'est qu'il
est toujours présenté du point de vue viril.
Cette misogynie traduit-elle un refus de reconnaître la parité aux valeurs des femmes, ou une peur de leur puissance spécifique, notamment en matière de fécondité ?
Cette question déborde le cadre de la présente étude. Nous nous contenterons donc
de déplorer que l'objectivité nous ait contrainte à donner autant de place aux proverbes sexistes.

*

Dans toutes les sociétés, les proverbes sont une des formes les plus populaires de
la tradition orale. On peut donner de nombreux exemples de leur utilisation. Évo-
quons les moines bouddhistes birmans qui adressaient au roi des épîtres compo-
sées de proverbes, donnant ainsi à ces derniers des lettres de noblesse littéraire[2].
La prédilection des Arabes pour les proverbes s'exprime bien dans ce récit rapporté par l'auteur d'un recueil : il décrit les réunions de famille qui étaient l'occasion de joutes littéraires : « À tour de rôle, chaque assistant du cercle formé autour
du foyer devait trouver immédiatement un proverbe commençant par la même lettre
qui terminait le proverbe donné par le voisin et ainsi de suite, en sorte que celui
des joueurs qui hésitait ou qui ne pouvait pas répondre à son tour, était considéré
comme battu et obligé de renoncer à la lutte. Un homme ou une femme qui ne

---

1. On n'en rencontre qu'un exemple : les Peuls disent « Eau répandue vaut mieux que vase brisé »,
pour consoler une mère, dont l'enfant vient de mourir en suggérant qu'elle peut en avoir d'autres.
2. in Hla Pe, *Burmese Proverbs*, Londres, 1962.

savait pas plusieurs centaines de proverbes et qui n'était pas capable de les débiter séance tenante, était alors regardé comme ignorant[1]. »

Un dernier exemple pourra fournir une définition du proverbe à travers son utilisation. C'est le titre de la première traduction en français de proverbes étrangers, italiens en l'occurrence. Notre prédécesseur de 1547 avait intitulé son recueil : *Bonne réponse à tout propos...*

Quelle place les proverbes ont-ils dans le monde actuel ?

En règle générale, on peut établir une relation entre le caractère plus ou moins traditionnel d'une société ou, à l'intérieur d'un pays, d'un groupe social, et l'importance du rôle qu'y jouent les proverbes.

Quand la société, ou le milieu, est coupée des réalités rurales, les proverbes y sont peu utilisés ou ne le sont que comme des clichés et souvent par ironie. Ils sont de préférence réservés à l'expression orale la plus familière et sont cantonnés à certains emplois dans l'expérience courante, par exemple l'éducation des enfants. Tant qu'il y aura des enfants rechignant à goûter un plat nouveau, il y aura des parents pour dire : « Ce que le paysan ne connaît pas, il ne le bouffe pas » [proverbe allemand].

En revanche, dans les sociétés traditionnelles, les proverbes ont force de loi, car ils procèdent de la sagesse des anciens[2].

Comme toutes les sociétés évoluent, il est inévitable que certains proverbes aient vieilli, car leurs images appartiennent à un monde révolu. Si le sens en est parfois obscur, ils n'en conservent pas moins un intérêt historique et ethnologique.

Les sociétés modernes ne peuvent reprendre entièrement à leur compte la fonction traditionnelle des proverbes dans la mesure où certains refusent la moindre remise en question de l'ordre des choses, acceptant les maux comme inévitables, les inégalités sociales comme des données — la richesse étant mise ainsi sur le même plan que la mort.

Mais, même dans les sociétés industrielles les plus évoluées, les êtres humains ont besoin de repères culturels, fixés par une tradition de folklore. Les proverbes, qui en sont un élément, peuvent encore jouer un rôle pédagogique et une fonction de contrôle. Tout groupe a ses normes et édicte un comportement social convenable. Indépendamment des variations dans le temps et dans l'espace, celui-ci n'est pas si différent dans ses grandes lignes d'un peuple à l'autre. En particulier, la glorification du travail que proclament de nombreux proverbes, soit directement, soit en prenant pour cible la paresse, conserve toute sa force.

Les proverbes qui suivent, conçus et utilisés dans des sociétés traditionnelles rurales et pauvres, peuvent intéresser nos contemporains par la variété de leurs images et leur apporter la sagesse d'une expérience séculaire.

Florence Montreynaud

Ma gratitude est acquise à toutes les personnes qui m'ont aidée et d'abord aux nombreux étrangers qui m'ont donné des renseignements sur l'utilisation des proverbes de leur langue (en particulier Maria Cantaluppi). Merci aussi à François Branche, Andrée Rollet, Sylvie et Stéphane Escat, pour leur soutien et leur aide inlassable.

F. M.

## NOTE AU LECTEUR

1) À la fin de certains proverbes étrangers, il y a un numéro entre parenthèses et en *chiffres italiques* : il s'agit d'un renvoi à un proverbe de langue française équi-

---

1. Feghali, *Proverbes et dictons syro-libanais*, Paris, 1938, p. XI.
2. Voir l'introduction aux proverbes africains, chapitre XXX, p. 657.

valent ou voisin que l'on trouvera à ce numéro dans la première partie de ce dictionnaire. Par exemple (page 359) pour le premier proverbe italien :

    1   La chaleur du lit ne fait pas bouillir la marmite. *(1042)*

Ce numéro en italique invite à se reporter au proverbe n° 1042 de la première partie :

  1042   La beauté ne sale pas la marmite.

2) Dans les textes introduisant les proverbes d'une langue, ou dans les alinéas intitulés « sources », le lecteur trouvera un astérisque* après un nom d'auteur ou un titre d'ouvrage : cet * renvoie à la présentation de ces ouvrages sous le titre « Lectures sur les proverbes » qui se trouve à la fin des proverbes du monde, page 693.

# 1

*famille indo-européenne*

# CHAPITRE I

# langues romanes

## Proverbes italiens

Les Italiens, dont la culture est proche de la culture française, ont en commun avec elle de nombreux proverbes. On en retrouvera quelques-uns dans le choix suivant, qui regroupe des proverbes utilisés dans l'ensemble du pays (leurs variantes dialectales sont aussi très répandues).

Entre le lointain modèle du florentin, langue de l'âge d'or de la littérature italienne, et les dialectes, très vivants dans toutes les provinces, l'ancien toscan devenu l'italien unifie les 57 millions d'habitants de la péninsule.

L'Italie a longtemps été terre d'émigration (notamment dans sa partie méridionale) et les colonies italiennes sont nombreuses dans le monde, particulièrement aux États-Unis.

## L'INDIVIDU      Les désirs, la nature, les comportements

1   La chaleur du lit ne fait pas bouillir la marmite. *(1042)*

2   Quand la faim croît, l'orgueil décroît.

3   Qui a dent n'a pain, qui a pain n'a dent. *(var. 652)*

4   Le pire orage éclate au moment de la moisson.

5   À navire rompu, tous les vents sont contraires.

6   Qui a bu toute la mer en peut bien boire encore une gorgée.

7   La joie n'a pas de famille ; le chagrin a femme et enfants.

8   Un malheur pousse l'autre.

9   Mieux vaut être oiseau des bois que de cage. *(177)*

10   Celui qui a la santé est riche sans le savoir.

11   Qui soupe bien dort bien.

12   Corps rempli, âme consolée. *(677)*

13   Joie de cœur fait beau teint de visage.

\*

14   Coffre trop bourré brise sa serrure. *(1292, 1302)*

15   L'enclume dure plus que le marteau.

16   Les secondes pensées sont les meilleures.

17   Le vin doux fait le plus âpre vinaigre.

18   Le loup change de poil, mais garde sa gueule. *(140)*

19   Tous ne sont pas des saints qui vont à l'église.

20   Prince illettré est un âne couronné.

21   Il n'est pire fruit que celui qui ne mûrit jamais. *(71)*

22   Un cerveau plein de paresse est l'atelier du diable.

23   Tel est si bon qu'il n'est bon à rien.

24   Qui n'a rien, n'est rien.

\*

25   Le monde appartient aux patients.

26   Il faut donner du temps au temps.

27   À savoir attendre, il y a tout à gagner.

28   Rome ne s'est pas faite en un jour. *(1597)*

29   Beaucoup de peu font assez.

30   Plume à plume, on plume l'oie.

31   Qui se mesure dure.

32   Délibère lentement et exécute lestement.

33   À chaque pas selon la jambe.

34   Telle chair, tel couteau.

35   Qui va lentement, va sûrement. [*Chi va piano va sano*] *(1782)*

36   Qui agit seul agit pour trois.

37   Le monde appartient à qui sait le prendre.

38   Un homme n'est pas rivière et peut retourner en arrière.

39   Que chaque renard prenne soin de sa propre queue!

40   Nul qui ne sache danser quand la fortune joue du violon.

• *Fortune* au sens de *chance, sort heureux.*

41   L'Arno ne grossit pas sans qu'il y entre de l'eau trouble.
    • L'*Arno* est le fleuve qui traverse Florence. *(var. 30)*

42   Qui a la tête creuse à vingt ans aura la bourse plate à trente.

43   Qui n'a pas de courage doit avoir des jambes.

44   Beaucoup reviennent de la guerre qui ne peuvent décrire la bataille.

45   Folles ardeurs donnent regret.

46   Tant va la chèvre aux choux qu'elle y laisse du poil.

47   Qui bâtit sur la grand-place fait maison trop haute ou trop basse.

48   Qui place tout son bien en un lieu le place au beau milieu du feu.

49   Qui bâtit hors de ses terres perd son mortier et ses pierres.

## LES RELATIONS                Les biens et les échanges

50   Ayez des florins, vous aurez des cousins.
    • Le *florin* est l'ancienne monnaie de Florence.

51   Du cuir d'autrui, on fait larges courroies. *(1134)*

52   Il est bon de donner les choses qui ne se peuvent vendre.

53   Il n'est poule si chère que celle reçue en cadeau.

54   Le pain d'autrui a sept croûtes.

55   Pain mangé est vite oublié.

56   L'ingratitude est fille du bénéfice.

57   On retient l'offense, on oublie le don.

58   Le péril une fois passé, le saint est bientôt négligé. *(1989)*

59   Aux vieux saints on n'allume plus de cierges.

60   Qui vole pour les autres est puni pour les autres.

61   Mieux vaut perdre la laine, que le mouton. *(467)*

62   Habit râpé, crédit rogné.

63   Crédit est mort, les mauvais payeurs l'ont tué.

### Les bonnes et les mauvaises relations

64   Un vieil ami est chose toujours nouvelle.

65   Il faut toujours entendre les deux sons de cloche. *(2007)*

66   Le chien qui a léché des cendres ne se fie plus à la farine. *(548)*

67   Un diable ne fait pas l'enfer.

68   Ferme l'étable, le loup a mangé les brebis.

69   Un perroquet parle mieux quand il est en cage.
     ● Emprisonné, le malfaiteur fait des aveux.

70   Le sage sort le crabe de son trou avec la main d'autrui.

*

71   Amitié réconciliée, choux réchauffés, mauvais dîner.

72   Tous les hommes s'entendraient bien, n'étaient le mien et le tien.

73   Cage dorée ne nourrit point l'oiseau. *(175)*

74   Ventre plein ne comprend pas la faim.

75   Où est le mal s'attache la sangsue.

76   Ouvrage commun, ouvrage d'aucun. *(1444)*

77   Quand il y a plusieurs cuisiniers, la soupe est trop salée.

78   Au pays des aveugles, qui n'a qu'un œil est appelé monsieur. *(708)*

79   De richesse et de sainteté ne croyez que la moitié.

80   Il ne faut pas tenter les saints, à plus forte raison ceux qui ne le sont pas.

81   Qui te craint en ta présence te nuit en ton absence.

82   Baiser de lèvres ne vient pas toujours du cœur.

83   Le méchant est comme le charbon ; s'il ne vous brûle pas, il vous noircit.

84   Qui fréquente le boiteux apprend à boiter. *(516)*

85   Le braiement d'un âne n'atteint pas le ciel.

86   Servir tout le monde, c'est n'obliger personne.

87   Berger qui vante le loup n'aime pas les moutons.

88   L'amitié des grands : fraternité avec des lions.

89   Le soldat paie de son sang la renommée du capitaine.

### La parole

90   Parole gracieuse est d'un grand prix sans coûter grande dépense.

91   Plus on sait, moins on affirme.

92   Celui qui parle sème ; celui qui se tait mûrit. *(1504)*

93   On ne sait bien parler que lorsqu'on sait se taire.

94    Assez sait, qui ne sait, si taire sait.

95    Qui se tait convient du fait. *(1512)*

96    Si tu veux que l'on garde ton secret, que ne le gardes-tu pas?

97    Les blasphèmes font comme les processions, qui reviennent à leur point de départ.

98    Du dire au faire, il y a au milieu la mer.

99    À mauvaise cause, force paroles.

100   Qui veut chapitrer le prochain, fasse d'abord son examen.

101   Plus le cœur est petit, plus la langue est longue.

102   Tel blâme autrui qui soi-même condamne.

103   Mieux vaut glisser du pied que de la langùe.

104   Sel et conseil ne se donnent qu'à celui qui les demande.

105   Tel donne conseil pour un écu qui n'en voudrait pour un sou.

106   De menteries et tromperies, on vit le long de l'année.

### La femme et la famille

107   Homme sans femme, cheval sans bride; femme sans homme, barque sans gouvernail.

108   Amour au cœur, éperon au flanc.

109   Bouche baisée ne perd point son bonheur à venir, elle se renouvelle comme la lune.

110   L'amour est le prix pour qui veut acheter de l'amour.

111   Les blessures d'amour ne peuvent guérir que par celui qui les a faites.

112   Les fautes sont grandes quand l'amour est petit.

113   Dans la guerre d'amour, le vainqueur est celui qui fuit.

114   Tout vient de Dieu, sauf la femme.

115   Qui son visage farde à son cul pense.

116   Toute femme est chaste si elle n'a qui la pourchasse.

117   Femme qui reçoit est près de se vendre. *(885)*

118   Poissons et femmes sont meilleurs sous le ventre.

119   Il n'est pas de bois sans nœuds, ni de femme sans défauts.

120   L'amour donne de l'esprit aux femmes et le retire aux hommes.

121   On ne peut avoir sa femme ivre et sa barrique pleine.

122 Quand les poules chantent, le coq se tait.

123 Trois femmes font une foire.
  ● *Foire* au sens de *grand marché*.

124 Les femmes, quand elle se confessent, disent toujours ce qu'elles n'ont pas fait.

125 Beau visage apporte sa dot en naissant. *(893)*

126 Qui femme prend liberté vend.

127 Pas de mariage sans larmes, pas d'enterrement sans rires.

128 La mère aime tendrement et le père sagement.

### Les groupes et les rôles sociaux

129 Qui veut avoir bien toute sa vie se fasse prêtre.

130 Au jardin de l'avocat, un procès est un arbre fruitier qui s'enracine et ne meurt pas.

131 Les robes des avocats sont doublées de la sottise et de l'entêtement des plaideurs.

132 Jamais homme de loi ne va réclamer devant les tribunaux.

## LA SAGESSE

133 À bon départ, œuvre à moitié faite. *(1475)*

134 Qui ne veut pas quand il peut ne peut plus quand il veut. *(1598)*

135 On a la chance qu'on se fait.

136 Son nid fini, morte est la pie. *(179)*

137 Le travail du dimanche n'enrichit pas.

138 La farine du diable s'en va toute en son.

139 Qui vit d'espoir meurt de désir.

140 Il n'est pas pire voleur qu'un mauvais livre.

141 Toute extrémité est vice.

142 Un trop long bonheur nous gâte le cœur.

143 La vérité peut pâlir, mais non point périr.

144 Le corps est plus vite paré que l'âme.

145 La lumière poursuit l'aveugle.

146 Pardonner au méchant, c'est frapper l'innocent.

147 Mieux vaut libérer dix coupables que de condamner un innocent.

148 Cherche le bien, et attends-toi au mal.

**La mort et l'espoir**

149 À chaque jour sa croix. *(2070)*

150 Il faut espérer puisqu'il faut vivre.

151 L'homme pense et Dieu dispense. *(1954)*

152 Soleil, feu et pensées n'ont point de fin.

153 Laisse ouverte une fenêtre au destin.

154 Chaque porte est heurtée à son tour.

155 Sur Dieu n'a seigneur, sur noir n'a couleur.

156 La comédie est finie! [*Finita la commedia*!]
  ● Phrase criée par un comédien de la commedia dell'arte à la fin de la pièce.

157 Prépare-toi à mourir, mais ne renvoie pas tes semailles.

BIBLIOGRAPHIE

Les proverbes italiens ont donné matière à l'une des premières traductions françaises publiées : *Bonne Response à tous propos, livre fort plaisant et délectable, auquel est contenu grand nombre de proverbes et sentences joyeuses et de plusieurs matières, desquelles par honnesteté on peult user en toute compaignie*, traduit par Arnoul l'Angelier, Paris, 1547.

Cet ouvrage bilingue, dans lequel les proverbes sont classés dans l'ordre alphabétique de la traduction a été réédité en fac-similé par G. G. Kloeke, Amsterdam, 1960.

Il n'existe pas de publication exhaustive ou de livre important en français sur les proverbes italiens. Le seul ouvrage bilingue donne une liste de locutions et de proverbes français, avec leurs équivalents italiens, et ne comporte ni traduction, ni notes : Ortensia Ruggiero, *Gallicismi e proverbi*, Naples, 1949 (350 proverbes).

Une série de livres de proverbes régionaux a paru récemment chez un éditeur milanais, notamment Emma Alaima, *Proverbi siciliani*, 1970 (1181 proverbes siciliens avec traduction en italien) et Salvatore Loi, *Proverbi sardi* (proverbes sardes), 1972.

# DIALECTES ITALIQUES PARLÉS EN FRANCE

## NIÇOIS

Le livre de G. B. Toselli, *Recuei de 3176 prouverbi* (Recueil de 3176 proverbes en dialecte niçois, sans traduction), datant de 1878, a été réimprimé en 1973 (Laffitte, Marseille). La plupart des proverbes niçois proviennent des fonds italien ou occitan (voir plus loin).

# MENTONNAIS

22 proverbes mentonnais ont été publiés par J. B. Andrews dans la *Revue des traditions populaires*, 1889, pp. 281-282 (avec la traduction française), parmi lesquels :

1 Qui vit comme une bête, meurt comme un animal.

2 Homme de vin, homme de rien.

3 Qui ne sait guider sa barque au fond s'en va.

# CORSE

Il existe deux livres de proverbes corses. Celui de J. M. Filippi, *Recueil des sentences et dictons usités en Corse*, 1906, comprend 600 proverbes avec la traduction française. Dans l'ouvrage de Jean Albertini, *Formulaire français-corse*, Centre d'études régionales corses, 1971, se trouvent 170 proverbes (avec la traduction française).
On trouvera dans le choix suivant la conjonction des influences italienne et française.

## L'INDIVIDU

1 Il vaut mieux être à la tête d'un village qu'à la queue d'une cité.

2 À son propre pas, on va loin.

3 Les marins se reconnaissent dans la tempête.

4 Le courage ne se vend pas à l'auberge.

5 Le chien aboie, le cochon mange.

6 Le tonneau ne peut donner que le vin qu'il a. *(1064)*

7 Celui qui naît mulet ne devient pas cheval. *(203)*

8 Qui de poule naît, gratte la terre pour manger. *(515)*

9 Chacun dirige l'eau vers son moulin. *(318)*

10 Oiseau en cage ne chante pas d'amour mais de rage.

## LES BIENS

11 Comptes clairs, amis chers. *(1383)*

12 Les sous sont ronds et voyagent vite. *(1416)*

13 Dix francs de larmes ne paient pas dix centimes de dettes. *(1343)*

14 Politique et tribunal sont ruine de patrimoine.

## LES RELATIONS

15 L'œil du patron engraisse le cheval. *(418)*

16 C'est la bouche qui connaît les malheurs de la marmite.

17    Quand on est au bal, il faut danser. *(940)*

18    Ne vous signez pas avant de voir le diable.

19    Pardonner est d'un chrétien, oublier est d'un couillon.

## LA FEMME

20    Femme belle, tourment de maison.

21    Trois marmites, grande fête ; trois femmes, tempête.

22    Le diable met la femme sous l'homme pour tenir l'homme sous lui.

23    Où il y a un coq, ce n'est pas la poule qui chante. *(522)*

## LA SAGESSE

24    Le fou écrit et le sage parle.

25    Change de ciel, tu changeras d'étoile.

26    Quand ce n'est pas l'heure, on ne naît ni ne meurt.

# MALTAIS

Le dialecte parlé dans l'île de Malte est constitué par un fonds arabe mêlé d'italien ; cependant, la culture méditerranéenne incite à rapprocher les proverbes maltais du groupe latin. On connaît peu les proverbes maltais qui ont donné matière à un des meilleurs dictionnaires de proverbes (d'après l'article du *Proverbium* d'où nous avons tiré les exemples suivants) :
Joseph Aquilina, *A Comparative Dictionary of Maltese Proverbs,* Malta, 1972 (4 630 proverbes avec la traduction anglaise et des parallèles en plusieurs langues, dans une classification thématique).
À côté de proverbes très répandus dans toutes les cultures, comme « La langue n'a pas d'os, mais elle brise les os », on y trouve des proverbes généraux, tel :

1    Quand deux bons associés s'unissent, la pâte rencontre le levain,
et des exemples plus spécifiques de l'environnement culturel :

2    Celui qui ne veut pas travailler avec les chrétiens dormira avec les esclaves.

3    Ne loue pas une maison à deux étages à un Maltais, il te crachera dessus.

4    Quand une femme épouse un Grec, sa bourse se resserre.
ou ce dicton :

5    Quand il pleut et que le soleil brille, un Turc est né.

# OCCITAN OU LANGUE D'OC

La langue d'oc a été jusqu'au Moyen Âge une grande langue de civilisation. Mais l'ethnie occitane n'a pu se constituer en nation et l'occitan n'a gardé jusqu'à la Révolution qu'un usage populaire. À partir du XIX<sup>e</sup> siècle se dessine un nouvel essor linguistique et culturel.

On distingue trois groupes de dialectes :
— le nord-occitan, qui comprend le limousin, l'auvergnat et le provençal alpin ;
— l'occitan moyen : le languedocien qui est l'occitan par excellence et le provençal qui recouvre les parlers de l'ancienne Provence, du Comtat Venaissin et du comté de Nice ;
— le gascon, dont les traits linguistiques sont très originaux dans le domaine occitan.

La confusion entre l'occitan au sens large (tel qu'il est défini ici) et l'un des groupes de parlers qu'il inclut, notamment le languedocien ou le provençal, reste malheureusement trop fréquente. En revanche, le statut des dialectes « franco-provençaux » est généralement reconnu comme étant spécifique.

## L'INDIVIDU                                              Les désirs

1   Mieux vaut être oiseau de misère qu'oiseau de volière. *(177)*

2   L'oiseau qui vole n'a pas de maître. *(959)*

3   Toujours la truie rêve de son.

4   Ventre plein danse mieux que robe neuve.

### La nature

5   Métier vaut baronnie.

6   Tu veux un bon coq? Choisis-le maigre. *(519)*

7   Mieux vaut un âne vivant qu'un docteur mort. *(1736)*

8   Beaucoup d'ânes ne portent pas de bât. *(370)*

9   Les pins ne donnent pas de jujubes.

10  Les pâtres parlent de sonnailles et les avocats de papiers.

11  L'avocat moissonne, le médecin glane.

12  Cent meuniers, cent tisserands et cent tailleurs font trois cents voleurs.

13  À quinze ans, le diable était beau. *(1970)*

14  Qui veut un roussin sans tare, qu'il aille à pied. *(428)*
    ● *Roussin* au sens de cheval entier.

15  La moustache n'est jamais que poils.

16  Eau trouble ne fait pas miroir.

17  Mare vantée n'a pas de poisson.

**Les comportements**

18   Souvent le cri est plus gros que la bête.

19   L'âne porte la charge, mais non la surcharge.

20   À l'âne repu, les chardons sont amers.

21   Même le roi ne dîne pas deux fois. *(1774)*

22   Même le cheval du roi bronche. *(429)*

23   Chien querelleur a toujours l'oreille saignante. *(566)*

24   Qui ne veut nourrir le chat doit nourrir le rat. *(543)*

## LES RELATIONS                    **Les bonnes et mauvaises relations**

25   Des amis, ayez-en jusque dans la maison du diable. [Nice]

26   Ce qui se dit à table se plie avec la nappe.

27   Mieux vaut tenir un lapin que poursuivre, un lièvre. *(217)*

28   Bonne est la poule qu'un autre a nourrie.

29   Il est facile aux bien-portants de consoler les malades.

30   Chat gourmand rend la cuisinière avisée.

31   Jamais poil de chèvre n'étrangla le loup.

32   Les poules pondent par le bec.
     ● Elles ne pondent qu'autant qu'elles sont bien nourries.

33   La mangeoire fait la bête. *(439)*

34   Qui pour âne se loue, pour âne doit servir. *(377)*

35   Il y a un temps pour l'âne et un temps pour le meunier.

36   Abeille forcée ne fait pas bon miel.

37   Maigres sont les étourneaux parce qu'ils vont en troupeau. *(204)*

38   Ce que dédaignent les faisans, les pies le mangent.

39   Entre poules, on ne parle pas de chapons. *(510)*

40   Pour une brebis galeuse, il ne faut pas vendre le troupeau.

41   Au laboureur paresseux, les rats mangent la semence.

42   Quand les servantes s'assemblent, la carbonnade brûle.

**L'amour**

43   Plus tire amour que corde.

44  L'homme est de feu, la femme d'étoupe et le diable souffle.

45  Qui dort dîne, qui fait l'amour goûte. [Languedoc] *(936)*

46  Coup de pied d'ânesse ne blesse pas l'âne. *(417)*

47  L'amour ne fait pas bouillir la marmite. [Nice] *(1042)*

48  Quand la poule cherche le coq, l'amour vaut moins qu'un escargot.

49  Amour de seigneur, ombre de buisson.

### La femme

50  Les filles pleurent d'un œil, les femmes de deux, les nonnes de quatre. [Nice]

51  Femme comme on l'a élevée, étoupe comme on l'a filée.

52  Filles et épingles sont à qui les trouve. [Languedoc]

53  Fille à marier, méchant troupeau à garder.

54  De vieux renard et jeune drille, garde ta poule et ta fille.

55  Deux filles et une porte de derrière font trois larrons.

56  Fille qui écoute est bientôt dessous.

57  Fille pleure souvent son rire d'il y a un an.

58  Jamais putain ni larron ne furent sans dévotion.

59  Femme et dentelle sont plus belles à la chandelle. *(493)*

60  Toute femme qui vante sa vertu, sa vertu lui pèse.

61  Foi de femme, plume sur l'eau.

62  Trois femmes et un jars font un marché.

63  Écho et femme, le secret leur pèse.

64  Pleurs de femme, fumée de malice.

65  Les femmes bonnes sont toutes au cimetière.

66  Dame riche n'est jamais triste.

### Le mariage

67  Il gagne assez qui putain perd.

68  Qui se marie pour s'enrichir mange du sel pour s'empêcher d'avoir soif.

69  Chacun baise sa femme à sa mode.

70  Il n'y a qu'une brave femme : tous croient l'avoir.

71    Femme de bien et de bonne mine ne va pas plus loin que sa poule.

72    À mari jaloux, cornes au front.

### La famille

73    Il n'y a eu qu'une bonne marâtre : le diable l'a emportée.

74    Amour de gendre, soleil de décembre. *(924)*

75    Parents sans amis, farine sans tamis.

76    Quatre D font tout : Dieu, diable, dame et denier.

SOURCE

Marie Mauron, *Dictons d'oc et proverbes de Provence*, Robert Morel, 1965 (5 000 proverbes et locutions en occitan et en français).

# PROVERBES CATALANS

Le catalan qui appartient au même groupe de langues romanes que l'espagnol et l'occitan fut la langue officielle de la Catalogne jusqu'en 1716, puis de 1931 à 1939. Il est parlé par 7 millions de personnes : en France dans le Roussillon et en Espagne, en Catalogne, dans la province de Valence et les îles Baléares. Aux proverbes catalans ont été joints quelques proverbes andorrans.

## L'INDIVIDU

1    Le meilleur pain est celui de la maison.

2    À rat rassasié, le froment semble amer. *(1018)*

3    En temps de famine, il n'est pas de pain dur.

4    Il n'y a pas de meilleur gendarme que celui qui a été bandit.

5    Un vice coûte plus cher que deux enfants.

6    Le Catalan fait sortir le pain, même des pierres.

7    Si tu veux double charretée, tiens ta vigne fermée. *(330)*

8    De goutte en goutte, on remplit le tonneau. *(39)*

9    Qui ne prie pas, Dieu ne l'entend pas.

10   Tant va le rat à la ratière, qu'il finit par y laisser la queue. *(245)*

11   Bateau arrêté ne gagne rien. [andorran]

12   N'abandonne jamais la route pour le raccourci. [andorran]

## LES ÉCHANGES

13 Mieux vaut une alouette dans l'assiette qu'une perdrix qui vole. *(217)*

14 Un coup à la bourse n'est pas mortel.

15 Musicien payé d'avance n'a jamais fait bonne musique.

16 Pour payer et mourir, on a toujours le temps.

17 Qui réclame une vieille dette cherche une dispute nouvelle. *(1379)*

## LES RELATIONS

18 Selon ce que chante le curé, lui répond l'enfant de chœur. *(1993)*

19 Là où va la corde, va la cruche.

20 Celui qui se noie s'accroche à toutes les barques. *(36)*

21 Le saint qui vient de plus loin fait le plus de miracles.

22 Quand tu vois la maison du voisin brûler, essaie de sauver la tienne.
   [andorran] *(820)*

23 Chacun tire l'eau vers son moulin et laisse à sec son voisin. *(318)*

24 Un tison isolé ne brûle pas.

25 Jean a trois capes : deux qu'on lui doit faire, une qu'on lui fera.

## LA FEMME ET LA FAMILLE

26 Un cheveu de femme tire plus que trente paires de bœufs.

27 La femme se plie et l'homme se brise.

28 Confiance aux femmes, espadrilles quand il pleut.

29 Danses au carnaval, baptême pour Toussaint.

30 Putain au printemps, dévote à l'automne.

31 À la fille, pain et chaise ; à la bru, croûton et dehors.

## LA SAGESSE

32 L'année de grosse récolte brise les branches.

33 Quand nous avons le sac, il nous manque le blé ; quand nous avons le
   blé, il nous manque le sac.

34 Ce n'est pas le mal qui tue, c'est l'heure.

SOURCE

Henri Guiter, *Proverbes et Dictons catalans*, Robert Morel, 1969 (5 000 proverbes et dictons avec la traduction française, classés par rubriques. Indications bibliographiques).
Les proverbes andorrans sont cités dans Guinzbourg*, p. CLXII.

# PROVERBES ESPAGNOLS

Dans le monde, 270 millions de personnes parlent l'espagnol (voir le chapitre sur l'Amérique latine). Ce qui était à l'origine le castillan et que les conquistadores ont répandu depuis le XVe siècle est devenu une des langues de travail des organisations internationales.
Les proverbes espagnols sont donc utilisés non seulement par les 37 millions d'habitants de l'Espagne (qui ont quelques proverbes en commun avec leurs voisins français et portugais), mais aussi dans une grande partie du monde.

## L'INDIVIDU                                              Les désirs

1   C'est un long jour qu'un jour sans pain.

2   La meilleure sauce du monde, c'est la faim. *(952)*

3   Je n'ai vu personne mourir de faim, mais j'en ai vu cent mille périr d'intempérance.

4   Au malheureux, les vers naissent même dans le sel.

5   La fortune envoie des amandes aux gens qui n'ont plus de dents. *(var. 652)*

6   À celui qui s'enrichit, même les mules mettent au monde des poulains.

7   La poule naît au village, on la mange à la ville,

### La nature

8   La pauvreté est la sage-femme du génie.

9   Morsure de brebis ne passe jamais la peau.

10  Un sot, quand il sait le latin, n'est jamais tout à fait un sot.

11  L'arbre est connu par ses fruits, non par ses racines.

12  Tel arbre, tel fruit, telle maquerelle, telle putain.

13  L'homme est comme Dieu l'a fait, et un peu pire.

14  Les hommes sont comme les melons : les uns bons melons, les autres melons à pépins, et la plupart pépins à melon. *(78)*

15  L'homme sans honneur sent plus mauvais qu'un cadavre.

16  La vanité fleurit, mais sans monter en graine.

17  Un âne couvert d'or a meilleure mine qu'un cheval bâté.

18  Un âne chargé d'or ne laisse pas de braire. *(388)*

19  Le loup perd les dents, mais non pas la mémoire.

20  L'ormeau ne peut donner des poires.

21  Bourse vide s'appelle cuir.

22  Tel a le chapelet en main, qui a le diable au corps.

23  Le diable sait s'embusquer à l'ombre de la croix.

## Les comportements

24  Règle ta bouche sur ta bourse. *(1420)*

25  Même si ta poche est vide, veille à ce que ton chapeau reste droit.

26  Les mouches ne se posent pas sur la casserole en ébullition.

27  Celui qui donne le tocsin ne va pas au feu. *(1615)*

28  Grain à grain, la poule emplit son gosier.

29  La bonne lavandière lave sa blouse d'abord.

30  À navire neuf, vieux capitaine.

31  Où le fleuve est profond, il fait le moins de bruit.

32  Mieux vaut découdre qu'arracher.

33  Les vertus sans prudence sont des beautés sans yeux.

34  La timidité est la prison du cœur.

35  L'indécis laisse geler sa soupe de l'assiette à la bouche.

36  Demain est souvent le jour le plus chargé de la semaine.

37  Par la rue de « Plus tard », on arrive à la place de « Jamais ».

38  Dans les nids de l'an passé, il n'y a plus d'oiseaux.

39  Puisque tu as fait l'église, fais l'autel.

40  On ne mesure pas l'huile sans avoir les mains grasses. *(999)*

41  À celui qui montre son cul, que reste-t-il à cacher.

42  Qui sait peu se hâte de le débiter.

43  Premiers à manger, derniers à travailler.

44  Qui craint de se mouiller ne prendra pas de truites.

45   On peut bien perdre un hameçon pour pêcher un saumon. *(226)*

46   Qui pêche par sottise se damne par sottise.

47   Le diable essuie sa queue avec l'orgueil du pauvre.

## LES BIENS ET LES ÉCHANGES                              L'argent

48   L'amour peut beaucoup, l'argent peut tout. *(1164)*

49   L'argent aplanit les montagnes et traverse les mers.

50   Toute serrure s'ouvre avec une clef d'or. *(1107, 1437)*

51   Faire l'aumône n'allège jamais la bourse. *(1328)*

52   Donner, c'est honneur ; demander, c'est douleur.

53   Qui donne promptement donne doublement. *(1324)*

54   Offrir beaucoup à qui demande peu, c'est une manière de refuser. *(1320)*

55   Sois muet quand tu as donné ; parle quand tu as reçu.

56   Du cuir d'autrui, on tire de longues courroies. *(1134)*

57   Ouvrier payé, ouvrier sans bras.

58   Le salaire de l'ouvrier entre par la porte et sort par la cheminée.

59   On va de l'œuf au bœuf et du bœuf au gibet. *(535)*

60   Porte ouverte, le saint est tenté.

61   Maison ouverte rend voleur l'homme honnête.

62   Pour épargner un clou, on perd un cheval.

63   L'avare amasse et garde et le diable se frotte les mains.

64   L'avare est un homme qui s'obstine à vivre pauvre pour mourir riche.

### Les affaires

65   Bon drap trouve acheteur sans qu'on l'étale.

66   C'est un grand art que de vendre du vent.

67   L'art d'être marchand consiste plus à se faire payer qu'à vendre.

68   Chacun parle de la foire selon qu'il y a plus ou moins vendu.

69   Où l'on ne perd rien, on gagne toujours quelque chose.

70   Mes clients passent avant mes parents.

71   Entre frères, deux témoins et un notaire.

72   Les affaires valent mieux faites qu'à faire.

73  Mieux vaut bonne espérance que possession précaire.

74  Mieux vaut l'œuf d'aujourd'hui que la poule de demain. *(532)*

75  Tords le cou à la poule qui mange chez toi et qui pond chez autrui.

76  Rivière débordée, profit de pêcheurs.

77  Le carême est court pour celui qui a une dette à payer à Pâques.

78  Il n'y a pas de dette qui ne se paie, ni de mal qui dure cent ans.

79  Les dettes sont comme les enfants ; plus elles sont petites, plus elles font de bruit.

## LES BONNES ET MAUVAISES RELATIONS La nature

80  Qui s'attache à bon arbre en reçoit une bonne ombre.

81  Le laurier n'est pas frappé par la foudre.

82  On ne prend pas un vieux singe au lacet. *(213)*

83  Où le bouc a sauté, saute tout le troupeau.

84  Ne hante pas les méchants de peur d'en accroître le nombre.

85  Celui qui va avec des loups apprend à hurler. *(516)*

86  Pour un malheureux chien que j'ai tué, tueur de chiens on m'a appelé.

87  L'un soigne le cheval, l'autre le monte. *(264)*

88  Où il n'y a point d'honneur, il n'y a point de douleur.

89  Prière de grand, douce violence.

90  Pour les flatteurs, il n'est ni riche sot ni pauvre sage.

91  Tel entre en léchant qui mord en sortant.

92  Le miel n'a pas été fait pour la bouche de l'âne. *(390)*

93  Le renard en sait long, mais celui qui le prend en sait un peu plus.

94  Fuis le vaniteux plus que le lépreux.

95  Qui sert deux maîtres, à l'un des deux doit mentir.

96  Qui se fait miel, les mouches le dévorent. *(147)*

97  La maison de la haine se bâtit avec les pierres des offenses.

98  Celui qui se présente en sauveur pourrait bien être crucifié.

### L'intérêt

99  Traite les petits comme tu voudrais être traité par les grands.

100   Qui en châtie un en avise cent.

101   Un œil sur la casserole et l'autre sur le chat.

102   Comme chante l'abbé, répond le sacristain. *(1993)*

103   On se venge mieux d'un sot par le mépris que par les coups.

104   Grande victoire est celle qui se gagne sans répandre de sang.

105   Que chaque putain tue ses propres puces !

106   Le deuil du loup est la fête du renard.

107   J'aime mieux un âne qui me porte qu'un cheval qui me désarçonne.

108   Qui mange seul sa côtelette sera seul à seller sa bête.

109   Quand j'ai mangé, tout le monde est repu.

110   Ce sont les fardeaux des autres gens qui tuent l'âne.

111   La souris ne joue pas avec l'enfant du chat.

112   À force de coiffeurs, la fiancée devient chauve.

113   Âne soit qui dispute contre un âne.

114   Si ton toit est en verre, ne jette pas de pierre sur celui du voisin.

115   Tel se crève les deux yeux pour rendre son ennemi borgne.

116   Qui est dans le bourbier y voudrait mettre autrui.

117   C'est le dernier que le chien mord *(146)*

118   Si la pierre donne contre la cruche ou la cruche contre la pierre, tant pis pour la cruche !

119   Le diable s'occupe de nous et nous des autres.

120   Le diable se mêle bien moins de nos affaires que les hommes.

## L'amitié

121   Avoir des amis, c'est être riche.

122   Vivre sans amis, c'est mourir sans témoins. *(350)*

123   Un vieil ami est le plus fidèle des miroirs.

124   Avec ton ami, si tu gagnes au jeu, bois incontinent l'enjeu.

125   Ni herbe dans le blé, ni soupçons dans l'ami.

126   Offrir l'amitié à qui veut l'amour, c'est donner du pain à qui meurt de soif.

127   Traitez votre ami comme si vous saviez qu'un jour il deviendra votre ennemi.

128    Ami brouillé vaut deux ennemis.

129    L'hôte est beau de dos.
    ● Quand il s'en va.

## La parole

130    Les diamants ont leur prix; un bon conseil n'en a pas.

131    D'un sot vient parfois un bon conseil. *(1657)*

132    Le sage change d'avis et le sot s'entête. *(1647)*

133    La mauvaise plaie se guérit, la mauvaise réputation tue.

134    Parler sans penser, c'est tirer sans viser.

135    La parole perd parfois ce que le silence a gagné.

136    Aux questions indiscrètes, réponds par un mensonge.

137    Tu te rends esclave de celui à qui tu dis ton secret.

## LA FEMME ET LA FAMILLE                                   L'amour

138    L'amour d'un adolescent, c'est de l'eau dans un panier.

139    Pour être aimé, il faut aimer.

140    La foudre et l'amour laissent les vêtements intacts et le cœur en cendres.

141    Devant l'amour et devant la mort, il ne sert à rien d'être fort.

142    À la chasse et en amour, on commence quand on veut et on finit quand
      on peut.

143    L'amour sans folie ne vaut pas une sardine.

144    La constance est la chimère de l'amour.

145    Les serments d'amour prouvent son inconstance.

146    La crainte et l'amour ne mangent pas au même plat.

147    Tout se paie avec de l'argent, l'amour ne se paie qu'avec l'amour.

148    L'amour, qui corrompt souvent les cœurs purs, purifie les cœurs corrom-
      pus.

149    Les rides sont le tombeau de l'amour. *(630)*

## La femme

150    Quand Dieu se fit homme, le diable s'était déjà fait femme.

151    Toute porte est de bois, toute femme est de chair.

152    Une femme et un almanach ne valent que pour un an.

153    Les larmes des femmes valent beaucoup et leur coûtent peu.

154    Le vent change chaque jour, la femme chaque seconde.

155    Femme en colère, mer déchaînée.

156    De la mauvaise femme, garde-toi bien et à la bonne ne te fie point.

157    Avec les femmes comme avec le vent, tact et précautions.

158    De la fréquentation des femmes, il ne peut sortir que du feu ou de la fumée.

159    À la femme, à la pie, ne dis que ce que tu dirais en public.

160    Tenir une femme par sa parole, c'est tenir une anguille par la queue.

161    Le conseil d'une femme est peu de chose, mais qui ne le prend pas est fou.

162    Femme et verger ne veulent qu'un seul maître. *(853)*

163    La femme est comme l'œuf, qui gagne à être bien battu. *(856)*

164    Ne priez point une femme au lit, ni un cheval dans l'eau.

165    La femme et la truite se prennent par la bouche.

166    Les figues vertes et les femmes mûrissent à force d'être palpées.

167    La femme et la mule obéissent aux caresses.

168    L'amour de la femme et les caresses du chat durent aussi longtemps qu'on leur en donne.

169    Ne loue pas ta femme en présence du voisin.

170    Amour de putain est feu de paille, s'enflamme bien mais vite s'éteint.

171    À la putain et au jongleur la vieillesse est cruelle.

### Le mariage

172    L'homme est la flamme et la femme est l'étoupe.

173    Ruades de jument sont amours pour le roussin.
       • *Roussin* au sens de *cheval entier.*

174    Qui a une femme a toutes les femmes; qui a toutes les femmes n'a pas de femme.

175    La fortune de son père embellit la fille la plus laide. *(849)*

176    Une grosse dot est un lit plein de ronces.

177    Le mariage est comme le melon, c'est une question de chance.

178    Le mariage est un sac où l'on trouve quatre-vingt-dix-neuf vipères et une anguille.

179   S'enrôler ou se marier ne se doit point conseiller.

180   Célibataire, un paon ; fiancé, un lion ; marié, un âne !

181   Une femme sans mari est un navire sans gouvernail.

182   La maison va mal quand la quenouille commande à l'épée. *(var. 858)*

183   Le pied sur le berceau et la main au fuseau font le logis beau.

184   Belle-mère, fût-elle de sucre, est amère.

185   La première femme est un balai et la seconde une dame.

186   Une veuve potelée doit être remariée, ou enterrée, ou cloîtrée.

187   Dieu, voyant qu'il ne pourrait suffire à la tâche, décida de créer la mère.

188   Le premier enfant du chanceux est une fille.

189   Trois filles et leur mère : quatre démons pour le père.

190   Celui à qui Dieu ne donne pas d'enfants, le diable lui donne des neveux. *(2019)*

## LA SOCIÉTÉ

191   L'italien se parle aux dames, le français aux savants, l'espagnol à Dieu.

192   Si tu vois l'Espagnol chanter, c'est qu'il rage ou qu'il n'a pas d'argent.

193   Le fils de l'alcade va sans crainte au tribunal.
      • *L'alcade* était un juge en Espagne.

194   Quand le diable s'incarne, il se déguise en moine ou en avocat.

195   Le paysan entre deux avocats est comme le poisson entre deux chats.

196   Quand deux médecins vont voir un malade, le sacristain sonne le glas. *(778)*

## LA SAGESSE

197   La moisson vient plus du labeur que du champ.

198   En attendant l'eau du ciel, arrose toujours.

199   À renard endormi, il ne tombe rien dans la gueule. *(167)*

200   Bon vent vaut mieux que force rames.

201   La vie est un cadeau qui se rembourse cher.

202   Réduis tes désirs et tu augmenteras ta santé.

203   Cherche le bien, et quant au mal, laisse-le venir.

204   Il vaut mieux visiter l'enfer de son vivant qu'après sa mort.

205  Qui abandonne les siens est abandonné de Dieu.

206  Peinture et bataille ne sont belles qu'à distance.

207  La guerre arrivée, le diable agrandit son enfer.

208  Au fou et au vent il faut livrer passage.

209  Il ne faut pas montrer la vérité nue, mais en chemise.

210  Ce que le fou réserve pour la fin, le sage le place en tête.

211  En fait de mal, le moins est le mieux.

212  Le pire n'est pas toujours certain.

213  Le jour du jeûne est la veille d'une fête.

214  Ne vante pas mon bonheur tant que je ne serai pas au cimetière.

215  Attends la mort pour louer la vie, et le soir pour louer le beau jour.

216  La chance qui dure est toujours suspecte.

217  Chaque mauvais homme aura son mauvais jour.

218  Le cadavre du pape ne prend pas plus de place que celui du sacristain.

219  Pas de vérité dans ce monde, puisque tout est dans le second.

220  Aucune chose au monde ne fuit d'un pas plus léger que la vie.

221  Celui qui perd la foi n'a plus rien à perdre.

222  Nu, je naquis, nu je reste ; je ne perds, ni ne gagne.

223  Les morts ouvrent les yeux des vivants.

224  Pas de remède contre la mort ; mais la mort, elle-même, est un remède.

225  Contre la mort il n'y a pas de forteresse. *(761, 810)*

226  La mort est un moissonneur qui ne fait pas de sieste.

BIBLIOGRAPHIE

Il n'existe pas d'ouvrage français important sur les proverbes espagnols. Le livre de
P. J. Martin, *Les Moralistes espagnols*, Hetzel, 1859, mêle citations littéraires, maximes
et sentences avec environ 300 proverbes (rangés par ordre alphabétique du mot-clef).
651 ouvrages espagnols sur les proverbes sont décrits dans la bibliographie de José
Maria Sbarbi, *Monografia sobre los Refranes, Adagios y Proverbios castellanos y las obras
ó fragmentos que expresamente tratan de ellos en nuestra lengua*, Madrid, 1891.
Parmi les livres récents, le plus important est celui d'Eleanor S. O'Kane, *Refranes y fra-
ses proverbiales españolas de la edad media*, Madrid, 1959, qui comprend 2 000 proverbes étudiés de manière très approfondie.

# Proverbes d'Amérique latine hispanophone

Il y a plus de 230 millions d'hispanophones dans le monde, en dehors de l'Espagne, surtout en Amérique latine, mais aussi aux États-Unis (États du Sud et Porto Rico), aux Philippines, ainsi que dans quelques enclaves sur les côtes africaines. Mentionnons enfin le judéo-espagnol (voir le chapitre sur le Monde juif).

L'espagnol est la langue officielle de tous les pays d'Amérique latine, sauf le Brésil (voir le chapitre suivant). Il est parlé par 65 millions de Mexicains, 27 millions d'Argentins, 26 millions de Colombiens, 17 millions de Péruviens, 13 millions de Vénézuéliens, 11 millions de Chiliens, etc. (Dans certains pays [Mexique, Paraguay, pays andins] il est en concurrence avec les langues indiennes.)

Les proverbes suivants sont répandus dans une bonne partie de l'Amérique latine. Cependant, quand leur aire de diffusion est plus restreinte, le nom du pays dans lequel ils sont attestés figure entre crochets après le proverbe.

## L'INDIVIDU

1 Le gaucho sans son cheval est comme une bougie sans mèche.
   ● Le *gaucho* est un berger qui garde les troupeaux dans les pampas.

2 Aux courbettes de cheval, on connaît le gaucho.

3 Ce n'est pas suffisant de savoir monter à cheval, il faut aussi savoir tomber.

4 À tant galoper, tu vas finir par perdre ton poncho.
   ● Le *poncho* est le manteau du gaucho.

5 Mieux vaut un trot qui dure qu'un galop qui se lasse.

6 De taureau à bœuf, il n'y a qu'un pas.

7 C'est le sort du mouton : s'il n'est fait pour la laine, il est fait pour le cuir.

8 Cochon propre n'engraisse pas.

9 Coq ivre ne monte pas au perchoir.

10 Un bon guitariste joue avec une corde.

11 Après le goût, le dégoût.

12 Ne t'étire pas plus loin que tes draps.

13 Qui prie beaucoup craint quelque chose.

## LES BIENS

14 L'homme travaille une année pour s'amuser une journée.

15 Le malin vit de l'imbécile, et l'imbécile de son travail.

16 À cheval prêté, lourd fardeau et herbe maigre.

17 Contre le vice de mendier, il y a la vertu de ne pas donner.

18 Le pot vide ne déborde pas. [Jamaïque]

&bull; Le pauvre n'a rien à donner.

19  La viande que le chat emporte ne revient jamais à l'assiette.

20  Le couteau trouvé dans la rue se perd dans la rue. *(1574)*

21  Qui épargne pour plus tard n'a pas confiance en Dieu.

22  La maison que l'on blanchit est à louer.

23  Les vieilles dettes ne se paient pas ; les nouvelles se laissent vieillir.

## LES RELATIONS

24  Je danse au rythme qu'on me joue.

25  À cheval neuf, vieux cavalier. *(435)*

26  Mieux vaut un diable connu que vingt hommes inconnus.

27  La force de la chaîne est dans le maillon.

28  Lumière dans la rue, ténèbres dans la maison.

29  Les mots doivent mourir et l'homme vivre. [Jamaïque]
&bull; Il faut oublier les injures.

30  Quand les oiseaux de proie tournent et planent, c'est qu'il y a un chien crevé.

31  Ne cours pas après un homme ou un autobus : il y en aura toujours un autre. [Jamaïque]

32  Les poules d'en haut salissent celles d'en bas.

33  Deux chats dans un même sac ne peuvent vivre ensemble.

34  Si tu veux connaître ton ami, couche-toi au bord du chemin, et simule l'ivresse. [Jamaïque]

35  Il n'y a pas de petits ennemis. *(65)*

36  Dieu a créé trois ennemis à cause de nos péchés : la souris dans nos maisons, le renard dans la montagne et le curé dans notre village.

## LA FEMME

37  Les cœurs comme les voleurs ne rendent pas les choses oubliées. [Guatemala]

38  Poivron vert doit piquer, vieil amour doit durer !

39  Vieil amour et bois vert brûlent quand ils ont l'occasion. *(1159)*

40  La femme est comme la fleur : elle ne bourgeonne que si on l'arrose.

41  Femme qui apprend le latin a la plus triste des fins.

42  Dame qui rit, bourse qui pleure.

43  La femme est une lettre fermée qui, ouverte, ne vaut plus rien.

44  Attends la récolte, tu trouveras une compagne.

45  La bru balaie ce que voit la belle-mère.

46  Les veuves pleurent, pleurent, mais elles cherchent un autre homme.

## LA SAGESSE

47  La loi est faite pour tous, mais elle ne régit que le pauvre. *(1766)*

48  La loi est comme le couteau : elle n'offense pas qui la manie.

49  L'espoir ne rouille pas et la consolation ne pourrit pas.

50  Qui espère désespère.

51  Qui vit d'illusions meurt de désillusion.

52  La meilleure chose que Dieu ait faite, c'est qu'un jour suive l'autre. [Porto Rico]

53  Nul ne sait qui nous sommes.

54  Tous nous sommes faits d'une même argile, mais ce n'est pas le même moule. [Mexique]

55  On ne peut pas cacher le soleil avec une main.

56  Dieu écrit droit sur des lignes tordues.

57  Qui doit mourir meurt dans l'obscurité même s'il est marchand de chandelles.

### BIBLIOGRAPHIE

Il n'existe aucune publication française sur les proverbes d'Amérique latine. Il faut donc se reporter aux recueils étrangers.

On trouve une bibliographie :
— sur les proverbes mexicains dans un article de *Proverbium* (n° 15, 1970)
— sur les proverbes jamaïcains dans *Proverbium* (n° 10, 1968)
— sur les proverbes argentins dans le livre de Carlos Villafuerte, *Refranero de Catamarca*, Buenos Ayres, 1972, qui présente 2 000 proverbes et locutions de Catamarque, région située au nord-est de l'Argentine.

# Proverbes portugais

L'expansion portugaise à partir du XVIe siècle a entraîné la diffusion de la langue dans le monde entier. Dans certaines régions de colonisation, le portugais s'est mélangé aux langues autochtones pour donner des parlers créoles (dans les îles du Cap-Vert, en Guinée-Bissau, en Guinée équatoriale, au Mozambique, à

Macao, etc.). Mais c'est en Amérique qu'il a connu sa plus grande extension ; alors que dans son pays d'origine, il n'est parlé que par 10 millions d'habitants, au Brésil, le portugais a remplacé les langues indigènes presque partout et il est la langue officielle de 115 millions de Brésiliens.

Un certain nombre de proverbes espagnols sont aussi utilisés par les Portugais et les Brésiliens.

## L'INDIVIDU

1   Le désir embellit ce qui est laid.

2   Tout vin souhaite être du porto.

3   Il est préférable d'être reine une heure que duchesse toute sa vie.

4   La reine des abeilles n'a pas d'aiguillon.

5   Plutôt mériter des honneurs et ne point les avoir, que de les avoir et ne point les mériter.

6   À grand bateau, grande tempête.

7   Le bon silence s'appelle sainteté.

8   Saigne-le, purge-le et s'il meurt, enterre-le.

9   C'est le temps qui guérit le malade, non le médicament.

10   Qui n'a rien ne craint rien. *(1295)*

11   Qui chante, son mal enchante. Qui pleure, son mal augmente.

12   Même le drap le plus beau peut avoir une tache.

13   Nul n'est pauvre que celui qui pense qu'il l'est.

14   Le toit de l'enfer est fait d'occasions perdues. *(2055)*

## LES RELATIONS

15   Une bonne parole éteint plus de feu qu'un baquet d'eau.

16   Dis à ton ami un mensonge et s'il en garde le secret, alors dis-lui la vérité.

17   Ne dis pas tout ce que tu sais ; ne crois pas tout ce que tu entends ; ne fais pas tout ce que tu peux.

18   Ne mets pas de l'argent dans un sac sans regarder s'il n'a pas un trou.

19   Trois frères, trois forteresses.

20   La peau est plus près du corps que la chemise. *(1150)*

21   Les oiseaux de proie ne s'assemblent pas.

22   La perte qu'ignore ton voisin n'est pas une vraie perte.

23 Le mauvais voisin donne une aiguille sans fil.

24 Méfiez-vous de la porte qui a plusieurs clés.

25 Trop de cire met le feu à l'église.

26 Chat qui miaule chasse d'autant moins.

27 Le malheur d'autrui ne guérit pas une peine.

28 La paix avec un gourdin dans la main, c'est la guerre.

29 Ne dois pas au riche, ne prête pas au pauvre.

30 Être lent à donner est tout comme de refuser.

31 L'honneur et le profit ne se tiennent pas dans le même sac.

## LA FEMME

32 Chaque pays a ses coutumes, chaque quenouille a son fuseau.

33 La lune et l'amour, quand ils ne croissent pas, décroissent.

34 On chante selon son talent et ou se marie selon sa chance.

35 Une maîtresse est reine, une femme est esclave.

36 À la femme comme à la chèvre, longue corde !

37 Les femmes et le verre sont toujours en danger.

38 Femmes et brebis doivent être rentrées avant la nuit.

39 Une veuve riche pleure d'un œil et rit de l'autre.

40 Qu'est-ce que le mariage, mère ? Fille, c'est filer, enfanter et pleurer.

## LA SAGESSE

41 Quand le soleil se lève, il se lève pour tous.

42 Il y a beaucoup de façons de quitter le monde, mais seulement une d'y arriver.

43 Il faut souffrir beaucoup ou mourir jeune.

44 La mort nous rend égaux dans la tombe et non dans l'éternité.

BIBLIOGRAPHIE

En français :
Hamonière, *Nouveau guide portugais-français*, Paris, 1817 (500 proverbes et locutions avec les équivalents français).
En portugais, l'ouvrage le plus complet est le *Dictionnaire* de Jayme Rebelho Hespana, 1936, qui comprend 13 000 proverbes.

# Proverbes brésiliens

Les proverbes sont un des souvenirs qu'on rapporte d'un voyage au Brésil. On est surpris la première fois qu'on en découvre un sur le garde-boue d'un camion, puis on s'aperçoit qu'ils sont tous décorés ainsi.

C'est grâce à l'observation de ces camions qu'a été constituée — fait unique dans ce volume — la collection suivante.

## L'INDIVIDU

1   Le pauvre mange de la viande quand il se mord la langue.

2   La joie du pauvre dure peu.

3   Une orange dans la rue : ou elle est pourrie, ou il y a des vers.

4   Quand il pleuvra de la bouillie, les mendiants auront des fourchettes.

5   Pauvreté n'est pas vice, mais mieux vaut la cacher.

6   Chien maigre mange et s'en va.

7   Le téléphone : c'est pas pour la communication, c'est pour le confort des pauvres.
  • L'appareil téléphonique est un signe de modernisation de la maison, sans qu'il soit pour autant relié à une ligne.

8   Dans la maison du forgeron, la broche est en bois. *(1456)*

9   Un vieux père et des manches déchirées n'ont jamais déshonoré personne.

10  Qui ne pleure pas n'a pas de tête.

## LES RELATIONS

11  La bonne volonté raccourcit le chemin.

12  Dans la bouche fermée n'entrent pas de moustiques. *(641)*

13  Un oiseau dans la main vaut mieux que deux qui volent. *(217)*

14  L'amour est aveugle, il faut donc toucher.

15  Tout ce qui tombe dans le filet, c'est du poisson.

16  Quand il y a trop d'offrandes, le saint se méfie.

17  Où est une telle ? Elle s'est mariée, elle a déménagé et elle ne t'a pas invité.

18  Malédiction de vautour ne tue pas le cheval.
  • Les traits des envieux ne peuvent rien contre les forts.

19  Les paroles ne salent pas la soupe.

20 Le perroquet mange le maïs, et c'est la perruche qui en est accu-
sée. *(488)*
- Les grands font le mal et les petits en portent la peine.

21 Le saint de la maison ne fait pas de miracles. *(1985)*

22 Fils adopté, travail doublé.
- Il ne rend pas les services qu'on attend de lui.

23 Là où le sang a coulé, l'arbre de l'oubli ne peut grandir.

## LA SAGESSE

24 Tant que je cours, mon père a un fils.

25 La terre n'a pas soif de sang des guerriers, mais de la sueur des hommes.

26 Dieu est grand, mais la forêt est encore plus grande.
- Proverbe répandu à l'origine parmi les Indiens.

BIBLIOGRAPHIE

F. J. de Santa Anna Nery, *Folk-Lore brésilien*, Perrin, 1889 (10 proverbes en traduction française, p. 91).
Une collection de 60 proverbes brésiliens a été publiée en langue originale dans *Proverbium*, n° 18, 1971, pp. 503-504, par Georges Monteiro.

# Proverbes roumains

Élément latin ou latinisé intégré dans un monde slave, le peuple roumain porte
témoignage de la conquête romaine de la Dacie, en 107 après J.-C. Formée de
l'union de la Moldavie avec la Valachie en 1859, la Roumanie est peuplée de
22 millions d'habitants : on y parle roumain, hongrois, allemand. Le roumain
est aussi parlé dans les régions limitrophes de la Yougoslavie, de la Hongrie et
de l'U.R.S.S.

## L'INDIVIDU

1 Le pas court allonge la vie.

2 Un sac lourd n'est pas lourd sur ton dos.

3 Du même bois, on peut faire et une croix et une trique.

4 D'un œuf de diable ne peut sortir qu'un petit diable. *(188)*

5 La souris revient toujours à son trou. *(266)*

6 À l'homme riche même le diable apporte des cadeaux.

7 Même le diable berce les enfants de l'homme riche.

8   C'est le riche qui commet la faute et c'est le pauvre qui demande pardon.

9   Même le diable paraît beau quand il est jeune. *(1970)*

10  La chance de l'indolent s'assied avec lui.

11  Pour une puce, ne jette pas la couverture au feu. *(908)*

12  Après la guerre, beaucoup de héros se présentent.

13  Beauté sans sagesse est comme fleur dans la boue.

14  Le saule n'est pas un arbre, le rustre n'est pas un homme.

15  La poule qui chante le soir n'a pas d'œuf le matin.

16  Le menteur, quand il dit la vérité, tombe malade.

17  L'homme avide, même lorsqu'il est rassasié, a faim.

18  Si le mal est devant, on court le rattraper ; s'il est derrière, on s'arrête
    pour l'attendre.

## LES RELATIONS

19  Petite souche renverse grand chariot.

20  Personne ne demande où demeure le bel homme, mais où demeure
    l'homme sage.

21  La bonne abeille ne se pose pas sur une fleur fanée.

22  Ce qui naît de la chatte attrape des souris. *(515)*

23  Plus proches sont les dents que les parents.

24  Le meilleur parent, c'est la bourse à l'argent et le sac au millet.

25  Même au paradis il n'est pas bon d'être seul.

26  On attache le bœuf par les cornes, et l'homme par le cœur.

27  Même le silence est une réponse.

28  Quand tu traverses le pays des aveugles, ferme un œil.

29  Si tu donnes, oublie ; si tu prends, rappelle-toi.

30  Associez-vous avec le diable jusqu'à ce que vous ayez passé le pont.

31  C'est l'œuf qui apprend à la poule.
    • Se dit de quelqu'un de jeune qui veut en remontrer à un aîné.

32  La compassion d'un étranger est comme l'ombre d'une épine.

33  Que sait l'âne du chant du rossignol ?

34  La lampe ne brûle pas pour celui qui dort.

35 L'homme méchant est comme le charbon : s'il ne te brûle pas, il te noircit.

36 Avant d'avoir trouvé Dieu, on est dévoré par ses saints.

37 Promesse de seigneur, espoir de fou. *(1684)*

38 Éloge de menteur, plaisir de fou.

39 Le juge est comme l'essieu de la charrette : dès qu'on le graisse il cesse de grincer.

40 Le voleur non démasqué est un honnête marchand.

41 Les vieux vêtements se déchirent près de l'endroit où ils sont raccommodés.

42 Le changement de chef fait la joie des sots.

## LA FEMME ET LA FAMILLE

43 L'amour comprend toutes les langues.

44 La faim va tout droit, le désir d'amour tourne en rond.

45 Amour bref, soupir long.

46 Jupe de femme est lange du diable.

47 La femme a les jupes longues et l'esprit court.

48 Rien de plus changeant que le temps et les femmes.

49 Langue de femme, couteau à deux tranchants.

50 La femme sans homme est comme un cheval désentravé.

51 La femme qu'on n'a pas battue est comme le cheval qu'on n'a pas étrillé.

52 Une maison sans femme, c'est un violon sans corde.

53 Plains la maison où l'homme est une femme. (var. 858)

54 Regarde la mère avant la fille.

55 Cherche une femme qui te plaise à toi, non aux autres.

56 Mieux vaut le laideron de ton village, que la belle d'un village étranger.

57 Bonne épouse, charrue d'or.

58 Quand un homme prend une femme, il cesse de craindre l'enfer.

59 On se marie facilement, on se sépare difficilement.

60 Un second mariage est comme un plat réchauffé.

61 L'œil de ta femme est dans ta bourse.

62 Trop d'enfants n'a jamais fait éclater le toit de la maison.

63    Quand la fille naît, même les murs pleurent.

64    Qui a beaucoup de filles fait se marier beaucoup d'ânes.

65    Le cabri saute la table, la chevrette saute le mur.

## LA SAGESSE

66    Les pierres font partie du chemin.

67    Ce qui est mauvais, écris-le sur de l'eau courante.

68    L'hiver te demandera ce que tu as fait l'été.

69    Là ou Dieu vous a semé, là il faut fleurir.

70    La vie de l'homme est semblable à un œuf que tiennent les mains
      d'un enfant.

71    Par où sort la parole, l'âme sort aussi.

72    Les larmes ne sècheraient jamais si l'on n'oubliait pas les morts.

73    Celui qui craint la mort perd la vie.

BIBLIOGRAPHIE

*Le Magasin pittoresque*, 1860, pp. 402-403, « Proverbes valaques » (31 proverbes en
traduction française).
Sandra Golopentia-Eretescu, « Paradoxical proverbs, paradoxical words », *Proverbium*,
n° 17, 1971, pp. 626-629 (article sur les proverbes roumains comprenant 8 proverbes en traduction anglaise).
En roumain, l'ouvrage de base est le dictionnaire en 8 volumes de Julius Panne,
1895-1900, comprenant 16 351 proverbes, dictons et locutions proverbiales.
On peut signaler un ouvrage récent : George Muntean, *Proverbes*, 1967.

# langues germaniques

## Proverbes anglais

Importé dans les îles Britanniques dès le ve siècle par les envahisseurs venus du continent, l'anglais a peu à peu remplacé les langues autochtones notamment les langues celtiques qui n'ont pas été totalement supplantées (voir le chapitre qui leur est consacré). Son système grammatical et phonétique a été fixé avant les différents mouvements d'émigration qui ont commencé au XVIIe siècle ; c'est ce qui explique la similitude de l'anglais de Grande-Bretagne avec celui d'Amérique du Nord, d'Australie, d'Afrique du Sud, etc.

L'ensemble des personnes de langue maternelle anglaise, moins important que celui des locuteurs de chinois, est donc le second, mais le plus diffusé dans le monde : aux 56 millions de Britanniques, il convient d'ajouter la quasi-totalité des 220 millions d'habitants des États-Unis, ainsi que les 14 millions d'Australiens, les 3 millions de Néo-Zélandais, etc. Il y a 350 millions d'anglophones dans le monde.

L'anglais est la première langue étrangère qu'apprennent des millions de personnes, que ce soit dans les pays d'Europe occidentale, en Inde ou au Japon.

Signe à la fois de la survivance de sa diffusion au temps de la colonisation britannique et de la consécration de sa suprématie actuelle dans les échanges internationaux, l'anglais est pratiqué dans toutes les parties du monde et, par voie de conséquence, les proverbes anglais sont connus partout. Aussi nous leur avons donné une place particulièrement importante, car des proverbes comme « Ne comptez pas vos poulets avant qu'ils soient éclos » ou « Ce n'est pas aux mendiants de choisir » se disent dans le monde entier.

## L'INDIVIDU

1  Il vaut mieux régner en enfer que servir au paradis.

2  Il vaut mieux être un grand poisson dans un petit étang qu'un petit poisson dans un grand étang.

3  Quand un homme est fatigué de Londres, c'est qu'il est fatigué de la vie.

4  Dieu a fait la campagne et l'homme a fait la ville.

5  Une ville riche est comme un fromage gras, elle nourrit bien des vers.

6  Pour un Anglais, sa maison est un château.

7   Cœur heureux fait visage épanoui.

8   Un pied vaut mieux que deux béquilles.

9   Le renard ne sent pas sa propre odeur.

10  Le ciel envoie la viande, mais le diable envoie les cuisiniers.

11  Mieux vaut bon estomac qu'habile cuisinier.

12  Bon dîneur, mauvais dormeur.

13  La table ruine plus de gens que le voleur.

14  Les chiens affamés mangent même le mauvais pudding.

15  Cheval affamé nettoie sa mangeoire.

16  Une bourse est inutile à qui n'a point d'argent.

17  Si les souhaits étaient des chevaux, les mendiants iraient à cheval. (1744).

18  Le diable danse dans une poche vide.

19  Le vieil arbre transplanté meurt.

20  Nul cimetière n'est si beau que l'on souhaite y être enterré aussitôt.

21  La graine est dans le fruit et celui-ci est dans la graine.

22  Un homme ne dort pas toujours quand il a les yeux fermés.

23  La branche chargée de fruits s'incline.

24  En mûrissant, faites comme la lavande, adoucissez-vous.

25  Une porte qui grince peut durer longtemps sur ses charnières. *(1055)*

26  On peut jouer plus d'un bon air sur un vieux violon.

27  La noblesse doit être un éperon pour la vertu et non pas un étrier
    pour l'orgueil.

28  Toutes les clés ne pendent pas à la même ceinture.

29  Personne n'est fou toujours, chacun l'est quelquefois.

30  Toute lumière a son ombre.

31  Chaque fève a sa tache noire.

32  Nulle laine n'est si blanche qu'une teinture ne puisse la noircir.

33  Rien n'aigrit comme le lait.

34  L'ignorance, c'est comme la science, ça n'a pas de bornes.

35  Un traducteur est un auteur comme un savetier est un cordonnier.

36 Les corbeaux ont beau se plonger dans l'eau, cela ne les blanchit pas. *(var. 385)*

37 Le paon a de belles plumes, mais de vilaines pattes.

38 Habit somptueux ne donne pas les bonnes manières.

39 Le nez le plus long n'est pas toujours le meilleur senteur. *(529)*

40 Nous avons un profil pour Dieu, et l'autre pour le diable.

41 Qui n'est pas bon pour soi ne l'est pour personne.

42 Un cerveau vide est la boutique du diable.

43 L'orgueil est une fleur qui croît dans le jardin du diable.

44 Une chaussure trop grande fait trébucher.

45 Il est plus facile en Angleterre de trouver des capitaines que des simples soldats.

46 Avant d'être capitaine, il faut être matelot.

47 Cloche fêlée ne peut bien sonner.

48 Fruit mûri de force se tale vite.

49 Le mouton paresseux trouve sa toison trop lourde.

50 Les vieilles portes ferment mal.
   ● Ne faites pas de confidences aux vieillards.

51 Un point à temps en épargne neuf.

52 Petits coups répétés abattent grand chêne.

53 Peu à peu, la souris coupe un câble. *(38)*

54 Beaucoup de gouttes font un océan. *(38)*

55 On peut aimer l'église sans en chevaucher le toit.

56 Pour être efficace, la prière n'a pas besoin d'être longue. *(2041)*

57 On est tenu d'être honnête, non d'être riche.

58 Mieux vaut tenir le diable dehors que de le mettre à la porte.

59 Les voyages améliorent les sages et empirent les sots.

60 Trop à l'est, il y a l'ouest.

61 L'homme qui a beaucoup voyagé s'en vient mourir au lieu qui l'a vu naître.

62 Il est revenu sain et sauf des Indes orientales et s'est noyé dans la Tamise.

63 Mieux vaut le mal connu que le bien inconnu.

64   Qui est en enfer ne sait pas que le ciel existe.

65   Là où Dieu a son église, le diable a sa chapelle.

66   Rien ne vient sans peine, sauf une mauvaise réputation.

67   Rien ne vient sans peine, sauf la pauvreté.

68   Pauvreté n'est pas honte, mais d'en avoir honte est pauvreté.

69   La sagesse chez un pauvre est un diamant serti dans du plomb.

70   Il faut marcher quand le diable est aux trousses.

71   On danse bien quand la fortune joue du pipeau.
     ● Entendre ici *fortune* au sens de *chance, sort heureux*.

72   Qui rit le premier de ses bons mots dispense les autres d'en rire.

73   Le fou rit, même quand il se noie.

74   Ne mords pas plus que tu ne peux mâcher.

75   Savetier ne doit connaître que sa forme.

76   N'allonge pas ton bras au-delà de ta marche.

77   Il ne faut pas semer toute sa semence dans le même champ.

78   Ne faites pas la porte plus grande que la maison.

79   Les arbres empêchent de voir la forêt. *(815)*

80   Quand on baptise l'enfant, il faut savoir comment l'appeler.

81   Qui fait à la hâte une affaire importante court la poste sur un âne.

82   N'essayez pas de voler sans ailes. *(186)*

83   Un coup à tous les arbres et aucun ne tombe.

84   À attendre l'herbe qui pousse, le bœuf meurt de faim.

85   Il n'est rien qui sèche aussi vite que les larmes.

86   Avec de l'imagination on prend le son pour de la farine.

87   Celui qui vit d'espoir a un mauvais régime.

## RELATIONS                                      Biens et échanges

88   La moitié d'une miche vaut mieux que pas de pain.

89   Ce n'est pas aux mendiants de choisir.

90   La charité n'a jamais appauvri. *(1328)*

91   De l'avoine des chevaux, les poules sont prodigues.

92   Ne jetez pas vos perles au pourceau. (504)

93 L'avare comme le chien de cuisine tourne la broche pour autrui.

94 L'avare se vole lui-même; le prodigue vole ses héritiers.

95 L'avare pense qu'il ne mourra jamais.

96 Sottise que de vivre pauvre pour mourir riche!

97 Mieux vaut mourir ruiné que de vivre affamé.

98 Mieux vaut être généreux dans sa vie que de léguer sa fortune à des œuvres pies. *(1104)*

99 Qui vole veau volera vache. *(535)*

100 Homme surpris est à moitié pris.

101 Pas de receleur, pas de voleur.

102 Arrachez un voleur à la potence, il vous coupera la gorge. *(1730)*

**Échanges**

103 De marchand à marchand, la parole vaut un écrit. *(1358)*.

104 Qui ne risque rien n'obtient rien; qui risque tout perd tout. *(1284)*

105 Qui risque un œil perd les deux.

106 Celui qui paie les pipeaux commande la musique.

107 Ce que l'argent a défait, l'argent le refait.

108 Gagner apprend à dépenser.

109 Si vous voulez récolter de l'argent, il faut en semer.

110 Aie un cheval qui t'appartienne et tu pourras en emprunter un autre.

111 La richesse amassée est un fumier puant; la richesse répandue est un engrais fertile.

112 Prends soin des pence et les livres prendront soin d'elles-mêmes.
   • La *livre* est l'unité monétaire anglaise. Il y a vingt shillings dans une livre et douze pence dans un shilling.

113 Les petits gains font les bourses lourdes.

114 Ce qu'on achète coûte moins cher que ce qui vous est offert.

115 Une livre dans la bourse en vaut deux dans le livre.

116 Un oiseau que l'on tient en vaut deux dans le buisson. *(1327)*

117 Un œuf aujourd'hui vaut mieux qu'une poule demain. *(532)*

118 Ne comptez pas vos poulets avant qu'ils soient éclos. *(527)*.

119 N'achetez pas un cochon dans un sac. (550)

120 Les pigeons rôtis ne volent pas.

121 N'utilisez pas un anchois pour attraper un maquereau.

122 S'entremettre pour affaire d'autrui, c'est traire sa vache sur un tamis.

123 Tel qui part en quête de laine s'en revient tondu.

124 On ne vend pas la vache en retenant le lait.

125 Tout n'est pas beurre que fait la vache.

126 La vache ne connaît la valeur de sa queue que lorsqu'elle la perd.

127 On ne peut pas avoir le beurre et l'argent du beurre. *(1113-1372)*

128 La bonne volonté n'est pas un acompte.

129 Prêter à un ami, c'est perdre et l'argent et l'ami. *(1335)*

130 Qui paie avec l'argent d'autrui achète force soucis.

131 Il vaut mieux donner un shilling que prêter une livre.

132 Ne me parlez pas de mes dettes, à moins que vous ne les vouliez payer.

## Les relations

133 Un nouveau balai balaie bien. *(1257)*.

134 Les bons cuisiniers ont besoin de bons fourneaux.

135 Un bon chien mérite un bon os.

136 Le bon accueil est le meilleur plat.

137 La charité commence à la maison et la justice chez le voisin.

138 La chandelle éclaire en se consumant.

139 On peut aimer son prochain et ne pas lui tenir l'étrier.

140 La raison se tient entre l'éperon et la bride. *(2109)*

141 Il faut courber le rameau quand il est jeune.

142 Tout ce qui vient dans le filet est poisson.

143 Tout ce qui vient au moulin est blé à moudre.

144 Un enfant qui a été brûlé craint le feu.

145 Vieux renards se passent de mentors.

146 On n'attrape pas les vieux oiseaux avec de la balle de grain. *(214)*

147 Vieil oiseau ne se prend pas à la pipée. *(216)*
 • La *pipée* est un genre de chasse où l'on attire les oiseaux dans un piège en imitant un cri d'oiseau.

148   Le poing n'est autre chose que la main, et cependant il est plus fort qu'elle.

149   Mieux vaut petit feu qui réchauffe que grand feu qui brûle.

150   Le plus petit ver se retourne si on le piétine.

151   La qualité du pudding se révèle quand on le mange.

152   Chaque cuisinier loue sa propre soupe. *(2017)*

153   Un coq sur son fumier donne toujours de la voix. *(520)*

154   La justice est chère; prenez une pinte et arrangez-vous.
     ● *Prenez une pinte* signifie *buvez ensemble.*

155   Quand les bougies sont éteintes, tous les chats sont gris. *(549)*.

156   On ne peut tirer d'un chat que sa peau.

157   Un chat peut bien regarder un roi.*(2021)*

158   Chiens crevés ne mordent pas.

159   Le jour a des yeux et la nuit des oreilles.

160   Quand on est deux sur un cheval, il y en a un qui doit être en croupe.

161   En vivant avec les boiteux, on apprend à boiter. *(516)*

162   Les oiseaux de même plumage s'assemblent.

163   Le miel est doux, mais l'abeille pique. *(239)*

164   Qui redoute les blessures ne doit pas aller à la guerre. *(1901)*

165   Le chat aime le poisson, mais répugne à se mouiller les pattes.

166   C'est par la bouche que l'on trait la vache.
     ● Il faut bien la nourrir.

167   Qui aime la nourrice embrasse les enfants.

168   Avant de bien connaître un homme, il faut avoir mangé une livre de sel avec lui.

169   L'âne pense à une chose et l'ânier à une autre. *(365)*

170   Voyage de maîtres, noces de valets.

171   Quand on dîne avec le diable, il faut se munir d'une longue cuiller. *(1980)*

172   Faites une mauvaise réputation à un chien et pendez-le.

173   Ne dites jamais à un ennemi que votre pied vous fait souffrir.

174   Les joies de l'homme puissant sont les larmes du pauvre.

175   La vie du loup est la mort du mouton.

176 Il n'est pas bon de mesurer le blé d'autrui à son propre boisseau.

177 Le champ du voisin paraît toujours plus beau. *(295)*

178 Vous pouvez conduire un cheval à l'abreuvoir mais vous ne pouvez l'obliger à boire. *(449)*

179 Un renard ne devrait pas être juré au procès d'une oie.

180 Aime ton voisin, mais ne supprime pas ta clôture.

181 On ne peut faire une bourse en soie avec l'oreille d'une truie.

182 Vous ne pouvez juger un arbre d'après son écorce. *(1094)*

183 Ne jugez pas un livre à sa couverture. *(1094)*

184 On ne trouve pas de colombes dans un nid de corbeaux.

185 Point de sermons à qui ne veut être sauvé.

186 Qui est plus en guenilles que le fils du tailleur ? *(1456)*

187 La nourrice met un morceau dans la bouche de l'enfant et deux dans la sienne.

188 Le sot fait le festin et l'habile le mange. *(1655)*

189 Qui hésite et bat le buisson, un autre vient qui prend l'oisillon.

190 N'écrasez pas un papillon sur une roue.

191 On ne tire pas du canon pour écraser une punaise.

192 Beaucoup de fumée, peu de feu.

193 N'accrochez pas toutes vos cloches à un seul cheval. *(536)*

194 Il ne faut pas mettre trop de fers au feu.

195 Trop de cuisiniers gâtent le brouet.

196 Ne fouettez pas un cheval qui ne demande qu'à marcher.

197 Ne traitez jamais avec le serviteur quand le maître est là.

198 Il ne faut pas rejeter le moucheron et avaler le chameau. *(1635)*

199 Pilez un fou dans un mortier, il n'en deviendra pas plus sage.

200 Ceux qui habitent des maisons de verre ne doivent pas se servir de projectiles.

201 N'échaude pas ta langue au potage d'autrui.

202 Ne te brûle pas les doigts pour moucher la chandelle d'autrui.

203 La fange n'étouffe pas l'anguille.

204 On n'a pas un chien pour aboyer soi-même.

205 Les cloches convoquent aux offices, mais n'y assistent pas.

206 Un barbier ne rase jamais de si près qu'un autre ne puisse compléter son travail.

207 C'est le dernier brin de paille qui brise le dos du chameau *(41)*

208 Sot poisson qui se laisse prendre deux fois au même appât !

209 Qui me trompe une fois, honte à lui ! Qui me trompe deux fois, honte à moi !

210 Les précautions ont tué le chat.

211 Trop de prudence n'atteint pas son but.

212 Il est trop tard pour fermer la porte de l'écurie quand le cheval a été volé. *(422)*

213 Rien ne sert de pleurer sur le lait renversé.

214 Quand l'enfant est baptisé, les parrains ne manquent pas.

215 Qui vous a desservi ne peut vous pardonner.

216 Gelée et fausseté finissent par crotter.

217 Bien mauvais est le vent qui ne sert à personne.

218 Quand saint George va à cheval, saint Yves va à pied.
   ● En temps de guerre, les hommes de loi se reposent.

219 Les Juifs sont comme tout le monde ; seulement ils le sont davantage.

## L'amitié

220 Vivre sans ami, c'est mourir sans témoin.

221 Aime-toi toi-même et tu auras des amis.

222 À porter ses amis, nul ne devient bossu.

223 Un ami dans le besoin est vraiment un ami. *(1174)*

224 L'amitié, c'est l'amour en habit de semaine.

225 Le sort donne les parents, le choix les amis.

226 Une haie entre deux amis garde l'amitié verte.

227 De votre ami, dites du bien ; de votre ennemi, ne dites rien.

228 Mieux vaut louer les vertus d'un ennemi que flatter les vices d'un ami.

## La parole

229 Près de la bouche, près du cœur.

230 C'est un bon orateur, celui qui se convainc lui-même.

231   Une bonne parole ne coûte pas plus à dire qu'une mauvaise.

232   Le bavardage ne paie pas d'impôt.

233   Le livre des «peut-être» est un fort gros volume.

234   Un de ces jours, aucun de ces jours.

235   Les paroles s'envolent, mais les coups restent.

236   Les actes sont des fruits, les paroles ne sont que des feuilles. *(1548)*

237   Plus l'âne brait, moins il mange.

238   Nul venin pire que celui de la langue.

239   Les belles paroles ne mettent pas de beurre dans les panais. *(1042)*
      • Le *panais* est une sorte de légume.

240   Menaces sans pouvoir sont des pistolets chargés à poudre. *(650)*

241   La vérité revient à son maître.

242   Dis ton secret à ton serviteur et tu en auras fait ton maître.

## LA FEMME ET LA FAMILLE

243   L'amour qui se nourrit de présents a toujours faim.

244   L'amour fait passer le temps et le temps fait passer l'amour.

245   Mieux vaut souffrir d'avoir aimé que de souffrir de n'avoir jamais aimé.

246   Vieilles amours et vieilles braises sont vite rallumées. *(1159)*

247   Un amoureux platonique ressemble à un homme qui dirait toujours son
      bénédicité sans jamais se mettre à table.
      • Le *bénédicité* est une prière que les catholiques disent avant le repas et qui com-
      mence par ce mot.

248   Libre de lèvres, libre de hanches.

249   Fille qui siffle, diable qui rit.

250   Une fille qui siffle et une poule qui chante ne sont bonnes ni pour Dieu
      ni pour les hommes.

251   Il ne faut choisir ni les femmes ni le linge à la lueur d'une bougie.

252   Il a fait un nœud à sa langue qu'il ne peut défaire avec ses dents.
      • Il s'est marié.

253   Une femme serait un très beau livre, si elle était un almanach et que
      l'on pût en changer tous les ans.

254   Plus une femme regarde dans son miroir, moins elle regarde sa maison.

255   Les femmes, les chiens et le noyers, plus on les bat, meilleurs ils sont.

256   Pourceaux, femmes et abeilles ne peuvent être détournés.

257   Femme rit quand elle peut, et pleure quand elle veut. *(884)*

258   Caractère de femme et brise d'hiver changent souvent.

259   C'est une demeure bien triste là où la poule glousse plus fort que le coq.
      *(var. 858)*

260   Le silence est le plus beau bijou d'une femme.

261   Les filles sont à regarder et non à écouter.

262   La force d'une femme est dans sa langue.

263   On ne trouve pas de lièvre sans terrier, ni de femme sans excuse.

264   La langue est la dernière chose qui meurt chez une femme.

265   Deux maux sans remède : le vent et les femmes.

266   Beau visage, demi-dot. *(893)*

267   Qui prend mari prend pays.

268   Qui prend femme prend paroisse.

269   Pas de harengs, pas de mariage.
      • Quand la pêche est mauvaise, on ne célèbre pas de mariage.

270   Ne vous mariez pas pour de l'argent, vous pouvez emprunter à meil-
      leur marché.

271   Il faut en mariage mieux que quatre jambes nues au lit.

272   Mariez-vous au-dessus de votre condition et vous trouverez un maître.

273   Les hommes font les maisons, mais les femmes font les foyers.

274   Meilleur l'ouvrier, pire le mari.

275   L'épouse est la clef de la maison.

276   Heureuse la femme qui épouse un homme qui n'a point de mère !

277   Malheur à la maison où il n'y a pas d'enfants !

278   Les enfants tètent la mère quand ils sont petits et le père quand ils
      sont grands.

279   Bâtir et doter ses filles dévastent la maison.

## LA SAGESSE

280   La jeunesse pour construire, la vieillesse pour mourir.

281   Jeunesse paresseuse, vieillesse pouilleuse. *(790)*

282   Tout arrive plus vite à qui court après.

283   Patience et travail viennent à bout de tout.

284   Dieu nous donne des mains, mais ne bâtit pas les ponts.

285   C'est l'oiseau matinal qui attrape le ver.

286   Aucun chemin fleuri ne conduit à la gloire.

287   Passé l'ennui, mieux vaut l'oublier.

288   Le moulin ne peut moudre avec l'eau déjà écoulée.

289   Prends le temps quand il vient, car le temps s'en ira.

290   La nuit est la mère des pensées.

291   Une bonne conscience est une fête continuelle.

292   Mieux vaut honneur que ventre.

293   Le sage préfère une paix injuste à une guerre juste.

294   Ce ne sont pas les biens qui rendent heureux, mais le bon usage qu'on
      en fait.

295   Le devoir est facile à connaître, c'est ce que l'on désire le moins faire.

296   Quand le sermon est fini à l'église, qu'il commence en toi !

297   Il faut prendre le mal avec le bien.

298   Réchauffe-toi, mais ne te brûle pas au feu des passions.

299   Si vous ressentez vos chaînes, vous êtes déjà à moitié libre.

300   Qui sème des chardons recueille des piqûres. *(292)*

301   On ne peut toucher au goudron sans se noircir les doigts.

302   Celui qui souffle la poussière s'en remplit les yeux. *(713)*

303   Bien facilement acquis se dissipe de même. *(1574)*

304   Ce qui est gagné sur le dos du diable est dépensé sous son ventre. *(1963)*

305   La beauté est à fleur de peau, mais la laideur va jusqu'à l'os.

306   Les bottes du diable ne craquent pas.

307   Qui prêche la guerre est le chapelain du diable.

308   Noël n'arrive qu'une fois par an.

309   Après Noël vient le Carême. *(2072)*

310   La tartine ne tombe que du côté beurré.

311   La fortune n'est qu'un mot pour celui qu'elle ne touche pas.
      • Entendre ici *fortune* au sens de chance.

312 Plus nombreux les malheurs, plus lourd en est le poids.

313 Celui qui est né pour être pendu ne sera jamais noyé.

314 L'espoir est le pain du malheureux.

315 L'heure la plus sombre est celle qui précède l'aurore.

316 Tous les nuages sont bordés d'argent.

317 Une chance en amène une autre.

318 La chance va plus loin que les grands bras.

319 À brebis tondue, Dieu mesure le vent. *(1951)*

320 La vie est un combat dont la palme est aux cieux.

321 Il n'y a pas d'athées dans le terrier du renard.
   ● Dans le danger on retrouve la foi.

322 Ceux qui sont aimés des Dieux meurent jeunes.

323 Du cimetière, nul ne revient.

324 Six pieds de terre font égaux tous les hommes.

325 La mort ne consulte aucun calendrier.

326 Il y a un moissonneur dont le nom est la mort.

327 L'un laboure, l'autre sème, qui récoltera, personne ne le sait.

## BIBLIOGRAPHIE

Les Français se sont intéressés aux proverbes anglais surtout au travers d'ouvrages scolaires qui se contentent d'en donner des listes et d'en proposer, au même titre que pour les autres idiotismes, des équivalents français. Le seul ouvrage de cette nature qui soit digne de retenir l'attention est paru récemment à compte d'auteur :
Alfred M. Tinel, *1 317 proverbes et dictons anglais*, Marseille, 1978 (classés par ordre alphabétique du mot-clef et accompagnés de la traduction française ou du proverbe français équivalent).

## AUTRES PUBLICATIONS

Dans la *Bibliographie* de Duplessis* figurent 82 proverbes en traduction française (pp. 395-402).
— Le *Magasin pittoresque*, 1853, pp. 266-267, 25 sentences et proverbes anglais en traduction française.
En anglais, la collection exemplaire de John Ray a connu plusieurs éditions jusqu'à la fin du XIXᵉ siècle.
L'ouvrage de référence est *The Oxford Dictionary of english proverbs*, de William George Smith et Janet Heseltime, Oxford, 1936 (3ᵉ édition, 1970).

# Proverbes américains

Un certain humour et une tendance moralisatrice caractérisent les proverbes spécifiquement américains. Mais une grande partie des proverbes anglais (voir plus haut) sont utilisés aux États-Unis.

## L'INDIVIDU

1   Les riches ont plus d'argent et les pauvres plus de bébés.

2   Les bons Américains, quand ils meurent, vont à Paris.

3   L'alcool et l'essence ne se mélangent pas.

4   Même le diable fut un ange au commencement. *(1972)*

5   Ayez confiance dans l'homme qui chante dans sa baignoire.

6   Lorsque le pot en bouillant déborde, il s'apaise lui-même.

7   Tous les hommes d'action sont des rêveurs.

8   Si la barbe était signe d'intelligence, la chèvre serait Socrate !

9   Un âne se croit savant parce qu'on le charge de livres. *(388)*

10  Le prix de votre chapeau n'est pas la mesure de votre cerveau.

11  L'aveugle qui s'appuie sur un mur s'imagine que c'est là les limites du monde.

12  L'expert, c'est celui qui en sait de plus en plus sur de moins en moins.

13  Les cercles bien que petits sont toujours complets.

14  Les révolutions marchent sur des ventres vides.

## LES RELATIONS                                    Les échanges

15  Vous devez perdre une mouche pour attraper une truite. *(226)*

16  Le fruit volé est toujours le plus doux. *(953)*

17  L'avare est prêt à vendre même sa part de soleil.

18  Ne t'avise pas de vendre de la glace aux Esquimaux.

19  Quand on marchande, on n'a ni amis ni parents.

20  Crédit perdu est comme miroir en miettes.

### Les relations

21  La plus courte réponse est l'action.

22  Les actions parlent plus fort que les paroles.

23 Ne pas sourire est péché.

24 La meilleure charité est la justice pour tous.

25 La beauté est pire que le vin : elle enivre et le possesseur et le spectateur.

26 Nul ne prêche aussi bien que la fourmi, et elle ne dit rien.

27 Si tu fais l'âne, ne te plains pas que les gens te montent dessus. *(146)*

28 Beaucoup savent battre les cartes sans savoir en jouer.

29 Il ne faut pas changer de cheval au milieu de la rivière.

30 La trahison ne réussit jamais car lorsqu'elle réussit, c'est d'un autre nom qu'on l'appelle.

## LA FEMME ET LA FAMILLE

31 La main qui fait osciller le berceau gouverne le monde.

32 Un homme amoureux est né une seconde fois.

33 Ça commence par un baiser, ça finit par un bébé.

34 Maint amoureux d'un grain de beauté commet l'erreur d'épouser la fille entière.

35 La jeune fille chaste, c'est celle à qui on n'a rien demandé.
 ● À l'origine, citation d'Ovide, « les Amours ».

36 La plus jolie bouche, il faut bien la nourrir.

37 Les femmes sont comme les gongs : elles doivent être frappées avec régularité. *(856)*

38 Les femmes souffrent tout, excepté les femmes.

39 La femme de l'aveugle n'a pas besoin de fard.

40 Une veuve est un bateau sans gouvernail.

## LA SAGESSE

41 Vous ne saurez jamais ce dont vous êtes capable si vous n'essayez pas.

42 La vie ne demeure jamais immobile : si vous n'avancez pas, vous reculez. *(1788)*

43 Les hommes ont tout perfectionné, sauf les hommes.

44 Si tu veux savoir combien de gens te regretteront, plante ton doigt dans la mare, retire-le et regarde le trou.

45 La charité recouvre de nombreux péchés.

46 L'adversité nous procure de la sagesse jusqu'à ce que survienne une autre catastrophe.

47    En voulant sauter jusqu'à la lune, vous pourriez tomber dans la boue.

48    Le seul profit d'une flatterie est qu'en entendant ce que nous ne sommes pas, nous pourrions être instruits de ce que nous devrions être.

49    Dieu a dicté l'univers, mais ne l'a pas signé.

50    Les hommes ont deux pattes de moins que les bêtes.

51    À peine un homme naît, il commence à mourir.

52    La vie est un oignon : on pleure en le pelant.

53    Tout homme est le centre d'un cercle dont il ne peut franchir la circonférence.

54    Le plus grand art est celui de vivre.

BIBLIOGRAPHIE

Benjamin Franklin (1706-1790) a publié chaque année, de 1732 à 1757, *L'Almanach du pauvre Richard* qui connut une vague considérable grâce aux proverbes, sentences et maximes d'origine très variée, littéraire ou populaire, qu'il contenait et dont une partie était de son propre cru.
Frances M. Barbour, dans son étude *A Concordance to the sayings in Franklin's Poor Richard*, Detroit, 1974, a recensé 1 200 proverbes dans l'œuvre de Franklin. Même s'ils ne sont pas tous dûs à sa plume, ils exaltent ses vertus favorites : l'économie et la sobriété. Ils appartiennent au patrimoine anglo-saxon et même pour certains, grâce à la diffusion exceptionnelle de *L'Almanach*, à la sagesse des nations.
Les parémiologues américains se sont surtout intéressés à l'emploi des proverbes dans les œuvres littéraires. Des ouvrages généraux, comme *A Dictionary of american proverbs and proverbial phrases* d'Archer Taylor et Bartlett Jere Whitting, Harvard, 1958, consacré aux œuvres de 1820 à 1880, ou des recherches partielles, comme *A Dictionary of proverbs and proverbial phrases from books published by Indiana authors before 1890*, de Jan Harold Brunvand, Bloomington 1961, illustrent cette tendance.
Archer Taylor, folkloriste de renommée internationale, était l'un des fondateurs de la revue *Proverbium*.
Le proverbe californien «The stolen fruit is always the sweetest» («Le fruit volé est toujours le plus doux») a fait l'objet d'une étude de sa part dans *Proverbium*, n° 7, 1967, pp. 145-149.

# Proverbes allemands

Langue officielle de quatre pays (la République fédérale allemande qui compte 62 millions d'habitants, la République démocratique allemande 17 millions, l'Autriche 7,5 millions et la Suisse 6,5 millions), l'allemand est aussi la langue maternelle de nombreuses minorités (en U.R.S.S., aux États-Unis, en Argentine, etc.), et au total d'environ 100 millions de personnes. Cependant, l'allemand ne s'est pas imposé dans le monde comme certaines grandes langues de culture occidentale, telles l'anglais, le français, l'espagnol ou le portugais.

Son origine historique est le haut-allemand que Luther a contribué à diffuser par sa traduction de la Bible. À l'époque actuelle, il faut tenir compte d'une double réalité linguistique : la diffusion d'un allemand «central» et l'utilisation conjointe des dialectes qui sont encore très vivaces (ils sont parlés couramment par plus de la moitié de la population de la R.F.A.). Même dans les villes, l'allemand est fortement coloré par les parlers locaux.

## L'INDIVIDU

1  Il n'est pas d'anguille, si petite soit-elle, qui n'espère devenir une baleine.

2  Celui qui dort dans un lit d'argent fait des rêves d'or.

3  Le vieux rat aime le petit fromage frais.

4  Le ventre n'a pas de conscience. *(674)*

5  Mieux vaut pas de cuiller que pas de soupe. *(970)*

6  La faim est le meilleur assaisonnement.

7  La faim pousse le loup dans le village. *(155)*

8  Abréger le souper allonge la vie.

9  Cuisine raffinée mène à la pharmacie.

10  La gourmandise vide les poches.

11  Il se noie plus de gens dans les verres que dans toutes les rivières.

12  Ce que le paysan ne connaît pas, il ne le bouffe pas.

13  Même en mangeant de l'avoine, l'âne rêve de chardons.

14  À chaque oiseau plaît son nid. *(181)*

15  Ce qui nous manque nous instruit.

16  Celui qui a le choix a aussi le tourment.

17  L'un a les vaches, l'autre la peine.

18  Bon arbre porte bons fruits. (68)

19  Nul n'est plus chanceux que celui qui croit à sa chance.

20  Bonne volonté donne aile au pied.

21  Ce que je ne sais pas ne m'irrite pas.

22  Petites gens, grands cœurs.

23  Plus le bouc est vieux, plus dure est la corne.

24  Amateur de cerises est précoce grimpeur.

25  Toutes les rivières vont à la mer. *(28)*

26 Partout les oies vont nu-pieds.

27 L'oiseau chante comme le lui permet son bec.

28 La pomme ne tombe pas loin de l'arbre. *(76)*

29 Habitude du berceau dure jusqu'au tombeau. *(797)*

30 Il n'est froc si béni que le diable n'y puisse trouver abri.

31 Le feu de bois vert donne plus de fumée que de chaleur.

32 Jeunesse est un défaut que chaque jour corrige.

33 La vieillesse est une maladie dont on meurt.

34 La tête du vieillard est une fleur de pommier qui ne donne pas de fruit.

35 Aucun vernis à ongles ne rajeunit les vieilles mains.

36 Point de diadème qui guérisse la migraine.

37 Précoce raison, longue déraison.

38 Nouveau chant plaît aux gens.

39 Méchanceté s'apprend sans maître.

40 Ce sont les vases creux qui résonnent le plus. *(1062)*

41 Les grands arbres donnent plus d'ombre que de fruits.

42 L'ombre d'une tour est plus grande que la tour.

43 Les tailleurs font bien des grands seigneurs.

44 Les habits font les gens. *(1122)*

45 Une selle dorée ne fait pas d'un âne un cheval.

46 Ce ne sont pas les livres qui font les sages.

47 L'oiseau de proie ne chante pas.
  • Les méchants ne sont pas heureux.

48 Qui tous les matins fait son lit, le long du jour n'en a plus de souci.

49 Qui veut se mettre en route doit connaître le chemin.

50 L'exercice fait le maître. *(1477)*

51 Chasteté des jeunes gens, santé des vieux ans.

52 Le meilleur charpentier est celui qui fait le moins de copeaux.

53 Qui veut bien sauter recule.

54 L'ivrogne sage est un fou sobre.

55 Fermer les yeux n'est pas toujours dormir.

56  À qui ça démange, qu'il se gratte! *(695)*

57  On s'étend suivant la couverture. *(1118)*

58  Chacun est à soi-même le prochain.

59  Qui trop haut prend le ton, n'achèvera pas la chanson.

60  Ne vous fiez pas à votre ombre si loin qu'elle s'étende.

61  On gâte souvent ce que l'on veut trop bien faire.

62  Jean sans souci n'a jamais rien appris.

63  L'éloge de soi-même sent mauvais.
    • Qui se loue s'emboue.

64  La semaine du travailleur a sept jours, la semaine du paresseux
    sept demains.

65  N'enfournez pas le pain avant que le four ne soit chaud.

66  Agir dans la colère, c'est s'embarquer durant la tempête.

67  Bouche de miel, cœur de fiel. *(646)*

68  L'ennui est le père de tous les péchés.

69  Qui fait un pas vers l'enfer a déjà parcouru la moitié du chemin.

# Les biens

70  Dieu règne au ciel et l'argent sur la terre.

71  Une clé d'or ouvre toutes les portes. *(1107-1437)*

72  On donne toujours du pain à celui qui en a déjà.

73  À tas de blé, le rat s'y met; et à tas d'argent, les procès.

74  Le plus lourd bagage pour un voyageur, c'est une bourse vide.

75  À la pauvreté toute porte est fermée.

76  La pauvreté est le sixième sens.

77  Pauvreté ne déshonore pas. *(1740)*

78  D'un dissipateur il y a peu à hériter.

79  Qui n'honore pas le liard, n'est pas digne du thaler.
    • Le *liard* est une très petite somme d'argent.
    • Le *thaler* est une ancienne monnaie allemande d'argent.

80  Qui hérite d'un thaler, on attend qu'il débourse un florin.
    • Le *florin* est une ancienne monnaie de valeur supérieure à celle du thaler.

81  Beaucoup manque au pauvre et tout à l'avare.

82  L'avare est un cheval chargé de vin et qui boit de l'eau en chemin.

83  Dans ta bouche, le pain volé se change en pierre. *(1123)*

84  Appelle-le voleur avant qu'il ne t'appelle de ce nom.

85  Les petits voleurs sont pendus, devant les grands voleurs, on enlève son chapeau. (249)

### Les affaires

86  Acheter est meilleur marché que demander.

87  Gages d'un bon serviteur ne sont jamais trop gros.

88  C'est quand s'use l'habit qu'on sait ce qu'il valait. (45)

89  L'habileté ne s'achète pas.

90  Les frères sont frères, mais leurs poches ne sont pas sœurs.

91  La poule étant à moi, l'œuf doit m'appartenir. *(423)*

92  Un petit poisson sur la table est meilleur qu'un grand dans le ruisseau. *(532)*

93  Le moineau dans la main vaut mieux que la colombe sur le toit. *(217)*

94  La mauvaise marchandise est toujours trop chère.

95  Qui veut vendre un cheval aveugle en vante les pattes.

96  Le travail payé d'avance a les pieds de plomb.

97  Trois choses entrent dans une maison sans se faire annoncer : les dettes, la vieillesse et la mort.

98  Le chagrin ne paie pas les dettes.

99  Qui ne peut payer de sa bourse paie de sa peau.

## LES RELATIONS

100  Brebis accommodantes trouvent place dans la bergerie.

101  Le blé et la reconnaissance ne poussent qu'en bonne terre.

102  Une haie de séparation garde verte l'amitié.

103  La véritable amitié ne gèle pas en hiver.

104  Celui qui n'a pas d'ennemis n'a pas d'amis.

105  C'est avec du lard qu'on prend les souris. *(246)*

106  Quand le vautour meurt, la poule ne pleure pas.

107  Précaution vaut mieux que repentir.

108   La vengeance est un plat qui gagne à être mangé froid. *(1233)*

109   Une corneille ne crève pas les yeux à une autre corneille. *(197)*

110   Les chouettes ne se moquent pas des faucons. *(143)*

111   Un loup ne dit pas de mal d'un autre loup.

112   Un âne se moque d'un autre âne.

113   Ne triomphe pas avant d'avoir franchi le fossé.

114   Soleil qui luit, prince qui rit, ne t'y fie qu'à demi.

115   Quand tu veux danser, vois à qui tu donnes la main.

116   Il ne faut pas mettre le doigt entre la porte et le gond. *(63)*

117   Il est bon de nager près du bateau.

118   Il ne faut pas jeter ses vieux souliers avant que les neufs soient arrivés.

119   Ne te plains pas de tes souffrances pour éviter qu'elles grandissent.

120   Chiens arrosés craignent l'eau. *(548)*

121   Un enfant brûlé craint le feu. *(548)*

122   Qui s'est brûlé la langue n'oublie plus de souffler sur sa soupe. *(548)*

123   Pardonner n'est point oublier.

124   Le cuisinier doit avoir la langue de son maître.
       ● C'est-à-dire les mêmes goûts.

125   De celui dont je mange le pain, je chante aussi la chanson.

126   Dans le besoin, le diable mange des mouches.

127   Si vous n'avez pas de flèches dans votre carquois, n'allez pas avec les archers.

128   Ce qu'on ne peut pas tenir, il faut le laisser pourrir.

129   Deux sont une armée contre un.

130   Qui aime la laideur lui trouve des beautés. *(123)*

131   Une vache méchante donne pourtant du lait.

132   N'écoute les buveurs qu'au sujet des liqueurs.

133   On respecte beaucoup le maître qui fait lui aussi ce qu'il enseigne aux autres.

134   Âne, cloche, valet têtu, ne vaut qu'autant qu'il est battu.

135   La nuit, toutes les vaches sont noires. *(549)*

136   L'enclume ne se met pas en peine des coups.

137   Même le plus petit buisson porte ombre. *(65)*

138   Qui invite des cigognes doit avoir des grenouilles.

139   Qui veut goûter la noix doit briser la coquille. *(80)*

140   Mêmes frères, mêmes bonnets.

141   Tel maître, telle école.

142   De ce qui arrive au maître, le serviteur reçoit aussi sa part.

143   Les démons doivent être chassés par les démons.

144   Il faut faire prendre les renards par d'autres renards.

145   Dès qu'une oie boit, toutes s'y mettent.

146   La poule pond où elle voit un œuf.

147   Quand les chevaux sont échappés, on répare l'écurie. *(422)*

148   On couvre le puits quand l'enfant est tombé dedans. *(422)*

149   Lampe placée trop haut sera soufflée du vent, lampe placée trop bas souf-
      flée par les enfants.

150   Beaucoup de cuisiniers gâtent la bouillie.

151   Plante forcée n'a point de parfum.

152   Qui réforme souvent déforme.

153   D'un petit droit, la vengeance fait un grand tort.

154   La moitié d'une maison, c'est la moitié de l'enfer.

155   Vous avez beau cacher la queue d'un âne, il montrera toujours
      ses oreilles.

156   On ne raccommode pas les sacs avec de la soie.

157   Pas de maison sans souris.

158   Qui veut du feu doit souffrir la fumée.

159   Qui est haut placé est vu de loin.

160   Qui souffle dans le feu, les étincelles lui sautent aux yeux. *(713)*

161   Qui a peur des étincelles ne devient pas forgeron.

162   Querelles de gueux se raccommodent à l'écuelle. *(584-1769)*

163   Qui cultive les oignons n'en sent pas l'odeur.

164   Au pays des boiteux, chacun pense qu'il marche droit. *(708)*

165   Qui touche de la poix souille ses doigts.

166    Quand la colombe fréquente le corbeau, ses plumes restent blanches, mais son cœur devient noir.

167    Une charogne rassemble les corbeaux.

168    Qui se fait souris, le matou le mange. *(146)*

169    Qui se mêle au son sera mangé par les cochons. *(146)*

170    Qui se fait ânon, chacun y monte à califourchon. *(146)*

171    Bien sot est le mouton qui se confesse au loup. *(478)*

172    Quand le loup enseigne aux oies leurs prières, il les croque pour ses honoraires.

173    Quand deux se disputent, le troisième se réjouit.

174    L'œuf veut être plus malin que la poule.

175    À des oreilles sourdes, il n'est pas bon de prêcher.

176    À l'œil qui ne veut point voir, ne faut lunettes ni bougeoir.

177    À sac vide, cornemuse muette.

178    Qui veut étrangler son chien trouve toujours une corde. *(578)*

179    Loup trouve toujours des raisons pour étrangler les moutons.

180    Quand l'arbre est déraciné, chacun vient à la ramée. *(56)*

181    Qui n'arrive pas à temps doit se contenter de ce qui reste.

182    Qui creuse une fosse pour les autres y tombe. *(1824)*

183    Qui sème la discorde est pourvoyeur du diable.

### La parole

184    Un seul « voici » vaut mieux que dix « le ciel t'assiste ». *(1327)*

185    Rien ne ressemble autant à un homme de bon sens qu'un fou qui retient sa langue.

186    Mieux vaux s'enquérir deux fois que de se tromper une.

187    À trop demander sa route, on finit par n'y voir goutte.

188    Il faut parfois concéder que les navets sont des poires.

189    Prince qui n'a pas d'oreilles pour écouter n'a pas de tête pour gouverner.

190    On parle de bonnes actions sans les accomplir, on en commet de mauvaises sans en parler.

191    Conseil prompt, sujet à caution.

192    Qui écoute des propositions est déjà à moitié gagné.

193    Qui parle beaucoup à table a encore faim en se levant.

194    Beaucoup de bruit et peu de laine.

195    Force gloussements et point d'œufs. *(529)*

196    Belles paroles ne se mettent pas en poche. *(1090)*

197    La vérité est aux oreilles ce que la fumée est aux yeux et le vinaigre
       aux dents.

198    La vérité engendre la haine.

199    À semer les mensonges, on récolte les chardons.

200    Les mensonges ont de courtes jambes.

201    Le vin entre et le secret sort.

202    Le vin fait surnager les secrets.

## LA FEMME ET LA FAMILLE

203    L'amour parle même à lèvres closes.

204    Quand la pauvreté frappe à la porte, l'amour s'enfuit par la fenêtre.
       *(var. 1163)*

205    L'amour est borgne, la haine est aveugle.

206    Lorsque l'amitié penche vers l'amour, elle doit jouer le second violon.

207    Épouse la femme et non le visage.

208    À qui Dieu donne une femme, il donne aussi la patience.

209    Mari qui frappe sa femme frappe sa main gauche de la droite.

210    Une bonne femme règne sur son mari par la docilité.

211    Où règne la femme, le diable est premier ministre.

212    Une femme et un poêle ne doivent pas bouger de la maison.

213    Une femme ivre est une porte ouverte.

214    On attrape les lièvres avec des chiens, les femmes avec de l'argent, et les
       sots avec des louanges.

215    Le blé d'été et le conseil des femmes réussissent une fois tous les sept ans.

216    La mère du mari est la femme du diable.

217    Qui a fille, vigne ou jardin, doit se garder de son voisin.

218    Plus l'enfant est cher, plus la verge est dure.

219    Trop de sucre à l'enfant gâte les dents de l'homme.

220    Qui traite son fils délicatement, l'embarque sur un vaisseau fragile.

221    Fils pieux, bâton des vieux.

## LES GROUPES SOCIAUX

222    Peu de lois, bon État.

223    Un bon soldat ne doit penser qu'à trois choses : 1° au roi; 2° à Dieu; 3° à rien.

224    Seul un Juif peut tromper un Juif.

225    Les médecins purgent le corps; les théologiens, la conscience, et les gens de loi, la bourse.

## LA SAGESSE

226    L'heure du matin a de l'or dans la bouche.

227    Dieu donne la vache, mais non la corde. *(445)*

228    Temps gagné, tout gagné.

229    On ne bâtit rien avec des pétales de roses.

230    L'œuvre chante les louanges de l'artisan.

231    Qui trop commence, peu finit.

232    Le bonheur ouvre les bras et ferme les yeux.

233    La bonne réputation couvre toutes les fautes.

234    Honneur et parole valent mieux que gens et terres.

235    Fais ce que dois, ne crains personne.

236    Ce qui te déplaît en moi, amende-le en toi.

237    La main droite ne doit pas savoir ce que fait la gauche.

238    Dieu n'impose à personne une croix plus lourde que celle qu'il peut porter. *(1114)*

239    Le clocher est un doigt qui nous montre le ciel.

240    La volonté de Dieu nous parle à demi-mot.

241    La crainte du Seigneur est le commencement de la sagesse.

242    Bonheur sans relâche, le guignon s'y cache.

243    La beauté est la nourriture de l'œil et la tristesse de l'âme.

244    « Il faut » est une herbe amère.

245    Stricte justice, grande injustice.

246    Ne rien faire est le chemin de mal faire.

247   Celui qui ne punit pas le mal, l'invite.

248   Celui qui vit au galop s'en va au trot en enfer.

249   Qui baigne ses mains dans le sang les lavera dans les larmes.

250   Le diable est le prince du lendemain.

251   Tout ce que tu sais, ne le redis pas ; tout ce que tu peux, ne le veuille pas.

252   Quittez le monde avant qu'il ne vous quitte.

253   Toute notre vie consiste à apprendre et à oublier.

254   Croix acceptée est à demi portée.

255   Heureux celui qui oublie ce qu'on ne peut plus changer.

256   Les savants font l'almanach, et Dieu fait le temps.

257   Le temps et la marée ne sont pas à nos ordres.

258   Vivre est un art.

259   C'est aussi un art que d'être fou de temps en temps.

260   Trop de sagesse est un peu fou.

261   Une poignée de chance vaut mieux qu'un sac plein de sagesse.

262   La fortune prend comme elle donne.

263   Le besoin apprend à prier.

264   On ne prend pas un homme deux fois. *(804)*

265   La joie est suspendue à des épines.

266   Tout plaisir porte une peine sur le dos. *(2066)*

267   Sang noble ou ignoble est de la même couleur.

268   Tous ne sont pas libres qui se moquent de leurs chaînes.

269   Le temps guérit toutes les blessures.

270   Tout sage a un fou pour frère.

271   Chaque flux a son reflux.

272   Les pensées ne paient pas d'impôts.

273   Point de cordeau pour amarrer le temps.

274   Qui cherche l'égalité aille au cimetière.

275   Le linceul n'a pas de poches. *(1778)*

276   Les proverbes ressemblent aux papillons ; on en attrape quelques-uns, les autres s'envolent.

## BIBLIOGRAPHIE

Les compilateurs français se sont peu intéressés aux proverbes allemands, si ce n'est au détour d'un ouvrage scolaire. En dehors des livres généraux* (voir p. 671), il existe deux recueils en traduction française :

René Peugeot, *L'Esprit allemand d'après la langue et les proverbes*, Paris, 1885 (1 304 proverbes en allemand et en traduction française).

Abbé Lenain, *Recueil de proverbes allemands*, Poussielgue, 1903 (300 proverbes français rangés dans l'ordre alphabétique avec les équivalents allemands accompagnés de quelques traductions).

Au contraire, l'intérêt des Allemands pour les proverbes ne s'est jamais démenti. Du début du XIXᵉ siècle jusqu'à nos jours, on peut citer de nombreuses publications importantes, qu'il s'agisse d'ouvrages de portée générale, le prestigieux recueil des Düringsfeld* ou la bibliographie fondamentale de Moll* par exemple, ou d'études sur les proverbes allemands dans leur ensemble ou sous un aspect particulier.

Parmi ces derniers, on peut citer

— deux recueils anciens :

Karl Simrock, *Die Deutschen Sprichwörter*, Frankfurt, sans date (13 018 proverbes classés par ordre alphabétique).

J. Eiselein, *Die Sprichwörter und Sinnreden des deutschen Volkes*, Donaueschingen, 1838 (environ 10 000 proverbes classés par ordre alphabétique du mot-clef, avec une préface).

— des études importantes :

Friedrich Seiler, *Deutsche Sprichwörterkunde*, München, 1922 Mathilde Hain, *Sprichwörter und Volkssprache*, Giessen, 1951 des livres qui abordent un domaine particulier.

Ignaz von Zingerle, *Die deutschen Sprichwörter im Mittelalter*, Wien, 1864 (réimprimé en 1972) [2 500 proverbes du Moyen Âge classés par ordre alphabétique du mot-clef, avec une préface).

Leonard Hermann, *Das Bier im Volksmund*, Berlin, 1930 (étude citant environ 500 proverbes concernant la bière et comportant une bibliographie).

Winfried Hofmann, *Das rheinische Sagwort, ein Beitrag zur Sprichwörterkunde*, Siegburg, 1959 (étude de 1 000 proverbes de Rhénanie avec de nombreuses variantes dialectales).

Werner Herzenstiel, *Die gewöhnende Erziehung im deutschen Sprichwort*, Saarbrücken, 1968 (thèse comportant une bibliographie).

Gisela et Siegfried Neumann, *Geduld, Vernunft und Hawergrütt*, Rostock, 1971 (800 proverbes dont une grande partie en dialecte mecklembourgeois).

Lutz Röhrich, *Lexikon der sprichwörtlichen Redensarten*, Freiburg, 1973, 2 volumes, 1256 pp.

# Dialectes germaniques

À côté des nombreux dialectes germaniques utilisés en Allemagne, il en existe d'autres qui sont d'un usage courant dans les pays limitrophes : l'alsacien, le luxembourgeois et le suisse-allemand ou alémanique.

(Pour le yiddish et le judéo-alsacien, voir Monde juif.)

# ALSACIEN

Les Alsaciens ont emprunté de nombreux proverbes à leurs voisins allemands et français, mais ils en donnent souvent des variantes intéressantes et cultivent certaines originalités, par exemple la mauvaise réputation qu'ils font à leurs maires.

L'usage du dialecte est très répandu en Alsace (qui compte 1,5 million d'habitants), mais a tendance à décroître parmi les jeunes.

## L'INDIVIDU

1   À chaque fou, plaît son bonnet et à moi mon chapeau. *(1640)*

2   Mieux vaut pain en poche que plume sur chapeau.

3   Mieux vaut une pièce à son pantalon qu'un trou.

4   Un vieux puits a la meilleure eau.

5   Ce n'est que quand l'arbre est tombé qu'on peut voir sa hauteur.

6   Quand le coeur est plein, la bouche déborde. *(644)*

7   Quand les gens ont la foi, il est facile d'être curé.

8   On trouve plus facilement dix maires qu'un seul gardien d'oies.

9   Plus d'un sait faire claquer le fouet, mais ne sait pas conduire.

10  Qui s'excuse, s'accuse.

11  Ne tue pas plus de cochons que tu ne peux en mettre en salaison.

12  C'est loin du canon qu'on trouve les vieux soldats.

13  La cloche appelle à l'église mais elle-même n'y va pas.

14  Plus d'un s'écarte du ruisseau et tombe dans le Rhin.

15  Une vieille grange prend vite feu.

16  Quand il pleut de la bouillie, il n'a pas de cuiller.

17  Un lit en or ne soulage pas le malade.

18  La maladie arrive sur un cheval et s'en va sur un escargot. *(751)*

## LES BIENS

19  Beauté est puissance, argent est toute-puissance.

20  Maigre accommodement vaut mieux que gras procès. *(1855)*

21  La moitié d'un œuf vaut mieux qu'une coquille entière.

22  Dans le cuir des autres, il est facile de couper des lanières. *(1134)*

23  Il s'acharne plus sur un sou que le diable sur une âme.

24  L'avare ne cesse de traire que lorsque le sang coule.

## LA FEMME ET LA FAMILLE

25  Un homme sans femme est un arbre sans fleurs.

26  Une femme sans homme est une maison sans toit.

27  Regarde la mère avant de prendre la fille.

28  Chaque pot trouve son couvercle. *(1043-1050)*

29  L'amour fait passer le temps et le temps fait passer l'amour.

30  Femme et chat, dans la maison; homme et chien, hors la maison.

31  Les hommes ont toujours raison, mais les femmes n'ont jamais tort.

32  Dans la femme des autres, le diable met une cuillerée de miel.

33  Chaque belle-mère est un morceau de la culotte du diable.

34  Qui n'a pas d'enfant ne sait pas pourquoi il vit.

35  Une mère nourrit plus facilement sept enfants que sept enfants une mère. *(904)*

## LES GROUPES SOCIAUX

36  Chaque médecin croit que ses pilules sont les meilleures.

37  Meunier et boulanger ne volent pas, le paysan le leur apporte.

38  Quand le meunier est aussi maire, ça fait deux voleurs dans une seule culotte.

## LA SAGESSE

39  Jamais savant n'est tombé du ciel.

40  Qui crache vers le ciel est atteint lui-même. *(713)*

41  Qui sème la discorde, travaille pour la grange du diable.

42  Le soleil se lève même si le coq ne chante pas. *(523)*

43  Mourir est aussi un art.

44  La chemise du mort n'a pas de poches.

SOURCES

Illberg, *Proverbes, dictons et poésies populaires d'Alsace*, Robert Morel, 1966 (1 200 proverbes classés par thèmes, dans l'original et en traduction française).
H. J. Troxler, *Proverbes d'Alsace*, Éd. du Bastberg, 1977 (2 200 proverbes classés par thèmes, édition bilingue).

# LUXEMBOURGEOIS

Le grand-duché de Luxembourg qui compte 360 000 habitants a pour langue officielle le français, mais la langue parlée est le luxembourgeois, dialecte germanique assez fortement francisé.

En l'absence de publications, on ne pourra donner que quelques exemples de proverbes luxembourgeois :

1   Il y a plus à gagner en laissant son poing fermé dans sa poche.

2   Avec une massue on n'attrape pas d'oiseaux.
    Source : Guinzbourg*, p. XCIII.


# SUISSE-ALLEMAND

L'élément alémanique représente les trois quarts de la population suisse, soit 4,8 millions de personnes qui parlent un dialecte issu du haut-allemand.

Les Suisses-allemands utilisent les proverbes allemands, mais ont aussi quelques proverbes bien à eux, dont voici quelques exemples, tirés d'expériences personnelles (en l'absence de recueils publiés) :

1   Un petit homme peut jeter une grande ombre.

2   Ce qui ne brille pas le jour, brille la nuit.

3   La femme qui aime à laver trouve toujours de l'eau.

4   On tire plus de choses avec un cheveu de femme qu'avec six chevaux vigoureux.

5   Dans une maison d'or, les heures sont de plomb.

6   Il faut souvent jeter un morceau de pain dans la gueule d'un méchant chien. *(585)*

7   Casser va plus vite que raccommoder.

8   Les mots sont des nains, les exemples des géants.

9   Quand la pierre a quitté la main, elle appartient au diable.

10  Il faut mourir pour se faire embaumer.


# NÉERLANDAIS

Le néerlandais est la langue des habitants des Pays-Bas (14 millions) et de la partie flamande de la population belge (55 % soit 5,5 millions de personnes).

À la faveur de l'évolution politique et économique, ce parler germanique, issu du bas-allemand, langue véhiculaire des riches villes drapières, Bruges, Gand et Anvers, a acquis une place prépondérante à partir de l'unification politique des Provinces-Unies, au XVIIe siècle. Il a fait régresser les quelques dialectes qui subsistent encore aux Pays-Bas et en Belgique et parmi lesquels il faut mentionner le frison, parlé aujourd'hui par

300 000 personnes, mais qui a occupé au Moyen Âge toute la côte, du Jutland aux bouches du Rhin.

L'afrikaans, langue officielle de l'Afrique du Sud, héritage des colons hollandais du XVIIe siècle, est parlé par 4 millions de personnes, mais a été sensiblement modifié par les influences étrangères.

## L'INDIVIDU

1   Qui a été bon noiraud est bon grison.

2   Mieux vaut bon appétit que bonne sauce.

3   La faim est une épée acérée.

4   Il n'y a pas d'eau si brouillée qui ne finisse par devenir claire.

5   Il n'est capuche si sainte que le diable n'y glisse la tête.

6   Lorsque le cochon rêve, c'est d'eau de vaisselle.

7   Posez une grenouille sur une chaise en or, elle sautera à nouveau dans la mare.

8   Un chat perd ses poils, mais pas ses manières. *(140)*

9   Plus petit est le bois, plus gros semble le lièvre.

10  Les uns tondent des moutons, les autres des porcs.

11  Qui a du bien a du mal. *(1902)*

12  La sottise a des ailes d'aigle et des yeux de chouette.

13  Jeunes gens, sottes gens ; vieilles gens, froides gens.

14  Les jeunes peuvent mourir, les vieux le doivent.

15  Que celui qui a mangé le diable mange aussi les cornes. *(454)*

16  Plus le cœur est noble, moins le cou est raide.

17  On peut toujours dire une messe basse dans une grande église.

18  Pour l'amour de la graisse, le chat lèche le chandelier.

19  Mains de velours, cœur de beurre ; mains d'ouvrage, cœur de courage.

20  Les bons charpentiers font peu de copeaux.

21  La fileuse zélée ne manquera jamais de chemise.

22  Le meilleur forgeron frappe quelquefois sur son pouce. *(1835)*

23  Sous une voile il est facile de ramer !

24  On pend le hareng par ses ouïes.
    ● On doit accepter les conséquences de ses actions.

25  Qui a une tête de beurre, ne doit pas s'approcher du four.

26   C'est sur la partie brûlée de la tarte que l'on met le plus de sucre.

27   Les auges vides font grogner les porcs.

28   Un baudet qui fait à sa tête ne mange qu'à moitié.

29   Là où passe le brasseur, le boulanger ne vient pas.

30   Il vaut mieux aller chez le boulanger que chez le pharmacien. *(771)*

31   Sept ne suffisent pas pour nettoyer ce qu'un seul ramoneur sait salir.

32   Qui se garde poulain se retrouve étalon.

33   Avant que l'herbe croisse, le cheval meurt.

34   Qui gâte son nez, gâte son visage.

35   Les meilleurs pilotes sont à terre.

36   Mal que l'on fait demeure sans conseil, douleur que l'on cache reste
     sans remède.

37   Un peu de honte réchauffe et donne de belles couleurs. *(1614)*

38   Où orgueil et richesse précèdent, honte et dégât suivent. *(1625)*

39   Une longue souffrance n'acquitte rien.

## LES RELATIONS

40   Quand deux pauvres s'aident, le Bon Dieu rit.

41   Il y a plus d'idées dans deux têtes que dans une.

42   Un bon maçon ne rejette aucune pierre. *(1450)*

43   Les enfants de forgerons sont habitués aux étincelles.

44   Tous les nuages n'apportent pas la pluie.

45   Il faut savoir perdre un vairon pour gagner un saumon. *(226)*

46   Tout le monde file pour son moulin. *(318)*

47   Mieux vaut l'œuf dans la main que dans le cul de la poule.

48   De nouveaux maîtres donnent de nouveaux ordres.

49   Bon droit a souvent besoin d'aide. *(1847)*

50   Si le voleur cessait de voler, le chien cesserait d'aboyer.

51   Un chien avec un os ne connaît pas d'amis. *(590)*

52   Pendant la moisson, les poules sont sourdes.

53   On n'a jamais vu une pie avec un corbeau.

54   Si fort que l'on soit, on trouve toujours son maître.

55 Quand on laisse la grille ouverte, les cochons piétinent le blé.

56 Quand le veau s'est noyé, on comble la fosse. *(422)*

57 On ne fait pas couver les œufs par un fou.

58 Il ne faut qu'un œil au vendeur, il en faut cent à l'acheteur.

59 Trayez la vache, mais n'arrachez pas la mamelle.

60 Le chaudron trouve que la poêle est trop noire.

61 Cordonnier, soigne tes souliers.

62 On ne saurait faire boire un âne qui n'a pas soif.

63 Si tu sais faire refroidir ta bouillie, n'y emploie pas le souffle d'autrui.

64 Que celui qui n'est pas content de son voisin, recule sa maison.

65 Grande rivière, grand seigneur et grand chemin sont trois mauvais voisins.

66 La faveur d'un roi n'est pas héritage. *(1684)*

67 Chacun trouve que sa chouette est un faucon.

68 Ce qui ne cuit pas pour vous, laissez-le brûler.

69 Les bonnes nouvelles marchent et les mauvaises courent.

70 Les paroles d'or sont souvent suivies d'actes de plomb.

71 Le temps détruit ce qui est fait et la langue ce qui est à faire.

72 Si tu as peur d'être battu, ne laisse pas voir ton cul. *(715)*

73 Une pierre ne tombe jamais seule.

74 Deux meules dures ne peuvent moudre fin.
   ● Deux caractères opiniâtres ont du mal à s'accorder.

75 Lorsque le loup devient vieux, les corbeaux le chevauchent.

## LA FEMME

76 Un cheveu de femme tire plus que des bœufs accouplés.

77 De femmes et de chevaux il n'en est pas sans défaut.

78 Une femme peut emporter hors de la maison plus qu'un homme n'y peut apporter dans un char.

79 La maison est à l'envers lorsque le coq se tait et que la poule chante.

80 Une putain au joli visage est une lanterne sans lumière.

81 Trois accoucheuses, trois placeuses de domestiques et trois lavandières forment ensemble neuf entremetteuses.

82    L'amour est du côté où pend l'escarcelle.

83    Qui épouse un fou pour sa maison, perdra la maison et gardera le fou.

84    Chère mère, qu'est-ce donc que le mariage? — Filer, enfanter, regretter.

85    La belle-mère ne se souvient pas qu'elle a été un jour une belle-fille.

86    Le pain de la nourrice est plus doux que le gâteau de la mère.

87    Quand la vieille vache danse, son veau applaudit.

## LA SAGESSE

88    Avec du travail on tire le feu de la pierre.

89    Nul n'attache son cheval à des pensées.

90    On ne vit pas avec les morts.

91    On n'a que le bien qu'on se fait.

BIBLIOGRAPHIE

Maurits de Meyer a attiré l'attention sur une source inexplorée de proverbes et dictons : des gravures et des tableaux du XVIIᵉ et du XVIIIᵉ siècle, illustrées par un millier de proverbes *(Proverbium*, nº 14, 1969, pp. 396-398). Citons aussi Roger H. Marijnissen, *Breughel*, Arcade, Bruxelles, 1969.

Quelques proverbes flamands concernant différents métiers ont été publiés (en flamand et en français) par A. de Cock, *Revue des Traditions populaires*, 1895 pp. 397-405.

En flamand, l'ouvrage de base est : Harrebomée, *Spreekvoordenboek*, Utrecht, 1861-1870.

Signalons deux publications récentes d'Achille van Acker : *De duivel in spreekwoord en gezegde*, Heule, Courtrai, 1976 et *Het Verleden in spreekwoord en gezegde*, même éditeur, 1977.

# Proverbes scandinaves

Les langues scandinaves sont restées proches les unes des autres jusqu'à nos jours. Elles ont des traits communs qui les distinguent des autres langues germaniques.

L'islandais, qui fut au Moyen Âge le véhicule d'une grande littérature, a évolué le moins vite. La situation de la Norvège est particulière : la langue utilisée dans les villes fut longtemps le danois, et le pays vécut une expérience de cent ans pour obtenir sa propre langue, à partir des parlers indigènes. Quant au danois et au suédois, ils ont fait des emprunts au bas-allemand à l'époque de la Hanse. Le suédois et le danois sont aujourd'hui des langues de culture prestigieuses.

Il y a 18 millions de Scandinaves (soit 5 millions de Danois, 220 000 Islandais, 4 millions de Norvégiens et 8 millions de Suédois). Les liens étroits entre leurs langues expliquent la grande proximité de leurs proverbes. C'est pourquoi nous avons jugé bon de présenter ceux-ci de manière synthétique, étant donné qu'une grande partie d'entre eux est commune à tout le domaine scandinave. On note aussi des points communs avec les proverbes finlandais, le suédois étant parlé par une importante minorité, en Finlande.

La disparité des sources (voir bibliographie) nous a conduit à préciser pour une partie des proverbes le nom de la langue dans laquelle ils sont attestés, en l'absence de recueil important sur l'ensemble des proverbes scandinaves. Mais en réalité, il est plus que probable que chacun de ces proverbes est utilisé et à tout le moins compris d'un bout à l'autre de la Scandinavie.

## L'INDIVIDU

1 Mieux vaut être oiseau libre que roi captif.

2 Il vaut mieux être un homme libre dans une petite maison qu'un esclave dans une grande. [norvégien] *(138)*

3 Plutôt des choux dans une cabane que de la graisse dans le château du seigneur. [islandais] *(988)*

4 Celui qui ne peut avoir du lard doit se contenter de choux. [danois] *(var. 987)*

5 La faim, le travail et la sueur sont les meilleures herbes. [islandais]
   ● Entendre ici *herbes* au sens *d'assaisonnements.*

6 Celui qui n'a pas de faucon doit chasser avec des chouettes. [danois]

7 Faute de rossignols, on se contente de hiboux. [danois]

8 Le diable vient chez les riches, mais chez les pauvres, il vient deux fois. [suédois]

9 Les diables ont plus de douze apôtres. [suédois]

10 Mieux vaut avoir un cheval aveugle qu'une longe vide. [danois]

11 La bière claire vaut mieux que le tonneau vide. [danois]

12 Grasse cuisine fait maigre testament.

13 Le riche a souvent plusieurs femmes, mais peu d'enfants. [suédois]

14 Le riche a cinq sens, le pauvre six. [suédois]

15 Les cinq sens sont cinq portes pour les péchés. [suédois]

16 Les voies vers l'enfer sont larges comme une rue de Stockholm. [suédois]

17 Chaque petit poisson espère devenir une baleine. [suédois]

18 Lorsque le saucisson est trop long, on y remédie facilement. [danois]

19 Tout a une fin, sauf le saucisson qui en a deux. [danois]

20 Les miettes sont encore du pain. [danois]

21 Le cœur de l'homme est la première chose qui s'agite dans le sein de sa mère et la dernière qui meurt en lui. [norvégien]

22   L'ambition et la vengeance ont toujours faim. [danois]

23   La volonté d'un homme est son paradis, mais elle peut devenir son enfer.

24   Si le péché est cocher, la honte sera valet de pied.

25   Parmi les faibles, le plus fort est celui qui n'oublie pas sa faiblesse.

26   Un paysan debout est plus grand qu'un noble agenouillé.

27   Plus d'un bon cerveau peut être trouvé sous de vieux chapeaux. [norvé-
     gien]

28   La jeunesse a un joli visage, l'âge a une belle âme. [suédois]

29   Moins on sait, moins on oublie. [norvégien]

30   Celui qui ignore que son lit est dur dort bien. [danois]

31   Tous les oiseaux ne sont pas des autours. [islandais]
     • Un *autour* est un rapace voisin de l'épervier.

32   Une oie vola au-delà du Rhin et oie elle revint. [islandais] *(1803)*

33   Si haut qu'un oiseau puisse prendre son essor, il n'en cherche pas moins
     sa nourriture sur terre. [danois]

34   Terre noire donne pain blanc.

35   L'argent qui vient de la forêt ne sent pas la sueur.

36   La foi du riche est dans son coffre. [suédois]

37   La beauté sans l'honnêteté, c'est la rose sans parfum. [danois]

38   Si on jugeait les gens à la barbe, le bouc pourrait prêcher. [danois]

39   Tout ce qui est blanc n'est point farine. [suédois] *(1440)*

40   Quand le rat est au moulin, il se croit le meunier. [danois]

41   Bonnet ni couronne ne préservent des maux de tête.

42   À mesure que nous vieillissons, ce sont nos maux qui rajeunissent.

43   Bien des gens sont comme les horloges qui indiquent une heure et en
     sonnent une autre. [danois]

44   L'âge rend maints hommes blancs mais non meilleurs. [danois]

45   Quand le malheur monte aux genoux du riche, il va jusqu'au cou du
     pauvre. [danois]

46   Quand il pleut de la bouillie d'avoine, le mendiant n'a pas de cuiller.

47   La rose se transforme vite en gratte-cul. [danois] *(87)*

48   Les cheveux gris sont les fleurs de la mort. [danois]

49   Tailleur debout et forgeron assis ne valent pas grand'chose. [danois]

50 Cordonnier, demeure auprès de ton embauchoir. [danois]

51 En tous pays, il se casse des pots. [islandais]

52 La chouette ne loue pas la lumière, pas plus que le loup le jour. [danois]

53 Chacun de nous porte un fou sous son manteau, mais certains le dissimulent mieux que d'autres. [suédois]

54 Quand la mer est tranquille, chaque bateau a un bon capitaine. [suédois] *(1810)*

55 Le papillon oublie souvent qu'il était chenille. [suédois]

56 Être jeune est un défaut que l'on corrige chaque jour. [suédois]

57 Les soucis ont des fleurs noires. [suédois]

58 Un homme sombre est son propre ennemi. [islandais]

59 Vieilles églises ont sombres fenêtres. [suédois]

60 La maladie vient à cheval et s'en va à pied. [suédois] *(751)*

61 Épargne le couvercle, le fond s'épargne lui-même. [danois]

62 Qui veut manger des huîtres doit en ouvrir l'écaille. [islandais] *(80)*

63 Il faut casser les œufs pour en faire un gâteau. [danois] *(1024)*

64 Mieux vaut boire le lait que manger la vache.

65 L'honneur est comme l'œil : on ne joue pas avec lui.

66 Promesse de Danois est une dette. [danois]

67 Celui qui a la tête en beurre ne doit pas s'approcher du four.

68 La patience est une haridelle. [suédois]
   • Une *haridelle* est un mauvais cheval maigre.

69 Quand il y a pire, mal devient bien.

70 L'oie se promène si souvent dans la cuisine, qu'elle finit par rester à la broche. [danois] *(245)*

71 Le premier coup de hache ne fait pas tomber l'arbre. [danois]

72 Les poules sages caquètent aussi quelquefois parmi les orties. [danois]
   • Entendre ici *caqueter* au sens de *glousser* avant de pondre.

73 Les petites peines sont bruyantes et les grands chagrins muets. [danois]

74 Jamais le pauvre ne tombe de haut : tout au plus du balai au plancher.

75 L'espoir garde le pauvre en vie, la peur tue le riche.

76 Le pauvre recherche de quoi se nourrir, le riche d'avoir de l'appétit.

77   Le pauvre a la patience de faire bouillir, mais pas celle de laisser refroidir.

78   Celui qui conserve quelque chose pour la nuit le garde pour le chat. [danois]

79   Qui hante toutes les eaux à la fin se noiera. [danois]

80   C'est trop tard fermer le puits quand l'enfant est noyé. [danois] *(422)*

81   Quand l'eau entre en notre bouche, il est trop tard pour apprendre à nager. [danois]

82   Ne jette point l'eau sale avant d'avoir l'eau propre. [danois]

83   À une petite chose, l'inquiétude donne une grande ombre. [suédois]

84   Qui laboure la nuit perd un pain à chaque sillon. [suédois]

85   Il ne faut pas cesser de semer parce que les oiseaux auront mangé quelques grains. [danois] *(290)*

86   Un homme sans argent est un bateau sans voile. [suédois]

87   Toute eau va à l'océan et tout or à la bourse du riche. [danois] *(28)*

88   L'argent est plus éloquent que dix orateurs du Parlement. [danois]

89   Une main pleine d'argent est plus forte que deux mains pleines de vérité. [suédois]

90   Souvent la justice penche du côté ou pend la bourse.

91   Le poisson mord mieux à l'hameçon d'or. [norvégien]

92   Les présents font la femme complaisante, le prêtre indulgent, et la loi souple.

93   N'examine pas le renne que t'a donné le riche, à moins qu'il n'ait pas ses bois.

94   Ne remercie pas pour le cochon de lait avant de l'avoir dans ton sac. [suédois] *(255)*

95   Pour recevoir ce que l'on veut, il faut donner ce que l'on ne veut pas.

96   Le voleur croit que tout le monde vole. [norvégien] *(168)*

97   Pauvreté n'oblige pas à voler, ni richesse n'en empêche.

98   Le voleur trouve le calice plus vite que le sacristain. [suédois]

99   Chevaux empruntés et éperons neufs font les lieues courtes. [danois]

100  Pain mangé est vite oublié. [suédois]

101  Il est dur de payer le pain qui a été mangé. [danois]

102  N'achète pas le chat dans un sac. [danois] *(550)*

103  Mieux vaut un oiseau dans la main que dix sur le toit. [danois]

104  Mieux vaut un oeuf aujourd'hui qu'une poule demain. [danois] *(532)*

## LES RELATIONS

105  Il fait bon être prêtre à Pâques. [islandais]

106  Tu peux allumer à ta chandelle la chandelle d'un autre. [danois]

107  Le ciel sèche ce qu'il a mouillé. [danois] *(1949)*

108  Quand il y a de la place dans le cœur, il y en a dans la maison. [danois]

109  On doit honorer le chêne sous lequel on habite. [islandais]

110  Les petits saints accomplissent aussi des miracles.

111  L'œil du maître fait plus que ses deux mains. [danois] *(271)*

112  Nourris bien ton valet, et ta vache donnera plus de lait. [suédois]

113  Quand le patron dort, les valets rêvent. [suédois]

114  Petite pluie empêche souvent grande tempête. [danois] *(15)*

115  Mieux vaut endiguer un ruisseau qu'une rivière. [danois]

116  Les soins et non de belles écuries font un bon cheval. [danois]

117  Il vaut mieux vivre gaiement dans sa propre maison que dans celle d'autrui avec des chagrins. [islandais]

118  Nul n'est si riche qu'il n'ait besoin d'un bon voisin. [danois]

119  Mieux vaut une bonne voisine qu'une sœur éloignée. [danois] *(1176)*

120  Quand la maison de ton voisin brûle, apporte de l'eau à la tienne. [suédois] *(820)*

121  Le colimaçon a peur des voisins médisants : il emporte sa maison avec lui. [danois]

122  Le petit a plus vite ramassé une galette par terre que le grand n'a décroché une étoile du ciel.

123  Mieux vaut dictature de fer qu'anarchie de l'or. [norvégien]

124  On attrape plus de mouches avec une bouchée de miel qu'avec un tonneau de vinaigre. [danois] *(246)*

125  Enfant brûlé craint le feu. [danois] *(548)*

126  Les enfants du forgeron n'ont pas peur des étincelles.

127  La pierre qui n'encombre pas votre chemin ne vous gêne point. [danois]

128  Celui qui veut manger des œufs, doit supporter les poules. [danois]

129   Mieux vaut un ami utile que dix inutiles. [islandais]

130   Celui-ci fait beaucoup de bien qui ne fait pas de mal. [norvégien]

131   Les épis vides se dressent vers le ciel, tandis que les pleins se courbent vers la terre. [danois]

132   Un homme n'est pas forcément mauvais parce qu'un autre est bon. [danois]

133   On ne coupe pas une tête parce qu'elle est sale. [danois]

134   Chacun est son plus proche voisin. [islandais]

135   La prière du maître est un ordre. [danois]

136   Les abeilles ont leur reine et les cigognes leur conducteur. [danois]

137   Les jeunes vont par bandes, les adultes par couples et les vieux tout seuls. [suédois]

138   Celui qui n'a que des vertus n'est guère meilleur que celui qui n'a que des défauts.

139   Aucun tison ne fume sans avoir été allumé. [danois]

140   Chacun tente de passer par où la haie est la plus basse. [danois] *(1825)*

141   Celui qui chasse avec des chats attrapera des souris. [danois]

142   On ne vit pas de la beauté, mais on peut mourir pour elle.

143   Nul ne voit en autrui plus loin que les dents.

144   L'œil de l'étranger voit plus loin le pays que l'œil de l'habitant.

145   La mort de l'un est le pain de l'autre. [islandais]

146   Le mien et le tien sont la cause de toutes les disputes. [danois]

147   Indulgence avec le loup s'appelle injustice envers le mouton. [suédois]

148   Celui qui pourchasse un autre n'a lui-même aucun repos. [suédois]

149   Il n'est pas charitable de cracher du miel devant celui dont la bouche est pleine de bile. [danois]

150   La lune est à l'abri des loups. [islandais]

151   Un Danois ne se croit pas diminué parce qu'un chien a aboyé après lui. [danois]

152   Souvent le feu incendie la maison de celui qui se rit des autres. [danois]

153   On ne moissonne pas du bon blé d'un mauvais champ. [danois]

154   Les mauvaises actions sont plus connues que les bonnes. [norvégien] *(2092)*

155   Ne cache pas à ton ami ce que ton ennemi sait. [danois]

156 Qui vit dans les roses doit chercher ses amis dans les épines.

157 Tous les moineaux périraient, si le chat avait des ailes. [danois]

158 Quand la pluie tombe sur le prêtre, le sacristain reçoit aussi les gouttes d'eau. [danois]

159 Quand le seigneur se blesse le pied, tous les valets boitent. [danois]

160 Dans les accords, il faut prendre garde que l'un n'ait pas l'épée et l'autre le fourreau. [danois]

161 Les blés du voisin sont toujours les plus beaux. [danois] *(295)*

162 Celui qui entre dans le moulin se couvre de poussière. [danois] *(316)*

163 Quand un anneau est brisé, la chaîne n'existe plus. [danois]

164 Souvent le marcassin expie les méfaits du sanglier. [danois]

165 Le feu ne s'inquiète pas à qui est le manteau qui brûle. [danois]

166 La flatterie est comme l'ombre : elle ne vous rend, ni plus grand, ni plus petit. [danois]

167 Les seigneurs ont de longs bras, mais qui n'atteignent pas le ciel.

168 À manger des cerises avec des grands seigneurs, on s'expose à recevoir leurs noyaux sur le nez. [danois] *(1719)*

169 Pied de paysan et chaussure de seigneur ne vont de compagnie.

170 Plus près du roi, plus près du gibet.

171 Celui que tu assieds sur ton épaule essaiera de te monter sur la tête.

172 Il est dangereux pour un cygne d'enseigner le chant à des aiglons.

173 Chacun a son propre diable, et certains deux.

174 Qui veut moucher autrui doit avoir les doigts propres.

175 Une heure d'abandon cause un an de dommage.

176 Coq qui chante le matin sera le soir dans le bec du faucon.

177 Où le cheval galope, le homard veut aussi avancer.

178 Un mouton bêle, toute la bergerie a soif.

179 Un mouton galeux empeste un troupeau. [danois] *(477)*

180 De mauvais oiseaux apportent rarement le beau temps. [islandais]

181 Ne fais pas semblant d'être pauvre devant qui ne te rendra pas riche. [danois]

182 Des chevaux mal assortis tirent mal. [danois]

183 La maison qui est bâtie au goût de tous n'aura pas de toit. [suédois]

184   Quand les cuisiniers sont nombreux, les choux sont trop salés. [danois]

185   Bien que le renard soit rusé, on vend plus de peaux de renards que de peaux d'ânes. [danois]

186   Sagesse inutile est double folie.

### La parole

187   Mieux vaut une langue sage que des cheveux bien peignés. [islandais]

188   Parole d'homme, honneur d'homme. [islandais]

189   Oui et non font un long discours. [islandais]

190   La terre est gouvernée par la bouche et la mer par la main.
      ● Les paroles dirigent les hommes et la main maîtrise les éléments.

191   Grands mots et mitaines neuves rétrécissent toujours.

192   Beau projet et drap neuf rétrécissent à l'usage.

193   Tous les mots qui sont dits ne méritent pas d'être pesés sur une balance d'or. [norvégien]

194   Aucun estomac n'est satisfait par de bonnes paroles. [norvégien]

195   David ne tua pas Goliath avec des paroles. [islandais]

196   Un œil est un meilleur témoin que deux oreilles. [danois]

197   La plume blesse souvent plus que l'épée. [danois]

198   Celui qui a peur de demander est honteux d'apprendre. [danois]

199   Si l'autorité n'a pas d'oreilles pour écouter, elle n'a pas de tête pour gouverner. [danois]

200   Donner des conseils à un sot, c'est comme jeter de l'eau sur une oie.

201   L'homme intelligent a de longues oreilles et une courte langue. [suédois]

202   Pour que les mensonges soient crus, il doivent être empaquetés de vérité. [danois]

203   Deux peuvent mentir jusqu'à faire pendre un troisième.

204   Qui dit tout haut la vérité risque de manquer d'abri.

205   Mensonge de bonne mine vaut vérité de pâle couleur.

206   Le manteau de la vérité est souvent doublé de mensonges.

207   Tant que je possède mon secret, il est mon prisonnier ; lorsque je l'ai laissé échapper, c'est moi qui suis pris. [danois]

## LA FEMME ET LA FAMILLE

208   Vie sans amour, année sans été.

209  Là où il n'y a pas d'amour, il n'y a pas de joie. [islandais]

210  L'amour est aveugle et croit que personne ne le voit.[danois]

211  La pauvreté et l'amour sont difficiles à cacher. [danois]

212  On ne peut choisir quand on va aimer. [norvégien]

213  L'amour prend également sur la paille et sur le duvet.

214  L'amour est une rosée qui humecte à la fois les orties et les lis.

215  Vieil amour jamais ne rouille. *(1159)*

216  L'amour a fait des héros, mais des sots plus encore.

217  Il n'y a pas de danse sans que le diable y mette sa queue. [suédois]

218  Un baiser ne fait pas d'enfant.

219  On se souvient du baiser promis, on oublie les baisers reçus.

220  Le compagnon de lit se choisit pendant qu'il fait jour.

221  Il faut un homme pour un jour, un chien pour une semaine, une femme pour toujours.

222  En prenant l'enfant par la main, on prend la mère par le cœur. [danois]

223  Oignon, fumée et femme font pleurer. [danois]

224  Ne regarde pas la fille à l'église, mais à l'étable.

225  C'est la main à la pâte qu'on juge une femme, et non à la danse. [danois]

226  Le mariage est comme une nasse d'anguilles ; ceux qui sont dehors veulent y entrer, ceux qui sont dedans, veulent en sortir. [norvégien]

227  Quand tu épouses de l'argent, le diable pond un œuf dans ton garde-manger.

228  Il n'y a pas de femme en couches qui se plaigne de ce qu'on l'a mariée trop tard. [danois]

229  Qui bat sa femme bat sa main gauche de la main droite. [dannois]

230  L'avare est sa propre belle-mère. [suédois]

231  Il est bien garni le siège qu'occupe une Danoise. [danois]

232  La Danoise use plus son siège que son manteau. [danois]

233  La femme nue apprend vite à filer.

234  Toutes les filles sont bonnes. D'où viennent donc les mauvaises femmes ?

235  Les femmes ont de longues jupes et des idées courtes. [danois]

236  L'épée des femmes est dans leur bouche. [suédois]

237   Toutes les femmes sont d'excellentes protestantes : elles prêcheraient plutôt que d'écouter la messe.

238   La femme est le jugement dernier de l'homme.

239   On ne doit pas jeter l'enfant avec l'eau du bain et on ne doit pas se débarrasser de sa femme comme de l'arbre de Noël. [suédois]

240   Les enfants valent mieux que la richesse. [islandais]

241   Il vaut mieux être l'enfant unique, que le cheval unique. [suédois]

242   Pour le corbeau, ce sont toujours ses petits qui sont les plus blancs. [danois]

243   Si l'on satisfait le porcelet qui grogne et l'enfant qui pleure, on aura vilain enfant et bon porcelet. [danois]

244   La viande sans sel et un enfant que l'on ne corrige pas se corrompent. [danois]

245   Enfants petits, petits soucis ; enfants grandis, grands soucis.

246   Un père nourrira bien dix enfants, mais dix enfants ne nourriront point un père. [danois] *(904)*

247   Mangez votre poisson tandis qu'il est frais et mariez votre fille pendant qu'elle est jeune. [danois]

248   Le fou vante son cheval, l'enragé sa belle-fille et l'ignorant sa fille.

249   Une veuve ou un veuf, c'est une maison sans toit.

## LA SAGESSE

250   L'aurore porte de l'or dans sa bouche. [danois]

251   Le Bon Dieu donne bien la vache, mais pas la corde. [suédois] *(455)*

252   Le Bon dieu aide le marin, mais celui-ci doit ramer lui-même. [suédois] *(1947)*

253   Dieu nourrit les oiseaux qui s'aident de leurs ailes. *(1947)*

254   Ce que Dieu donne, saint Paul ne le prend pas. [islandais]

255   Prête à Dieu et à la terre, ils paient de bons intérêts.

256   La paresse est l'oreiller du diable.

257   Ce n'est que si le mal est à la porte que le bien peut entrer dans la maison.

258   Où manque la loi doit suppléer l'honneur.

259   La paix nourrit, le trouble consume. [islandais]

260   Celui qui laisse derrière lui une bonne réputation ne meurt pas pauvre. [norvégien]

261 Emploie bien le temps de ta jeunesse, c'est sur quoi repose ton bonheur futur. [suédois]

262 Ne regarde pas le cours des astres au point de manquer ta route sur la terre. [danois]

263 Ne laisse pas ton chagrin monter plus haut que tes genoux.

264 Lorsque Dieu édifie une église, à côté le diable construit une chapelle. [danois]

265 La prière monte et la grâce descend. [danois]

266 On n'a jamais cessé de jouer les anciennes comédies, mais on les a tournées autrement. [danois]

267 L'or du nouveau monde a ruiné l'ancien monde. [danois]

268 La chance ne donne pas, elle ne fait que prêter.

269 Si l'on savait où l'on tombera, on y mettrait de la paille avant.

270 Dieu a tout dans une main. [islandais]

271 Il faut beaucoup souffrir, ou mourir jeune. [danois]

272 Celui qui doit être pendu ne sera point noyé, sauf si la rivière déborde jusqu'à la potence.

273 Toute vie a sa joie; toute joie a sa loi.

274 Le bonheur et les verres se brisent facilement. [danois]

275 Les yeux sont libres d'impôts. [islandais]

276 La pensée ne paie pas de douane. [danois]

277 La corde à lier les pensées n'est pas encore tressée.

278 Tous les fous sont frères. [suédois]

279 Il ne croît pas d'herbe contre la puissance de la mort. [islandais] *(761-810)*

280 Personne n'est si jeune qu'il ne puisse mourir demain. [suédois]

281 On ne saurait trop étudier l'art de mourir.

282 Le clairon ne sonne pas d'avance l'heure de la mort.

283 La mort est l'amie du mourant.

284 La mort est le balai de Dieu. [suédois]

285 Les proverbes disent ce que le peuple pense. [suédois]

BIBLIOGRAPHIE

# DANOIS

Les proverbes danois ont donné lieu à l'une des premières traductions françaises de proverbes : on en trouve en effet dans le *Dictionnaire danois-français* de Jean Meyer, publié à Copenhague en 1757 et 1761.

Treize « anciens proverbes danois » sont publiés (en traduction) dans le *Magazine pittoresque*, 1856, p. 126.

La seule publication d'importance en français est due au vicomte de Colleville et à Fritz de Zeppelin dans *La Tradition*, 1892, pp. 53-57 ; 76-83 ; 121-128 (542 proverbes dans la traduction française, sans notes).

Le recueil danois essentiel est :

Bengt Holbek et Iver Kjaer, *Ordsprog in Danmark*, Copenhague, 1969 (4 000 proverbes avec une introduction, un index des mots-clefs et une bibliographie exhaustive).

# ISLANDAIS

Quelques sentences et proverbes de l'Edda ont été publiés en traduction française par Renauld-Krantz, *Anthologie de la poésie nordique ancienne*, Gallimard, 1964, pp. 65-66.

155 proverbes islandais, classés par ordre alphabétique, figurent, avec la traduction française, à la fin du *Dictionnaire étymologique et comparatif des langues teuto-gothiques*, de Meidinger, Paris, 1833.

# NORVÉGIEN

En l'absence de publication française, on citera deux recueils en langue originale :

J. Aasen, *Norske Ordsprog*, Christiania, 1881, qui comprend 5 500 proverbes avec quelques notes.

Kjell Bondevik, *Jordbruket i Norsk Folketru*, Oslo, 1933 et 1950.

# SUÉDOIS

Un ouvrage suédois récent donne 7 000 proverbes avec des explications et une bibliographie : il est dû à Pelle Holm (Stockholm, 1964).

La source du présent choix a été une traduction allemande de 350 proverbes suédois, classés par chapitres, avec une bibliographie :

Will A. Oesch, *Schwedische Sprichwörter*, Zürich, 1966.

CHAPITRE III

# langues celtiques

Le groupe celtique (qui comprend une langue morte, le gaulois) se compose d'un ensemble de parlers en usage en Bretagne et dans les îles Britanniques (pays de Galles, Cornouailles, Écosse et Irlande).

## Proverbes bretons

Un million de Français parlent le breton. Bien que son usage décline dans les campagnes, il connaît un regain d'intérêt dans les milieux cultivés.

### L'INDIVIDU

1 Non et oui, c'est tout le français de la maison.

2 Qui voit Ouessant, voit son sang.

3 Mieux vaut une bonne renommée que du bien plein la maison.

4 D'un sac on ne peut tirer que ce qu'il y a dedans. *(1092)*

5 Il n'y a pas de poisson sans arête.

6 Petit à petit fuseau fait fil. *(180, 1942)*

7 Avec de la paille et du temps, les nèfles mûrissent. *(72)*

8 Attendez à la nuit pour dire que le jour a été beau.

9 Chien échaudé a peur de l'eau tiède. *(548)*

10 Que vous portiez chapeau ou bonnet, mine de cocu vous garderez.

11 Une haridelle mange souvent autant qu'un bon cheval.
   • Une *haridelle* est un mauvais cheval maigre.

12 Souris qui n'a qu'un trou est tôt prise. *(137)*

13 À renard endormi ne vient point morceau de viande. *(167)*

14 Chaque souillon trouve son mauvais râgout bon.

15   Où moine passera, moinillon poussera.

16   Plus de vin se dépense aux Pardons que de cire.
     • Les *Pardons* sont une fête religieuse de pèlerinage breton ; on y boit plus qu'on n'y
       brûle de cierges.

## LES RELATIONS

17   Mieux vaut un lièvre pris que trois lièvres qui courent. *(1327)*

18   L'œil du maître engraisse le cheval et comble la huche de blé. *(418)*

19   Chacun son métier et le chat n'ira point au lait. *(1443)*

20   Il n'y a pas de petit ennemi.

21   Jamais saint n'a été dans sa paroisse loué. *(2056)*

22   Il n'y a mauvaise chaussure qui ne trouve sa pareille. *(1043-1050)*

23   Toujours l'on trouve la moisson du voisin meilleure que la sienne. *(295)*

24   Si vous faites la brebis, on vous tondra. *(146)*

25   À mal enfourner, on fait les pains cornus. *(310)*

26   Ce n'est pas avec un tambour qu'on prend le lièvre.

27   Cent entendus ne valent pas un vu.

28   Les paroles sont les femelles et les écrits les mâles. *(1548)*

## LA FEMME

29   Femme qui boit du vin, fille qui parle latin, soleil levé trop matin, Dieu
     sait quelle sera leur fin.

30   Si traîtresse que soit la mer, plus traîtresses sont les femmes.

31   Les mariages faits au loin ne sont que tours et châteaux.

32   Où est coq, poule ne chante. *(522)*

33   Le fléau se fatigue plus que l'aire.
     • Sur les rapports conjugaux.

34   Qu'il soit noir, qu'il soit blanc, chaque chèvre aime son chevreau.

35   Petits enfants, petite peine ; grands enfants, grande peine.

36   On ne jette pas le coffre au feu parce que la clef en est perdue.
     • Au sujet des veuves.

37   Pour être ridée, une bonne pomme ne perd pas sa bonne odeur.
     • Au sujet des vieilles femmes.

## LA SAGESSE

38 Mieux vaut porter sa croix que la traîner.

39 Avec le temps et le vent, tout chagrin s'envole.

40 La feuille tombe à terre, ainsi tombe la beauté.

41 Le navire qui n'obéit pas au gouvernail devra obéir aux écueils.

42 Ce qu'apporte le flot s'en retourne avec le jusant.

43 Bout du soc, bout du sein, par eux deux nous vivons.

44 Vent, vent, tout n'est que vent.

BIBLIOGRAPHIE

Auguste Brizeux, *Œuvres complètes*, Lévy, 1860, tome I, pp. 341-391 (200 proverbes en breton et en français).
L. F. Sauvé, *Proverbes et Dictons de la Basse-Bretagne*, Champion, 1878 (1000 proverbes, édition bilingue).
Paul Sébillot, *Littérature orale de la Haute-Bretagne*, Maisonneuve et Larose, 1881 ; réimpresssion en 1967 (142 proverbes en français).

# Proverbes gaéliques

Le gaélique est la langue officielle de la république d'Irlande ou Eire (qui compte 3,2 millions d'habitants), bien que l'anglais soit la langue usuelle.
On parle aussi le gaélique en Écosse.

## L'INDIVIDU

1 L'Anglais rassasié, l'Écossais affamé, l'Irlandais enivré sont dans leur meilleure condition.

2 Ce que beurre ni whisky ne peuvent guérir est incurable.

3 Un homme peut vivre de peu, mais non pas de rien.

4 Ventre vide est lourd fardeau.

5 Le riche tue le temps et le temps tue le pauvre.

6 Un petit nid est plus chaud qu'un grand.

7 N'étaient les nuages, on ne jouirait pas du soleil.

8 La première gorgée de soupe est toujours la plus chaude.

9 Trois choses sont impossibles à acquérir : le don de poésie, la générosité, un rossignol dans la gorge.

10  Menez la vache au château et elle s'enfuira vers l'étable.

11  Si vite que coure le vent, il finit par tomber.

12  Une poule noire pond des œufs blancs. *(524)*

13  Un bateau fait souvent naufrage près du port.

14  Les larmes qui coulent sont amères, mais plus amères celles qui ne coulent pas.

15  Après la guérison, tout malade est docteur. *(1671)*

16  Il est juste de louer Dieu, mais un homme sage n'injuriera pas le diable.

17  Mieux vaut avoir de la chance que se lever tôt.

18  Bois aujourd'hui pour étancher la soif de demain.

19  Chaque chien est courageux à sa propre porte. *(580)*

20  Rien n'est plus audacieux qu'un cheval aveugle.

21  Pour aller à table, prends le raccourci et au travail le chemin le plus long.

22  Il faut pétrir selon la farine. *(1118)*

23  C'est le cochon du prêtre qui a le plus de bouillie.

24  Le prêtre baptise d'abord son propre enfant. *(250)*

25  Long à manger, long à tout faire.

26  Travailler pour rien rend paresseux.

27  Le livre des « peut-être » est un fort gros volume.

28  Que l'espoir ne te fasse jamais lâcher ce que tu tiens. *(1327)*

29  Le diable n'accorde jamais de crédit à long terme.

30  Qui mange à la gamelle du diable a besoin d'une longue cuillère. *(1980)*

31  Plus haute la montagne et plus courte l'herbe.

32  Donner est un bon garçon, mais il se fatigue vite.

33  De l'avoine des chevaux, les poules sont prodigues. *(144)*

34  Il a laissé sa bourse dans son autre pantalon.

35  Vous ne pouvez pas vendre la vache et boire son lait. *(1134)*

36  Si tu prêtes ta culotte, n'enlève pas les boutons.

37  Mieux vaut de vieilles dettes que de vieilles rancunes.

38  Une bonne parole ne coûte pas plus à dire qu'une mauvaise.

39  C'est par la bouche que l'on trait la vache.

40    Le chat est son meilleur conseiller. *(546)*

41    On peut aimer l'église sans en chevaucher le toit.

42    Les soupirs portent plus loin que les cris.

43    Mieux vaut un petit feu qui réchauffe qu'un grand qui brûle.

44    Mieux vaut un lion féroce devant soi qu'un chien traître derri ère.

45    Une bonne retraite est meilleure qu'une mauvaise résistance.

46    Mieux vaut lutter contre quelqu'un que rester seul.

47    Chat timide fait souris effrontée.

48    À la porte des grands le seuil est glissant.

49    Qui vous a desservi ne saurait vous le pardonner.

50    Chacun dort tranquille sur la blessure d'autrui. *(2103)*

51    L'herbe qui n'est pas employée à temps est sans vertu.

52    Les nœuds que tresse la langue, les dents ne les tranchent pas.

53    Ce n'est pas la vache qui beugle le plus fort qui a le plus de lait. *(529)*

54    Ne donne pas de cerises aux cochons, ne donne pas de conseil à un fou.

## LA FEMME ET LA FAMILLE

55    Trois espèces d'hommes n'entendent rien aux femmes : les jeunes, les vieux et ceux d'entre les deux.

56    Le beurre se garde mieux à l'abri du soleil.
      • Il vaut mieux garder les filles loin des garçons.

57    Soif et mal d'amour sont sans vergogne.

58    Les hommes ont huit vies et les femmes neuf.

59    Beau plumage fait passer maigre viande.
      • Se dit de la parure d'une femme.

60    Le vent n'est pas plus rapide que le choix d'une femme entre deux hommes.

61    Mieux vaut poignée que donne un homme que charretée que donne une femme.

62    Qui épouse une montagnarde, se marie à la montagne entière.

63    Plus chaude est la couverture d'être doublée.
      • Se dit à propos des mariages entre parents.

64    Le vent emporte la dot mais laisse la laideur.

65    Triste la lessive où il n'y a pas une chemise d'homme.

66    Si près que soit la maison de Dieu, ton foyer est encore plus proche.

67    Donne ton amour à ta femme, mais ton secret à ta mère ou à ta soeur.

68    Les enfants oisifs sont les hospices du diable.

69    Ton fils reste ton fils jusqu'au jour de ses noces, mais ta fille est ta fille
      jusqu'au seuil de ta fosse.

## LA SAGESSE

70    Enfants tout frais baptisés, prêtres tout juste ordonnés et paysans sans sou
      ni maille, s'ils meurent vont droit au ciel.

71    Vache du pauvre, fils du riche, tous deux mortels.

72    Si tu prends le monde comme il vient, il te prendra doucement.

73    Le plus vieil homme qui ait vécu a fini par mourir.

74    La mort ne vient jamais trop tard.

75    Qui n'a pas goûté à la mort ignore la saveur de la nourriture.

76    Aucun homme ne peut mettre à l'attache le temps ou la marée.

77    Fume ta pipe et tais-toi : il n'y a que vent, fumée et brume.

SOURCE

En l'absence de toute publication française sur les proverbes gaéliques, le choix s'est
fait essentiellement à partir d'une traduction anglaise :
Sean Gaffney et Seamus Cashman, *Proverbs and sayings of Ireland*, Dublin, 1974
(1 016 proverbes et locutions, 102 triades — structure très répandue en Irlande, du
type : «les trois meilleures choses...» ; avec une liste des idées-mères, un index des
mots-clefs, des notes et des indications bibliographiques).

CHAPITRE IV

# langues slaves

Les onze langues slaves modernes découlent toutes du slave commun, parlé dans les plaines du Nord de l'Europe orientale il y a quinze siècles. Elles se sont peu à peu différenciées au cours d'une longue évolution due à l'histoire politique, religieuse et culturelle des peuples slaves. Elles ont beaucoup de traits communs et sont plus proches les unes des autres que, par exemple, le français ne l'est de l'italien.

On distingue trois groupes de langues slaves (leur aire de diffusion est décrite dans la partie concernant chacune d'elles) : celles de l'Est — russe, ukrainien et biélorusse —, celles de l'Ouest — polonais, tchèque, slovaque et sorabe[1] — et celles du Sud — slovène, serbo-croate, macédonien et bulgare.

En dehors de l'U.R.S.S. (voir l'introduction à la langue russe), les langues slaves sont parlées par plus de 80 millions de personnes.

De nombreux proverbes sont communs aux langues slaves ; nous les avons classés pour plus de commodité avec la langue qui a la plus riche tradition proverbiale : le russe.

Pour chaque autre langue, nous avons indiqué les autres proverbes les plus répandus, bien qu'ils puissent aussi être attestés dans une langue-sœur, sans oublier les échanges avec les pays voisins (par exemple, de nombreux proverbes tchèques sont d'origine allemande).

## Proverbes russes (ukrainiens, biélorusses)

Langue de culture prestigieuse, langue maternelle d'environ 120 millions de Russes, le russe est aussi la langue officielle de l'Union des républiques socialistes soviétiques qui compte 260 millions d'habitants, et l'une des langues de travail des organisations internationales.

«Sans angles, pas de maison ; sans proverbes, pas de paroles» dit un proverbe russe. Plus peut-être que dans aucun autre cas, on ne peut concevoir l'étude du russe sans l'apprentissage de ses proverbes, tant ils irriguent le tissu de la langue. Les Russes aiment leurs proverbes et ils en font un usage constant qui ne se limite pas aux circonstances familières — qu'on se rappelle Nikita Khrouchtchev à la tribune des Nations-Unies !

---

1. Sorabe : pratiqué dans un îlot au sud-est de Berlin par 100 000 personnes qui parlent aussi l'allemand.

L'inventaire des proverbes russes a été dressé par des folkloristes de grande qualité, au premier rang desquels figure le célèbre lexicographe Wladimir Dahl (voir bibliographie). En effet, les Russes se sont de bonne heure intéressés à leurs proverbes, dont ils possèdent sans doute le fonds le plus riche du monde. Toutes ces raisons expliquent la place privilégiée que nous avons donnée aux proverbes russes par rapport à ceux des autres langues slaves. Nous les avons aussi considérés comme représentatifs du groupe slave de l'Est, car les proverbes ukrainiens et biélorusses, dont au demeurant il existe peu de traductions, en sont très proches.

L'Ukraine et la Biélorussie sont deux des républiques de l'U.R.S.S., situées sur sa frontière occidentale. Elles comptent respectivement 45 et 10 millions d'habitants environ, mais leur langue subit une vive concurrence du fait de la prépondérance du russe. Celui-ci est une des grandes langues du monde, pratiquée par la quasi-totalité des Soviétiques ainsi que par les nombreuses colonies russes issues des vagues successives d'émigration. D'importantes colonies ukrainiennes continuent aussi à pratiquer leur langue en Amérique du Nord (Canada).

## L'INDIVIDU

1   Avec un morceau de pain, on trouve son paradis sous un sapin.

2   L'orgueil va au pauvre comme la selle à une vache.

3   L'honneur n'est pas l'honneur s'il n'y a rien à manger.

4   Il n'y a pas deux étés dans l'année.

5   Le rossignol ne se nourrit pas de chansons.

6   Un homme sans patrie, c'est un rossignol sans chanson.

7   En pays d'exil, même le printemps manque de charme.

### L'épreuve, la nature

8   C'est quand il passe sur un pont de cheveux qu'on reconnaît l'adresse du chameau.

9   Au vol on connaît l'oiseau.

10   Connais l'oiseau à la plume et le faucon au vol.

11   Le cheval peut foncer ventre à terre, mais il ne peut s'échapper de sa queue.

12   Les corbeaux ont passé la mer, l'esprit ne leur est pas venu.

13   Même dans une cage d'or, le rossignol regrette son bosquet.

14   Apprivoise le loup, il rêvera toujours au bois.

15   Chasse la nature par la porte, elle rentrera par la fenêtre. *(1199)*

### La malchance, la chance

16   Si l'étable est délabrée, la vache ne donne plus de lait.

17  Quand les roubles tombent du ciel, le malchanceux n'a pas de sac.

18  Quand Dieu envoie la farine, le diable enlève le sac. *(1960)*

19  À qui a de la chance, son coq pondra.

20  Si vous êtes favorisé par le ciel, l'agneau du festin vient de lui-même à votre seuil. *(984)*

## L'apparence

21  Le savon est gris, mais il lave blanc.

22  Tout ce qui porte froc n'est pas moine. *(2001)*

23  Sagesse est dans la tête et non dans la barbe. *(636)*

24  Tous ceux qui chantent ne sont pas gais. *(1566)*

25  Tous les chiens qui aboient ne mordent pas. *(558)*

26  La neige est blanche, mais le chien y pisse ; la terre est noire, mais elle produit le froment.

27  La richesse donne de la beauté aux laids, des pieds aux boiteux, des yeux aux aveugles, de l'intérêt aux larmes.

## La nature

28  Tel dans le berceau, tel dans le tombeau.

29  On ne redresse pas un fuseau tordu. *(1932)*

30  Ce qui est pris avec le lait ne sort qu'avec l'âme.

31  Les plumes décorent le paon, et l'instruction l'homme.

32  Même la poule a un cœur.

33  L'ivrogne cuve son vin, le fou cuve en vain.

34  Mieux vaut être boiteux que toujours assis.

35  Les oreilles ne poussent pas plus haut qu'on a le front.

36  Il se casse où il est mince.
   • Tourguéniev a donné ce proverbe comme titre à l'une de ses comédies. Il est aussi traduit ainsi : trop menu, le fil casse.

37  Ce n'est pas la faute du miroir si les visages sont de travers.
   • Ce proverbe est l'épigraphe de la pièce de Gogol *Le Revizor.*

38  La rouille ronge le fer et les chagrins le cœur.

39  Une roue mal graissée grince.

40  Le pot de chambre du Tsar est plus fier que la marmite du paysan.

41    Tout est amer à qui a du fiel dans la bouche. *(1018)*

42    À quoi sert à l'aveugle de savoir que la chandelle coûte cher ?

43    Il y a trente heures par jour en Russie.

## Le comportement

44    Le matin est plus sage que le soir.

45    La première crêpe est toujours manquée. *(1027)*

46    Mesure dix fois, mais ne coupe qu'une.

47    En été prépare le traîneau, en hiver le chariot.

48    Chat qui gratte gratte pour lui.

49    Patiente, cosaque, tu deviendras hetman.
      ● Les *cosaques* étaient des populations guerrières, établies sur les bords du Don, en Ukraine.
      ● Un *hetman* ou un *ataman* est un chef élu des clans cosaques.

50    En cueillant grain à grain, tu empliras ton panier. *(301)*

51    Le renard ne salit pas sa propre queue.
      ● Le terme russe employé pour salir est plus cru.

52    Ce n'est pas le champ qui nourrit, c'est la culture.

53    D'abord l'étable, ensuite la vache.

54    Que chacun cherche le gué avant de passer la rivière.

55    Le maréchal forge des pinces pour ne pas se brûler.

56    Pain en voyage n'est pas fardeau.

57    Prends soin de ton habit dès le premier jour, et veille sur ton honneur
      dès ton jeune âge.

58    Celui qui sait beaucoup dort peu.

59    Le meunier est riche par le bruit.

60    Qui n'a pas de pommes mange des carottes. *(var. 987)*

61    Quand le poisson fait défaut, l'écrevisse est un poisson.

62    Qui dit A doit dire B.

63    La jeunesse grave sur la pierre, la vieillesse sur la glace.

64    La peur a de grands yeux.

65    Bon politique, mauvais chrétien.

66    À souris rassasiée, la farine est amère.

67  Quand le ciel s'assombrit, le loup se réjouit.

68  Il est honteux de monter sur un âne, mais il est plus honteux d'en tomber.

69  Pour entendre des dictons, le moujik est allé à Moscou.
   • Le *moujik* est le paysan russe.

70  La fleur et l'hirondelle n'annoncent pas toujours le printemps. *(205)*

71  Le vin est innocent, l'ivrogne seul est coupable.

72  Le sage médite encore, le fou a terminé l'affaire.

73  Quand la tête est coupée, on ne pleure pas les cheveux.

74  Ne commence pas quelque chose par la fin, ne mets pas le collier du cheval à la queue. *(459)*

75  Habit de soie n'a pas de puces.

76  Le noble a toujours raison lorsque le moujik transpire. *(1735)*

77  Mains blanches aiment le travail d'autrui.

78  Le pauvre chante des chansons, le riche ne fait que les écouter.

## LES BIENS                                L'argent

79  Devant mules chargées d'or, tout château ouvre ses portes.

80  La vérité est forte, mais l'argent est plus fort encore.

81  Qui a un rouble a de l'esprit, et pas de rouble pas d'esprit.

82  Personne ne fut jamais pendu avec de l'argent dans sa poche. *(1766)*

83  L'argent salit les mains; qu'on se lave et l'argent disparaîtra.

84  On n'écoute guère le sermon d'un prêtre sans fortune.

85  Le filet pour l'oiseau, l'argent pour l'homme.

86  On attrape l'oiseau avec des graines et l'homme avec des écus.

87  Ne battez pas le moujik avec le knout, mais battez-le avec le rouble.

### Le don et l'ingratitude

88  Quel que soit le taureau qui a sailli, le veau est à nous. *(423)*

89  Quand on voit sa fortune augmenter, on trouve sa maison petite.

90  Si vous ne pouvez pas être riche, soyez voisin d'un riche.

91  Près du pain, il y a toujours des miettes.

92  De la poche d'autrui, il est facile de payer. *(1134)*

93  La tille donnée vaut mieux que la courroie achetée.
   • La *tille* est une écorce de chanvre.

94  C'est avec la flèche faite de ses plumes qu'on abat l'aigle. *(502)*

95  Réchauffez un serpent gelé, c'est vous qu'il piquera le premier.

96  Un riche avare est plus pauvre qu'un gueux.

97  Les avares sont morts et les enfants ont ouvert les coffres.

98  L'avare est borgne, l'ambitieux est aveugle.

99  Le voleur n'a peut-être commis qu'une faute, le volé en a commis cent.

## LES AFFAIRES

100 Ce n'est pas acheter qui instruit, mais vendre.

101 Tant que le poisson est dans l'eau, on ne doit pas mettre le gril sur le
    feu. *(var. 229)*

102 Mieux vaut un petit poisson qu'un grand cafard.

103 Mieux vaut moineau en cage que poule d'eau qui vague. *(217)*

104 Une mésange dans la main vaut mieux qu'une grue dans le ciel. *(217)*

105 C'est à l'automne qu'il faut compter la couvée.

106 La plus grande vertu d'un débiteur, c'est de payer sa dette.

## LES BONNES ET MAUVAISES RELATIONS

107 On ne gâte pas la semoule avec du beurre.
   • Ce proverbe très répandu comporte une seconde partie censurée habituellement qui
     fait allusion aux rapports sexuels.

108 Chacun aime l'arbre qui lui donne de l'ombre.

109 Les loups sont rassasiés, les moutons sont entiers.
   • Autrement dit ménager la chèvre et le chou.

110 Avec deux ancres le bateau sera mieux tenu.

111 Veau qui flatte tète deux mères.

112 Un renard se moque de sept loups.

113 Au bon cheval augmente l'avoine, au mauvais l'éperon.

114 Chacun met du bois sous sa marmite.

115 Le petit chat sait bien qui a mangé la viande.

116 De la main droite il donne le grain aux poules, de la gauche, il prend
    leurs œufs.

117    Une main lave l'autre, toutes les deux veulent être blanches. *(656)*

118    Quand le chat n'est pas là, c'est la fête pour les souris. *(540)*

119    La paille pourrie ne fait pas de mal au cheval qui est sain.

120    La fourmi est très petite, mais elle entre dans les oreilles du lion.

121    La fourmi n'est pas grande, mais elle creuse la montagne.

122    Fouettez la selle, l'âne le sentira.

123    On n'attrape pas un vieux moineau avec de la vannure. *(214)*
       ● La *vannure* est la matière (balle, paille et poussière) séparée du grain pour le vannage.

124    Le renard ne se couche sur les épines qu'une fois. *(399)*

125    Chaque courlis vante son marais. *(2017)*

126    Si Jésus-Christ me vient en aide, je me moque des anges!

127    L'œil ne se fie pas à l'autre œil.

128    Plus proche du corps est la chemise. *(1149)*

129    Le corbeau ne crève pas les yeux d'un autre corbeau. *(197)*

### La nature

130    L'eau n'oublie pas son chemin.

131    La peur fait courir l'âne plus vite que le cheval.

132    Laissons tourner le moulin, il finira bien par nous donner de la farine.

133    Qui a peur des loups ne va pas au bois. *(var. 52)*

134    Le lion n'attrape pas les souris. *(var. 189)*

135    Quand on fend du bois, les éclats volent.

136    Ne sors pas les balayures de l'izba! *(822)*

137    Une vieille corneille ne croasse pas en vain.

138    Quand on tombe dans l'eau, la pluie ne fait plus peur.

139    Dieu aime la trinité.

140    Tel prêtre, telle paroisse.

141    Pour tel mur, tel ciment.

142    À père pêcheur, les enfants regardent l'eau.

143    À tronc dur, cognée tranchante.

144    Le lièvre court devant le renard, et la grenouille devant le lièvre.

145   On est reçu selon l'habit, et reconduit selon l'esprit.

146   On ne tue pas le loup parce qu'il est gris, mais parce qu'il a dévoré la brebis.

147   On tond une brebis, l'autre attend son tour.

148   Si tout le monde devient seigneur, qui fera tourner notre moulin?

149   La douleur embellit l'écrevisse.

150   Si le chien doit être battu, on trouvera un bâton. *(553)*

151   Le brochet est dans la mer pour que le carassin ne sommeille pas.
   ● Le *carassin* est un poisson proche de la carpe.

152   Où va l'aiguille, le fil suit.

### La solidarité, le chef

153   Dans le troupeau uni, le loup n'est pas à craindre.

154   Un mur ne se fait pas avec une seule pierre.

155   Une seule abeille ne récolte pas de miel. *(669)*

156   La bande est forte par le chef.

157   Abeilles sans reine, ruche perdue.

158   Les brebis sans berger ne font pas un troupeau.

159   Avec sept nourrices l'enfant finira par ne plus avoir d'yeux.

160   Quand le tsar louche, les ministres sont borgnes et les paysans aveugles.

161   Où le tsar a des dartres, la gale n'est pas une maladie.

162   Où le tsar veut tailler des courroies, le paysan doit fournir sa peau.

### Les fréquentations

163   Même d'un bon chien, on attrape des puces.

164   Quand on couche avec les chiens, on se lève avec des puces. *(572)*

165   Qui fréquente les chiens apprend à haleter.

166   Le vautour a embrassé la poule jusqu'à son dernier soupir.

167   Quand le renard fait carême, enferme tes oies!

168   Jeux de chat, larmes de souris.

169   Le loup a eu pitié de la jument, il a laissé la queue et la crinière.

170   Ne bats pas le bœuf parce qu'il ne donne pas de lait.

171   Le rassasié distribue des petits morceaux à l'affamé.

172    On donna des yeux à un aveugle et il s'est mis à demander des sourcils.

173    La beauté est sœur de la vanité et mère de la luxure.

174    Il est sorti de l'œuf, la coque lui déplaît.

175    Les œufs n'ont rien à apprendre à la poule.

176    Mets un paysan à table, il mettra les pieds dessus. *(1731)*

177    Polissez un louveteau, vous n'en ferez point un agneau.

178    Donne un doigt au diable et il voudra toute la main.

179    On n'habitue pas un vieux chien à la chaîne.

180    Quand il monte à cheval, il oublie Dieu ; quand il descend, il oublie son cheval.

181    Eau qui dort, courant calme, usent les bords.

182    On ne peut pas tout pendre à un clou.

183    Une chandelle à un kopec a fait brûler Moscou.
     • Le *kopec* est une petite monnaie russe valant le centième du rouble.

184    Le veau qui devance la vache est dévoré par le loup.

185    Il couvre le toit d'autrui, et le sien est percé.

186    Notre chien est si bon que le renard a fait ses petits dans notre poulailler.

187    Par la ruse on peut prendre un lion, par la force pas même un grillon.

188    La corneille effrayée craint le buisson. *(548)*

189    Celui qui a vu un serpent noir, a peur d'un bâton noir. *(548)*

190    On ne frappe pas un homme à terre.

191    Quand le faucon est blessé, même la corneille le pique du bec.

192    Quand vous avez un fardeau sur les épaules, personne ne vous aide à le porter, si quelqu'un vous décharge, tout le monde accourt.

193    Quand la voiture est versée, chacun vient donner ses conseils.

194    Celui qui tombe à l'eau en saisit l'écume pour se rattraper. *(36)*

195    Si grand, si resplendissant que soit le soleil, le plus petit nuage qui passe le dérobe à nos yeux.

196    On ne tire pas deux peaux d'un mouton.

197    N'embrasse pas l'occasion dont la bouche est sale.

198    Un fardeau semble léger sur les épaules d'autrui.

199    Grain semé ne pousse plus si le corbeau l'a vu.

200   Si le tonnerre n'éclate pas, le paysan ne fait pas le signe de croix.

201   Ne crois pas la plume du jars, mais celle du clerc.

202   Sois savant, mais laisse-toi prendre pour un ignorant.

203   Instruire un imbécile, autant soigner un mort.

204   Tirer sur une pierre, c'est perdre ses flèches.

205   Ne te tiens pas à la queue si tu as lâché la crinière.

206   Il est impossible d'attraper tout ce qui flotte sur la rivière.

207   Ne crache pas dans le puits, il peut t'arriver d'en boire.

208   Ce ne sont pas les dieux qui font cuire la poterie.

209   Le chien aboie, le vent emporte.

210   La maison s'écroule, on en accuse la grêle.

211   L'eau dans laquelle je me noie, je la nomme un océan.

### L'amitié

212   Un hôte dans la maison, c'est Dieu dans la maison.

213   Le pain et le sel ne se querellent pas.
      ● On les offre ensemble à l'hôte.

214   Où il y a un petit pâté, il y a un petit ami.

215   Si tu n'as pas cent roubles, aie cent amis.

216   Mieux vaut de l'eau chez l'ami, qu'hydromel chez l'ennemi.

217   Ton ami te fait un château et ton ennemi un tombeau.

218   Pour un ami, sept verstes ne font pas un détour.

219   Un ami non éprouvé est comme une noix non cassée.

220   La glace du printemps est trompeuse, le nouvel ami n'est pas sûr.

221   Dire la vérité, c'est perdre l'amitié. *(1175)*

### La parole

223   Qui langue a, à Kiev va.

224   Un mot aimable est comme un jour de printemps.

225   La conversation raccourcit la route, et le chant le travail.

226   Bon silence vaut mieux que mauvaise dispute.

227   Les flèches, comme les paroles, une fois lancées, ne reviennent plus.

228 Parole n'est pas flèche et n'en perce que mieux.

229 As-tu donné ta parole? Tiens-la. Ne l'as-tu pas donnée? Tiens bon.

230 Le cœur du fou est sur sa langue, la langue du sage est dans son cœur. *(645-1653)*

231 La bonne réputation remplace la chemise.

232 La bonne renommée reste couchée, la mauvaise court les chemins.

233 C'est l'opinion publique qui a crucifié le Christ.

234 À force de dire à un homme pendant quarante jours qu'il était fou, on l'a rendu fou.

235 Les bruits rampent plus vite que ne volent les nouvelles.

236 La langue d'un maladroit est toujours longue.

237 Avec une promesse, on ne coud pas une pelisse.

### La vérité et le mensonge

238 La vérité est plus chère que l'or.

239 On ne cache pas une alène dans un sac. *(1095)*
   ● Une *alène* est une grosse aiguille pour coudre le cuir. — Ce proverbe veut dire que la vérité finit toujours par percer.

240 Mieux vaut une amère vérité qu'un doux mensonge.

241 La vérité est bonne, mais elle blesse, le mensonge est mauvais, mais il engraisse.

242 À qui dit la vérité, donnez un cheval afin qu'il puisse se sauver après l'avoir dite.

243 Mens, mais souviens-toi. *(1538)*
   ● Il faut qu'un menteur ait bonne mémoire.

244 Le mensonge a des pattes pourries.

245 Dans la mare des mensonges, il ne nage que des poissons morts.

246 Un vieux qui ment, c'est un riche qui vole.

## LA FEMME ET LA FAMILLE                          La femme

247 Si la femme était bonne, Dieu aussi en aurait une.

248 Quand le diable n'y peut rien, il délègue une femme. *(875)*

249 La langue des femmes, c'est le balai du diable.

250 La femme est comme le pot de terre; quand on l'a retiré du feu, il crépite encore plus.

251   Dans les larmes d'une femme, le sage ne voit que de l'eau.

252   Si les femmes se doutaient qu'il y a quelque chose de curieux au ciel, elles trouveraient une échelle pour aller voir ce que c'est.

253   Six fers de hache tiennent ensemble, mais deux quenouilles se séparent.

254   La femme et la mort, Dieu les distribue.

### L'amour et le mariage

255   À monnaie de cuivre, amour vert-de-grisé.

256   Vieilles amours ne rouillent pas. *(1159)*

257   Pourquoi se marier, quand la femme d'autrui, elle aussi, est prête à coucher?

258   Choisissez votre épouse avec l'œil du vieillard, choisissez votre cheval avec l'œil du jeune homme.

259   À qui se marie vieux, la nuit est courte.

260   Mariage prompt, regrets longs.

261   Quelle est la dot? Deux moulins, l'un à vent, l'autre à eau.

262   On pleure d'être jeune fille, à peine mariée, on hurle.

263   Aime ta femme, comme ton âme et bats-la comme ta pelisse.

264   Avec une seule femme et une seule jument, on ne fume pas un arpent de terre.

265   Si fille veut, elle se donnera à travers fente verrouillée.

266   Le péché du mari reste sur le seuil, celui de la femme pénètre dans la maison.

267   L'homme est la tête, la femme est le cou; la tête regarde là où le cou tourne.

268   Le verger d'une femme pauvre est dans son corsage, et son champ est dans son tablier.

269   Bonne épouse et grasse soupe aux choux, n'allez pas chercher d'autres biens.

270   Mari et femme, une seule âme.

271   Entre mari et femme, on ne fait pas passer un fil.

### La famille

272   N'est pas marraine qui n'a pas passé sous le parrain.

273   On bat le chat, on le dit à la bru.

274 L'amour d'une mère remonte des profondeurs de l'océan.

275 La fille est bonne si sa mère la loue.

276 Une bonne fille vaut à elle seule plus que sept fils.

277 Dans la maison d'une veuve, jette au moins tes copeaux, elle en tirera profit.
 ● ... tant elle est pauvre.

278 Quand le maître est parti, les murs de l'izba pleurent.

## LES GROUPES SOCIAUX                    Les étrangers

279 Contre les Français, les fourches même sont des armes.
 ● Souvenir de la résistance à l'invasion napoléonienne.

280 L'Allemand, fût-il un brave homme, il vaut toujours mieux le pendre.

281 Ce qui fait la santé du Russe fait la mort de l'Allemand.

282 Nous ne sommes pas en Pologne ; ici, plus que la femme est l'homme.

283 Où deux rennes ont passé, c'est une grand-route pour le Toungouze.
 ● Les *Toungouzes* sont des tribus de Sibérie orientale.

284 De deux chaudrons remplis de Juifs, les diables ont sorti, cuit, un seul Arménien.

285 Où un Juif n'a pu passer, un Tsigane passera.

286 Le Juif sur le marché est comme le pope aux fêtes du baptême.
 ● Le *pope* est le prêtre de l'église orthodoxe.

### Le tsar

287 Novgorod c'est le père, Kiev la mère, Moscou le cœur, Pétersbourg la tête.
 ● Ce sont les capitales successives de la Russie.

288 Moscou a été créée par les siècles, Piter par les millions.
 ● *Piter* est le diminutif familier et populaire de Saint-Pétersbourg (Léningrad), Moscou fut la capitale traditionnelle jusqu'à la décision de Pierre le Grand de construire à grands frais une capitale moderne sur les bords de la Néva.

289 Les faveurs du tsar passent par le tamis des boïards.
 ● Les *boïards* sont les nobles.

290 Qui sert le tsar ne peut pas servir le peuple.

291 Près du tsar, près de la mort.

### L'armée, la justice, la religion

292 Pain et eau, repas de soldat.

293   La loi est une toile d'araignée : le bourdon s'y fraie un passage, la mouche s'y empêtre.

294   Ne crains pas la justice, mais crains le juge.

295   La vérité est droite, mais les juges sont tordus.

296   La poche du juge est comme la bedaine du pope.

297   Pope se confessant à pope se contente de cligner de l'œil.

298   Le pope ne rend pas plus de monnaie que le tailleur les morceaux.

299   Le pope aime les crêpes, mais il les mange seul.

300   À Dieu la gloire, au pope le grand morceau de lard.

301   Si l'abbesse boit à petit verre, ses sœurs boivent à l'écuelle. *(var. 1996)*

## LA SAGESSE

302   Un bon proverbe ne frappe pas aux sourcils, mais dans les yeux.

### Les règles de vie

303   Si on fait l'amour, on meurt ; si on ne le fait pas, on meurt aussi. Mieux vaut faire l'amour et mourir ensuite.

304   Vivrais-tu un siècle, apprends toujours.

305   Aie confiance en Dieu, mais occupe-toi de tes affaires. (1947)

306   Prie Dieu et continue à ramer vers le rivage. *(1947)*

307   Prépare-toi à mourir, mais ne renvoie pas les semailles.

### La morale, le pouvoir, Dieu

308   Les ailes à l'oiseau, la raison à l'homme.

309   L'eau au poisson, l'air à l'oiseau, mais à l'homme toute la terre.

310   Le cœur de l'homme et le fond de la mer sont insondables.

311   Dieu a créé le mal pour que l'enfer ne demeure pas vide.

312   Un péché d'or est suivi d'un châtiment de plomb.

313   Une bonne conscience est l'œil de Dieu.

314   Dieu veille sur les petits enfants et les ivrognes.

315   Dieu donne et il donne par la fenêtre.
      ● Il n'attend pas pour donner.

316   L'âme est à Dieu, la tête au roi, le cul au seigneur.
      ● Proverbe que disaient les serfs.

317  Si tu marches vite, tu attraperas le malheur, et si tu marches lentement, c'est le malheur qui t'attrapera.

318  Grande est la terre russe; mais il n'y a de place nulle part pour la vérité.

319  Le monde est un chaudron, l'homme est la cuillère qu'on y trempe.

320  La main du tsar elle-même n'a que cinq doigts.

321  La couronne du tsar ne le protège pas contre le mal de tête.

322  Nous regardons le même soleil, mais nous ne mangeons pas le même dîner.

323  Le passé est à Dieu, l'avenir au tsar.

324  Le tsar tient la guerre dans sa main, Dieu tient la paix.

325  Le tsar est bien loin et Dieu bien haut.

### La mort et l'espoir

326  L'homme a trois fois de la chance : il naît, il se marie et il meurt.

327  Les morts ne nuisent pas. *(1903)*

328  Tsar et peuple, tout ira dans la terre.

329  Celui qui naît, hurle; celui qui meurt, se tait.

330  La mort n'est pas derrière les montagnes, mais derrière les épaules.

331  Contre la mort, il n'y a pas de philtre. *(761-810)*

332  Les yeux avides ne peuvent être cousus qu'avec le fil de la mort.

333  Dieu est là ou habite l'amour.

334  Au royaume de l'espoir il n'y a pas d'hiver.

BIBLIOGRAPHIE

En français :
*In* Gratet-Duplessis, *Bibliographie parémiologique*, Paris, 1847 (19 proverbes en traduction française p. 419 et 243 proverbes pp. 501-506. Ils sont extraits de livres en français publiés en Russie à la fin du XVIIIᵉ siècle).
Léon Sichler, «Proverbes et dictons russes sur la Russie et ses habitants », *Revue des Traditions populaires*, 1889, pp. 91-96 (173 proverbes en traduction française).
Paul Masson, «Le tsar dans le proverbe russe», *Revue des Traditions populaires*, 1894, pp. 694-701 (176 proverbes en traduction française).
Raymond Pilet, *La Russie en proverbes*, Leroux, 1905 (260 proverbes).
B. Tougan-Baranovskaïa, *Proverbes et dictons russes avec leurs équivalents français*, Moscou, *s.d.* (vers 1960) [625 proverbes russes avec des variantes, ainsi que des équivalents et des traductions français ; index alphabétique des proverbes russes et français utilisés].

Claude Carey, *Les Proverbes érotiques russes*, Mouton, La Haye, 1972 (173 proverbes provenant d'un manuscrit «secret» de Dahl, avec une introduction et une étude sur la structure phonique des proverbes).

Dans son introduction, Claude Carey attire l'attention sur la censure dont sont l'objet dans toutes les cultures les proverbes érotiques et scabreux qui ne se transmettent que par tradition orale. On peut penser que, comme pour d'autres aspects du folklore (les contes, par exemple), la version obscène est souvent primordiale, alors que seule la forme édulcorée est recueillie. Pour les proverbes russes de cet ouvrage, certains cas sont caractéristiques à cet égard. De même, il arrive que le proverbe offre une structure bipartite, dont le deuxième élément reprend et renforce l'idée exprimée avec une allusion à une situation obscène ou scabreuse. Seule la partie convenable sera transmise.

Dans le choix de proverbes russes, nous avons mentionné quelques-uns de ces cas, dans les limites permises par la nature du présent ouvrage.

En russe :

*Les Proverbes du peuple russe*, l'ouvrage monumental et exemplaire de Dahl, a été publié en 1861-1862 (et réimprimé en 1957). Dans sa gigantesque entreprise qui le conduisait à donner dans le même temps son *Dictionnaire de langue*, Dahl reprenait toutes les sources manuscrites (les premiers manuscrits de proverbes datent de la fin du XVIIe siècle), tout en se livrant à une collecte sur le terrain. Le recueil de Dahl comprend 30 000 proverbes, présentés par thèmes, souvent associés deux à deux (repos-mouvement, secret-curiosité).

Pour le XIXe siècle, il faut aussi citer les recueils de Sneguirev et de Bouslaïev qui avaient précédé l'ouvrage de Dahl.

La bibliographie russe est mal connue des chercheurs occidentaux. Il est caractéristique à cet égard que la *Bibliographie générale* de Moll, qui consacre 272 articles aux proverbes russes, soit presque totalement dépourvue de titres soviétiques. Pour l'époque moderne, on se reportera donc au livre de A. M. Jigouliev, *Proverbes et dictons russes*, Moscou, 1969, dont la bibliographie comprend 700 titres.

On peut citer en outre un autre ouvrage récent : Melts, Mitrofanova et Chapovalova, *Proverbes, dictons et devinettes dans les recueils manuscrits du XVIIIe au XXe siècle*, Moscou, 1961 (10 000 proverbes classés par ordre alphabétique et par collections ou par région, avec une préface et des commentaires).

Pour l'étude générale des proverbes russes et de leur bibliographie, on consultera l'article (en allemand) de Matti Kuusi dans *Proverbium*, n° 16, 1971, pp. 611-612. L'auteur déplore qu'il y ait si peu d'études sur l'état le plus ancien des proverbes slaves et sur leur répartition historique en variantes locales. Ces lacunes dans la connaissance de la tradition slave entravent l'analyse du développement historique de la tradition proverbiale eurasiatique.

# Proverbes polonais

Lieu de passage, champ de bataille, pays rayé de la carte à plusieurs reprises, la Pologne n'a cessé de s'opposer à ses voisins ou de s'en distinguer sur les plans politique, religieux et culturel. Au cours de leur histoire aux péripéties dramatiques, les Polonais, qui sont aujourd'hui 35 millions, ont conservé leur attachement à leur langue, à leur foi catholique, à leur culture occidentalisée et à leur conscience nationale.

## L'INDIVIDU          Les désirs, la nature, les comportements

1  Au pauvre, même sa nuit de noces est courte. *(1757)*

2  Le paysan naît philosophe, le seigneur apprend pour le devenir.

3  Le riche est soigné par le docteur, le pauvre est sauvé par le travail.

4  Le paysan meurt de faim et son maître de gourmandise.

5  Sans bœuf, pas de bouillon.

6  Il vaut mieux donner de l'argent au boulanger qu'au pharmacien.

7  Les vieilles lois et les mets frais sont les meilleurs.

8  La vérité est au fond du verre.

9  Les années en savent plus que les livres.

10  Les étoiles scintillent pour celui qu'éclaire la lune.

11  Qui dort ne pèche pas.

12  Il n'est pas difficile de jouer, mais de s'arrêter de jouer.

13  On ne peut exiger plus de la neige que de l'eau.

14  Qui danse le vendredi, pleure le dimanche. *(688)*

15  Même à Paris, on ne fera pas de l'avoine avec du riz.
    ● La bête restera toujours la bête.

16  Une vache qui mugit beaucoup donne peu de lait. *(529)*

17  Le pire diable est celui qui prie.

18  Qui n'a pas vu d'église s'incline devant l'âtre.

## LES BONNES ET MAUVAISES RELATIONS

19  Aime-toi toi-même, laisse la foule te haïr.

20  À Dieu le chandelier, et la chandelle au diable.

21  Un moineau au creux de la main vaut mieux qu'un canari sur le toit. *(217)*

22  Un chien n'en mord pas un autre. *(197)*

23  Chaque bâton a deux bouts.
    ● Celui qui bat peut être battu aussi.

24  Si deux hommes te disent : «Tu es ivre!», va te coucher.

25  Tel tu fréquentes, tel du deviens. *(1200)*

26  Si tu vas dans la voiture de quelqu'un, tu chantes sa chanson.

27   Le cordonnier est toujours sans chaussure. (1456)

28   Si la terre produit, il y en aura pour le propriétaire et pour le voleur.

29   C'est une pauvre paroisse où le curé sonne lui-même la messe.

30   Qui achète une cage veut un oiseau.

31   Ne sois pas amer, on ne te crachera pas. Ne sois pas doux, on ne t'avalera pas.

32   Un ours grogne quand une branche tombe sur lui, mais il se tait sous le poids d'un arbre.

33   Quand deux personnes se battent, une troisième en profite.

34   Le serrurier est coupable et c'est le forgeron qu'on a pendu. *(1070)*

35   Eau qui dort sape les berges.

36   On flatte le cheval jusqu'à ce qu'il soit sellé.

37   Sourire d'affamé est sourire mensonger.

38   Le prodigue est un futur mendiant, l'avare est un éternel mendiant.

39   Les bonnes actions sont écrites sur le sable et les mauvaises sur le roc. *(1223)*

40   Ne fais pas à autrui ce que tu craindrais qu'on te fît. *(var. 1211)*

41   Quand la guerre commence, l'enfer s'ouvre.

42   Une paix de fer est meilleure qu'une guerre d'or.

### La parole

43   Ne s'égare pas celui qui pose des questions.

44   Serre ta chemise entre tes jambes et ta langue entre tes dents.

45   Un mensonge a de courtes jambes.

46   La louange et le chou ont bon goût, mais ils gonflent.

### L'amitié

47   Un hôte à la maison, Dieu à la maison.

48   Un invité et un poisson ne sont bons que trois jours. *(1207)*

49   Quand le malheur frappe à la porte, les amis sont endormis.

### Les groupes sociaux et nationaux

50   Un ducat avant le procès vaut mieux que trois après.

51    Après avoir plaidé pour une poule, le plaideur se contentera finalement d'obtenir un œuf.

52    Le médecin se fait payer, qu'il ait tué la maladie ou le malade.

53    Le paysan gagne l'argent, le seigneur le dépense, et c'est finalement le Juif qui le prend.

54    Mangez en Pologne, buvez en Hongrie, dormez en Allemagne et faites l'amour en Italie.

55    L'Italien l'invente, le Français le fait, l'Allemand le vend, le Polonais l'achète et le Tatar le pille.

56    Le pont en Pologne, le Carême en Allemagne, le mariage en France, ne valent rien.

57    En Russie comme on doit, en Pologne comme on veut.
      ● Par référence au servage aboli en Pologne alors qu'il existait encore en Russie.

## LA FEMME ET LA FAMILLE

58    Trois femmes et trois oies font déjà un marché.

59    Associé avec une femme, le démon lui-même perd la partie. *(875)*

60    Le diable avale une femme, mais ne peut la digérer.

61    Où le diable ne peut aller, il envoie une vieille femme.

### Le mariage

62    Choisis le garçon au manège et la fille à la danse.

63    L'amour sans jalousie est comme un Polonais sans moustaches.

64    Le feu brûle de près, une belle femme brûle de loin et de près.

65    Personne n'a regretté de s'être marié jeune ni de semer de bonne heure.

66    Si tu vas en guerre, prie une fois; si tu vas en mer, prie deux fois; si tu vas en mariage, prie trois fois.

67    Marie-toi, et tu seras heureux une semaine; tue un cochon, et tu seras heureux un mois; fait-toi curé, et tu seras heureux toute ta vie.

68    Trois jours, joie de noce; toute la vie, chagrins.

69    La femme pleure avant le mariage, l'homme après.

70    L'eau, le feu et la femme ne disent jamais : assez.

71    La femme est une feuille de menthe : plus on la froisse, plus elle embaume.

72    La première femme est une esclave, la deuxième une compagne, et la troisième un tyran.

73   Avec une vierge, comme tu veux ; avec une veuve, comme elle veut.

74   Si des vieux os se marient, il y a plus de gêne que d'amour.

75   La femme devient folle deux fois : quand elle est amoureuse et quand elle grisonne.

76   Malheur à la maison où la vache cogne le bœuf ! *(var. 858)*

77   Une brave femme tient trois angles de la maison et son mari le quatrième.

78   Ne fais pas l'éloge d'un jour avant son crépuscule, ni d'une femme avant sa mort.

### La famille

79   Quand naît une fille, c'est comme si sept voleurs pénétraient dans la maison.

80   Ce qui atteint le cœur de la mère ne monte qu'aux genoux du père.

81   Le plus grand amour est celui d'une mère, vient ensuite l'amour d'un chien, puis l'amour d'un amant.

82   Celui qui n'obéit pas à son père et à sa mère obéit au cuir de bœuf.
     • C'est-à-dire au fouet.

83   Un père soutient dix fils, mais dix fils ne peuvent soutenir un père. *(904)*

## LA SAGESSE                                          La morale

84   Dieu récompense celui qui se lève de bonne heure.

85   La science sans vertu, c'est l'épée du diable. *(2116)*

86   Mille routes mènent au mal.

87   Un jour, la faucille coupera l'ortie.
     • Les méchants seront châtiés.

88   Avec la vérité à ses côtés on va partout, même en prison.

### La mort et l'espoir

89   Pour croire avec certitude, il faut commencer par douter.

90   Ce que je crois est la seule chose qui m'appartienne.

91   Le monde est grand, mais on y trouve peu de place.

92   Le testament du mort est le miroir de sa vie.

93   Qui crée dans sa vie meurt en souriant.

BIBLIOGRAPHIE

En français :

Napoléon Orda, *Grammaire de la langue polonaise*, Paris, 1858, pp. 396-419, 700 locutions et proverbes polonais avec leurs équivalents (parfois des traductions).

Michel de Zmigrodzki, « Folklore polonais. Cracovie et ses environs. Proverbes », *La Tradition*, vol. 8, 1896, pp. 202-204 (66 proverbes en traduction française).

En polonais :

Il faut citer les travaux de l'éminent parémiologue polonais Julian Krzyżanowski. Dans ses publications, notamment le *Livre de proverbes et locutions proverbiales* (Varsovie, 1969-1970, 4 volumes), il a recherché l'origine, la signification et l'utilisation des proverbes de son pays. Son œuvre est l'un des commentaires les plus savants qui soit sur une collection nationale de proverbe. On trouvera dans la bibliographie générale la description du catalogue de l'un des plus grands bibliophiles en matière de proverbes, le Polonais Ignace Bernstein.

# Proverbes tchèques

Le tchèque et le slovaque sont les deux langues officielles de la Tchécoslovaquie. Elle sont parlées respectivement par 10 et 5 millions de personnes.

Les proverbes tchèques ont donné lieu à très peu de publications. Nous avons constitué la liste suivante en interrogeant des Tchèques. À titre d'exemple, nous y avons laissé certains proverbes communs aux autres langues slaves, ainsi que ceux qui témoignent de l'influence allemande. L'impression de déjà vu qu'ils pourraient donner est compensée par l'intérêt qu'il y a à offrir une collection assez complète et fondée sur l'observation directe de l'usage contemporain.

## L'INDIVIDU    Les comportements, la nature, les goûts

1   La gaieté est la moitié de la santé.

2   Un front audacieux vaut mieux qu'un petit domaine.

3   Le matin est plus sage que le soir.

4   L'oiseau matinal sautera plus loin.

5   Mesure deux fois et coupe une fois !

6   Sans le travail, pas de gâteau. *(960)*

7   La faim est le meilleur cuisinier.

8   L'habitude a une chemise de fer.

9   Le diable a pris les offrandes, mais il reste l'autel.
 • Les pertes matérielles sont réparables.

10   Tel homme, telle boutique.

11   La pomme ne tombe pas loin du pommier. *(76)*

12   Si un homme n'est pas amant à vingt ans, fort à trente, riche à quarante, sage à cinquante, il ne le sera jamais.

13   On devient pâtissier, mais on naît boulanger.

14   L'avoine fait le cheval, la bière le héros, et l'or le gentilhomme.

15   Là où ne va pas le soleil, va le médecin.

16   Au cheval fourbu, la crinière est un fardeau.

17   Jeunes paresseux, vieux mendiants. *(790)*

18   Celui qui souffle dans le feu aura des étincelles et de la fumée dans les yeux. *(713)*

19   Tant va la cruche à l'eau qu'à la fin l'anse se casse. *(1049)*

20   Devant la bêtise humaine, même les dieux sont impuissants.

21   Le premier péché prépare le lit du second.

22   Le plaisir et la peine couchent dans le même lit. *(2066)*

23   Les bons souvenirs durent longtemps, les mauvais plus encore.

## LES BONNES ET MAUVAISES RELATIONS

24   Qui est aimé de Dieu est aussi aimé de ses saints.

25   La chemise est plus près du corps que le manteau. *(1149)*

26   Ce qui se cuit à la maison se mange à la maison.

27   Même en enfer, il est bon d'avoir un ami.

28   Un bon puits donne de l'eau pendant la sécheresse ; un bon ami, vous le reconnaissez quand vous êtes dans le besoin.

29   Celui qui a un bon voisin vendra sa maison plus cher.

30   Le corbeau se pose à côté du corbeau et l'égal cherche l'égal.

31   Le premier arrivé au moulin moud le premier. *(312)*

32   Chacun attise les braises de son propre poêle.

33   Il n'y a point de chapelle, si petite soit-elle, où l'on ne prêche au moins une fois dans l'année.

34   Comme on appelle dans la forêt, ainsi l'écho revient.

35   Celui qui veut battre le chien trouve toujours un bâton. *(553)*

36   Beaucoup de lièvres, peu de trognons de choux.

37   La vache ne peut pas attraper un lièvre.

38   L'aboiement du chien ne fait rien à la lune.

39 Ce qui ne te brûle pas, ne l'éteins pas.

40 Il n'y a pas de juge sans coupable.

41 La loi a le nez en cire.
   ● On peut la modeler pour la circonstance.

42 Le voleur fait son œuvre parmi la foule, le diable dans la solitude.

43 Beaucoup de chiens, c'est la mort du lièvre.
   ● Se dit lorsqu'on s'avoue vaincu lors d'une discussion où on est seul de son avis.

44 Le gel ne brûle pas l'ortie.
   ● Sur l'impunité des méchants.

45 Le mensonge a les jambes courtes, il n'ira pas loin.

46 Il faut chasser le diable par le diable.

47 Fais du bien au diable, il te remerciera par l'enfer.

48 Qui désire le bien d'autrui perd le sien.

### Les affaires

49 Bon article se loue lui-même.

50 Un moineau dans la main vaut mieux qu'un pigeon sur le toit. *(217)*

51 N'achetez pas avec vos oreilles, mais avec vos yeux.

52 N'achète pas le lièvre dans le sac. *(550)*

## LA FEMME

53 La pluie du matin sèche aussi vite que les larmes de femme.

54 Quand la femme ne sait plus que répondre, c'est que la mer est vide.

55 Une bonne jument trouve acquéreur à l'étable, une rosse doit courir les foires. *(420)*

56 L'Allemande à l'étable, la Tchèque à la cuisine, la Française au lit.

57 À jeune femme et vieux mari, des enfants; à vieille femme et jeune mari, des querelles.

58 Il n'y a pas d'église sans sermons, ni de ménage sans querelles.

59 Les sièges préparés au ciel pour les bons tuteurs sont toujours vacants.

## LA SAGESSE

60 Partout il y a des nielles dans le blé. *(306)*
   ● La *nielle* est une maladie de l'épi des céréales.

61 Nos parents nous ont appris à parler, et le monde à nous taire.

62 Celui que Dieu aime, il lui rend visite avec sa croix.

63 Là où il n'y a rien, même la mort ne peut rien prendre.

### BIBLIOGRAPHIE

En tchèque, l'ouvrage de base est Fransisek Celakovsky, *Sagesse du peuple slave en proverbes*, Prague, 1852. La deuxième édition (1893) contient 7 234 proverbes tchèques avec des parallèles dans les autres langues slaves.

# SLOVAQUE

L'ouvrage classique de Adolf Peter Záturecký sur les proverbes slovaques (Prague, 1897) a été réédité par Mária Kosová (Bratislava, 1965). Il comprend 6 000 proverbes classés par sujets, avec un index alphabétique et des parallèles avec les proverbes polonais, hongrois et latins.
En voici quelques exemples :

1 Les portes de l'enfer sont toujours ouvertes, même à minuit.

2 Dur contre dur fait étincelle.

3 Une poignée d'amis est meilleure qu'une charretée de ducats.

4 Du pain en temps de paix est meilleur que du gâteau en temps de guerre.

5 Chaque chose pour un temps, mais le mariage pour la vie et Dieu pour l'éternité.

# Proverbes serbo-croates

Mosaïque de peuples, de langues et de religions, la Yougoslavie fédère, depuis 1945, Slovènes, Croates, Serbes, Bosniaques, Monténégrins et Macédoniens, soit au total 22 millions de personnes. Elle a trois langues officielles : le serbo-croate (avec une variante serbe et une variante croate), le slovène et le macédonien.
À l'exception de quelques proverbes slovènes, dont nous avons indiqué l'origine, nous n'avons pas fait de distinction entre ces langues. Nous présentons un choix de proverbes attestés comme serbo-croates, mais qui sont en général communs aux autres langues de la Yougoslavie.

## L'INDIVIDU          Les désirs, la nature, le comportement

1 Mieux vaut labourer dans ton propre pays que compter de l'argent dans un pays étranger. *(988)*

2 Mieux vaut monter une rosse que d'aller à pied.

3 La deuxième bouchée n'est jamais aussi douce que la première. *(var. 949)*

4   Tu reconnais l'or dans le feu et l'homme dans la peine.

5   La chèvre a deux chevreaux; la peau de l'un deviendra un tambour, et celle de l'autre un parchemin de la Bible.

6   Dieu sait pourquoi il raccourcit les ailes de certains oiseaux. [slovène]

7   À quoi sert l'étendue du monde quand nos souliers sont trop étroits?

8   La mère du pêcheur dîne rarement; celle du chasseur, jamais.

9   Un bon cheval a beaucoup de défauts, un mauvais cheval n'en a qu'un.

10  Le diable peut faire le pot, non le couvercle.

11  Plus grosse la tête, plus forte la migraine.

12  La peur est creuse en son centre et il n'y a rien autour.

13  Un homme chauve est fier de son bonnet, un fou de sa force.

14  L'âne ne sait pas nager avant que l'eau ne lui monte aux oreilles.

15  Jamais l'affamé ne fait trop cuire son pain.

16  Le seuil est la plus haute des montagnes. [slovène]
    ● Le plus dur est de commencer.

17  Qui choisit trop n'aura que les restes.

18  Même le chien ne mange pas les os sans chair.

19  Quand le cheval a soif, il ne dédaigne pas l'eau trouble.

20  La cloche elle-même n'a pas toujours le même son.

## LES BIENS

21  Le gain ne donne pas la migraine.

22  Mieux vaut gagner dans le commerce de la paille que perdre dans celui de l'or.

23  Économisez trois pièces d'or et la quatrième vous tombera dans la main.

24  Même le sépulcre de Sauveur n'est pas gardé pour rien.

25  Qui boit à crédit s'enivre deux fois.

26  Si les prêts servaient à quelque chose, on prêterait aussi les femmes. [slovène]

## LES BONNES ET MAUVAISES RELATIONS

27  Il n'est pas d'hiver sans neige, de printemps sans soleil, et de joie sans être partagée.

28  L'arbre s'appuie sur l'arbre et l'homme sur l'homme.

29  La solitude n'est qu'à Dieu.

30  Si vous êtes abeille, vous trouverez une ruche.

31  Dans une petite église, un petit saint est grand. [slovène]

32  Poisson ne vit sans eau, ni loup sans forêt.

33  Avant de mordre, vois si c'est pain ou pierre.

34  Nourris un cheval comme un frère, mais monte-le comme un ennemi.

35  En haute mer, le navire appartient au pilote.

36  Fouette la selle pour que l'âne réfléchisse.

37  Même si le soleil va dans des endroits sales, il n'en est pas pour autant sali.

38  Dans l'encensoir, fumée et parfum sont inséparables.

39  L'ivrogne pense à une chose et l'aubergiste à une autre. *(365)*

40  Il pousse plus de choses dans un jardin qu'on en a semé.

41  Qui suit tout le monde fait mal; qui ne suit personne fait pire.

42  Si tu ne prends pas le cheval par la crinière, c'est en vain que tu tenteras de le prendre par la queue.

43  À suivre les commandements de Dieu, on finit par mendier en son nom.

44  Laissez le coq passer le seuil, vous le verrez bientôt sur le buffet. [slovène]

45  Le pis de la vache du voisin est toujours plus grand. *(295)*

46  Le malheur de tous est le plus facile à supporter.

47  Pourquoi le poison, quand on peut tuer avec du miel?

48  Qui ne veut embrasser garde la bouche amère.

49  Méfie-toi de celui que tu méprises.

50  Celui qui a été mordu par les serpents craint aussi les lézards. *(548)*

51  Le bossu voit la bosse d'autrui, mais pas la sienne. *(704)*

52  Dieu donne le gouvernail, mais le diable donne les voiles.

53  La foudre ne frappe pas l'ortie.
   • Sur l'impunité des méchants.

54  Après le procès, l'une des parties est nue et l'autre en chemise. *(1856)*

### L'amitié

55  Mieux vaut un bon ami que plusieurs paires de bœufs.

56  Donnez-moi un compagnon de larmes, je trouverai seul un compagnon d'ivresse.

57  Ce n'est pas à table, mais en prison que l'on sait si l'ami est bon.

58  Homme sans ennemis, homme sans valeur.

### La parole

59  On peut tout sonder, sauf le silence d'un homme.

60  Si le chagrin était muet, il en mourrait.

61  Un conseil est comme un remède qui est d'autant meilleur qu'il est plus amer.

62  Il est plus simple de croire que de s'enquérir.

63  La querelle et le repentir sont frère et sœur.

64  L'eau arrive à laver beaucoup de choses, mais pas une mauvaise langue.

65  Les mensonges ne paient point de douane.

66  Le mensonge fait dîner, mais ne fait pas souper.

67  On frappe toujours le violoneux de la vérité avec son propre archet.

## LA FEMME ET LA FAMILLE     La femme et le mariage

68  La femme est née trois jours avant le diable. *(875)*

69  Le péché est moins grand d'incendier une église que de calomnier une vierge.

70  Une femme sans mari est un cheval sans bride.

71  Avant d'acheter un cheval, regarde son encolure, avant d'épouser une fille, regarde sa mère. *(891)*

72  Choisis ta femme non à la danse, mais à la moisson.

73  Femme avisée épouse qui l'aime plutôt que qui elle aime.

74  À coudre du vieux, on perd son fil ; à aimer un vieux, on perd ses nuits.

75  L'eau et la femme suivent le cours que trace l'homme.

76  La véritable ménagère est à la fois une esclave et une dame.

77  La femme porte son mari sur son visage, le mari reflète sa femme sur sa chemise.

78  Méfiez-vous de la femme qui parle de sa vertu et de l'homme qui parle de son honnêteté. [slovène]

79  Aime ta femme comme ton âme et secoue-la comme un poirier.

80   Qui porte toute sa vie sa femme sur le dos, la première fois qu'il la pose
     elle dit : « Je suis fatiguée.»

81   Le premier mariage est une coupe de miel; le deuxième est une coupe
     de vin; et le troisième une coupe de poison.

82   Quand arrive la marâtre, le père devient un parâtre.

**La famille**

83   Chaque vache lèche son veau.

84   Chacun veut être supérieur au voisin et inférieur à son fils.

85   Un premier baril en vend un second et une sœur en marie une autre.

86   Des frères qui s'entendent bien construisent de nouvelles maisons; ceux
     qui ne s'entendent pas vendent les vieilles.

## LA SAGESSE

87   Le temps bâtit une forteresse et la démolit.

88   Le destin vend ce que, croyons-nous, il donne.

89   Si la fortune ne vient pas à votre rencontre, ce n'est pas au galop d'un
     cheval que vous l'attraperez.
     ● Entendre *fortune* au sens de chance.

90   Dieu n'aime pas l'homme qui n'a pas souffert.

91   Demande au ciel une bonne récolte et continue à labourer. [slo-
     vène] *(1947)*

BIBLIOGRAPHIE

Pour les proverbes serbes, l'ouvrage de base est dû au grand linguiste et ethnographe
Vuk Stefanovic Karadzic publié en 1836, 1849 et 1900. Il comprend 7 849 proverbes.
En dehors de cet ouvrage et de sources d'information directes, nous n'avons disposé
que de très peu de documents écrits sur le sujet. Citons notamment :
Tvrtko Čubelić, « The characteristics and limits of folk proverbs within the system and
structure of oral folk literature», *Proverbium*, n° 23, 1974, pp. 909-914. Dans cet
article sur la littérature orale populaire, l'auteur cite des proverbes serbo-croates.
N.B. Rožin, *Narodne drame, poslovice i zagonetke*, *(Théâtre populaire, dictons et
énigmes)*, Zagreb, 1963 (813 proverbes croates classés par thèmes).

# Proverbes bulgares

Le bulgare, parlé par 9 millions de personnes, est parmi les langues slaves la
plus proche du russe. Il existe une réelle parenté entre les deux peuples qui s'est
manifestée au Moyen Âge et à l'époque moderne, depuis l'indépendance de la

Bulgarie, en 1878. Entre ces deux périodes, soit pendant cinq siècles, l'Empire ottoman étendit sa domination sur ce pays, qui n'en était plus qu'une province. Les proverbes bulgares, par leurs thèmes et par leurs métaphores, témoignent de la rencontre des sphères d'influence slave et turque.

## L'INDIVIDU                                  La nature

1 Chaque grenouille dans sa flaque. *(456)*

2 Un saule ne peut donner du raisin.

3 Le loup peut changer de peau, il ne changera pas de caractère. *(140)*

4 Il n'y a point de forêt sans arbres tordus.

5 Si la chèvre ment, ses cornes ne mentent pas.

6 Ne demandez pas à un vieillard où il a des douleurs, mais où il n'en a pas.

7 Un cheval mort ne rue pas. *(1903)*

### Le comportement

8 Quand le Turc s'enrichit, il prend encore une femme ; quand le Bulgare s'enrichit, il se fait bâtir encore une maison.

9 Le village nourrit la ville.

10 Chaque chèvre s'appuie sur ses propres pattes.

11 Prends trois fois les mesures avant de couper.

12 On ne peut porter deux pastèques sous le même bras.

13 Étends tes jambes selon ton tapis.

14 Chacun tire la couverture à soi. *(318)*

15 Qui croit aux rêves se nourrit de vent.

16 L'homme oisif est bon prophète.

17 Le crapaud, voyant que l'on ferre le bœuf, a levé lui aussi la patte.

## LES BONNES ET MAUVAISES RELATIONS

18 Le lait couvert n'est pas lapé par les chats.

19 Si tu brûles un cierge pour Dieu, brûles en deux pour le diable.

20 Bats l'apprenti avant qu'il ait eu le temps de casser le pot à eau.

21 Pope ligoté, village en paix.

22 Ton propre malheur te sera plus utile que le triomphe d'autrui.

23 Demande à qui a souffert, non à qui a voyagé.

24 La corneille ne pique pas le bœuf pour le nettoyer, mais pour se nourrir.

25 Si tu veux que la pomme tombe, secoue l'arbre.

26 On n'attrape pas un serpent la main nue.

27 Si tu es l'ami du chamelier, fais baisser les portes de ta maison.

28 Si tu as un dos, il y a trois cents selles qu'on peut y bâter.

29 L'œil voit tout, sauf l'œil même. *(625)*

30 Le diable des Noirs est blanc.

31 Ne crache pas dans le puits où tu boiras.

32 Qui creuse le fossé pour un autre y tombera le premier. *(1824)*

33 Nourris une corneille, elle t'arrachera les yeux.

34 On vend au marché plus de peaux d'agneau que de peaux de loup.

35 Le poisson est encore dans la mer et il a déjà mis la poêle sur le feu. *(255)*

36 Si tu ne trouves pas d'ennemi, songe que ta mère en a mis un au monde.

**La parole**

37 Une parole douce peut ouvrir même les portes de fer.

38 Un mot qui est dit est une pierre jetée.

39 Le silence irrite le diable.

## LA FEMME

40 Bon coq n'a jamais trop de poules.

41 Bats ta femme pour en expulser les sept diables.

42 Fais confiance à ta chienne plutôt qu'à ta jolie femme.

## LA VIE ET LA MORT

43 Dieu n'est pas sans péché : il a créé le monde.

44 La vie est comme la lune, tantôt pleine, tantôt vide.

45 La vie est une échelle, les uns montent, les autres descendent.

46 Qui crie à la naissance, en mourant comprend pourquoi.

47 On ne peut emporter ses biens dans la tombe.

48 La terre est la seule amie de l'homme.

BIBLIOGRAPHIE

On trouvera une bibliographie en bulgare dans le livre de :

S. S. Bobtchev, *Notre droit populaire dans nos proverbes juridiques*, Sofia, 1932, qui comprend un résumé en français dans lequel quelques proverbes sont cités.

L'ouvrage le plus récent sur le sujet est :

Milko Grigorov et Kostadin Katsaraov, *Proverbes et dictons bulgares*, Sofia, 1964 (5 000 proverbes et dictons avec un index des thèmes).

# langues baltes

## Proverbes lituaniens

Les peuples baltes (Estonie, Lettonie, Lituanie) se distinguent nettement des mondes slave, germanique et scandinave qui les environnent. Ils se sont établis près de la Baltique sans doute peu avant l'ère chrétienne. Ces sociétés rurales ont évolué lentement. Les trois pays baltes, après une histoire très différente, marquée par les invasions de leurs puissants voisins, ont connu une éphémère indépendance entre les deux guerres, puis ont été incorporés à l'U.R.S.S. en 1945.

Ils diffèrent les uns des autres par leur langue : l'estonien se rattache à la famille finno-ougrienne, tandis que le lituanien et le letton constituent le groupe balte de la famille indo-européenne. Ces derniers ont fait des emprunts aux langues slaves et germaniques, ce qui s'explique par la proximité géographique.

En l'absence d'informations sur les proverbes lettons, voici un choix de proverbes lituaniens.

## L'INDIVIDU
### Les désirs

1  La fumée de la patrie est plus claire que le feu du pays étranger.

2  Pour celui qui a faim, le pain sec est aussi doux que le miel.

### La nature

3  Jean sait ce que Jeannot a appris. *(797)*
   ● Ce qu'on apprend quand on est jeune, on ne l'oublie pas quand on est vieux.

4  Un aveugle n'a pas besoin de miroir.

5  Tout ce qui brille n'est pas or, tout ce qui colle n'est pas goudron. *(1440)*

6  Pot vide résonne plus qu'une cloche. *(1062)*

7  Pour le mauvais porc, la terre est gelée même à la Saint-Jean.

8  Il est difficile d'apprendre à une vache à grimper sur un arbre.

**Les comportements**

9   La poule aveugle trouve pourtant du grain.

10   Chaque mendiant loue sa béquille. *(2017)*

11   Qui se couche sans manger se lève sans avoir assez dormi.

12   Il n'y a pas de plus méchant diable qu'un paysan qui devient seigneur.

13   Le veau n'est pas encore né, et il aiguise déjà son couteau! *(255-var. 265)*

14   Celui qui se noie s'accroche à un rasoir. *(36)*

## LES BIENS

15   Même le ciel a une porte qu'une clef d'or ouvre.

16   Qui a une langue trouve Riga. *(1798)*
    • *Riga* était la plus grande ville de la région baltique, c'est aujourd'hui la capitale de la Lettonie.

17   Les paroles ne remplissent pas la bourse. *(1090)*

18   Mieux vaut un moineau dans la main qu'un cerf dans la forêt. *(217)*

19   Pour emprunter — ami, pour rendre — ennemi. *(1336)*

20   Un mauvais arrangement vaut mieux qu'un bon procès. *(var. 1855)*

21   Le roi qui donne des cadeaux est déjà mort.

## LES BONNES ET LES MAUVAISES RELATIONS

22   Avec un cheval obéissant, le fouet n'est pas nécessaire.

23   Le cheval va à la mangeoire et non la mangeoire au cheval.

24   À tel pot, tel couvercle. *(1043-1050)*

25   Telle farine, telle bouillie.

26   Telle nourriture, telle cuiller.

27   Telle tête, telle casquette.

28   Tel oiseau, tel nid.

29   Je suis seigneur, tu es seigneur, et qui va garder les cochons?

30   Plus vieux est le bouc, plus raide est la corde.

31   Où le loup a ses petits, il ne fait pas de dégâts.

32   Comme les vieux sifflent, ainsi dansent les jeunes.

33   Où il y a une charogne, il y a aussi les corbeaux.

34   Où il y a des grenouilles, il y a aussi une cigogne.

35 Où la haie est basse, toutes les chèvres la sautent. *(1825)*

36 Quand une vache lève la queue, toutes les autres font de même.

37 Le craquelin dans la main d'autrui semble toujours plus gros. *(295)*
   ● Le *craquelin* est un biscuit qui croque sous la dent.

38 Le tailleur est nu, le savetier pieds nus. *(1456)*

39 Quand les chevaux sont volés, il ferme l'écurie. *(422)*

40 Il enlève le toit de l'église pour recouvrir la chapelle.

41 Qui se mélange à la paille, les cochons le mangeront. *(147)*

42 Si tu laisses le diable dans l'église, il grimpera sur l'autel.

43 Ne ris pas quand l'étuve de ton voisin brûle.

44 On doit se méfier de l'arrière d'un cheval, de l'avant d'une vache et de tous les côtés d'un méchant. *(882)*

45 L'église est proche, Dieu est loin. *(2010)*

## LA FEMME

46 Un vieil amour ne rouille pas.

47 Telle femme, telle maison.

48 La beauté de la femme ne rend pas grasse la soupe. *(1042)*

49 Ne loue pas le jour avant que le soir soit venu et la bru avant qu'un an soit passé.

50 Deux chats dans le même sac, deux brus dans la même maison.

## LA SAGESSE
### La morale

51 L'or brille même dans la boue.

52 Un diable s'en va, un autre vient.

53 La vie est comme la rosée, elle ne distingue pas entre le miel et l'absinthe.

54 On ne peut pas souffler contre le vent, ni nager contre l'eau.

55 Tant qu'on vit, on s'instruit et pourtant on meurt bête.

56 Les dents du temps sont coupantes, le temps ronge aussi les montagnes.

### La mort et l'espoir

57 Telle vie, telle mort.

58 La Faucheuse ne regarde pas les dents ; la mort ne regarde pas le certificat de baptême.

59  La fin du noble est la même que celle du mendiant.

60  Il y a une herbe contre la maladie, il n'y a pas d'herbe contre la mort. *(761)*

61  Même le plus dur hiver a peur du printemps.

## BIBLIOGRAPHIE

La Lituanie a fait depuis longtemps l'objet d'études folkloriques. Les proverbes ont été répertoriés par l'Académie des sciences de la République socialiste soviétique de Lituanie : elle en dénombre 100 000.

Dans *Proverbium*, n° 4, 1966, pp. 84-85, figure une bibliographie des proverbes lituaniens. Notons l'étude la plus importante :

IA. I. Lautenbach, *Essais sur l'histoire de l'œuvre populaire lituanienne et lettonne* (en russe), 1915. Cet ouvrage insiste sur la spécificité des proverbes baltes dans l'ensemble des proverbes indo-européens.

Un parémiologue lituanien, Kazys Grigas, fut un des collaborateurs réguliers de *Proverbium*, il y a notamment publié un millier de proverbes lituaniens correspondant à la classification des proverbes germaniques et romans de Düringsfeld*.

Dans chaque cas figure le numéro donné par Düringsfeld, le proverbe en lituanien et en traduction allemande, les références et les variantes.

Kazys Grigas, « Litauische Entsprechungen zu germanisch-romanischen Sprichwörtern bei Düringsfeld », *Proverbium*, n° 15, 1970, pp. 459-461 ; n° 17, 1971, pp. 631-641 ; n° 18, 1972, pp. 687-691 ; n° 20, 1972, pp. 760-764.

C'est de ce recueil que provient l'essentiel de notre choix, ce qui explique la parenté des proverbes présentés avec ceux qui nous sont familiers.

# albanais, grec, arménien

## Proverbes albanais

La langue albanaise, parlée par 2,7 millions de personnes, ne se rattache à aucun groupe de la famille indo-européenne (de même que le grec et l'arménien). Dans le cas de l'Albanie, cette situation isolée correspond bien aux caractéristiques originales de ce pays.

Peuple musulman dans une zone de religion orthodoxe, soumis à la domination turque depuis le XVe siècle jusqu'en 1912, les Albanais sont encore isolés aujourd'hui dans leur intransigeante fidélité au stalinisme qui les a fait rompre avec tous les autres pays communistes européens.

L'Albanie est encore une nation rurale, l'une des plus pauvres d'Europe. Nous savons peu de choses sur ce pays secret, que ses habitants appellent Shqipnija, le pays des aigles.

## L'INDIVIDU

1   Qui sait lire et écrire a quatre yeux.

2   Travaille comme un esclave et mange comme un seigneur.

3   Un chien sans queue ne peut exprimer sa joie.

4   Le loup cherche le brouillard.

5   Qui n'a pas la poule a le choucas. *(987)*
    ● Le *choucas* est un oiseau proche de la corneille.

## LES RELATIONS

6   Celui qui s'appuie contre un grand arbre trouve toujours de l'ombre.

7   Tu attraperas le renard avec de l'astuce, et le loup avec du courage.

8   Le chat est un lion pour la souris.

9   Si cent hommes nomment sage un fou, il le devient.

10  Parce qu'il ne peut pas battre l'âne, il bat la selle. *(369)*

11    La vieille a été brûlée par la bouillie, elle souffle aussi sur le lait caillé. *(548)*

12    Le loup devenu vieux est la risée des chiens. *(57)*

13    Les chiens aboient, la caravane avance.

14    Pour faire plaisir à son ami, le moine s'est marié.

15    Le mauvais temps s'oublie dans une maison amie.

16    Mieux vaut un œuf aujourd'hui qu'une poule demain. *(532)*

17    Amour fraternel pour amour fraternel, mais fromage pour argent comptant seulement.

18    L'un a mangé les figues et l'autre les a payées. *(264)*

19    Quand tu serres la main à un Grec, compte tes doigts.

## LA FAMILLE

20    Fille qui chante demande mari.

21    Avec ta mère, va jusqu'au rivage, avec ton mari, traverse l'océan.

22    On ne change pas le sang en eau.
     • Les liens du sang sont indestructibles.

## LA SAGESSE

23    Toutes les vertus ont leur racine dans l'honneur.

24    La peur est venue dans le monde avant l'homme.

25    Si tu crains Dieu, tu ne craindras pas l'homme.

26    Contre la goutte d'eau qui passe à travers le toit et la mort qui passe à travers la porte, il n'est pas de refuge.

27    Dur est l'amour, plus dure encore est la mort.

BIBLIOGRAPHIE

Auguste Dozon, *Manuel de la langue chkipe* ou *albanaise*, Leroux, 1878, pp. 122-126 (59 proverbes en albanais et en français).
Un livre albanais a paru récemment :
Vojislav Dançetoviq, *Proverbes albanais*, 1971.

# Proverbes grecs

Le grec démotique actuel, parlé par près de 10 millions de personnes, est l'aboutissement d'une longue évolution, sans rupture depuis le grec ancien. Il coexiste avec de nombreux dialectes qui ont parfois donné lieu à des littératures locales. Une langue plus savante est employée dans les documents officiels.

## L'INDIVIDU               Les désirs, la nature, les comportements

1   Les jours sont plus nombreux que les saucisses.

2   À eux sept, ils ont deux pains, et moi, le pauvre, un seul.

3   La faim peut prendre des forteresses, elle peut aussi les rendre à l'ennemi.

4   L'intempérance a tué plus d'hommes que la faim.

5   Dans le poisson, c'est d'abord la tête qui se gâte.

6   Qui naît en prison se souvient de la prison.

7   On pose la tortue sur le canapé, et elle se dirige vers les ronces.

8   Le loup qui se fait vieux ne change pas de poil.

9   Qui a la barbe a le peigne.

10   Nul n'est dégoûté de sa propre mauvaise odeur. *(698)*

11   Le bien-être est nécessaire pour supporter la pauvreté.

12   Pauvreté honnête vaut mieux que richesse mal acquise.

13   La propreté est la moitié de la richesse.

14   Celui qui pille avec un petit vaisseau se nomme pirate ; celui qui pille avec un grand navire s'appelle conquérant.

15   Pour qui est chanceux, même le coq pond des œufs.

16   Nous sommes devenus fossoyeurs et plus personne ne meurt.

17   Les plus rapides verront le Seigneur.

18   Comme on fait son lit, on se couche et on dort. *(733)*

19   La pierre amasse mousse qui reste toujours au même endroit. *(9)*

20   On ne peut à la fois souffler et avaler. *(712)*

21   Qui pense au pire devine juste.

22   Quel est celui qui ne se lèche pas les doigts trempés de miel ? *(1019)*

23   Celui qui mange la graine de lin mange d'avance ses chemises.

24   Qui ne veut pas boulanger tamise pendant dix jours.

● *Boulanger* signifie travailler la farine pour faire du pain.

25  Qui se presse trop trébuche à la fin. *(1784)*

26  « Ici s'arrête le monde », dit l'aveugle ayant touché le mur.

27  La poule va crier à un endroit et pondre à un autre.

28  On a semé un si, mais il n'a pas poussé.

29  Qui n'a pas de tête doit avoir des pieds.

## LES BIENS

30  Qui économise le clou, perd le fer.
● En parlant du cheval.

31  Le voleur crie pour que le volé tremble.

32  Bois et mange avec tes parents, mais ne t'engage avec eux dans aucune affaire.

33  Chose chère est bon marché.

34  L'œuf d'aujourd'hui vaut mieux que la poule de demain. *(532)*

35  Le diable n'a pas de chèvres et vend pourtant du fromage.

36  Il vaut mieux être maître d'un sou qu'esclave de deux.

## LES BONNES ET MAUVAISES RELATIONS

37  Une main lave l'autre et les deux le visage. *(656)*

38  Goutte à goutte, l'abreuvoir se remplit. *(39)*

39  L'eau qui tombe lentement perce un roc mieux qu'une cascade. *(38)*

40  Ne consulte pas le médecin, mais celui qui a été malade.

41  La marmite en roulant a trouvé son couvercle.

42  Le corbeau ne crève pas l'œil du corbeau. *(197)*

43  Où la chèvre passe, passera le chevreau.

44  Un bon agneau tète deux brebis, le mauvais pas même sa mère.

45  La glaise ne devient terre à mouler qu'après avoir été pétrie.

46  Le renard a cent ans ; son petit-fils en a cent dix.

47  Les montagnes ont l'habitude des neiges.

48  Sois assis de travers quand tu sièges, pourvu que ton jugement soit droit.

49  Si le chameau ne s'était pas mis à genoux, on n'aurait pas pu le charger.

50  Le pope bénit d'abord sa barbe. *(1330)*

51   Qui s'est brûlé avec la purée souffle même sur le caillé. *(548)*

52   Le succès a beaucoup d'amis.

53   Nourrissez le loup pendant l'hiver, il vous dévorera au printemps.

54   Soigne bien ta vigne, tu n'auras pas besoin d'envier celle du voisin.

55   Le meilleur hameçon ne peut saisir un fromage mou.

56   Trop de pilotes perdent un vaisseau.

57   Là où chantent plusieurs coqs, le jour est en retard.

58   Trop de « Kyrie eleison » finit par lasser Dieu.
       • *Kyrie eleison* : mots grecs signifiant « Seigneur, prends pitié » ; c'est une invocation
         traditionnelle et fréquente dans les liturgies chrétiennes.

59   Nous l'avons baptisé Jean avant même de l'avoir vu.

60   On ne compare pas un moustique à un éléphant.

61   À la porte du sourd, tu peux toujours cogner.

62   On bat la selle quand on ne peut plus battre l'âne. *(369)*

63   Si l'enfant ne pleure pas, sa mère ne lui donne pas le sein.

64   Quand la grenouille se met en colère, l'étang n'en a cure.

65   Qui chasse plusieurs lièvres n'en attrape aucun. *(260)*

66   Sous chaque pierre, le scorpion peut être aux aguets.

67   En caressant le chien, conserve le fouet à la main.

68   Ne brasse pas le feu avec ton épée.

69   Un fou jette une pierre dans la mer, et plusieurs autres fous se réunissent
       pour l'en retirer.

70   Plus tu remues la merde, plus elle sent mauvais. *(699)*

71   Celui qui est hors de la danse sait bien des chansons.

72   Les bœufs pensent à une chose et le laboureur à une autre. *(365)*

73   Qui dîne avec les grands les quitte avec la faim. *(1719)*

74   Les moines sont plus dangereux que les cornes du bœuf et les pattes
       de l'âne.

75   Fils de pope, petit-fils de diable.

76   Si tu deviens l'ami d'un Crétois, garde toujours ton bâton de bois.

77   Les Grecs ne sont jamais d'accord que pour aller pisser.

**La parole**

78   Bonjour, Jean ! — Je sème des fèves.
     ● Sur les dialogues de sourds.

79   Écoute ce qui est bien dit, même venant d'un ennemi.

80   Si tu gagnes de l'argent à parler, tu gagnes de l'or à te taire. *(1505)*

81   Il vaut mieux mal entendre que mal dire.

82   Il faut se taire ou dire des choses qui vaillent mieux que le silence.

83   Taire la vérité, c'est enfouir de l'or.

84   Les mots ne construisent pas les murs.

85   Beaucoup de paroles, signe de pauvreté.

86   Une mauvaise langue est plus aiguë que la pointe d'une épée.

87   Il n'est si grand menteur qui n'ait compère pour le soutenir.

## LA FEMME

88   Mieux vaut être coq un an que poule pendant quarante.

89   Là où est le coq, les poules sont.

90   Au monde, il est trois fléaux : le feu, la femme et les eaux.

91   La femme qui fait sortir avec l'aiguille ce que son mari fait rentrer avec
     la pelle ruine le ménage.

92   Prends chaussure de ton pays, même si elle est rapiécée. *(847)*

93   Ce que savent les jeunes mariés, le reste du monde l'ignore.

## LA SAGESSE

94   La roue qui tourne, ne se rouille pas. *(9-1792)*

95   Dieu travaille avec qui travaille. *(1947)*

96   Aide-toi, Athéna t'aidera. *(1947)*

97   Bienvenue au malheur, s'il est venu seul !

98   Travailler et avoir faim, autant rester assis et avoir faim.

99   De l'épine pousse la rose et de la rose pousse de nouveau l'épine.

100  Toute année passée est la meilleure. *(2075)*

101  Ce qu'une heure donne, un siècle ne peut le donner.

102  Mieux vaut une goutte de sagesse qu'un océan de fortune.

103  Quand il t'arrive un malheur, attends-en un autre.

104    Ce qu'apporte le vent, le diable l'emporte. *(1963)*

105    Ne donne point l'épée au fou, ni le pouvoir à l'injuste.

106    Qui crache contre le ciel se crache au visage. *(713)*

107    Celui qui vit d'espoir meurt avec le vent.

108    L'espérance nourrit les exilés.

109    Que sert d'avoir une cuvette d'or pour y cracher du sang?

BIBLIOGRAPHIE

En francais :

Comte de Marcellus, *Chants populaires de la Grèce moderne*, Lévy, 1860, pp. 302-324 (140 proverbes en traduction, avec des notes intéressantes sur les circonstances dans lesquelles ils ont été recueillis).

G. Georgeakis et Léon Pineau, *Le Folk-lore de Lesbos*, Maisonneuve et Larose, *s.d.* (XIXᵉ siècle), réimprimé en 1968, pp. 281-287 (60 proverbes en traduction).

Démétrios Loucatos, « L'Emploi du proverbe aux différents âges », *Proverbium*, n° 2, 1965, pp. 17-26.

Ce parémiologue grec fut l'un des fondateurs et l'un des collaborateurs réguliers de la revue *Proverbium*.

Vassilis Alexakis, « Athéna t'aidera », *Le Monde*, 11-12 mars 1979, p. 9 (32 proverbes avec des explications).

En grec :

On trouvera une bibliographie dans *Proverbium*, n° 16, 1971, pp. 588-589.

Citons la première édition importante due à I. Venizelos en 1846 et comprenant 4951 proverbes : l'œuvre de Nicolas Politis (1899-1902, rééditée en 1965), mais qui s'arrête à la lettre E (classification par ordre alphabétique des mots-clefs).

D. Loucopoulos et D. S. Loucatos, *Proverbes de Farassa*, Athènes, 1951, Institut Français d'Athènes (900 proverbes en dialecte de la Cappadoce et en traduction grecque avec des notes et une bibliographie).

# Proverbes arméniens

L'histoire tourmentée de l'Arménie, aujourd'hui partagée entre l'U.R.S.S., l'Iran et la Turquie, explique les nombreuses vagues d'émigration. Dans le monde, 5 millions de personnes parlent l'arménien, dont près de 3 millions dans la République socialiste soviétique d'Arménie, qui est l'une des républiques — la plus petite — constituant l'U.R.S.S.

Dans toute cette région de l'Asie ont cours les mêmes proverbes. On complétera le choix restreint de proverbes arméniens en se reportant aux chapitres sur le persan, le turc et le géorgien.

## L'INDIVIDU

1    Si mon cœur est étroit, à quoi me sert que le monde soit si vaste?

2    La douleur galope à cheval, le remède se traîne à pied. *(751)*

3 La jeunesse taille dans la pierre, la vieillesse dans la glace.

4 Les lèvres ne mouillent pas les lentilles.

## LES BIENS

5 En haut Dieu, en bas l'argent.

6 L'argent va à l'argent. *(984)*

7 Mieux vaut ne pas avoir d'argent que de ne pas avoir d'âme.

8 Les conseils sont des cadeaux gratuits qui coûtent très cher à leurs bénéficiaires.

9 Achat et vente ne connaissent ni père ni mère.

10 Le paysan regrette ce qui a été volé, le voleur regrette ce qui a été laissé.

## LES RELATIONS

11 Chacun met du bois sous sa marmite. *(250)*

12 Le renard ne désire qu'une chose, ne pas voir le chien et ne pas être vu par le chien.

13 La solitude ne convient qu'à Dieu.

14 La loi a été faite pour le riche et le châtiment pour le pauvre. *(1766)*

15 On n'éteint pas un incendie avec de la salive.

16 Quand la voiture est versée, chacun vient donner des conseils.

## LA FEMME

17 Choisissez votre épouse avec l'œil du vieillard, choisissez votre cheval avec l'œil du jeune homme.

18 La femme qui aime bien son mari corrige les défauts de celui-ci ; l'homme qui aime bien sa femme augmente les défauts de celle-ci.

19 La femme est semblable à la lune : certaines nuits, elle est d'argent, certaines autres, elle est d'or.

20 Une seule épée ne se rouille jamais : la langue de la femme.

## LA SAGESSE

21 La voix du peuple est plus forte que le grondement des canons.

22 Toutes les richesses viennent de la terre.

23 Honteux de ce qu'il a vu toute la journée, le soleil rougit le soir.

24 Le monde est un chaudron, l'homme est la cuillère qu'on y trempe.

25  Personne ne sait si sa lumière brûlera jusqu'à demain.


BIBLIOGRAPHIE

G. Bayan, *Choix de proverbes et dictons arméniens*, Venise, 1889 (300 proverbes et dictons en arménien et en traduction française).

Le recueil arménien de A.T. Ganalanian (Erevan, 1951) a été partiellement traduit en russe par G.O. Karapetian, *Proverbes et dictons arméniens*, Moscou, 1964 (800 proverbes les plus caractéristique et les plus utilisés).

# CHAPITRE VII

# le groupe iranien

La partie non-européenne de la famille indo-européenne est le groupe indo-iranien ou aryen. Il comprend : d'une part, le groupe iranien (persan, kurde, pushtû, tadjik, etc.); d'autre part, le groupe indien constitué par les différentes manifestations de la langue indo-aryenne au cours de son évolution, depuis les langues anciennes (védique, sanscrit) jusqu'aux multiples parlers locaux actuels (hindustani, bengali, cinghalais, etc.).

## Proverbes persans

La langue persane a subi l'influence du monde arabe (elle a notamment adopté l'écriture arabe) et fait partie de l'ensemble culturel islamique. Ceci explique qu'elle ait emprunté à l'arabe de nombreux proverbes (que l'on trouvera au chapitre « monde arabe »).
Les Iraniens d'aujourd'hui, au nombre de 35 millions, sont les héritiers d'une civilisation brillante et d'une littérature prestigieuse. Leurs proverbes reflètent la sagesse des Persans de l'Antiquité et la morale des grands poètes et penseurs Djâmî, Saadi, Firdûsî, etc.

## L'INDIVIDU

1 Le plaisir de trouver vaut mieux que ce que l'on trouve.

2 Au milieu du désert, une chaussure est un bienfait de Dieu.

**Les désirs**

3 Qui a faim rêve de pain.

4 La fumée de chacun sait par où sortir.
 ● Chacun sait par quels moyens s'épancher.

5 Chacun trouve bon goût à sa propre salive. *(698)*

6 Un peu de vin est une antidote contre la mort; en grande quantité, il est le poison de la vie.

7 L'appétit se trouve sous les dents. *(951)*

8   Tranquille est celui qui n'a pas d'âne : il ne s'occupe ni de sa paille, ni de son orge.

9   Le propriétaire a une maison ; le locataire en a mille.

10  Qui a plus de toits a plus de neige.

11  La lampe de la pauvreté n'a pas de lumière.

12  L'affamé n'a ni religion ni foi.

13  Le pain de blé du pauvre a le goût de l'orge. *(498)*

14  La pauvreté, c'est la vieillesse des jeunes et la maladie des gens bien portants.

15  Le luxe d'aujourd'hui est le besoin de demain.

16  Le sommeil est le frère de la mort.

17  La crainte est la sœur de la mort.

18  Le cheveu blanc est un message de la mort.

19  La face d'aujourd'hui paraît agréable dans le miroir de demain.

20  Trois choses ne s'obtiennent pas grâce à trois autres : la richesse grâce au désir, la jeunesse grâce au fard, la santé grâce aux médicaments.

## La nature

21  Que de maladies qui ne sont en réalité que des guérisons !

22  Une épée courte devient longue dans la main des vaillants.

23  Une centaine de citadins ne peuvent dénouer le nœud fait par un paysan.

24  Le savoir est une couronne sur la tête, tandis que la richesse n'est qu'un joug sur le cou.

25  La couronne n'est pas digne de toute tête.

26  Grande tête court grand danger.

27  L'image s'efface de la surface d'un tapis, mais non du cœur.

28  La force de l'eau vient de la source.

29  La cruche ne suinte que ce qu'elle contient. *(1092)*

30  Le ver de l'arbre provient de l'arbre.

31  Dieu n'a pas créé égaux les dix doigts.

32  Fête ou deuil, on coupe la tête au coq.

33  Le poisson mange le poisson et le héron les mange tous les deux.

## L'apparence et la révélation

34  Âne paré de satin est toujours âne. *(388)*

35  Même conduit à La Mecque, l'âne de Jésus reviendra âne.

36  Le serpent change de peau, non de nature. *(140)*

37  La barbe ne fait pas le père.

38  Tout ce qui est rond n'est pas noix.

39  Le caractère de l'homme apparaît en voyage.

40  La colère de l'homme est sa pierre de touche.
   - Ce qui l'éprouve, le révèle, comme le jaspe — la pierre de touche — sert à éprouver l'or et l'argent.

41  Le bras cassé travaille, le cœur cassé ne travaille pas.

42  La cage sans oiseau n'a pas de valeur.

43  La nécessité est une seconde captivité.

44  Arracher une montagne avec la pointe d'une aiguille est plus facile que d'arracher du cœur la vilenie de l'orgueil.

45  Un once de vanité gâte un quintal de mérite.

46  L'ignorance est une rosse qui fait broncher celui qui la monte et fait rire de celui qui la mène.

47  Le savant qui ne met pas en en pratique son savoir est une abeille qui ne donne pas de miel.

48  Le savoir sans patience est comme une bougie sans lumière. *(2115)*

49  La valeur sans prudence est un cheval aveugle.

## Les comportements

50  Le poussin ne reste pas toujours sous la corbeille.

51  Qui est joyeux d'apprendre deviendra maître un jour.

52  Mesure cent fois et coupe une fois.

53  La patience est un arbre dont la racine est amère et les fruits très doux.

54  Peu à peu, la laine se transforme en tapis. *(1942)*

55  Qui a fait le travail ? Celui qui l'a achevé.

56  Qui veut voler un minaret doit d'abord creuser un puits.

57  À l'hôtel de la décision les gens dorment bien.

58  L'arbre de la paresse produit la faim.

59   Un aveugle oisif s'arrache les cils.

60   De l'union de «si» avec «mais» naquit un enfant nommé «plaise à
     Dieu que...».

61   «Ça sent mauvais», dit le chat, en parlant de la viande qu'il ne
     peut atteindre.

62   Quand on prend une pierre trop grosse, c'est signe qu'on ne frappera pas.

63   Le chien ne chasse pas avec une laisse en or.

64   L'homme pressé refait deux fois la même chose.

65   Tandis que le sage était en train de chercher le pont, le fou traversa
     la rivière.

66   Un homme peut passer pour sage lorsqu'il cherche la sagesse, mais s'il
     croit l'avoir trouvée, c'est un sot.

67   En marchant sur les pieds, on use ses chaussures; en marchant sur la
     tête, on use son chapeau.

68   Qui brûle sa maison se chauffe au moins une fois.

69   On peut laver sa robe et non sa conscience.

70   Un péché est beaucoup; mille prières sont peu.

71   Ne pas se repentir d'une faute en est une autre.

72   Le meilleur repentir est de ne plus pécher.

## LES BIENS

73   L'or posé sur l'acier ramollit ce dernier.
     ● Avec l'argent, on obtient la faveur même des gens sévères.

74   L'huile coule sur l'huile, le gruau reste sec. *(28)*
     ● L'argent va à l'argent.

75   L'aumône est le sel des richesses : sans elle, celles-ci se corrompent.

76   En ce monde, les hommes généreux manquent d'argent et ceux qui ont
     de l'argent manquent de générosité.

77   En voulant le superflu, on perd le nécessaire.

78   Un mendiant avide veut voir aveugle son enfant.
     ● ... pour gagner davantage en le présentant aux passants.

79   Le mendiant reste toujours mendiant, même si on lui donne le
     monde entier.

80   Si chacun donne un cheveu au chauve, celui-ci finira par deve-
     nir chevelu.

81   Le bienfait revient à la porte de son auteur.

82 Tu recevras avec la même main que tu as donné.

83 Rends grâce pour un bienfait, un autre suivra.

84 Là où tu as mangé du sel, ne casse pas la salière.

85 Nul n'a appris de moi le tir à l'arc, qu'il n'ait fini par faire de moi sa cible.

86 Le voleur va dans une direction et le volé dans mille.

87 Le voleur qui court est un roi.

88 Qui vole un œuf vole un chameau. *(535)*

## LES AFFAIRES

89 La main de l'honnête homme est une balance.

90 Le vrai musc est celui qui répand son parfum et non celui que vante le droguiste.

91 Aucun chat ne prend des souris pour l'amour de Dieu.

92 Mieux vaut se marier à un parent et commercer avec les étrangers.

93 Si l'associé était bon, Dieu en aurait pris un.

94 Un moineau dans la main vaut mieux qu'un faucon dans l'air. *(217)*

95 Il ne faut pas mettre l'oiseau à la broche quand il vole encore. *(255)*

96 C'est en automne que l'on compte les poussins.

97 La dissimulation est aux affaires ce que l'alliage est à la monnaie : un peu est nécessaire, trop la discrédite.

### Les dettes

98 La dette est le mari des hommes.

99 De quatre choses nous avons plus que nous ne croyons : des péchés, des dettes, des années et des ennemis.

100 Réparer son vieil habit vaut mieux que d'en emprunter un. *(988)*

101 Mieux vaut mourir de faim que de vivre endetté.

## LES BONNES ET MAUVAISES RELATIONS

102 Le vrai sage est celui qui apprend de tout le monde.

103 Il faut que mon compagnon soit bon pour que je devienne meilleur.

104 Mange à ton goût, mais habille-toi selon le goût d'autrui.

105 Qui mange seul est le frère de Satan.
  • Ce proverbe explique l'hospitalité traditionnelle des Iraniens.

106   La politesse est une monnaie destinée à enrichir non point celui qui la
      reçoit, mais celui qui la dépense.

107   Il y a dans le pardon un plaisir que l'on ne retrouve pas dans
      la vengeance.

108   Une injustice également partagée est la justice même.

109   La cruche neuve garde l'eau fraîche.

110   La bougie donne plus de lumière quand on la mouche.

111   Le chameau qui veut du fourrage tend le cou.

112   Les chiens se mordent les uns les autres, mais dès qu'ils voient le loup,
      ils s'unissent.

113   Le musc ne reste pas caché.
      ● Le *musc* est très odoriférant.

114   Il faut cuire le pain tant que le four est chaud. *(46)*

115   La lampe n'éclaire pas son propre pied.

116   L'aiguille habille tout le monde et demeure elle-même nue.
      ● L'aiguille est le symbole de l'abnégation dans le langue populaire.

117   Le laveur de morts ne se porte garant ni de l'enfer ni du paradis.

118   Au temps des fruits, le jardinier devient sourd.
      ● Il craint les sollicitations.

119   Pour la souris, le chat est un tigre ; pour le tigre, il n'est qu'une souris.

120   Le chien chez son maître est un lion. *(580)*

121   L'énigme résolue paraît facile.

122   L'œil de la jalousie découvre le défaut caché.

123   Là où on manque de fruits, la betterave est la reine des agrumes. *(987)*

124   Ferme ta porte, tu ne prendras pas ton voisin pour un voleur.

125   Si tu veux être apprécié, meurs ou voyage.

126   Sois comme le moulin : rends mou ce que tu as reçu dur.

127   Personne ne me connaît mieux que moi-même. *(1143)*

128   Nul royaume n'est stable si le bout d'une épée ne le soutient.

129   Une faveur du juge est préférable à mille témoins.

130   La chaussure de savetier n'a pas de talon. *(1456)*

131   Le potier boit dans un pot cassé. *(1456)*

132   Qui a été mordu par un serpent craint la corde noire ou blanche. *(548)*

133  Qui s'est brûlé avec du lait, souffle sur le petit lait. *(548)*

134  Chaque nuage ne donne pas de pluie.

135  La lampe qui convient à la maison ne sied point à la mosquée.

136  La mouche tombe facilement dans le miel, mais elle s'en retire difficilement. *(245)*

137  On ne mettra pas deux fois un pot de bois sur le feu.

138  On ne peut pas voler avec les ailes des autres.

139  Vouloir donner de l'éducation à un homme indigne, c'est prétendre placer des noix sur une coupole.

140  Bien que le fabricant de nattes sache tisser, on ne le conduit pas à l'atelier des soieries.

141  On ne peut pas confier le lard au chat.

142  Le chacal peureux ne mange pas de bon raisin. *(588)*

143  Si le plongeur craint la gueule du requin, il n'obtiendra jamais de perle précieuse.

144  La poule du voisin est comme une oie. *(295)*

145  Dans la maison de la fourmi, la rosée est un déluge.

146  Il y a un scorpion dans l'enfer à la vue duquel on cherche refuge chez le serpent.

147  Nul ne jette de pierres sur un arbre dépourvu de fruits. *(61)*
   ● Seuls les gens de valeur sont l'objet d'attaques.

148  L'aubergine de mauvaise qualité n'est jamais atteinte par le parasite.

149  Les chiens aboient, la caravane passe.

150  Les chiens ont beau aboyer à la lune, elle n'en brille pas moins.

151  Le brin de paille croit que c'est contre lui que la mer s'agite.

152  Qui s'assoit contre une marmite noire sera noirci en se relevant.

153  Une chèvre galeuse rend galeux tout le troupeau. *(var. 477)*

154  Dès qu'on prend le bâton, le chat voleur s'enfuit.

155  La passoire reproche à l'écumoire d'avoir des trous. *(1110)*

156  L'héritage du chacal revient au loup.

157  Le deuil du loup est la fête du renard.

158  Ne prends pas un inconnu comme compagnon de voyage.

159  Le sommeil du gardien est une lampe pour le voleur.

160   Quand il touche la forêt, le feu dévore aussi bien le bois vert que le bois sec.

161   On ne peut pas éteindre le feu avec le feu.

162   Quand il y affluence à la citerne, on casse beaucoup de cruches.

163   Avec deux cuisiniers la soupe sera trop salée ou froide.

164   Là où il y a sept matrones, la tête de l'enfant sort de travers.

165   Deux sabres ne tiennent pas dans le même fourreau. *(590)*

166   Dix pauvres dormiront tranquillement sur un tapis, tandis que deux souverains ne sauraient vivre sur un quart du monde.

167   Tout défaut qui plaît au Sultan est une qualité.

168   Il ne faut faire confiance ni à un médecin maigre ni à un coiffeur chauve.

169   Il suffit d'une étincelle pour incendier cent univers.

170   C'est un péché que de voir un aveugle au bord du puits et de rester muet.

171   La compassion à l'égard de la panthère cruelle est une injustice pour les moutons.

172   Qui lance des mottes mérite des pierres.

173   L'excuse d'un sot est pire que sa faute.
   • Un sultan demanda une fois à l'un de ses familiers de lui expliquer le sens de ce proverbe. Celui-ci proposa de lui en montrer un exemple d'utilisation et pinça le bras du sultan.
   « — Hé bien, pourquoi me pinces-tu ?
   — Oh ! pardon, Sire, je croyais que c'était votre épouse.
   — Quel sot ! L'excuse est pire que la faute. »

## L'amitié

174   L'ami de tout le monde n'est l'ami de personne. *(1189)*

175   On connaît l'homme à son ami. *(1200)*

176   Un véritable ami est toujours le miroir de son ami.

177   Un vieil ami est un cheval harnaché.
   • C'est-à-dire toujours prêt à rendre service.

178   La peine que l'on prend pour un ami est un repos.

179   Balaie la maison de tes amis, et ne frappe pas à la porte de tes ennemis.
   • Pour leur demander de l'aide.

180   On peut nouer un fil rompu, mais il y aura un nœud au milieu.

181   On n'échappe ni à la mort ni à un hôte.

182   L'hôte est le bienvenu, mais pour trois jours seulement. *(1207)*

## La parole

183   Le monde est un écho qui redit comme on lui dit ; dites du bien des autres si vous voulez qu'on en dise de vous.

184   L'homme est caché sous sa langue.

185   La parole n'a d'autre parure que la vérité.

186   L'ignorant parle, le savant déduit.

187   Qui parle sème, qui écoute récolte. *(1504)*

188   La parole est la rumination de l'homme, s'il ne parle pas, il se morfond.

189   Décrire la jouissance qu'on a éprouvée, c'est la moitié de la jouissance.

190   C'est l'auditeur qui anime le discours de l'orateur.

191   Le vrai compliment est celui fait par un ennemi.

192   Le compliment exagéré est pire qu'une injure.

193   Quatre doigts séparent le vrai du faux.
   - C'est la distance qui sépare l'œil de l'oreille ; ce proverbe encourage donc à ne pas se fier aux paroles, mais aux faits visibles.

194   La langue des hommes est le fouet de Dieu.
   - Ce proverbe peut avoir deux sens : — Les mauvaises réputations sont le fruit des mauvaises actions. — Ce que les hommes veulent, Dieu le veut.

195   On arriverait à fermer les portes de la ville, mais jamais la bouche des hommes.

196   Parole envolée fait le tour du monde.

197   Si vous gardez un secret, il est votre esclave, mais si vous le dévoilez, vous êtes le sien.

198   Un conseil à un ignorant, c'est de la pluie sur une terre saline.

199   La flèche sort de la blessure, mais le coup de langue reste dans le cœur.

## Le mensonge

200   Le mensonge donne des fleurs, mais pas de fruits.

201   La lampe du mensonge n'a pas de lumière.

202   La maison du menteur prit feu, mais personne ne le crut.

## LA FEMME ET LA FAMILLE

203   La femme est le miroir de l'homme.

**L'amour**

204  Qui n'est pas amoureux n'est pas homme.

205  Celui dont le cœur est ressuscité par l'amour ne mourra jamais.
 ● Vers célèbre du grand poète Hâfiz.

206  L'amour n'est pas à prendre, mais à subir.

207  L'argent dépensé en amour ne retourne pas à la bourse.

208  L'amour est un caravansérail : on n'y trouve que ce qu'on y apporte.

**Le mariage**

209  Éprouve ta virilité avant de prendre ta femme.

210  La maîtresse qui te donne son corps et non son cœur, elle te prodigue des roses sans épines.

211  La femme est une catastrophe, que Dieu fasse qu'il n'y ait aucune maison sans cette catastrophe !

212  Demande la fidélité à un chien, non à une femme.

213  Qui a vu fidèles un cheval, une femme et un cimeterre ?
 ● Le *cimeterre* est un genre de sabre.

214  Les femmes sont des chattes qui retombent toujours sur leurs pattes.

215  Tant qu'elle n'a pas accouché, la femme reste étrangère.
 ● Elle ne fait vraiment partie de la famille qu'à la naissance de son premier enfant.

216  Tant qu'elle n'a pas accouché, la femme est ravissante ; après l'accouchement, elle est mère.

**La famille**

217  Faute de mère, on doit s'entendre avec sa belle-mère.

218  On ne peut pas séparer l'ongle de la chair.

219  Un homme sans enfant est un roi sans soucis.

220  Tu estimeras ton père le jour où tu seras toi-même père.

221  L'enfant qu'on a dans la vieillesse est un grelot au pied du cercueil.
 ● Il ne pourra pas aider ses parents. À leur mort, il se lamentera.

222  Une fille paresseuse aime une mère ménagère.

223  La hâte est permise dans trois cas : enterrer les morts, ouvrir sa maison à un étranger et marier les filles.

**LA SAGESSE**                                                    **La morale**

224  On ne cueille pas le fruit du bonheur sur un arbre d'injustice.

225 Crains celui qui ne craint pas Dieu !

226 Ce qui est apporté par le vent sera emporté par le vent. *(1963)*

227 La vie est une ivresse continuelle : le plaisir passe, le mal de tête reste.

228 Mieux vaut fuir et sauver sa tête que de la perdre en héros.

229 Fais le bien et jette-le dans le Tigre : Dieu te le rendra dans le désert.

230 Au champ de l'univers, tu cueilleras ce que tu sèmes.

231 La tranquillité de deux mondes repose sur ces deux mots : bienveillance envers les amis, tolérance à l'égard des ennemis.

232 D'autres ont planté ce que nous mangeons, nous plantons ce que d'autres mangeront.

233 Que peut faire la main de l'effort, si elle n'est pas soutenue par le bras de la chance ?

## La connaissance

234 Le doute est la clef de toute connaissance ; qui ne doute de rien, ne sait rien. *(1670)*

235 L'ignorance, c'est la mort ; le savoir, c'est la vie.

236 Le savoir est un oiseau sauvage.

237 Prends ce qui est au comptant et abandonne tout ce qui est à crédit.
  ● Proverbe le plus répandu en Iran, qui correspond bien à la philosophie du « Carpe Diem », constante chez les poètes et les penseurs persans.

## Le monde et l'homme

238 La flèche lancée ne revient pas.

239 Toute descente a sa montée.

240 Les chemises de tous sèchent sous le même soleil.

241 La lampe d'aucun homme ne brûle jusqu'au matin.
  ● La chance est peu durable.

242 La porte de l'univers ne tourne pas toujours sur le même gond.

243 La nourrice de ce monde n'a élevé personne qu'elle n'ait dévoré ensuite.

244 N'attends point fidélité de ce monde à base chancelante ; cette vieille femme a été l'épouse de mille jeunes époux.

## La mort et le bonheur

245 Je n'ai pas lieu de me réjouir de la mort de mon ennemi, car ma vie non plus n'est pas éternelle.

246   La nuit est enceinte; qui sait de quoi elle accouchera à l'aube?

247   Nul n'a vu Dieu; on ne l'a connu que par la voie de la sagesse.

248   Quelle est la valeur des hommes? — Ce qu'ils cherchent.

249   Le seul bonheur consiste dans l'attente du bonheur.

SOURCE

M. H. Rezvanian, *Grains d'humour et de sagesse persane*, Maisonneuve et Larose,
1976 (2500 proverbes en traduction française, classés par thèmes disposés alphabétiquement).
Avec cet ouvrage (base d'une thèse comparant les proverbes persans et français), nous
disposons enfin d'un ouvrage de qualité sur la parémiologie persane et peut-être du
meilleur recueil qu'il nous ait été donné de consulter au cours de l'élaboration de
ce dictionnaire.
Pour chaque proverbe, l'auteur indique s'il est aussi utilisé en arabe ou en turc et s'il
a une connotation populaire, poétique ou littéraire. Ses explications et ses notes sont
claires et détaillées. Il retrace l'origine littéraire de certains proverbes, empruntés aux
poètes persans célèbres.
Dans la préface, il étudie le problème de la classification des proverbes et de leur traduction; il examine ensuite les sources des proverbes persans, leur contenu et leur utilisation et il en déduit des traits généraux de la mentalité des Iraniens.
Cet ouvrage, qui se termine par une bibliographie très complète, est un modèle
du genre.

# Proverbes kurdes

Les différents dialectes kurdes sont parlés par plus de 16 millions de personnes
(8 millions en Turquie, 5 en Iran, 2 en Iraq, d'importantes minorités en Syrie
— 50 000 —, en U.R.S.S. — 300 000 — et aussi en Afghanistan, au Pakistan, etc.).
Ce peuple d'agriculteurs et de pasteurs transhumants, de religion musulmane
sunnite, qui a gardé une tradition populaire vivace, s'est toujours opposé aux
dominations étrangères, mais ses soulèvements nationalistes ont été réprimés
impitoyablement par les Turcs, les Iraniens et les Iraqiens.
Les Kurdes ont quelques proverbes en commun avec les Arabes.

## L'INDIVIDU

1   Après avoir bien mangé, le Kurde tue un homme ou enlève une femme.

2   Aux gens de nourrir les chiens, aux Kurdes de nourrir les Turcs!

3   Bon coq chante dès l'œuf.

4   Tout lion vaut par sa griffe. *(118)*

5   C'est en tombant que le cavalier apprend à monter.

6   Le chameau transporte du sucre, mais mange des épines.

7   La sainteté ne vient ni du turban, ni de la barbe, mais du cœur.

8   Une maison solide vaut mieux que cent en ruines.

9   Dieu donne de la viande à qui n'a plus de dents. *(var. 652)*

10   Certains se délectent du miel, et d'autres n'ont que des piqûres d'abeilles.

## LES RELATIONS

11   Une seule pierre peut suffire à chasser cent corbeaux.

12   Ce n'est pas acheter qui instruit, mais vendre.

13   Le sabre ne coupe pas son fourreau.

14   Quand les chauves meurent, les regrets en font des têtes bouclées.

15   On ne peut tirer deux peaux d'un seul ours.

16   Il n'y a pas plus malin que le renard et pourtant les marchés regorgent de sa peau. *(164)*

17   Ventre plein ne sait rien de ventre vide.

18   Les petits serpents ont aussi du venin. *(65)*

19   Lorsque les chameaux se battent, mulets et ânes meurent sous leurs sabots. *(1738)*

20   La peur est le tombeau du loup.

21   Un demi-mollah chasse la foi, un demi-médecin chasse la vie.
    ● Dans l'Islam, le *mollah* est un docteur en droit canonique.

## LA PAROLE

22   La richesse des riches agite incessamment la langue des pauvres.

23   Les menaces n'allongent pas la lame du sabre. *(558)*

24   Qui n'est pas dans la ronde est bon danseur.

25   Le menteur ne déjeune qu'une fois.

26   Le cheval court, le cavalier se vante.

27   Le père vient du moulin, c'est le fils qui en parle.

## LA FEMME

28   Il ne faut ni fumer la pipe en plein vent ni faire l'amour sur l'herbe.

29   Il vaut mieux être coq durant un jour que poule durant toute une année.

30   La poule ne peut voler plus loin que le poulailler.

31   C'est la poule qui pond et c'est le coq qui chante.

32   Dans une maison pleine d'enfants, le diable n'entre pas.

33   Avec un âne, tu possèdes un fils; avec un gendre, tu ne possèdes qu'un âne.

## LA SAGESSE

34   Malheur à qui a les yeux fixés sur deux chemins!

35   Celui qui se nourrit de rêves, le vent l'emporte.

36   Tu mangeras ce que tu as mis dans la marmite.

37   La solitude est le nid des pensées.

38   On demande à la minute : «Pourquoi es-tu si amère?» Elle répond : «C'est à cause de la mort de ma sœur.»

39   La vie est une rose, respire-la et donne-la à ton ami.

40   La mort est notre hôte.

BIBLIOGRAPHIE

Lucie Paul-Margueritte et l'émir Kamuran Bedir Khan, *Proverbes kurdes*, Berger-Levrault, 1937 (1 650 proverbes recueillis en Syrie).
R. Lescot, *Textes kurdes*, Geuthner, 1940, tome I, pp. 189-230 (d'abord publié dans *La Revue des études islamiques*, 1937) [308 proverbes en kurde et en français, classés par thèmes, avec des explications].
En kurde :
Ordihane Džalil, *Proverbes et Dictons kurdes*, Erevan, 1969 (excellent travail qui tient compte de toutes les publications antérieures).

# Proverbes pushtû

Langue officielle de l'Afghanistan (dont les habitants sont pour une part d'origine indo-européenne et pour une autre turco-mongole), le pushtû est parlé par des populations en grande partie nomades, du Pakistan à l'Iran, soit environ 10 millions de personnes. Il a fait de nombreux emprunts au persan, à l'arabe et aux langues indiennes.

## L'INDIVIDU

1   Pour chacun son pays est le Kashmir. *(181)*
    ● C'est-à-dire le plus beau pays du monde.

2   Qui aime travaille.

3   Où va le cœur, le pied va.

4   Pour chaque homme, sa propre pensée est reine.

5   Mange trop, tu palpiteras comme un poisson; mange peu, tu sauteras comme une gazelle.

6   Quand on a soif, on va soi-même à l'eau. *(426)*

7   Si mauvaise que soit la viande, elle vaut mieux que la bouillie de pois. *(973)*

8   On essaie les chaussures par les pieds et l'homme par les épreuves.

9   L'épée se juge au coup, la flèche au jet.

10   La richesse est à celui qui en jouit et non pas à celui qui la garde.

11   Bouche doucereuse, pensée tortueuse.

12   Même si le coq ne chantait pas, l'aurore viendrait. *(523)*

13   Quand vient la nuit, la peur se tient à la porte, et quand vient le jour, elle se tient sur les collines.

## LES BONNES ET MAUVAISES RELATIONS

14   Pour prendre le lièvre du pays, il faut le chien du pays.

15   Le feu prend où on l'allume.

16   La meilleure arme est celle qui est la plus proche de la main.

17   Si haute que soit la montagne, on y trouve un sentier.

18   Je parle à la porte, mais le mur doit entendre.

19   Qui a des éléphants doit avoir de grandes portes.

20   Si le chien lape l'eau d'une rivière, elle n'en devient pas impure.

21   Si le vin est gratuit, même le juge le boit.

22   Dieu sait sur quel genou le chameau s'accroupit.
    • Sur le caractère aléatoire des décisions des juges.

23   À distance d'un doigt ou d'une montagne, quelle différence?
    • C'est toujours l'absence.

24   Le ciel ne pleut pas aussi fort qu'il tonne.

25   Celui qui a été mordu par un serpent redoute la vue d'une corde. *(548)*

26   À tas de blé, le rat s'y met.

27   Ne te sers jamais de tes dents pour ouvrir un nœud que tu peux défaire avec tes doigts.

28   Au milieu des bouchers, le bœuf meurt et devient charogne.
    • Au lieu d'être égorgé selon les règles pour devenir viande licite.

29    Il n'y a pas d'arbre qui n'ait senti la force du vent.

### L'amitié

30    La rose a l'épine pour amie.

31    Le voleur s'entend avec le voleur, l'ami avec l'ami.

32    Avec tes ennemis, patiente, et avec tes amis pardonne.

33    Il est plus facile d'être en guerre avec des ennemis sages que d'être en
      paix avec des amis insensés.

34    Bien que ton ennemi soit une corde de sable, appelle le un serpent.

35    L'amour ne pleure jamais comme pleure le sang.

36    Les parents disent : «Notre enfant grandit»; ils oublient que sa
      vie rétrécit.

## LA SAGESSE

37    Nos œuvres sont nos compagnons de route.

38    Lorsqu'une épée est suspendue au-dessus de la tête d'un homme, il se
      souvient de Dieu.

39    La terre est dure, le ciel est loin.

40    Tout comme l'ombre du soleil s'en va, ainsi en est-il de notre vie.

41    Le monde est abîme, le monde s'abîmera.

42    Il y a une nuit encore et Dieu est bon.

SOURCE

James Darmesteter, *Chants populaires des Afghans*, Leroux, 1888-1890, pp. 235-245
(149 proverbes en traduction française, avec des explications).

# Proverbes tadjik

Plus de 4 millions de personnes parlent le tadjik. Les Tadjik constituent la majorité de la population de la République socialiste soviétique de Tadjikie (l'une
des quinze républiques de l'U.R.S.S.) et une partie de la République voisine
d'Ouzbékie; ils constituent le deuxième groupe ethnique de l'Afghanistan (après
les Pushtû).
Le choix de proverbes tadjik dont on notera l'originalité (par exemple, le proverbe n° 20, un des rares proverbes non misogynes de ce recueil), est, semble-
t-il, pour la première fois publié dans une langue occidentale.

## L'INDIVIDU

1　Le riche mange le kebab, le pauvre avale la fumée.
　● Le *kebab* est de la viande grillée à la broche.

2　Tu ne manges la poule qu'une fois, mais son œuf, tu le manges cent fois.

3　Ce que peut faire la main gauche, la droite peut le faire aussi.

4　Pour l'homme avide, même la tombe est étroite.

5　Dieu a créé l'âne, mais ne lui a pas donné de cornes.

6　Ne sois pas un pigeon sur deux toits.

7　Le malheureux, même monté sur un chameau, est mordu par le chien.

8　L'homme sans patrie est un rossignol sans jardin.

## LES RELATIONS

9　Si l'âne ne va pas au fardeau, le fardeau ira à l'âne.

10　Dans les murs, il y a des souris, et les souris ont des oreilles. *(var. 51)*

11　Il n'y a pas de moulin sans souris.

12　Si tu sais chanter des berceuses, que ne t'endors-tu toi-même ? *(773)*

13　Quand il y a beaucoup de bergers, le troupeau est dévoré par les loups.

14　Si tu es un éléphant, n'offense pas le chat.

15　L'ennemi du renard est sa queue.

16　L'aboiement du chien ne fait pas de mal au nuage.

### La parole

17　Le récit de la fête est la moitié de la fête.

18　Si la parole est d'or, le silence est de perle. *(1505)*

19　Ne confie pas ton secret à un ami, car lui aussi a des amis.

## LA FEMME

20　Le travail d'une femme vaut mieux que les discours de cent hommes.

21　Le chemin de la femme va du poêle au seuil.

22　L'enfant est l'argile, la mère est le potier.

### BIBLIOGRAPHIE

Les seules traductions publiées de proverbes tadjik sont exclusivement russes.

On trouvera une bibliographie dans *Proverbium*, n° 6, 1966, pp. 142-143 :

Le premier recueil remonte à 1644. Le XXᵉ siècle a vu de nombreuses publications. La meilleure est :

IA. I. Kalontarov, *Proverbes et Dictons tadjik, avec des parallèles avec les proverbes russes*, Douchanbé, 1965 (685 proverbes, en tadjik et en russe).

Un parémiologue tadjik Bozor Tilavov, a publié plusieurs études, notamment :

*Le Caractère poétique des proverbes et dictons populaires tadjik*, Douchanbé, 1967, en russe (étude des problèmes de classification, recherche théorique sur les proverbes poétiques envisagés comme un moyen d'expression artistique populaire).

« Sur le rôle de la littérature dans le développement des proverbes et dictons tadjik », *Proverbium*, n° 16, 1971, pp. 557-563 (en russe).

# langues indiennes et famille dravidienne

## Proverbes indiens

Avec les langues indiennes, nous abordons un des groupes linguistiques les plus vastes du monde. Les quatre pays dans lesquels elles sont parlées — Inde, Sri Lanka (Ceylan), Pakistan, Bangla Desh (Bengale) — comptent au total 800 millions d'habitants (respectivement 630, 15, 80 et 83 millions d'habitants). L'Inde à elle seule représente 15 % de la population mondiale.

Tous ces chiffres sont tragiquement provisoires, vu l'accroissement exponentiel de la population. Ainsi, par exemple, au Bangla Desh, un des pays les plus pauvres du monde, où les limites de la surpopulation semblent atteintes depuis longtemps, il est de 2,8 % par an.

Le subcontinent indien a connu une civilisation prestigieuse et a donné au monde de grands penseurs et de grands artistes. La société y est encore en grande partie rurale et les valeurs de la sagesse traditionnelle s'y sont conservées.

Parmi les milliers de proverbes de langues indiennes que nous avons étudiés, des constantes se dégagent ; c'est pourquoi nous avons jugé opportun de présenter notre choix d'une manière globale, sans faire de séparation entre les langues. Quand un proverbe n'est attesté que dans un recueil sur une région particulière, nous avons mentionné sa langue d'origine. Ceux qui ne sont pas accompagnés d'une précision de ce type sont donc, soit communs à toutes les langues indiennes, soit d'origine hindi (voir plus bas).

Nous avons aussi inclus dans ce choix quelques proverbes sanskrits encore courants de nos jours. (Le sanskrit fut la langue classique de la civilisation brahmanique.)

Enfin, étant donné les nombreuses similitudes entre les proverbes des langues dravidiennes et des langues indiennes (qui s'expliquent par la proximité géographique, toutes ces langues étant parlées dans l'Inde et à Sri Lanka), nous les avons présentées dans le même chapitre, bien qu'il s'agisse de deux familles linguistiques entièrement différentes.

On trouvera ci-après, outre les proverbes généraux, des proverbes appartenant à quatorze langues et dialectes.

Le *hindi* est un groupe de langues et de dialectes de la région du Gange, parlés par 100 millions d'habitants. Parmi ceux-ci, citons notamment l'urdū, langue adoptée surtout par les musulmans d'Inde et langue officielle du Pakistan. Le hindi est la langue officielle de l'Union indienne, depuis sa constitution en 1947.

Les autres langues sont :
— langues indiennes

Le *bengali*, parlé à l'Est de l'Inde, entre l'Himalaya et le delta du Gange par 100 millions de personnes. Le Bengale occidental est un État de l'Union Indienne, le reste du Bengale forme le Bangla Desh.

Le *bihari*, langue du Bihar, État indien à la limite du Népal, qui compte 50 millions d'habitants.

Le *dialecte de Chittagong*, province du Bangla Desh, à la frontière de la Birmanie (12 millions d'habitants).

L'*assamais* (l'Assam est un État situé à l'extrémité orientale de l'Inde).

Le *kashmiri* (le Kashmir est un ancien royaume au Nord de l'Inde, partagé entre celle-ci et le Pakistan).

Le *kumauni* (parlé dans une région du Nord de l'Inde, à la frontière du Népal).

Le *mahrate*, parlé dans le Maharastra au Nord-Ouest de l'Inde (capitale : Bombay), par 50 millions d'habitants.

Le *panjabi*, parlé dans une région du Nord-Ouest de l'Inde et au Pakistan par 10 millions de personnes.

Le *cinghalais*, parlé par les trois-quarts de la population de Sri Lanka, soit 11 millions de personnes.

— famille dravidienne, principales langues

Le *tamil*, langue du Tamilnadu (capitale : Madras), au Sud-Est de l'Inde, qui compte 40 millions d'habitants, et de 15 % de la population de Sri Lanka, soit 2 millions de personnes. Il est aussi parlé dans le reste de l'Asie, notamment en Indonésie.

Le *telugu*, parlé par les 30 millions d'habitants de l'État d'Andhra Pradesh, au Sud de l'Inde et dans les régions limitrophes des États de Mysore, Orissa, etc.

Le *malayalam*, langue de la côte de Malabar, au Sud-Ouest de l'Inde, et dont l'État principal, le Kerala, compte 22 millions d'habitants.

# L'INDIVIDU                                              Les désirs

1  Un cœur en joie est un filtre qui fait de l'or.

2  Tout désirer : chagrin ; tout accepter : joie.

3  Sur terre, les choses dont on ne se lasse pas sont le riz et l'eau. [tamil]

4  Celui qui n'a ni vache, ni veau, dort bien. *(1293)*

5  L'homme qui s'est construit une maison n'en a qu'une, l'homme qui ne s'en est construit aucune, en a mille.

6  Le pauvre cherche la nourriture, le riche cherche l'appétit. *(1774)*

7  Les riches n'ont pas d'appétit, les pauvres digèrent le bois.

8  La maladie vient par la bouche d'un éléphant et s'en va par celle d'une fourmi. [urdû] *(751)*

9  Mieux vaut loucher que d'être aveugle.

10  Mieux vaut buisson clairsemé que pas d'ombrage.

11  Mieux vaut des coups de corne de bœufs qu'une étable vide.

12  Un diamant avec quelques défauts est préférable à une simple pierre qui n'en a pas.

13   La pauvreté détruit toutes les vertus.

### La nature

14   Telle graine, telle plante. *(67)*

15   La pierre à aiguiser, bien que froide, renferme de la chaleur.

16   Bûches tordues donnent flammes droites. *(91)*

17   Tout chien est un tigre dans sa propre ruelle. *(580)*

18   Un chacal est roi dans un village désert.

19   Celui qui ploie sous un fardeau en connaît seul le poids.

20   Pour un buffle, ses cornes ne sont pas lourdes.

21   Les fruits de l'arbre tombent sous l'arbre. *(76)*

22   Un moustique perdant une aile, c'est un éléphant perdant une jambe.

23   Si le malheur t'en veut, ton bateau se fera serpent pour te piquer.

24   Le chardon ne produira jamais de figues, la fourmi ne fera jamais de miel. *(190)*

25   Aussi loin que coule la rivière, elle charrie de la boue.

26   Si nombreux que puissent être les méandres de la rivière, celle-ci finira par se jeter à la mer.

### L'apparence

27   Tous ceux qui soufflent dans le cor ne sont pas chasseurs. *(1938)*

28   Le corbeau deviendrait-il un cygne en se baignant dans le Gange ?

29   Cent lavages ne blanchiront pas le charbon. *(385)*

30   Le singe n'a jamais autant l'air d'un animal que lorsqu'on l'affuble de vêtements d'homme.

31   Il ne suffit pas à un chien d'avoir la queue coupée pour ressembler à un cheval.

### La relativité

32   Qui a tué un homme est un meurtrier ; qui en a tué des milliers est un héros.

33   De loin, la montagne paraît lisse ; de près, elle est rugueuse.

34   Nul n'est parfait ici-bas ; le soleil lui-même a ses taches.

35   La perle est sans valeur dans sa propre coquille.

36   Cloche fêlée ne peut bien sonner.

37  Un homme gras n'a pas de religion. [kashmiri]

38  Il n'y a pas de gros ou de petits serpents, il y a des serpents. [tamil]

39  Un chien sans queue ne peut montrer son amour. [cinghalais]

40  Si le chameau pouvait voir sa bosse, il tomberait et se briserait le cou.

41  Le monde semble sombre quand on a les yeux fermés. [Chittagong]

### Les comportements

42  Forge tes épées avant que la guerre ne soit déclarée.

43  Mieux vaut labourer profond que large. [tamil]

44  Avant de construire une maison, il faut creuser un puits. [tamil]

45  L'écueil fait le pilote.

46  L'aveugle ne doit pas courir.

47  Coupe ton paletot à la mesure de l'étoffe. *(1118)*

48  On admire les choses que l'on ne comprend pas.

49  Même les chutes sont des hauts faits pour les grands. [tamil]

50  Même la chute d'un danseur est une culbute. [cinghalais]

## LES BIENS                                                    Le don

51  Même si c'est une semence de pois, il faut la donner avec amour.

52  Si vous ne pouvez donner du sucre, parlez-en. [urdû]

53  À qui apporte un présent, la porte est toujours ouverte. *(1804)*

54  Si l'on te donne un os, n'en fais pas fi : grignote-le.

55  Même un mal de tête est une bonne chose s'il est gratuit. [cinghalais]

56  L'homme sage donne tout de suite, l'homme plus sage refuse tout
    de suite.

57  L'aumône doit suivre la richesse comme la glissade le faux pas.

58  La reconnaissance est le paiement du pauvre.

59  Pain mangé est vite oublié.

60  Obliger un ingrat, c'est asperger la mer d'eau de rose. *(1314)*

### L'avarice

61  Le trésor de l'avare va au voleur et au roi.

62  L'avare et le soufflet du forgeron respirent, mais ne vivent pas.

## Le vol

63 Après avoir appris à voler, il faut encore apprendre à être pendu. [malaya-lam]

64 Celui qui est tenté aujourd'hui par un concombre le sera demain par une chèvre. [kumauni] *(535)*

65 Mauvaise serrure attire le crocheteur.

66 La pauvreté fait les voleurs comme l'amour les poètes.

67 Le voleur qu'on n'a pas vu est l'égal d'un roi.

## Les affaires

68 Un homme sans argent est un arc sans flèches.

69 Si tu achètes une vache, assure-toi que la queue est comprise dans le marché.

70 Si tu coupes le pis de la vache, adieu le lait!

71 Moudre la paille de riz ne te donnera pas du riz.

72 Ce n'est pas en te brûlant les cheveux que tu obtiendras du charbon.

73 Pourquoi épargner si votre fils est un bon fils? Pourquoi épargner si votre fils est un mauvais fils?

74 Il faut accepter les coups de pied de la vache comme on accepte son lait et son beurre. [kashmiri]

75 Le choix n'existe qu'entre deux choses : le gain ou la perte. [urdû]

76 Celui qui vend le grain est un marchand, celui qui l'accapare est un meurtrier de l'humanité. [urdû]

77 Les contrats écrits ne servent ni aux honnêtes gens ni aux brigands. [tamil]

78 Il n'est de pire pauvreté que les dettes.

79 La bourse des autres a une ouverture étroite. *(1406)*

80 Prêter, c'est acheter une querelle.

## LES BONNES ET MAUVAISES RELATIONS

81 La patience est la plus grande des prières. [maxime de Bouddha]

82 La justice vaut mieux que l'adoration. [kashmiri]

83 Au jour du jugement, la plume du savant pèsera autant que l'épée du guerrier.

84 Rends coup pour coup, et mot pour mot.

85 Si tu tues, tue un éléphant; si tu voles, vole un trésor. [mahrate]

86 L'ardeur du soleil fait mieux apprécier le plaisir d'être à l'ombre.

87 Quand le coassement des grenouilles prend fin, on n'en apprécie que mieux le silence.

88 L'œil du maître engraisse le cheval. *(418)*

89 Le pot cuit mieux sur son propre poêle.

90 Seul le rossignol comprend la rose. [mahrate]

91 Malgré sa fragilité, la liane résiste au poids de la calebasse.

92 L'arbre ne retire pas son ombre, même au bûcheron.

93 L'homme qui pardonne à son ennemi en lui faisant du bien ressemble à l'encens qui embaume le feu qui le consume.

94 Le juste doit imiter le bois de santal : il parfume la hache qui le frappe.

95 La langue est en sécurité, même au milieu de trente dents. [cinghalais]

96 Tout leurre est bon qui amène l'oiseau dans le filet.

97 À part les démons imaginaires, il n'en existe point d'autres. [tamil]

98 Grand vent et vannage ne vont pas ensemble.

99 Il faut vanner tant que souffle le vent. [tamil] *(46)*

100 Le vent purifie la route. [sanskrit]

101 Une pierre rugueuse s'aplanit en passant de main en main.

102 Le dard du mépris perce l'écaille de la tortue.

103 Le mendiant de miettes reçoit plus que le mendiant de miches. [tamil]

104 Le tigre n'épouvante pas le buffle harassé. [tamil]

105 La rosée effraie-t-elle celui qui dort sur la mer? [bengali]

106 Le chat est le tigre du rat.

107 L'enfant qui sait marcher est un dieu pour l'enfant dans son berceau.

108 L'hypocrisie est un hommage que le vice rend à la vertu.

109 L'amour du méchant est plus dangereux que sa haine.

110 Paix trompeuse nuit plus que guerre ouverte.

111 Le grand homme rit et les côtes du pauvre homme sont brisées.

112 Ceux qui mendient en silence meurent de faim en silence.

113 Une fois la maison construite, on oublie le charpentier. [panjâbi]

114 Le ciel donne de la pluie à la terre ; mais la terre ne renvoie au ciel que de la poussière.

115 L'aigle ne pourchasse pas les mouches. *(var. 189)*

116 Les chiens aboient, mais la caravane passe. [kashmiri]

117 N'appelle pas tout le village pour faire tourner ton moulin à huile.

118 Donner des pierres précieuses à un âne, c'est donner une femme à un eunuque.

119 À un manche à balai, n'attache pas un gland de soie. *(1742)*

120 Un chien ne mord qu'au-dessus du genou. [bengali]

121 Quand vient la récolte, le rat a quatre femmes.

122 À roi méchant, sots ministres et cortèges de rustres.

123 Méfie-toi de l'eau profonde et du chien qui n'aboie pas.

124 Gardez-vous de la porte qui a plusieurs clefs.

125 À cheval vicieux, étrille en bois de palmier.

126 Il n'est si petite vipère qui n'ait son venin. *(65-547)*

127 Deux épées ne peuvent aller dans le même fourreau. *(590)*

128 Dix derviches peuvent s'asseoir sur le même tapis, mais deux rois ne peuvent vivre dans le même pays.

129 Quand l'étang se remplit, les crapauds s'assemblent.

130 Quand le riz est répandu, les corbeaux ne manquent pas. [Chittagong]

131 Où le miel est répandu, les mouches se rassemblent.

132 La dernière course du renard le mène chez le fourreur. *(164)*

133 Après avoir mangé neuf cents rats, le chat part en pèlerinage. [bihari]
   ● Il prétend rentrer dans le bon chemin.

134 Le tamis dit à l'aiguille : « Tu as un trou à la queue ». [bengali] *(1040)*

135 Au pays où l'on va nu, celui qui est habillé passe pour fou. [tamil]

136 La blanchisseuse connaît les défauts du village. [tamil]

137 Celui qui porte l'idole ne l'adore pas. [urdû]

138 Il ne suffit pas d'enfermer un corbeau dans une cage pour le faire parler comme un perroquet.

139 Le poisson est encore dans le fleuve et la femme broie le piment. [panjâbi] *(255)*
   ● Qui accompagne le plat.

140 Ne prépare pas la bouillie pour l'enfant avant qu'il soit né. *(255)*

141   Ne consulte pas le buffle avant de lui mettre son bât. [tamil]

142   Je suis reine, tu es reine, qui va aller chercher l'eau ? [urdû]

143   Si tous montent dans le palanquin, qui le portera ? [telugu]

144   Les vaches ne paissent pas dans leur propre pré. [Chittagong] *(2056)*

145   Celui qui veut les fruits ne doit pas couper les fleurs. [mahrate]

146   Qui lance une pierre dans la boue s'éclabousse la figure. [kumauni] *(713)*

147   On ne cuit pas deux fois un pot de bois.

148   Le lièvre qui s'est échappé avait huit pattes. [cinghalais]

149   Ne frappe pas une pierre, c'est ta main qui en pâtira.

150   N'appelle pas le chat pour mettre d'accord deux oiseaux qui se battent.

151   Ne confie pas au loup la garde du mouton. *(var. 152)*

152   Là où l'ongle suffit, point n'est besoin de la hache.

153   Quand je me noie, tout le monde se noie. [tamil]

154   Au bout de trois jours, poissons et hôtes puent. *(1207)*

### L'amitié

155   Celui qui a un ami véritable n'a pas besoin d'un miroir. [malayalam]

156   Les amis sont comme des provisions de riz. [kashmiri]

157   Le froncement de sourcil de l'ami vaut mieux que le sourire de l'ennemi.

158   Une fausse amitié est comme un banc de sable.

159   Un ami que tu te seras fait par des présents se fera acheter par d'autres.

160   Un seul ennemi, c'est trop ; cent amis, ce n'est pas assez.

161   Il est dangereux de se faire trop d'ennemis, car même un petit tas de
      vermine peut détruire un immense éléphant. [sanskrit] *(65)*

162   L'envie d'un ennemi est sa propre punition.

### La parole

163   Pour le sage, une parole est un remède. [telugu]

164   Le fou vomit, le sage avale. [mahrate] *(645-1653)*
      ● Le premier dévoile toutes ses pensées, le second les garde pour lui.

165   Il faut répondre au diable dans la langue du diable.

166   Celui qui répond est inférieur à celui qui questionne.

167   Les oiseaux se prennent par les pattes, les hommes par la langue. *(1494)*

168 À moins qu'on ne te les demande, n'offre jamais selle ni conseil.

169 Parler de ce qu'on ne connaît pas, c'est vouloir jouer aux échecs sans échiquier.

170 Malédiction et bénédiction n'ont jamais hâté la mort ni prolongé la vie de quiconque.

171 Pleurs de prostituée et serments de débauché vont de pair.

172 Il n'y a pas de différence entre un vaurien et un homme qui ne tient pas sa parole.

173 Les traits de la médisance et de la calomnie sont acérés par les deux bouts; ils blessent souvent la main qui les enfonce.

174 La calomnie persiste au-delà de la mort.

175 Mieux vaut mentir que médire.

176 Un menteur doit avoir bonne mémoire. *(1538)*

177 Pour cacher un mensonge, il faut mentir mille fois.

## LA FEMME ET LA FAMILLE                                 L'amour

178 L'amour est sa propre récompense.

179 L'amour est comme une plante grimpante qui se dessèche et meurt si elle n'a rien à enlacer.

180 En amour, les mendiants et les rois sont égaux.

181 Amour sans vérité est comme de l'eau dans une rivière qui n'a pas de rives.

182 Le plaisir est un enfant de l'amour, mais c'est un enfant dénaturé qui fait mourir son père.

183 Si l'homme est feu et la femme étoupe, le diable aura tôt fait de les enflammer.

184 Il vaut mieux attraper un serpent et sucer son poison que d'avoir des rapports avec la femme d'un autre. [urdû]

### La femme et l'homme

185 Une maison sans femme est la demeure du diable. [urdû]

186 Bonne épouse et santé sont les meilleures richesses d'un homme.

187 Un homme sans une femme n'est qu'un demi-homme.

188 Une grosse femme est un édredon pour l'hiver. [panjâbi]

189 Une femme sans mari est un champ sans pluie.

190 Une femme sans époux est comme le sable d'une rivière.

191  Il vaut mieux être la servante d'un grand homme que la femme d'un incapable.

192  Celle qui est née jolie est née mariée. *(893)*

193  Une femme est sa propre dot. [tamil]

194  Instruire une femme, c'est mettre un couteau dans les mains d'un singe.

195  La guerre est pour l'homme ce que l'accouchement est pour la femme. [assamais]

196  Le mensonge d'une femme est opaque comme un mur; le mensonge d'un homme filtre comme le jour à travers une natte.

197  Argent entre les mains d'une femme ne durera pas; enfant entre les mains d'un homme ne vivra pas.

## La femme

198  Quand il n'y a pas d'hommes, toutes les femmes sont chastes.

199  Trois sont inconstants : la femme, le vent et la richesse.

200  La femme est la porte principale de l'enfer.

201  Même le diable prie d'être protégé des femmes.

202  Les femmes rient quand elles peuvent, et pleurent quand elles veulent.

203  Il ne faut jamais faire confiance à une femme qui rit ni à un homme qui pleure. [telugu]

## La famille

204  Le vase brisé par la belle-mère était un vase fêlé; celui brisé par la belle-fille était tout neuf.

205  Une maison sans enfants est comme un cimetière.

206  Il est une boisson dont on ne se lasse jamais : l'eau; il est un fruit dont on ne se fatigue jamais : l'enfant. [tamil]

207  Il n'y a que deux choses qui comptent au monde : un fils ou une fille. [urdû]

208  Les poussins ne meurent pas des coups donnés par la poule. [kashmiri]

209  Il est aussi difficile de gouverner une maison pleine de filles que d'alimenter un grand feu avec des brindilles. [tamil]

210  Marier une fille, c'est comme creuser un puits.
   ● C'est aussi important et dur.

211  Traite ton fils comme un prince pendant cinq ans, comme un esclave pendant dix ans et comme un ami par la suite.

212 Le chagrin de la mort d'un époux dure six mois; on ne se console jamais de la mort d'un enfant.

213 Quand la mère meurt, le père devient un oncle. [tamil]

214 Un enfant sans mère est comme un curry sans oignons. [telugu]

215 Tout peut s'acheter, sauf un père et une mère. [tamil]

216 La mère est une divinité, le père un trésor. [telugu]

217 Dans la prospérité, on a besoin d'un père; dans l'adversité, d'une mère. [urdû]

218 On ne parle jamais bien de sa propre mère ni du ciel. [cinghalais]

## LES GROUPES NATIONAUX ET SOCIAUX

219 Un Turc, un perroquet et un lièvre ne sont jamais reconnaissants.

220 Tout Européen qui vient en Inde acquiert la patience s'il n'en a pas et la perd s'il en a.

221 Mieux vaut faire confiance à un brahmane qu'à un serpent, à un serpent qu'à une prostituée, à une prostituée qu'à un Afghan.

222 Si le Bengali est un homme, qu'est-ce que le diable? [panjâbi]

223 Dans ce monde, il y a trois sangsues : la punaise, la mouche et le brahmane.

224 Six Brahmanes n'ont que deux yeux. [tamil]

225 Ce n'est pas la maladie, mais la médecine qui fait mourir l'enfant du médecin. [tamil]

226 Si tu ne peux devenir roi, fais-toi médecin. [tamil]

227 Un médecin n'est un vrai médecin qu'après avoir tué un ou deux malades. [kashmiri]

228 Les mains d'un avocat sont toujours dans la poche de quelqu'un.

229 La femme d'un soldat est toujours une veuve.

## LA SAGESSE                                    La morale du travail

230 Plus le moulin tourne, plus la farine s'amoncelle.

231 Le paresseux demande un oiseau, le courageux ne demande qu'un arc et des flèches. *(1947)*

232 L'or te donne la terre, la terre te donne l'or.

233 La charrue est le fondement de tous les arts.

234 Descends la rivière si tu veux atteindre la mer.

235   Pour que le puits donne son eau, il faut la puiser.
      C'est avec l'eau du corps que l'on tire l'eau du puits. [tamil]

236   Fais aujourd'hui ce qui peut être fait demain.

237   L'homme qui travaille comme un esclave mange comme un roi. [panjâbi] *(966)*

238   Attache un cheveu à une montagne; ou la montagne viendra à toi, ou tu ne perdras que le cheveu.

239   Celui qui n'ose pas ne doit pas se plaindre de sa malchance. *(1284)*

240   Celui qui ne grimpe pas ne risque pas de tomber. *(1284)*

241   Celui qui a planté l'arbre doit l'arroser. [tamil]

242   La pluie des larmes est nécessaire à la récolte de l'instruction. [tamil]

243   Dans l'eau courante, il n'y a pas de saleté. [malayalam] *(42)*

### La morale

244   Nul ne s'est jamais perdu sur une route droite.

245   Une conscience coupable est un ennemi vivant.

246   Tous les hommes sages pensent de même; chaque fou a sa propre opinion. [panjâbi] *(1640)*

247   Il y a deux hommes bons, l'un est mort et l'autre n'est pas encore né. [urdû]

248   L'homme est son propre démon.

249   **La voix du peuple est le tambour de Dieu.** [urdû] *(1958)*

250   **Tu peux sonder la profondeur d'un puits; la profondeur de l'esprit est insondable.**

251   L'homme du désir périt avec ce qu'il désire.

252   Le monde flatte l'éléphant et piétine la fourmi.

253   Nous donnons à Dieu grain à grain et lui prenons par boisseaux. [mahrate]

### Le destin, Dieu

254   La chance et la malchance sont deux godets d'un même puits.

255   Il y a des remèdes pour la maladie, il n'y en a point pour la destinée.

256   Ne mourez pas avant que la mort ne vienne.

257   Si vous croyez, c'est un dieu; si non, c'est une pierre.

258   Dieu qui a donné des dents a aussi donné le pain. *(764)*

259    Dieu fait le nid de l'oiseau aveugle. [turc] *(1114)*

## Les règles de vie

260    Il faut manger des noix de coco tant qu'on a des dents. [cinghalais]

261    L'ignorance est la paix de la vie. [kashmiri]

262    Pourquoi un homme sans arc devrait-il chercher des flèches? [tamil]

263    La profondeur de l'eau importe peu au nageur.

264    Si tu marches doucement, la terre te portera.

265    La réputation d'un homme est l'ombre d'un arbre. [urdû]

266    Le corps est une inscription sur de l'eau.

267    Le mort est le guide du vivant. [tamil]

268    Pourquoi pleurer après l'or quand on a le tulipier? [tamil]

BIBLIOGRAPHIE

Il n'existe qu'un recueil en traduction française : H. de Closets d'Errey, *Choix de proverbes indiens adaptés au français*, Pondichéry, 1934 (liste de 290 proverbes).

L'essentiel de la bibliographie est en anglais, pour des raisons historiques évidentes. On la trouvera dans des recueils britanniques, comme celui de Champion*, *Racial Proverbs*, par exemple.

Citons quelques ouvrages importants, parmi les premiers livres consacrés aux proverbes de cette région.

S. W. Fallon, *A Dictionary of hindustani proverbs*, Bénarès, 1886 (12 500 proverbes en hindustani, langue proche de l'urdû).

Peter Percival, *Tamil proverbs*, Madras, 1842, 1874 : Londres, 1875 (6 156 proverbes en traduction anglaise).

Mark William Carr, *A Collection of telugu proverbs*, Madras, 1868 (2 700 proverbes).

Signalons une étude thématique à travers l'ensemble des proverbes indiens, conduite par Hari S. Upadhyaya, « Attitude of indian proverbs toward high caste Hindus », *Proverbium*, n° 3, 1965, pp. 46-56.

« Craftsmen's and tradesmen's castes in indian proverbs », *Proverbium*, n° 4, 1966, pp. 71-83.

« Intouchables in indian proverbs », *Proverbium*, n° 7, 1967, pp. 157-159.

« The agricultural castes in indian proverbs », *Proverbium*, n° 10, 1968, pp. 244-247.

# romani

## Proverbes tsiganes

La langue des Tsiganes, le romani, est d'origine indienne ; elle présente une parenté avec le sanskrit et avec des langues actuellement en usage en Inde.

Les Tsiganes, au nombre de quelques millions, sont répartis dans tous les pays d'Europe, avec une forte concentration en Hongrie et en Tchécoslovaquie (300 000 personnes dans chacun de ces pays). On en trouve aussi en Amérique. Le romani est différencié en dialectes, influencés par les langues des pays traversés. Les proverbes que nous présentons sont communs aux Tsiganes ; leur origine est mentionnée quand elle est attestée dans un recueil particulier.

Les Tsiganes sont avant tout des nomades. Ils empruntent, aux populations sédentaires des pays qu'ils traversent, des mots, des usages ou des croyances, mais ils sont attachés à leur langue — orale — et à leur mode de vie. Bien qu'ils aient été très étudiés, ils conservent un caractère mystérieux, accentué par les nombreux noms qu'ils portent selon les pays. C'est un mot grec byzantin qui a donné *tsigane* et ses dérivés (*Zigeuner* en allemand). La dénomination d'Égyptiens est devenue *gitano* en espagnol, *gitan* en français et *gypsy* en anglais. *Bohémiens* leur vient du passeport donné par le roi de Bohême au XVᵉ siècle et *romanichel* dérive du nom de leur langue.

**L'INDIVIDU**　　　　　　　　　　**La nature et les comportements**

1　Couper un tsigane en dix morceaux ne le tue pas, mais vous donne dix tsiganes. [anglais]

2　Là où le Juif ne peut aller, le tsigane rampe. [russe]

3　Mieux vaut être la tête d'une souris que la queue d'un lion. [espagnol] *(138)*

4　Reste où l'on chante : les hommes méchants ne chantent pas. [allemand]

5　Les enfants disent ce qu'ils font, les hommes ce qu'ils pensent, les vieux ce qu'ils ont vu et entendu. [allemand]

6　La larme dans l'œil est la blessure dans le cœur. [allemand]

7　Les larmes de l'orphelin sont les perles de Dieu.

8 Là où les riches peuvent gagner honnêtement de l'argent, les pauvres doivent voler. [anglais]

9 Le bâton qui casse une fenêtre ne tue pas un chien.
  ● Tous les voleurs ne sont pas des meurtriers.

10 Lorsqu'un tsigane dit la vérité une fois dans sa vie, il s'en mord les doigts. [russe]

11 Il y a de fausses vérités et de vrais mensonges. [anglais]

12 Le sortilège gratuit n'agit pas pleinement.

13 Le pauvre fou qui ferme sa bouche ne gagnera jamais un thaler. [espagnol]

14 Le jeu du chat est la mort de la souris. [allemand]

15 La rivière qui fait du bruit en coulant entraîne des pierres avec l'eau. [espagnol]

## LA FEMME

16 N'achète pas un mouchoir, ne choisis pas une femme au clair de lune. [anglais]

17 C'est comme un baiser, bon à rien jusqu'à ce qu'on le divise. [roumain]

18 Tu ne peux pas retenir une putain, même avec cent chevaux.

19 Si vous trompez des vieilles femmes, vous pourrez attraper le diable. [anglais]

## LA SAGESSE

20 Après la malchance vient la chance. [anglais] *(17)*

21 On peut compter le nombre de pommes dans un arbre, mais l'on ne peut jamais compter le nombre d'arbres dans une pomme. [anglais]

SOURCES

George Borrow, *The Zincali or an Account of the Gypsies of Spain*, Londres, 1841, t. 1, p. 61 (2 proverbes en traduction, anglaise).
Vernon S. Morwood, *Our Gypsies*, Londres, 1885, p. 69 (9 proverbes en anglais).
Josef Ješina, *Die Zigeuner-Sprache*, Leipzig, 1886, pp. 127-128 (30 proverbes en tsigane et en traduction allemande.
Paul Ariste, «Einige Sprichwörter der Čuchny-Zigeuner», *Proverbium*, n° 18, 1972, pp. 692-693 (21 proverbes en traduction allemande recueillis à Tallinn en 1971 auprès de Tsiganes dits lettons ou «ouest-baltes»).

# 2

# *famille finno-ougrienne*

Les langues finno-ougriennes sont parlées par environ 25 millions de personnes. À l'exception du hongrois, elles sont localisées au nord de l'Europe, dans le bassin de la Volga et en Sibérie, dans des régions où la densité de population est très faible.

Les proverbes hongrois, finnois, tchoudes et estoniens que nous avons choisis sont représentatifs de ceux de cette famille linguistique. Parmi les autres langues, on peut citer le samoyède, les parlers lapons, le carélien, et dans le bassin de la Volga, le mordv et le tchérémisse ou mari.

Les langues finno-ougriennes, d'accès difficile, sont peu connues en dehors des pays où on les parle, ce qui est très regrettable, étant donné les remarquables travaux hongrois et finnois (voir ci-dessus, les bibliographies). Les bibliographies sont très incomplètes sur les études en langue originale au sujet des proverbes. Quant aux traductions, elles sont rares, sauf pour les langues de l'U.R.S.S. dont les proverbes ont fait l'objet d'études soviétiques sérieuses.

# hongrois

## Proverbes magyars

Entre les Germains, les Slaves et les Roumains, les Magyars occupent une place originale au cœur de l'Europe. Ils constituent les neuf-dixièmes de la population hongroise (11 millions de personnes). Le magyar, ou hongrois, est aussi parlé en Transylvanie roumaine et dans les colonies d'émigrés (notamment aux États-Unis).

## L'INDIVIDU                                              La nature

1   Il n'est pas de manteau assez grand pour couvrir à la fois la pauvreté et l'ivrognerie.

2   L'homme pauvre fait sa cuisine avec de l'eau.

3   Il vaut mieux avoir du pain sec en temps de paix que de la viande en temps de guerre. *(var. 533)*

4   Tel est l'homme, tel est son travail.

5   Même le lilas blanc a une ombre.

6   Nul ne peut reposer dans son ombre.

7   À vieille marmite, longue durée.

8   La vieillesse ôte les jambes au cheval, mais ne l'empêche pas de hennir. *(1055)*

### Les comportements

9   Celui qui se lève tôt trouvera de l'or.

10   Va lentement, tu iras plus loin. *(1782)*

11   Qui se met en colère lentement le restera longtemps.

12   Si ton épée est trop courte, allonge-la d'un pas.

13   Chaque coq est seigneur sur son fumier. *(520)*

14 Le diable tente tout le monde, sauf l'oisif qui tente le diable.

## LES BIENS

15 Le bien mal acquis se perd de la même façon. *(1301)*

16 Qui vend du poison prend une enseigne fleurie.

17 Chaque tsigane vante les qualités de son propre cheval. *(1928)*

18 Mieux vaut un moineau aujourd'hui qu'une outarde demain. *(532)*
  ● *L'outarde* est un grand oiseau qui ressemble à une grue.

19 Un prêt même ancien n'est pas un don.

20 Qui accepte un cadeau vend sa liberté.

## LES BONNES ET MAUVAISES RELATIONS

21 La mort des loups, c'est la santé des brebis.

22 Les oies nombreuses ont raison d'un cochon.

23 Même au diable, il faut allumer un cierge.

24 Autant de maisons, autant de mœurs.

25 Peccadilles dans mon pays, grands péchés à l'étranger.

26 La nuit, toutes les vaches sont noires. *(549)*

27 Les étincelles s'envolent même d'une petite forge.

28 Un oiseau se reconnaît à ses plumes et l'homme à ses amis.

29 Un flatteur est un ennemi secret.

30 La médisance peut allumer un grand feu.

31 Le buisson ne bruit pas tant que le vent se tait.

32 Un homme prudent ne fait pas du bouc son jardinier.

33 Celui que frappe la foudre n'entend pas le tonnerre.

34 Celui qui veut se faire pêcheur ne doit pas avoir peur de l'eau.

35 Celui qui méprise le marteau ne sera jamais forgeron. *(1450)*

36 Celui qui n'aime pas la paix ne peut combattre la guerre.

37 Ce n'est pas toujours la plume, mais souvent le fusil qui rédige la loi.

## LA FEMME ET LA FAMILLE

38 En amour comme en rêve, il n'est rien d'impossible.

39 Ne t'attriste de rien, tant que tu peux encore aimer.

40    Tout se passe toujours comme la femme le désire.

41    Regarde la mère, puis épouse la fille. *(891)*

42    Les hiboux voient dans leur fils un faucon.

43    L'enfant qui est aimé a plusieurs noms.

## LA SAGESSE

44    Si quelqu'un te lance une pierre, lance-lui du pain.

45    Nul n'est pendu pour une pensée.

46    Les moulins du Bon Dieu tournent lentement.

47    Ne bénis ta journée que lorsque le soleil se couche.

BIBLIOGRAPHIE

Léon Fauvin, *Essais de grammaire hongroise*, Pesth, 1870, pp. 279-281 (25 proverbes en hongrois et en français).

Des proverbes figurent dans le *Dictionnaire hongrois-anglais* d'Orszógh, Budapest, 1953.

Une bibliographie des études en hongrois a paru dans *Proverbium*, n° 3, 1965, pp. 56-57. L'ouvrage le plus complet du XIXᵉ siècle est : Ede Margalits, *Proverbes et Dictons hongrois*, Budapest, 1896 (25 000 proverbes et dictons classés par ordre alphabétique du mot-clef).

De nombreuses études dans des périodes ethnographiques ont paru sur ce sujet, puis un excellent ouvrage récent : Gábor A. Nagy, *Magyar szólasók és közmondások (Expressions et Proverbes hongrois)*, Gondolat, 1966. Il comprend 18 000 éléments classés par ordre alphabétique du mot-clef, une bibliographie complète, de nombreuses explications et un index thématique.

Le proverbe hongrois «Celui qui se lève tôt trouvera de l'or» est étudié dans un article sur ce thème de *Proverbium*, n° 4, 1966, pp. 65-69.

Les variantes du proverbe hongrois «Même au diable il faut allumer un cierge» sont étudiées dans Vilmos Voigt, «Variantenschichten eines ungarischen Proverbiums», *Proverbium*, n° 15, 1970, pp. 541-544.

# groupe finnois

## Proverbes finnois

La Finlande, pays nordique non scandinave d'Europe est peu peuplée (5 millions d'habitants dont une forte minorité suédoise — 350 000 personnes —) et a deux langues officielles : le finnois et le suédois.

L'intérêt des Finlandais pour leur folklore est considérable. Leurs archives nationales sont parmi les plus riches du monde et les spécialistes finlandais, réunis autour de la revue *Proverbium*\*, ont donné à la parémiologie internationale des travaux de grande qualité. Citons notamment ceux de Matti Kuusi.

Quand on sait que les archives de la Société de littérature finnoise comptent 300 000 proverbes, que les collections de l'université d'Helsinki en dénombrent, avec les variantes, 1 425 000 et que la Société de littérature suédoise en Finlande en a répertorié 23 255, on ne peut que déplorer que le choix suivant soit si restreint. Il faut en rendre responsables le peu d'empressement des traducteurs à faire connaître les ressources de ce pays et la modestie des chercheurs finlandais dont les travaux traduits consistent en des études comparées ou concernent des proverbes d'autres langues.

**L'INDIVIDU**                                                 **La nature**

1   Nul ne skie assez doucement pour glisser sans laisser de traces.

2   Le chat mangerait bien du poisson, mais ne veut pas se mouiller les pattes.

3   Tout ce qui brille n'est pas or, tout ce qui scintille n'est pas argent. *(1440)*

4   À mesure que nous vieillissons, ce sont nos maux qui rajeunissent.

**Les comportements**

5   On pleure après une longue joie, on pète après un long rire.

6   On ne doit pas aller dans l'étuve si ça ne démange pas.

7   Le froid fera rentrer le porcelet à la maison.

## LES BIENS

8    Avec une bourse au cou, personne n'est pendu.

9    Avec une faucille d'argent, on moissonne des épis d'or.

10   Le riche paie l'amende avec de l'argent, le pauvre avec la peau du dos.

11   N'examine pas de près le renne que t'a donné le riche, de peur de découvrir qu'il manque des cornes à sa ramure.

12   L'argent qui vient de la forêt ne sent pas la sueur.

13   Mieux vaut une gélinotte dans la main que deux sur la branche.

## LES RELATIONS

14   Une bonne cloche, on l'entend de loin, et une mauvaise d'encore plus loin.

15   Un mouton bêle : toute la bergerie a soif.

16   Tout le monde connaît l'ours, mais l'ours ne connaît personne.

17   Celui qui ne veut pas entendre avec ses oreilles entendra avec son os.

18   Un mot engendre un mot, une étincelle embrase la terre.

19   La loi vacille quand le juge tient un verre à la main.

20   Mieux vaut entendre parler du roi que de le voir.

## LA FEMME ET LA FAMILLE

21   On se souvient du baiser promis, on oublie les baisers reçus.

22   L'amour est un jardin fleuri et le mariage un champ d'orties.

23   La terre se fendra avant qu'une putain ait honte.

24   Un veuf ou une veuve, c'est une maison sans toit.

25   Le fou loue son cheval, l'insensé sa femme et le maladroit ses enfants.

26   Tu feras la louange de ton cheval demain ; de ton fils, quand il aura de la barbe ; de ta fille, quand elle sera mariée ; et de toi-même, jamais.

## LA SAGESSE

27   La pluie ne reste pas au ciel.

28   Un homme peut revenir d'outremer, aucun homme ne revient de dessous la terre.

29   On n'est un homme que lorsqu'on a tracé un sillon dans un champ.

BIBLIOGRAPHIE

« Proverbes finnois », *Le Magasin pittoresque*, 1861, t. 29, p. 18. Matti Kuusi, « Die Wandlungen der Beliebtheit der Redensarten » in *Parömiologische Betrachtungen*, Folklore Fellows Communications, Helsinki, 1957. Dans ce chapitre sur la progression de la popularité des locutions, inséré dans ses *Considérations parémiologiques*, Kuusi donne la liste de 40 proverbes finnois en traduction allemande.

Quant aux remarquables recueils finnois, il faut citer l'ouvrage historique d'Elias Lönnrot paru à Helsinki en 1842 et qui donne 7 077 proverbes ; l'édition critique de Matti Kuusi, Porvoo, 1953 qui, avec une étude des sources de la parémiologie finnoise, comprend 11 000 proverbes et enfin le recueil d'Erkki Giesmaa, Helsinki, 1957 (13 605 proverbes avec des références à la Laponie et au Nord-Est).

# Proverbes tchoudes

Le vêpse et l'estonien appartiennent au même groupe que le finnois.
Le vêpse, ou tchoude du Nord, a des formes plus anciennes que le finnois. Les Tchoudes, qui peuplent une région située au nord de l'Estonie, ont donné leur nom à un lac fameux, où Alexandre Nevski écrasa les Chevaliers Teutoniques en 1242.

## L'INDIVIDU                                  La nature

1  Personne ne naît avec la cognée dans la main.

2  Le charbon froid ne donne pas de feu.

3  Ce n'est pas le navet amer qui pourrit le premier.

4  Tous ne sont pas des hommes, qui portent des culottes.

5  Une louche ne vaut rien sans sa queue.

### Les comportements

6  L'homme ne vit pas du nom, mais du travail.

7  Le chien ne peut pas apprendre à nager sans se mouiller la queue.

8  Le torrent qui mugit ne gèle pas, la pierre qui roule n'amasse pas mousse.

9  Un chien aboyeur n'attrape pas de lièvre.

10  Un péché pour celui qui prend, cent péchés pour celui qui le dit.

## LES RELATIONS

11  Le travail est tel qu'on le fait, la loi est telle qu'on la lit.

12  La mer n'est pas corrompue si les chiens boivent au bord.

13  Le poisson est toujours dans l'eau, mais pas toujours dans le filet.

14    Deux rois n'ont pas de place dans un seul château.

## LA SAGESSE

15    Les hommes bêtes ne sont ni labourés ni semés, ils surgissent d'eux-
mêmes.

16    L'homme ne fait pas avancer le temps, le temps fait avancer l'homme.

SOURCE

Ch. E. de Ujfalvy, *Essai de grammaire vêpse*, Leroux, 1875, pp. 52-55 (47 proverbes
en vêpse et en traduction française).

# Proverbes estoniens

Un million d'Estoniens habitent la République socialiste soviétique d'Estonie,
l'une des trois républiques baltes de l'U.R.S.S.

## L'INDIVIDU

1    La forêt est le manteau du pauvre.

2    On ne fait pas de soupe avec de la beauté. *(1042)*

3    Mieux vaut une chèvre qui donne du lait qu'une vache stérile.

4    Habit de soie n'a pas de puces.

5    Celui qui n'a pas bâti de maison croit que les murs sortent de terre.

6    La hache émoussée du maître coupe plus que celle de trois ouvriers.
*(271)*

7    Besace de prêtre et abîme d'enfer ne sont jamais pleins.

8    La loi est de trois jours plus vieille que le monde.

## LA FEMME ET LA FAMILLE

9    Nul ne distingue la trace de l'oiseau dans le ciel ni de l'amant qui s'en
va voir sa belle.

10    Ne vous fiez ni à l'épousée de la veille ni au temps du matin.

11    Si la fournée de pain est manquée, c'est une semaine perdue ; si la moisson est mauvaise, c'est une année perdue ; si le mariage est funeste,
c'est une vie perdue.

12    Le verger d'une femme pauvre est dans son corsage, et son champ sous
son tablier.

13  Une femme belle est le paradis des yeux, l'enfer de l'âme et le purga-
    toire de la bourse.

14  Neuf enfants trouvent place entre les bras de leur père, mais il n'y a
    jamais assez de place pour un père dans les maisons de neuf fils. *(904)*

15  L'été vient et embrasse l'enfant, l'hiver vient et le tue.

16  Le vieil homme a la mort devant les yeux, le jeune homme l'a derrière
    le dos.

Les proverbes estoniens nous sont peu accessibles, en l'absence de traductions. Nous
savons qu'ils sont bien repertoriés. Plusieurs travaux sérieux ont été publiés par I. Sarv.
On peut citer notamment :

*La comparaison en tant qu'aspect particulier du dicton*, Annales de l'université de Tartu
(l'ancienne Dorpat), 1960, qui comporte un résumé en russe et en allemand.

Un article de *Proverbium*, n° 9, 1967, p. 219, annonçait la publication prochaine d'un
ouvrage plus considérable du même auteur, comprenant 8 000 proverbes.

# 3

# *famille caucasienne*

Les langues caucasiennes sont parlées surtout sur le territoire de l'U.R.S.S. (Géorgie, Azerbaïdjan, quelques républiques autonomes comprises dans la République socialiste soviétique fédérative de Russie) par 5 millions de personnes, le groupe le plus nombreux étant les Géorgiens.

On trouve aussi quelques centaines de milliers de personnes parlant d'autres langues et dialectes de cette famille en Iran, en Turquie, en Iraq, en Syrie, en Jordanie.

On dénombre 37 langues caucasiennes, sans compter les nombreux dialectes. Elles sont divisées en plusieurs groupes : dans celui du Sud figure le géorgien; ceux du Nord comprennent les 26 langues du Daghestan, ainsi que le circassien, l'abkhaz, l'oubykh, le tcherkesse, etc.

Le géorgien a une riche tradition littéraire; c'est la langue nationale de la République socialiste soviétique de Géorgie et la langue maternelle de 3 millions de personnes.

## CHAPITRE XII

# géorgien

## Proverbes géorgiens

**L'INDIVIDU**                                                **La nature**

1   À bon drap bonne doublure.

2   Du même bois on fait la croix et la pelle à fumier.

3   Celui qui est né sur les épines préfère mourir sur elles.

4   La cruche ne peut verser que ce qu'elle contient. *(1092)*

5   D'un œuf de corbeau ne sort qu'un corbeau. *(188)*

6   L'enfant de la souris sera toujours rongeur de sacs. *(515)*

7   De la semence du rosier ne pousse pas l'églantier. *(201)*

8   **Le serpent change de peau, mais non point de nature.** *(140)*

9   **La barbe longue ne fait pas le curé.** (636)

10  Foin ne peut pas tuer le bœuf.

11  La forteresse s'écroule par l'intérieur.

12  Il y a toujours une cuiller malpropre dans chaque famille.

13  La maladie entre par charrettes et sort par grains. *(751)*

**Les comportements**

14  Goutte par goutte, le lac s'est formé. (39)

15  Le testament ne fait pas mourir le testateur.

16  Toutes les mouches bourdonnent, mais elles ne sont pas des abeilles.

17  Toutes les cheminées fument, mais cela ne veut pas dire qu'on fait de la cuisine partout.

18    La cerise est amère au sommet du cerisier.

19    La faim ne dit pas « pain rassis » ni le froid « vieil habit ».

20    Le riche mange quand il veut, et le pauvre quand il peut.

21    L'assiette d'or ne vaut rien, si mon sang coule dedans.

## LES BIENS

22    Mieux vaut le diamant brut que la turquoise polie.

23    Mieux vaut boire d'une petite source d'eau douce que de la grande mer salée.

24    Mieux vaut la petite amphore pleine que la grande vide.

25    Le piment gratuit est plus doux que le sucre.

26    Un œuf aujourd'hui est meilleur qu'un poulet demain. *(532)*

27    Mieux vaut le cuivre qui t'appartient que l'or d'autrui.

28    Ce qui a été apporté par le vent sera emporté par le vent. *(1963)*

29    Quand tu donnes une noix à quelqu'un, donne-lui aussi de quoi la casser.

30    La justesse des balances dépend du peseur.

## LES BONNES ET MAUVAISES RELATIONS

31    Le bon cheval n'a pas besoin de fouet.

32    Le surplus de beurre ne gâte pas le pâté de riz.

33    L'aiguille mince fait plus que la lance du guerrier.

34    Si Jésus-Christ me vient en aide, je me moque des anges.

35    Si la lune m'aide, je me moque des étoiles.

36    Même Dieu aime les bons.

37    Telle forêt, tel gibier.

38    Les mouches s'assemblent là où le miel coule.

39    On ne peut pas reprocher au soleil de ne pas éclairer pendant la nuit.

40    Dans un pays sans chien, on ferait aboyer le chat.

41    Attrape d'abord l'oiseau et construis ensuite la cage. *(462)*

42    La mère n'allaite son enfant que lorsqu'il pleure.

43    Le veau flatteur tète deux mamelles.

44    Avec de douces paroles on parvient à traire le cerf et avec des dures, on ne réussit même pas à traire la vache.

45   On conquerra le monde entier par la parole, mais non par un sabre tiré.

46   Seul le muet peut faire taire un bavard.

47   La main coupée par la justice ne fait pas souffrir.

48   Le grand n'a pas voulu se baisser, le petit n'a pas pu l'atteindre, et le baiser s'est perdu.

49   N'ayant pas pu battre le cheval, on battait la selle. *(369)*

50   Le chien qui ne peut pas mordre aboie de loin.

51   Le pêcheur maladroit ne fait que troubler l'eau.

52   Chat miauleur n'attrape pas de souris.

53   La vache perdue donnait beaucoup de lait.

54   Un aveugle suivait l'autre et tous les deux sont tombés dans le fossé.

55   Il faut se garder du devant d'un bœuf, du derrière d'un cheval, et d'un aveugle de tous les côtés.

56   On donna des yeux à un aveugle et il se mit à demander des sourcils.

57   Un cochon sale en a sali une centaine d'autres. *(477)*

58   Si tu pardonnes au renard le vol de la poule, il t'enlèvera le mouton.

59   Par-dessus la haie basse, tout le monde passe. *(1825)*

60   Lorsque l'arbre est tombé, les fourmis le prennent d'assaut. *(56)*

61   On est philosophe dans la bataille d'autrui. *(1848)*

62   Un champ commun est toujours ravagé par des ours. *(371)*

63   Entre les mains de neuf nourrices, le bébé est mort de faim.

64   On ferrait le cheval et la grenouille, allongeant sa patte, a dit : « Ferrez-moi aussi ».

65   Plus tu remues le fumier, plus il sent mauvais. *(699)*

66   L'église sans maître est devenue la proie des diables.

67   Les champs ont des yeux et les murs des oreilles. *(51)*

68   L'ours ne savait pas mordre, et l'homme le lui a appris.

69   Les eaux ont beau couler dans tous les sens le sable restera toujours au fond.

70   Le soleil qui se couche regarde de travers la lune qui se lève.

71   Celui qui jettera de la boue au soleil ne l'atteindra pas et la boue retombera sur lui. *(713)*

72   Les taches de sang ne se lavent pas avec du sang.

## LA FEMME

73 Des amoureux peuvent se tenir même sur le tranchant d'une hache.

74 Ma belle est celle que j'aime.

75 Faute de belles, on embrasse des laides. *(var. 987)*

76 Même les pans d'habits d'or ne peuvent voiler les femmes légères.

77 Les armes d'une femme, ce sont ses larmes.

78 Si la femme était bonne, Dieu en aurait eu une.

79 Mieux vaut être la femme d'un forgeron que l'amante d'un roi.

80 On a tué des milliers de maris à cause de leurs belles femmes.

81 Si la femme se rappelait les souffrances de l'accouchement, elle n'aurait jamais couché de nouveau avec un homme.

82 La vache vêlait et le bœuf gémissait.

83 Le chanceux perd sa femme, le malchanceux perd son cheval.

## LA FAMILLE

84 Une mère comprend la langue de son fils muet.

85 L'homme qui n'a jamais souffert blessa sa mère avec une hache et souffrit.

86 Le fils est le support de la maison, la fille — le butin d'autrui.

87 Neuf frères ont partagé entre eux une noisette.

88 La sœur peut mourir pour le frère, mais le frère n'est jamais mort pour sa sœur.

## LA SAGESSE

89 Les yeux avides ne peuvent être cousus qu'avec le fil de la mort.

90 L'homme proposait, Dieu riait. *(1954)*

91 Dieu est la consolation du pauvre.

BIBLIOGRAPHIE

Les proverbes géorgiens sont bien connus par des publications géorgiennes et des traductions russes. Notre principale source est une traduction française, qui est un travail sérieux et complet sur ce sujet : Th. Sakhokia, « Les Proverbes géorgiens », *Revue des Traditions populaires*, Maisonneuve, 1903 (800 proverbes présentés par thèmes).

CHAPITRE XIII

# oubykh

## Proverbes oubykhs

Depuis l'exode des Oubykhs en Anatolie, en 1864, l'oubykh n'est plus parlé dans
le Caucase, mais seulement par des groupes peu nombreux en Turquie.
Si nous avons choisi de présenter quelques proverbes oubykhs, de préférence à
ceux des autres langues caucasiennes (qui sont connus par des traductions russes), c'est qu'il existe une tradition française d'étude des langues de cette région
qui doit beaucoup aux travaux de Georges Dumézil*

### L'INDIVIDU

1   D'une servante il ne sort pas une dame. *(203)*

2   D'un bon père sortira un bon fils. *(918)*

3   Parfois d'un bon père ne sort pas un bon fils.

4   Si la branche vieillit, tu ne pourras plus la courber.

5   Celui qui a un château de fer manque d'une aiguille de fer.

### LES RELATIONS

6   Si tu envoies l'enfant en course, c'est toi-même que tu renverras.
    ● L'enfant n'ayant pas compris, tu seras obligé d'y retourner.

7   Où le chat n'est pas, la souris danse. *(540)*

8   Un œuf aujourd'hui vaut mieux qu'une poule de demain. *(532)*

9   Celui qui a mangé à sa suffisance ne comprend pas celui qui a
    faim. *(168)*

10  Si le cavalier ne vient pas à bout du cheval, il accuse la selle. *(369)*

11  Ne me fais pas panser par qui n'a pas été blessé.

12  Ne reprends pas l'eau que tu as crachée.

13  On n'enlève pas deux fois la peau d'un animal tué.

14  Le loup dit qu'il y a de la viande dans la vallée où il n'est pas entré.

15  Ce qui sort d'une bouche entrera dans cent bouches.

16  Ce que l'épée coupe se guérit, ce que la bouche coupe ne se guérit pas.

## LA SAGESSE

17  Le pied de la vache ne tue pas le veau.

18  Celui qui t'aime te fera pleurer, celui qui te hait te fera rire.

19  En faisant le mal ne t'attends pas au bien.

20  Si le cœur ne contemple pas, l'œil ne verra pas.

SOURCE

Georges Dumézil, « Les proverbes oubykhs de J. von Mészáros », in *Documents anato-liens sur les langues et les traditions du Caucase*, Maisonneuve, 1960, t. I, pp. 80-88 (98 proverbes en oubykh et en traduction française, avec des explications).

# 4

*langue basque*

CHAPITRE XIV

# langue basque

## Proverbes basques

L'origine de la langue basque, que ses usagers appellent euskara ou eskuara et qui est divisée en huit dialectes et de nombreux sous-dialectes, reste mystérieuse. Ce problème a beaucoup intéressé les linguistes qui après l'avoir cru (à tort) apparenté à l'ibère, ont relevé les coïncidences du basque avec de nombreuses langues, sans pouvoir déterminer s'il s'agit de hasards ou s'il y a lieu de supposer l'existence d'une source commune.

Certains poursuivent des recherches sur les rapprochements entre le basque et les langues nord-africaines (berbère). D'autres, plus nombreux l'apparentent aux langues caucasiennes, ou même paléo-sibériennes.

Il nous a paru plus prudent de le présenter comme un cas isolé, tout en signalant l'influence exercée par l'environnement latino-roman des Basques (voir 1, chap. I : groupe roman).

Ceux-ci sont concentrés au nord de l'Espagne et au sud de la France. En Espagne, dans les régions de Navarre, Biscaye (autour de Bilbao), de Guipuzcoa (San Sebastian) et d'Alava (Vitoria), on en dénombre 650 000, tandis que 80 000 Basques se trouvent en France dans les arrondissements de Bayonne et de Mauléon, sans compter les émigrés répandus dans le monde.

## L'INDIVIDU

1   La maison vide est pleine de bruit.

2   Tout drap a son envers. *(2061)*

3   Celui qui doit être pendu à Pâques trouve le carême bien court.

4   Celui qui a passé le gué sait combien la rivière est profonde.

5   Le miel est amer à celui qui a mal à la bouche. *(626)*

6   La vanité, encore qu'elle fleurisse, ne graine pas.

7   Celle qui s'engrossa de vent s'accoucha de vesses.
   ● Une *vesse* est un pet.

## LES BIENS

8   Un marteau d'argent rompt des portes de fer.

9   Sou à sou s'amasse le franc. *(31)*

10  J'ai tiré lait, beurre et fromage de ma vache, et j'ai perdu mon veau.

11  Donne ton veau de bonne grâce à celui qui peut te l'enlever par force.

## LES BONNES ET MAUVAISES RELATIONS

12  Le lard et le vin de l'année courante, l'ami de plusieurs années.

13  La montagne n'a pas besoin de la montagne, mais l'homme a besoin de l'homme. *(var. 8)*

14  L'aiguille habille les autres et demeure nue.

15  Attaquer hardiment, c'est vaincre à demi.

16  Le fou en sait plus en sa maison que le sage en celle d'autrui.

17  J'aime mieux un âne qui me porte qu'un cheval qui me jette par terre.

18  En la maison du ménétrier, tous sont danseurs.
    ● Le *ménétrier* est un musicien.

19  Il faut que le fil soit plus long que l'aiguille.

20  Ce que la souris mangerait, que le chat le mange. *(543)*

21  Lorsque le feu brûle la maison de ton voisin, prends garde à la tienne. *(820)*

22  Quand le renard se met à prêcher, prends garde à ta poule.

23  Notre chien sait flatter avec la queue et mordre avec la bouche.

24  C'est folie de tendre la main à celui qui se veut noyer.

25  C'est jouer à tout perdre que d'enterrer le bât avec la mule morte.

26  Celui qui doit baiser quelqu'un au derrière, à retarder ne gagne rien.

27  Les plus grands maux sont ceux qui viennent de la tête.
    ● La *tête* signifie ici les maîtres.

28  Le grand larron fait pendre les petits.

29  Une servante de pays lointain a bruit de damoiselle.

30  Il y a plus de menacés que de frappés.

31  Que ce qui est dit à la table demeure caché dans la nappe.

32  Le secret, après qu'il s'est promené en trois oreilles, va courant partout.

## LA FEMME

33  Ni l'étoupe près des tisons, ni la fille près du garçon.

34  L'étalon ne sent pas les coups de pied de la jument. *(417)*

35   Il faut couvrir le feu de la maison avec les cendres de la maison.
     ● Sur l'adultère.

36   Qui a le loup pour mari jette souvent la vue sur le bois.

## LA SAGESSE

37   Le crachat que tu jettes contre le ciel, retombe sur ta face. *(713)*

38   La maladie du corps est la guérison de l'âme.

39   L'espérance est la pitance de ceux qui sont en souffrance.

40   Tu sais assez si tu sais vivre.

BIBLIOGRAPHIE

Les proverbes basques ont été l'objet d'un grand intérêt depuis le XVIe siècle. Des ouvrages anciens ont été réédités. Citons notamment :

W. J. van Eys, réédition de l'*Unicum* de 1596, Genève, 1896 (300 proverbes du dialecte du Guipuzcoa avec la traduction espagnole).

Julio de Urquijo e Ibarra, *Refranero Vasco, los refranes y sentencias de 1596,* San Sebastian, 1964 (163 proverbes avec la traduction espagnole et des équivalents allemands, français, italiens, piémontais, béarnais et castillans).

Une traduction française de 168 proverbes basques avait paru dès 1657 :

Arnauld Oihenart, *Supplément des proverbes basques*, rééditée en 1892 à Bayonne et en 1894 à Bordeaux (texte français avec quelques explications).

Tout en modernisant l'orthographe, nous avons préféré utiliser cette traduction ancienne qui donne une saveur toute particulière au choix de proverbes basques.

# 5

# *famille altaïque*

Les monts Altaï, berceau des peuples turco-mongols, ont donné leur nom à une famille de langues, répandues dans l'Asie septentrionale et centrale.

Les langues turques et mongoles, à partir d'un fonds commun très ancien, ont évolué dans leur aire propre, subissant l'influence, pour les premières, des mondes musulman et bouddhique et pour les secondes, du monde bouddhique et de la Chine.

On y joint les langues toungouzes, répandues principalement en Sibérie et en Mandchourie, ainsi que le coréen et le japonais, qui présentent entre eux des ressemblances frappantes. Le peuplement originel de la Corée est d'origine toungouze. Quant au japonais, bien qu'il ait emprunté une partie de son vocabulaire et la base de son écriture au chinois, il en est cependant fondamentalement différent.

# turc

## Proverbes turcs

Le turc est la langue officielle de la Turquie, qui compte 43 millions d'habitants, dont 30 millions de Turcs. L'influence du monde musulman, notamment par l'islamisation, explique que certains proverbes soient communs aux Arabes et aux Turcs. De même, des raisons historiques expliquent les coïncidences avec les proverbes persans, kurdes et albanais.

### L'INDIVIDU                                                    Les désirs

1   Si ma chaussure est étroite, que m'importe que le monde soit vaste?

2   Le marron du pauvre, c'est le gland du chêne. *(498)*
    • Proverbe employé par les pauvres pour indiquer qu'ils se contentent de leur nourriture frugale.

3   Plutôt mon corbeau que le rossignol d'autrui. *(988)*

4   Une poule affamée rêve qu'elle est dans le grenier à orge.
    • Les plus démunis font les rêves les plus fous.

5   La pauvreté est une chemise de feu.

6   Peu d'argent, peu de procès. *(1853)*

7   Allah donne le pain à l'un et l'appétit à l'autre.

8   Le monde est ainsi fait : aux uns, il donne des melons, aux autres des maux d'estomac.

9   Trop d'orge fait crever le cheval. *(1292)*

### La nature

10  Chaque fleur a son parfum.

11  D'un même arbre, on tire des carquois et des pelles à fumier.

12  Le gingembre, en Orient, n'a pas de saveur.

13 Santé sans argent est maladie sans douleur.

14 S'il y a un homme sans chagrin, ce n'est pas un homme.

15 Le chagrin est à l'âme ce que le ver est au bois.

16 Le bât ne pèse point à l'âne.

17 La raison ne vient pas avec l'âge, elle est dans la tête.

18 Le vinaigre trop acide ronge le vase qui le contient. *(1934)*
   ● *Une personne emportée se nuit d'abord à elle-même.*

19 Qui n'a pas éprouvé la peine ignore le prix du plaisir.

20 Le monde entier, fût-il ligué contre toi, ne peut te faire le quart du mal que tu te fais à toi-même.

21 C'est le fait de Satan de dire : moi.

22 L'intelligence de quarante Arabes tiendrait dans un pépin de figue.

### Les comportements

23 Chaque coq chante dans l'endroit où l'on jette les balayures. *(520)*
   ● *Chacun est fort chez soi.*

24 Savant ne couche pas sur un lit de plumes.

25 Qui monte à l'arbre ne laisse pas ses babouches à terre.

26 C'est pendant qu'il pleut qu'il faut remplir les jarres. *(319)*

27 C'est goutte à goutte que se forment les lacs. *(39)*

28 Qui s'est brûlé avec du lait souffle sur la crème glacée. *(548)*

29 Qui a mangé du fromage salé saura bien trouver de l'eau.

30 La roue arrière d'une voiture passera là où la roue avant est passée.

31 Qui entre dans l'étuve sortira en sueur.

32 Est-ce quand le cheval a été volé que tu fermes la porte de l'écurie ? *(422)*

33 À grand pain, beaucoup de levain.

34 Qui hésite entre deux mosquées, s'en retourne sans avoir prié.

35 On ne peut abattre deux oiseaux avec une seule flèche.

36 Celui qui mange seul son pain soulève son fardeau avec les dents.

37 Qui sait beaucoup commet beaucoup de fautes.

38 En fuyant la pluie, on rencontre la grêle.

39 L'arme est l'ennemie de son maître.

**LES BIENS**                                                           **Le don**

40   Qui demande l'aumône rougit une fois ; qui la refuse, rougit deux fois.

41   Le vinaigre gratis est plus doux que le miel.

42   On ne regarde pas aux dents d'un cheval donné. *(421)*

43   Mangez le raisin et n'en demandez pas la vigne.

44   Donner aux riches, c'est porter de l'eau à la mer. *(37)*

**L'ingratitude**

45   Une fois le dîner fini, on n'estime plus la cuiller.

46   Quand la hache pénétra dans la forêt, les arbres dirent : «Son manche
      est des nôtres.»

47   L'aigle a été percé de la flèche faite de sa plume. *(502)*

**Le vol**

48   On ne vole pas une aubergine amère.

49   Le voleur de miel se lèche les doigts. *(1019)*

50   Le voleur qui n'est pas pris passe pour un honnête homme.

**Les affaires**

51   Les hommes font les affaires et les affaires font les hommes. *(1384)*

52   On paie celui qui joue du fifre.

53   Bien qu'ils soient des frères, leurs poches ne sont pas des sœurs.

54   La mer n'achète pas de poissons.

55   Qui montre du blé veut vendre de l'orge.

56   Ne croyez pas qu'en laissant vos cheveux chez le barbier vous l'ayez payé.

57   Le prix de l'or, c'est le changeur qui le connaît.

58   Le miel est une chose, le prix du miel en est une autre.

59   On ne vend pas le poisson qui est encore dans la mer. *(255)*

60   Les poulets d'été se comptent en automne.

61   Il ne faut pas couper de caftan pour l'enfant qui n'est pas encore
      né. *(462)*

62   Corneille sur la main vaut mieux qu'aigle en l'air. *(217)*

63   L'œuf d'aujourd'hui vaut mieux que la poule de demain. *(532)*

64  Plutôt le poulet d'aujourd'hui que l'oie de demain. *(532)*

**Les dettes**

65  Argent emprunté s'en va en riant et revient en pleurant.

66  Mille larmes ne paient pas une dette. *(1343)*

## LES BONNES ET MAUVAISES RELATIONS

67  L'homme est le miroir de l'homme.

68  Bon cheval n'a pas besoin d'éperons.

69  C'est l'os qui tient fermée la gueule du chien. *(585)*

70  Le miel fait sortir le serpent de son trou.

71  On prend plus de mouches avec un rayon de miel qu'avec du tonneau de vinaigre. *(246)*

72  On prend quelquefois le lièvre avec un chariot à bœufs.

73  Chameau galeux portera toujours bien le fardeau d'un âne sain.

74  Au bœuf bien portant, mauvaise paille n'est point nuisible.

75  Celui dont le pied glisse montre le chemin à beaucoup.

76  Baise la main que tu n'as pu couper.

77  Sois maître de qui ne t'aime pas et esclave de qui t'aime.

78  Loue la journée une fois le soir venu, et l'homme après sa mort.

79  Ne regarde pas à la blancheur du turban; le savon fut pris à crédit.

80  Le chien qui veut mordre ne montre pas ses dents.

81  Chien affamé ne craint pas le lion.

82  L'oiseau affamé fait son nid même auprès du faucon.

83  La brebis morte n'a plus peur du loup.

84  Celui qui cherche la paix doit être sourd, aveugle et muet.

85  Pas de montagne sans brouillard, pas d'homme de mérite sans calomniateurs.

86  Mille hommes armés ne peuvent dépouiller un homme nu. *(var. 1294)*

87  La terre a des oreilles, le vent a une voix.

88  Tel pot, tel couvercle. *(1043-1050)*

89  Qui joue avec l'âne ne doit pas s'offenser s'il pète. *(var. 381)*

90  Le pêcheur doit s'habituer à l'eau trouble. *(43-224)*

91  L'eau que tu passes à gué peut en noyer d'autres.

92  Là où il n'y a pas de mouton, la chèvre est reine.

93  On ne jette pas de pierres au vautour.
    ● Parce qu'il vole trop haut.

94  On ne donne pas le sein à l'enfant qui ne pleure pas.

95  Si deux cruches se heurtent, l'une se casse.

96  Qui cherche un ami sans défaut reste sans ami.

97  La poule du voisin nous paraît une oie. *(295)*

98  L'eau du puits du voisin est plus douce que le miel. *(295)*

99  Si ma barbe brûle, les autres viennent y allumer leur pipe. *(583)*

100  L'homme charmant répand les fleurs au dehors et réserve les épines
     pour le dedans.

101  Qui pleure pour tout le monde finit par perdre les yeux.

102  Celui qui songe à brûler la récolte n'arrive pas au temps de la moisson.
     ● Dieu fait mourir ceux qui ont de mauvaises intentions.

103  Deux baladins ne dansent pas sur la même corde.

104  Deux coqs ne peuvent pas chanter dans un même lieu. *(1770)*

105  Le poisson commence à puer par la tête.
     ● Les chefs se laissent corrompre les premiers.

106  Quand un riche tombe par terre, on dit que c'est un accident ; quand c'est
     un pauvre, on dit qu'il est ivrogne.

107  Qui tombe dans le fleuve s'accroche au serpent.
     ● Dans le danger, on se réfugie même chez son ennemi.

108  L'esprit ne vient au poisson que lorsqu'il est pris au filet.

109  Ne frappe pas le malheureux, il tombera bien sans cela.

110  Une fois le lion mort, il ne manque pas de braves pour lui arracher la
     crinière. *(56)*

111  On jette à la rue les vieux balais.

## La parole

112  Bouche qui parle ne reste pas affamée.

113  Qui domine sa langue sauve sa tête.

114  Qui prend conseil franchit la montagne ; qui n'en prend point fait fausse
     route même en plaine.

115  L'homme est lié par sa parole, comme l'animal par sa chaîne. *(1494)*

116  Qui parle beaucoup a mauvaise conscience.

117  La langue n'a pas d'os, mais elle les brise.

118  Parfois la tête est la moisson de la langue.

119  La mauvaise parole et la fausse monnaie reviennent à leur propriétaire.
  • Si une personne utilise un langage grossier, il lui est répondu de la même manière.

120  On peut se défaire d'un ami par une seule parole, mais pour en acquérir mille paroles ne suffisent pas.

121  Le sage ne dit pas ce qu'il sait et le sot ne sait pas ce qu'il dit.

122  Celui qui dit la vérité doit avoir un pied à l'étrier.

123  Le logis du menteur a brûlé, mais personne ne l'a cru.

124  Qui conçoit en secret accouche en public.

## LA FEMME

125  On nomme amoureux celui qui, en courant sur la neige, ne laisse point de traces de ses pas.

126  Qui aime la femme est cousin du soleil.

127  Pour l'amour d'une rose, le jardinier devient l'esclave de mille épines.

128  Prends l'étoffe d'après la lisière, et la fille d'après la mère. *(891)*

129  Le cheval dépend du cavalier et la femme de l'homme.

130  C'est à qui saura la chevaucher que la jument appartiendra. *(362)*

131  Quand la lampe est éteinte, toutes les femmes se ressemblent. (549)

132  Les larmes sont d'ordinaire la plus touchante éloquence des femmes.

133  Le conseil d'une femme n'est bon que pour une femme.

134  Dans la maison d'une veuve, il n'y a pas de souris grasse.

135  La chemise est plus près du corps que l'habit. *(1150)*
  • La famille est plus proche que les amis.

## LA SAGESSE                    La morale du travail

136  La bouche ne devient pas douce à force de dire : « Miel ! Miel ! »
  • Il faut travailler si l'on veut avoir des biens et en jouir.

137  Si tu crains les moineaux, ne sème pas de mil.

138  Qui se contente d'espérance, meurt de faim. *(var. 1312)*

139  Le vent ramassa, le tourbillon dispersa.

140  Attache d'abord ton âne, puis tu le recommanderas à Dieu. *(1947)*

141    C'est l'oiseau qui vole encore qui peut espérer du secours.

## La justice

142    Une heure de justice vaut soixante-dix ans de prière.

143    La justice est la moitié de la religion.

144    Quand la violence entre par la porte, la loi et la justice sortent par
       la cheminée.

145    Sois brigand, sois voleur, mais ne cesse pas d'être juste.

## Les règles de vie

146    D'abord voir, après savoir.

147    Plutôt manquer d'yeux que d'esprit.

148    On n'apprend rien qu'à force de se tromper.

149    Fais du bien et jette-le à la mer. Si les poissons l'ignorent, Dieu le saura.

150    La flèche tirée ne revient jamais.

151    Prépare-toi au malheur avant qu'il n'arrive.

152    Il faut savoir sacrifier la barbe pour sauver la tête. *(226)*

## Le temps

153    Toute nuit a un jour, tout hiver a un été.

154    Ce qui n'arrive pas dans l'année peut arriver dans la journée.

156    Ne redoute pas l'accident dont on te menace pour le lendemain.

157    L'avenir ressemble à une femme enceinte; qui sait ce qu'elle mettra
       au jour?

158    Le jour passe, la vie s'écoule, et cependant le fou se réjouit de l'approche
       du jour de fête.

## Le monde et l'homme

159    La fleur est produite par le fumier et le fumier est produit par la fleur.

160    L'homme est la toile, le monde est l'aune.
       ● *L'aune* est une ancienne mesure (de longueur).

161    Le monde est un moulin : parfois il moud du grain, parfois il nous moud.

162    Qui est destiné à se pendre ne se noie pas.

163    Quand la flèche de la destinée a été lancée, ce n'est pas le bouclier de
       la prudence qui garantit de ses coups.

164   Quand s'accomplit la destinée, l'œil de la sagesse s'obscurcit.

**Dieu, la mort et l'espoir**

165   Nul soupir ne tombe à terre.

166   À l'oiseau aveugle, Dieu fait le nid. *(1951)*
      ● Les malheureux sont protégés par Dieu.

167   À la vue d'une seule beauté, il faut bénir Dieu.

168   Le bonheur est un cristal qui se brise au moment de son plus grand éclat.

169   Le plus heureux de tous est celui qui meurt au berceau.

170   L'ambition est une maladie qui n'a guère d'autre remède qu'une poignée
      de terre.

171   Une poignée de terre rassasie l'œil de l'homme.

172   Le cheval meurt, sa selle reste ; l'homme finit, son nom reste.

173   Il y a deux choses qu'on ne peut regarder fixement : le soleil et la mort.

174   La mort est un chameau noir qui s'agenouille devant toutes les portes.

175   Où est une âme, là est l'espérance.

BIBLIOGRAPHIE

De nombreuses traductions ont rendu, dès le XIXe siècle, les proverbes turcs accessibles aux Français.
J. A. Decourdemanche, *1 001 Proverbes turcs*, Leroux, 1878 (classement par chapitres, quelques références).
Jean Démétriades, *Proverbes turcs-français*, Constantinople, 1888, (353 proverbes,
sans références).
Henry Carmoy et Jean Nicolaïdes, *Traditions populaires de l'Asie Mineure*, Paris, 1888,
réimprimé en 1969, pp. 283-290 (50 proverbes en traduction, avec des explications).
*Proverbes turcs traduits en français*, Venise, Imprimerie arménienne, 1901 (édition
anonyme bilingue de 200 proverbes).
Une bibliographie turque figure dans *Proverbium*, n° 9, 1967, pp. 220-221. Il en res-
sort que dès le XIe siècle, des proverbes turcs furent recueillis dans l'œuvre immense de
Mahmud de Kachgar, *Diwan lugat at-Türk* (1073). En 1858, Sinasi en publia 1 800.
L'ouvrage le plus complet est dû à Fazil Tülbentçi (Istambul, 1963) : il comprend
15 800 proverbes et locutions donnés dans l'ordre alphabétique. O. Asim Aksoy a
donné l'étude la plus approfondie : 7 000 proverbes et locutions, Ankara, 1965.
Citons enfin :
Semahat Şenaltan, « Türkische Entsprechungen zu germanischromanischen Sprichwörtern bei Düringsfeld », *Proverbium*, n° 13, 1969, pp. 337-348 (250 proverbes turcs en
traduction allemande correspondant à la nomenclature du recueil de Düringsfeld*.
Şükrü Elçin, « Proverbs in the turkish language (world, concepts, examples) », *Proverbium*, n° 15, 1970, pp. 444-450 (étude générale en anglais sur les proverbes turcs).

# langues d'Asie centrale

Le groupe turc rassemble de nombreuses langues, dont l'aire de diffusion s'étend de l'Europe orientale jusqu'à la Sibérie.
Les langues de l'Asie centrale sont peu connues en dehors de l'U.R.S.S. Des traductions russes ont été publiées de proverbes turcomans, tatars, kazaks, ouzbeks, etc. Nous avons choisi, à titre d'exemple, de présenter des proverbes kirghiz.

## Proverbes kirghiz

Le kirghiz est parlé par un peuple de tradition nomade qui compte environ 5 millions de personnes. Les Kirghiz constituent 40 % de la population de la République socialiste soviétique de Kirghizie. D'autres groupes se trouvent aussi dans les régions voisines, le Tadjikistan en U.R.S.S. et le Turkestan chinois.
C'est la première fois que des proverbes d'Asie centrale soviétique sont publiés dans une langue autre que le russe. Les proverbes ouzbeks, tatars, etc. ne sont décrits que dans les langues originales et en russe ; ils sont souvent analogues aux proverbes kirghiz.

## L'INDIVIDU

1 La cuiller sèche déchire la bouche.

2 Le visage du riche est clair, le visage du pauvre est terne.

3 Chez le riche, les choses se font selon ses ordres ; chez le pauvre, selon ses forces.

4 Le riche a soin de son bétail, le pauvre de son âme.

5 L'homme est bigarré à l'intérieur, le cheval à l'extérieur.

6 Mieux vaut être la paille de blé que la graine de la mauvaise herbe.

7 Plutôt que d'être le Sultan d'un pays étranger, mieux vaut être le dernier parmi ton peuple.
   • Le *dernier* signifie littéralement la semelle.

8 L'homme brave va là où il est né ; le chien va là où il a été nourri.

9 Le chameau ne fuit pas la charge.

10 La femme n'a pas de tête, la grenouille n'a pas de queue.

## LES RELATIONS

11 Obéis aux ordres de ton chef, bien qu'il ne soit pas musulman.

12 Si tu veux voler, vole seul, sinon il y aura un témoin.

13 Le cul qui sait chier vaut mieux que la bouche qui ne sait pas parler.

14 Dans les endroits connus, on respecte l'homme, et dans les endroits inconnus, on respecte son habit.

15 Contre les loups des montagnes et contre les voisins voleurs, on ne peut pas se protéger.

16 La mauvaise femme donne au chien de mauvaises habitudes.

17 La saleté de l'âme se lave quand on parle.

18 Les mots atteignent les os et le bâton la chair.
   ● Les injures offensent plus que les coups.

19 Le couteau aiguisé est l'ennemi du fourreau et le mensonge est l'ennemi de l'âme. *(1934)*

20 Le vent trouve les trous de la yourte et l'âme trouve les mensonges des mots.
   ● La *yourte* est une hutte conique en peau.

## LA MORALE

21 Méchant habit, chien mordra; méchante âme, Dieu punira.

22 Tout le monde peut rendre le bien pour le bien, seul l'homme bon rend le bien pour le mal.

23 Celui qui demande à Dieu, son ventre se remplira; celui qui demande aux hommes, ses yeux se crèveront.

24 Seul Dieu est sans défauts, seule l'eau est sans saletés.

SOURCE

N. N. Pantusov, *Les Proverbes kirghiz* (en russe), Kazan, 1899 (134 proverbes en kirghiz et en traduction russe).

CHAPITRE XVII

# mongol et mandchou

## Proverbes mongols et mandchous

L'empire mongol, au temps de sa plus grande splendeur, à la mort de Gengis-Khan (1227), englobait toute l'Asie centrale, de la Caspienne au Pacifique.

L'histoire des peuples nomades mongols est liée à partir du XVIIe siècle à l'histoire mandchoue et chinoise. Les Mandchous, peuple d'origine toungouze, fondèrent en 1644 la dernière dynastie chinoise, les Qing. Les souverains, se voulant continuateurs de l'œuvre de Gengis-Khan, se proclamèrent grands-khans des Mongols et aux XVIIe et XVIIIe siècles annexèrent tous leurs territoires. La sinisation de la dynastie mandchoue livra les Mongols au pouvoir chinois.

Les langues mongoles sont parlées aujourd'hui par environ 4 millions de personnes.

En Chine, un flot d'immigrants chinois en Mongolie Intérieure et dans le Xinjiang (ou Turkestan chinois) a réduit les Mongols à n'être qu'une minorité d'environ 1,5 million d'habitants.

La République populaire de Mongolie, fondée en 1924 et qui se trouve dans l'orbite soviétique, compte 1,6 million d'habitants.

Les autres peuples mongols se trouvent essentiellement en U.R.S.S.; les principaux groupes sont les Kalmouks, de la Volga (100 000 personnes) et les Bouriates, de Sibérie (250 000 personnes).

Nous avons joint au choix de proverbes mongols quelques proverbes mandchous en en indiquant l'origine. La Mandchourie, appelée aujourd'hui par les Chinois « les trois provinces orientales », a été l'objet au XXe siècle d'une immigration chinoise massive qui a réduit l'élément mandchou à ne constituer que 5 % de la population.

## L'INDIVIDU

1   L'homme naît à la maison et meurt au désert.

2   Le fils de l'empereur, après qu'il est entré à l'école, est semblable à l'enfant de tout le monde. [mandchou]

3   Un loup reste un loup même s'il n'a pas mangé tes moutons.

### Les comportements

4   La porte fermée, on est empereur dans son royaume. [Proverbe utilisé aussi en chinois] *(827)*

5   Pour bâtir haut, il faut creuser profond.

6   Pour voler la clochette, il se bouche les oreilles.

7   Sans avoir vu la rivière, il a déjà ôté ses bottes.

8   Le corbeau, en voulant imiter le canard, s'est noyé en entrant dans l'eau.

9   Personne ne se ruine qui n'y aide pas lui-même.

10  Le poisson ne voit pas l'hameçon, il ne voit que l'appât; l'homme ne
    voit pas le péril, il ne voit que le profit. [mandchou]

11  S'il y a du riz superflu dans la cuisine, il y a des hommes affamés sur la
    route. [mandchou]

12  La colère est comme le feu par un temps de vent : elle fait brûler les
    vêtements de la saison d'hiver. [mandchou]

## LES RELATIONS

13  L'âne efface les pas du cheval.

14  L'officier dans sa tente, l'empereur dans la sienne.

15  De l'eau sale peut aussi éteindre un incendie. *(91)*

16  Quand l'eau est trop claire, il n'y a pas de poissons; quand l'homme est
    trop exigeant, il n'a pas d'amis.

17  On ne peut pas placer deux selles sur un cheval; un ministre fidèle ne
    peut servir deux maîtres. [mandchou] *(1707)*

18  Si en bâtissant on écoutait les avis de tout le monde, le toit ne serait
    jamais posé.

19  Un imbécile peut demander plus que dix sages ne peuvent répondre.

20  Il prend des serpents avec les mains d'autrui. [Proverbe utilisé aussi
    en chinois.]

21  On ne doit pas dégainer son épée contre un pou.

22  Celui qui est emporté par les eaux ne peut pas sauver celui que les
    eaux emportent.

## LA SAGESSE

23  L'homme pervers sera changé en âne, et l'honnête homme montera des-
    sus. [mandchou]

24  La distance qui relie la terre au ciel est celle de la pensée.

25  Quoiqu'il ait épuisé le savoir, l'homme cependant ne sait rien. [mand-
    chou]

## SOURCE

Louis Rochet, *Sentences, maximes et proverbes mantchoux* (sic) *et mongols*, Paris, 1875 (165 proverbes mandchous et 170 proverbes mongols, avec le texte original, la prononciation figurée et la traduction française).

Deux recueils de proverbes mongols ont été publiés en 1956 à Oulan-Bator (capitale de la République populaire de Mongolie). La seule traduction connue se trouve dans l'ouvrage de Breguel* (en russe).

CHAPITRE XVIII

# coréen

## Proverbes coréens

L'histoire de la Corée est marquée par les visées expansionnistes de ses voisins chinois et japonais.
Les Coréens ont fait leurs certains proverbes de leurs envahisseurs. Le Coréen est la langue des deux États créés en 1948 : la Corée du Nord : compte 17 millions d'habitants et la Corée du Sud 37 millions (ce pays a l'une des plus fortes densités du monde).

### L'INDIVIDU

1   Tout ce qu'on a de bon, on le doit à soi-même ; tout ce qu'on a de mauvais, aux ancêtres.

2   Elle est grande, mais c'est une courge ; il est petit, mais c'est du poivre.

3   Dans un grand abcès, il y a beaucoup de pus.

4   La grenouille ne pense pas qu'elle vient d'un têtard.

### LES BONNES OU MAUVAISES RELATIONS

5   L'endroit le plus sombre est juste sous la bougie.

6   Même une feuille de papier est plus légère si on la porte à deux.

7   Un chiot vivant est plus utile qu'un ministre mort. *(592)*

8   Dans la vallée où il n'y a pas de tigres, le lièvre est roi. *(708)*

9   Fais attention à l'écurie quand le cheval est perdu. *(422)*

10   La virginité se perd en une nuit.

11   Quand un corbeau s'envole d'un poirier, une poire tombe.

12   L'oiseau entend ce qu'on dit dans la journée, le rat ce qu'on dit la nuit.

13   Ne dégaine pas une épée pour tuer un moustique.

14   Ne fouette pas un cheval qui va aussi vite qu'il peut.

15 Le voleur hait la lune.

16 Le chiot d'un jour ne craint pas le tigre.

17 Le taureau qui a souffert du soleil tremble à la vue de la lune. *(548)*

18 C'est ta faute et non celle du courant quand tu tombes dans l'eau.

19 Bon critique, mauvais travailleur.

20 Le chien qui est entre deux monastères ne reçoit rien.

21 Dans l'assiette d'autrui les fèves sont plus grosses. *(295)*

22 En année de bonne récolte, le pauvre est encore plus à plaindre.

23 Dans la forge, on ne trouve pas un couteau de cuisine.

24 Quand les baleines se battent, les crevettes ont le dos brisé. *(1739)*

## LA FAMILLE

25 Si l'eau est transparente d'en haut, elle est transparente d'en bas.
   ● Tels parents, tels enfants.

26 La plus belle fille, c'est la sienne ; la plus belle récolte, c'est celle du voisin. *(295)*

27 Avoir trois filles, c'est dormir la porte ouverte.
   ● Tout ce qu'on possède partira avec la dot.

## LA SAGESSE

28 Où il y a lumière du soleil, il y a aussi ombre.

29 Chaque époque engendre son héros.

30 Aucune fleur ne fleurit dix jours, aucun pouvoir ne dure dix ans.

BIBLIOGRAPHIE

W. E. Griffis, *Corea, the hermit nation*, Londres, 1882, pp. 317-319 (proverbes en traduction anglaise).
E. B. Landis, *Some Korean Proverbs*, Séoul, 1896.
Hulbert, *Korean Proverbs*, Séoul, 1897.
Katharine Luomala, « Proverbs from korean visiting students in Hawaï », *Provebium*, n° 15, 1970 (12 proverbes en traduction anglaise) et n° 16, 1971, pp. 602-606 (33 proverbes).
En l'absence de publication française, nous avons fait notre choix de proverbes coréens à partir de traductions anglaise (voir ci-dessus) et russe (le recueil de Breguel)*.

## CHAPITRE XIX

# japonais

## Proverbes japonais

Les proverbes japonais, très peu connus en France, ont un charme particulier. Ils ont plus de légèreté et d'élégance que ceux des autres langues. Moins amateurs de conseils pratiques et de recettes de bon sens, les Japonais insistent sur les valeurs auxquelles ils sont attachés : la contemplation de la beauté, le prix du silence, la délicatesse dans l'amour.
On connaît mal l'origine de la langue parlée par les 115 millions de Japonais, au Japon même et dans quelques colonies étrangères (États-Unis, Canada).

### L'INDIVIDU                                               La nature

1   Le chagrin est partout, comme le vent dans les pins.

2   Sur un cerisier mort, on ne trouve pas de fleurs.

3   Il vaut mieux être le bec du coq que la queue du taureau. *(138)*

4   Dieu habite dans un cœur honnête.

5   Beaucoup de fleurs, peu de fruits.

6   Le saké révèle la vérité du cœur.
    ● Le *saké* est une boisson alcoolisée obtenue par fermentation du riz.

### Les désirs

7   Le sac des désirs n'a pas de fond.

8   La beauté du Fuji est sans beauté pour l'homme affamé.

9   Quand sonne l'heure de la faim, il n'y a pas de mauvais manger.

10  L'oiseau en cage rêvera des nuages.

### Les comportements

11  Laissez deviner aux hommes par vos propres exploits qui étaient vos ancêtres.

12  Moulin qui tourne toujours ne gèlera jamais. *(42)*

13  Le sot est comme le voleur de cloches qui se bouche les oreilles.

14  Même pour être voleur, il faut apprendre dix ans.

15  Celui qui a volé de l'or est mis en prison, celui qui a volé un pays est fait roi.

16  Il est impossible de se tenir debout en ce monde sans jamais se courber.

17  On apprend peu par la victoire, mais beaucoup par la défaite.

18  On apprend peu par la victoire, mais pas plus par la défaite.

## LES BONNES ET MAUVAISES RELATIONS

19  Aimez-vous les uns les autres comme la vache aime son veau.

20  Bon chat n'a besoin de beau collier d'or.

21  La fleur de lotus vient au milieu de la boue.

22  Les bonnes doctrines peuvent se passer de miracles.

23  Quand on veut chercher un abri, il faut choisir l'ombre d'un grand arbre. *(60)*

24  Si tu dois être chien, sois chien de samouraï.

25  Quiconque ne touche pas à un dieu n'est pas exposé à sa vengeance.

26  Un vieux cheval connaît lui-même le chemin.

27  Il vaut mieux laver son vieux kimono que d'en emprunter un neuf.

28  La neige ne brise jamais les branches du saule.

29  Le thé âpre est parfumé à la première tasse.

30  Quand on a avalé, on oublie la brûlure.

31  Il fait noir au pied du phare.

32  Une rencontre n'est que le commencement d'une séparation.

33  L'absent s'éloigne chaque jour.

34  L'eau prend toujours la forme du vase.

35  Où il y a du poisson, il y a de l'eau.

36  Sur un bateau, on craint plus le feu que l'eau.

37  Un bœuf suit un bœuf.

38  Pour un aveugle, toutes les couleurs sont les mêmes.

39  Les aveugles ne sont pas effrayés par les serpents.

40  La pauvreté fait les voleurs comme l'amour les poètes.

41  L'argent n'a pas d'oreilles, mais il entend; il n'a pas de jambes, mais il galope.

42  Quand la pluie s'arrête, on oublie le parapluie. *(1989)*

43  C'est le visage triste que pique l'abeille.

44  Clou qui dépasse sera enfoncé.

45  Fleurs d'autrui sont toujours plus rouges à nos yeux. *(295)*

46  Un soldat battu craint un roseau. *(548)*

47  On ne vide pas l'océan avec un coquillage.

48  On ne peut pas chasser le brouillard avec un éventail.

49  La grenouille dans le puits se moque de l'océan.

50  Ne suivez jamais les traces du malheur, il pourrait bien se retourner et faire volte-face.

51  Querelle de bécasse et de moule profite au pêcheur.

52  En touchant le vermillon, on se salit de rouge.

53  Les bateliers sont si nombreux que le bateau est hissé sur la montagne.

### La parole

54  Les mots qu'on n'a pas prononcés sont les fleurs du silence.

55  Ce qu'un homme ne dit pas est le sel de la conversation.

56  L'insecte silencieux perce les murailles.

57  Les vers silencieux percent de grands trous dans le bois.

58  L'œil muet est aussi bavard que la bouche bavarde.

59  La louange est le commencement du blâme.

60  Celui qui confesse son ignorance la montre une fois; celui qui essaye de la cacher la montre plusieurs fois.

## LA FEMME ET LA FAMILLE

61  Un simple frôlement de manches fait naître l'amour.

62  L'homme est le pin, la femme est la glycine.
    ● La glycine s'enroule autour de pin.

63  Époux et voisins; tout beau, tout nouveau.

64  Un cheveu de femme est assez fort pour tenir en laisse un éléphant.

65 La femme et la casserole, plus elles sont vieilles, meilleures elles sont ; la femme et le tatami, plus ils sont frais, meilleurs ils sont. *(1052)*

   • Le *tatami* est une sorte de tapis.

66 La femme et la bouilloire à thé se bonifient avec l'âge.

67 Toute femme semble belle dans l'obscurité, de loin, ou sous une ombrelle de papier. *(493)*

68 Une femme laide redoute le miroir.

69 Cœur de femme, œil de chat changent cent fois.

70 Femme qui veut trop gagner au marché perd son veau.

### Les enfants

71 Les enfants sont un fardeau éternel.

72 Les enfants grandissent, même sans parents.

73 Nul n'a raison contre la colère du seigneur ni les larmes d'un enfant.

74 La bonté d'un père est plus haute que la montagne, la bonté d'une mère est plus profonde que l'océan.

## LA SAGESSE

75 Le malheur peut être un pont vers le bonheur.

76 Mieux vaut un jour dans ce monde que mille dans l'autre.

77 La vie humaine est une rosée passagère.

78 La vie est une lumière devant le vent.

79 Les fleurs d'hier sont les rêves d'aujourd'hui.

80 Quand la lune est pleine, elle commence à décliner.

81 Visage rose au petit jour, os blanchis la nuit venue.

82 La mort est à la fois plus grande qu'une montagne et plus petite qu'un cheveu.

83 Il n'est pas de monarque au pays de l'au-delà.

84 Le meilleur miroir ne reflète pas l'autre côté des choses.

   • Il y a dans chaque chose des aspects inaccessibles au sage.

85 On ne peut admirer en même temps la lune, la neige et les fleurs.

86 Demain soufflera le vent de demain.

## BIBLIOGRAPHIE

François Sarazin, « Nihon-no Koto-waza — Dictons et Proverbes japonais », *Bulletin de l'Athénée oriental*, n° 36, 1873 (23 proverbes).

Francis Steenackers et Uéda Tokunosuké, *Cent Proverbes japonais*, Leroux, 1885 (proverbes et locutions en japonais, avec transcription et traduction).

Nous avons choisi aussi des proverbes dans la traduction russe de Breguel*.

Une bibliographie japonaise a paru dans *Proverbium*, n° 16, 1971, pp. 590-595 :

Dans le plus ancien recueil, Minamoto publie 120 proverbes d'origine chinoise, en 1007. Mais le plus ancien recueil japonais date de la fin du XVI° siècle (101 proverbes). Deux collections importantes sont publiées au milieu du XVI°. Le premier dictionnaire moderne date de 1908 : Fujii Otoo a compilé toutes les sources littéraires à partir du VIII° siècle et donne des explications et des équivalents dans les langues occidentales.

La plus grande collection est due à Suzuki Toozoo, *Dictionnaire de proverbes et d'allusions historiques*, 1956-1958 (28 000 proverbes et locutions, avec indication des sources locales et annotations).

*6*

*famille malayo-polynésienne*

La famille malayo-polynésienne comprend le groupe indonésien dont les langues principales sont le malais, le javanais et le sundanais (parlées en Indonésie et en Malaisie), le tagalog (aux Philippines) et le malgache (à Madagascar). Les langues des îles (Nouvelles-Hébrides, Fidji, etc.) constituent le groupe mélanésien; enfin le maori (de Nouvelle-Zélande) est classé comme langue polynésienne.

# groupe malais

## Proverbes malais

Le malais est une langue de communication d'un bout à l'autre de l'archipel insulindien et dans la péninsule malaise. Originaire du Sud-Est de Sumatra, il a connu une expansion prodigieuse à partir du XVe siècle. Les communautés chinoises qui parlaient des dialectes différents l'adoptèrent comme langue d'échanges et les colonisateurs hollandais le choisirent comme langue officielle.

Au moment de l'indépendance de l'Indonésie (en 1947), le malais devint la langue officielle, bien que d'autres langues fussent plus représentées (par exemple, le javanais parlé aujourd'hui par plus de 50 millions de personnes). L'Indonésie (150 millions d'habitants) compte d'ailleurs une vingtaine de langues et de très nombreux dialectes, mais l'indonésien, nom du malais de l'archipel, est en progression partout.

L'évolution du malais de la péninsule a été différente. La concurrence de la langue des colonisateurs — l'anglais — a été plus vive, d'autant plus que celle-ci sert de langue de communication avec les communautés indienne et chinoise, par exemple à Singapour. La Malaisie compte 13 millions d'habitants.

## LES GROUPE NATIONAUX

1 Cela arrivera quand les chats auront des cornes et quand les Hollandais se feront circoncire. *(555)*

2 Si les Chinois pissaient seulement, ils pourraient submerger les Anglais.

## L'INDIVIDU

3 Un morceau d'encens peut être aussi grand que le genou, mais si on ne le brûle pas, il n'exhale pas de parfum.

4 À défaut de rotin, on mange des racines. *(var. 987)*

5 Seau perdu, la corde reste.

6 Moins il y a de bouillie, plus il y a de cuillères.

7 Ce que ne prend pas l'oie plaît au canard.

8 Qui danse mal accuse le sol d'être humide.

9  Miel à la bouche, dard à la queue.

10  Dos tourné, langage changé.

11  Aux animaux qui paissent, Dieu a fait la nuque fortement musclée. *(1114)*

12  Nous mourons tous, mais nos tombes sont différentes.

13  Le sel renversé, qu'est-ce que la salière?

## LES BONNES ET MAUVAISES RELATIONS

14  Chien caressé agite la queue.

15  Un arbre avec de fortes racines se rit de la tempête.

16  La corde faite de trois brins est difficile à rompre.

17  Le riz qu'on tient dans sa main vaut mieux que le riz en grange. *(217)*

18  Si tu dois accoucher, obéis à la sage-femme.

19  Laissons le lapidaire juger des pierres précieuses.

20  Comme est le moule, ainsi est le gâteau.

21  La viande dans la main gauche, le couteau dans la main droite, tôt ou tard se rencontreront.

22  Où il y a la mer, il y a des pirates.

23  Où il y a du sucre, il y a des fourmis.

24  Pas d'appât, pas de poisson.

25  Quand l'eau est calme, il ne faut pas croire qu'il n'y a pas de crocodiles. *(40)*

26  Un verre d'eau douce ne dessale pas la mer.

27  Quand il pleuvrait toute une année, est-ce que l'eau de mer deviendrait douce?

28  Quand l'arbre mort tombe, le pic-vert qui y habite meurt.

29  Le temps chaud d'une année est effacé par la pluie d'un seul jour.

30  Ne mesure pas le manteau d'un autre sur ton propre corps. *(1210)*

31  La poulie cassée, la drisse tombe.
   • La *drisse* est un cordage qui sert à hisser la voile.

32  Le crabe apprend à ses petits à marcher droit.

33  N'apprends pas au petit du tigre à manger de la viande. *(219)*

34  Les dents mordent parfois la langue.
   • Sur les disputes entre proches.

35   La chaleur venue, la fève oublie sa cosse.

36   Un buffle crotté souillera le troupeau. *(var. 477)*

37   Les éléphants se battent, et le chevrotain au milieu d'eux meurt
     écrasé. *(1738)*
     ● Le *chevrotain* est un petit ruminant sans cornes.

38   Les amis ressemblent aux feuilles que chasse le vent du malheur, mais
     les parents sont comme des fruits qui tombent au pied de l'arbre.

## LA PAROLE

39   On tient les buffles par les cordes, et l'homme par ses mots. *(1494)*

40   Le couteau et la serpe s'émoussent, mais la langue de l'homme est tou-
     jours tranchante.

41   On apprend à connaître ses propres défauts par la langue d'autrui.

## LA SAGESSE

42   La mer profonde peut être sondée, mais qui connaît le cœur de
     l'homme ?

43   La bonne semence, même si elle tombe dans la mer, deviendra une île.

44   Celui qui plante un cocotier souvent n'en mange pas les fruits.

45   La vie est comme un œuf sur la pointe d'une corne.

46   Vaincu, on sera réduit en cendres ; vainqueur, en charbon de bois.

47   Basse est la montagne, haute est l'espérance.

BIBLIOGRAPHIE

Paul Favre, *Dictionnaire malais-français*, Vienne, 1875, 2 volumes.
G. M. Ollivier-Beauregard, « Dictons et Proverbes malais », *Revue des Traditions populaires*, 1888, pp. 490-492 ; 1889, pp. 28-30 ; pp. 352-354 ; 1890, pp. 722-723
(138 proverbes en traduction française, avec des explications).
Aristide Marre, *Proverbes et similitudes des Malais*, Turin, 1898 (367 proverbes et
locutions en traduction française avec des parallèles avec les proverbes français, alle-
mands, etc.).
Du même auteur, *Le Livre des proverbes malais*, Leroux, 1889 (256 proverbes
en traduction).
Les traductions en anglais sont très nombreuses. La plus complète est :
C. C. Brown, *Malay sayings*, Londres, 1951 (1800 proverbes).
Nous avons utilisé un autre recueil :
Sir Richard Winstedt, *Malay Proverbs*, Londres, 1950 (250 proverbes en malais et en
anglais, avec une étude sur les proverbes communs aux autres langues asiatiques).

# Proverbes tagalogs

Si les proverbes malais ont été bien étudiés, ce n'est le cas d'aucune autre langue de ce groupe. Toutefois, nous connaissons quelques proverbes tagalogs grâce à une traduction française.

Le tagalog est la deuxième langue, par ordre d'importance (pour le nombre de personnes qui la parlent), parmi les 87 langues de la famille malaise recensées dans l'archipel des Philippines. Il est parlé dans la région de Manille par les 6 millions de Tagals et est devenu, avec l'anglais et l'espagnol, la langue officielle du pays, qui compte 47 millions d'habitants.

1   Les justes ont une pierre pour oreiller.

2   Plus haut le bambou pousse, plus bas il se courbe. *(717)*

3   Le poltron se couvre du bouclier du brave.

4   Le mauvais arbre est celui qui ne donne pas de fruit.

5   La mauvaise herbe ne meurt pas. *(83)*

6   Quand le chat et les souris vivent en paix, le garde-manger s'en ressent.

7   Les morts sont plus nombreux que les vivants. *(738)*

SOURCE

Aristide Marre, *Proverbes, maximes et conseils traduits du tagalog*, Turin, 1900 (77 proverbes en tagalog et en français).

# Proverbes malgaches

La grande île de Madagascar (9 millions d'habitants), située au sud-est de l'Afrique, fut peuplée dès avant notre ère par des Indonésiens qui avaient traversé l'océan Indien. C'est ce qui explique que le malgache appartienne au même groupe que les langues malaises, bien que 5000 km les séparent.

Grâce à l'intérêt qu'ont manifesté les Français pour leurs colonies, nous disposons dans le cas de Madagascar et de certains pays africains, d'une documentation abondante sur les proverbes en traduction française.

## L'INDIVIDU                                                     La nature

1   Le roi hérite du royaume, le peuple de la corvée.

2   Un chien n'est enragé que s'il est maigre.

3   La voix de la cigale couvre les champs, mais son corps entier tient dans la main.

4   La charge d'une fourmi est un grain de riz.

5    Vaine abondance, tel est le cas des pattes du crabe !

### Les comportements

6    On a bien attrapé un oiseau, mais c'est le feu pour le rôtir qui manque.

7    La fourmi perchée sur la corne du zébu s'imagine qu'elle est pour quelque chose dans le balancement de sa tête.

8    Aboiement de chien : ce n'est pas de courage, mais de peur. *(558)*

9    La paresse va si lentement que bientôt la misère l'a atteinte.

10   Celui qui tarde à venir traire les vaches risque de les trouver déjà dispersées.

## LES BIENS

11   L'argent ressemble à l'hôte de passage : aujourd'hui il arrive, demain il n'est plus là.

12   Mieux vaut perdre un peu d'argent qu'un peu d'amitié.

13   Si vous ne voulez ni traire la vache ni tenir le veau, mais seulement enlever la crème, cela ne peut aller.

14   Offrir en sacrifice un mouton galeux, c'est vouloir aggraver le mal.

15   Ce sont les dettes qui font le voleur.

16   La porte du débiteur est toujours gardée par un chien féroce.

## LES BONNES ET MAUVAISES RELATIONS

17   Si le souverain règne, c'est grâce à son peuple, si la rivière chante, c'est grâce aux pierres.

18   Des poissons qui sont dans une même marmite, on ne peut tirer qu'un même bouillon.

19   Quand les canards font du tapage, les grenouilles se tiennent pour averties.

20   Si le rat est immobile, c'est que le chat a encore l'œil ouvert.

21   L'amitié est comme les algues : quand on s'en approche, elles s'éloignent, et quand on s'en éloigne, elles se rapprochent.

22   La douleur est un trésor précieux, on ne le découvre qu'à ceux qu'on aime.

23   Le blâme ressemble au vent ; si on ne le voit, on le sent.

24   Le chat sauvage fait ce qu'il veut, mais c'est au chat domestique qu'on coupe la queue.

25 C'est le caïman qui souille l'eau et c'est l'anguille qui ne trouve pas où boire.

26 Ce n'est pas à la hache qu'il faut faire des reproches quand le poulet qu'on va tuer crie.

27 Coqs nombreux dans un enclos : chacun veut chanter et faire taire les autres.

28 Quand le coteau est incendié, les sauterelles sont grillées.

29 Celui qui est près de la marmite est couvert de suie.

30 Comme on le traite de chat sauvage, il se met à voler les poules.

31 Poule qui couve des œufs de caïman s'attirera malheur.

32 Quand c'est un aveugle qui vous mène, on finit dans le fossé.

33 Ne repoussez pas du pied la pirogue qui vous a aidé à traverser la rivière.

34 Si on parvient à abattre l'arbre, c'est que le manche de la cognée s'est mis de la partie.

### La parole

35 Les paroles sages sont comme la canne à sucre qu'on ne cesse de sucer.
   ● La saveur n'en peut être épuisée.

36 Les paroles sont comme la toile d'araignée : pour l'homme habile, elles sont un abri, pour le maladroit, elles sont un piège.

37 Les zébus sont liés par leurs pattes, les hommes par leurs engagements. *(1494)*

38 Les paroles sont comme des œufs : à peine écloses, elles ont des ailes.

39 Les paroles retentissent plus loin que le fusil.

40 Le mensonge ressemble à la ceinture : il n'attache que son propriétaire.

41 Le mensonge est comme le premier riz : il arrive à point, mais ne suffit pas pour l'année.

## LA FEMME ET LA FAMILLE

42 L'amour est comme l'ombre : sur la montagne, on ne peut l'atteindre à la course ; dans l'eau, il ne craint pas l'humidité ; dans le feu, il n'a pas peur de se brûler.

43 Quand l'amour se déchire, on ne peut pas en recoudre les bords.

44 Le ménage est comme un ver à soie : ce n'est qu'à l'intérieur qu'il se renforce.

45 Le mariage n'est pas attaché par un nœud serré, mais par un nœud coulant.

46  Il y a des hommes qui ne sont forts que chez eux : ce sont ceux qui battent leur femme.

47  Celui qui répudie une femme jeune fait le bonheur d'un autre.

48  La femme d'un autre est semblable aux coraux répandus sur une natte : les yeux aiment à la voir, les mains ne peuvent la prendre.

49  Celui qui a une femme paresseuse garde un cadavre dans sa maison.

50  Sept enfants ne parviennent pas à retenir un mari, mais beaucoup de sagesse le peut.

51  L'assistance qu'on doit aux parents malheureux est un impôt qui vient des ancêtres.

## LA SAGESSE                                                      La morale

52  La nuit compacte s'éclaire, l'étang profond se sonde, le grand fossé se comble, mais irréparable est le mal accompli.

53  Le mal commis est un malheur suspendu, le bien accompli est un trésor caché.

54  Il vaut mieux être coupable aux yeux des hommes qu'aux yeux de Dieu.

### Le destin

55  Les oiseaux peuvent oublier le piège, mais le piège n'oublie pas les oiseaux. *(256)*

56  La pirogue ne tient pas compte de la noblesse, tous ceux qui chavirent sont mouillés.

57  Si nous ne luttons pas, nous sommes égaux, mais si nous luttons, l'un de nous sera battu.

58  Changer de fontaine, c'est casser sa cruche ; changer de gué, c'est être dévoré par les caïmans.

59  Remonter le courant, c'est être la proie du caïman ; le redescendre, c'est être la proie du crocodile.

### La vie

60  Le fait de mourir n'est pas un crime et le fait de vivre n'est pas un mérite.

61  La vie est comme le fumet qui s'échappe de la marmite, on veut y faire attention et déjà il n'est plus là.

62  La terre est une grande marmite, et les hommes sont la viande.

63  L'humanité ressemble aux tiges des citrouilles : si on creuse le sol, la tige est unique.

64  Les hommes sont comme le bord d'une marmite : ils ne forment qu'un seul cercle.

65    La mort est une part d'impôt.

66    Nier l'existence de Dieu, c'est sauter les yeux fermés.

BIBLIOGRAPHIE

Hubert Nicol, *Proverbes et locutions malgaches*, Paris, 1935 (500 proverbes en malgache et en français, classés par thèmes).
Elian J. Finbert, *Le livre de la sagesse malgache*, Laffont, 1946 (450 proverbes en
français, classés par chapitres).
J. A. Houlder, *Ohabolana ou Proverbes malgaches*, Tananarive, 1957, tr. Noyer (2 318
proverbes en malgache et en français avec des explications).
Christiane Reygnault, *Trésor africain et malgache*, Seghers, 1962, p. 77 (6 proverbes
en français).
Paul de Veyrières et Guy de Méritens, *Le livre de la sagesse malgache*, Éditions mari-
times et d'outre-mer, 1967 (6 813 proverbes et locutions en malgache et en français
classés par thèmes, avec des commentaires).
Dama-Ntsoha, *La Technique de la conception de la vie chez les malgaches révélée par
leurs proverbes*, s. d. (1888 proverbes en français classés par chapitres).

# Proverbes maoris

Les Maoris peuplent le Nord de la Nouvelle-Zélande. Ils sont venus du nord
(îles Cook et îles de la Société) au XVIe siècle. Leur résistance à la colonisation britannique établie en 1840 fut farouche, au point que leur nombre tomba
de 100 000 à 40 000 en 1870. Au XXe siècle, la population s'est accrue rapide-
ment et les Maoris sont aujourd'hui environ 250 000.

## L'INDIVIDU ET LES RELATIONS

1    Un guerrier meurt à la bataille, un grimpeur sur le rocher, mais un culti-
     vateur meurt de vieillesse.

2    L'homme qui n'a qu'un plan peut être tué ; l'homme qui en a deux ou
     plus peut vivre.

3    Quand les tambours battent pour la fête, veille à ce que tes baguettes ne
     soient pas molles.

4    Plus tu demandes si c'est encore loin, plus le voyage paraît long.

5    Il n'est pas bon de s'appuyer sur un homme, car c'est un sou-
     tien mouvant.

6    Les amis s'attachent à toi pendant la moisson et diminuent en hiver.
     ● *L'hiver* est la saison de disette et de travail.

## LA FEMME ET L'AMOUR

7    Le champ de bataille pour l'homme, l'accouchement pour la femme.

8   Reviens à l'ancre où était accroché ton canot.
    • À la première femme.

9   Les femmes et la terre détruisent l'homme.
    • Elles sont causes de guerres.

10  Tu ne regardes plus le plat de viande devant toi, mais le visage que tu
    aimes, tu le regarderas toujours.

## LA SAGESSE

11  Le sang de l'homme est nourriture, la vie de l'homme est terre.

12  Je salue mon seul parent survivant dans le monde — la terre.

SOURCES

Champion, *Racial Proverbs*\*.
Deux proverbes maoris en traduction anglaise sont cités dans Guinzbourg\*, p. CI.

# 7

## langues de l'Asie du Sud-Est

Les proverbes khmers, viet-namiens et laotiens nous sont connus par des traductions françaises, les proverbes birmans par des traductions anglaises; les proverbes tibétains sont très mal connus et ceux des autres langues de l'Asie du Sud-Est sont totalement inexplorés.

Dans le mélange très complexe de langues et d'ethnies qu'offre l'Asie du Sud-Est, les hasards de la colonisation française ou britannique n'offrent que quelques repères. Essayons de débrouiller l'écheveau.

Outre les langues du groupe indonésien, évoquées précédemment, on y rencontre trois familles de langues; langues de la péninsule indo-chinoise, dites « australo-asiatiques[1] », langues des familles tibéto-birman et thaï.

---

1. On dit parfois, par anglicisme, austro-asiatique, ce qui sonne bizarement en français, où le préfixe austro- signifie « de l'Autriche ».

# groupes australo-asiatiques

La famille australo-asiatique est constituée par deux groupes : — d'une part le groupe mōn-khmer qui comprend le mōn (parlé dans le Sud de la Birmanie et dans le Sud-Ouest de la Thaïlande), le cambodgien (langue officielle du Kampuchéa) et de nombreuses langues, pour la plupart parlées par des tribus primitives disséminées dans les montagnes de l'Asie du Sud-Est.
— d'autre part, le groupe viet-muong qui comprend les très nombreuses langues des ethnies du Viêt-nam, dont la principale est le vietnamien.

## Proverbes cambodgiens

La population khmère qui peuple le Kampuchéa (l'ancien Cambodge) est très variée : c'est un mélange d'éléments mongols, indonésiens, indiens et malais.
Le Cambodge qui au XIII$^e$ siècle étendait sa domination sur presque toute la péninsule indochinoise, est aujourd'hui le Kampuchéa, un pays saigné à blanc. La population khmère était estimée à 8,5 millions de personnes en 1977 : à quel niveau les massacres et les exodes ont-ils fait descendre ce chiffre?

## L'INDIVIDU

1   Les singes ne perdent pas l'habitude de garder les aliments dans leur bouche; les Siamois ne se séparent pas de leurs traités techniques; les Viet-namiens n'abandonnent pas leur hypocrisie; les Khmers — ceux qui sont mauvais — ne se lassent pas de cancaner.

2   Le tigre compte sur la forêt, la forêt compte sur le tigre.

3   Le refuge du savant est la science, celui du tigre est la forêt.

4   Pour obtenir la science, il faut tuer le maître; pour obtenir des fruits et des fleurs, il faut mettre le feu aux souches.

5   Si tu fais le mal, que du moins cela t'engraisse!

6   Il ne faut pas vouloir prendre le ciel pour t'asseoir dessus.

7   Si quelqu'un meurt, ne te hâte pas de pleurer. Si tu reconnais que quelqu'un est puissant, ne te hâte pas de t'en réjouir.

## LES BONNES ET MAUVAISES RELATIONS

8  C'est avec de l'eau qu'on fait des rivières, c'est avec du riz qu'on fait des armées. *(1919)*

9  C'est avec des bambous qu'on hisse les pierres, c'est avec des paroles que les juges tranchent les affaires.

10  Le bœuf d'autrui, on ne le vante pas; on vante seulement son propre bœuf. *(2017)*

11  On donne, ne te hâte pas de prendre.

12  Celui qui a des connaissances, on le dit méchant; celui qui est intelligent, on le dit fou.

13  Un homme bon, on le dit bête; un homme doux, on le dit stupide.

14  Marchez courbé, tordu, les gens vous méprisent; marchez en vous trémoussant, les gens s'approchent de vous et vous honorent.

15  L'éléphant embourbé entraîne l'arbre avec lui.

16  Les éléphants se battent et les fourmis meurent. *(1738)*

17  Ne confiez pas de sucre aux fourmis. *(486)*

18  Il ne faut pas abattre l'arbre pour manger les fruits. *(526)*

19  Ne tire pas sur celui que tu détestes; ne prête pas à celui que tu aimes.

20  Le chien aboie et ne mord pas, le tonnerre gronde et il ne pleut pas. *(558)*

21  Ils sont dix, le gâteau est trop cuit; ils sont nombreux comme des fourmis, le gâteau est à moitié cru.

## LA FEMME

22  Cultive la rizière quand la terre est chaude, fais la cour aux femmes quand ton cœur est chaud. *(319)*

23  Les semis pompent la terre, la femme épuise l'homme.

24  Timide avec ton maître, tu ne t'instruis pas; timide avec ta femme, tu n'as pas d'enfant.

25  Ne prends pas ta maison pour en faire un monastère, ne prends pas ta femme pour en faire un gourou.

26  Une femme qui attire les regards, ne la laisse pas marcher derrière toi.

27  Du riz durci, c'est encore du riz; une veuve, c'est toujours une femme.

28  À la maison, on s'écarte de sa mère; au cœur de la forêt, on ne fait qu'un avec elle.

**LA SAGESSE**

29  À mains actives, ventre plein. *(966)*

30  On peut vivre dans une maison exiguë, on ne peut pas vivre avec une âme angoissée.

31  L'homme ne doit pas mépriser l'homme.

32  Que le savant veille sur l'ignorant comme la jonque garde le sampan.
- La *jonque* est un voilier à trois mâts.
- Le *sampan* est une petite embarcation à voile.

33  Si tu veux qu'on te considère comme juste, suis le chemin tracé.

34  Si tu as de la gloire, ne t'en réjouis point ; si tu la perds, ne t'en afflige point.

35  La barque passe, le rive demeure.

SOURCE

Solange Thierry, « Essai sur les proverbes cambodgiens », *Revue de psychologie des peuples*, 1958, t. 13, pp. 431-443.

De nombreux proverbes sont cités dans cette étude très intéressante qui s'attache d'abord au fond pour distinguer les constatations, les interdictions, les maximes, les injonctions, les proverbes d'humour, puis, sous le rapport de la forme, insiste sur le parallélisme, les allitérations et assonances, les calembours, etc.

Ces remarques peuvent être appliquées à toutes les langues de cette région qui, monosyllabiques et chantantes, font usage dans les proverbes de structures parallèles et de rimes.

# Proverbes viet-namiens

Les Viet-namiens, d'origine sud-mongolique, constituent l'ethnie principale du Viêt-nam, soit 90 % de la population (qui comptait 48 millions d'habitants en 1977). Le Viêt-nam a connu la domination chinoise pendant un millénaire et sa langue en a subi l'influence.

Ce pays, ravagé par trente ans de guerre et qui procède à des réorganisations douloureuses, a une culture prestigieuse et une riche tradition folklorique.

**L'INDIVIDU**

1  Cent hommes habiles ne valent pas un homme expérimenté.

2  Du bois solide vaut mieux que du bois bien peint.

3  Qui veut voyager vite doit emprunter les vieilles routes.

4  Un jour incarcéré : mille années au dehors.

5  Rassasié on devient Bouddha, affamé on devient un diable malfaisant.

6  Faute de riz, on mange de la bouillie. *(var. 987)*

7  À défaut d'éléphant, on prend le buffle pour l'animal le plus gros.

8  Quand l'alcool entre, les paroles sortent.

9  Les buffles qui arrivent en retard boivent de l'eau troublée. *(824)*

10  En mangeant de la saumure, pense à la soif qui t'attend.

11  Même si à soixante-dix ans, vous n'êtes pas encore boiteux, ne vous hâtez pas de vous en vanter.

## LES BIENS

12  L'argent qui entre chez le mandarin est comme du charbon jeté dans le four.

13  Le mandarin est loin, mais ses clercs sont proches.

14  L'homme crée la fortune, mais la fortune n'a jamais créé l'homme.

15  Le riche devient sourd et le puissant devient aveugle.

16  Un morceau donné à un affamé vaut un paquet donné à celui qui n'a plus faim.

## LES BONNES ET MAUVAISES RELATIONS

17  Un sage solitaire ne vaut pas une bande de sots.

18  Il vaut mieux être le serviteur d'un homme intelligent que le maître d'un imbécile.

19  À force de couler, l'eau finit par user la pierre. *(38)*

20  À chaque marmite son couvercle. *(1043-1050)*

21  Le tigre ne dévore pas ses petits. *(143)*

22  Protège-toi du vent suivant la direction d'où il souffle.

23  Point de pluie sans nuage.

24  Il y a un poisson dans l'étang, il y a dix pêcheurs sur la berge.

25  Qui saurait courber l'hameçon à la mesure de la bouche du poisson?

26  Les éléphants sont tués pour leur ivoire, les oiseaux pour leurs plumes.

27  Le buffle attaché n'aime pas le buffle qui broute.

28  Il oublie le médecin dès que ses douleurs cessent.

29  Il n'a pas franchi le pont qu'il en enlève les travées.

30  À vouloir gagner des éloges, on perd son souffle.

31   Il ne faut pas mettre le feu au grenier, parce qu'on ne peut pas attraper la souris.

32   Le chien aboie après les habits déchirés. *(565)*

33   Quand le chat est absent, le rat monte sur le trône.

34   Ne te mêle pas d'aider l'éléphant à porter ses défenses.

35   À force de sortir la nuit, on finit par rencontrer les fantômes.

36   Voulant guérir un porc sain, on en fait un porc boiteux.

37   Quand les buffles et les bœufs se donnent des coups de cornes, ce sont les mouches et les moustiques qui trinquent. *(1738)*

## LA FEMME ET LA FAMILLE

38   Quand l'accord règne entre époux, l'océan même peut être vidé aisément.

39   Comme la barque suit son gouvernail, la femme doit suivre son mari.

40   Le cœur d'une femme est aussi fuyant qu'une goutte d'eau sur une feuille de lotus.

41   Les frères sont comme les membres d'un même corps, tandis que le conjoint n'est qu'un vêtement dont on peut se séparer.

42   Qui peut compter le nombre de plumes des oiseaux? Qui s'avise d'évaluer la peine qu'il a endurée pour élever ses enfants?

## LA MORALE

43   Ayez pitié des autres comme de vous-même.

44   Le buffle laisse sa peau en mourant, l'homme mort laisse sa réputation.

45   Bonne réputation vaut mieux que beaux habits.

46   Mieux vaut mourir pur que vivre souillé.

## LA SAGESSE

47   Pense à celui qui a planté l'arbre dont tu manges les fruits.

48   Entre les quatre mers, tous les hommes sont frères.
     ● Proverbe lettré.

49   L'homme est la fleur de la terre.

SOURCES

Chi Qua Hô-Phu, « Sagesse populaire de France et du Viêt-nam », *France-Asie*, 1959, pp. 1294-1299 (48 proverbes en viet-namien, avec la traduction française et le proverbe français équivalent).

Guinzbourg*, pp. CLIII. 9 proverbes en viet-namien et en français figurent dans Du'ong Dinh khuê, *La Littérature populaire vietnamienne*, 1967 (288 proverbes).

CHAPITRE XXII

# groupe tibéto-birman

## Proverbes tibétains

La famille tibéto-birmane, que certains linguistes proposent de rattacher aux langues chinoises en une famille sino-tibétaine, comprend de nombreuses langues, parmi lesquelles le tibétain et le birman.
Les proverbes tibétains nous sont malheureusement peu accessibles, vu la rareté des traductions. Nous n'en donnons que quelques exemples, choisis dans des recueils généraux.

### L'INDIVIDU

1   Mange selon la hauteur de ton sac à provisions, marche selon la largeur de ton pas. *(1118)*

2   Un voleur ne vole jamais une cloche.

3   Le lapin qui grignote peut aussi mourir d'indigestion.

### LES RELATIONS

4   La liane parvient au sommet d'un grand arbre en s'appuyant sur lui.

5   Pour incendier une forêt, il faut l'aide du vent.

6   La lune devient sombre en s'approchant du soleil.

7   Le foie de mon ennemi est le fourreau de mon épée.

### LA PAROLE

8   La parole doit être vêtue comme une déesse et s'élever comme un oiseau.

9   Bavardage est écume sur l'eau, action est goutte d'or.

10   Un mensonge est un saut du haut du toit.

11   Quand on a la bouche vide, on appelle le bonheur ; on ne joint les mains que si elles sont vides.

   • Cité in *Le Monde*, 16 octobre 1979, p. 20.

# Proverbes birmans

Le birman est la langue officielle de la Birmanie (32 millions d'habitants). Ce pays est une république fédérale qui regroupe des populations très hétérogènes, que distinguent de multiples subdivisions ethniques et linguistiques mais qui sont liées par des apports indiens.

L'ethnie birmane constitue les deux-tiers de la population, le reste se répartissant entre des groupes qui parlent d'autres langues tibéto-birmanes, ou bien des langues sinothaï, ou mön-khmer, ou malayo-polynésiennes. La Birmanie donne en somme une image réduite de la mosaïque qu'est l'Asie du Sud-Est.

## L'INDIVIDU
### La nature

1  La canne à sucre est douce toujours, l'homme seulement de temps en temps.

2  Le singe ne s'inquiète pas d'avoir un peigne.
   ● Sa tête est rasée.

3  Il faut que le médecin soit vieux et l'avocat jeune.

### Les comportements

4  Faits provision d'eau pendant qu'il pleut. *(46)*

5  Mange une gousse d'ail : tu sens l'ail ; manges-en deux : tu sens de même.

6  En faisant attention à la cuillerée, on perd tout le pot.

7  Quand la maladie n'est pas connue, il n'y a pas de remède.

8  Tu ne peux pas obtenir du riz en broyant du son. *(1023)*

## LES BONNES ET MAUVAISES RELATIONS

9  Un bon arbre peut loger dix mille oiseaux.

10  L'homme aveugle n'a pas peur des fantômes.

11  Si tu portes le mot « non » avec toi, tu ne seras jamais pauvre, même dans la vieillesse.

12  Seule la hauteur fait l'ombre.

13  Diffuse un psaume et il devient une chanson populaire.

14  Une graine de sésame ne donne pas d'huile.

15  La vie d'un hôte est de sept jours. *(1207)*
   ● On n'apprécie la présence d'un invité que pendant une courte durée.

16  Trop de médecins et le fils est mort. *(778)*

17  Si le coq hérisse ses plumes, il est aisé de le plumer.

18  Quand le chat est trop vieux, les souris n'en ont plus peur.

19   Si le bétail est dispersé, le tigre s'en saisit. *(513)*

20   Le héros arrive seulement quand le tigre est mort.

## LA FEMME ET LA FAMILLE

21   Ce n'est pas le caquetage de la poule qui fait lever le jour, c'est le chant
     du coq.

22   Les vieux bœufs aiment bien l'herbe tendre.
     • Les vieillards aiment bien les tendrons.

23   Un arbre tombe, plantes-en un autre.
     • Se dit aux veufs.

24   Si tu aimes ta femme, fais-en l'éloge seulement quand elle est morte.

25   Une fille donne autant de soucis qu'un troupeau de mille bêtes.

## LA SAGESSE

26   Où il y a amour, il y a paix.

27   Il n'est jamais plus tard que minuit.
     • Tout recommence.


SOURCE

Hla Pe, *Burmese Proverbs*, Londres, 1962 (496 proverbes en birman et en traduction
anglaise, classés par thème, avec des explications, une bibliographie et un index).

# famille thaï

## Proverbes thaï

Les populations thaï sont implantées dans une vaste région, du Sud de la Chine, d'où elles sont originaires, à l'Est de l'Inde. Dans tous les pays de cette zone, elles constituent des minorités, sauf en Thaïlande et au Laos.

Leur pénétration massive date du XIIIᵉ siècle. Les royaumes du Laos et du Siam furent créés au XIVᵉ siècle.

Les langues thaï sont parlées aujourd'hui par environ 60 millions de personnes ; elles donnent une unité linguistique à des ethnies très différentes, vivant en Inde, en Birmanie, au Viêt-nam, en Chine, en Thaïlande et au Laos. Nous présentons dans le choix suivant des proverbes recueillis dans les langues officielles de ces deux derniers pays : le lao, ou laotien, est parlé au Laos (3,5 millions d'habitants) et dans le Nord-Est de la Thaïlande (par 2 millions de personnes) ; le siamois, ou thaï, est parlé en Thaïlande (qui compte 45 millions d'habitants, dont 40 millions de Thaï) et au Viêt-nam.

## L'INDIVIDU
### La nature

1  L'or qui tombe à terre ne se ternit pas.

2  Les fruits ne tombent pas loin de l'arbre. *(76)*

3  Les rayures de l'homme sont à l'intérieur, celles du tigre sont au dehors.
   ● Il ne cache pas sa vraie nature.

### Les comportements

4  Neuf patiences et neuf persévérances feront obtenir des barres d'or.

5  Tel est courageux au village qui est peureux en forêt.

6  La bouche qui parle trop vite fait perdre la confiance ; les pieds trop agiles font tomber de l'arbre.
   ● *Parle* signifie ici agit.

7  Dix langues qui affirment ne valent pas deux yeux qui voient ; deux yeux qui voient ne valent pas une main qui palpe.

8  N'étale pas tes entrailles pour que les corbeaux s'en repaissent.

## LES BONNES ET MAUVAISES RELATIONS

9   Il faut enfiler lentement l'aiguille dont le chas est petit.

10  Supportons la boue pour manger les anguilles. *(1590)*

11  Laisse le sage détruire un ennemi par un autre ennemi, une épine par une épine.

12  Si un chien vous mord, ne mordez pas le chien.

13  Le pied de l'éléphant ferme le bec de l'oiseau.

14  Les compagnons de table sont faciles à trouver, mais rares sont les compagnons de mort.
    • Ceux qui consentent à risquer la mort pour nous.

15  Lorsque les buffles se battent, l'herbe en souffre. *(1738)*

16  Quand l'eau baisse, les fourmis mangent les poissons ; quand l'eau remonte, les poissons mangent les fourmis.

17  Un seul poisson pourrit tout un panier. *(477)*

18  Une seule bûche ne peut faire un feu. *(687)*

## LA FEMME ET LA FAMILLE

19  Pour juger d'un éléphant, il faut regarder sa queue, pour une jeune fille, il faut voir sa mère. *(891)*

20  Quand on agit, il faut y mettre tout son coeur et ne pas se retourner, même si l'aimée vous chatouille les côtes mille fois.

21  Le vieux buffle n'aime que l'herbe tendre.
    • Allusion au vieillard qui poursuit un tendron.

22  Le savoir-faire ne vaut pas l'expérience, dix gendres ne valent pas un beau-père.

## LA SAGESSE

23  Le riz qui est dans ton grenier est ton ennemi parce qu'il excite la jalousie de ceux qui n'en ont pas.

24  Le travail est la source de tous les biens. *(966)*

25  Si vous montez à terre, vous rencontrez le tigre ; si vous descendez dans une barque, vous rencontrez le crocodile.

26  Celui qui est sous le ciel, comment peut-il craindre la pluie ?

27  Il n'y a pas d'autre bonheur que la paix.

SOURCES

M^gr Pallegoix, *Description du royaume thaï ou Siam*, Paris, 1854, t. I, pp. 401-402 (8 proverbes en traduction française).

Paul Lévy et Pierre S. Nginn, «Proverbes» (lao), *France-Asie*, Mars 1956, pp. 1079-1083 (65 proverbes en traduction française, avec des explications).

# 8

*langue chinoise*

# langue chinoise

## Proverbes chinois

Les proverbes chinois sont utilisés par le groupe humain le plus important de la terre, car un être humain sur quatre est chinois.

La multiplicité des dialectes chinois n'a pas empêché l'unité culturelle de la Chine, favorisée par les circonstances historiques et les caractéristiques de la langue. En effet, l'écriture chinoise utilise des signes graphiques indépendants des sons de la langue. Un texte peut être compris par des personnes qui ne parlent pas le même dialecte et ne se comprendraient pas dans une conversation.

La République populaire de Chine a développé l'usage d'une langue parlée commune qui sert à tous les Chinois, quel que soit leur dialecte maternel. Il s'agit du dialecte de Pékin appelé jusqu'à l'époque prérévolutionnaire le mandarin. Il servait déjà de langue commune aux mandarins, c'est-à-dire aux fonctionnaires de l'administration impériale. Sous diverses formes locales, le mandarin est répandu dans toute la Chine du Nord et une grande partie de la Chine du Centre qui forment une zone dialectale homogène. En revanche, les dialectes de la Chine du Sud sont à la fois très différents entre eux et très différents du pékinois.

Plus d'un milliard de personnes dans le monde parlent chinois. La République populaire de Chine compte, selon les estimations, entre 850 millions et un milliard d'habitants. La population de Formose est de 17 millions de personnes. Les colonies chinoises sont répandues dans le monde entier, notamment en Asie du Sud-Est, où elles jouent un rôle économique important. Singapour (2,3 millions d'habitants) est une ville en majorité chinoise, de même que Penang en Malaisie et Cholon au Viêt-nam.

La Chine a exercé une grande influence sur les pays voisins qui lui ont emprunté, parmi d'autres faits de culture, des proverbes. Le Viêt-nam, la Corée et le Japon en témoignent.

Il faut mentionner la présence sur le territoire chinois de très nombreuses minorités ethniques et linguistiques : les langues qu'elles parlent appartiennent aux autres familles linguistiques de l'Asie. La Chine a aussi subi l'influence des pays voisins.

Les proverbes chinois sont incomplètement connus; les traductions sont rares et anciennes et il n'existe aucune étude d'ensemble sur leur utilisation. C'est avec ces réserves qu'on lira le choix suivant. Il comprend, pour une petite partie, des proverbes qui étaient à l'origine des maximes de lettrés, empruntées à la langue littéraire, mais qui se sont aussi répandues dans les autres milieux, étant donné la familiarité des Chinois avec les préceptes de la sagesse classique.

## L'INDIVIDU                                    Les désirs

1   Le paysan prie qu'il pleuve, le voyageur qu'il fasse beau, et les dieux hésitent.

2   Chaumière où l'on rit vaut mieux que palais où l'on pleure.

3   Les palais des grands regorgent de femmes, et les cabanes des pauvres, d'enfants.

4   Le riche songe à l'année future, le pauvre au jour présent.

5   Qui a soif rêve qu'il boit.

6   Prétendre contenter ses désirs par la possession, c'est compter que l'on étouffera le feu avec de la paille.

7   Si tu as entendu parler de Pékin, il ne faut pas aller voir Pékin.
    ● La désillusion serait trop forte.

### La nature, la connaissance de l'homme

8   Le fond du cœur est plus loin que le bout du monde.

9   Les habits doivent être neufs, les hommes anciens.

10  Il est facile de recruter mille soldats, mais il est difficile de trouver un général.

11  L'homme qu'on transplante vit, l'arbre qu'on transplante meurt.
    ● À propos des émigrés.

12  La vie d'un vieillard ressemble à la flamme d'une bougie dans un courant d'air.

### Les épreuves

13  On connaît le cheval en chemin, et le cavalier à l'auberge.

14  Une seule fente suffit pour couler un bateau.

15  L'âme n'a point de secret que la conduite ne révèle.

16  Les pensées du cœur sont dévoilées par l'alcool, les lièvres cachés dans les herbes sont levés par les chiens.

17  Par la canicule il n'y pas de grands hommes.

18  L'empereur Ts'ong-tchen vécut huit cent quatre-vingts ans et ne vit pas qu'on puisse rendre blancs des charbons noirs.

19  Tout bois est gris quand il est réduit en cendres.

20  Long ou court, un bâton est un bâton. Grand ou petit, un homme est un homme.

21  Les saints hommes appartiennent à leur espèce, même s'ils en sortent.

22   Dans le monde entier, les corneilles sont noires. *(198)*

### Les défauts, les imperfections

23   Les dieux et les fées se trompent aussi.

24   Les plus jolis oiseaux sont en cage.

25   Un coup d'œil juste ne vaut pas un mauvais cordeau.

26   L'encre la plus pâle vaut mieux que la meilleure mémoire.

27   Dix veilleuses ne valent pas une lampe.

28   Le chaudron de chaque famille a une poignée noire.
   • Tout le monde a ses défauts.

29   La vaine gloire a des fleurs, et n'a point de fruits.

30   Arbre renversé par le vent avait plus de branches que de racines.

31   Un melon très sucré a la tige très amère.

32   Sans le secours de la sagesse, l'homme est perdu, comme le battant dont la cloche ne rend aucun son.

33   Les paupières de l'homme sont transparentes.

34   L'envie est comme un grain de sable dans l'œil.

35   Nourrir l'ambition dans son cœur, c'est porter un tigre dans ses bras.

36   Avoir trop d'esprit, c'est n'en avoir pas assez.

37   Qu'est-ce qu'un sot qui a fait fortune? — C'est un pourceau qui est embarrassé de son lard.

### Les comportements

38   La plus grande vertu est comme l'eau : elle est bonne pour toutes choses.

39   Le repentir est le printemps des vertus.

40   Si le ciel vous jette une datte, ouvrez la bouche.

41   Le moment donné par le hasard vaut mieux que le moment choisi.
   ◊ Le hasard vaut mieux qu'un rendez-vous.

42   L'eau courante ne se corrompt jamais. *(42)*

43   Savoir faire est facile, le difficile est de faire. *(1549)*

44   L'eau ne reste pas sur les montagnes, ni la vengeance dans un grand cœur.

45   Plus le piédestal est beau, plus la statue doit l'être.

46   Vous ne pouvez pas empêcher les oiseaux de la tristesse de voler au-des-

sus de vos têtes, mais vous pouvez les empêcher de faire leurs nids dans vos cheveux.

47   Avec le temps et la patience, la feuille du mûrier devient satin.

## La prudence

48   Les chevaux de guerre naissent sur les frontières.

49   La garde de soi-même est la plus importante des gardes.

50   Qui connaît son cœur se défie de ses yeux.

51   Lorsqu'on galope sur la crête d'un mur, on ne peut pas tourner la tête.
   ● On a besoin de toute son attention.

52   Lorsqu'on achète des souliers, on s'informe du pied.

53   Tu pars pour un jour, emporte des biscuits pour deux jours. Tu voyages l'été, emporte tes habits d'hiver.

## L'opportunité de l'action

54   La récolte de toute l'année dépend du printemps où se font les semailles.

55   Il est un temps pour aller à la pêche et un temps pour faire sécher les filets.

56   N'attendez pas d'avoir soif pour tirer l'eau du puits.

57   Les tuiles qui garantissent de la pluie ont été faites dans le temps.

58   Ce ne sont pas les mauvaises herbes qui étouffent le bon grain, c'est la négligence du cultivateur.

59   Il faut faire vite ce qui ne presse pas pour pouvoir faire lentement ce qui presse.

60   Un jour en vaut trois pour qui fait chaque chose en son temps.

61   Plus les repentirs sont prompts, plus ils en épargnent d'inutiles.

## Le comportement du sage

62   Le palais conduit à la gloire, le marché à la fortune et la solitude à la sagesse.

63   L'homme plein de vertus est semblable à un enfant, il ne craint ni les bêtes sauvages ni les serpents.

64   L'homme maître de soi n'aura point d'autre maître.

65   Le sage ne désire que l'absence de désirs.

66   C'est s'enrichir que s'ôter des besoins.

67   Si le corps se dresse bien droit, on ne s'inquiète pas si son ombre est de travers.

• Bien faire et laisser dire.

68 L'étude est une épouse aussi belle que le jade.

69 Le sage a beau voyager, il ne change pas de demeure.

70 Les hommes diffèrent moins par leurs complexions naturelles que par la culture qu'ils se donnent.

71 Chacun interprète à sa manière la musique des cieux.

72 Qui a fermé sa porte est au fond des déserts.

73 Qui voit le ciel dans l'eau voit les poissons sur les arbres.

74 Oiseau qui chante n'a pas soif, agneau qui bêle veut téter.

### Le savoir

75 Le sage parle des idées, l'intelligent des faits, le vulgaire de ce qu'il mange.

76 L'esprit cultivé est son propre paradis, l'esprit ignorant son propre enfer.

77 Mille étudiants, mille nobles; mille joueurs, mille pauvres.

78 Le savoir que l'on ne complète pas chaque jour diminue.

### L'inefficacité

79 Un arc tendu longtemps perd de sa force. *(1931)*

80 Il est difficile d'attraper un chat noir dans une pièce sombre, surtout lorsqu'il n'y est pas.

81 Quand on est pressé, le cheval recule.

82 On a beau noyer sa raison dans le vin, on n'y noie pas le sujet de ses peines.

83 Lorsqu'on tombe, ce n'est pas le pied qui a tort.

84 Le vin n'enivre pas : c'est l'homme qui s'enivre.

85 Ne brise pas une porte en fer pour t'emparer d'un gâteau de son. *(526)*

86 Ne prends pas un fusil pour tuer un papillon.

87 Le bœuf mange la paille et la souris le blé.

88 Celui qui déchire ses habits n'a qu'à les rapiécer lui-même.

89 Tu ne peux et manger ton gâteau et vouloir qu'il en reste. *(1113)*

90 Qui ne peut pas dormir trouve son lit mal fait.

91 Pourquoi se jeter à l'eau avant que la barque ait chaviré ?

92 Le fruit mûr tombe de lui-même, mais il ne tombe pas dans la bouche.

93 Si vous devez parcourir dix lis, songez que le neuvième marquera la moitié du chemin.
● Le *li* est une mesure itinéraire qui vaut environ six cents mètres.

94 On ne s'égare jamais si loin que lorsque l'on croit connaître la route.

95 Le riche exagère encore plus sa bonne volonté que le pauvre sa misère

96 Sur cent projets d'un riche, il y en a quatre-vingt dix-neuf pour le devenir davantage.

97 L'économie donne aux pauvres tout ce que la prodigalité ôte aux riches.

98 Les bonnes récoltes rendent les hommes prodigues ; les mauvaises, prévoyants.

99 Les excès tuent plus sûrement que les épées. *(956)*

100 À travers la fente d'une porte, on ne voit l'homme qu'en petit.

101 Qui cache ses fautes en veut faire encore.

102 Si l'homme trompe la terre, la terre trompe l'homme.

103 Le jour éloigné existe, celui qui ne viendra pas n'existe pas.

104 C'est dormir toute la vie que de croire à ses rêves.

## LES BIENS

105 Avec de l'argent, on fait parler les morts ; sans argent, on ne peut pas faire taire les muets.

106 Il n'est métal si dur que le feu n'amolisse, ni affaire si mauvaise que l'argent n'accommode.

107 Le doigt sec ne peut ramasser le sel.
● Sur la corruption.

108 Une grosse fortune ne vaut pas un petit revenu de tous les jours.

109 Un menuisier qui veut faire fortune fabrique des charrues et des cercueils.
● C'est-à-dire les objets indispensables.

110 Un déménagement, c'est la pauvreté pour trois ans. *(825)*
● À cause de la casse et des frais d'installation.

111 Il n'y a pas d'économie à se coucher de bonne heure pour épargner la chandelle, s'il en résulte des jumeaux.

112 L'or n'est pas à l'avare, mais l'avare est à l'or.

113 Les objets donnés ressemblent au donateur.

114 De même que le fleuve retourne à la mer, le don de l'homme revient vers lui.

115   Qui attend le superflu pour donner aux pauvres ne leur donnera jamais rien.

116   Quand il y a du riz qui moisit à la cuisine, il y a un pauvre qui meurt de faim à la porte.

117   Qui ne nourrit pas le chien nourrit le voleur. *(543)*

118   Qui vole une pièce d'argent se voit condamner, qui vole un État se voit couronner.

## LES ÉCHANGES

119   La probité est la seule monnaie qui ait cours partout.

120   C'est parce que les hommes n'ont pas le cœur juste qu'on a inventé la balance et le boisseau.

121   Tout marchand de melons atteste que ses melons sont doux.

122   Le bois de chauffage n'est pas vendu dans la forêt, pas plus que le poisson dans le lac.

123   La marchande d'éventails s'évente avec ses mains. *(1456)*

124   Qui se laisse donner n'est plus bon à prendre.

125   Ne donne jamais la peau, si tu peux payer avec de la laine.

126   Qui ne peut payer de sa bourse paie de sa peau.

127   Un cheval ne devient pas gras sans manger la nuit ; un homme ne devient pas riche sans gains équivoques. *(var. 30)*

128   Les profits injustes sont comme la fausse monnaie ; plus on en a, plus on risque.

129   Ce qui est venu dans l'obscurité s'en va par les ténèbres. *(1963)*

130   Le crédit chasse les pratiques.

131   La honte passe, les dettes restent.

132   L'homme n'est pas lié par le licou, il est lié par le papier. *(1494)*

## LES RELATIONS                              Les bonnes relations

133   Fleuve paisible, rives fleuries.

134   Qui reste doux est invincible.

135   Lorsqu'on tue, il faut voir le sang. Lorsqu'on aide quelqu'un, il faut l'aider complètement.

136   Il faut traiter une affaire tout de suite. Il faut manger la nourriture chaude. *(1478)*

   • Les Chinois n'aiment pas la nourriture froide, ils pensent qu'elle donne mal au ventre.

137 Le fils d'un charpentier sait tirer la scie, le fils d'un canard sait nager.

138 La porte la mieux fermée est celle qu'on peut laisser ouverte.

139 Lorsque trois hommes ont le même but, l'argile se change en or.
   ● L'union fait la force.

140 Un seul bambou ne fait pas un radeau. *(687)*

141 On pardonne tout à qui ne se pardonne rien.

142 Les cœurs les plus proches ne sont pas ceux qui se touchent.

143 La boue cache un rubis mais ne le tache pas.

144 Tous les fleuves vont à la mer et la mer ne déborde pas.

145 On mesure les tours par leur ombre et les grands hommes par leurs détracteurs.

146 Les gros poussins ne mangent pas des petits grains.

147 Qui cède le haut du pavé s'élargit le chemin.

148 Le dieu du terroir des montagnes orientales n'est plus habile quand il arrive dans les montagnes de l'Ouest. *(1985)*

149 Le prêtre du pays lointain lit mieux le rituel.

150 Au cheval le plus sûr ne lâche pas la bride.

151 Une bonne abeille ne prend pas la fleur tombée.

152 Près d'un grand arbre, l'herbe n'est pas couverte de givre.

153 Seul l'altruiste est capable d'aimer autrui et de haïr autrui.

154 C'est s'aimer bien peu que de haïr quelqu'un, mais c'est haïr tout le monde que de n'aimer que soi.

155 Ce n'est qu'avec les yeux des autres que l'on peut bien voir ses défauts.

156 Le voleur doit être pris par le voleur, le fer doit être frappé par le fer.

## Les contrastes

157 Loin de sa maison, un homme est estimé ce qu'il paraît ; dans sa maison, un homme est estimé ce qu'il est.

158 L'eau du puits n'est pas ennemie de l'eau de source.

159 La langue résiste, parce qu'elle est molle ; les dents cèdent, parce qu'elles sont dures.

160 Les dents sont longues, mais la langue leur survit.

161 Cent « non » font moins de mal qu'un « oui » jamais tenu.

162  Mieux vaut essuyer une larme d'un paysan que d'obtenir cent sourires d'un ministre.

163  Sauver la vie d'un homme vaut plus que de construire une pagode de sept étages.

## L'apparence

164  Ne jugez pas un cheval d'après sa selle. *(1094)*

165  L'homme sobre qui a le nez rouge passe pour un ivrogne.

## La prudence et l'imprudence

166  Il ne faut pas employer ceux qu'on soupçonne, ni soupçonner ceux qu'on emploie.

167  Il faut croire ses domestiques et ne pas les écouter.

168  Fais attention à celui que la foule réprouve, fais attention à celui que la foule approuve.

169  Qui bat le chien doit songer au maître.

170  Ne brûlez pas de faux encens devant un vrai dieu.

171  Qui bat les buissons fait sortir des couleuvres.

172  Qui chevauche un tigre n'en descend pas aisément.

173  Il ne faut pas allumer un feu que l'on ne peut pas éteindre.

174  Le grand défaut des hommes est d'abandonner leurs propres champs pour ôter l'ivraie de ceux des autres.

## L'inefficacité

175  Corsaires attaquant corsaires ne firent jamais leurs affaires.

176  Chaleur pour tous, froid pour soi.

177  Lorsqu'on prend un gourdin pour appeler un chien, il ne vient pas.

178  Quand un aveugle conduit un autre aveugle, tous les deux tomberont.

179  Ce n'est pas le puits qui est trop profond, mais c'est la corde qui est trop courte.

180  Le père de tout le monde n'est pleuré par personne.
   • Chacun compte sur l'autre pour accomplir ce devoir.

181  Quand les cuisiniers se battent, le rôti brûle.

## L'impossibilité

182  Dans un même pot, on ne peut pas cuire deux plats différents.

183  D'un seul mouton, on n'écorche qu'une peau.

184  D'un os sec, on ne peut faire sortir la graisse.

185  D'un âne qui ne veut pas boire on ne peut abaisser la tête. *(449)*

186  Bride de cheval ne va pas à l'âne. *(375)*

187  On ne met pas deux selles sur un cheval. Un bon ministre ne sert pas deux maîtres.

188  Dans un étang, il n'y a pas de place pour deux dragons. *(590)*

### L'inutilité

189  L'étude étend peu les connaissances si elle n'ôte pas le goût de la dispute.

190  Cultiver les sciences et ne pas aimer les hommes, c'est allumer un flambeau et fermer les yeux.

191  N'attends pas des autres ce que tu ne veux pas leur promettre.

192  Ne cherchez pas à échapper à l'inondation en vous accrochant à la queue d'un tigre.

193  Dans l'enfance tous les hommes sont frères, dans l'âge mûr chacun tire de son bord.

194  Agneau en peau de tigre craint encore le loup.

195  Il suffit d'un morceau de viande corrompue pour gâter le bouillon de toute la marmite. *(477)*

196  On n'a jamais tant besoin de son esprit que lorsqu'on a affaire à un sot.

197  Le porc se souvient de la nourriture, mais ne se souvient pas des coups.

198  Qui oublie les bienfaits se souvient des injures. *(1223)*

199  C'est se rendre complice d'une impertinence que d'en rire.

200  La rose n'a d'épines que pour qui veut la cueillir.

201  Qui est borgne plaint les aveugles.

202  L'ombre se meut selon les vœux du soleil.

203  Rien ne manque aux funérailles des riches que des gens qui les regrettent.

204  Après une grande haine, il restera toujours une petite haine.

### L'amitié

205  Nos connaissances peuvent remplir l'Empire, mais nos amis intimes ne peuvent être que quelques-uns.

206   Ce sont les vieux amis qui sont les meilleurs, ce sont les nouveaux habits qui sont les meilleurs. *(1171)*

207   Il n'est pas de joie qui égale celle de se créer de nouvelles amitiés.

208   Se rencontrer et être amis, rien de plus facile; demeurer ensemble et vivre en paix, voilà qui est difficile.

209   Ayez du thé, du vin, vos amis seront nombreux : soyez dans l'adversité, un seul homme vous visitera-t-il?

210   Deux ennemis ont l'un pour l'autre des yeux de lynx.

211   Entre mari et femme, c'est millet et farine. Entre amis, c'est eau-de-vie et viande.
      ● On se met en frais pour des hôtes.

212   Qui donne du mauvais vin à ses hôtes ne boit chez eux que du thé.

## La parole

213   Lorsqu'on a appris le livre des proverbes, on n'a plus d'efforts à faire pour parler.

214   Les mots sont la voix du cœur.

215   Une parole venue du cœur tient chaud pendant trois hivers.

216   C'est le propre d'une âme magnanime de consulter les autres; une âme vulgaire se passe de conseils.

217   La parole est une comme le mur est un. *(1511)*
      ● Elle doit être d'un bloc.

218   On n'est jamais puni pour avoir fait mourir de rire.

219   Un mot dit à l'oreille est quelquefois entendu de loin. *(1523)*

220   Une parole sortie de la bouche, quatre chevaux la rapportent difficilement.

221   Qui élargit son cœur rétrécit sa bouche.

222   Le mot fut-il au bord de ta langue, retiens-en la moitié.

223   On gagne toujours à taire ce qu'on n'est pas obligé de dire.

224   Ne parlez pas dans la rue : il y a des oreilles sous les pavés. *(var. 51)*

225   Le secret le mieux gardé est celui qu'on garde pour soi.

226   Les vérités qu'on aime le moins à apprendre sont celles qu'on a le plus d'intérêt à savoir.

## La calomnie et le mensonge

227   Cœur gâté, bouche puante.

228   Les maladies entrent par la bouche, les malheurs sortent par la bouche.
      ● À force de trop manger ou de trop parler.

229   Les paroles sont vides, le pinceau laisse des traces.

230   Les livres n'épuisent pas les paroles, les paroles n'épuisent pas les idées.

231   On peut périr d'un coup d'épée, mais guère d'un coup de langue.

232   De parler ne fait pas cuire le riz.

233   La raillerie est l'éclair de la calomnie.

234   Qui s'endort médisant se réveille calomnié.

235   La calomnie ne change point l'homme bon, ni la marée le roc.

236   Qui ment trois fois n'est pas cru une.

237   Pas de bon médiateur s'il n'est un peu menteur.

## LES GROUPES SOCIAUX

238   Une année de procès engendre dix années de rancune.

239   Qui gagne son procès gagne poule et perd vache. *(1856)*

240   Deux plaideurs font un seul riche : le troisième.

241   Le malade gémit au début de la maladie, et le médecin à la fin.

242   Le médecin guérit de la maladie, mais non de la mort ; il est comme le toit, qui garantit de la pluie, mais non du tonnerre.

## L'ORGANISATION SOCIALE

243   On devrait gouverner un grand empire avec autant de simplicité que l'on fait cuire un petit poisson.

244   L'empereur peut tout pour le bien, mais rien contre la justice.

245   Ce n'est pas l'eau qui vous doit servir de miroir, c'est le peuple.

246   Quand les maîtres de l'Empire déraisonnent, les hommes du peuple dépérissent.

247   Les princes ne songent à rendre leurs sujets heureux que lorsqu'ils n'ont plus rien à faire.

248   Le peuple est difficile à gouverner quand il est trop savant.

249   Servir un prince, c'est comme dormir avec un tigre.

250   L'empereur ne se porte jamais mieux à la capitale que lorsqu'on le dit malade en province.

251   Tel empereur, telle cour.

252   À la cour comme à la mer, le vent qu'il fait décide de tout.

253  On chante à la cour pour boire, on boit au village pour chanter.

254  On ne craint pas un ennemi, on craint seulement un mandarin vénal.
- On peut se faire rendre raison d'un ennemi par voie de justice, mais si le mandarin est corrompu, il n'y a plus d'espoir.

255  Lorsque l'opium ne meurt pas, le seigneur ne change pas.
- Tant qu'il y a de l'opium, le pouvoir n'a pas de révolution à craindre.

256  On ne bafoue pas les lois qui marquent au fer rouge le plus léger des délits.

257  La loi est sage, mais les hommes ne le sont pas.

## LA FEMME ET LA FAMILLE                                    L'amour

258  L'amour est tout yeux et n'en a pas un seul de bon.

259  Quand un homme est fou d'une femme, il n'y a qu'elle qui le puisse guérir de sa folie.

### La femme

260  L'homme savant bâtit les cités, la femme savante les renverse.

261  Quand les hommes sont ensemble, ils s'écoutent; les femmes et les filles se regardent.

262  La vertu d'une femme n'est pas profonde, mais sa colère est sans fin.

263  Ls femmes et les sots ne pardonnent jamais.

264  La langue d'une femme est son épée : elle se garde de la laisser se rouiller.

265  La langue prompte des femmes est l'escalier par lequel arrive le malheur.

266  Les paroles de l'homme sont comme la flèche qui va droit au but, celles de la femme ressemblent à l'éventail brisé.

267  La femme la mieux louée est celle dont on ne parle pas.

### Le mariage

268  Sans nuages au ciel, il ne pleut pas; sur terre, sans entremetteurs, il ne se fait pas de parenté.
- Les entremetteurs sont indispensables pour conclure les mariages.

269  Ne va pas à la chasse sans ton arc, à l'office sans les textes sacrés, ni au mariage sans ta chance.

270  Les troncs galeux ont des branches fleuries.
- Un homme laid a souvent une jolie femme.

271  Entre époux, pas d'inimitié qui passe la nuit.

272 La séparation et le divorce sont des poignards à deux tranchants : il faut s'en blesser d'un côté pour les enfoncer de l'autre.

273 Un bon chien ne mord pas les poules. Un bon mari ne bat pas sa femme.

274 À femme hargneuse, mari brutal.

275 Plus une femme aime son mari, plus elle le corrige de ses défauts ; plus un mari aime sa femme, plus il augmente ses travers.

276 On cherche la vertu dans une épouse, la beauté dans une concubine.

277 Femme qui deshonore son mari fait jurer à son galant de lui être fidèle.

278 La femme infidèle a des remords, la femme fidèle a des regrets.

279 Ne vous fiez pas à votre femme avant qu'elle ne vous ait donné dix fils.

### Le veuvage

280 Les pleurs poussent sur les veuves et les poux sur les veufs.

281 Le ciel est grand, la terre est grande, la bouche d'une veuve est grande.
  - Sa langue est redoutée.

### Le remariage

282 Le premier mariage d'une femme, c'est l'affaire des parents ; son deuxième mariage, c'est sa propre affaire.

283 Une bonne femme ne prend pas deux maris. Un bon cheval ne porte pas deux selles.
  - Primitivement, ce proverbe désignait le remariage, puis il a concerné la polyandrie ou l'adultère.

284 La femme noble ne boit pas le thé de deux familles.

### La famille

285 La femme est pareille aux habits, les frères sont pareils aux mains et aux pieds.
  - Quand l'habit est usé, on en rachète un autre ; de même quand sa femme meurt, on se remarie. En revanche, les frères ne se remplacent pas.

286 Un frère est un ami qui nous a été donné par la nature.

### Les enfants

287 L'argent est une richesse morte ; les enfants sont une richesse vivante.

288 La moisson des autres est toujours la meilleure, nos enfants à nous sont toujours les meilleurs. *(295)*

### Le fils

289 Enseignez votre fils dans la salle de séjour, et votre femme sur l'oreiller.

290   Louer son fils, c'est se vanter ; blâmer son père, c'est se flétrir.

291   Un fils qui fait verser des larmes à sa mère peut seul les essuyer.

292   Le fils doit enterrer le père, le père doit marier le fils.
      • Ce sont des devoirs.

293   Lorsqu'on prend une bru, on enterre un fils.

294   Lorsqu'il y a beaucoup de belles-filles, la marmite n'est pas récurée.

295   Une belle-fille ne peut pas dissimuler sa laideur aux parents de son mari.

296   Le ciel du printemps ressemble souvent à la mine de la belle-mère.

## La fille

297   La mère la plus heureuse en fille est celle qui n'a que des garçons.

298   La classe supérieure dote ses filles ; la classe moyenne les éduque et les
      marie ; la classe inférieure les vend.

299   Le fils naît tourné vers l'âtre, la fille tournée vers la porte.

300   Une fille nubile est comme le sel de contrebande.
      • Il faut se hâter de les mettre en sûreté.

301   Une fille, c'est une marchandise qu'on vend à perte.

302   Une fille sortie de la maison est comme de l'eau répandue. Tant qu'elle
      vit, elle vous appartient ; morte, elle devient votre démon.
      • Une fille n'apporte que des ennuis.

## La piété filiale

303   Le fils suit la femme, la fille suit le mari. Ils laissent les deux vieux dia-
      bles auxquels personne ne fait attention.
      • Cette attitude bien réelle contredit les préceptes des moralistes sur la piété filiale.

304   Donner une bouchée de nourriture quand il vit vaut mieux que pleurer
      quand il est mort.
      • À propos des parents.

305   Se moquer des vieux, c'est détruire la maison où on logera ce soir.

306   Oublier ses ancêtres, c'est être un ruisseau sans source, un arbre
      sans racines.

## La morale

307   Il y a seulement deux sortes d'hommes vertueux : ceux qui sont déjà
      morts et ceux qui ne sont pas encore nés.

308   La fortune est pour la vie ce que la rosée est pour l'herbe.

309   Le chemin du devoir est toujours proche, mais l'homme le cherche loin
      de lui.

310   Sans aller jusqu'à l'extrémité du courage, être fidèle suffit à accomplir son devoir jusqu'au bout.

311   À quoi sert d'avoir la crainte du ciel pour boussole si la conscience ne tient pas le gouvernail?

312   Gouverne-toi bien pour gouverner le monde.

313   C'est le désir de savoir qui a troublé le monde.

314   Laisse toujours une petite place à l'erreur.

315   L'homme ne vit pas cent ans et se fait du souci pour mille.

316   Dans le bonheur, rappelle-toi les pauvres.

317   Le malheur n'entre guère que par la porte qu'on lui a ouverte.

318   La plus courte vie a des siècles de douleurs.

319   Les assassins et les incendiaires mangent toujours à satiété. Ceux qui prient et honorent Bouddha se serrent toujours le ventre.

320   Tous les faux biens produisent de vrais maux.

321   La sainteté est une conquête et non une grâce.

322   Sur le versant d'une montagne, il ne faut jamais faire un pas en arrière.
   ● Dans la vie, il faut aller de l'avant.

323   C'est par le bien-faire que se crée le bien-être.

324   Celui qui a déplacé la montagne, c'est celui qui a commencé par enlever les petites pierres.

325   Laboure, fume, arrose, sarcle ton champ et demande ta moisson par tes prières, comme si elle devait te tomber du ciel. *(1947)*

326   Mieux vaut sauver un mourant que d'enterrer cent morts.

327   La grande prospérité dépend du ciel, la petite prospérité dépend de l'application.

328   Le grand bonheur vient du ciel, les petites joies viennent des hommes.

329   Si les hommes ne peuvent vivre sans dieux, les dieux ne peuvent manifester leur pouvoir sans les hommes.

330   La plus brillante victoire n'est que la lueur d'un incendie.

331   Mourir, c'est finir de vivre; mais finir de vivre, c'est tout autre chose que de mourir.

332   Si élevé que soit l'arbre, ses feuilles tombent toujours à terre.

333   À la mort, les poings sont vides. *(1778)*

334   L'homme, même s'il a gagné cent mille taëls, à la mort ne peut emporter une demi-sapèque de cuivre. *(1778)*

● Le *taël* est une ancienne monnaie chinoise, valant trente-six grammes d'argent.

● La *sapèque* est une ancienne monnaie chinoise, pièce de la plus faible valeur.

335    Un jour de loisirs, c'est un jour d'immortalité.

## LA SAGESSE

336    Le monde est une mer, notre cœur en est le rivage.

337    Quoique la mer soit grande, les navires se rencontrent quelquefois.

338    Les dynasties changent, le caractère reste.

339    Celui qui sait vaincre n'entreprend pas la guerre.

340    Être homme est facile, être un homme est difficile.

341    Au bout de ton char, vois toujours ton cercueil.

342    Deux yeux échangent leurs regards et les êtres existent.

343    La beauté à quatre pattes, ce peut être un cerf ; la beauté à deux pattes, une cigogne ; la beauté ne dépend pas du nombre de pattes.

344    La musique est ce qui rapproche.

345    Une bouchée du fruit d'immortalité vaut mieux qu'une indigestion d'abricots.

346    La vie est la voie de la mort, la mort est la voie de la vie.

### La connaissance

347    Est sage celui qui connaît les autres.

348    Connaître autrui n'est que science ; se connaître soi-même, c'est intelligence.

349    Connaître son ignorance est la meilleure part de la connaissance.

350    L'ignorance est la nuit de l'esprit, et cette nuit n'a ni lune ni étoiles.

### La fragilité de la vie

351    La vie de l'homme entre ciel et terre est comme le saut du coursier blanc qui franchit un ravin d'un bord à l'autre, l'espace d'un instant.

● *Entre ciel et terre* signifie de la vie à la mort.

352    Les hommes entrent dans la vie et en sortent comme la navette passe et repasse sur le métier à tisser.

353    Hier, aujourd'hui, demain, sont les trois jours de l'homme.

354    L'homme est un enfant né à minuit ; quand il voit le soleil, il croit qu'hier n'a jamais existé.

355    L'homme ne vit qu'une vie, la sauterelle ne vit qu'un automne.

356 Un homme qui passe laisse une réputation, les oies sauvages qui passent laissent du givre.

● Les oies sauvages passent à l'époque des premiers froids.

## Le destin

357 On peut guérir les maladies, mais non point le destin.

358 Le sage ne se débat pas contre le sort.

359 L'homme prédestiné au bonheur n'a pas besoin de se hâter d'être heureux.

360 Les autels ne fument que de l'encens des malheureux.

## Le bonheur

361 Un homme heureux est une barque qui navigue sous un vent favorable.

362 Le plus beau lendemain ne rend pas la veille. *(740)*

363 La vie la plus heureuse finit avant la mort.

364 Le bonheur est un rayon de soleil que la moindre ombre vient intercepter ; l'adversité est quelquefois la pluie du printemps.

365 Est heureux qui sait qu'il est heureux.

BIBLIOGRAPHIE

Le grand folkloriste Archer Taylor, dans un article de *Proverbium* (n° 8, 1967, pp. 161-176) sur les collections de proverbes et les études, indique qu'aucune collection chinoise n'a jamais été entièrement traduite. Les publications que l'on connaît n'indiquent pas leurs sources ou leurs références de manière scientifique. Enfin, il n'existe aucune étude historique ou régionale.

Traductions françaises :

P. H. Perny, *Proverbes chinois*, Paris, 1869 (411 proverbes).

Tcheng-Ki-Tong, *Les Chinois peints par eux-mêmes*, Paris, 1884. Dans un intéressant chapitre sur les proverbes (pp. 141-155), l'auteur indique les plus utilisés dans le peuple et dans le milieu des lettrés, appelé « le monde où l'on s'ennuie ». Il était diplomate, en poste pendant assez longtemps à Paris, et connaissait parfaitement le français.

J. Van Oost, *Dictons et proverbes des chinois*, Shanghaï, 1918.

Dans cet ouvrage, particulièrement intéressant et bien présenté, l'auteur, missionnaire flamand étudie 1000 proverbes donnés en caractères chinois, en transcription pékinoise et en traduction française, avec des explications, un index des mots-clefs et une excellente introduction.

D'autres indications sont données dans *Proverbium* : Nai-tung Ting, «Chinese weather proverbs», *Proverbium*, n° 8, 1972, pp. 649-655 (50 proverbes et dictons météorologiques en traduction anglaise).

W. Eberhard, «Some notes on the use of proverbs in Chinese novels», *Proverbium*, n° 9, 1967, pp. 201-208. L'auteur précise que la grande collection chinoise publiée est celle de Chu Chiehfan, *Zhung guo yen ÿu lun*, Taïpoeh, 1965, qui comporte une excellente analyse des proverbes.

**9**

*famille chamito-sémitique*

La famille chamito-sémitique est la plus ancienne famille linguistique attestée et son aire géographique n'a pas varié dans l'histoire, coïncidant avec les bordures orientale et méridionale de la Méditerranée.

Elle comprend quatre groupes de langues :

— le groupe sémitique, riche de quelques-unes des langues de civilisation les plus importantes de l'histoire de l'humanité. Outre de nombreuses langues anciennes mortes, il compte aujourd'hui l'hébreu, l'arabe et les langues éthiopiennes;

— l'égyptien ancien, dont une forme évoluée, le copte, a été parlée jusqu'au XVI$^e$ siècle et reste la langue liturgique des chrétiens d'Égypte;

— le groupe couchitique qui rassemble des langues occupant la côte orientale de l'Afrique (somali, galla, etc.);

— le berbère (plusieurs dialectes).

D'autres langues de la région du lac Tchad, notamment le haoussa, sont aussi rattachées à la famille chamito-sémitique.

# CHAPITRE XXV

# le monde juif

L'hébreu était à l'origine parlé dans le pays de Canaan (Palestine) avant l'arrivée des Israélites (vers les XIII<sup>e</sup>-XI<sup>e</sup> siècles avant notre ère). Ceux-ci utilisaient un dialecte araméen et l'abandonnèrent pour la langue des Cananéens.

L'hébreu actuel n'est plus la langue de la Bible et de la Mishna. C'est une langue vivante dont la renaissance a coïncidé avec l'éveil de la nationalité juive au XIX<sup>e</sup> siècle. L'hébreu est la langue officielle de l'État d'Israël (3,6 millions d'habitants).

Après la fin de l'État juif antique, les Juifs se dispersèrent parmi les autres nations : c'est la diaspora (mot grec qui signifie dispersion), commencée dès le IX<sup>e</sup> siècle avant notre ère et accentuée après l'exil des Juifs de Babylone (en 587 avant notre ère) et la chute de Jérusalem (en 70). Des communautés juives se constituèrent à travers tout l'Empire romain.

Elles se déplacèrent d'Orient en Occident, puis à nouveau vers l'Orient, au gré des variations de l'antisémitisme.

Au Moyen Âge, les Juifs ont créé des foyers de culture prestigieux en France, en Allemagne et en Espagne, mais ils sont chassés de ces pays à partir du XV<sup>e</sup> siècle. Les Juifs d'origine allemande et française, qui constituent le groupe ashkenaz, se réfugient en Pologne où ils représentent au XVI<sup>e</sup> siècle 10 % de la population. Ils parlent le judéo-allemand ou yiddish, transcrit en caractères hébraïques. Quant aux Juifs d'origine espagnole ou Sephardim, qui parlent le ladino, leur culture connaîtra son plein essor hors de leur terroir d'origine. En effet, ils trouvent asile dans l'Empire ottoman : au XVI<sup>e</sup> siècle, Salonique, par exemple, est une ville juive. Des communautés juives se fondent aussi dans d'autres pays du monde.

La création de l'État d'Israël en 1948, l'expulsion des Juifs de leurs centres traditionnels (l'holocauste nazi les a pratiquement fait disparaître de l'Europe orientale et ils ont été chassés des pays arabes), ont profondément modifié la situation des Juifs dans le monde. La diaspora compte environ 15 millions de personnes, la colonie juive des États-Unis étant la plus nombreuse (5 millions de personnes) et la plus puissante de toutes.

## Proverbes des communautés juives

Malgré la variété des langues qu'ils emploient, les Juifs sont unis par leur attachement à la tradition hébraïque. Leurs différentes langues sont fortement imprégnées d'hébreu. C'est pourquoi nous avons présenté en un choix unique les proverbes recueillis dans plusieurs langues. Outre l'hébreu, il s'agit de trois groupes linguistiques :

— le yiddish ou judéo-allemand, de fonds allemand et hébreu, a subi des influences slaves. Il est parlé en Europe centrale et orientale ainsi qu'aux États-Unis ;

— le ladino, ou judéo-espagnol, mélange de castillan médiéval et de locutions hébraïques, est répandu de l'Afrique du Nord au Balkans ;

— les dialectes judéo-arabes : on distingue des variantes selon les pays (Juifs du Yémen, d'Iraq, etc.).

Nous avons fait figurer la mention de la langue d'origine pour les proverbes ne figurant que dans un recueil particulier. Mais la plus grande partie des proverbes est commune à l'ensemble du monde juif.

## L'INDIVIDU

1 La mer n'a pas de fond et la souffrance des Juifs n'a pas de rive. [yiddish]

2 Mieux vaut un Juif sans barbe qu'une barbe sans Juif.

### Les désirs

3 Donne-moi, Seigneur, le pain quotidien ; pour l'eau-de-vie, je me débrouillerai tout seul.

4 Il vaut mieux être riche et en bonne santé que pauvre et malade.

5 Mieux vaut être pauvre qu'enterré.

6 L'homme peut tout oublier, sauf de manger.

7 La faim est le meilleur des cuisiniers.

8 L'un n'a pas d'appétit pour manger, l'autre pas de manger pour l'appétit.

9 On ne peut se rassasier qu'à sa propre table.

10 Mieux vaut le seigle de ta ville natale que le blé d'une autre. [ladino] *(988)*

11 S'il n'y avait pas l'estomac et le pénis, le monde aurait été prospère. [Iraq]

### La nature

12 La joie est le monde de la liberté.

13 Celui qui sait qu'il ne sait pas sait beaucoup.

14 Personne n'est trop âgé pour apprendre. [judéo-alsacien]

15 En terre noire pousse le meilleur blé. [yiddish]
   • Les gens simples ont bon cœur.

16 Mieux vaut un gramme de chance qu'un kilo de ducats.

17 L'or pèse, le plomb pèse, l'homme pèse plus que tout. [ladino]

18  Trois choses font connaître l'homme : la bouteille, la bourse et la colère.

19  Un homme est ce qu'il est, non ce qu'il était. [yiddish]

20  Pour une fenêtre de moins, la maison ne devient pas borgne. [ladino]

21  On ne vit pas de plaisir, ni on ne meurt de peine.

22  Il faut laisser les soucis à celui qui est au-dessus de nous. [judéo-alsacien]

23  L'orgueil est le masque de nos propres défauts.

24  On peut retourner son habit, mais non pas sa chance.

25  Autrefois, le coq pondait ; maintenant, la poule même ne pond pas. [ladino]
    • La vie est devenue difficile.

26  La tartine tombe toujours sur le côté beurré. [judéo-alsacien]

### Les comportements

27  Un héros est celui qui conquiert ses passions.

28  Le temps est le meilleur des médecins. [yiddish]

29  Les larmes valent mieux que le rire, car l'adversité améliore le cœur.

30  Le puits où l'on tire souvent a l'eau la plus claire.

31  Qui plus fait, plus vaut. [ladino]

32  La famine dura sept ans, mais n'entra pas dans la maison de l'artisan.

33  Trop d'humilité est demi-orgueil. [yiddish]

34  La fierté précède la chute.

35  En acquérant la renommée, on cesse bientôt de la mériter.

36  L'aiguille du paysan est une charrue. [Yémen]
    • Les paysans ont tendance à exagérer les petites choses.

37  Commets trois fois un péché et tu finiras par croire qu'il est licite.

38  L'égoïste démolit un palais pour prendre une tuile. [ladino]

39  Celui qui hésite n'atteindra jamais Jérusalem.

40  Il faut se courber pour ramasser. [yiddish]

41  Un chien affamé mangera même des excréments. [Yémen]

42  Les eaux passées ne font plus tourner le moulin. [ladino]

## LES BIENS ET LES ÉCHANGES                         Le don

43  Quand tu donnes une aumône, que ce soit du pain blanc ! [Yémen]

44   L'aumône est le sel des riches.

45   Qui donne ne doit jamais s'en souvenir, qui reçoit ne doit jamais l'oublier.

46   Quand le pauvre donne au riche, le diable rit à travers le petit trou [ladino] *(1325)*

## Le vol

47   Si le riche vole, il s'est trompé; si le pauvre se trompe, il a volé. [Maroc]

48   Si à notre époque on n'est pas un peu voleur, on ne peut pas rester un honnête homme. [judéo-alsacien]

49   Les serrures ne sont faites que pour les gens honnêtes. [yiddish]
   ● On ne peut se protéger des voleurs.

50   Qui vole le pauvre, vole Dieu.

51   Les eaux dérobées sont les plus douces; le pain du mystère est le plus suave. *(953)*

## Les affaires

52   Dieu ne donne point d'argent, mais il crée les façons et les manières d'en gagner. [ladino]

53   Les hommes achètent des biens, mais ce sont les biens qui les achètent.

54   Ce n'est pas ce qui est beau qui est cher, mais ce qui est cher qui est beau. [yiddish]

55   Il a vendu le soleil pour s'acheter une chandelle. [ladino]

56   Tous les savetiers vont nu-pieds. [yiddish] *(1456)*

57   Qui évite la douane paie le double. [ladino]

58   Celui qui n'a pas d'argent dans sa poche en a besoin sur la langue.

59   Où il n'y a pas d'argent, il n'y a pas de parents. [yiddish] *(1756)*

## Les dettes

60   Il n'y a pas de bon emprunt. [ladino]

61   Débarrassez-vous de vos dettes avant de devenir prêteur.

62   Mille pensées n'ont jamais payé une seule dette. [ladino]

## LES BONNES ET MAUVAISES RELATIONS

63   Il est plus facile de connaître dix pays qu'un seul homme. [yiddish]

64   Qui s'appuie contre un bon mur est couvert par l'ombre. [ladino]

65   Fais le bien et ne regarde pas à qui.

66   Accorde-toi avec ton adversaire pendant que tu es en chemin avec lui.

67   Ne regarde pas la cruche, mais ce qu'elle contient.

68   La nappe mise termine bien des disputes.

69   Les pas de l'âne dépendent de l'avoine. *(439)*

70   Lorsque vous entrez dans une ville, marchez dans ses voies. *(2024)*

71   Si tu veux du lait, examine la vache. [Yémen]

72   Le miel se fait lécher, le fiel se fait cracher. [ladino]

73   Le voleur est inquiet pour sa maison et l'homme adultère pour sa
     femme. [Iraq]
     • Ils savent que ces possessions ne sont pas sûres.

74   Une petite ville est comme une lanterne. [yiddish]
     • Tout se voit.

75   Une porte ouverte peut tenter un saint.

76   Il ne saurait y avoir plus dans le plat que dans la casserole.

77   À qui dépend de la table d'autrui, le monde paraît étroit et som-
     bre. *(1790)*

78   L'envie est la carie des os.

79   On ne meurt pas de faim, mais d'humiliation.

80   Méfiez-vous de l'ignorant qui cite les Écritures.

81   Le cheval gavé d'avoine devient rétif.

82   Quand la fête est passée, on a des dettes et du linge sale. [judéo-alsacien]

83   Qui fut mordu d'un serpent s'effraie d'une corde. [judéo-arabe] *(548)*

84   Quand on administre des clystères au vizir, le sultan s'en ressent. [ladino]
     • Un *clystère* est un lavement.
     • Un *vizir* est un ministre.

85   Quand la barbe brûle, la bouche a chaud.

86   Attendre des autres est le métier des fous. [ladino]

87   Mieux vaut un bien de loin qu'un mal de près. [ladino]
     • Le plaisir d'avoir des parents chez soi ne compense pas la gêne qu'ils causent.

88   C'est seulement quand le Juif a vraiment raison qu'il reçoit des coups.

89   Faire du bien à un Arabe, c'est arroser du sable. [judéo-arabe]

90   Ce qui a échappé au voleur a été donné au devin. [ladino]

91 Ne prêche, rabbin, que lorsque tu as un public.
  ● Un *rabbin* est un chef religieux de la communauté juive.

92 Domestique et coq ne sont bons que pendant une année. [ladino]

93 Dans la ville : mon nom ; hors de la ville : mon habit. [yiddish]

94 Quand on ne peut pas mordre, à quoi sert de montrer les dents ? [yiddish] *(650)*

95 Quand tu ris, tout le monde le remarque ; quand tu pleures, personne ne le voit. [yiddish]

96 Quand le chat n'est pas là, les souris dansent. [Yémen] *(540)*

97 Le chat et le rat font la paix sur une carcasse.

98 Quand le bœuf tombe, les couteaux se rapprochent. [Yémen]

99 Dieu punit, l'homme se venge.

100 Un petit feu brûle un grand tas de blé.

101 Le vent et la mer se querellent, ce sont les voiliers qui en pâtissent. [arabe]

102 Quand un chenapan t'embrasse, compte tes dents !

103 Qui a vu le diable en garde le geste. [ladino]

104 Plusieurs mains dans un plat le renversent vite. [ladino]

105 Malheur à la barque que mènent beaucoup de capitaines ! [ladino]

## L'amitié

106 C'est dans le miroir que l'on voit son meilleur ami. [yiddish]

107 Il n'est pas de meilleur miroir qu'un vieil ami.

108 Prends de l'ami une gifle, de l'ennemi pas même un baiser.

109 Dans l'amitié, ménage une petite place pour la brouille, et dans la brouille une autre pour la réconciliation.

110 Si ton ami t'appelle un âne, mets la selle sur ton dos.

111 Celui qui fait honte à un ami en public, c'est comme s'il répandait le sang.

112 Alors qu'un trou d'aiguille n'est pas trop étroit pour deux amis, le monde entier n'est pas assez grand pour séparer deux ennemis.

113 Le summum de la puissance consiste dans le fait de transformer tes ennemis en amis.

### La parole

114    La vie et la mort sont au pouvoir de la langue.

115    La bouche fait, la bouche défait.

116    Il ne faut pas compter les paroles, il faut les peser.

117    Savoir bien se taire est plus malaisé que de bien parler.

118    Parler peu est de l'or, parler trop est de la boue. [ladino]

119    Un seul œil est plus digne d'être cru que deux oreilles. [yiddish]

120    La meilleure éloquence, c'est la vérité.

121    Le mensonge n'a qu'une jambe, la vérité en a deux.

122    Avec un mensonge on va loin, mais sans espoir de retour. [yiddish]

## LA FEMME ET LA FAMILLE                              La femme

123    L'homme vient au monde avec du pain dans la main; la femme naît les
       mains vides.

124    La laideur est le seul gardien des femmes.

125    L'intelligence de la femme est dans son ornement; l'ornement de
       l'homme est dans son intelligence.

126    La femme fait, la femme défait.

127    Qui apprend et oublie est comme une femme qui conçoit et avorte.

128    Le secret porte culotte.

### L'homme et la femme

129    Ceux qui s'aiment tiennent dans peu de place. [ladino]

130    Amants et voleurs cherchent les ténèbres.

131    S'il n'y avait pas le froid du vendredi soir et l'ennui du samedi soir, per-
       sonne ne se marierait. [Maroc]

132    Un homme veut se marier, une femme veut être mariée.

133    Que Dieu vous garde des mauvaises femmes, et gardez-vous des meilleu-
       res. [yiddish]

134    On ne peut avoir sa femme ivre et sa barrique pleine.

135    Ne montre pas ton pénis parmi les veuves. [Iraq]
       • Variante censurée à Bagdad : «Ne montre pas ton pain parmi les affamés».

## La famille

136 La belle-mère et la bru dans la même maison sont deux chats dans un sac.

137 Belle-mère n'est bonne que quand elle est sourde et aveugle. [ladino]

138 Le ducat et la grossesse ne restent point cachés. [ladino]

## La mère

139 Ma maison, c'est le sein de ma mère.

140 Dieu ne pouvait être partout, alors il a créé la mère. [yiddish]

141 Une mère et une mante cachent plusieurs défauts. [ladino]

142 La mère est une couverture; elle masque les défauts des enfants et les vices du mari. *(905)*

143 Une mère doit avoir un large tablier pour couvrir les fautes de ses enfants. [yiddish] *(905)*

## Les enfants

144 Qui élève les enfants des autres verse l'eau dans la passoire.

145 Celle qui n'enfante pas a une seule douleur; celle qui enfante en a cent et une. (ladino)

146 Celui qui a des enfants vit comme un chien et meurt comme un homme; celui qui n'en a pas vit comme un homme et meurt comme un chien. [ladino]

147 Celui qui a des enfants ne meurt pas d'indigestion.

148 Chaque morve est douce à son palais. [ladino]
   ● L'amour rend les parents aveugles sur les défauts de leurs enfants.

149 On n'a jamais assez d'enfants ni de verres. [yiddish]
   ● Il sont tous deux fragiles.

## Les parents

150 Le père et la mère sont comme des hôtes en ce monde. [Yémen]

151 Mieux vaut perdre un père riche qu'une pauvre mère.

152 Un enfant sans père est un demi-orphelin, un enfant sans mère est un orphelin entier.

153 Quand le père épouse la tante, il devient un oncle.

## L'éducation

154 Pour qu'ils aient leur valeur, frappe l'or et l'enfant.

155  Le père a frappé son fils, non pas parce qu'il a joué, mais parce qu'il
     a perdu.

156  Celui qui ne donne pas un métier à son fils le fait voleur.

### Le fils et la fille

157  Sept fils procurent aux enfants un fauteuil au paradis; sept filles, une
     place en enfer.

158  Il est bon d'avoir un fils parce que l'on meurt; il est doux d'avoir une
     fille parce que l'on vit.

159  Telle mère, telle fille.

160  La fille est un pont qui peut être foulé par n'importe qui. [Iraq]
     ● C'est l'homme et non la femme, qui a le choix du conjoint. La femme est cantonnée
       dans la fonction de reproduction.

161  Quand la fille ouvre la bouche, elle ouvre sa vulve. [Iraq]
     ● La femme se voit dénier le droit à la parole : si elle parle pour se disputer ou récla-
       mer ses droits, elle est comparée à une prostituée réclamant de l'argent.

## LA SAGESSE                                                    La morale

162  Là où il n'est pas d'homme, sois un homme.

163  Ce qui vaut la peine d'être fait vaut la peine d'être bien fait.

164  Trois choses mènent le monde : la loi, la religion et la bienfaisance.

165  Dieu personnellement n'est pas riche, il prend aux uns et distribue
     aux autres.

166  Si l'homme était seulement digne de l'aide de Dieu...

167  Il n'est rien qui ait un goût plus amer que la vérité. [yiddish]

168  Qui ne vit que d'espoir crève. [ladino] *(var. 1312)*

169  Jusqu'à la dernière pelletée de terre; l'homme doit prier pour le pardon
     et la pitié.

170  La fin de la souffrance est la mort. [Yémen]

### La vie

171  À chaque jour suffit sa misère. *(2070)*

172  Le rabbin est mort, l'Écriture demeure. [Pologne]

173  La plus mauvaise vie est préférable à la meilleure mort.

174  Le pire ennemi, c'est un bonheur de longue durée.

175  La brièveté est l'essence de toute sagesse.

176 Si la chance te sourit, pourquoi cours-tu? et si elle ne te sourit pas, pourquoi cours-tu? [ladino]

177 Ronge l'os que le sort t'a jeté.

178 L'homme vient au monde avec les mains vides et il le quitte avec les mains vides. *(1778)*

179 Le suaire n'a pas de poches. *(1778)*

180 L'ange de la mort tue et s'en va sanctifié. [yiddish]

181 Si tu veux vivre, meurs. [Yémen]

BIBLIOGAPHIE

Il existe un ouvrage en français :
Arnold Mandel, *Le Petit Livre de la sagesse populaire juive*, Albin Michel, 1963 (400 proverbes de différentes provenances, en français, classés par chapitres, avec une bibliographie).
Il y a très peu de traductions sur des langues particulières.
— Judéo-allemand ou yiddish :
L'ouvrage fondamental est dû au grand parémiologue polonais Ignaz Bernstein, *Jüdische Sprichwörter und Redensarten*, 1908, réédité en 1969 à Hisdeshiem (3 991 proverbes classés par ordre alphabétique du mot-clef, avec 277 Erotica et Rustica : introduction sur la culture ashkenaz et excellente bibliographie de yiddish ; en yiddish.).
Quelques livres récents :
Hanan J. Ayalti, *Yiddish Proverbs, the essence of yiddish wit and wisdom*, New York, 1964 (en yiddish et en anglais, classement alphabétique, index).
Salcia Landmann, *Jüdische Anekdoten und Sprichwörter*, München, 1965, pp. 197-241 (250 proverbes en yiddish et en allemamd).
— Judéo-alsacien :
H. J. Troxler, *Proverbes d'Alsace*, Éditions du Bastberg, 1977 (chapitre sur les proverbes judéo-alasaciens ; référence à Honel Meiss, *Traditions populaires alsaciennes, le dialecte judéo-alsacien).*
— Judéo-espagnol ou ladino :
R. Fouché-Delbosc, *Proverbes judéo-espagnols*, Picard, 1895 (1313 proverbes en ladino, classement alphabétique).
M. Kayaserling, «Proverbes judéo-espagnols», *Revue hispanique*, 1897, p. 82 (23 proverbes qui complètent la liste précédente ; en ladino).
Abraham Galante, «Proverbes judéo-espagnols», *Revue hispanique*, 1902, pp. 440-454 (462 proverbes en ladino).
Abraham Danon, «Proverbes judéo-espagnols de Turquie», *Zeitschrift für romanische Philologie*, 1903, pp. 72-96 (323 proverbes en ladino et en français, avec des explications). C'est le seul recueil traduit en français.
Enrique Saporta y Beja, *Refranero Sefardi*, Madrid, 1957 (2 000 proverbes et dictons des Sephardim de Salonique et d'autres villes d'Orient, en ladino et en espagnol, classés par ordre alphabétique, avec des explications ; l'auteur indique que ses sources sont orales).
— Judéo-marocain (dialectes judéo-arabes) :
Brunot et Malka, *Textes judéo-arabes de Fès*, Rabat, 1939.
Brunot, *Proverbes et Dictons arabes de Fès*, Hespéris, 1928.

Colin, *Chrestomathie marocaine*, Paris, 1951.

Flammand, *Quelques manifestations de l'esprit populaire dans les juiveries sud-marocaines*, Casablanca, 1960.

I. Ben-Ami, « Proverbes judéo-marocains concernant le mariage », *Proverbium*, n° 16, 1971, pp. 597-601 (en français).

— Juifs du Yémen :

Goitein, *Jemenica*, 1934 (en allemand), réimprimé, Leiden, 1970 proverbes cités dans *Provebium*, n° 17, 1971, p. 617-618, en traduction anglaise).

— Juifs d'Iraq :

Latif Khayyat, « Judeo-Iraqi Proverbs on man and wife », *Proverbium*, n° 24, 1974, pp. 943-947 (en traduction anglaise). Ces proverbes, courants dans tout le Proche-Orient parmi les Juifs, dépeignent une société répressive à l'égard des femmes.

— En hébreu :

Lazar Blankstein, *A Collection of hebrew proverbs and their origin with parallels from other languages*, Jérusalem, 1964 (30 000 proverbes et citations avec les équivalents dans les principales langues).

# le monde arabe

## Proverbes arabes

Grâce à l'expansion prodigieuse de l'islam, l'arabe, qui était la langue de quelques tribus nomades de l'Arabie, s'est étendu à partir du VII° siècle à tout le Proche-Orient, au Nord de l'Afrique et à certaines îles de la Méditerranée (Malte et pendant quelque temps la Sicile).

Il est devenu une des grandes langues de culture et s'est aussi imposé comme langue religieuse, car l'islam s'est étendu à l'époque moderne, en Asie, jusqu'au Pakistan et en Indonésie, et en Afrique noire dans nombre de pays (Sénégal, Mali...).

L'arabe littéraire est, avec divers niveaux d'usage, commun aux 120 millions d'Arabes. Les pays arabes les plus peuplés sont l'Égypte qui compte 40 millions d'habitants, le Maroc (19 millions) et l'Algérie (18 millions). Il coexiste avec de très nombreux dialectes locaux parmi lesquels on distingue plusieurs groupes régionaux : la péninsule arabique, l'Iraq et l'Anatolie, l'Asie centrale soviétique, la Syrie et le Liban, l'Égypte, le Soudan et le Tchad, la Lybie, la Tunisie, l'Algérie, le Maroc, la Mauritanie. (Pour le maltais, proche des dialectes tunisiens, voir ci-dessus p. 21.)

Chaque groupe a subi l'influence des langues voisines. Pour certains dialectes, on distingue entre les parlers des nomades et ceux des sédentaires.

Nous avons joint au choix de proverbes arabes quelques proverbes maures. Population du Sahara occidental, les Maures, au nombre de 500 000, comprennent des Berbères, des Arabes bédouins et des Noirs. Ils ont adopté la langue arabe et la religion islamique. Le fonds proverbial arabe est très riche et le fonctionnement du proverbe à côté de la citation coranique est constant. On constate, à l'examen des nombreuses publications consacrées aux différents dialectes, que les mêmes proverbes sont répandus d'un bout à l'autre du monde arabe.

En outre, on retrouvera dans le choix suivant quelques proverbes qui figurent aussi dans les chapitres turc et persan.

## L'INDIVIDU                                           Les désirs

1   Mieux vaut un chien en liberté qu'un lion dans une cage. *(592)*

2   La convoitise te rend esclave, car tu es né libre.

3   L'homme pauvre n'est pas celui dont les mains sont vides, mais celui dont l'âme est vide de désirs.

4   Le plus grand ennemi de l'homme, c'est son ventre.

5   La vue ne remplit pas le ventre. [maure]

6   Le rêve de l'affamé est le pain.

7   Un chat ne rêve que de souris.

8   La gazelle altérée n'écoute que sa soif.

9   Avoine du pays vaut mieux que blé importé. *(988)*

10  À qui n'a pas goûté la viande, les tripes plaisent.

## La nature

11  Le coq éloquent chante déjà dans son œuf.

12  Le vieillard couché aperçoit ce que le jeune homme debout ne voit pas. [maure]

13  La maladie des vieillards n'a d'autre remède que la tombe.

14  On ne peut pas porter deux melons d'eau dans la même main.

15  Chaque barbe a son peigne.

16  Le taureau ne se fatigue pas de porter ses cornes.

17  Tout vase répand ce qu'il contient. *(1092)*

18  Les ronces ne portent pas de raisin.

19  Braise de nuit devient cendre du matin.

20  Trois choses donnent la mesure de l'homme : la richesse, le pouvoir, l'adversité.

21  L'homme est un oiseau sans ailes.

22  Entre l'oignon et la pelure, on ne tire qu'une mauvaise odeur.
    ● Dans le monde arabe, comme en Afrique, l'oignon, que l'on peut éplucher sans jamais trouver de graine, est le symbole de la duplicité.

23  Les moustaches cachent les défauts de la bouche.

24  Un doigt de trop gâte la main.

25  Il n'y a que la fumée qui s'élève et le fumier qui grandit.

26  Les cimetières sont remplis de gens qui se croyaient indispensables.

27  La tâche est dure quand elle ne plaît pas.

28  Trop serré se relâche. *(1931)*

29  Le peuplier aura beau pousser, il n'atteindra pas le ciel.

30  L'arbre qui ne donne pas d'ombre à son propriétaire doit être coupé.

31 Dieu envoie les pois chiches grillés à qui n'a pas de dents. *(var. 652)*

32 Mariez le pauvre à la pauvresse, les mendiants se multiplieront.

33 Le mal vient par quintal et s'en va par le trou d'une aiguille. *(2097)*

34 Il n'y a pas de malheur pire que celui qu'on a. *(2103)*

35 Tout mouton est pendu par ses propres pattes. *(502)*

36 La forêt est brûlée par son propre bois. *(502)*

37 Un impatient attendait le jour, quand il parut, il devint aveugle.

38 Il y a deux sortes de gens : ceux qui peuvent être heureux et ne le sont pas, et ceux qui cherchent le bonheur sans le trouver.

## La science

39 Papa, quel est le savant ? — Celui qui se connaît soi-même.

40 Papa, quel est le sot ? — Celui qui ne se connaît pas soi-même.

41 Personne ne sort savant du ventre de sa mère.

42 Un homme ne devient pas savant en léchant de l'encre.

43 L'encre des savants est aussi précieuse que le sang des martyrs.

44 La science ne consiste pas en ce qui est conservé dans les livres, mais bien en ce qui se grave dans les cœurs.

45 La science est comme le joug au cou du bœuf, elle est faite pour dompter les passions.

46 Savant sans œuvres, nuages sans pluie.

47 Qui s'instruit sans agir laboure sans semer.

48 Les livres sont les jardins des savants.

49 À tout savant une faute et à tout cheval une chute.

## Les comportements

50 L'homme le plus riche est celui qui ose regarder le lendemain.

51 Un roi juste est l'ombre de Dieu sur la terre.

52 Un roi sans justice est une rivière sans eau.

53 Reposez-vous avant de trop vous fatiguer, et levez-vous avant de trop vous reposer.

54 Allonge tes pieds en proportion de ton tapis. *(1118)*

55 Mieux vaut être assis que debout, couché qu'assis, et mort que couché.

56 Si le métier n'enrichit pas, il met à l'abri du besoin.

57 Plutôt que de se promener sur la rive et regarder le poisson d'un œil d'envie, mieux vaut rentrer chez soi et tisser un filet.

58 Sache venir, mais sache partir.

59 Qui vit voit beaucoup, qui voyage voit davantage.

60 Pour chaque regard que nous jetons en arrière, il nous faut regarder deux fois vers l'avenir.

61 Une tradition commence la première fois.

62 Le chameau porte du sucre, mais mange des épines.

63 Une jument de noble race n'a pas honte de son fumier.

64 Qui fait le chamelier doit rehausser la porte de sa maison.

65 Celui qui se fait voilier doit chercher le vent.

66 Chacun est maître de sa barbe.

67 La colère du vrai croyant ne dure que le temps de remettre son turban en ordre.

68 Qui avoue sa faute, Dieu la lui pardonne. *(var. 2049)*

69 C'est par des chutes qu'on apprend à marcher.

70 On ne fait pas la prière avant l'heure. [maure]

71 En restant entre deux mosquées, on revient sans avoir prié.

72 Pauvre, celui qui fait cuire la cognée et du fer attend le bouillon.

73 Un fou a jeté une pierre dans un puits, mille sages n'ont pu la retirer.

74 Le rire de la noix est entre deux pierres.

75 Rassasié, l'âne éparpille son orge.

76 L'impuissant se glorifie du phallus de son père.

77 Qui veut tout perd tout. *(1266)*

78 À celui que vous voulez embarrasser, laissez la liberté de choisir.

79 Celui qui regarde au-dessus de soi a mal au cou.

80 L'œil ne saurait monter plus haut que le sourcil.

81 Qui court seul est sûr d'arriver premier. [maure]

82 L'oisif joue avec le diable.

83 Les marins ne pensent à Dieu qu'au moment du naufrage. *(1809)*

84 L'oiseau qu'on égorge danse dans sa douleur.

85 Où fuir lorsque les cris d'effroi viennent de la montagne ?

● Que faire quand le danger vient de là où l'on a l'habitude de se réfugier ? [maure]

## LES BIENS ET LES ÉCHANGES                    Le don

86   L'oignon offert avec amour vaut un mouton.

87   Dieu a façonné la main de l'homme pour faire l'aumône.

88   L'aumône est une prière silencieuse.

89   Donne à manger au passereau, à la perdrix, à la colombe, peut-être, un
     jour, l'aigle royal tombera-t-il dans tes filets ?

90   Donne aujourd'hui la laine, demain Allah te donnera un agneau.

91   Je donne une datte au pauvre pour en goûter la vraie saveur.

92   Les hommes sont les esclaves du bienfait.

93   Qui est habitué à ton pain aura faim en te voyant.

94   Un mendiant n'aime pas un autre mendiant. *(1770)*

### L'ingratitude

95   Engraisse ton chien, il te dévorera.

96   Élève des corbeaux, ils te crèveront les yeux.

97   L'ânesse empruntée est vite blessée au dos.

98   Ne jette jamais de pierre dans le puits où tu as bu.

99   Un chien reconnaissant vaut mieux qu'un homme ingrat.

### La possession

100  Si vous entrez avec un objet, on vous estime dans la maison ; si vous
     entrez les mains vides, on trouve pénible de vous servir.

101  Le défaut de l'homme est sa poche, quand elle est vide, il a tous
     les défauts.

102  Le pauvre d'argent est riche de remarques et d'avis.

103  Une petite maison en ruines vaut mieux qu'un palais en commun.

104  On demandera le travail à celui qui a reçu le salaire.

105  Celui qui m'a servi et a reçu son salaire n'est pas mon esclave ni moi
     son seigneur.

106  Un sot achète des nattes avant d'avoir construit la mosquée.

107  Il a acheté la bride avant d'avoir le cheval. *(261)*

108  N'achète pas la maison avant d'avoir acheté le voisin.

109   L'avare est semblable à l'âne chargé d'or et qui se nourrit de paille.

**Les affaires**

110   Lune et nouvelle, ne les achète pas; elles seront évidentes à la fin.

111   Gagner dans le commerce de la boue vaut mieux que de perdre dans celui du musc.

112   Celui qui veut gagner de l'argent sans en avoir ressemble à celui qui veut porter de l'eau dans un crible.

113   Soyez frères dans la vie commune, mais étrangers dans les affaires.

114   La main du commerçant ne déchire pas sa poche. [maure]
      • S'il donne de l'argent ce n'est pas pour le perdre.

115   Tous les chemins conduisent au moulin.

116   Le blé circule, mais il revient au moulin.

117   Chez le potier, on sert de l'eau dans un pot ébréché. *(1456)*

118   Pour vendre, dis du bien; pour acheter, dis du mal.

119   Si vous voulez acheter, traversez le bazar en regardant et achetez en retournant.

120   Donne-moi de la laine et demain tu auras un mouton.

121   Mieux vaut un œuf dans la bouche qu'un poulet qui rôtit. *(532)*

122   Sans la casse, la poterie n'existerait plus.

123   Sans la variété des goûts, la mauvaise marchandise resterait.

124   Il vaut mieux avoir la bienveillance du juge que deux témoins favorables.

**Les dettes**

125   Les dettes sont les ciseaux de l'amitié.

126   Prêter, c'est entretenir la haine.

127   Celui qui se marie avec des dettes, donnera ses enfants pour l'intérêt.

## LES BONNES ET MAUVAISES RELATIONS

128   Bon accueil vaut mieux que bon dîner.

129   Une poignée d'abeilles vaut mieux qu'un sac de mouches. *(242)*

130   Un chien qui se remue vaut mieux qu'un lion accroupi.

131   La morsure d'une bouche aimée vaut mieux que le baiser d'une autre.

132   Si les gens se traitent en justes, le juge se repose.

133 Comme le cierge, il éclaire les autres et se brûle lui-même.

134 Le fardeau supporté en groupe est une plume. [maure]

135 Le malheur divisé est facile à porter.

136 Qui a des frères en rezzou n'est pas molesté au campement. [maure]
  ● Le *rezzou* est une bande armée qui se constituait en vue d'un raid de pillage, ou le raid lui-même.

137 Petite pierre soutient grande jarre. *(1213)*

138 Deux faibles ont vaincu un fort.

139 Le petit ver ne ronge que le bon bois.

140 Chaque coq est maître de chanter sur son fumier. *(520)*

141 Fais-moi caïd, je te ferai pacha.

142 Mangez ce qui vous plaît et habillez-vous comme il plaît aux autres.

143 Tout habit trouve quelqu'un pour le mettre.

144 Si vous entrez parmi les borgnes, fermez un œil.

145 Il faut flatter la vache avant de la traire.

146 La meilleure ruse consiste à ne pas user de ruse.

147 Si la montagne ne va pas à Mahomet, Mahomet va à la montagne.
  ● D'après la phrase attribuée à Mahomet : «Puisque la montagne ne vient pas à nous, allons à la montagne», c'est-à-dire : «Faisons le premier pas». Ce proverbe est connu bien au-delà du monde arabe.

148 Tout âge joue avec son âge.

149 Le cheval trotte selon son maître.

150 Le cheval connaît à la bride celui qui le mène.

151 Le pardon est la plus belle fleur de la victoire.

152 Qui peut se venger et pardonne a sa récompense auprès de Dieu.

153 Si Dieu ne pardonnait pas, son paradis resterait vide.

154 Sans la faute, le pardon n'existerait pas.

155 Le droit est un sabre tranchant.

### La solitude, la compagnie, les voisins

156 Il n'appartient qu'à Dieu d'être seul.

157 Une seule main n'applaudit pas. *(669)*

158 Sans compagnons humains, le paradis même deviendrait un lieu d'ennui.

159    Il n'est pas d'éloignement, sinon celui des cœurs.

160    Attache ton âne avec des ânes, il apprendra à braire. *(516)*

161    Soyez le compagnon de qui prie et vous prierez, de qui chante et vous
       chanterez, de qui est triste et vous serez triste. *(1200)*

162    Ne jouez pas avec les chiens, ils deviendraient vos cousins.

163    Qui fréquente un coupable sera pris pour coupable. *(1200)*

164    Entourez plutôt votre maison de pierres que de voisins.

165    La poule du voisin est toujours une oie. *(295)*

166    Le levain de votre voisin ne fermente pas pour vous.

167    Celui qui s'attend à manger la soupe de son voisin passe la nuit sans
       dîner. *(1030)*

168    La bouchée de mon voisin ne me rassasie pas, mais son déshonneur
       me poursuit.

## Les opinions

169    Qui vous connaît petit ne vous respecte pas grand.

170    Mieux vaut être aveugle des yeux que du cœur.

171    Lorsqu'on est menacé de mort, on est content d'en être quitte pour
       être aveugle.

172    Qui est borgne a pitié des aveugles.

173    Le chameau ne voit pas sa bosse. *(704)*

174    Qui prête aux autres des défauts aura la même maladie.

175    Il est en péril celui qui n'estime que son opinion.

176    Le chameau a ses idées et le chamelier les siennes. *(365)*

177    Ce que le chameau imagine, les chameliers le devinent.

178    Le diable n'apparaît qu'à celui qui le craint.

179    Le chat mordu par un serpent craint même une corde. *(548)*

180    Dans la peine, ne demandez pas conseil à celui qui est heureux.

181    Dans la maison de la fourmi, la rosée est une tempête.

182    Ne louez et ne blâmez personne avant de l'éprouver, car les hommes
       sont des caisses fermées dont la clef est l'épreuve.

183    Quand un chien vous aide à passer le fleuve, vous ne demandez pas s'il
       a la gale.

184 Ne soyez pas tendre, vous seriez pressé; ne soyez pas sec, vous seriez cassé.

185 Ne pousse pas à bout le lâche, tu le rendrais courageux. *(480)*

186 Quand les chauves meurent, les regrets en font des têtes bouclées.

187 Le méchant est un glaive, plus on le fourbit, plus il se rouille.

188 La flamme n'engendre que de la haine. [maure]
   ● Un méchant engendre un plus méchant.

## Les actions

189 Grincez des dents, tous vous craignent.

190 Inutile de frapper sur un fer froid. *(1478)*

191 Ne t'accroche pas à celui qui ne s'accroche pas à toi.

192 Celui qui se laisse guider par des aveugles s'égare.

193 On ne doit ni frapper ni insulter le messager.

194 Celui qui mange du miel doit souffrir les piqûres des abeilles.

195 Quand son propriétaire n'est pas là, la brebis donne moins d'agneaux. [maure]

196 Celui qui ne me prête pas son moulin à grains me permet d'économiser mon blé.

197 L'aboiement des chiens ne fait pas de mal au nuages.

198 Le fleuve peut déborder, les cailloux restent au fond.
   ● Phrase citée par le président Chadli, le 2 novembre 1979 sur FR3.

199 Si le minaret s'écroule, on pend le barbier.

200 Le réconciliateur reçoit les deux tiers des coups.

201 Il n'y a de paix possible qu'après la guerre.

202 Les vents se sont battus avec les vagues, les tourments sont tombés sur les marins. *(1738)*

203 Baise la main de ton ennemi si tu ne peux la couper.

204 Lorsque le taureau est à bout, les couteaux pleuvent sur lui. *(56)*

205 Le naufragé s'attache aux cordes du vent.

## Le maître

206 Papa, quel est le prince? — Celui dont vous aurez besoin.

207 Les grands d'une nation en sont les serviteurs.

208  Les mots des rois sont les rois des mots. *(1680)*

209  Si vous voulez être obéi, demandez ce qui est possible.

210  La faute du troupeau vient du berger.

211  C'est par la tête que le poisson commence à se gâter.

212  Le bateau guidé par deux chefs sombre.

213  On ne prend pas deux étalons pour un seul troupeau. [maure]

214  Si je suis chef et toi aussi, qui donc conduira les ânes?

215  Le bâton du maître vient du paradis.

216  L'esclave se satisfait de la jouissance de son maître.

217  Celui qui instruit les ignorants est comme un vivant parmi les morts.

218  Celui qui t'instruit te donne la vie.

219  La répétition instruirait l'âne. *(399)*

### L'amitié

220  Papa, quel est mon ami? — Celui que votre peine afflige.

221  Une pierre donnée par un ami est une pomme.

222  Quelqu'ami que vous preniez, il faudra vous en séparer un jour.

223  Ne demandez pas que votre ami soit trop heureux, vous le perdriez.

224  Qui compte les fautes de son ami en sera abandonné.

225  Le chas d'une aiguille est assez grand pour deux amis; le monde est trop étroit pour deux ennemis.

226  Votre ami avale vos fautes, votre ennemi vous les ressert.

227  Celui qui t'aime ne te construit pas plus de palais que celui qui te hait ne te creuse de tombeau.

228  Un ennemi sage est meilleur qu'un ami imprudent.

229  Le son ne devient jamais farine et l'ennemi ne devient jamais ton ami.

### La parole

230  Les proverbes sont les lampes des mots.

231  Celui qui sait parler ne risque jamais de s'égarer. *(1798)*

232  Lorsque la parole sort du cœur, elle pénètre les cœurs, mais lorsqu'elle sort de la langue, elle ne dépasse pas les oreilles.

233  Décrire la jouissance qu'on a éprouvée, c'est la moitié de la jouissance.

234  Quand tu lances la flèche de la vérité, trempe la pointe dans du miel.

235  Celui qui cache son secret est maître de sa route.

236  Les paroles sont comme les abeilles, la fumée seule les chasse.

237  Les paroles de la nuit son effacées par le jour. *(1514)*

238  La connaissance est plus près du silence que de la parole.

239  La parole est d'argent, mais le silence est d'or. *(1505)*

240  Il y a des paroles qui ressemblent à des confitures salées.

241  La mort d'une bonne action, c'est d'en parler.

242  L'excuse ne remplit pas le ventre de celui qui a faim. *(766)*

243  Mille malédictions n'ont jamais déchiré une chemise.

244  Si les imprécations brûlaient, toutes les créatures périraient.

### Le mensonge

245  La mère du menteur est vierge.

246  Qui ment pour toi, mentira contre toi.

247  La corde du mensonge est courte.

248  Un mensonge remplit un sac, deux n'y mettent pas un grain. [maure]

## LA FEMME ET LA FAMILLE                              ### L'amour

249  Si l'homme était un fleuve, la femme en serait le pont.

250  Pour bien aimer une vivante, il faut l'aimer comme si elle devait mourir demain.

251  L'amour dure autant que durent les reproches.

252  L'aiguille ne contient pas deux fils ni le cœur deux amants.

253  Lorsque la porte de l'amour est fermée, passe par celle de l'or.

### La femme

254  Une fille célibataire a une aile cassée.

255  Vilaine féconde vaut mieux que belle stérile.

256  Quand la prostituée s'amende, elle devient proxénète.

257  Une femme sans pudeur est comme un plat sans sel.

258  La beauté de l'homme consiste dans son esprit, et l'esprit de la femme consiste dans sa beauté.

259    La mosquée de la femme, c'est sa maison.

260    Il y a quatre femmes dans la tente et cependant l'outre est à sec.

261    Dans la nuit, toutes les femmes se ressemblent. *(549)*

262    L'obéissance aux femmes fait aller en enfer.

263    Bats ta femme tous les matins ; si tu ne sais pas pourquoi, elle le sait.

264    Si la femme commet l'adultère, son mari y est pour quelque chose.

265    Étends ton mari comme du linge sur la terrasse : si ton destin est de le garder, il ne s'envolera pas.

266    La femme qui s'entend avec son mari fait tourner la lune entre ses doigts.

267    La femme que Dieu comble de bonheur est celle qui meurt avant son mari.

### La famille

268    Qui ne peut rien contre sa belle-mère tourne son dépit contre sa femme.

269    Celui qui se donne la peine de frapper sa belle-mère doit lui fendre la tête.

270    L'amour, la grossesse et la marche à chameau sont des choses qui ne se cachent pas. *(1161)*

271    Celle qui conçoit sur le four accouchera sur l'aire.

272    Qui a enfanté n'est pas mort.

273    La femme la plus heureuse est celle qui a eu ses filles avant ses garçons.

274    La mère du muet en connaît le langage.

275    Avec un âne tu possèdes un fils, avec un gendre, tu ne possèdes qu'un âne.

276    Votre fils sera tel que vous l'aurez élevé ; et votre mari, tel que vous l'aurez habitué.

277    Celui dont le père est gouverneur est orphelin.

278    Le thé est la bénédiction des parents, nul ne s'en rassasie.

## LA SAGESSE                                                    La morale du travail

279    Un héritage est une terre à labourer.

280    L'honneur est au commençant, bien que l'imitateur puisse mieux faire.

281    Le monde est le champ que tu cultives pour l'au-delà.

282    La vie s'achève, mais le travail jamais.

## Le bien et le mal

283   Le bien est de plomb, le mal est de plume.

284   Le meilleur des hommes est celui qui aime le bien des hommes.

285   En faisant le bien, vous trouverez le mal.

286   Si tu n'as pas encore rencontré le mal, regarde en toi-même.

287   Il ne louerait pas Dieu, celui qui ne louerait pas les hommes.

288   Crains celui qui ne craint pas Dieu.

289   L'optimisme vient de Dieu, le pessimisme est né dans le cerveau de l'homme.

290   Les hommes ne seront bien qu'en différant les uns des autres; s'ils deviennent égaux, ils périssent.

291   Souviens-toi qu'au moment de ta naissance tout le monde était dans la joie et toi dans les pleurs. Vis de manière qu'au moment de ta mort, tout le monde soit dans les pleurs et toi dans la joie.

## Le destin

292   Quand le destin veut que tu sois enclume, prends patience, et lorsque tu es marteau, alors frappe.

293   Ronge l'os que le sort te jette.

294   N'ajoutez pas aux soucis de votre journée ceux de l'année. À chaque jour suffit ce qui vous est destiné. *(2070)*

295   Le sort enfante sans mamelles. [maure]

296   Au cou de tout homme est attaché son destin.

297   Les balles ne tuent pas; il n'y a que la destinée qui tue.

## Le temps

298   Tout futur est proche.

299   Le temps est un sabre tranchant.

300   On demande à la minute : «Pourquoi es-tu si amère?» ; elle répond : «C'est à cause de la mort de ma soeur».

301   La vie a, comme un feu, flamme, fumée et cendre.

302   À tout vivant, une fin.

303   Les biens de ce monde ne sont que des prêts. [maure]

304   Les biens de cette vie cessent avec elle.

305   Le doute est la clef de toute connaissance. *(1670)*

306   La raison est au centre du bonheur.

307   Le seul bonheur consiste dans l'attente du bonheur.

308   Le bonheur est dans l'attente et le malheur vient du hasard.

309   N'est triste que celui qui comprend.

### Dieu

310   Le visible est à nous, le caché est à Dieu.

311   Les sanctuaires sont trop étroits pour les chercheurs de Dieu.

312   Dans la nuit noire, sur une table de marbre noir, une petite fourmi noire,
      Dieu la voit.

313   La nourriture des chiens est aux fous et la nourriture de tous est à Dieu.

314   Lorsque Dieu ferme une porte, il en ouvre toujours une autre.

### Le monde

315   Le monde est une rose, respire-la et passe-la à ton ami.

316   Le monde est un caravansérail et nous sommes une caravane.
      • Le *caravansérail* est une vaste cour où les caravanes font halte.

317   Le monde est une heure pour vous et une heure contre vous. *(2059)*

318   Pas de repos dans le monde, pas de paix dans les créatures.

319   Le monde est une meule : qui y entre sera broyé.

320   Dieu ne nous a rendus égaux que par la mort.

321   La vie, même avec des peines, vaut mieux que le sommet de la tombe.

### La mort et l'espoir

322   La mort est plus près de nous que notre paupière.

323   Tu es fils des morts et tu boiras la même eau qu'eux.

324   La tombe est la mère de tous.

325   Lors de la mort, aucun homme ne cherche à tromper.

326   La mort est la consolation du pauvre.

327   La mort seule met fin à l'espérance. *(788)*

# BIBLIOGRAPHIE

La bibliographie des proverbes arabes est considérable. Nous ne mentionnerons que les principales traductions françaises, ainsi que quelques recueils anglais et allemands intéressants.

Ouvrages généraux :

M^gr Joseph Doumani, *Proverbes et Fables traduits de l'arabe*, librairie de l'Œuvre de Saint-Paul, 1899 (1 200 proverbes en traduction française, classés par chapitres).

Édouard Montet, *Choix de proverbes, dictons, maximes et pensées de l'Islam*, Maisonneuve, 1933 (1 000 proverbes arabes en français, classés par chapitres, avec quelques proverbes targui, persans et turcs).

Anatole de Meibohm, *Proverbes arabes*, Le Caire, 1948 (460 proverbes en arabe et en français : reprise de l'édition du pasteur suédois Berggren de 1825).

Rudoff Sellheim, *Die klassisch-arabischen Sprichwörtersammlungen insbesondere die des Abu'Ubaid*, Mouton, 1954 (étude sérieuse et très documentée sur les collections de proverbes classiques ; nombreuses références bibliographiques).

Recueils consacrés aux proverbes d'un dialecte arabe :

— Mauritanie :

Beyries, « Proverbes et Dictons mauritaniens », *Revue des Études islamiques*, 1930, t. I, pp. 1-51 (198 proverbes maures en arabe et en français ; réédition d'un livre arabe publié au Caire en 1911 ; excellentes notes).

— Maroc :

L. Brunot, *Proverbes et Dictons arabes de Rabat*, Hespéris, 1928, t. 8, pp. 59-121 (200 proverbes classés par ordre alphabétique avec traduction et explications).

Edward Westermarck, *Wit and wisdom in Marocco*, Londres, 1930 (2 013 proverbes classés par chapitres en arabe et en anglais, avec d'excellentes explications).

Si Ahmed Sbihi, *Proverbes inédits des vieilles femmes marocaines*, tr. Benchehida, éd. Debayeux, Fez, 1932 (300 proverbes en arabe, avec la traduction et le proverbe français équivalent ; explications).

— Algérie et Maghreb :

Mohammed Ben Chenab, *Proverbes arabes de l'Algérie et du Maghreb*, Leroux, 1904, 1906-1907 (3 vol. ; 3 127 proverbes classés par ordre alphabétique, avec la traduction française, des explications, le proverbe français équivalent, le lieu de recueil ; bibliographie très complète ; excellent ouvrage de base).

— Lybie-Tunisie :

Capitaine J. Godard, « Proverbes et sentences du Fezzan », *Bulletin de liaison saharienne*, 1959, pp. 33-35 ; pp. 253-255 (17 proverbes en arabe et en français, avec des explications).

— Égypte :

« Proverbes et mawwals de la Menufeyya » (delta du Nil), tr. N. Tomiche et autres, *Arabica*, t. 6, 1959, pp. 75-90 (80 proverbes en traduction française).

— Yémen :

S.D.F. Goitein, *Jemenica, Sprichwörter und Redensarten aus Zentral-Jemen*, 1934, réédité à Leiden, 1970 (1 432 proverbes en arabe et en traduction allemande, avec des explications très détaillées, un index et une bibliographie).

— Palestine :

Martin Thilo, *5 000 Sprichwörter aus Palästina*, Berlin, 1937 (5 330 proverbes classés par ordre alphabétique, en arabe et en traduction allemande, avec des parallèles, un index et une bibliographie).

— Syrie et Liban :

Michel Feghali, *Proverbes et Dictons syro-libanais*, Paris, 1938 (3 048 proverbes en arabe et en traduction française, avec des explications détaillées, classés en chapitres).

Carlo Landberg, *Proverbes et Dictons de la province de Syrie (section de Saydâ)*, Leide, 1883 (200 proverbes en arabe et en français).

— Iraq :

Cheikh Jalal al-Hanafi, *Les Proverbes de Bagdad* (en arabe ; 3000 proverbes en langue populaire et des équivalents en langue classique). L'ouvrage est précédé d'une préface en anglais, français et allemand.

CHAPITRE XXVII

# groupe éthiopien

## Proverbes amhariques

Le guèze était la langue classique de l'Éthiopie. La langue officielle du pays (30 millions d'habitants) est l'amharique ; elle coexiste avec de nombreux langues et dialectes locaux, parmi lesquels le tigré et le tigrigna, parlés au Nord, et le harari, parlé au Sud.
Le choix suivant comprend des proverbes amhariques et quelques proverbes tigrés.

### L'INDIVIDU

1   Le pays de l'homme, c'est son caractère ; le pays de la bête, c'est son maître.

2   Tel curé, telle pénitence ; tel maître, telle ordonnance.

3   Le francolin se trahit par son cri et le vaurien par ses délits.
    ● Le *francolin* est un oiseau qui ressemble à la perdrix, nais de plus grande taille.

4   Le chat qui se fait moine n'oublie pas ses habitudes.

5   Les cornes de la vache ne lui pèsent pas.

6   Mieux vaut un raccommodage qu'un trou.

7   Bien que tu aies deux jambes, tu ne peux pas monter sur deux arbres en même temps. *(569)*

8   Pensant que le ciel allait s'écrouler, il a planté un poteau fourchu.

9   Ayant perdu son cheval, il regarde sous la selle.

10  Qui a perdu une aiguille dérange une jarre.

11  Est-ce qu'on taille le bois de la lance quand on déclare la guerre ?

### LES BONNES ET MAUVAISES RELATIONS

12  Pays de sages n'est pas envahi.

13  L'oeuf qui reste chez son maître ne se brise pas.

14  La vache connaît son berger, mais pas son propriétaire.

15  L'eau qu'on prend pour rincer une jarre suffit à remplir une cruche.

16  Les boeufs valent ce que valent les pâturages.

17  On juge l'homme selon sa force, le grain selon l'épi.

18  À la femme du sot, il faut parler par signes.
    • Elle finit par ne plus comprendre qu'un langage élémentaire.

19  Rare et merveilleux n'étonnent pas plus d'une semaine.

20  Plutôt que l'ange inconnu, mieux vaut le démon connu.

21  Pour qui cache sa maladie, il n'y a pas de médicament.

22  Le chacal pieux prie au milieu des moutons.

23  Panique au marché, voleur en gaieté.

24  Ne tenez pas la queue du léopard, mais si vous la tenez, ne la lâchez plus.

25  Ayant tué sa femme, il s'est réfugié chez ses beaux-parents.
    • Un sot va au-devant des ennuis.

## L'amitié

26  Plutôt qu'une clôture de bois, mieux vaut une clôture d'hommes.
    • Des amis sont précieux.

27  L'œil et l'ami, la moindre chose suffit à les blesser.

## La parole

28  Ce qui déborde du coeur, la bouche le dit. *(644)*
    • Proverbe guèze — langue classique — venant de l'Évangile.

29  Écoute avant de parler, mâche avant d'avaler.

30  Parole sortie de la bouche, œuf tombé de la main.

31  Foulure de bouche ne peut être massée avec du beurre.
    • Sur la gravité de la calomnie. Le *beurre* est utilisé en thérapeutique.

32  Ce que la langue a brisé, mille chirurgiens ne peuvent le remettre
    en place.

33  Quand le sot parle, le sage écoute. *(1665)*

34  Louange de sot, nuage de mai.
    • Les nuages de mai sont éphémères et ne donnent pas de pluie.

35  Racontar n'a pas de fruit, fleur n'a pas de paille.
    • Raconter des nouvelles est inutile.

36  Devant deux juges discuter, tant vaut de deux bâtons frapper.

## LA FEMME

37  Il n'est rien qui n'aboutisse à la femme et à la nuit.

38  La viande et le con sont de peu de prix dans la maison du rustre.
●  Un lourdaud ne sait apprécier ni les plats ni les femmes.

39  Femme sans mâle, terre sans semence.

## LES PARENTS

40  Ce que le père a préparé est utile au fils.

41  On ne laboure pas le ciel, on ne maudit pas son père.

42  La mort d'une mère et un siège en pierre font mal avec le temps.

## LA MORALE

43  Plutôt que s'asseoir, marcher ; plutôt que mourir, durer.

44  La vérité et le matin s'éclaircissent avec le temps.

45  Une pierre jetée en l'air, au retour, brise la tête. *(713)*

46  Ne blâme pas Dieu d'avoir créé le tigre ; remercie-le plutôt de ne pas lui
    avoir donné des ailes.

47  Il est impossible que l'imbécile entre au ciel ou que la paille pousse.

48  Quand même la mort du Christ eût été inévitable, Judas n'en serait pas
    moins un traître.

49  Pardonner, c'est enseigner.

## LE DESTIN

50  Lorsque le jour est arrivé, la citadelle croule.

51  L'homme commence et Dieu achève.

BIBLIOGRAPHIE

Pour l'amharique, nous connaissons de nombreuses traductions françaises de proverbes :
C. Mondon-Vidailhet, « Proverbes abyssins », *Journal asiatique*, 1905 (25 proverbes en
amharique et en français, avec des explications).
Jacques Faïtlovitch, *Proverbes abyssins*, Geuthner, 1907 (120 proverbes en amharique
et en français, avec des explications et des commentaires linguistiques).
J. Baeteman, *Dictionnaire amarigna-français*, Dire-Daoua, 1929 (contient plus de
1 000 proverbes utilisés comme exemples pour expliquer des mots).
Marcel Griaule, « Proverbes abysssins », *Journal de la Société des Africanistes*, n° 42,
1972 pp. 55-88 ; n° 43 1973, pp. 111-149 ; n° 45, 1975, pp. 149-180 (édition
bilingue, avec des explications).

Pour le tigraï (ou tigré) :

J. Schreiber, *Manuel de la langue tigraï*; t. II, pp. 191-197 (53 proverbes en tigraï et en français).

# 10

*famille afro-asiatique*

# langues berbères

## Proverbes berbères

La communauté berbère est constituée de populations qui s'ignorent : ce sont des groupes très divers, dispersés sur un immense territoire (Maghreb, Lybie, Sahara). Les langues berbères sont orales, partout minoritaires ; aucune n'a jamais été la langue officielle d'un état.

Les différents parlers berbères ont tous subi l'influence de l'arabe. Au Sud du Sahara, ils sont entrés en contact avec les langues d'Afrique noire.

6 millions de personnes environ parlent une langue berbère. Les groupes les plus importants se trouvent au Maroc (les Chleuhs, les Rifains), en Algérie (les Kabyles) et dans le Sahara (les Touaregs). En outre, on note un foisonnement de petits groupes qui ont chacun leur parler. On estime à plusieurs milliers le nombre des parlers berbères.

## L'INDIVIDU
### La nature

1   Les soucis enlaidissent, c'est la joie qui fait fleurir.

2   L'arbre suit sa racine.

3   Une belle récolte, n'y crois pas avant le dépiquage. *(255)*

4   La honte court comme le feu.

5   L'épine ne fait souffrir que le pied non chaussé.

6   Le présomptueux devient raisin sec avant d'avoir été raisin mûr.

### Les comportements

7   Mieux vaut se coucher avec la colère qu'avec le repentir.
   - Variante touareg : « Mieux vaut passer la nuit dans l'irritation de l'offense que dans le repentir de la vengeance. »

8   Le feu engendre la cendre.

9   Les dents ont beau rire, le cœur sait la blessure qu'il porte.

10   Qui se blesse soi-même ne se manque jamais.

11  Marche en suivant tes pieds, non en suivant tes yeux.

12  Celui qui rit, qu'il craigne de pleurer.

13  Le ventre rassasié se moque bien du ventre affamé. *(var. 461)*

14  Qui dort dans une bonne couverture dit : l'hiver n'est pas froid ! *(168)*

15  C'est pendant que le vieux seau est encore là qu'il faut en fabriquer un neuf. [touareg]

## LES BIENS

16  Tu vaux ce que vaut ta bourse.

17  À qui a blé, on prête la farine. *(984)*

18  Le vendeur de fèves dit toujours qu'elles cuisent bien.

19  La meilleure chamelle est celle qui a du lait.

## LES BONNES ET MAUVAISES RELATIONS

20  Les voiles des cœurs sont déchirés quand les cœurs se regardent en face.

21  Si tu rencontres deux êtres qui vivent en harmonie, sois sûr que l'un des deux est bon.

22  Suis la piste, même si elle tourne; suis le chef, même s'il est vieux. [touareg]

23  Quand l'homme meurt, ses pieds s'allongent.
  ● On le dit plus grand qu'il n'était.

24  Ce que disent les grands pots, les petits le répètent.

25  Pas de tatouage sans que coule du sang.

26  Celui qui a levé la main, c'est comme s'il avait frappé.

27  Ce qui est dans la parole est dans le silence.

28  Les blessures se creusent et guérissent, les injures creusent et creusent encore.

29  Ton secret est ton sang; si tu le laisses échapper, tu mourras.

30  Toi, pioche, et moi je halèterai.

31  La main qui n'a pas de sœur n'ouvre pas un double nœud. *(669)*

32  Quand le bœuf est à terre, les couteaux ne manquent pas. *(56)*

33  Qui osera dire au lion : «Ta bouche sent mauvais»?

34  Celui que le serpent a piqué prend peur d'une simple corde. *(548)*

35  Querelle de lion : un jour; querelle de chien : toujours.

36   Le plat dans lequel je ne puis manger, je souhaite qu'il se brise.

## LA FEMME

37   N'ayez confiance ni dans le ciel de mars qui rit, ni en la femme même si
     elle prie.

38   Les paroles les plus douces ont moins de prise sur les femmes que les
     bijoux silencieux.

39   Vois une femme accomplie et épouse sa fille. *(891)*

40   Une belle fille est comme une aiguillée de soie.

41   On trouve toujours trop gros le morceau de galette aux mains de l'orphe-
     lin.

## LA SAGESSE

42   Le bien est de plomb, le mal est de plume.

43   Éloignez vos tentes, rapprochez vos cœurs. [touareg]

44   L'exil est frère de la mort.

45   Les mains, qu'on les fasse travailler ou qu'on les économise, la terre
     les mangera.

46   Sème, Dieu fera pousser. *(1115)*

47   Que chacun s'appuie sur Dieu, car les êtres vous abandonnent.

BIBLIOGRAPHIE

E. Masqueray, *Observations grammaticales sur la grammaire touareg*, Leroux, 1896,
pp. 185-192 (45 proverbes en transcription latine et en traduction française).
*Éléments de dialectique populaire. Proverbes commentés*, Fichier de documentation
berbère, n° 48, 1955 (73 proverbes en berbère et en français, avec des explications
sur l'utilisation des proverbes dans la vie quotidienne des femmes).
Marguerite Taos-Amrouche, *Le Grain magique*, Maspero, 1966, réédité en 1979
(250 proverbes berbères de Kabylie en traduction française).

# haoussa

## Proverbes haoussa

Le haoussa (on écrit en anglais *hausa*) a toujours posé un problème de classification aux linguistes. C'est la plus connue et la mieux étudiée des langues du
groupe tchadien que les africanistes rattachent généralement à la famille chamito-
sémitique.
Les États haoussa ont occupé du XIIe au XVIe siècle le Nord-Est du Nigeria actuel.
Au XIXe siècle, le pouvoir passa aux mains des Peuls, mais ceux-ci adoptèrent la
langue et les coutumes des Haoussa. Le Nord du Nigeria est aujourd'hui le lieu
d'une synthèse réussie entre Peuls et Haoussa. Ceux-ci sont environ 6 millions
dans ce pays ; des populations haoussa vivent aussi dans les états voisins, ce qui
porte l'ensemble à environ 12 millions de personnes.

### L'INDIVIDU

1 Bien qu'elle soit petite, l'aiguille est d'acier.

2 Une maison en argile ne brûle pas.

3 La seule protection contre le feu est d'avoir deux maisons.

4 Ce qui est dans la poche appartient au propriétaire de l'habit.

5 Mieux vaut une dent gâtée qu'une bouche vide. *(1128)*

6 Aller doucement n'empêche pas d'arriver.

7 Quand tu manges un gâteau rond, commences-tu par le centre ?

8 Le nez ne connaît pas le goût du sel.

9 Celui qui a de la viande n'a pas de feu, et celui qui a du feu n'a pas
de viande.

10 L'homme timide est un poisson de puits.

### LES RELATIONS

11 L'homme est comme le poivre, tu ne le connais pas avant de l'avoir
mâché.

12   Ils caressent la vache avant de commencer à la traire.

13   Quand il n'y a pas de lune, les étoiles brillent davantage.

14   Échelle sur échelle, ami de l'ami.

15   Le meilleur ail ne remplace pas l'oignon.

16   Le pauvre n'a pas d'ami. *(1756)*

17   Bavarder ne fait pas cuire le riz.

18   Qui écoute les donneurs d'avis suit le vent à la trace.

19   Qui aime dire la vérité doit avoir un cheval pour fuir.

## LA FEMME

20   Une femme est plus rusée qu'un roi.

21   Se marier n'est pas difficile, ce qui est difficile, c'est de trouver l'argent
       pour le mariage.

22   La parenté est un manteau d'épines.

## LA SAGESSE

23   Allah partagea hier ce que tu reçois aujourd'hui.

24   Nous connaissons le début, nous connaissons la fin, mais nous avons
       peur du milieu.
       • Le *milieu* signifie, ici, la vie.

BIBLIOGRAPHIE

De nombreux ouvrages, principalement anglais et allemands, mais aucun français, ont
étudié la langue et les proverbes des Haoussa. Citons notamment :
R. S. Rattray, *Hausa folk-lore, customs, proverbs*, Oxford, 1913, vol. 2.

# 11

## langues d'Afrique noire

Les langues de l'Afrique noire forment un ensemble complexe dont la description et la classification sont encore lacunaires.

Dès le début du XIXᵉ siècle, des travaux mirent en évidence les grandes ressemblances qui existent entre les langues bantoues, dont le domaine correspond en gros à la partie méridionale de l'Afrique, de l'Équateur au Cap.

Les autres langues ont donné lieu à différentes tentatives de classement de la part de linguistes qui ont tenté de les regrouper en familles. Mais aucune synthèse n'est tout à fait satisfaisante, même celle de l'ouvrage le plus complet (où figurent 730 langues et dialectes) : J. H. Greenberg, *Languages of Africa*, La Haye, 1966.

Il existe de nombreux recueils sur la sagesse africaine. Des Européens, missionnaires ou ethnologues et, surtout depuis la décolonisation, des Africains, ont publié tant d'ouvrages que la bibliographie des proverbes d'Afrique noire est fort longue.

Les circonstances historiques expliquent que les proverbes des langues d'anciennes colonies françaises ou belges ont fait l'objet de traductions en français, tandis que dans les cas des anciennes colonies britanniques, les traductions sont anglaises. Vu l'abondance de la documentation, nous avons dû limiter notre choix à 30 langues, mieux étudiées en français. Nous avons cependant donné des exemples de proverbes d'après les recueils en anglais, pour des langues comme l'ashanti, le souahéli (swahili), le zoulou.

Constatant de nombreuses coïncidences — les mêmes proverbes sont utilisés d'un bout à l'autre de l'Afrique —, nous avons pris le parti de présenter notre sélection d'une manière synthétique, en indiquant après chaque proverbe la ou les langues dans lesquelles il a été recueilli.

Celles-ci peuvent se regrouper de la manière suivante :

— groupe kwa : abé, avikam, akan, ashanti, baoulé, langues parlées en Côte-d'Ivoire et au Ghana (vu l'imprécision des données, il n'est pas possible d'indiquer la population des différentes ethnies) ;

— groupe gur : mossi (Haute-Volta) ;

— groupe mandé : bambara, malinké (Mali et Soudan), yoruba (Sud-Ouest du Nigeria) ;

— sous-famille occidentale : foulfouldé (Cameroun), peul ou foulbé (Guinée, Mali, Sénégal), wolof (Sénégal) ;

— groupe de l'Adamawa : ngbaka et sango (Centrafrique) ;

— famille Benué-Congo, groupe bantou : bamiléké, kundu, banen (Cameroun), gikuyu (Kenya), kongo, mongo, nyanga (Congo), rwanda (Rwanda), rundi (Burundi), Mbédé (Gabon), ovambo (Angola, Sud-Ouest de l'Afrique), swahili (Est), zoulou (Sud).

CHAPITRE XXX

# proverbes africains

## Particularités des proverbes africains

Plusieurs recueils de proverbes africains comportent des préfaces très intéressantes, analysant les caractères particuliers des proverbes d'une langue donnée. On peut en déduire des traits communs à toute la littérature sentencielle d'Afrique noire.

Les proverbes sont la partie la plus typique de la tradition orale. Le même terme désigne souvent le proverbe, le dicton, l'allégorie, la fable.

Les proverbes sont dits ou chantés. Leur forme est toujours rythmée, parfois métaphorique, elle obéit à des critères prosodiques bien déterminés. Le proverbe se compose souvent de deux vers.

Les ancêtres, qui couvrent de leur autorité l'ensemble de la tradition coutumière, sont censés être à l'origine de la littérature sentencielle.

L'emploi des proverbes est le fait des sages. Pour les Africains, le sage est un adulte, un ancien, rompu à toutes les affaires du clan. L'expression kongo «Cet ancien connaît les proverbes et les chants» signifie : «Cet homme connaît à fond les us et coutumes du pays, on peut lui confier les palabres». En revanche, le jeune, dont l'expérience reste à faire, comprend difficilement le langage ésotérique des vieux. Un homme qui connaît beaucoup de proverbes, qui les emploie judicieusement, qui se montre habile à interpréter les proverbes d'autrui, jouit d'une grande estime. En effet, prononcer un proverbe équivaut à évoquer la sagesse des ancêtres ; et les ancêtres représentent la plus haute autorité morale après Dieu.

L'emploi des proverbes est le fait des hommes. Bien entendu, les femmes connaissent les proverbes, les récitent et les comprennent. Mais les hommes en font un usage beaucoup plus abondant. Ils sont aussi capables, en raison notamment de leurs expériences initiatiques, d'en donner des interprétations multiples, souvent insoupçonnées des femmes et des jeunes.

Les principaux thèmes abordés par les proverbes africains sont les principes de l'organisation sociale et politique, les relations sociales entre les personnes et certaines activités, notamment la chasse. Les qualités et les défauts qui sont cités le plus souvent dessinent un portrait-type dans lequel les traits positifs seraient la résignation, la prudence, la persévérance et la solidarité, opposées à l'imprudence, à la paresse, à l'égoïsme et à l'avarice.

Dans les sociétés coutumières africaines, le rôle des proverbes est double. Il est didactique, selon l'adage «Instruis l'enfant par des proverbes». En effet, le langage métaphorique est constamment employé dans l'éducation. Il est aussi juridique : depuis toujours, les palabres sont résolues par des proverbes judiciaires.

SOURCES :

F. M. Rodegem, *Sagesse kirundi*, Tervuren, Belgique, 1961.
Biebuyck, et Mateene, *Anthologie de la littérature orale nyanga*, Bruxelles, 1970.
H. Van Roy, *Proverbes kongo*, Tervuren, 1963.
G. Hulstaert, *Proverbes mongo*, Tervuren, 1958.

## L'INDIVIDU                    Les désirs, les goûts

1   Le cœur d'un homme, c'est tout un pays étranger. [avikam]

2   Le cœur n'est pas un genou pour qu'on le plie. [peul]

3   Le pays le plus vaste, c'est le ventre de l'homme. [rwanda]

4   La cuisine est plus vieille que la mosquée. [bambara]
    • Quand on est rassasié, on peut travailler et prier Dieu.

5   L'enfant aime la liberté, il en est la première victime. [bambara]

6   Le poussin ne pleure pas ses plumes, il pleure sur la vie. [banen]

7   Les habitants d'une maison n'en construisent pas une autre. [rundi]

8   Chaque oiseau chante les louanges de l'endroit où il passe la saison
    chaude. [peul] *(2017)*

9   La mode et la lune passent en même temps. [rundi]

### La nature

10  La force du léopard est dans la forêt, la force du crocodile est dans l'eau.
    [kongo, bambara, baoulé]

11  Il n'y a que le ciel qui voie le dos d'un épervier. [mongo]

12  L'éléphant n'est pas fatigué de porter sa trompe. [malinké, rundi]

13  Chaque filet d'eau a son chemin. [bambara]

14  Le riz est toujours le même, mais il y a bien des manières de l'accommo-
    der. [swahili]

15  Les plus beaux arbres poussent toujours dans des endroits escarpés.
    [rundi]

16  Aucun arbre n'a donné des fruits sans avoir eu d'abord des fleurs.
    [ashanti]

17  La terre glissante ne fait pas tomber la poule. [popo]

18  Le singe n'est jamais trop vieux pour monter à l'arbre. [bamiléké]

19  La vieille jarre à lait sent le lait caillé. [bassouto]

20  L'homme a quatre membres, le cinquième est la honte. [mongo] *(1613)*
    • C'est tout aussi utile.

21   Celui qui a la diarrhée n'a pas peur de l'obscurité. [mongo]

22   En un seul jour, un homme ne meurt pas de faim. [mongo]

23   Quand l'archer est né, il ne tenait pas d'arc. [ashanti]

24   Un coq ne chante pas dans l'œuf. [bamiléké]

25   Tous les coqs qui chantent ont d'abord été des œufs. [rundi-rwanda]

26   La corde neuve démange le cou de la chèvre. [malinké]

27   Si le sourd n'a pas entendu le tonnerre, il verra bien la pluie. [malinké]

28   Un sac vide ne se tient pas droit. [avikam] *(1087)*

29   Le sel lui-même ne dit pas qu'il est salé. [abé]

30   L'homme renfermé a de mauvaises mœurs. [kongo]

31   Un poisson de trou d'eau ne connaît pas la largeur de la rivière. [foul-
     fouldé]

32   Ce n'est pas à toute oreille percée qu'on met des anneaux d'or. [peul]

33   Comme il est dans l'eau, on ne sait pas que le poisson pleure. [baoulé]

34   Le monde aura beau changer, les chats ne pondront pas. [bambara]

35   La grande barbe et le long chapelet ne font pas le marabout. [bambara]

36   Lorsque la tête du serpent est coupée, le reste n'est qu'une corde. [bam-
     bara]
     • La force est dans la tête.

37   La grandeur d'une pirogue ne l'empêche pas de chavirer. [bam- bara,
     malinké]

38   Quand la maladie attrape quelqu'un, elle monte un étalon, mais quand
     elle en sort, elle monte une tortue. [bambara] *(751)*

39   L'arbre tombe du côté où il penche. [rwanda] *(59)*

40   La branche qui tombe dans l'eau ne devient pas poisson. [baoulé, abé]

41   Si longtemps qu'un morceau de bois reste dans l'eau, il ne se change
     pas en crocodile. [bambara]

42   La feuille ne pourrit pas le jour de sa chute dans l'eau. [bambara]

43   Tout ce qui est pourri puera. [peul]

44   Ce que le vieux voit assis, le jeune ne le voit pas debout. [bambara]

45   Tout vieux héros finit par décortiquer l'arachide de sa femme. [bambara]
     • La vieillesse affaiblit et ramène à la simplicité de l'enfant.

46   La loque était un pagne, le vieux était jeune, le revenant était
     homme. [mbédé]

**Les qualités**

47    Celui qui creuse une source n'en boit pas l'eau. [bassouto]

48    L'éléphant abat des arbres, mais il ne se chauffe pas. [banen]

49    Le bélier qui va foncer commence par reculer. [baoulé]

50    Quand on n'agite pas l'eau, on ne peut pas la décanter. [mossi]

51    C'est en remuant l'herbe que l'on prend des grillons. [malinké]

52    Si obscure que soit la nuit, la main ne se trompe pas sur la bouche. [malinké, mbédé]

53    L'étrier est le père de la selle. [yoruba] *(1780)*
      ● Il n'y a que le premier pas qui coûte.

54    Si tu n'as pas étudié, voyage. [foulfouldé]

55    La lune bouge doucement, mais elle traverse la ville. [ashanti]

**La prudence**

56    Celui qui a un œuf dans son sac ne danse pas. [mbédé]

57    Si tu attires la pluie, étaie les bananiers. [kongo]

58    L'escargot qui se méfie deviendra un vieil escargot. [abé]

59    La tortue ne s'est jamais vantée d'avoir un long cou. [malinké]

60    Même si le léopard dort, le bout de sa queue ne dort pas. [kongo]

**La patience**

61    L'homme patient enlève les poils sur un œuf de poule. [bambara]

62    C'est à force de rouler que l'asticot arrive au bout du monde. [malinké] *(1779)*

63    Gouttelette sur gouttelette a rempli la rivière. [foulfouldé] *(39)*

64    Petit à petit le coton devient un pagne. [baoulé] *(1942)*

**La prévoyance**

65    C'est en saison sèche qu'on se lie d'amitié avec le piroguier. [foulfouldé]

66    Un chien ne s'élève pas le jour de la chasse. [foulfouldé]

67    Si le jeu de lutte est demain, fermeras-tu le poing dès aujourd'hui? [banen]

68    On n'attend pas le jour du marché pour engraisser sa poule. [bamiléké]

69    On ne tresse pas de bouclier durant le combat. [mongo]

70  On balaie la claie avant de balayer par terre. [avikam]
    ● Une *claie* est un treillage en osier.

71  Un homme en bonne santé ne cherche pas un médecin. [mongo]

72  On ne peut être à la fois à la mer et au fleuve. [malinké] *(321)*

73  La trace de l'animal, c'est lui-même qui la montre. [mbédé]

74  La chèvre broute à l'endroit où elle est attachée. [banen]

75  C'est là où ton bras arrive que tu coupes la branche. [abé]

76  Personne ne tire le miel sans se lécher les doigts. [malinké] *(999)*

77  Le chien à quatre pattes ne suit pas deux chemins. [kongo] *(569)*

78  Qui ne peut pas construire une maison construit un hangar. [yoruba]

79  Celui qui est impatient d'avoir un enfant épousera une femme enceinte.
    [peul, bambara]

80  Quand le tonnerre gronde, chacun pose sa main sur sa tête. [bambara]
    ● Chacun pense à son sort.

81  Quand tes vêtements sont sales, tu les laves, mais tu ne les brûles
    pas. [ashanti]

82  Il n'y a que celui qui a enterré le cadavre qui sait de quel côté se trouve la
    tête. [mongo]

### Les défauts

83  On ne choisit pas le nom d'un enfant qui n'est pas encore né.
    [kundu] *(462)*

84  Le coq ne chante pas sur deux toits. [mongo]

85  L'oiseau qui chante trop ne sait pas faire son nid. [bamiléké] *(529)*

86  La chèvre qui crie n'est pas celle qui a soif. [bambara]

87  Quand le coq est ivre, il oublie la hache. [ashanti]

88  On ne se coupe pas une cuisse parce qu'on veut manger de la
    viande. [mongo]

89  On ne traverse pas la rivière sans pirogue. [mongo]

90  Ce n'est pas au moment où les vagues sont les plus hautes que les piro-
    guiers doivent cesser de ramer [sango]

91  Tu poursuis la civette, tu n'arrives pas à l'atteindre, alors tu déclares :
    « Elle sent mauvais ». [baoulé]

92  Viser trop crève l'œil. [baoulé]

93  L'arc toujours tendu se relâche. [mbédé] *(1931)*

94 On ne se lasse pas de l'arc parce qu'on est revenu bredouille de la chasse. [mongo]

95 L'archer ne tire pas sur le néant. [rwanda]

96 Dire : «Mon couteau est à la maison» ne dépèce pas le gibier dans la brousse. [malinké]

97 Le lionceau meurt plutôt que de manger des mouches. [malinké]

98 C'est quand le chat est repu qu'il dit que le derrière de la souris pue. [peul]

99 Se raser la nuit, c'est renoncer à son oreille. [malinké]

100 On se noie là où on a l'habitude de prendre un bain. [malinké]

101 Celui qui n'a pas été volé ne monte pas la garde. [rwanda]

102 On n'emporte pas sa case en voyage. [malinké]

103 L'homme qui n'a jamais construit une case a incendié le champ de chaume. [bamiléké]

104 Pour le négligent, c'est toujours le matin. [rundi]

105 Le crocodile sort du fleuve et lèche la rosée. [rundi]
   ● Il est insatiable.

106 Si dans ta colère tu jettes un paquet de graines d'éleusine par terre, avant que tu aies fini de les ramasser, ta colère passera. [bambara]

107 Les pleurs aggravent le mal. [rundi]

## LES BIENS ET LES ÉCHANGES                    Le pauvre

108 Le mouton du pauvre n'aura jamais de graisse. [baoulé] *(1757)*

109 Le piège du pauvre n'attrape que son chien. [bamiléké]

110 Ceux qui ont de la viande n'ont pas de sel. [mongo]

111 Mieux vaut peu que très peu. [foulfouldé]

112 La richesse qui rentre vaut mieux que celle que le devin a annoncée. [rundi] *(1327)*

113 Mieux vaut une vache stérile qu'une vache réquisitionnée. [rundi]

114 Une seule vache aveugle qui rentre vaut mieux que cent autres promises. [rundi] *(1327)*

115 La richesse est un brouillard. [bassouto]
   ● Elle se dissipe vite.

### Le riche

116 C'est celui qui a du lait qui peut faire la crème. [bambara]

● L'homme puissant peut agir efficacement.

117  Celui qui possède la poule mange les pattes. [mongo]

118  Qui possède trouve qui lui donne. [rwanda] *(984)*

119  La mer est bien pleine et pourtant il pleut dedans. [avikam] *(28)*
● L'argent appelle l'argent.

120  Ceux qui sont riches se font mutuellement des cadeaux. [banen]

### Le cadeau

121  Mieux vaut donner peu que promettre. [malinké]

122  On ne tâte pas la poule que l'on reçoit en cadeau. [baoulé] *(421)*

123  Quand on donne un singe, on ne retient pas sa queue. [baoulé]

124  Si tu donnes le couscous, donne aussi la sauce. [bamiléké]

125  Offriras-tu à manger à ton hôte le poisson qui est encore à la rivière ? [banen]

126  Personne ne prête sa serpe à l'époque de la moisson. [rundi] *(1046)*

127  La récolte mûre trouve toujours qui la moissonne. [rundi]

### L'ingratitude

128  Qui a beaucoup reçu en a les oreilles bouchées. [rundi]

129  Le chien n'aime pas l'homme, il aime le lieu où il a été nourri. [rundi]

130  Tu sauves un homme et demain tu ne lui échappes pas. [rwanda]

131  Qui met trop de côté, amasse pour son rival. [rundi]

132  Est voleur celui qui est pris. [rundi]

### Les affaires

133  L'achat est plus licite, le pillage est plus rapide. [peul]

134  J'ai vendu ma plantation de palmiers, j'ai donc dû ôter de mon cœur le désir du résidu d'huile que je n'aurai plus. [banen]

135  On n'achète pas un œuf à l'empreinte du sabot. [peul]

136  Ne vends pas la peau du chacal avant de l'avoir pris. [kongo] *(255)*

137  On ne jette pas le poisson qu'on a dans la main pour prendre celui qu'on a sous le pied. [bambara]

138  Si le premier chiffre est faux, le compte est faux. [peul]

139  La poule se porte garante de l'œuf, mais non du poussin. [baoulé]

140    Le potier mange dans un tesson. [rwanda] *(1456)*

141    L'emprunt est le premier-né de la pauvreté. [peul]

## LES RELATIONS                                    Les bonnes relations

142    Le cou ne se lasse pas de la tête. [mongo]

143    C'est là où l'aiguille passe que le fil passe aussi. [baoulé, kongo]

144    D'une vieille pirogue on se rappelle le jour du besoin. [mbédé]

145    Ce qui arrive au lièvre, arrive à l'écureuil. [abé]

146    La nuit n'a pas de maître. [rundi]

147    La nuit, toutes les vaches sont de grandes vaches noires. [bambara] *(549)*

148    Si quelqu'un t'a mordu, il t'a rappelé que tu as des dents. [peul]

149    Un seul homme a tué l'éléphant, tout le monde va le manger. [abé]

150    Un seul travailleur, beaucoup de mangeurs. [kongo]

### Les mauvaises relations

151    On accuse de manquer de générosité celui qui récolte, on ne critique pas celui qui cultive. [nyanga]

152    On ne compte pas les dents du chien d'un autre. [bamiléké]

153    Ceux qui sont près du tam-tam n'en perçoivent pas le son. [bamiléké]

154    On a beau dire que le fou est guéri, il continue à faire peur. [baoulé]

155    Étant donné que tu ne balaies pas ma case, ne la salis pas. [bambara]

156    Qui a envie de manger de la viande n'est pas écouté là où elle est découpée. [bambara] *(486)*
       ● On suspecte celui qui est intéressé.

157    Qui ne te connaît pas ne te reconnaîtra pas. [foulfouldé]

158    Les tambours changent de baguettes. [rwanda]

159    Celui qui frappe un chien vise son maître. [rwanda]

160    L'épine dans la chair d'autrui est facile à enlever. [rundi]

161    La vache destinée à l'abattoir ne manque pas de torts. [rundi] *(553)*

162    Le serpent n'a pas l'habitude de te trouver avec un bâton à la main. [banen]

163    Le chasseur rencontre le gibier là où ils n'ont pas pris rendez-vous. [malinké]

164    Quand le chasseur rentre avec des champignons, on ne lui demande pas des nouvelles de sa chasse. [ashanti]

165   Quand le lézard mange du poivre, c'est la grenouille qui transpire. [akan]

166   Si la panthère savait combien on la craint, elle ferait beaucoup de mal. [bamiléké]

167   On ne fait pas la guerre sans entendre le bruit de la poudre. [malinké]

168   On prépare le poisson avec du jus de poisson. [baoulé] *(502)*

169   La confiance est finie depuis que l'eau a cuit le poisson. [bambara]
      • La perte peut venir d'un élément connu.

170   La grenouille aime l'eau, mais pas l'eau bouillante. [wolof]

171   Si tu bois le vin du voisin, n'emporte pas sa calebasse. [ngbaka]

172   Si tu manques de calebasse, ne barre pas la route de la fontaine. [bamiléké]

173   Quand deux éléphants se battent, l'herbe en souffre. [swahili] *(1738)*

174   Quand le grand baobab est tombé, les cabris montent sur son tronc et gambadent. [bambara] *(56)*

### L'efficacité

175   La force de la hache vient du manche, la force de l'arc vient de la corde. [mongo]

176   L'eau ne tue pas le petit crocodile. [baoulé]

177   L'enfant dans son propre village est fort comme un arbre. [mbédé] *(520)*

178   Le forgeron ne doute jamais de son métal. [mongo]

179   De longues lianes ne suffisent pas pour construire une case, il en faut aussi des courtes pour parfaire les angles. [banen]

180   L'œil ne porte pas de charge, mais il sait ce que la tête est capable de porter. [wolof]

181   Peu importe où le bouc passe la nuit, pourvu que son maître le retrouve le matin. [malinké]

182   Tout bâton peut tuer un serpent. [baoulé]

183   Le petit autour peut enlever un gros poussin. [ngbaka]

184   Un petit écureuil peut soulever une grosse noix. [ngbaka]

185   Un petit piège attrape un écureuil. [mongo]

186   Qui a besoin de son tend le van pour le recueillir. [malinké]
      • Le *van* est un panier utilisé pour nettoyer les grains de blé.

187   Si tu as lié amitié avec un singe, ton bâton ne restera pas pris dans un arbre. [foulfouldé]

188   Jette l'os pour éloigner les mouches. [foulfouldé]

189 Le berger des oiseaux ne brandit pas le bâton. [foulfouldé]

190 Le lion en chasse pour tuer ne rugit pas. [peul]

191 Le poing tue le hérisson, mais la main n'ose pas. [peul]

192 Il faut façonner l'argile pendant qu'elle est molle. [zoulou] *(1478)*

193 L'œil du maître fait lever beaucoup de pâte. [rundi] *(271)*

194 Qui est monté sur l'éléphant n'est pas battu par la rosée. [bambara] *(60)*
   ● La protection des puissants met à l'abri des soucis.

## L'inefficacité

195 Une petite hache n'abat pas un gros arbre. [mongo]

196 La poule ne pond pas quand on la regarde. [mongo]

197 Le perroquet esclave ne fait pas de petits. [mbédé]

198 Quand on applaudit trop un danseur, il se trompe de pas. [bamiléké]

199 On ne joue pas en assistant à un jeu. [baoulé]

200 Ne refuse pas l'aveugle pour prendre le sourd-muet. [bamiléké]

201 La tempête ne déracine pas une forêt. [bamiléké]

202 Avec une seule main, il est impossible de monter au palmier. [banen] *(669)*

203 Un seul bracelet ne tinte pas. [peul] *(669)*

204 Un seul doigt ne peut pas attraper un pou. [abé] *(669)*

205 Un seul pied ne trace pas un sentier. [bambara] *(687)*

206 Un seul doigt ne peut pas oindre le corps. [mbédé] *(687)*

207 Les chameaux ne rient pas entre eux de leurs bosses. [peul]

208 On ne raconte pas de fable à des enfants endormis. [rundi]

209 Le manche neuf cause des ampoules. [rwanda]

210 Le poulet ne peut refuser d'aller au marché. [peul]

211 Si l'on n'a pas visité deux marchés, on ne peut savoir lequel est le meilleur. [mossi]

212 On ne demande pas au poisson ce qui arrive sur terre, ni au rat ce qui arrive dans l'eau. [yoruba]

213 Ne montre pas les dents à ce que tu ne vas pas mordre. [baoulé]

214 On n'apprend pas au singe rouge à monter aux arbres. [bambara] *(219)*

215 Le chat sauvage en voulant imiter l'éléphant a déféqué ses entrailles. [rundi]

216 Chien échappé à l'entrave, sifflet ne le fait pas revenir. [foulfouldé]

217 Beaucoup de chasseurs déroutent les chiens. [rundi]

218 Le caillou lancé avec colère ne tue pas l'oiseau. [popo]
   • La colère empêche de bien viser.

219 Cacher la glu n'attrape pas les oiseaux. [mongo]

220 L'oiseau vient de loin pour se faire engluer. [mongo]

221 Les hautes herbes peuvent avaler les pintades, mais ne peuvent avaler les cris des pintades. [peul]

222 L'antilope, malgré les chasseurs, arrive à la taille adulte. [rundi]

223 L'hyène a poursuivi deux antilopes à la fois, elle passera la nuit avec la faim. [malinké] *(260)*

224 On ne tend pas le piège après le passage du gibier. [bamiléké] *(422)*

225 Le secours étranger arrive quand la pluie est passée. [rwanda]

226 S'appuyer contre le grenier à mil est sans utilité pour qui a faim. [foulfouldé]

227 L'excité ne choisit pas son menu. [bamiléké]

228 La fumée ne cuit pas les aliments. [bamiléké]

229 On n'éteint pas le feu avec les mains. [kundu]

230 On ne refuse pas le sein de la mère à cause de la gale. [mbédé]

231 Ils te montrent la lune et tu regardes le doigt. [rundi]

232 On ne défend pas toutes les causes justes avec un arc trop tendu. [malinké]

233 L'œil ne voit pas ce qui le crève. [peul]

# Le chef

234 Un roi n'a pas d'ami. [peul]

235 Deux léopards ne se promènent pas dans la même forêt. [kongo] *(236)*

236 Deux foudres ne partagent pas le même nuage. [rundi] *(236)*

237 Deux coq ne chantent point sous le même toit. [mongo] *(590)*

238 Celui qui place un crapaud en tête d'un groupe ne doit pas se plaindre ensuite de sa manière de sauter. [foulfouldé]

239 Un roi n'est ni un parent ni un ami. [wolof]

240 Quand la tête est présente, le genou ne porte pas de chapeau. [baoulé]

241 Sois avec le roi, même si tu dois balayer la bouse de ses bœufs. [peul]

242 Avoir de beaux doigts ne donne pas le droit de manger avec un chef. [nyanga]

243 Quand le chat n'est pas là, les rats étalent leur queue. [rundi] *(540)*

244 Quand le chat n'est pas là, les souris dansent. [baoulé] *(540)*

245 Quand le léopard est absent, la gazelle danse. [kongo] *(540)*

246 Au village sans chien, les poules dérobent l'os. [kongo] *(540)*

247 Si tout le monde dansait, qui serait spectateur ? [bamiléké]

### La prudence et l'imprudence

248 On ne dit pas à un arbre : « je ne m'assoirai jamais sous toi. » [baoulé] *(50)*

249 Ne déprécie pas la tortue à cause de son humilité, il se peut qu'elle te guide demain. [ovambo]

250 Le charbon se moque des cendres. [peul] *(1110)*

251 La bûche qui est dans le parc rit de la bûche qui est déjà dans le feu. [gikuyu]

252 L'œuf ne se met pas en colère contre la pierre. [baoulé]

253 Les dents ne doivent pas se quereller avec la langue. [baoulé]

254 À la danse du cul, le lièvre et l'éléphant ne sont pas partenaires. [malinké]

255 L'éléphant et le lièvre ne sont pas compagnons de voyage. [bambara]

256 La panthère et le mouton ne chassent pas ensemble. [avikam]

257 On ne confie pas à l'hyène le cadavre d'une antilope. [bambara] *(486)*

258 L'hyène ne dort pas avec les moutons. [rundi]

259 On ne dit pas à une poule : « Veille sur mon grain de maïs. » [baoulé] *(486)*

260 Tu chasses la mauvaise poule, et soudain la bonne s'en va aussi. [baoulé]

261 Le fer ne conseille pas le marteau. [mongo]

262 L'étourdi n'insulte pas la mère de l'irréfléchi. [malinké]

263 Que celui qui n'a pas encore traversé ne se moque pas de celui qui s'est noyé. [peul]

264 Tant que l'on n'a pas traversé la rivière, on n'insulte pas le crocodile. [baoulé, zoulou] *(564)*

265  L'arbre émondé sait ce que lui veut la hache. [malinké]

266  Chien qui s'est brûlé le nez ne flaire pas les cendres. [foulfouldé] *(548)*

267  Quand on a été mordu par un serpent, on fuit même le mille-pattes.
     [bamiléké] *(548)*

## La relativité

268  Ce qui est viande pour l'un est poison pour l'autre. [akan]

269  Au village où il n'y a pas de bœuf, les pattes du mouton sont grosses.
     [baoulé] *(708)*

270  Si les moutons ont été admirés, c'est que les bœufs n'ont pas été vus.
     [peul] *(708)*

271  Le taureau des gens de son village est le petit poisson d'un village étran-
     ger. [peul]

272  Le bœuf ne se vante pas de sa force devant l'éléphant. [mbédé]

273  Le village est épines, la forêt est ronces. [nyanga]

274  Une bosse vaut mieux qu'une plaie. [rundi]

275  Où il n'y a pas de vautours, les moineaux empennent les flèchent.
     [rwanda]

276  Tu vas à la chasse aux éléphants et tu rencontres un escargot, prends-
     le. [mbédé]

## La morale

277  Tout malin est un ignorant qui s'abuse. [bamiléké]

278  Le champ du fourbe est grand, mais il n'y pousse guère de mil. [bambara]

279  Une seule banane pourrit tout le régime. [avikam] *(477)*

280  Le moustique n'a pas pitié d'un homme maigre. [mongo]

281  Le couteau ne connaît pas son maître. [mongo]

282  Celui qui t'empêche de te battre, donne-lui une récompense. [mong]

283  Sans guerre, pas de paix. [mongo]

284  Tes fautes anciennes te nuisent en justice. [bambara]

285  Le bâton atteint les os, mais n'atteint pas les vices. [rundi]

286  Le geôlier est un autre prisonnier. [bamiléké]

287  Feins la mort, tu pourras voir les pleureurs. [mongo]

### Les relations avec l'étranger et l'hôte

288  Le blanc n'oublie pas l'Europe. [mongo]

289  Si le blanc bégaie, l'interprète a beaucoup de travail. [popo]

290  L'étranger est comme la rosée. [bambara]

291  L'étranger a de gros yeux, mais il ne voit pas. [baoulé]

292  Quand l'étranger s'en va, il y a toujours quelque chose à dire de lui. [ashanti]

293  Possesseur d'enclos ne craint pas les hôtes. [foulfouldé]

294  Les caprices d'un hôte sont faciles à supporter. [wolof]

### L'amitié

295  Un ami vaut mieux qu'un frère. [foulfouldé]

296  Si tu aimes le chien, tu aimes aussi ses puces. [mbédé]

297  L'ami essuie la sueur, il n'essuie pas le sang. [baoulé]

298  L'amitié est comme la lame d'un couteau : en se retournant elle blesse son maître. [mbédé]

299  Tuer son unique ami, ce n'est pas difficile ; en trouver un second, voilà ce qui est difficile. [malinké]

300  Un mauvais ami t'empêche d'en avoir de bons. [mbédé]

301  Un franc ennemi vaut mieux qu'un faux ami. [bambara]

302  Un ennemi intelligent vaut mieux qu'un ami sot. [peul] *(1190)*

## LA PAROLE          Les avantages et les inconvénients

303  Ce que la bouche a gagné, c'est la langue qui le lui a donné. [peul]

304  Un chef écoute les avis d'un imbécile. [mongo]

305  Le possesseur de l'enclos ne raconte pas ce qui se passe dans l'enclos. [banen]

306  On ne lapide pas le messager. [bamiléké]

307  Celui qui a échappé à la foudre en parle volontiers. [rwanda]

308  Tu n'as tué qu'un seul milan, et tu en informes quinze étrangers. [banen]

309  La parole qui a dépassé la bouche, dépasse vite les montagnes. [banen, rundi]

310  Ce qui sort de la bouche perd son maître. [mbédé]

311  Trop de paroles bouchent les oreilles. [rundi]

312 Le couteau trop aiguisé déchire sa gaine. [bambara] *(1500)*
   ● Trop parler nuit.

313 Les marques du fouet disparaissent, la trace des injures, jamais. [malinké]

314 Dire «Au nom de Dieu» ne tire pas le marabout du puits. [malinké]

### L'affabulation

315 On dit ce qu'on ne fera pas. [peul]

316 Nombreux sont ceux qui discutent de la guerre ; peu la font. [malinké]

317 Réception vaut mieux qu'invitation. [rundi]

318 Celui qui n'a pas lutté est fort à la lutte. [peul]

319 Qui a voyagé seul raconte ce qu'il veut. [rwanda] *(1520)*

320 Dans le village que tu ne connais pas, les poules ont des dents. [abé]

### La flatterie

321 Le riche ne danse jamais mal. [rwanda]

322 La parole de l'homme puissant est vérité. [bambara] *(1776)*

323 Quand le maître de maison dit un mensonge, on présente à celui-ci une chaise pour qu'il s'y assoie. [rundi] *(1680)*

324 La louange gonfle le sot et rend tout petit l'homme d'esprit. [mossi]

### La vérité et le mensonge

325 La parole des vieux est de la crotte d'hyène : fraîche, elle est noire, puis elle blanchit. [bambara]
   ● Les vérités ne plaisent jamais ; plus tard le profit s'en révèle.

326 Qui dit toujours la vérité se promène avec son linceul. [bambara]

327 Il est des vérités qui ne demandent pas à voir le jour. [malinké] *(1531)*

328 La tromperie, si elle a fait dîner, ne fera pas souper. [peul]

329 Le mensonge serait en route depuis dix ans que la vérité l'atteindrait en une matinée de marche. [peul]

## LA FEMME ET LA FAMILLE
### Les relations entre l'homme et la femme

330 Si ce n'est par l'union de deux corps, comment ferait-on l'homme? [banen]

331 Les coups de cornes de la génisse ne font pas mal au taureau. [malinké] *(417)*

332    Même si le bouc pue, ce ne sont pas les chèvres qui lui marqueront du dégoût. [peul]

333    Ceux qui s'aiment ne se cachent pas leur nudité. [mongo]

334    Là où on s'aime, il ne fait jamais nuit. [rundi]

335    Pendant la lune de miel, les ignames sont toujours douces. [ashanti]

336    Une seule main lavée ne peut être propre, on doit laver les deux ensemble. [banen]
   ● Sur l'entraide des époux.

337    Une femme est comme une couverture; si tu la mets sur toi, tu auras chaud; si tu l'enlèves, tu auras froid. [akan]
   ● Une femme est indispensable.

338    Mieux vaut verge courte que coucher seule. [baoulé]

339    Mieux vaut baiser une femme laide que se lécher. [rundi]

340    Mieux vaut une mauvaise femme qu'une maison vide. [baoulé, abé]

341    Le mariage n'est pas un grand boubou dont on se débarrasse facilement. [bambara]
   ● Un *boubou* est une longue tunique. Il est plus difficile de le rompre que de le nouer.

342    Aime ta femme, mais ne lui donne pas toute confiance. [wolof]

343    Si tu as cinq femmes, tu as cinq langues. [ashanti]

344    On ne dit pas tous ses secrets à la femme d'une nuit. (Malinké)

345    Celui qui se contente d'avaler la pâte ne se rend pas compte que celle qui a moulu est fatiguée. [rundi]

## Le rôle des hommes et des femmes

346    Être femme, cela ne consiste pas à avoir des mamelles, la chèvre aussi en a. [rwanda]

347    L'entendement de la femme s'arrête à la hauteur de ses seins. [malinké]

348    Le gain de l'homme est dans la plante de ses pieds, celui de la femme est sur ses fesses. [bambara]
   ● L'homme doit marcher pour gagner sa vie, le devoir de la femme est de rester sage au foyer.

349    Tout ce que l'homme a gagné par son travail, la femme le dépense. [peul]

350    La poule ne chante pas en présence du coq. [rwanda] *(522)*

351    La poule connaît l'aube, mais elle attend le chant du coq. [baoulé, rundi]

352    Celui qui ne veut pas d'une femme bavarde n'a qu'à rester célibataire. [mongo]

353   La femme est une fontaine où se cassent toutes les calebasses. [bamiléké]

354   Celui qui a suivi le plan d'un femme se noiera. [peul]

355   Chef, femme, rivière, nuit, aucune créature ne s'y fie. [foulfouldé]

356   Si on aide une femme à cultiver son champ, elle saura dire, le moment venu, que le grenier est à elle. [mossi]

357   Si la femme adultère a ri de la femme qui s'est fait engrosser, c'est sûrement que ce qu'elle a semé n'a pas poussé. [peul]

358   Le vieil homme est une aiguille qui coud les gens, la vieille femme est un canif qui les divise. [bambara]
      ● Les uns conseillent, les autres brouillent.

## La procréation

359   La parure du mariage est l'enfant. [peul]

360   La belle femme est celle qui a un enfant sur le dos. [bambara]

361   La pintade sans poussins n'est rien que plumes brillantes. [peul]

362   Beaucoup engendrer, c'est multiplier les tombes. [nyanga]

363   Eau répandue vaut mieux que vase brisé. [peul]
      ● Au sujet de la mère dont l'enfant est mort.

364   Un seul lionceau vaut mieux qu'un plein panier de petits chats. [bambara] *(242)*
      ● Un fils courageux vaut mieux que de nombreux fils sans valeur.

365   Un enfant de premier lit n'est pas un fils, mais une guerre intestine. [wolof]

## Les parents et les enfants

366   Toute mère est un fleuve. [bambara]
      ● Elle donne généreusement à ses enfants.

367   Aucune mère n'égale ta mère. [bambara]

368   Celui qui n'a pas voyagé pense que sa mère est la meilleure cuisinière vivante. [ewé]

369   Quand on porte un enfant, il ne sait pas que la route est longue. [bamiléké]

370   Colère de mère ne passe pas la nuit. [rundi]

371   Quand on frappe un enfant, on ne l'empêche pas de pleurer. [baoulé]

372   Quand l'enfant tombe, la mère pleure ; et quand la mère tombe, l'enfant rit. [rwanda]

373   Les bois que cassent les singes tombent sur le dos des éléphants. [mbédé]

• Les parents sont responsables des bêtises des enfants.

374 L'homme n'est satisfait de ses enfants que lorsqu'ils lui ont procuré sa sépulture. [rwanda]

## L'orphelin

375 Le tuteur vaut mieux que l'héritage. [foulfouldé]

376 Celui qui n'a pas de mère tète sa grand-mère. [bambara]

377 Un petit orphelin n'a pas de dégoût. [mbédé]

378 L'assiette de l'orphelin, c'est le creux de sa main. [baoulé]

## La famille

379 Ce n'est pas la bouche, mais le pied qui trace le sentier de la parenté. [bambara]

380 Porter le même nom ne signifie pas jouir du même renom. [malinké]

381 Une querelle entre parents fume et ne flambe pas. [malinké, bambara]

## LA MORALE                                La morale du travail

382 Au travailleur le salaire, au paresseux les larmes. [rundi]

383 La pauvreté est la fille aînée de la paresse. [peul]

384 Si ton ventre n'est pas plein, interroge ta main. [baoulé]

385 Avancer, c'est mourir; reculer, c'est mourir; donc mieux vaut avancer et mourir. [zoulou]

386 Dieu aide qui s'aide soi-même. [gikuyu] *(1947)*

387 L'eau de la rivière coule sans attendre l'homme qui a soif. [gikuyu]

388 Quand tu marches, le pagne dure; quand tu es assis, le pagne s'use. [kongo] *(441)*

389 Poussière aux pieds vaut mieux que poussière au derrière. [foulfouldé]

390 Si tu n'acceptes pas que le soleil te frappe le dos, la lune ne te frappera pas le ventre. [baoulé]
• Il faut travailler au soleil pour pouvoir se reposer sous la lune.

391 Il faut jeter en amont pour récupérer en aval. [abé]

392 Partir le matin de bonne heure se décide le soir. [malinké]

393 La réussite du matin n'en est pas une, c'est celle du soir qui compte. [baoulé]

394 Pendant la vieillesse on se chauffe avec le bois qu'on est allé chercher pendant sa jeunesse. [bambara]

395 On creuse le puits des jours à venir en prévision de la soif à venir. [malinké]

396 Le savoir est un champ, mais s'il n'est ni labouré, ni surveillé, il ne sera pas récolté. [peul]

397 L'esprit ne se sème pas, cependant il se cultive. [bambara]

398 Si nombreux que soient les travaux finis, ceux qui restent à faire sont plus nombreux. [bambara]

399 Ce n'est pas à l'habit qu'il porte qu'on reconnaît l'homme sage, mais à ses œuvres. [malinké]

### La malchance

400 Les vaches du malchanceux sont mortes d'un coup de pied de mouche. [rundi]

401 La foudre a claqué dans la cour, elle n'a pas tué le palmier qui rapporte peu, mais celui qui donnait beaucoup. [banen]

402 Si Dieu tue un riche, il tue son ami; s'il tue un pauvre, il tue une canaille. [bambara]

403 Ceux qui ont une poêle à frire n'ont pas d'arachide; ceux qui ont des arachides n'ont pas de poêle à frire. [kongo]

404 Le vent ne distingue pas le toit de la maison d'une veuve. [bamiléké]

### Le destin

405 Être heureux et porter bonheur vaut mieux qu'être rusé. [peul]

406 Mieux vaut subir l'injustice que la commettre. [bamiléké]

407 Quand la fraude a construit une maison, elle la détruit. [malinké]

408 Le fleuve s'est vanté; Dieu y a mis le gué. [malinké]

409 La vérité fait rougir l'œil, mais ne le crève pas. [baoulé]

410 Le mauvais nom va devant, le bon le suit sans jamais le rattraper. [baoulé]

411 Le fou est l'échelle du sage. [zoulou]

412 L'ignorance est plus obscure que la nuit. [foulfouldé]

413 La beauté est une demi-faveur donnée par Dieu, l'intelligence en est une entière. [peul]

414 Trop d'intelligence tourne en folie. [kongo]

415 Celui qui aime tout en meurt. [rundi]

416 On ne doit pas faire du monde un fardeau pour le porter sur la tête. [bambara]

## LA SAGESSE

417   Celui qui n'a pas de défaut ne mourra pas. [peul]

418   Le fœtus qui craint la critique ne naît jamais. [rundi]

419   Les hommes de haine restent en vie, les conciliateurs sont morts.
      [nyanga]

420   Celui qui règne ne régnera pas toujours. [baoulé]

421   Même l'homme le plus fort, le lit peut le vaincre. [mbédé]

422   Si haut que parvienne une chose lancée, c'est à la terre qu'elle
      retourne. [peul]

423   Celui qui n'est pas mort peut tout faire. [malinké]

424   La seule chose qu'un homme ne rencontre pas dans la vie, c'est la gros-
      sesse. [mongo]

425   On ne met pas quelque chose dans tous les sacs taillés par l'esprit. [bam-
      bara]

426   L'homme est ce qu'il pense. [malinké]

427   Dieu seul sait comment évolue la pensée de l'homme. [baoulé]

428   Même dans le lait frais, on trouve des poils. [bambara]
      ● Rien n'est parfait.

429   Le monde est une gousse d'oignon. [bambara]
      ● De même que la graine est invisible dans l'oignon, de même la justice et la vérité
        sont rares dans le monde. En Afrique, comme dans le monde arabe, l'oignon, qu'on
        peut éplucher sans jamais voir la graine, est le symbole de la duplicité.

430   Si on ne dort pas, on ne peut rêver. [baoulé]

431   L'homme, c'est les autres; demander, c'est honorer; donner, c'est
      aimer. [burundi]

432   Pour aucun homme, l'aube ne vient deux fois. [yoruba]

433   Le soleil n'oublie pas un village parce qu'il est petit. [mbédé] *(1)*

434   Aussi longtemps que vous êtes en bonne santé, continuez à prier
      Dieu. [mongo]

435   Allah paie chacun selon sa foi. [malinké]

436   La vie est un ballet; on ne le danse qu'une fois. [malinké]

437   Vieillir, c'est être dépouillé. [rwanda]

438   Ce qui fait souffrir le malade est encore bon pour le cadavre. [kongo]
      ● Souffrir vaut mieux que mourir.

439   Le monde est un pot à eau, quand on a bu, on le passe à autrui pour
      qu'il boive aussi. [bambara]

● Les hommes se succèdent sur cette terre, rien n'appartient à personne.

## Dieu

440    Dieu seul est sage. [bamiléké]

441    Dieu ne fait qu'ébaucher l'homme, c'est sur la terre que chacun se
       crée. [bamiléké]

442    Le chemin de Dieu, on ne le parcourt pas pour autrui. [bambara]

443    Dieu donne, mais il ne vend pas. [rundi]

444    Dieu prépare le pain de manioc, nous autres humains l'assaisonne-
       ment. [kongo]

445    Dieu ne casse jamais une jambe sans indiquer à la victime comment elle
       doit marcher. [bambara] *(764)*

446    Le crapaud n'a pas de queue, mais Dieu l'évente. [bambara] *(1114)*

447    Dieu te donne la richesse, mais te réserve la misère. [rundi]

448    Dieu parle une langue étrangère. [ovambo]

449    C'est Dieu qui montre la route au malheur. [baoulé]

450    Le malheur n'a pas rendez-vous. [mongo]

451    Si dans ta case, il y a le bonheur, sache que le malheur a seulement
       ajourné sa visite. [bamiléké]

## La mort et l'espoir

452    Nous venons dans les bras des gens ; nous partons dans les bras des
       gens. [malinké]

453    Tout homme qui marche agonise ; la mort suit l'homme comme sa sil-
       houette. [baoulé]

454    Le sommeil se flatte ; la vérité, c'est la mort. [malinké]

455    Tu promets long et la mort promet court. [bamiléké]

456    Pourquoi mesurer la tombe du géant puisqu'il va se noyer dans le
       fleuve ? [bambara]

457    La mort veut te tuer, ne va pas au devant d'elle. [baoulé]

458    L'homme ne refuse pas son soupir à la mort qui arrive. [rundi]
       ● Elle est inévitable.

459    Les morts n'installent pas leurs successeurs. [baoulé]

460    La peur ne fait pas mourir la mort. [mande]

461    La mort ne donne pas de rendez-vous. [gikuyu]

462 La mort est un gué que tout le monde emprunte. [baoulé]

463 La mort est le chemin de tout le monde. [mbédé]

464 La mort ne respecte aucun chef. [kongo]

465 La mort n'a pas de débarcadère. [avikam]

466 L'âne mort, la ruade est finie. [malinké]

467 Un homme meurt sans causer au monde aucun dommage. [bambara]

468 La mort est toujours une chose nouvelle. [sessouto]

469 L'espoir est le pilier du monde. [zoulou]

470 Le jour ne savait pas que l'obscurité tomberait. [banen]

471 Si longue que soit la nuit, le jour viendra sûrement. [peul]

472 Le jour n'est fait que de ce que la nuit a décidé. [banen]

473 Le jour se lève, même s'il n'y a pas de coq pour le chanter. [rundi]

474 L'avenir est un enfant dans le sein. [bamiléké]

SOURCES

Pour une bibliographie générale, voir ci-après, le paragraphe « ovambo ».
Les recueils utilisés sont indiqués dans l'ordre alphabétique des langues. Pour la classification de celles-ci, on se reportera à l'introduction du présent chapitre.

— abé

G. Dumestre et L. Duponchel, *Proverbes de Côte-d'Ivore*, université d'Abidjan, 1972
(191 proverbes abé et 109 proverbes avikam, édition bilingue, avec commentaires et
index des mots-clefs. On note de nombreuses coïncidences avec les proverbes baoulé).

— akan

20 proverbes de dialectes akan sont cités avec la traduction anglaise dans Guinzbourg*,
pp. LXVII-LXXIX.

— ashanti

R. Sutherland Rattray, *Ashanti Proverbs*, Oxford, 1916, rééd. 1969 (830 proverbes
en ashanti et en anglais, avec de longues explications). Cet ouvrage est l'un des meilleurs recueils africains.

— avikam (voir abé)

— bambara

Moussa Travélé, *Proverbes et Contes bambara*, Geuthner, 1923 (101 proverbes en
bambara et en traduction française, avec des explications).
Guissé Mabendy, « Sagesse bambara de Ségou », *Notes africaines,* oct. 1959,
pp. 113-123 (242 proverbes avec traduction française et explications). L'auteur précise que les mêmes proverbes se retrouvent dans tous les dialectes du Soudan.
M$^{gr}$ Molin, *Recueil de proverbes bambara et malinké*, Les presses missionnaires, 1960
(2 123 proverbes avec la traduction française et des explications, classés par thèmes).

— banen

Idelette Dugast, *Contes, proverbes et devinettes des Banen*, S.E.L.A.F., 1975 (409 proverbes avec la traduction française).

— bamiléké

Patrice Kayo, *Sagesse bamiléké*, Yaoundé, 1964 (60 proverbes en traduction française).

Sop Nkamgang et Patrice Kayo, *Les proverbes bamiléké*, Yaoundé, 1970 (600 proverbes en traduction française avec quelques explications).

— baoulé

Cyprien Arbelbide, *Les Baoule, d'après leurs dictons et proverbes*, C.E.D.A., 1975 (1 300 proverbes avec la traduction française).

Alfred Kouacou, *Sagesse africaine. Au pays Baoulé*, Mulhouse, 1973 (120 proverbes baoulé en traduction française).

V. Guerry et R. Joly, *Proverbes baoulé*, Abidjan, 1972.

— bassouto (basuto)

E. Jacottet, « Proverbes bassoutos », *Revue des traditions populaires*, 1889, p. 126, foulbé foulgouldé [voir peul] (14 proverbes en traduction française).

— gikuyu

Ngumbu Njururi, *Gikuyu proverbs*, Londres, 1969 (666 proverbes avec la traduction anglaise et des explications).

— kongo

H. van Roy, *Proverbes kongo*, Tervuren, Belgique, 1963 (1 170 proverbes avec la traduction française et des explications ; étude sur la nature du proverbe, bibliographie, répertoire idéologique, index des substantifs, index des proverbes français équivalents).

P. Joaquim Martins, *Sabedoria Cabinda, simbolos et provérbios*, Lisbonne, 1968 (1 500 proverbes des tribus Bakongo, avec la traduction portugaise ; index analytique, postface en portugais, français et anglais).

— kundu

Johannes Ittmann, *Sprichwöter der Kundu*, Berlin, 1971 (1 415 proverbes kundu de populations Bakundu, avec la traduction allemande, des explications, un glossaire et une esquisse grammaticale).

— malinké

Fily-Dabo Sissoko, *Sagesse noire (sentences et proverbes malinké)*, Éd. de la Tour du Guet, 1955 (500 proverbes avec une préface et un lexique).

— mbédé

J. J. Adam, *Proverbes, Devinettes et Fables Mbédé, 1971 (627 proverbes appartenant au folklore du Haut-Ogooué, de populations appelées aussi Obamda ou Bamba, recueillis par l'ancien archevêque de Libreville).*

— mongo

G. Hulstaert, *Proverbes mongo*, Tervuren, 1958 (2 670 proverbes avec la traduction française, classés par ordre alphabétique, avec des variantes et des explications, indication du lieu de recueil, bibliographie, index des idées ; recueil très complet de qualité).

— mossi

Yamba Tiendrebeogo, *Contes du Larhallé et proverbes du pays Mossi*, Ouagadougou, 1964 (181 proverbes avec la traduction française et des commentaires).

— ngbaka

Jacqueline Thomas et Marcel Mavode, *Contes, proverbes, devinettes ou énigmes, chants et prières Ngbaka-Ma'bo*, Klincksieck, 1970 (58 proverbes avec la traduction française et des commentaires détaillés).

— nyanga

Daniel P. Biebuyck et Kahombo Mateene, *Anthologie de la littérature orale nyanga*, Bruxelles, 1970 (78 proverbes avec la traduction française).

— ovambo

Matti Kuusi, *Ovambo Proverbs with African parallels*, Folklore Fellows Communications, n° 208, Helsinki, 1970 (2 483 proverbes classés par ordre alphabétique du mot-clef, de populations ovambo, de langues ndonga et kwanyama ; avec les équivalents dans 59 langues africaines ; texte original et traduction anglaise ou allemande, selon la source d'origine ; explications sur l'utilisation. Tous les proverbes sont accompagnés de la référence au recueil d'origine. Cet ouvrage fondamental comporte en outre une très longue bibliographie sur les proverbes africains et un excellent index).

— peul

Henri Gaden, *Proverbes et Maximes peuls et toucouleurs*, Institut d'ethnologie, 1931 (1 282 proverbes avec la traduction française, des commentaires et un index).

Dominique Noye, *Humour et sagesse peuls. Contes, devinettes et proverbes Foulbé du Nord-Cameroun*, Cameroun, 1968 (100 proverbes foulfouldé avec la traduction française et une bibliographie).

— popo

René Trautmann, *La littérature populaire de la Côte des Esclaves*, Paris, 1927 (35 proverbes en traduction française de langues popo ou guin, fon (du Dahomey) et nago ou yorouba).

— rundi

F. M. Rodegem, *Sagesse kirundi*, Tervuren, 1961 (4 000 proverbes en rundi, avec la traduction française, le proverbe français ou latin équivalent et un index thématique).

F. M. Rodegem, *Anthologie rundi*, Coli, 1973 (reprend des proverbes).

— rwanda

Abbé Laurent Nkongori, *Proverbes du Rwanda*, Tervuren, 1957 (657 proverbes avec la traduction française, des commentaires et un index des idées).

— sango

Un proverbe est cité dans le recueil de Guinzbourg*, p. XXXVII.

— sessouto

Un proverbe figure dans Reygnault, *Trésor africain et malgache*, Seghers, 1962.

— swahili (souahéli)

H. P. Block, *A Swahili Anthology*, vol. I, Leiden, 1948.

F. Johnson, *A Standard Swahili-English Dictionary*, Londres, 1955.

— wolof (ouolof)

26 proverbes figurent dans l'anthologie de Lilyan kesteloot, *Littérature africaine. La Poésie traditionnelle*, Nathan, 1971.

— yoruba

Alexander F. Chamberlain, « Race-character and local color in proverbs », *Journal of American folklore*, 1904, pp. 28-31 (45 proverbes yoruba).

— zoulou

39 proverbes en traduction anglaise dans le recueil de Champion*.

# 12

## langues indiennes
## d'Amérique

CHAPITRE XXXI

# langues indiennes
# d'Amérique

## Proverbes indiens

Les groupes de langues indiennes d'Amérique sont de loin les plus importants quant au nombre d'idiomes et pourtant celles-ci sont peu représentées dans ce volume. La raison n'en est pas seulement la difficulté à recueillir l'information. Faut-il croire que la pensée populaire des Indiens se prête mal au genre court du proverbe et qu'elle s'exprime mieux dans le conte (pour lequel l'intérêt des anthropologues, de Sapir à Lévi-Strauss, est évident) ou dans la fable ? Faut-il incriminer le peu d'intérêt des chercheurs ou des éditeurs ? Toujours est-il que nous n'avons pu découvrir qu'une documentation très réduite : trois articles sur les proverbes des Indiens d'Amérique du Nord et aucun élément sur ceux des Indiens d'Amérique du Centre et du Sud.

## L'INDIVIDU

1   Il n'y a rien de si éloquent que la queue d'un serpent à sonnettes.

2   Une averse ne fait pas la moisson. [guitchi]

3   La cruche va au puits tous les jours ; un jour, elle perdra sans doute son anse. [guitchi] *(1049)*

4   Personne ne sort de son lit pour dormir par terre.

5   Que mangeras-tu quand la neige sera sur le côté nord de l'arbre ? [tsimshian]
    • C'est-à-dire à la fin de l'hiver, quand la nourriture est rare ; ceci est un reproche aux gaspilleurs.

6   Il veut mourir avec toutes ses dents. [tsimshian]
    • Il se conduit de manière si irréfléchie qu'il ne vivra pas vieux et édenté.

## LES RELATIONS

7   Brûle le manche de la hache qui ne tient pas le fer. [guitchi]

8   La tête dure rend le dos mou. [guitchi]

• Si un enfant n'obéit pas, il sera battu.

9    Si tu creuses un trou pour moi, tu en creuses un pour toi. [guitchi]

## LA SAGESSE

10   Ce qui vient sur le dos du diable part sous son ventre. [guitchi] *(1963)*

11   Il pleut et tout homme le sent un jour. [guitchi]

12   Vis, apprends, meurs et oublie tout. [guitchi]

SOURCES

Mrs O. Morison, « Tsimshian Proverbs », *Journal of American Folklore*, t. 2, 1889, pp. 285-286 (16 proverbes avec la traduction anglaise et des explications).
Monroe N. Work, « Geechee and other proverbs », *Journal of American Folklore*, I. 32, 1919, pp. 441-442 (25 proverbes avec la traduction anglaise et des explications) :
Dans le recueil de Champion* figurent 28 proverbes d'Indiens d'Amérique du Nord, dont la plupart sont empruntés aux articles cités ci-dessus.

# 13

## parlers créoles

# parlers créoles

## Proverbes créoles

Les parlers créoles, d'origine française, anglaise ou espagnole, sont parlés par les Noirs des Antilles, des Bahamas, des Guyanes, ainsi que du Sud des États-Unis et dans l'océan Indien. Ceux-ci ont un fonds proverbial très riche et l'utilisent abondamment.

Nous avons regroupé ces proverbes, car ils sont répandus dans toute la zone caraïbe. Nous indiquons par un [F] l'origine des proverbes repérés dans des recueils français, et dont certains sont commentés dans la partie française de cet ouvrage. Mais nombreux sont les proverbes communs aux différents créoles, y compris ceux qui n'ont pas donné lieu à une description parémiologique accessible (créoles hollandais, portugais).

## L'INDIVIDU                                    Les désirs

1   Bœuf au piquet demande à aller en savane, bœuf en savane demande à aller au piquet. [F]

2   Les canards ont de l'eau pour se baigner, les poules n'en ont pas même à boire. [F]

3   Celui qui a de la purée n'a pas de cuillère, celui qui a une cuillère n'a pas de purée. [F]

4   Les pauvres gens n'ont pas de colère. [F] *(1764)*
    • Ils ne peuvent se le permettre.

5   Avec une bonne couverture, on fait la grasse matinée.

6   Le sanglier sait contre quel arbre il peut se gratter. [F]

7   Quand vous avez très faim, une pomme de terre n'a pas de peau. [F]

8   Si tu regardes ce que le canard mange, tu ne mangeras pas de canard. [F]

9   Quand la danse est finie, le tambour est toujours lourd. [F]

### La nature

10   L'eau qui court n'a pas de saleté. [F] *(42)*

11 La souris est petite, mais elle a son compte de dents. [F] *(65)*

12 La grenouille en sait plus sur la pluie que l'almanach.

13 Les cornes du taureau ne sont jamais trop lourdes pour sa tête.

14 Le petit bouc a une barbe, le gros taureau n'en a pas.

15 Une cloche fêlée ne se répare pas.

16 Ce n'est pas le jour où la feuille tombe dans l'eau qu'elle pourrit. [F]

17 Ce n'est pas parce que le cabri fait des crottes comme des pilules qu'il est pharmacien. [F]

18 Parler français n'est pas une preuve d'intelligence. [F]

19 Porter lunettes ne veut pas dire savoir lire. [F]

20 Porter pointe Bic ne veut pas dire savoir écrire. [F]

21 Il y a toujours un enfant qui est plus noir que les autres. [F]

22 Celui qui voyage en hamac ne connaît pas la longueur de la route. [F]

23 Serviette damassée devient torchon de cuisine. [F] *(1081)*

24 Tous les crabes meurent dans les beignets. [F]

25 Bel enterrement n'est pas Paradis. [F]

### Le comportement

26 C'est le bœuf arrivé le premier qui boit de la bonne eau. [F] *(727)*

27 Là où votre main atteint, c'est là qu'il faut accrocher votre panier. [F]

28 Celui qui a besoin de feu marche vers la fumée. [F] *(108)*

29 La mer ne se vante pas d'être salée. [F]

30 Un chien a quatre pattes, mais il ne peut prendre qu'un seul chemin. [F] *(569)*

### La prudence

31 Assure-toi que la bougie est allumée avant d'éteindre l'allumette.

32 N'accroche pas tous tes vêtements au même clou. *(536)*

33 Prenez garde de manquer le chicot et de couper du bon bois. [F]

34 Couleuvre qui veut vivre ne se promène pas dans le grand chemin. [F]

35 Faire attention n'empêche pas le malheur d'arriver. [F]

36 Avec de la patience, on arrive à plumer des œufs. [F]

37  Avec de la patience et du crachat, on fait entrer un pépin de calebasse dans le derrière d'un moustique. [F]

38  Tant qu'il n'est pas minuit, le tigre ne dit pas qu'il dort sans souper. [F]

39  Une averse ne fait pas la récolte. *(205)*

40  Chèvre qui a monté un rocher doit en descendre. [F]

41  Ris du riz, tu pleureras pour des lentilles. [F] *(1013)*

## LES ÉCHANGES                                        Les biens

42  Mieux vaut ta propre morue que le dindon des autres. [F] *(988)*

43  Ce que tu perds dans le feu, tu le retrouveras dans les cendres. *(110)*

44  La vache promise n'engraisse pas.

45  Les oiseaux rôtis ne volent pas en l'air. [F] *(var. 192)*

46  Ne prenez pas de la fiente de poule pour des œufs. [F]

47  Un mendiant qui mendie auprès d'un autre mendiant ne deviendra jamais riche.

### Les affaires

48  Le vendeur a son point de vue et l'acheteur le sien. [F]

49  Les affaires du cabri ne sont pas les affaires du mouton. [F] *(var. 461, 500)*

50  Quand l'appât vaut plus cher que le poisson, il vaut mieux arrêter de pêcher.

51  Mange avec ta bouche, paie avec ton dos.

52  Paiement aujourd'hui, crédit demain.

## LES BONNES ET MAUVAISES RELATIONS

53  Il faut dormir avec Jean pour savoir comment il ronfle. [F]

54  La chèvre regarde l'œil du maître avant d'entrer dans la maison. [F]

55  Quand le chat n'est pas là, les rats donnent un bal. *(540)*

56  Toute le pluie n'enlève pas la force d'un piment. [F] *(1002)*

57  Un bateau coulé n'empêche pas les autres de naviguer. [F]

58  Avant que tu aies été lapin, j'étais déjà clapier. [F]

59  Le soulier seul sait si le bas a un trou. [F] *(1039)*

60  Le couteau seul connaît le cœur de l'igname. [F]

61 Quand tu vois la barbe de ton voisin prendre feu, mouille la tienne. *(820)*

62 Si le crocodile dit que le gué est profond, crois-le.

63 Le coeur n'est pas un panier. [F]
  • Un panier dont on peut soulever le couvercle pour regarder ce qu'il contient.

64 Darder de l'œil ne met pas le feu à la maison. [F]

65 Celui qui regarde les grands bois avec des yeux colères ne les brûle pas. [F]

66 On ne pile pas de l'eau avec un pilon. [F] *(1083)*

67 Mauvais ciseau abîme bonne toile. [F]

68 Un gros derrière n'est pas un tambour. [F]

69 Si le ciel était tombé, les gens auraient pris les étoiles pour de l'argent. [F]

70 Quand vous avez des étagères, vous attirez les souris. [F]

71 Les rats de la maison mangent la paille de la maison. [F]

72 Vous pouvez obliger un âne à traverser l'eau, mais vous ne pouvez pas l'obliger à en boire. [F] *(449)*

73 Tu peux cacher le feu, mais qu'est-ce que tu vas faire avec la fumée? *(102)*

74 Celui qui mange des œufs ne sait pas si la poule a mal au derrière. [F] *(528)*

75 C'est quand la charrette est embourbée qu'ils connaissent le nom des bœufs. [F]

76 Le poisson a confiance en l'eau, et c'est dans l'eau qu'il est grillé. [F]

77 C'est la graisse du cochon qui a cuit le cochon. [F] *(502)*

78 C'est la corde de l'igname qui sert à attacher l'igname. [F]
  • On est trahi par les siens. L'igname a une tige rampante comme la citrouille, on ficelle ses racines avec cette tige.

79 La marmite dit au chaudron : «Tu as le derrière noir!». [F] *(1040)*

80 L'acoma tombé, ils disent : «C'est du bois pourri.» [F]

81 Le soleil se couche, mais le danger ne se couche jamais.

82 Les blattes n'ont jamais raison quand c'est le poulet qui juge.

83 Le dos meurt pour l'épaule, l'épaule n'en sait rien. [F]

84 L'oiseau affamé et l'oiseau rassasié ne peuvent voler ensemble.

85 L'épine s'est enfoncée dans le pied du roi et c'est du pied du valet qu'on l'a retirée. [F]

86    Quand un Blanc a pété, c'est le nègre qu'on met dehors. [F]

87    Le nègre qui trouve un homme mort doit être celui qui l'a tué.


## L'amitié

88    Les gencives étaient là avant les dents. [F] *(661)*
      • Au sujet d'un vieil ami qu'on néglige.

89    Quand vous habitez une maison, vous savez où tombe sa gouttière. [F]
      • Les amis connaissent les défauts.

90    À suivre des amis, le crabe a perdu son trou. [F]

91    Le malade n'a pas d'amis. [F]

92    La maison d'un hôte n'est pas un marché public. [F]


## La parole

93    Les yeux doivent voir et les oreilles entendre, mais la bouche doit
      être fermée.

94    Crois la moitié de ce que tu vois et rien de ce que tu entends.

95    L'oreille n'est rien de plus qu'une porte.

96    Les oreilles n'ont pas de couvercle. [F]
      • Ce qui entre par une oreille sort par l'autre ou ce qu'entend une personne tombe
        dans une autre oreille.

97    Détestez le chien, mais ne dites pas qu'il a les dents noires. [F] *(562)*
      • Ne calomniez pas un ennemi.


## LA FEMME ET LA FAMILLE

98    Si tu n'as pas levé la robe de la mariée, tu ignores ce qu'elle porte en-
      dessous. [F]

99    Ce n'est pas tout d'être marié, c'est le ménage qui compte. [F]

100   Le con ne parle pas, c'est le ventre qui est bavard. [F]

101   Si ton jupon te va bien, ne cherche pas à mettre le pantalon de ton
      mari. [F]

102   Seins dressés ne durent qu'un temps. [F]

103   Femme sans sortilèges, c'est paquet de persil sans épices. [F]
      • *Sortilèges* signifie ici colifichets.

104   La bouche d'une femme ne prend jamais de vacances.

105   Ce n'est pas le jour où tu es bien habillé que tu rencontres ta belle-
      mère. [F]

106   Petit qui n'écoute pas sa maman meurt au grand soleil du midi. [F]

107 Les enfants tètent leur mère quand ils sont petits, leur père quand ils sont grands.

## LA SAGESSE

108 Quand le ventre est plein, les mâchoires doivent s'arrêter.

109 Tu jettes le bonheur avec la main, tu ramasses le malheur avec tes deux pieds. [F] *(667)*

110 Il y a un temps pour le diable et un temps pour le Bon Dieu. [F]

111 Quand la vache perd sa queue, Dieu balaie les mouches. *(1951)*

112 Quand vous trouvez un os sur le chemin, souvenez-vous qu'un jour de la viande le recouvrait. [F]

113 Ce que tu ne sais pas est plus grand que toi. [F]

114 La queue du bœuf dit : « Le temps s'en va, le temps revient. » [F]

BIBLIOGRAPHIE

Les proverbes créoles d'origine française ont été choisis dans les recueils suivants :

Georges Haurigot, « Littérature orale de la Guyane française », *Revue des Traditions populaires*, 1883, pp. 164-173 (68 proverbes en créole et en français).

Loys Brueyre, « Proverbes créoles de la Guyane française », *Almanach des Traditions populaires*, 1883 (10 proverbes en créole et en français).

Zagaya, *Proverbes créoles en Guadeloupe*, Madrid, 1965.

Ormonde McConnell et Eugène Swan, *You can learn creole*, Haïti, 1945, réédition en 1960.

Abbé B. David, « Proverbes créoles », *Notes africaines*, n° 116, octobre 1967 (proverbes de Haïti, Sainte-Lucie, Guadeloupe, Dominique, Trinidad, Guyane française, Louisiane).

Les proverbes d'origines anglaise et espagnole figurent dans le recueil de Champion*. Le chapitre intitulé « Negro » (pp. 620-635) présente 603 proverbes en traduction anglaise du Sud des États-Unis, ainsi que de haïti, Jamaïque, Surinam, Trinidad, etc. On trouvera aussi dans cet ouvrage des indications bibliographiques.

# LECTURES SUR LES PROVERBES

## 1. OUVRAGES BIBLIOGRAPHIQUES

**Ouvrages du XIXᵉ siècle**
C. C. Nopitsch, *Literatur der Sprichwörter*, 1812-1833, consacrée surtout aux ouvrages allemands.
P. A. Gratet-Duplessis, *Bibliographie parémiologique*, Paris, 1847.

Outre le fait qu'il s'agit du seul ouvrage français, cette bibliographie offre l'intérêt de publier des listes de proverbes connus par des livres anciens (notamment anglais et surtout russes).

[Ignace Bernstein], *Catalogue des livres parémiologiques composant la bibliothèque d'Ignace Bernstein*, Varsovie, 1900. (Ce grand collectionneur a aussi publié un recueil fondamental sur les proverbes yiddish, voir le chapitre « Monde juif ».)

Dans ces deux magnifiques volumes, 4761 ouvrages, présentés par ordre alphabétique des auteurs, sont décrits avec les références dans la langue originale et des notes en polonais. On trouve aussi une introduction en français et en polonais, des reproductions de frontispices superbes et une table des langues (une centaine y figure).

**Ouvrages modernes**
On dispose de deux ouvrages sérieusement documentés, l'un en anglais, l'autre en allemand.

Bonser-Stephens, *Proverb literature, A Bibliography of works relating to proverbs*, Londres, 1930.

Otto E. Moll, *Sprichwörterbibliographie*, Frankfurt, 1958.

Ce dernier ouvrage reprend bien entendu toutes les données de ses devanciers. Bien qu'il compte 6000 numéros, il est cependant incomplet. Par exemple, de nombreux travaux soviétiques en sont absents, ainsi que des recueils de proverbes dans les langues d'Asie et d'Afrique.
Dans les bibliographies qui suivent les chapitres consacrés à chaque langue, nous avons mis l'accent sur les ouvrages parus depuis la publication de cette bibliographie générale.

* *<br>*

À propos de l'usage des proverbes dans la littérature, il existe une bibliographie générale :

Wolfgang Mieder, *Proverbs in literature : an international bibliography*, Peter Lang, Berne, 1978.

* *<br>*

Pour la classification des langues du monde, l'ouvrage de base, quoiqu'un peu vieilli, reste :

A. Meillet et M. Cohen, *Les Langues du monde*, Paris, 1952.

*

## 2. RECUEILS GÉNÉRAUX DE PROVERBES

### Recueils en traduction française

Le présent ouvrage s'inscrit dans une tradition assez peu fournie. Seulement dix recueils de proverbes du monde ont été publiés en français, le premier date de 1892, le dernier de 1967. On trouvera ci-après leurs principales caractéristiques :

P. Soullié, *Sentences et Proverbes*, Lecoffre, 1892, pp. 260-432, 2 000 proverbes dont les deux-tiers sont français. Les autres sont chinois, turcs, orientaux *(sic)*, russes, flamands, italiens, espagnols, grecs, persans, indiens, nègres *(sic)*, écossais, anglais, danois et fribourgeois. Les traductions, agréables sans être très fidèles, sont versifiées.

*1 192 proverbes de France, de partout et d'ailleurs*, Kieffer, 1928. L'auteur n'est pas mentionné, l'illustrateur est Alfred Le Petit. Les proverbes étrangers (russes, chinois, indiens, arabes, juifs, turcs, italiens, espagnols, flamands, allemands, anglais et écossais) sont au nombre d'environ 700. On ne trouve ni explications, ni indications bibliographiques.

Marcel Asceaux, *Ah ! Ces Proverbes...*, Subervie, Rodez, 1955, 50 pp. Ce petit ouvrage donne un panorama agréable des proverbes du monde.

Claire Vervin et Claude Roy, *La Sagesse des nations*, Club des Libraires de France, 1959. Sélection de 2 000 proverbes, parmi les plus subtils, d'une soixantaine de pays, précédée d'une longue et excellente préface de Claude Roy qui a aussi donné des brefs commentaires d'humeur avant chaque chapitre. Les proverbes sont présentés sans classification particulière, dans une mise en page aérée avec des dessins et des jeux typographiques. C'est certainement l'ouvrage le plus plaisant à feuilleter.

Gérard Ilg, *Proverbes français suivis des équivalents en allemand, anglais, espagnol, italien, néerlandais*, Elsevier, 1960 (607 proverbes classés par rubriques, sans notes ni bibliographie). Ouvrage de base pour les traducteurs.

Maurice Maloux, *Dictionnaire des proverbes, sentences et maximes*, Larousse, 1960, 628 pages. Ce dictionnaire, réédité depuis sa première publication, est un excellent instrument de travail. Il comprend une préface qui distingue le proverbe de la sentence et de la maxime ; une bibliographie assez fournie et un index des mots caractéristiques. Les citations et proverbes sont classés par idées avec mention de la langue d'origine ; les références sont données avec précision. Après chaque idée, on trouve un renvoi à des idées voisines.

Les citations et proverbes français sont bien représentés, ainsi que les traits de la culture classique, grecque et latine. On trouve, sous l'indication « Proverbe général », dans certaines rubriques, les proverbes qui sont en effet les plus répandus dans le monde.

L'ensemble, sérieusement documenté et assez complet, souffre parfois de la confusion que produit le rapprochement de citations littéraires et de proverbes, par essences populaires. Par ailleurs, le classement faisant alterner mots-clés et idées, est hybride.

Maurice Kalma, *Trésor des proverbes et locutions du monde*, Le Prat, 1961, 240 pages.
On peut appliquer le même reproche à cet ouvrage, très imprégné de culture classique et qui donne des listes de proverbes sans explications, avec quelques indications bibliographiques anglaises.

Les citations et proverbes sont d'abord classés par ordre alphabétique du mot-clef, puis les proverbes sont présentés par pays, avec le texte original et le proverbe équivalent français.

G. Illberg, *Proverbes et Vieux Dictons*, Bonne, 1962.
800 proverbes classés sommairement (par exemple Afrique noire, arabe, latin et italien) et présentés sans notes ni bibliographie.

Elian J. Finbert, *Dictionnaire des proverbes du monde*, Laffont, 1965, 450 pages, 6 000 proverbes sont présentés d'après le mot-clef, et à l'intérieur de chaque rubrique, par pays (dont la dénomination est parfois imprécise, comme « Afrique noire »). Le choix manque de rigueur et est inégal en quantité selon les pays.

Fabien Jouniaux-Dufresnoy, *Grains de bon sens*, Ligel, 1967, 144 pages, 1 400 proverbes, maximes, dictons et citations, classés par idées, sans notes ni bibliographie.

### Recueils généraux étrangers de proverbes du monde

Nous ne décrivons que les ouvrages fondamentaux.

#### EN ALLEMAND

Ida von Düringsfeld et Baron Otto von Reinsberg-Düringsfeld, *Sprichwörter der germanischen und romarischen Sprachen vergleichend zusammengestellt*, Leipzig, 1872 et 1875, 522 et 638 pages.

Cet ouvrage, connu comme « le Düringsfeld », appartient à la catégorie de ces magnifiques livres édités par de riches amateurs du siècle dernier, comme celui du Polonais Ignace Bernstein (voir plus haut).

Il présente 1 725 proverbes allemands avec leurs équivalents dans les langues germaniques et romanes, dans l'ordre alphabétique du premier mot-clef. On trouve aussi des listes de proverbes en langue orientale avec la traduction allemande et un index en six langues. Le Düringsfeld reste un ouvrage de référence et un excellent instrument de travail.

Walter Gottschalk, *Die Bildhaften Sprichwörter der Romanen*, Heidelberg, 1935, 1936, 1938. En trois volumes, très sérieusement documentés, ce linguiste allemand examine le thème de la nature dans les proverbes des langues romanes, puis celui de l'homme, et donne une excellente étude comparée à travers les langues romanes et l'allemand. L'ouvrage comprend une liste des proverbes et une bibliographie.

EN ANGLAIS

Selwyn Gurney Champion, *Racial Proverbs*, Londres, 1938, 768 pages de proverbes et CXXX pages d'introductions. C'est le recueil qui, à ce jour, fournit le plus grand nombre de proverbes provenant du plus grand nombre de langues : 26 000 proverbes de 186 langues.

Le premier chiffre doit être tempéré par le fait qu'on trouve beaucoup de proverbes identiques, communs à de très nombreuses langues.

Les proverbes sont classés par langues, d'après l'ordre alphabétique du premier mot-clef. On trouve aussi des présentations des principales collections des index linguistique, géographique, thématique et une bibliographie. Les proverbes sont accompagnés de quelques explications.

L'ouvrage reste d'une grande utilité, car il est le plus complet qui soit et sa consultation est aisée. Mais on peut lui reprocher la monotonie de sa présentation et la répétition fastidieuse de proverbes identiques.

EN RUSSE

Iou. E. Breguel, *Proverbes et Dictons des peuples de l'Orient*, Moscou, 1961, 750 pages.

Se limitant à l'Afrique et à l'Asie, cet ouvrage est plus extensif que le précédent, puisqu'on y dénombre 24 515 proverbes, provenant de 49 pays et classés par ordre alphabétique de la traduction russe. C'est le recueil le plus scientifique de tous ceux que nous avons consultés, en ce qui concerne la documentation. Tous les ouvrages utilisés étaient dans la langue originale et Breguel et ses collaborateurs n'ont pas fait appel à des traductions dans les langues européennes, comme c'est le cas de tous les autres dictionnaires de proverbes. On y trouve une excellente préface générale, des bibliographies par langue très complètes et un index thématique.

C'est en prenant pour base ce recueil que Permiakov s'est livré à l'application de sa théorie taxonomique (voir ci-après).

T.S.B. Boudaev, *Proverbes et Dictons équivalents de divers peuples*, Oulan-Oudé, 1962, 216 pages.

Cet excellent instrument de travail fournit 4 000 proverbes classés par thèmes.

AUTRES RECUEILS

Citons un ouvrage curieux qui peut rendre des services : Lt-colonel V.S.M. de Guinzbourg, *Wit and Wisdom of the United Nations*, sans lieu ni date, 516 pages. Cet ouvrage, publié par des moyens de fortune, vers 1962, avait sans doute pour but le plaisir de l'auteur qui, non content d'avoir dépouillé 4 000 volumes de proverbes (affirme-t-il sans en donner la liste), s'est adressé à tous les délégués à l'O.N.U. en leur demandant de lui communiquer les proverbes de leur pays. Il était lui-même fonctionnaire de cette organisation et s'intéressait particulièrement aux proverbes sur la paix, la guerre et la diplomatie.

Dans une première partie, il publie toutes les réponses des délégués, qui sont parfois savoureuses et ont le mérite de la variété et de l'authenticité. Puis, il donne le résultat de ses lectures : les proverbes figurent dans la langue originale et, éventuellement, avec la traduction anglaise ou française. L'ouvrage comprend au total 7 400 proverbes, parmi lesquels se glissent aussi des citations.

Lazar Blankstein, *A collection of hebrew proverbs and their origin with parallels from other languages*, Jérusalem, 1964, 1 000 pages. Cet ouvrage en hébreu donne 30 000 proverbes et citations avec des équivalents dans les principales langues.

LANGUES AFRICAINES
Matti Kuusi, *Ovambo Proverbs with african parallels*. Ce travail, dont on trouvera la description dans la bibliographie des proverbes africains, au paragraphe « ovambo », est un modèle du genre.

## 3. LES ÉTUDE SUR LES PROVERBES

EN FRANÇAIS

### Études générales
On ne peut que déplorer le manque d'intérêt des chercheurs français pour l'étude des proverbes. Les grands parémiologues de notre époque sont américains, allemands, russes ou finlandais. Pourtant les livres de proverbes français, avec toutes les nuances régionales, sont les plus nombreux dans les bibliographies. Mais on ne peut citer que quelques rares travaux dus à des Français et concernant les proverbes du monde ou le problème de leur classification.

Dans un petit livre à tirage confidentiel, *Expérience du proverbe*, Paris, Hors Commerce, 1925, Jean Paulhan décrit avec sensibilité et intelligence, sans aucune visée scientifique, son apprentissage de l'utilisation des proverbes malgaches au fur et à mesure qu'il se familiarise avec la langue. Ce récit subtil permet d'apprécier le rôle des proverbes dans la psychologie individuelle et dans la culture d'un peuple.

La seule étude générale en français sur les proverbes est due à un Anglais : George B. Milner, « De l'armature des locutions proverbiales. Essai de taxonomie sémantique », *L'Homme*, 1969, t. 9, pp. 49-70.
L'auteur fournit des éléments de définition de la nature du proverbe et étudie l'une des configurations les plus caractéristiques : l'énoncé quadripartite. Il affecte chacun des quatre éléments, placés en relation d'équilibre structurel (tant sous le rapport du fond que sous celui de la forme), d'un signe positif ou négatif et il construit une classification où chaque proverbe, selon le signe de ses éléments, a une place.
Avec des exemples tirés du français, de l'anglais et du samoanais, il explique ensuite que les proverbes de structure bipartite ne sont souvent que la moitié d'un proverbe ancien érodé par l'usage.

### Études figurant dans des recueils de proverbes
Les recueils de proverbes d'une langue particulière comportent souvent une préface qui analyse la fonction du proverbe dans une culture donnée (voir les bibliographies qui figurent après chaque chapitre). Par exemple, certains recueils de proverbes africains, notamment ceux dus à des ethnologues belges, contiennent des éléments de réflexion.
Un des ouvrages les plus intéressants à cet égard est : F. M. Rodegem, *Anthologie rundi*, Colin, 1973.
Dans un chapitre intitulé « Prose lapidaire », l'auteur décrit quelques particularités du discours folklorique, notamment les procédés rythmiques qui sont les mêmes que ceux de la poésie. Il constate, lui aussi, que la structure des proverbes est généralement quadripartite. Il conclut de l'étude des variantes qu'elle permet de comprendre l'essentiel du message du proverbe.

On trouve aussi une étude fort bien faite dans Van Roy, *Proverbes kongo*, Tervuren, 1963.
Claude Carey, *Les Proverbes érotiques russes*, Mouton, 1972.
Cet ouvrage est le seul, de ceux que nous avons consultés, à aborder le sujet des proverbes érotiques ou scatologiques, et d'une manière générale de l'arrière-fond

obscène du discours folklorique. (On trouvera, dans la bibliographie du chapitre russe, une analyse de ce livre.) Tout en apportant des éléments précieux sur un aspect méconnu des proverbes russes, cette étude permet de réfléchir au caractère uniquement oral de la transmission de la tradition obscène et donc à l'état obligatoirement incomplet de notre documentation sur les proverbes.

Par exemple, il arrive que les proverbes se composent de deux propositions : la seconde idée renforce la première avec une image empruntée à un autre registre et qui peut être scabreuse. L'érosion de l'usage et la censure que s'imposent les personnes qui utilisent les proverbes et les auteurs de recueils ont pour conséquence que seule la partie « convenable » s'est conservée. De même, les allusions obscènes de certaines métaphores se sont perdues.

**Travaux de parémiologues étrangers**
Des chercheurs appartenant à trois pays ont donné à la parémiologie moderne ses bases théoriques. Il s'agit des États-Unis, de l'U.R.S.S. et de la Finlande.

ÉTATS-UNIS
Nous avons évoqué, dans la bibliographie américaine, les travaux du grand érudit et folkloriste Archer Taylor. Citons aussi à nouveau Bartlett Jere Whitting qui a publié une des premières réflexions sur la nature du proverbe : B.J. Whitting, « The Nature of the proverb », *Harvard Studies and notes in philology and literature*, t. XIV, 1932, pp. 273-308.
Il existe dans ce pays un centre de recherches spécialisé : The Proverb Committee, à l'Université de Californie.

U.R.S.S.
Les titres russes sont les plus nombreux dans la bibliographie récente. Les Soviétiques font preuve d'un grand intérêt pour les langues de l'U.R.S.S. et pour celles d'Afrique et d'Asie.
C'est un chercheur soviétique, G.L. Permiakov, qui a poussé le plus loin l'application d'une théorie de classification des proverbes. À ce problème, auquel les spécialistes se sont trouvés confrontés de tout temps, sont traditionnellement apportés trois types de solutions.
La classification alphabétique, très utile pour les instruments de travail.
La classification par mots-clefs. Les proverbes sont alors présentés dans l'ordre alphabétique du premier mot-clef.
La classification thématique. Les thèmes sont soit disposés par ordre alphabétique, soit présentés en chapitres (c'est cette dernière solution que nous avons adoptée pour les proverbes du monde).
Permiakov, considérant que ce problème est la pierre d'achoppement de la parémiologie, propose dans son livre *Choix de proverbes et dictons des peuples d'Orient*, Moscou, 1968, une double classification, structurelle et sémantique. Elle se compose :
*a)* d'une classification linguistique reposant sur l'analyse des structures et répartissant les proverbes en différentes classes, selon leur formulation (métaphorique ou non), l'existence d'une opposition binaire, la nature grammaticale du mot-clef, le type syntaxique (proposition simple ou complexe) et enfin le sens (positif, négatif ou intermédiaire) du proverbe ;
*b)* d'une classification logico-thématique. Permiakov postule que les millions de proverbes recueillis ne sont que des variantes d'un nombre limité de situations, une centaine au total.
Celles-ci peuvent être classées selon quatre invariants, qualifiés de logico-sémiotiques et schématisés ainsi :
S'il y a A, il y a B.
Si A a la qualité x, il a la qualité y.

Si B dépend de A et si A a la qualité x, B aura la qualité x.
Si A a une qualité positive et si B ne l'a pas, A est meilleur que B.
Selon les cas, ces invariants peuvent prendre une valeur neutre, positive, négative ou mixte.
Si l'on juxtapose les deux classifications, on s'aperçoit que les proverbes qui ont à la fois la même structure linguistique et sémantique sont en très petit nombre. Pour les différencier davantage, il faudrait, propose Permiakov, procéder à une troisième opération qui distinguerait les proverbes selon le registre auquel appartient l'image employée. Ce serait alors une approche ethnologique qui ferait la part de la spécificité des proverbes selon les pays et les cultures.
Placée en tête de l'ouvrage, cette étude d'une cinquantaine de pages, comprenant de nombreux exemples et des schémas, constitue la première tentative pour résoudre d'une manière scientifique le problème de la classification des proverbes.
Permiakov donne ensuite l'application de sa théorie en utilisant comme matériau 7 000 proverbes du recueil de Breguel (voir plus haut). Chaque proverbe trouve aisément sa place dans l'une et l'autre classifications. Pour faciliter la consultation, un index des groupes logico-thématiques (deuxième classification) est donné en annexe.
La démarche de Permiakov a le mérite d'une grande rigueur. Son ouvrage est d'un abord austère et il est un peu compliqué à consulter, vu l'absence d'un index alphabétique général, si l'on n'est pas familier de la théorie de base.
Permiakov a été un des collaborateurs de *Proverbium* et on trouve dans cette revue des appréciations (en anglais) sur ses travaux. Kuusi, par exemple, tout en lui reprochant l'hétérogénéité de certains de ses groupes et la difficulté à retrouver un proverbe donné, reconnaît que Permiakov a pleinement réussi à élaborer une classification applicable aux proverbes de toutes les langues.

FINLANDE
Les travaux du grand folkloriste finlandais Matti Kuusi ont connu une diffusion moins restreinte que ceux de Permiakov, car certains d'entre eux ont été publiés en anglais ou en allemand.

L'ouvrage de base est :
«Parömiologische Betrachtungen» (Considérations parémiologiques), *Folklore Fellows Communications*, n° 172, Helsinki, 1957 (en allemand).
Nous avons déjà cité son remarquable travail sur les proverbes africains.

L'action de Kuusi est inséparable de la revue *Proverbium* (voir ci-dessous). Il y a publié plusieurs articles en anglais. Signalons, sur le problème de la classification des proverbes, deux articles intéressants :
«How can a type-index of international proverbs be outlined?» *Proverbium*, n° 15, 1970, pp. 473-476.
«Towards an International Type-system of proverbs», *Proverbium*, n° 19, 1972, pp. 708-715.
Dans ce dernier article, Kuusi donne la liste des schémas sémantiques fondamentaux des proverbes. Il en dénombre vingt-et-un, répartis selon la distinction suivante :
— un opposé à deux ou à beaucoup,
— un opposé à tous (ou la partie opposé au tout).
Autour de Kuusi, s'est rassemblée une équipe de parémiologues finlandais de valeur, dont les travaux approfondis sur les proverbes finnois ne sont malheureusement pas accessibles en traduction.

### 4. LA REVUE «PROVERBIUM»
Autour du noyau constitué par l'équipe de Kuusi, se sont joints des folkloristes éminents de plusieurs pays qui ont décidé de mettre en commun leurs recherches

en matière de proverbes. Sous l'égide de la Société de littérature finnoise, ils ont créé la revue *Proverbium* [Adresse : Hallituskatu I, Helsinki 17, Finlande], qui a paru de 1965 à 1976.

Les articles de *Proverbium* sont en français, en anglais ou en allemand. Les articles en russe sont suivis d'un résumé dans une ou deux des langues précédentes. Une table analytique figure à la fin du n° 20 et du n° 25.

Les articles de *Proverbium* sont de différents genres :
— bibliographie des recueils de proverbes dans une langue donnée,
— étude comparée d'un proverbe dans différentes langues,
— liste de proverbes dans une langue ou sur un thème,
— réflexions théoriques, notamment sur le problème de la classification des proverbes,
— études générales,
— recherches historiques et iconographiques,
— revue bibliographique.

La revue *Proverbium* nous a été d'une utilité considérable pendant toute la préparation de ce dictionnaire et de nombreux articles nous ont fourni des éléments précieux : on les trouvera cités dans les bibliographies qui suivent chaque chapitre.

Parmi bien d'autres exemples dignes d'intérêt, citons deux articles généraux :
Anna Birgitta Rooth, « Domestic animals and wild animals as symbols and referents in the proverbs », *Proverbium*, n° 11, 1968, pp. 286-288.

Cette étude, portant sur la fréquence des images d'animaux dans 1 800 proverbes du Sud de la Suède, a montré que les animaux domestiques y figuraient beaucoup plus souvent que les animaux sauvages, les plus utilisés étant, dans l'ordre, la vache, le chien, le cheval, le chat et le cochon.

On observe le phénomène opposé si l'on examine les fables et les contes. Ceci s'explique par le fait que ces derniers se réfèrent à un système économique fondé sur la chasse et la pêche, tandis que les proverbes ont un arrière-fond agricole et utilisent de préférence des symboles familiers dans ce milieu.

L'auteur en déduit l'existence de zones d'utilisation différente des proverbes. L'Europe et l'Asie avaient été terres d'élection pour les proverbes et ceux-ci se seraient répandus en Afrique et en Amérique à la faveur de la colonisation. Si cette hypothèse apparaît correcte dans le cas de l'Amérique, il n'en va pas de même pour l'Afrique.

Heda Jason, « Proverb in Society ; the Problem of Meaning and Function », *Proverbium*, n° 17, 1971, pp. 617-623.

L'auteur analyse d'abord l'utilisation du proverbe par les membres du groupe : il joue le rôle de l'huile dans les rouages de la machine sociale ; c'est un excellent véhicule de transmission avec lequel il n'y a pas de risque d'incompréhension.

Elle étudie ensuite la manière dont on s'adresse à l'auditeur. Le proverbe joue alors un rôle pédagogique : il critique une conduite, il prévient d'un danger. L'utilisateur peut soit s'adresser directement à quelqu'un, en lui indiquant avec un proverbe la manière de se comporter, soit lui apporter une expérience de la vie, en laissant l'auditeur conclure.

Elle examine enfin le message contenu, la fonction du proverbe. Soulignant que l'utilisation d'une métaphore s'adapte à un contexte social défini, elle conclut que l'idée contenue est la médiatrice entre la multiplicité des contextes particuliers de la vie sociale et la symbolisation poétique du proverbe.

D'une manière générale, étant donné la différence d'utilisation du proverbe selon le contexte social, on peut dire que son message sert d'intermédiaire entre un système social donné et le système de valeurs de la culture en question.

*

Avec plus d'un millier de pages publiées (soit 25 numéros), la revue *Proverbium* est une somme d'études parémiologiques et constitue un ouvrage de référence pour toute personne qui s'intéresse à l'étude des proverbes.

## 5. REVUES DIVERSES

On ne peut évidemment faire figurer ici toutes les revues savantes, d'histoire, de linguistique, d'anthropologie, etc., où des articles sur les proverbes ont été publiés. Plusieurs ont été signalées dans le cours de cet ouvrage. Signalons cependant la *Revue des sciences humaines* de l'université de Lille pour son numéro 163 (1976/3) sur la rhétorique du proverbe et, par exemple, l'article de Marie-Louise Ollier sur «Proverbe et sentence; le discours d'autorité chez Chrétien de Troyes», lequel illustre, à propos de l'ancien français, les rapports entre proverbe et discours littéraire.

# INDEX ET TABLES

# TABLE ALPHABÉTIQUE DES LANGUES

Certaines langues sont regroupées. L'indication du groupe figure entre parenthèses. Pour l'utilisation des index, voir le tableau des abréviations en tête de chacun d'eux.

# TABLEAU DES ABRÉVIATIONS DES LANGUES

## dans les références de l'index

*selon l'ordre alphabétique des abréviations*

---

NOTE SUR LES FIGURES DE RHÉTORIQUE
citées dans l'introduction de l'index des mots-clés..., page suivante.
Il peut être utile de rappeler ce que sont ces trois figures de rhétorique :
La *métaphore* consiste dans un transfert de sens (terme concret dans un contexte abstrait) par substitution analogique ; par exemple : « la *racine* du mal », « une *source* de chagrin ».
La *métonymie* consiste à exprimer un concept au moyen d'un terme désignant un autre concept qui lui est uni par une relation nécessaire (la cause pour l'effet, le contenant pour le contenu, le signe pour la chose signifiée) ; par exemple : boire un *verre* (pour « du vin »), ameuter *la ville* (pour « les habitants »).
La *synecdoque* consiste à prendre le plus pour le moins, la matière pour l'objet, l'espèce pour le genre, la partie pour le tout, le singulier pour le pluriel, ou inversement ; par exemple : *les mortels* (pour « les hommes »), *un fer* (pour « une épée »), *une voile* (pour « un navire »).

*(Petit Robert 1)*

# INDEX
## DES MOTS-CLÉS MÉTAPHORIQUES
### ET DES IMAGES

### établi par Isabelle Châtelet

Chaque **entrée** correspond à un mot servant de base à une figure de rhétorique (généralement une métaphore, mais aussi une métonymie ou une synecdoque : cf. note page précédente) qui évoque une ou plusieurs images.

Il s'agit donc, dans les proverbes, de signaler les mots concrets : noms communs, noms propres, rarement verbes, à partir desquels le sens du proverbe se construit et se diversifie. Ce répertoire réunit toutes les variantes culturelles d'expression proverbiale.

La référence comprend l'abréviation de la série concernée (F = *français*, c'est-à-dire la 1ʳᵉ partie de ce dictionnaire : « Proverbes de langue française » ; it. = *italien*, e = *espagnol*, r = *russe*, etc., dans la 3ᵉ partie : « Proverbes du monde ») et un chiffre correspondant au numéro du proverbe dans sa série. On consultera ci-contre la liste des abréviations qui indique les pages de l'ouvrage où commence chaque série.

La flèche → suivie d'un ou plusieurs mots en PETITES CAPITALES invite à se reporter aux synonymes ou à d'autres mots du même champ sémantique, par exemple : **chas** → TROU (d'une aiguille) : **sépulcre** → TOMBE, TOMBEAU.

On notera que les dictons, ayant un sens concret, n'impliquent pas d'images ; mais ils évoquent souvent les mêmes réalités que les proverbes : bêtes, plantes, météores, astres, dont les noms sont classés alphabétiquement par domaine (2ᵉ partie : « Dictons », chap. II, p. 279).

## A

**abbaye** : F 1994 → COUVENT
**abbé** : F 1990 à 1993 ; F 1995 à 1997 ; e 102
**abcès** : cor 3
**abeille** : F 239 à 242 ; oc 36 ; por 4 ; sc 136 ; r 157 ; serb 30 ; p 47 ; g 16 ; ja 43 ; c 151 ; a 129 ; a 194 ; a 236
piqûre d'— : k 10
**abîme** : pt 41 → FOSSÉ
**aboiement** : tch 38
**aboyer** : F 558, 559 ; r 25
**abreuvoir** : gr 38
**abricot** : F 79 ; c 345
**absinthe** : l 53
**accouchement** : I 195 ; ma 7
**accoucher** : F 2096 ; t 124 ; m 18 → ENFANTER
**acier** : p 73 ; ha 1
**acoma** : F 57 ; cr 80
**agneau** : F 149 ; F 481 ; F 485 à 487 ; F 489 ; r 20 ; r 177 ; bu 34 ; gr 44 ; c 74 ; c 194 ; a 90 ; a 195
**aigle** : F 189 ; n 12 ; r 94 ; I 115 ; t 47 ; t 62 — royal : a 89
**aiglon** : sc 172
**aiguille** : F 1095 ; F 1338 ; F 1485 ; por 23 ; r 152 ; gr 91 ; p 44 ; p 116 ; I 134 ; g 33 ; oub 5 ; bq 14 ; bq 19 ; th 9 ; j 36 ; amh 10 ; ha 1 ; a 252 ; A 143 ; A 358

**aiguillée** (de soie) : be 40
**aiguillon** : por 4
**ail** : F 1085 ; F 1203 ; ha 15
**aile** : F 186 ; F 985 ; r 308 ; serb 6 ; p 138 ; amh 46 ; a 254
**airain** : F 1223
**aire** : b 33 ; a 271
**alcool** : am 3
**alène** : r 239
**algue** : mg 21
**Allah** : ha 23 ; a 90 ; A 435
**allaiter** : g 42 → SEIN (donner le)
**almanach** : e 152 ; al 256
**alouette** : F 192 à 194 ; F 581 ; cat 13
**amande** : F 80 ; e 5
**amont** : A 391
**amphore** : g 24
**ampoule** : A 209
**ancre** : F 1809 ; r 110 ; ma 8
**âne** : F 315 ; F 360, 361 ; F 363 à 373 ; F 376 à 405 ; it 20 ; it 85 ; e 17 ; e 18 ; e 92 ; e 107 ; e 110 ; e 113 ; e 180 ; oc 7 ; oc 8 ; oc 19 et 20 ; oc 34 ; oc 35 ; oc 46 ; am 9 ; am 27 ; al 13 ; al 45 ; al 112 ; al 134 ; al 155 ; n 62 ; sc 185 ; r 68 ; r 122 ; r 131 ; serb 14 ; serb 36 ; alb 10 ; gr 62 ; gr 74 ; p 8 ; p 34 ; p 35 ; k 19 ; k 33 ; tad 5 ; tad 9 ; I 118 ; bq 17 ; b 16 ; t 73 ; t 89 ; t 140 ; mong 13 ; mong 23 ; c 185 ; c 186 ; j 69 ; j 110 ; a 75 ; a 109 ; a 160 ; a 214 ; a 219 ; a 275 ; A 466 ; cr 72

# L

**labour** : F 458 ; e 197
**labourer** : serb 1 ; serb 91 ; I 43 ; vp 15 ; c 325 ;
amh 41 ; a 47
**laboureur** : F 276 ; F 278 ; oc 41 ; gr 72
**lac** : g 14 ; t 27
**lacet** : e 82
**laine** : it 61 ; al 194 ; p 54 ; c 125 ; a 90 ; a 120
**laisse** : p 63
**lait** : F 198 ; al 131 ; sc 64 et 112 ; b 19 ; ga 35 ;
r 16 ; r 170 ; po 16 ; bu 18 ; p 133 ; I 70 ; I 74 ;
t 28 ; j 71 ; be 19 ; A 116
— caillé : alb 11 ; A 19
— frais : A 428
petit — : p 133
**lame** : k 23 ; A 298
**lampe** : F 1105 ; al 149 ; p 11 ; p 115 ; p 135 ;
p 159 ; p 201 ; p 241 ; t 131 ; c 27 ; a 230
**lance** : F 1923 ; F 1939 ; g 33 ; amh 11
**langue** : F 648, 649 ; F 664 ; F 1497 ; F 1503 ;
it 101 ; al 122 ; sc 201 ; ga 52 ; r 236 ; p 184 ;
I 95 ; t 113 ; t 117 ; t 118 ; m 34 ; th 7 ; c 160 ;
j 58 ; j 114 ; amh 32 ; a 232 ; A 253 ; A 303 ;
A 343
**lanière** : als 22
**lanterne** : n 80 ; j 74
**lapidaire** (*n.*) : m 19
**lapin** : oc 27 ; tib 3 ; cr 58
**lard** : F 1004 à 1008 ; sc 4 ; al 105 ; p 141
**larme** : co 13 ; al 249 ; ga 14 ; I 242 ; rom 6 ;
t 66 ; A 382
**larron** : F 286 ; F 1389 à 1397 ; bq 28
**laurier** : e 81
**lavandière** : e 29
**laver (se)** : kg 17
**laver** : F 385
**laveur** (de morts) : p 117
**lécher** : e 91 ; A 76
**lendemain** : j 50
**lentille** : F 1013 ; ar 4 ; cr 41
**léopard** : amh 24 ; A 10 ; A 60 ; A 235
**lettre** : AL 43
**lessive** : ga 65
**lépreux** : e 94
**leurre** : I 96
**levain** : mlt 1 ; t 33 ; a 166
**lever (se)** : F 726, 727 ; F 731 ; F 1601
**lèpre** : F 1075
**lézard** : serb 50 ; A 165
**liane** : I 91 ; tib 4 ; A 179
**liard** : al 79
**licou** : c 132
**lien** : F 1102
**lierre** : F 84
**lièvre** : F 260 à 269 ; oc 27 ; al 214 ; n 9 ;
b 17 ; b 26 ; r 144 ; tch 36 ; tch 37 tch 43 ;
tch 52 ; gr 65 ; pt 14 ; I 148 ; I 219 ; vp 9 ; t 72 ;
cor 8 ; c 16 ; A 145 ; A 254 ; A 255
**lilas** (blanc) : h 5
**lime** : F 1484
**linceul** : al 275 ; A 326 → SUAIRE, CHEMISE (de
la mort)

**linge** : a 265
— sale : F 822 ; j 82
**lion** : F 118 à 120 ; F 138 ; F 272 ; F 592 ; it 88 ;
e 180 ; ga 44 ; r 120 ; r 134 ; r 187 ; alb 8 ;
p 120 ; k 4 ; rom 3 ; t 81 ; t 110 ; be 33 ; be 35 ;
a 1 ; a 130
**lionceau** : A 97 ; A 364
**liqueur** : al 132
**lis** : sc 214
**lisière** (du tissu) : t 128
**lit** : F 733 ; it 1 ; e 164 ; e 176 ; al 2 ; sc 30 ;
tch 22 ; gr 18 ; c 90 ; A 421 ; Ind 4
— de plumes : t 24
**livre** : F 2126 ; al 46 ; ga 27
**livre** (mesure) : F 1343
**logis** : F 2125
**longe** : sc 10
**loquet** : F 1562
**louche** (*n. f.*) : vp 5
**loucher** : r 160 ; I 9
**loup** : F 113 ; F 139 à 161 ; F 267 ; F 478 à
480 ; it 18 ; it 68 ; it 87 ; e 19 ; e 85 ; e 106 ;
oc 31 ; al 7 ; al 111 ; al 171 ; al 172 ; al 179 ;
n 75 ; sc 147 ; isl 150 ; r 14 ; r 67 ; r 109 ;
r 112 ; r 133 ; r 146 ; r 153 ; r 169 ; r 184 ;
serb 32 ; bu 3 ; bu 34 ; l 31 ; alb 4 ; alb 7 ;
alb 12 ; gr 8 ; gr 53 ; p 112 ; p 156 ; p 157 ;
k 20 ; tad 13 ; I 151 ; h 21 ; oub 14 ; bq 36 ;
t 83 ; kg 15 ; mong 3 ; c 194
**louveteau** : r 177
**luciole** : F 250
**lumière** : F 2134 ; it 145 ; AL 28 ; n 80 ; ar 25 ;
p 11 ; p 110 ; p 201 ; ja 78
**lune** : F 594 ; it 109 ; por 33 ; am 47 ; sc 150 ;
po 10 ; tch 38 ; bu 44 ; p 150 ; g 35 ; g 70 ;
cor 15 ; cor 17 ; ja 80 ; ja 85 ; tib 6 ; ha 13 ;
a 110 ; a 266 ; A 9 ; A 55 ; A 231 ; A 390
— de miel : A 335
**lunettes** : F 629 à 631 ; al 176
**lutte** : A 67 ; A 318
**lutter** : mg 57
**lynx** : c 210
**lys** : F 1701

# M

**macaque** : F 136 → SINGE
**mâcher** : amh 29
**mâchoire** : cr 108
**maçon** : F 1450, 1451 ; n 42
**Mahomet** : a 147
**main** : F 640 ; F 654 à 657 ; F 660 à 668 ;
F 1695 ; F 1726 ; AL 55 ; al 209 ; al 237 ;
sc 89 ; sc 111 ; sc 190 ; r 117 ; r 178 ; r 320 ;
alb 19 ; gr 37 ; p 82 ; p 233 ; I 149 ; I 228 ;
g 47 ; t 76 ; th 7 ; c 285 ; j 104 ; j 123 ; be 31 ;
be 45 ; a 3 ; a 24 ; a 87 ; a 157 ; A 191 ; A 202 ;
A 336 ; A 378 ; A 384 ; cr 109
— gauche : tad 3
— vide : j 178
**maire** : als 8

**maison** : F 815; F 832; it 47; e 97; cat 22;
AL 22; al 154; al 157; als 26; sc 2; sc 120;
sc 152; sc 183; sc 249; sc 257; r 89; r 210;
p 9; p 68; p 135; p 202; k 8; I 5; I 44;
I 113; h 24; f 24; est 5; bq 1; bq 21;
mong 1; cam 25; c 305; j 73; a 103; A 7;
A 78; A 340; A 407; cr 89
— exigüe : cam 30
**maïs** : F 308
**maître** : t 77
**mal** (de tête) : I 55
— d'estomac : t 8
**malade** : A 438
**maladie** : amh 21
**mâle** : b 28
**mamelle** : a 295; A 346
**manche** : F 1487; br 9; A 175; A 209; Ind 7
— à balai : I 119
— d'un cernoir : F 1486
— de la cognée : mg 34
**mangeoire** : oc 33; I 23
**manger** : e 109; e 146; p 232
**manioc** : A 444
**mante** : j 141
**manteau** : F 1139; sc 53; sc 165; sc 206;
tch 25; h 1; est 1; m 30
— d'épines : ha 22
**marabout** : A 35; A 314
**marais** : r 125
**marcassin** : sc 164
**marchand** : F 1348 à 1351
— de chandelles : AL 57
**marchandise** : c 301
**marché** : F 485; F 1358 à 1361; F 1365;
c 62; A 211; cr 92
**marcher** : a 69
**mare** : oc 17; am 44; n 7; r 245
**maréchal** : r 55
— ferrant : F 1376
**marée** : al 257; c 235 → FLUX, REFLUX, JUSANT
**mari** : p 98
**marin** : co 3; a 83; a 202
**marmite** : F 1037 à 1042; it 1; co 16; co 21;
oc 47; r 40; r 114; gr 41; ar 11; p 152; k 36;
mg 29; mg 62; vn 20; c 195; c 294; cr 79
→ CHAUDRON
vieille — : h 7
**marron** : t 2
**marteau** : F 1480 à 1483; it 15; h 35; bq 8;
a 292; A 261
**masque** : j 23
**massue** : F 1581; lux 2
**matin** : r 44; amh 44; A 104
**matou** : al 168 → CHAT
**matrone** : p 164
**mèche** : AL 1
**Mecque (la)** : p 35
**médaille** : F 2061
**médecin** : F 767 à 771; F 773 à 782; p 168;
vn 28; bi 16
**médicament** : amh 21
**melon** : F 78; F 879; F 1345; e 14; e 177;
t 8; c 31; c 121
— d'eau : a 14

**membre** : A 20
**mendiant** : F 1770; sc 46; I 10; p 78; p 79;
a 94
**ménétrier** : bq 18
**menu** : A 227
**mer** : F 27; F 28; F 1805; F 1808; it 6; it 98;
e 155; al 25; sc 54; b 30; r 310; tch 54;
gr 69; p 151; I 26; I 60; I 105; I 234; vp 12;
g 23; t 44; t 54; t 59; t 149; m 22; m 26;
m 42; m 43; vn 48; c 114; c 144; c 336;
c 337; j 1; j 101; A 72; A 119; cr 30
→ OCÉAN
**mercier** : F 1452 à 1454
**merde** : gr 70; F 505, 506; F 698, 699
→ EXCRÉMENT
**mère** : a 324; A 262
**merle** : F 201; F 206; F 987
**mésange** : r 104
**messager** : F 1794
**messe** (basse) : n 17
**mesurer** : r 46
**métal** : c 106; A 178
**métier à tisser** : c 352
**meule** : F 314; n 74; a 319
**meunier** : F 846; oc 35; sc 40; r 59
**miche** (de pain) : I 103
**miel** : F 239 à 241; F 246; F 390; F 646;
F 1017 à 1021; e 94; e 96; oc 36; al 67;
als 32; sc 149; serb 47; I 2; I 53; gr 22; p 47;
p 136; k 10; I 24; I 131; g 38; bq 5; t 41;
t 49; t 58; t 70; t 71; t 98; t 136; m 9; j 72;
a 194; a 234; A 76
**miette** : sc 20; r 91; I 103
**migraine** : serb 11 → MAL (de tête)
**mil** : t 137; A 278
**milan** : A 308
**milieu** : ha 24
**mille-pattes** : A 267
**minaret** : p 56; a 199
**ministre** : I 122; cor 7
**minuit** : bi 27
**miroir** : F 617; F 1109; F 1633; e 123;
oc 16; am 20; r 37; po 92; I 4; p 19; p 176;
p 203; I 155; t 67; ja 84; c 245; j 106; j 107
**misère** : j 171
**mitaine** : sc 191
**moine** : F 165; F 1993 à 1999; F 2001; b 15;
r 22; alb 14; amh 4
**moineau** : F 214; al 93; sc 157; r 103; po 21;
tch 50; I 18; p 94; h 18; t 137; A 275
vieux — : r 123
**moinillon** : b 15
**moisson** : F 286 à 288; it 4; e 197; n 52;
b 23; serb 72; t 118; ma 6; c 288; A 126;
Ind 2 → RÉCOLTE
**moissonner** : oc 11
**moissonneur** : e 226; an 326
**monarque** : ja 83 → ROI
**monastère** : F 912; cor 20
**monnaie** : p 106; c 119
fausse — : t 119; c 128
**montagne** : F 7 et 8; ga 31; ga 62; r 121;
r 330; serb 16; I 56; gr 47; p 44; pt 17;

# INDEX
## DES THÈMES ET DES NOTIONS

### établi par Florence Montreynaud

Chaque **entrée** correspond au thème général du proverbe. L'abréviation concerne la langue ou l'ensemble culturel ; elle est suivie d'un chiffre qui correspond au numéro du proverbe dans sa série (langue ou ensemble culturel). On consultera ci-contre le tableau des abréviations, leur signification et leur page.

On a quelquefois rappelé, sous le thème évoqué, un proverbe très caractéristique, pour guider la consultation. Ainsi le thème **acceptation des conséquences** correspond à des proverbes tels que *À la guerre comme à la guerre* ou *Comme on fait son lit, on se couche*, dont le rappel corrige le caractère un peu abstrait de la notion.

Les renvois aux proverbes sont donnés dans l'ordre où ils figurent dans l'ouvrage, en commençant par les « Proverbes de langue française » (F), c'est-à-dire la 1re partie de l'ouvrage. Les dictons (2e partie) ne relèvent pas de ce classement et n'ont donc pas été indexés. Toutes les autres abréviations concernent la 3e partie : « Proverbes du monde ».

# S

## W-Y-Z

# TABLE GÉNÉRALE

*Première partie :*

## Proverbes de langue française

## Index et tables

Ouvrages édités par les DICTIONNAIRES LE ROBERT
107, avenue Parmentier - 75011 PARIS (France)

**Dictionnaires de langue :**

— *Grand Robert de la langue française* (deuxième édition).
*Dictionnaire alphabétique et analogique de la langue française* (9 vol.).
Une étude en profondeur de la langue française : 80 000 mots.
Une anthologie littéraire de Villon à nos contemporains : 250 000 citations.

— *Petit Robert I [P. R. 1].*
*Dictionnaire alphabétique et analogique de la langue française*
(1 vol., 2 200 pages, 59 000 articles).
Le classique pour la langue française : 8 dictionnaires en 1.

— *Robert méthodique* [R. M.].
*Dictionnaire méthodique du français actuel*
(1 vol., 1 650 pages, 34 300 mots et 1 730 éléments).
Le seul dictionnaire alphabétique de la langue française qui analyse les mots et les
regroupe par familles en décrivant leurs éléments.

— *Micro-Robert.*
*Dictionnaire d'apprentissage de la langue française*
Nouvelle édition entièrement revue et augmentée (1 vol,, 1 470 pages, 35 000 articles).

— *Micro-Robert Plus.*
*Micro-Robert* langue française *plus* noms propres, chronologie, cartes
(1 vol., 1 650 pages, 46 000 articles, 108 pages de chronologie, 54 cartes en couleurs).

— *Le Petit Robert des enfants [P. R. E.].*
*Dictionnaire de la langue française*
(1 vol., 1 220 pages, 16 500 mots, 80 planches encyclopédiques en couleurs).
Le premier Robert à l'école.

— *Dictionnaire universel* d'Antoine Furetière
(éd. de 1690, préfacée par Bayle).
Réédition anastatique (3 vol.), avec illustrations du XVII<sup>e</sup> siècle
et index thématiques.
Précédé d'une étude par A. Rey :
«Antoine Furetière, imagier de la culture classique.»
Le premier grand dictionnaire français.

— *Le Robert des sports :*
*Dictionnaire de la langue des sports*
(1 vol., 580 pages, 2 780 articles, 78 illustrations et plans cotés),
par Georges PETIOT.

**Dictionnaires bilingues :**

— *Le Robert et Collins.*
*Dictionnaire français-anglais / english-french*
(1 vol., 1 500 pages, 225 000 «unités de traduction»).

— *Le «Junior» Robert et Collins.*
*Dictionnaire français-anglais / english-french*
(1 vol., 960 pages, 105 000 «unités de traduction»).

— *Le «Cadet» Robert et Collins.*
*Dictionnaire français-anglais / english-french*
(1 vol., 620 pages, 60 000 «unités de traduction»).

— *Le Robert et Signorelli.*
  *Dictionnaire français-italien / italiano-francese*
  (2 vol., 3 040 pages, 339 000 « unités de traduction »).

— *Le Robert et van Dale.*
  *Dictionnaire français-néerlandais/néerlandais-français*
  (1 vol., 1 400 pages, 200 000 « unités de traduction »).

**Dictionnaires de noms propres :**
(Histoire, Géographie, Arts, Littératures, Sciences...)

— *Grand Robert des noms propres.*
  *Dictionnaire universel des noms propres*
  (5 vol., 3 450 pages, 42 000 articles, 4 500 illustrations couleurs et noir, 210 cartes).
  Le complément culturel indispensable du *Grand Robert de la langue française.*

— *Petit Robert 2 [P. R. 2].*
  *Dictionnaire des noms propres*
  (1 vol., 2 000 pages, 36 000 articles, 2 200 illustrations couleurs et noir, 200 cartes).
  Le complément, pour les noms propres, du *Petit Robert 1.*

— *Dictionnaire universel de la peinture.*
  (6 vol., 3 000 pages, 3 500 articles, 2 700 illustrations couleurs).

**IMPRIMÉ EN FRANCE PAR BRODARD ET TAUPIN**
Usine de La Flèche (Sarthe), le 24-04-1989.
6979A-5 - Dépôt légal mai 1989.